Anonymous

Soziale Hygiene

1. Band, 2. Teil

Anonymous

Soziale Hygiene
1. Band, 2. Teil

ISBN/EAN: 9783744641531

Hergestellt in Europa, USA, Kanada, Australien, Japan

Cover: Foto ©ninafisch / pixelio.de

Weitere Bücher finden Sie auf **www.hansebooks.com**

HANDBUCH DER HYGIENE

UND DER

GEWERBEKRANKHEITEN.

—

ZWEITER THEIL.

SOCIALE HYGIENE.

2. ABTHEILUNG.

SPECIELLE SOCIALE EINRICHTUNGEN.

—

DIE HYGIENE DER SCHULE von Dr. F. ERISMANN.
GEFÄNGNISS-HYGIENE von Dr. A. BAER. FABRIKEN von Prof. Dr. L. HIRT.
KRANKENANSTALTEN von Baurath L. DEGEN.
KASERNEN von Dr. A. SCHUSTER. ÖFFENTLICHE BÄDER
DIE VERKEHRSMITTEL von Dr. A. KUNKEL.

———

LEIPZIG,
VERLAG VON F. C. W. VOGEL.
1882.

INHALTSVERZEICHNISS.

Erismann,

Die Hygiene der Schule.

Bär,

Gefängniss-Hygiene.

Hirt,

Fabriken.

Degen,
Krankenanstalten.

Schuster,
Kasernen.

Renk,

Öffentliche Bäder.

Kunkel,

Die Verkehrsmittel.

DIE HYGIENE DER SCHULE

Dr. FR. ERISMANN IN MOSKAU.

I.

Einleitung; historischer Ueberblick.

Der Frage über die geistige und physische Erziehung der Jugend
sind schon in verhältnissmässig früher Zeit eingehende Studien gewidmet worden (LOCKE, ROUSSEAU, BASEDOW, PESTALOZZI), aber die
wissenschaftliche Bearbeitung der eigentlichen Schulhygiene ist ein
Kind der Gegenwart. Zwar hatte schon am Ende des vorigen Jahrhunderts PETER FRANK[1]) auf die Nachtheile einer zu frühen und zu
ernsten Anspannung der jugendlichen Seelen- und Leibeskräfte aufmerksam gemacht und zum Schutze der heranwachsenden Jugend
vor Entkräftung und physischer Entartung eine Wiederherstellung
der antiken Gymnastik verlangt; aber seine Lehren, wie treffend sie
auch waren, blieben im Grossen und Ganzen unbeachtet, und es war
LORINSER[2]) vorbehalten, durch einen im Jahre 1836 erschienenen
Aufsatz die allgemeine Aufmerksamkeit auf die sanitären Verhältnisse der Schulen zu lenken und den Anstoss zu geben zu zahlreichen
Arbeiten, grösstentheils hygienisch-statistischer Natur, welche die
Grundlage der gegenwärtigen Schulgesundheitslehre bilden.

LORINSER erhob gegen die Gymnasien den Vorwurf, dass sie die körperliche Erziehung vernachlässigten und durch ihre unzweckmässige Einrichtung
den Grund zum Siechthum der ihnen anvertrauten Jugend legten; er behauptete, die Abhülfe für diese Uebelstände sei nur in der Verminderung der
Unterrichtsgegenstände, der Schulstunden und der häuslichen Arbeiten zu
suchen. Die Abhandlung LORINSER's rief einen eigentlichen Sturm unter
Schulbehörden und Schulmännern hervor; gegen siebenzig Schriften von Pädagogen und Aerzten sprachen sich theils für, theils wider LORINSER aus;
sämmtliche preussische Gymnasien gaben auf Veranlassung des Unterrichts-
ministeriums ihre Gutachten in dieser Sache ein, und der damalige Minister

---

1) System einer vollständigen medicinischen Polizei. 1786. In neuer Auflage
erschienen im Jahre 1804.
2) Zum Schutze der Gesundheit in den Schulen. Preuss. med. Vereins-Ztg.
1836. Nr. 1. Neuer Abdruck 1861.

1 *

v. ALTENSTEIN nahm sich in einer Verfügung vom 24. Oct. 1837 [1]) der hart
angegriffenen Gymnasien mit Wärme an, gab aber zu gleicher Zeit manchen
bedeutungsvollen Wink in Bezug auf die Sorge für die Gesundheit der Schuljugend. Etwas Entscheidendes geschah übrigens damals in Bezug auf die
von LORINSER namentlich hervorgehobenen Uebelstände, um welche sich die
Polemik längere Zeit drehte, nicht, weil zu wenig faktisches Material vorlag,
als dass eine entsprechende Abänderung des bestehenden Unterrichtssystemes
hätte mit Erfolg planirt werden können. Dennoch aber schenkte man von
dieser Zeit an Dingen Aufmerksamkeit, welche früher wenig beachtet worden
waren, und zwar beschäftigten sich Aerzte und Schulmänner in erster Linie
mit der Einrichtung und Ausstattung des Schulhauses, die man immer weniger
als etwas hygienisch Gleichgültiges ansah. Die Anregung hierzu kam theilweise aus Amerika, wo man schon in den 30ger Jahren den Bau guter (nach
damaligen Begriffen) Schulhäuser energisch in Angriff genommen hatte, wofür
das Werk BERNARD's [2]), das im Jahre 1850 in erster Auflage erschien, Zeugniss ablegt. Aber die gründlichste Bearbeitung erfuhr dieser Gegenstand in
Deutschland und in der Schweiz, wo im Laufe der letzten zwei Dezennien
zahlreiche Untersuchungen über die Gesundheitsverhältnisse der Schulkinder
und die sanitären Bedingungen des Schulbesuches angestellt wurden, welche
allmählich den auf Verbesserungen abzielenden Forderungen der Aerzte diejenige wissenschaftliche Grundlage verschafften, der LORINSER und seine Zeit-
genossen entbehrt hatten. Die in kurzer Zeit rasch anwachsende Specialliteratur behandelte Alles, was den Einfluss der Schule auf die Gesundheit
der Jugend betrifft: die Ueberbürdung der letzteren mit Arbeit, die Lehrmethoden, die Einrichtung des Schulgebäudes, die Beleuchtung, Heizung und
Ventilation des Klassenzimmers u. s. w.; am ausführlichsten aber beschäftigte
man sich beinahe 20 Jahre hindurch mit der zweckmässigsten Form des
Schultisches, da man immer mehr eine ungeeignete Construction desselben
als Grund ernsthafter Abnormitäten in der körperlichen Entwickelung der
Schulkinder ansah. Auf die agitatorisch wirkenden Schriften von SCHREBER [3]),
SCHRAUBE [4]), FREYGANG [5]), PASSAVANT [6]), folgte das Werk von ZWEZ [7]),
welches einen allgemeinen Ueberblick über die Gesammtforderungen der Gesundheitspflege an das Schulhaus und dessen innere Einrichtung gab. Fast
zu gleicher Zeit erschien die Arbeit GUILLAUME's [8]), welche ausser den sanitären Bedingungen des Schulgebäudes und des Unterrichts auch Zahlenangaben

---

1) WIESE, Verordnungen und Gesetze für die höheren Schulen in Preussen.
Berlin 1867. S. 185.

2) School Architecture, or contributions to the improvement of school-houses
in the United States.

3) Ueber die schädlichen Körperhaltungen und Gewohnheiten der Kinder.
1853. — Derselbe, Ein ärztlicher Blick in das Schulwesen. 1858.

4) Die sanitätspolizeiliche Ueberwachung der Schule. 1859.

5) Die Schule und leiblichen Uebel der Schuljugend. 1863.

6) Ueber Schulunterricht vom ärztlichen Standpunkte. Frankfurt a. M. 1863.

7) Das Schulhaus und dessen innere Einrichtungen. Weimar 1864. Zweite
Auflage im Jahre 1870.

8) Hygiène scolaire. 1864. (Existirt auch in deutscher Uebersetzung unter
dem Titel „Die Gesundheitspflege in den Schulen". Aarau 1865.)

über einige vom Verfasser beobachtete und dem Einflusse der Schule zuge-
schriebene Krankheitszustände der Kinder brachte. Am meisten wurde die
Erkenntniss der richtigen Maassverhältnisse des Schultisches gefördert durch
FAHRNER[1]), dessen hierauf bezüglichen Vorschläge auf langjährigen persönlichen Beobachtungen und Messungen beruhten. Die von ihm geäusserten
Anschauungen betreffs des Einflusses der Schultische auf die Körperhaltung
der Kinder beim Schreiben wurden bestätigt durch die Arbeiten PAROW's[2])
und HERM. MEYER's[3]) über die mechanischen Verhältnisse der normalen
Wirbelsäule, die Entstehung der Scoliose und die Mechanik des Sitzens, und
es widerfährt diesen drei Männern nur gerechte Anerkennung, wenn wir erklären, dass Alles, was nach ihnen in Bezug auf zweckmässige Construction
der Schultische von zahlreichen Autoren geleistet wurde, auf den von FAHRNER,
PAROW und MEYER ausgesprochenen Principien beruht und nur als weitere
Ausbildung und theilweise Modification der von ihnen ausgegangenen Vorschläge betrachtet werden kann.

Auf die Beschaffenheit der Luft in den Schulen wurde die Aufmerksamkeit der Aerzte und Schulmänner zuerst durch PETTENKOFER[4]) und TH. BECKER[5])
gelenkt, welcher letztere die Beobachtungen GUILLAUME's über das häufige
Auftreten von Kopfschmerzen unter den Schulkindern bestätigte und diese
Erscheinung in ursächliche Beziehung zur verdorbenen Luft der Klassenzimmer brachte. In der Folge wurden die Untersuchungen der Schulluft nach
dem Vorgange PETTENKOFER's durch zahlreiche Autoren wiederholt; sie gaben
naturgemäss zur Erörterung der Frage über Heizung und Ventilation der
Schulräume Veranlassung, an deren wissenschaftlicher Bearbeitung sich namentlich BEZOLD und E. VOIT[6]), sowie E. VOIT und FORSTER[7]) betheiligten.

Immer wieder neuen Antrieb zu ernsthafter Beschäftigung mit der Schulhygiene erhielten Aerzte und Pädagogen durch die Beobachtungen der Orthopäden über das häufige Auftreten von Wirbelsäuleverkrümmungen im schulpflichtigen Alter (EULENBURG[8]), SCHILDBACH[9]), KLOPSCH[10]) u. A.) und diejenigen der Augenärzte über die zunehmende Kurzsichtigkeit in den Schulen

---

1) Das Kind und der Schultisch. Zürich 1865.
2) Virchow's Archiv Bd. 31. Ueber aufrechte Stellung und Krümmungen der
Wirbelsäule. — Derselbe, „Ueber die Reform der Schultische". Vortrag. 1865.
3) Die Mechanik der Scoliose, in Virchow's Archiv Bd. 35. S. 225—253. —
Derselbe, Die Mechanik des Sitzens, mit besonderer Rücksicht auf die Schulbankfrage, in Virchow's Archiv Bd. 38. S. 15—30.
4) „Ueber Luft in den Schulen u. s. w.", in Pappenheim's Monatsschrift für
exacte Forschung auf dem Gebiete der Sanitätspolizei. 1862. Bd. 2. S. 1—15.
5) Luft und Bewegung zur Gesundheitspflege in den Schulen. Frankfurt a. M.
1867.
6) Zeitschrift des bayerischen Architekten- und Ingenieur-Vereins. 1874.
Heft 2, 3 u. 4.
7) „Studien über die Heizungen in den Schulhäusern Münchens." Zeitschrift
für Biologie. Bd. XIII. 1. u. 3. Heft.
8) „Die seitliche Rückgratsverkrümmung, ihre Entstehung, Verhütung und
Heilung". Journ. f. Kinderkrankh. v. Behrend u. Hildebrand, Bd. 38. S. 38. 1862.
9) Virchow's Archiv. Bd. 41. 1867. — Derselbe, Die Scoliose. Leipzig 1872.
10) Orthopädische Studien und Erfahrungen. Breslau 1861.

(COHN [1]) und nach seinem Vorgange ERISMANN [2]), KRÜGER [3]) u. v. A.). Diese
Untersuchungen führten dann nothwendigerweise auch zur Erörterung der
sanitären Bedeutung der Schulutensilien: Wandtafel, Schreibtafel, Griffel, Tinte
und Feder und Schulbücher, — ein Gegenstand, dessen Wichtigkeit schon
früher vielfach betont, der aber erst in neuester Zeit einer exacten Untersuchung unterworfen worden ist (HORNER [4]), COHN [5]), BLASIUS [6]). — Die
Ueberbürdungsfrage und ihr Zusammenhang mit Abnormitäten in der psychischen Sphäre ist in ihrer gegenwärtigen Gestalt ebenfalls neueren Datums
und es liegt bis zur Stunde noch wenig Material zu einer wissenschaftlichen
Lösung derselben vor.

Im Ganzen stellt die Geschichte der Schulhygiene einen Kampf dar,
welchen Aerzte und einsichtsvolle Schulmänner den Mängeln der bestehenden
Schuleinrichtungen und Lehrmethoden gegenüber führen. Wenn hierbei die
Aerzte in ihren Angriffen auf die Schule nicht selten allzustürmisch vorgegangen sind und sich nicht immer auf rein wissenschaftlicher Basis bewegt
haben, so setzte andererseits das Gros der Schulmänner den Angreifern einen
zuweilen allerdings berechtigten, im Ganzen aber der Sache eher schädlichen,
passiven Widerstand entgegen. Doch ist nicht zu verkennen, dass durch fortwährend en Ideenaustausch die Gegensätze immer weniger schroff werden, was
der endlichen Lösung der oft sehr verwickelten Fragen zweifellos günstig ist.
In der That ist denn auch im Laufe einer verhältnissmässig kurzen Zeit auf
dem Gebiete der Schulhygiene Vieles erreicht worden; namentlich gilt dies
vom Bau der Schulhäuser, der Einrichtung der Klassenzimmer und der Construction der Schultische, während sich die allerdings weit schwierigere Hygiene des Unterrichts leider noch in bedenklichem Zustande befindet.

Dass sich vielerorts auch die zuständigen Behörden für die Hygiene der
Schule interessiren, beweisen die zahlreichen Regierungserlasse aus den letzten
10—15 Jahren, in welchen nicht nur allgemeine, sondern oft sehr detaillirte
und theilweise recht zweckmässige sanitäre Vorschriften über den Bau und
die Einrichtung der Schulhäuser enthalten sind. [7])

---

1) Untersuchungen der Augen von 10060 Schulkindern. Leipzig 1867, nebst
anderen einschlägigen Arbeiten desselben Autors.

2) „Ein Beitrag zur Entwickelungsgeschichte der Myopie." Gräfe's Archiv.
1871. Bd. 17.

3) „Untersuchung der Augen der Schüler des Frankfurter Gymnasiums etc."
Jahresber. üb. die Verwaltung d. Medicinalwesens. Frankfurt a. M. Bd. 15. S. 84—97.

4) „Griffel, Bleistift und Feder als Schreibmittel für Primarschulen." Dtsch.
Vjschr. f. öffentl. Gesdhtspfl. 1878. Bd. X. S. 724. — Derselbe, „Schulwandtafeln."
Schweiz. Schularchiv. Bd. II. Nr. 4.

5) „Ueber Schrift, Druck und überhandnehmende Kurzsichtigkeit." Tageblatt
der Naturforscherversammlung in Danzig. 1880.

6) Die Schulen des Herzogthums Braunschweig. D. Wschr. f. öff. Gesdhtspfl.
1881. Bd. XIII. S. 417 ff.

7) Die wesentlichsten dieser Verordnungen sind folgende:
Verordnung über die Erbauung von Schulhäusern. Zürich 1861.
Amtlicher Erlass des kgl. bayerischen Staatsministeriums für Kirchen-
und Schulangelegenheiten vom 16. Jan. 1867, die Gesundheitspflege in den Schulen
betreffend. Bayer. ärztl. Intelligenzbl. 1867. S. 109.

II.

Der Einfluss der Schule auf die physische und geistige Entwicklung der Kinder; die sog. Schulkrankheiten.

Es ist schon von Virchow[1]) ausgesprochen worden, dass manche der zahlreichen Anschuldigungen, die von Lorinser an bis auf den heutigen Tag gegen die Schule als Urheberin und Beförderin vielfacher Krankheitszustände des jugendlichen Organismus erhoben worden sind, der inneren Begründung entbehren. In der That beruhten die aus früherer Zeit stammenden, der Schule vorgehaltenen Sündenregister grossentheils auf subjectiven Anschauungen, Abstractionen und Verallgemeinerungen von Einzelbeobachtungen; sie entbehrten in Folge dessen einer objectiven Beweiskraft und waren nicht im Stande, Schulmänner und Behörden von der wirklichen Existenz der behaupteten Uebelstände und Gefahren zu überzeugen, auch wenn

Verfügung des kgl. würtembergischen Ministeriums des Kirchen- und Schulwesens, betreffend eine Instruction für die Errichtung der Subsellien in den Gelehrten-, Real- und Volksschulen. Vom 29. März 1868.

Erlass des grossh. badischen Oberschulrathes vom 26. März 1868, die Einrichtung der in den Schulen zu benutzenden Subsellien betreffend. Verordnungen des grossh. Oberschulrathes. 1868. Nr. 10. S. 111.

Verordnung des grossh. badischen Ministeriums des Innern vom 26. Febr. 1869, die Schulhausbaulichkeiten betreffend. Gesetz- und Verordnungsblatt für das Grossh. Baden. 1869. III. S. 29.

Verordnung des grossh. badischen Ministeriums des Innern vom 23. April 1869, die Schulordnung für die Volksschulen betreffend; ebendaselbst IX. S. 73. Den Lehrplan für die Volksschulen betreffend. IX. S. 99.

Verfügung des kgl. würtembergischen Ministeriums des Kirchen- und Schulwesens, betreffend die Einrichtung der Schulhäuser und die Gesundheitspflege in den Schulen. S. d. Vjschr. f. öff. Gsdhtspfl. 1871. III. S. 490.

Verordnung des sächsischen Ministeriums des Kultus und des öffentl. Unterrichts, die Anlage und innere Einrichtung der Schulgebäude in Rücksicht auf Gesundheitspflege betreffend. Gesetz- und Verordnungsblatt. März 1873.

Verordnung des österreichischen Ministeriums für Kultus und Unterricht vom 9. Juni 1873, bezüglich Einrichtungen der öffentlichen Volks- und Bürgerschulen und über die Gesundheitspflege in diesen Schulen. — Verordnung des k. k. niederöst. Landes-Schulrathes über Bau und Einrichtung der öffentlichen Volksschulen vom 3. Jan. 1874. (Vgl. auch Gauster, Die Gesundheitspflege im Allgemeinen und hinsichtlich der Schule im Besonderen.)

Ministerial-Entschliessung, die Einrichtung der öffentlichen und privaten Erziehungsinstitute mit besonderer Rücksicht auf die Gesundheitspflege betreffend. Ministerialblatt für Kirchen- und Schulangelegenheitnn im Kgr. Bayern. 18. Febr. 1874.

1) „Ueber gewisse, die Gesundheit benachtheiligende Einflüsse der Schulen." Virchow's Archiv. Bd. 46. S. 447. 1869.

sie die Wahrheit enthielten. Auch die nicht selten zu Hülfe genommenen statistischen Zahlen konnten kein besonderes Vertrauen ein-
flössen, da sie nicht immer auf correcte Weise gewonnen wurden
und zuweilen eine entschieden tendenziöse Auslegung erhielten.
Ausserdem wurden oft solche krankhafte Zustände dem Einflusse der
Schule zugeschrieben, deren Auftreten ebensogut durch hereditäre
Anlage, häusliche Verhältnisse oder endlich durch eine ganze Kette
von ungünstigen Bedingungen, unter welchen die Schule nur ein
vereinzeltes Glied ausmachte, hervorgerufen werden konnte. Gegenwärtig mehren sich zwar die Versuche, die ganze Frage über den
gesundheitlichen Einfluss der Schule dem Gebiete der Speculation
zu entrücken und auf einen wissenschaftlichen Boden zu versetzen,
aber das factische Beweismaterial ist noch gering und verdankt seine
Existenz nicht etwa systematischen, von den zuständigen Behörden
angeordneten Untersuchungen, sondern blos der Initiative einzelner
Forscher. Die Fragen, um die es sich hier handelt, wurden von
FINKELNBURG [1] sehr präcis in folgender Weise formulirt:

1) welche Gesundheitsstörungen beobachten wir thatsächlich bei
unserer Jugend als vorherrschend während der dem Schulunterrichte
gewidmeten ... Jahre?

2) welchen Causalzusammenhang vermögen wir zwischen diesen
Gesundheitsstörungen einerseits und bestimmten Einflüssen des Unter-
richtslebens andererseits als gewiss oder wahrscheinlich nachzuweisen?

Die Beantwortung dieser Fragen ist aber nur dann möglich, wenn
man über die ganze körperliche und geistige Entwicklung jedes einzelnen Kindes Buch führt, wie dies MARET [2] für die geistige Entwickelung vorgeschlagen hat.

Dies könnte in der Weise geschehen, dass für jedes Kind ein Fragebogen,
nach Art der Zählblättchen, bestimmt würde, den man „Gesundheitsbogen" nennen könnte. Die den Fragepunkten desselben entsprechenden
Untersuchungen der Kinder hätten periodisch, z. B. alle Jahre einmal, zu
geschehen; die Fragepunkte selbst wären so zu stellen, dass der ausgefüllte
Bogen ein vollständiges Bild der Veränderungen gäbe, die in physischer und
geistiger Beziehung mit dem Kinde während der Schuljahre vorgegangen sind.
Die Form der Bogen müsste wesentlich durch die Zahl und Art der Untersuchungen bestimmt werden, die man in den Kreis der Beobachtung ziehen
wollte; beispielsweise könnte sie folgendermassen beschaffen sein [3]:

---

1) „Einfluss der heutigen Unterrichtsgrundsätze in den Schulen auf die Gesundheit des heranwachsenden Geschlechts. D. Vjschr. f. öff. Gesdhtspfl. X. S. 27.
1878.

2) „Die Schule und der Lehrstoff." Ebendaselbst. XI. S. 127. 1879.

3) Es kann natürlich hier nicht die Rede davon sein, einen solchen Fragebogen in ausgearbeiteter Form vorzuschlagen; es sollte nur das Princip angedeutet

Gesundheitsbogen des N. N.

Ortsname:　　　*Bezeichnung der Schule:*　　　*Nationalität des Kindes:*

	1881	1882	1883	etc.
Lebensalter				
Körperlänge				
Brustumfang				
Vitale Lungenkapacität				
Körpergewicht				
Entwickelung der Muskulatur . . .				
Allgemeiner Ernährungszustand . . .				
Lage der Wirbelsäule				
Refraction der Augen				
Sehschärfe				
Entwickelung der Schilddrüse . .				
Interkurrente Krankheitszustände . .				
Auffassungsvermögen				
Gedächtniss				
etc. etc.				

Bei ausgedehnten und gewissenhaften Beobachtungen dieser Art würde die Gesammtheit solcher Gesundheitsbogen eine treffliche Grundlage für eine Gesundheitsstatistik der Schuljugend bilden und wesentlich zur Aufklärung der schädlichen Seiten der gegenwärtigen Schuleinrichtungen, sowie des heutigen Unterrichtssystems beitragen. Die unter verschiedenen Verhältnissen gewonnenen Resultate könnten sowohl unter sich als mit anderen anthropometrischen Beobachtungen verglichen werden, und man hätte, um den Einfluss der Schule festzustellen, durchaus nicht nöthig, wie DAIBER[1]) meint, die gesammte Schuljugend in zwei der Körperkraft nach gleiche Hälften zu theilen, die eine Hälfte der Schule zuzuweisen, die andere ohne Unterricht aufwachsen zu lassen, im Uebrigen aber für beide Theile die gleichen Verhältnisse zu schaffen, — ein Experiment, dessen Ausführung allerdings auf unüberwindliche Hindernisse stossen würde. — Die Gesundheitsbogen würden auch ausserdem sowohl dem Lehrer als auch dem Arzte die Möglichkeit geben, Kindern, bei denen sich im Laufe des Jahres diese oder jene Abweichungen von der normalen Entwickelung gezeigt haben, besondere Aufmerksamkeit zu schenken.

Es soll mit dem Vorausgehenden übrigens nicht gesagt sein, dass man mit Verbesserungen der gegenwärtigen Einrichtungen und Gebräuche der Schule zu warten habe, bis die nachtheiligen Folgen der bestehenden Zustände in jedem einzelnen Punkte durch objective Forschung nachgewiesen sind. Wenn

werden. Es wäre Sache eines Collegiums von Aerzten und Schulmännern, diejenigen Punkte zu bezeichnen, deren Aufnahme in den Gesundheitsbogen vorzugsweise erwünscht wäre. Die Auswahl derselben wird grossentheils von der Möglichkeit ihrer Beantwortung durch das zur Verfügung stehende Personal abhängig gemacht werden müssen.

1) Körperhaltung und Schule. S. 45. 1881.

man bedenkt, dass das Kind mit dem Eintritt in die Schule plötzlich und unvermittelt in ganz neue Verhältnisse kommt, die es einem ihm früher unbekannten Zwang aussetzen, indem sie es nöthigen, täglich stundenlang ruhig zu sitzen und seinen Geist in ungewohnter Weise und anhaltend anzustrengen, so ergibt sich schon hieraus in logischer Folgerung, dass sowohl im Körper als in der geistigen Sphäre des Kindes im Beginne der Schulzeit eine förmliche Revolution vor sich gehen muss, in welcher sich der Organismus theils gegen die neuen Verhältnisse auflehnt, theils sich denselben zu accommodiren sucht. Dieser Vorgang muss auch dann stattfinden, wenn die Schule ideal eingerichtet und geleitet ist: das Auftreten leichter, bei oberflächlicher Beobachtung kaum merkbarer Veränderungen in der Thätigkeit der nervösen Centralorgane, unbedeutende Ernährungsstörungen, Unregelmässigkeiten des Blutkreislaufes u. dgl. sind unter diesen Verhältnissen ganz natürlich. Doch muss normalerweise diese Acclimatisationsperiode nach einiger Zeit zu Ende sein und darf keine anhaltenden Gesundheitsstörungen zurücklassen, sodass sich das Kind in seinem neuen Elemente wohl fühlt. Leider sind wir von diesem Ideal der Schulzustände noch weit entfernt, und, wie wir gleich sehen werden, erkauft das Kind nicht selten seine Kenntnisse auf Kosten seiner Gesundheit und der Unversehrtheit der wichtigsten Organe.

Folgendes sind die Gesundheitsstörungen, deren Erzeugung oder Begünstigung von den Autoren der Schule zur Last gelegt worden ist.

a) Allgemeine Ernährungsstörungen.

b) Störungen im Blutkreislauf; Anschwellungen der Schilddrüse; Nasenbluten etc.

c) Verkrümmungen der Wirbelsäule.

d) Lungenkrankheiten.

e) Veränderungen der Refraction der Augen; Kurzsichtigkeit mit ihren Folgezuständen.

f) Affectionen der Centralorgane des Nervensystems; Geistesstörungen.

a. *Allgemeine Ernährungsstörungen.*

Fast von allen Autoren, die sich mit den Schulkrankheiten beschäftigt haben, wird darauf hingewiesen, dass sich das äussere Aussehen der Kinder in der ersten Zeit des Schulbesuches oft wesentlich verändere, dass sich die frische Gesichtsfarbe, der frühere Turgor der Haut verliere, das Fettpolster abnehme, dass die Kinder stiller und nicht selten reizbar werden. Man muss gestehen, dass diese Behauptung, die sich vorerst nur auf Einzelbeobachtungen stützt, der Skepsis reichliche Angriffspunkte bietet; und in der That wird denn auch von verschiedenen Seiten nicht nur die pathogenetische Bedeutung der genannten Erscheinungen in Zweifel gezogen (FALK[1]),

---

1) Die sanitätspolizeiliche Ueberwachung höherer und niederer Schulen. S. 161. 1871.

sondern auch ihr Zusammenhang mit der Schule geläugnet (DAIBER[1]) und darauf hingewiesen, dass eben der Gesundheitszustand vieler Kinder schon vor ihrem Eintritt in die Schule mangelhaft sei und dass der erste Schulbesuch gewöhnlich mit der zweiten Dentition zusammenfalle, sodass es nichts Auffälliges habe, wenn hin und wieder ein Kind seine frühere Lustigkeit verliere und traurig gestimmt werde. Es ist nun wahr, dass im Allgemeinen der Ernährungszustand der Kinder wesentlich durch Verhältnisse bedingt wird, die ausserhalb der Schule liegen, wie z. B. hereditäre Anlagen, ökonomische Lage der Familie u. s. w., aber das Zusammenfallen der obengenannten Veränderungen im Aussehen der Kinder mit der Zeit des ersten Schulbesuches, ferner die auffallende Besserung, welche Eltern und Aerzte im Allgemeinbefinden der Kinder bemerken, sobald die Schulferien beginnen, lassen doch mit grosser Wahrscheinlichkeit einen Causalzusammenhang zwischen dem Schulbesuch und der gestörten Ernährung vermuthen. Eine Mitschuld der zweiten Dentition wird von BAGINSKY[2] entschieden in Abrede gestellt.

Zweifellos dürfte es sein, dass private und öffentliche Erziehungsanstalten nicht selten zu Anomalien in der Ernährung ihrer Zöglinge Veranlassung geben; sehr deutlich tritt dies bei einem Vergleiche der Internen solcher Anstalten mit den Externen hervor. Noch Niemand hat es übertrieben gefunden, dass FINKELNBURG[3] die weiblichen Erziehungsinstitute fruchtbare Erzeugungsherde der Chlorose nannte.

Leider gibt es noch keine Statistik der Wachsthums- und Ernährungsverhältnisse der Schuljugend, welche die hier berührte Frage endgültig entscheiden könnte. Die von VIRCHOW[4] angeführten Beobachtungen CARMICHAEL's und ARNOTT's über das Auftreten von Scrophulose in Schulen haben keine Beweiskraft. Hier können nur Maassstab und Waage Gewissheit verschaffen. Aber auch die von FAHRNER[5], ZWEZ[6], SCHILDBACH[7], HERMANN[8] u. A. im Interesse der Subsellien-Construction vorgenommenen Messungen an Schülern geben keinen Aufschluss über die körperliche Entwicklung derselben; es sind vergleichende Untersuchungen über Grössenwachsthum und

---

1) Op. cit. p. 44.
2) Handbuch der Schulhygiene. S. 403. 1877.
3) Ueber den Einfluss der Volkserziehung auf die Volksgesundheit. S. 8. 1874.
4) L. c. p. 461.
5) Das Kind und der Schultisch. 1865. S. 32 ff.
6) Das Schulhaus und dessen innere Einrichtung. 2. Aufl. 1870.
7) Die Schulbaufrage und die KUNZE'sche Schulbank. 2. Aufl. 1872. S. 59 ff.
8) Ueber die Einrichtung zweckmässiger Schultische. 1868.

Gewichtszunahme jedes einzelnen Individuums nach einem bestimmten Programme nöthig, ungefähr nach dem Vorgange von QUETELET[1]).

Solcher Untersuchungen besitzen wir vor der Hand nur sehr wenige. Durch Genauigkeit und ausgedehnte Fragestellung zeichnet sich die einschlägige Arbeit KOTELMANN's[2]) aus, welcher die Körperlänge, das Körpergewicht, die Entwicklung der Muskulatur am Oberarm und Unterschenkel, die Zugkraft der Arme, die Druckkraft der Hände und der Schenkel, die Entwickelung des Fettpolsters, den Thoraxumfang und die vitale Lungenkapacität in den Bereich seiner Untersuchungen zog. Ferner sind zu erwähnen die Messungen und spirometrischen Untersuchungen, welche LESSHAFT[3]) an den Schülern zweier Kriegsgymnasien in St. Petersburg angestellt hat; sodann die Messungen und Wägungen, die von ILINSKY[4]) an den Schülern des 3. Kriegsgymnasiums, ebenfalls in St. Petersburg, vorgenommen wurden. Schliesslich sind die in den Schulen des Staates Massachusetts vorgenommenen Massenuntersuchungen über die Körperlänge der Schulkinder zu erwähnen.[5]) In Beziehung auf die Resultate dieser Arbeiten müssen wir auf die Originale verweisen; für die Entscheidung der uns beschäftigenden Frage haben dieselben noch keinen besonderen Werth, aber sie sind nothwendige Bausteine für eine zukünftige Schulgesundheitsstatistik und die Arbeiten selbst deuten den Weg an, auf welchem die Lösung der Frage über den Einfluss der Schule auf die Wachsthums- und Ernährungsverhältnisse der Jugend gesucht werden muss. Nur einige Angaben über Körperlänge, Körpergewicht, Thoraxumfang und vitale Lungenkapacität sollen hier Platz finden.

1. Körperlänge (in Cm.):

Alter	Brüssel (QUETELET)	Hamburg (KOTELMANN)	St. Petersburg (LESSHAFT)		(ILINSKY)
			I. Gymn.	II. Gymn.	III. Gymn.
9 Jahre	121,8	128,6	—	—	—
10 „	127,3	130,7	131,9	128,2	131,8
11 „	132,5	135,0	135,2	133,5	136,0
12 „	137,5	139,9	140,9	139,5	141,3
13 „	142,3	143,1	144,6	144,2	146,5
14 „	146,9	148,9	150,7	150,9	152,0
15 „	151,3	154,2	158,1	154,5	160,5
16 „	155,4	161,6	162,5	160,1	169,0
17 „	159,4	166,9	166,7	162,7	—
18 „	163,0	168,4	166,4	167,4	—
19 „	165,5	166,9	—	—	—
20 „	167,0	167,2	—	—	—

1) Anthropométrie ou mesure des différentes facultés de l'homme. 1870. — Derselbe, Phys. soc. ou essai sur le développement des facultés de l'homme. 1869.

2) Die Körperverhältn. d. Gelehrtenschüler des Johanneums in Hamburg. 1879.

3) Russische Zeitschrift „Gesundheit". 1880. Nr. 127—131.

4) „Lernen und Gesundheit"(russ.). 1876.

5) Eight annual report of the state board of health of Massachusetts. 1877. — Siehe auch Centralbl. f. d. med. Wissenschaft. 1877. Nr. 46.

2. Thoraxumfang.[1]

Alter	Brüssel	Hamburg	St. Petersburg I.	II.	III.
9 Jahre	58,8	60,7	—	—	—
10 „	60,2	62,5	58,6	57,3	62,0
11 „	62,1	63,9	59,4	59,0	64,3
12 „	64,1	65,8	61,1	61,4	67,5
13 „	66,0	67,1	62,2	63,9	71,5
14 „	68,2	71,1	65,8	67,6	77,1
15 „	70,4	75,2	68,8	69,6	80,5
16 „	72,8	78,4	71,3	74,4	86,4
17 „	75,6	82,2	75,9	74,6	—
18 „	77,7	83,6	75,6	76,9	—
19 „	79,8	84,7	—	—	—
20 „	81,3	85,7	—	—	—

3. Körpergewicht (in Kgrm.).

Alter	Brüssel	Hamburg	St. Petersburg I.	II.	III.
9 Jahre	24,1	25,5	—	—	—
10 „	26,1	26,9	29,0	28,1	30,9
11 „	27,8	29,2	31,2	31,4	31,3
12 „	31,0	32,2	34,1	34,4	34,4
13 „	35,3	34,0	37,3	37,9	38,6
14 „	40,5	39,0	42,0	43,9	40,7
15 „	46,4	43,6	47,8	46,7	48,4
16 „	53,4	49,3	52,5	52,6	56,5
17 „	57,4	54,0	57,8	54,1	—
18 „	61,3	57,3	57,7	53,3	—
19 „	63,3	58,8	—	—	—
20 „	65,0	60,4	—	—	—

4. Vitalkapacität der Lungen (in Ccm.).

Alter	Hamburg (Kotflmann)	St. Petersburg (Lfsshaft)
9 Jahre	1771	—
10 „	1865	1779
11 „	2021	1842
12 „	2177	2060
13 „	2270	2156
14 „	2496	2459
15 „	2758	2927
16 „	3253	3124
17 „	3554	3691
18 „	3686	3503
19 „	3891	—
20 „	3927	—

---

1) QUETELET, KOTFLMANN und LESSHAFT massen den Brustumfang in der Athempause, der erstere in der Höhe des Brustbeines, die Anderen in der Höhe

b. Circulationsstörungen.

Man hat bei Schulkindern Unregelmässigkeiten im Blutkreislauf verschiedener Organe, nebst den dadurch verursachten Folgezuständen beobachtet.

Gehirncongestionen. Es hat von vornherein nichts Unwahrscheinliches, dass bei angestrengt arbeitenden Kindern, in Folge vermehrten Blutzudranges zu dem arbeitenden Organe, Gehirnhyperämien auftreten („active" Hyperämie). Schon VIRCHOW[1]) und nach ihm BAGINSKY[2]) haben darauf aufmerksam gemacht, dass das Gehirn durch seine Beziehungen zu den im Grenzstrange des Halssympathicus und vermuthlich auch in den Gehirnnerven verlaufenden vasomotorischen Nerven im Stande ist, nicht blos eine gesteigerte Thätigkeit des Herzens, sondern auch Aenderungen im Blutdruck und im Lumen der Arterien zu bewirken, welche einen vermehrten Blutzudrang zum Kopfe zur Folge haben können. Derselbe äussert sich dann bei den Kindern durch abnorme Färbung des Gesichts, Gähnen, lebhaftes Träumen im Schlafe, Kopfschmerz u. s. w. — Aber auch auf mechanischem Wege können bei dem arbeitenden Kinde Gehirnhyperämien zu Stande kommen („passive" oder Stauungshyperämie), indem durch andauerndes Schreiben an ungeeigneten Schultischen (s. unten), und in Folge von Ermüdung, eine schlechte Körperhaltung mit vornübergebeugtem Kopfe und eingesunkener Brust veranlasst wird; hierbei findet eine Behinderung des Blutabflusses aus dem Kopfe, einmal durch die abnorme Stellung desselben und sodann durch Störung der Respiration statt, indem die Inspirationsmuskeln, und zwar vorzugsweise das Zwerchfell, in ihrer Thätigkeit behindert werden und somit die Athmungsbewegungen oberflächlicher ausfallen.

Diese Circulationsstörungen im Gehirn, in Verbindung mit dem Reizzustande, in welchen dieses Organ durch anhaltende Arbeit versetzt wird, liegen offenbar dem bei der lernenden Jugend von den Eltern oft beobachteten Kopfschmerz zu Grunde. Man hat bis zu einem gewissen Grade Recht, wenn man sich statistischen Angaben gegenüber, welche die Häufigkeit des Auftretens von Kopfschmerzen unter den Schülern beweisen sollen, etwas skeptisch ver-

---

der Brustwarzen. ILINSKY beschreibt die Art der Messung nicht; seine hohen Zahlen lassen vermuthen, dass er im Momente der tiefen Inspiration abgelesen hat. Uebrigens ist zu bemerken, dass die Schüler des 3. Kriegsgymnasiums lauter Externe, diejenigen des 1. und 2. Gymnasiums aber Interne sind.

1) L. c. p. 453.
2) L. c. p. 411.

hält (Cohn[1]), denn da dieselben ausschliesslich auf der Aussage der Kinder beruhen, so sind sie gewiss nicht sehr zuverlässig. Doch muss bemerkt werden, dass die einschlägigen Untersuchungen Guillaume's[2]) und Becker's[3]) auch von anderer Seite (Baginsky[4]), Kotelmann[5]) bestätigt worden sind, und dass thatsächlich die Kinder oft über Kopfweh klagen, wo jeder Verdacht auf Simulation ausgeschlossen ist; endlich darf nicht unerwähnt bleiben, dass es sich in den Beobachtungen der genannten Autoren nicht um ein zufälliges, einmaliges Auftreten von Kopfweh, sondern um habituellen Kopfschmerz (von Guillaume „céphalalgie scolaire" genannt) handelt. Folgende Zahlenreihen zeigen die Häufigkeit dieses habituellen Leidens bei den Schülern der einzelnen Klassen nach den Angaben Becker's und Kotelmann's:

Klasse	Gymnasium in Darmstadt	Gelehrtenschule des Johanneums in Hamburg
VII	31,6 %	—
VI	17,2 „	19,1 %
V	57,9 „	9,3 „
IV	44,7 „	29,6 „
III	45,5 „	30,5 „
II	37,5 „	28,6 „
I	80,8 „	63,0 „

Becker zieht aus seinen Beobachtungen den wohl nicht ungerechtfertigten Schluss, dass auch Luftmangel und verdorbene Luft in den Schulzimmern das Auftreten des Kopfschmerzes begünstige. Er fand folgendes Verhältniss zwischen der relativen Grösse der Schulzimmer und der Häufigkeit des Kopfschmerzes:

in einer Schule mit 2 Cbm. Luftcubus per Schüler litten 44,6% der Kinder an Kopfsch.
„ „ „ „ 3,5 „ „ „ „ „ 34,0 „ „ „ „ „
„ „ „ „ 6,8 „ „ „ „ „ 4,7 „ „ „ „ „

Es versteht sich von selbst, dass auch das Sitzen in allzugrosser Nähe des Ofens, namentlich wenn vom letzteren viel strahlende Wärme ausgeht, Gehirnhyperämie und Kopfschmerz verursachen kann. — Inwiefern bei eisernen Oefen eine chronische Vergiftung durch Kohlenoxyd zu erwarten ist, wie Oidtmann[6]) annimmt, werden wir im Abschnitt über die Heizung der Schulzimmer andeuten.

---

1) „Die Ueberanstrengung der Schulkinder." Blätter für Gesundheitspflege von O. Wyss. 1877. Nr. 25.

2) Op. cit. p. 75.

3) Luft und Bewegung zur Gesundheitspflege in den Schulen. 1867. S. 12.

4) Op. cit. p. 447.

5) Die Körperverhältnisse der Gelehrtenschüler des Johanneums etc. S. 10.

6) Der Kohlendunst in seiner giftigen Wirkung auf den menschlichen Körper. Linnich 1868.

Nasenbluten. Mit den Kopfcongestionen hängt das bei Kindern im schulpflichtigen Alter oft beobachtete Nasenbluten eng zusammen; doch scheint die Häufigkeit desselben auch von erblicher Disposition, die sich in besonders zartem Bau der Gefässwände ausspricht, beeinflusst zu sein. Neben der alltäglichen Praxis besitzt man auch einige statistische Beobachtungen, welche das häufige Vorkommen der Epistaxis unter den Schulkindern ausser Zweifel setzen und darauf hinzudeuten scheinen, dass in den höheren Klassen die Schüler öfter aus der Nase bluten als in den unteren.

Im Collège munipal in Neuenburg fand GUILLAUME unter den Knaben 22 % Nasenbluter, unter den Mädchen 26 %. BECKER fand unter 3564 Zöglingen der Darmstädter Schulen 405 Fälle (11,3 %) von Nasenblutern. Nach KOTELMANN vertheilte sich das Nasenbluten nach den verschiedenen Klassen der Gelehrtenschüler des Johanneums in Hamburg folgendermaassen:

in sexta . . . . . . 13,8 %
„ quinta . . . . . . 6,7 „
„ quarta . . . . . . 18,5 „
„ tertia . . . . . . 13,3 „
„ secunda . . . . 19,8 „
„ prima . . . . . . 26,1 „

Im Ganzen kamen auf 515 Schüler 80 (15,5 %) Nasenblutern.

Anschwellung der Schilddrüse (Schulkropf). Dieser Krankheitszustand wurde zuerst von GUILLAUME bei den Schülern Neufchatels (bei 48,3 % der Knaben und 64,3 % der Mädchen) gefunden und beschrieben. Die Ursache derselben sieht der genannte Autor in der durch schlechte Schreibstellung und enge Hemdkragen oder Kleider bedingten Behinderung des Blutabflusses aus den Halsvenen. Anfangs besteht die Affection nur in Hyperämie und Erweiterung der Gefässe der Glandula thyreoidea und geht dann während der langen Sommerferien wieder zurück; nach und nach aber findet auch Neubildung von Gewebe und Gefässen statt, wodurch dann die Anschwellung der Drüse einen bleibenden Charakter annimmt. GUILLAUME leugnet den Einfluss örtlicher Verhältnisse in den von ihm beobachteten Fällen und versichert, dass in Neufchatel der Kropf nicht endemisch sei; er bringt deshalb das Auftreten desselben in directe Beziehung zur Körperhaltung der Kinder bei der Arbeit. VIRCHOW gibt die Möglichkeit der Entstehung des Kropfes durch die von GUILLAUME angenommene Ursache zu, zweifelt aber an der allgemeinen Gültigkeit der von letzterem gemachten Angaben.

In der That sind die GUILLAUME'schen Beobachtungen bis jetzt in Deutschland nicht bestätigt worden. Nach den Angaben BAGINSKY's hat weder er selbst, noch auch FALK, die Struma unter den Schulkindern Berlins in grösserer Anzahl gefunden; KOTELMANN konnte dieselbe bei keinem einzigen der von ihm untersuchten Schüler constatiren. Dagegen hat in neuerer Zeit Lesshaft[1]) die Anschwellung der Thyreoidea bei den Schülern der Petersburger Kriegsgymnasien sehr häufig gefunden und zwar in einer mit den Klassen aufsteigenden Procentzahl, wie aus folgenden Zahlen hervorgeht:

Klasse	I. Gymnasium	II. Gymnasium
I (unterste) . . .	2,9 %	2,5 %
II.	12,5 „	3,4 „
III.	22,3 „	20,2 „
IV.	31,9 „	32,8 „
V.	49,4 „	30,2 „
VI.	45,0 „	30,9 „
VII (oberste). . . .	55,8 „	41,4 „

Die Untersuchungen Lesshaft's beziehen sich auf 793 Schüler. Er gibt an, dass er in den meisten Fällen den rechten Lappen der Schilddrüse vergrössert gefunden habe und stimmt in Bezug auf die Entstehungsursachen der Anschwellung mit Guillaume überein.

Es ist wohl möglich, dass ausser den genannten Circulationsstörungen und ihren Folgezuständen auch Unregelmässigkeiten im Blutkreislauf der Unterleibsorgane vorkommen, wie dies von Finkelnburg[2]) ausgeführt wird, und dass hierdurch in einzelnen Fällen schon in früher Jugend der Grund gelegt wird zu Hämorrhoidalzuständen oder zu krankhaften Erscheinungen in der Ausbildung und Function der weiblichen Sexualorgane. Doch muss diese Frage aus Mangel an thatsächlichem Material als eine offene betrachtet werden.

Interessant sind in dieser Richtung die Beobachtungen Lesshaft's (l. c.), der bei den von ihm untersuchten Zöglingen ziemlich häufig Erweiterungen der Venen des Samenstranges fand, und zwar in allen möglichen Stadien der Entwicklung — von der schwächsten Form bis zur Bildung geschlängelter Gefässschlingen und Knäuel, deren Auftreten dann mit mangelhafter Entwicklung der Hoden Hand in Hand ging. Gewöhnlich trat die Erscheinung am linken Samenstrange auf; in den oberen Klassen war sie häufiger zu constatiren als in den unteren:

Klasse	I. Gymnasium	II. Gymnasium
I (unterste)	0,0 %	0,0 %
II	2,7 „	5,1 „
III	3,1 „	10,9 „
IV	9,7 „	6,5 „
V	21,6 „	20,7 „
VI	15,0 „	12,7 „
VII (oberste)	18,6 „	26,8 „

---

1) Russische Zeitschrift „Gesundheit". 1880. Nr. 127 und 128.
2) D. Vtjschr. f. öff. Gesdhtspfl. X. S. 34 ff. (Referat auf der 5. Versammlung des deutschen Vereins f. öff. Gesdhtspfl. in Nürnberg. 1877).

LESSHAFT ist der Ansicht, dass wenigstens theilweise der oft stark zu-
geschnürte Leibgurt, der die Hosenträger ersetzt, zur Entwicklung dieser
Abnormität beiträgt.

Noch eine wichtige hierhergehörende Beobachtung verdanken wir LESS-
HAFT (l. c.), nämlich das sehr häufige Auftreten von Unregelmässigkeiten an den Herztönen bei Schülern im Alter von 11—18 Jahren.
Obgleich diese Erscheinung keinen directen Zusammenhang mit der Schule
hat, sondern, wie die Untersuchungen BENEKE's[1] über das Wachsthum des
Herzens und der grossen Gefässstämme vermuthen lassen, mit der natürlichen
Entwicklung während der Pubertätsperiode in Verbindung steht, so ist sie
doch für Aerzte und Pädagogen von grosser Wichtigkeit. Unregelmässigkeiten am 2. Herzton wurden mehr bei Schülern im 13., 14. und 15. Lebensjahre gefunden; am 1. Tone traten sie öfter im 15., 16. und 17. Jahre auf.
Auf die Klassen vertheilte sich die Erscheinung folgendermassen:

Klasse	I. Gymnasium	II. Gymnasium
I (unterste)	20,5 %	12,5 %
II	20,8 „	10,3 „
III	39,3 „	28,1 „
IV	44,4 „	26,2 „
V	41,2 „	52,8 „
VI	50,0 „	43,6 „
VII	46,5 „	36,6 „

c. Die seitliche Verkrümmung der Wirbelsäule (sog. habituelle Scoliose).

Die Verkrümmung der Wirbelsäule hat von jeher unter der Zahl
der sog. Schulübel eine der ersten Stellen eingenommen. Indem man
ihren Causalzusammenhang mit der Schule behauptete, stützte man
sich einerseits auf die Beobachtungen der Orthopäden (EULENBURG[2]),
KLOPSCH[3], SCHILDBACH[4]) u. A.), nach denen weitaus die Mehrzahl
der Scoliosen im Alter von 6—14 Jahren entstehen soll, andererseits
auf die von GUILLAUME[5]), FAHRNER[6]), FREY[7]), SCHILDBACH etc. hervorgehobene Uebereinstimmung der Form der scoliotischen Wirbel-

---

1) Die anatomischen Grundlagen der Constitutionsanomalien des Menschen.
1878. S. 20—42. — BENEKE fand, dass während der Pubertätsperiode die gegenseitigen Grössenverhältnisse des Herzens und der grossen Arterienstämme eine
wesentliche Aenderung erleiden, indem der Umfang des Herzens in viel bedeuten-
derer Proportion wächst als der Umfang der Arterien.

2) Mittheilungen aus dem Gebiete der schwedischen Heilgymnastik. Berlin
1854. — Derselbe im Journal für Kinderkrankheiten. 1862.

3) Orthopädische Studien und Erfahrungen. Breslau 1861.

4) Die Scoliose. Anleitung zur Beurtheilung und Behandlung der Rückgrats-
verkrümmungen. Leipzig 1872.

5) Op. cit. Siehe daselbst die Zeichnung auf Tafel II.

6) Op. cit.

7) Der rationelle Schultisch etc. Zürich 1865. Siehe daselbst die Abbildung der
schlechten Schreibstellung bei zu hohem Tische.

säule mit der Körperhaltung, welche die Kinder an den gewöhnlichen schlecht construirten Schulbänken annehmen. Leider ist das factische Beobachtungsmaterial über die Häufigkeit des Vorkommens der Scoliose unter den Schulkindern sehr gering und steht gar nicht im Verhältniss zu der Bedeutung, welche von vielen Seiten dieser Erscheinung zugeschrieben worden ist.

In der That sind wir auch heutzutage noch fast ausschliesslich auf die einschlägigen Untersuchungen GUILLAUME's angewiesen, was sich vielleicht theilweise dadurch erklärt, dass selten ein Arzt in die Lage kommt, derartige Beobachtungen an einer grösseren Anzahl von Schulkindern zu machen. GUILLAUME [1]) fand unter 731 Schülern 218 = 29,8 %, bei welchen die Rückgratsverkrümmung in mehr oder weniger ausgesprochenem Grade vorhanden war, und zwar traf er dieselbe bei Mädchen viel häufiger als bei Knaben (41 % gegen 18 %), was mit den Beobachtungen der Orthopäden über die Häufigkeit der Scoliose bei beiden Geschlechtern übereinstimmt.[2]) Diesen Angaben von GUILLAUME gegenüber ergaben Untersuchungen, die aus neuerer Zeit stammen, eine weit geringere Procentzahl scoliotischer Schulkinder: KOTELMANN[3]) fand unter den 515 Gelehrtenschülern Hamburgs nur 6 = 1.17 % derartiger Fälle; die enorme Differenz zwischen dieser Zahl und dem von GUILLAUME erhaltenen Resultate erklärt er, wohl mit Recht, theilweise dadurch, dass GUILLAUME auch diejenigen Schüler mitgezählt hatte, bei denen die Verkrümmung des Rückgrats kaum merklich und also von einer pathologischen Erscheinung eigentlich nicht mehr die Rede war.[4]) Auf die einzelnen Lebensjahre vertheilten sich die Scoliotischen folgendermassen:

im 9.—11. Lebensjahr . . . . . . 0,71 %
„ 12.—14. „ . . . . . 0,00 „
„ 15.—17. „ . . . . . 1,42 „
„ 18.—21. „ . . . . . 4,62 „

Unter den 6 Fällen war die Convexität der Wirbelsäule 5 mal nach rechts hin gerichtet und nur 1 mal nach links. — LESSHAFT (l. c.) fand in dem einen der von ihm untersuchten Gymnasien 1,8 % scoliotischer Kinder, im anderen 3,5 %; die meisten Fälle betrafen Schüler der höheren Klassen:

---

1) Op. cit. p. 40 (deutsche Ausgabe).
2) Siehe hierüber die Angaben von KLOPSCH (l. c.), und SCHILDBACH (die Schulbankfrage und die KUNZE'sche Schulbank. S. 15).
3) Op. cit. p. 12.
4) Ein geringer Grad von Scoliose der Brustgegend mit Convexität gegen rechts ist bekanntlich etwas so Gewöhnliches, dass er als regelmässiges (normales) Vorkommen beschrieben zu werden pflegt. Seit STRUTHNER (Edinburgh medical Journal. Juni 1863) nachgewiesen hat, dass die Eingeweide der rechten Seite wenigstens 15 Unzen schwerer sind als diejenigen der linken Seite, ist es sehr wahrscheinlich geworden, dass die normale Krümmung der Wirbelsäule nach rechts durch die ungleiche Vertheilung des Gewichtes der Eingeweide bedingt wird. (HERMANN MEYER, Die Statik und Mechanik des menschlichen Knochengerüstes. 1873. S. 229.

Klasse	I. Gymn.	II. Gymn.
I (unterste)	0	0
II	0	0
III	1	3
IV	2	4
V	3	1
VI	2	3
VII	0	2
	8	13

Leider findet man nirgends Angaben über den G r a d der Scoliose und doch wäre es äusserst wichtig zu wissen, um wie viel in
jedem einzelnen der beobachteten Fälle der Scheitel der Convexität
von der Medianlinie abweicht, denn aus der Grösse der Abweichung
könnte man wenigstens annähernd auf die pathogenetische Bedeutung
derselben schliessen. Es ist ja nicht sowohl die Verbiegung der
Wirbelsäule an s i c h zu fürchten, sondern die damit verbundenen
Folgezustände: die Verschiebung der Rippen und des Brustbeines,
wodurch die natürliche Form des Thorax verändert, die Entwicklung und Lagerung der Brusteingeweide beeinflusst und die vitale
Lungenkapacität vermindert wird, — und ausserdem die nothwendigerweise entstehende Asymmetrie des Beckens und der unteren
Extremitäten. Da nun diese Folgezustände in einer die Harmonie
der Gestalt und der Functionen des Organismus störenden Weise
erst dann auftreten, wenn die Scoliose einen gewissen Grad erreicht
hat, so ist es unstatthaft zu sagen, dass alle Schüler, bei denen sich
eine seitliche Abweichung der Wirbelsäule überhaupt nachweisen
lässt, „für ihr ganzes Leben einen arg verunstalteten Körper hätten"
(GUILLAUME). Damit soll nicht gesagt sein, dass die schwächeren
Grade der Scoliose gleichgültig seien; im Gegentheil, dieselben sollen
ebensogut notirt werden wie die stärkeren und stärksten, denn nur
dann, wenn man in quantitativer Beziehung Aufschluss über das
Vorkommen der verschiedenen Grade der Scoliose erhält, kann auch
die Gefahr richtig gewürdigt werden, welche dem Schüler von dieser
Seite her droht; — man muss eben, wenn es sich um hygienische
Beurtheilung der Bedeutung der sog. habituellen Scoliose handelt,
die verschiedenen Entwicklungsstufen derselben auseinander halten,
weil sonst das Urtheil wesentlich getrübt wird. Es ist noch zu bemerken, dass nach spirometrischen Messungen von SCHILDBACH[1] die
Athmungsgrösse schon bei scoliotischen Kindern im Alter von 13 bis
17 Jahren um ein Drittel, ja in einzelnen Fällen fast um die Hälfte

---

1) Beobachtungen und Betrachtungen über die Scoliose. 1862. S. 7.

abnimmt. Diese Beobachtung wurde von KOTELMANN (l. c.) im Allgemeinen bestätigt; doch sind dem letzteren auch Ausnahmen von der Regel vorgekommen.

Ueber den Zusammenhang der habituellen Scoliose mit der Schule oder, besser gesagt, mit der Stellung, welche die Kinder gewöhnlich beim Schreiben und bei Handarbeiten in Schule und Haus annehmen, wird wohl am besten die Entstehungsweise der Wirbelsäuleverbiegung, inwieweit sie heutzutage aufgeklärt ist, Zeugniss ablegen können. — Viel verbreitet war früher die Ansicht, nach welcher gestörte Muskelaction die Hauptursache für Entstehung der Scoliose sein sollte, wobei die Einen das Uebergewicht der Muskulatur der rechten Seite durch Mehrübung bei stetem Gebrauche des rechten Armes betonten, die Anderen (EULENBURG, BARDELEBEN[1]), BARWELL[2]) u. A.) die Scoliose aus einer Gleichgewichtsstörung der symmetrisch zur Seite der Wirbelsäule gelagerten Muskelgruppen (Contracturen der Muskeln an der concaven Seite der Curvatur, Dehnung an der convexen Seite) erklärten. Diese Theorien sind wohl gegenwärtig von der Wissenschaft verlassen, und man legt nunmehr das Hauptgewicht auf rein statische Verhältnisse der Wirbelsäule (PAROW[3]), MEYER[4]) und auf Anomalien in der Anlage und im Wachsthum der Wirbelsäule und des Thorax (HÜTER[5]), ENGEL[6]). Indem wir in Bezug auf die Details der von diesen Autoren vorgenommenen Untersuchungen auf die Originalarbeiten und die ziemlich eingehende Schilderung derselben in BAGINSKY's Handbuch der Schulhygiene verweisen, wollen wir nur die zum Verständniss wichtigsten Punkte hervorheben.

Durch Experimente an Leichen hat PAROW gezeigt, dass das Gewicht der einzelnen Körpertheile einen grossen Einfluss auf die Form der Wirbelsäule ausübt und dass Verbiegungen der letzteren, ganz ohne Muskelzug, einzig und allein durch Druck von oben und durch Verlegung der Schwer-

---

1) Lehrbuch der Chirurgie.

2) The natural history and treatment of lateral curvature of the spine. Lancet 1870. Febr.

3) „Ueber aufrechte Stellung und Krümmungen der Wirbelsäule." Virchow's Archiv. Bd. 31. — Derselbe, Deutsche Klinik. 1865. Nr. 18 u. 19; auch Berliner klin. Wochenschrift. 1864. Nr. 45.

4) „Die Mechanik der Scoliose." Virchow's Archiv. Bd. 35. Heft 2. — Derselbe. Die Statik und Mechanik des menschlichen Knochengerüstes. 1873. S. 226.

5) Die Formenentwicklung am Skelet des menschlichen Thorax. Berlin 1865.

6) „Ueber Wirbelsäule-Krümmungen." Wiener med. Wochenschrift. 1868. Nr. 66—68.

punkte des Kopfes, des Schultergürtels und der oberen Extremitäten bewirkt werden können. Da nun die Aufgabe der Wirbelsäule darin besteht, den Körper unter möglichstem Ausschluss der Muskelanstrengung und somit unter möglichster Vermeidung der Ermüdung zu äquilibriren, so ist begreiflich, dass jede Verlegung der Einzelschwerpunkte der oberen Körpertheile, in Folge deren das Gleichgewicht des Körpers verloren gehen könnte, bald durch eine entsprechende Verbiegung der Wirbelsäule ausgeglichen werden muss. Wenn also durch äussere Umstände eine schiefe Körperhaltung, resp. eine Verschiebung der Einzelschwerpunkte des Kopfes und der oberen Extremitäten zu Stande gekommen ist, so entwickelt sich hieraus in nothwendiger Folge, und unter dem allgemeinen Einfluss der Schwere, die Verbiegung der Wirbelsäule, und zwar wird die Form der letzteren direct durch die neue Lage des Gesammtschwerpunktes der oberen Körpertheile bestimmt. — Die von PAROW ausgesprochenen Ansichten über die ursächlichen Momente der Scoliose wurden durch HERM. MEYER auf Grund eigener, sehr sorgfältiger Untersuchungen bestätigt. Auch MEYER findet den Ausgangspunkt für die Entstehung der Scoliose in der Einwirkung der Schwerebelastung auf eine Wirbelsäule, in welcher eine seitliche Verbiegung durch äussere Umstände schon eingeleitet ist. Als neuen Beweis hierfür macht er auf die s p i r a l i g e D r e h u n g der Wirbelsäule aufmerksam, welche bei jugendlichen Individuen (unter 14 Jahren), zugleich mit der seitlichen Verbiegung, durch Druck auf das obere Ende der Wirbelsäule hervorgebracht wird und durch den sehr verschiedenen Grad von Compressionsfähigkeit der Körperreihe und der Bogenreihe bedingt ist. Diese spiralige Drehung kann, nach MEYER, durch Muskelzug nicht entstehen, ebensowenig wie die ebenfalls accessorisch auftretende Lordose. Beide Erscheinungen sind übrigens an das jugendliche Alter gebunden, da an dem entwickelten Körper die straffe Spannung der Fascia longitudinalis anterior ein wesentliches Hinderniss für die Ausbildung der spiraligen Drehung und der Lordose bildet, so dass später auftretende Scoliosen immer die reine Form der seitlichen Verbiegung, ohne die genannten accessorischen Elemente, darstellen.

Der Einfluss der Schule, sowie auch der häuslichen Arbeiten, auf die Bildung der Scoliose ist nun leicht zu verstehen. Es braucht nur durch unzweckmässig gebaute Schultische, bei denen die Tischplatte zu hoch über der Bank liegt oder die letztere zu weit vom Tische absteht, so dass zum Schreiben der Oberkörper vorgebeugt und der Schultergürtel gehoben werden muss (oder auch durch verkehrte Schreibregeln) der erste Anstoss zur Schiefhaltung des Oberkörpers gegeben zu sein, — das Weitere wird dann durch die statischen Verhältnisse der Wirbelsäule von selbst besorgt. Ohne Zweifel geben auch weibliche Handarbeiten oft zu Schiefstellungen des Körpers Veranlassung und bilden somit einen Ausgangspunkt für die Entstehung der Scoliose; hierdurch würde sich auch das von allen Seiten zugestandene häufigere Vorkommen der letzteren bei den Mädchen wenigstens theilweise erklären. Der Einfluss der Schreibstellung auf die Verkrümmung der Wirbelsäule macht sich auch darin geltend, dass die Convexität der Krümmung in der Höhe der Brustwirbel meistens rechtsseitig ist, was der gewöhnlichen Schreibstellung mit gehobener rechter Schulter und nach links und vorn gebeugtem Kopfe entspricht. Die schiefen Körperhaltungen der Kinder beim Schreiben gestatten übrigens sehr zahlreiche Combinationen, wovon man sich in jeder Schule überzeugen kann, und dementsprechend ist auch die Form der scoliotischen Wirbelsäule eine sehr verschiedene.[1]

Den soeben entwickelten Anschauungen gegenüber nehmen HÜTER und ENGEL an, dass äussere Momente, wie schiefe Körperstellung, nur sehr wenig zur Bildung der habituellen Scoliose beitragen können. Vom entwicklungsgeschichtlichen Standpunkt ausgehend, leiten diese Autoren die Entstehung der Scoliose von Unregelmässigkeiten in der Ossification der einzelnen Wirbelsäuleabschnitte und von Anomalien in der Aufeinanderfolge der verschiedenen Wachsthumsperioden der Rippen ab, wodurch überhaupt der Anfang der Scoliosenbildung in eine sehr frühe Lebensperiode verlegt und die Arbeit in Schule und Haus von jeglichem Einflusse freigesprochen wird.

Ohne nun die wissenschaftliche Bedeutung der Arbeiten HÜTER's und ENGEL's irgendwie schmälern zu wollen, muss man doch zugestehen, dass es diesen Autoren nicht gelungen ist, die von ihnen behauptete Unrichtigkeit der von PAROW und MEYER vertretenen Anschauungen nachzuweisen. Wie BAGINSKY sagt, ist die Schwerewirkung für die Formbildung des Skelettes absolut nicht von der Hand zu weisen, und man könnte, um den möglichsten Nutzen aus den gegentheiligen Ansichten über die Entstehung der Scoliose zu ziehen, nur daran denken, dass die Schwere bei fehlerhafter Körperhaltung die Verbiegung der Wirbelsäule um so leichter hervorruft, je mehr in Anomalien der ersten Anlage und des Wachsthums der Wirbelsäule und der Rippen der ständig wirkenden Schwerkraft günstige Angriffspunkte gegeben sind. Hierdurch würde sich auch erklären, warum factisch ein grosser Theil der Schulkinder dem Einflusse der fehlerhaften Körperhaltung widersteht und mit normal gebildeter Wirbelsäule die Schule verlässt.

d. Lungenkrankheiten.

Von zahlreichen Autoren wird darauf hingewiesen, dass die Schule zur Entwicklung der Lungentuberkulose Veranlassung geben könne, und zwar einerseits durch die mangelhafte, flache Respiration, die eine nothwendige Folge der vornübergebeugten Haltung des Oberkörpers beim Schreiben, Zeichnen u. dgl. ist, andererseits durch die verdorbene Luft der Schulstuben. Selbst VIRCHOW (l. c.) hält es nicht für unmöglich, dass die Schule viel zu der grossen Sterblichkeit an Lungenschwindsucht im Alter zwischen 10—20 Jahren beitrage; als denkbare Entstehungsursache für dieses Leiden im schulpflichtigen Alter weist er, ausser den schon genannten Momenten, auch auf die häufigen Erkältungen hin, denen Schulkinder ausgesetzt seien. Auch die An-

---

1) Ueber die verschiedene Körperhaltung der Kinder beim Schreiben siehe die Werke von GUILLAUME (l. c.), FAHRNER (l. c.), SCHILDBACH (Die Schulbankfrage S. 13 ff.), besonders aber DAIBER (Körperhaltung und Schule S. 3 ff.).

sichten BUHL's[1]) über die Rolle, welche schlecht ventilirte, überfüllte Räume
in der Aetiologie der Lungenschwindsucht spielen, lassen es möglich erscheinen,
dass die Schule in dieser Beziehung für die Kinder verhängnissvoll werden
könne. Dennoch muss man gestehen, dass wir uns hier rein auf dem Gebiete der Speculation befinden, da es an thatsächlichem Beweismaterial vollständig fehlt: wir verfügen nicht einmal über Einzelbeobachtungen, welche
uns das Recht geben, die Schule der Erzeugung von Lungenschwindsucht zu
beschuldigen; von beweiskräftigen statistischen Zahlen ist gar keine Rede.
Auch dürfte ein solches Material überhaupt schwer zu beschaffen sein, da
auch abgesehen von der hereditären Anlage, deren unheilvolle Wirkungen
sich ja gerade in der oben angezogenen Altersperiode vorzugsweise geltend
machen, es eine grosse Menge von Gelegenheitsursachen zur Entstehung
chronischer Lungenleiden gibt, so dass es fast unmöglich sein dürfte, den
Einfluss der Schule, auch wenn er vorhanden wäre, zu isoliren. Man kann
zugeben, dass in der oft sehr unreinen Luft der Schulstuben, in der unnatür-
lichen Stellung der Kinder beim Schreiben und Zeichnen, und in der hierdurch behinderten Respiration, Bedingungen gegeben sind, welche die normale
Entwicklung der Lungen hemmen und sogar zu Erkrankungen des Lungen-
gewebes disponiren können, aber es wäre doch gewagt, auf Grund dieser
Betrachtungen hin einen directen, ursächlichen Zusammenhang zwischen Schule
und Lungenschwindsucht anzunehmen. Jedenfalls werden ungünstige häusliche Verhältnisse den Kindern in dieser Beziehung gefährlicher als die Schule.

e. Veränderungen des Refractionszustandes der Augen; Kurzsichtigkeit.

Die Kurzsichtigkeit ist das einzige der sog. Schulübel, dessen
ursächlicher Zusammenhang mit der Schule, resp. mit den Verhältnissen, in welche der jugendliche Organismus mit dem Beginne der
geistigen Beschäftigung in Schule und Haus versetzt wird, durch
exacte und ausgedehnte wissenschaftliche Untersuchungen hinreichend
festgestellt ist. Die Zahl der einschlägigen Arbeiten ist seit dem
Erscheinen der ersten Untersuchungen COHN's enorm gewachsen, so
dass es hier nicht möglich ist, auf jede einzelne derselben einzugehen
oder auch nur ein Literatur-Verzeichniss zu geben. Wir müssen uns
also damit begnügen, die wichtigsten Resultate kurz anzuführen, was
uns wesentlich dadurch erleichtert wird, dass im Allgemeinen die
zahlreichen Autoren, in seltener Uebereinstimmung, zu gleichartigen
Schlüssen gelangt sind, die sich ungefähr folgendermaassen formuliren
lassen:

1) In weitaus der grössten Mehrzahl der Fälle treten die Kinder
mit guten Augen von hyperopischem oder emmetropischem Bau in
die Schule ein.

2) Im Laufe des Schullebens wird ein sehr grosser Theil der
ursprünglich normal oder hyperopisch gebauten Augen kurzsichtig,

---

1) Lungenentzündung, Tuberkulose und Schwindsucht. München 1872.

so dass man von Klasse zu Klasse, von Lebensjahr zu Lebensjahr, von Schuljahr zu Schuljahr immer mehr myopische Augen findet.

3) Dieser Uebergang von Emmetropie oder sogar von Hyperopie in Myopie kann am einzelnen Auge constatirt werden, wenn man dasselbe während der Schulzeit von Jahr zu Jahr untersucht.

4) Die Zahl der Myopen ist in den Stadtschulen grösser als in Dorfschulen, und zwar wächst sie von Stufe zu Stufe der Bildungsleiter, von der Elementarschule bis zum Gymnasium, in rascher Progression.

5) Der Durchschnittsgrad der Myopie wächst mit den Klassen, den Lebensjahren und Schuljahren.

6) Mit dem Wachsthum der Myopie gehen Veränderungen im Inneren des Auges Hand in Hand, welche eine Herabsetzung des Sehvermögens zur Folge haben, so dass factisch der Procentsatz der mit vollkommenem Sehvermögen ausgestatteten Augen unter den Kurzsichtigen beträchtlich geringer ist als unter den Emmetropen und Hyperopen.

7) Die anhaltende Arbeit in der Schule und zu Hause, an und für sich, bewirkt im Auge functionelle Störungen und anatomische Veränderungen, welche nach und nach zur Bildung der Myopie führen; dies ist um so mehr der Fall, wenn die Arbeit unter Verhältnissen stattfindet, die für das Sehen ungünstig sind: schlechte Beleuchtung, falsche Schreibstellung, schlecht gebaute Schultische, unzweckmässige Schreibmaterialien und schlecht gedruckte Bücher u. s. w.

Wir werden im Folgenden diese Sätze mit einigen Zahlenreihen belegen; in Bezug auf die Details aber verweisen wir auf die Specialliteratur.[1]

Die Untersuchungen von James Ware[2]), die amtlichen Erhebungen im Grossherzogthum Baden[3]), die Angaben von Szokalski[4]), sowie die Beobachtungen Rüte's[5]), glauben wir hier ganz übergehen zu können, da sie aus Gründen, welche in der Art der Erhebung und in den angewandten Unter-

---

1) Die Literatur bis zum Jahre 1876 ist ziemlich vollständig angeführt bei Baginsky, Handbuch der Schulhygiene. S. 387 u. 388. — Bis auf die neueste Zeit reichen die Angaben Cohn's in seinem auf der Naturforscherversammlung zu Danzig im Sept. 1880 gehaltenen Vortrage: „Ueber Schrift, Druck und überhandnehmende Kurzsichtigkeit. (S. das Tageblatt der Versammlung.)

2) Angef. bei Cohn, Untersuchungen der Augen von 10060 Schulkindern. S. 1. — S. auch Hasner's klin. Vorträge über Augenheilkunde. 1860. I. S. 36.

3) Handbuch der med. Polizei von Dr. Schürmayer. 1856. S. 64.

4) Prager Vierteljahrschrift f. prakt. Heilkunde. 1848. S. 165.

5) „Untersuchungen über die Augenkrankheiten von Schulkindern." Zeitschrift von Küchenmeister und Ploss. 1866. S. 233.

suchungsmethoden liegen, nur einen bedingten Werth haben. Ihre Bedeutung liegt nicht in ihren Resultaten, sondern darin, dass sie das Interesse der Specialisten und Behörden an dem so wichtigen Gegenstande anregten. Der Grundstein zum wissenschaftlichen Studium der Kurzsichtigkeit in den Schulen wurde in der Mitte der 60er Jahre durch die bekannte Arbeit Cohn's[1]) gelegt, welcher die Refraction der Augen von 10060 Kindern in verschiedenen Kategorien von Schulen der Untersuchung unterzog. Da indess Cohn damals nur die praktische Seite der Frage im Auge hatte und diejenigen Grade von Myopie, welche schwächer waren als $1/36$ vernachlässigte, so sind seine Zahlen nicht direct mit den Resultaten der späteren Autoren vergleichbar, die auch die schwächsten Myopiegrade berücksichtigten, da mittlerweile das Vorhandensein derselben eine hohe theoretische Bedeutung für die Erkenntniss der Entwicklung der Kurzsichtigkeit erhalten hatte. Cohn fand:

> in den Dorfschulen . . . . . . 1,4 % Myopen,
> „ „ städtischen Elementarschulen 6,7 „ „
> „ „ höheren Töchterschulen . . 7,7 „ „
> „ „ Mittelschulen . . . . . 10,3 „ „
> „ „ Realschulen. . . . . . 19,7 „ „
> „ „ Gymnasien . . . . . . 26,2 „ „

Die Steigerung der Myopenzahl nach den Klassen drückte sich in folgenden Procentsätzen [2]) aus:

	VIII	VII	VI	V	IV	III	II	I
Höhere Töchterschule	1,0	1,8	7,3	8,0	6,4	15,6	12,0	18,7
Mittelschulen . . .	—	—	0,0	19,4	5,8	13,2	9,1	15,7
Realschulen . . .	—	—	9,0	16,7	19,2	25,1	26,4	44,0
Gymnasien	—	—	12,5	18,2	23,7	31,0	41,3	55,8

Eine ähnliche Steigerung der Myopenzahl ergab sich, wenn Cohn die Kurzsichtigen nach Lebensjahren und nach Schuljahren zusammenstellte. Ausserdem fand Cohn in den niederen Schulen fast lauter schwache Grade von Myopie, während dieselben in den höheren Schulen immer seltener wurden; dafür traten in den letzteren öfter die stärkeren Grade der Kurzsichtigkeit auf. Dasselbe Resultat ergab sich bei Anordnung der Myopiegrade nach der Anzahl der Schul- und Lebensjahre der Kinder. Demgemäss nahm auch der Durchschnittsgrad der Myopie nach dem Bildungsgrad der Schulen, nach Klassen, Lebensalter und Schuljahren zu.

Die Untersuchungen Cohn's wurden von mir[3]) in den russischen Gymnasien und den ihnen entsprechenden deutschen Schulen Petersburgs wiederholt und in einigen Beziehungen erweitert. Bei 4358 Zöglingen (3266 Knaben

---

1) Deutsche Klinik. 1866. Nr. 7. „Die Kurzsichtigkeit unter den Schulkindern etc." Nach Untersuchungen an 7568 Schüler. — Sodann: Untersuchungen der Augen von 10060 Schulkindern. 1867.

2) Diese Procentzahlen sind von Cohn unrichtig berechnet, da er die Durchschnittsprocente aus den Procentzahlen der einzelnen Schulen abgeleitet hat, statt aus den absoluten Zahlen.

3) „Ein Beitrag zur Entwicklungsgeschichte der Myopie, gestützt auf die Untersuchung der Augen von 4358 Schülern und Schülerinnen." Graefe's Archiv für Ophthalmologie. 1871. Bd. 17. S. 1—79.

und 1092 Mädchen) ergaben sich folgende Procentzahlen für die verschiedenen Refractionszustände:

	Im Ganzen	Knaben	Mädchen
Myopen	30,2	31,1	27,5
Emmetropen . . .	26,0	26,5	24,2
Hypermetropen . .	43,3	42,0	47,7
Amblyopen	0,5	0,4	0,6

Nach den Klassen ergeben die verschiedenen Refractionszustände folgende Procentsätze:

	V. K.[1]	I	II	III	IV	V	VI	VII
Myopie . . .	13,6	15,8	22,4	30,7	38,4	41,3	42,0	42,8
Hyperopie . .	67,8	55,6	50,5	41,3	34,7	34,5	32,4	36,2
Emmetropie . .	18,6	28,0	26,4	27,3	26,4	24,2	25,0	21,0

Ich konnte somit aus meinen Untersuchungen den Schluss ziehen, dass die Hypermetropie der gewöhnliche, normale Refractionszustand des jugendlichen, unverdorbenen Auges ist, und dass das, was man Emmetropie nennt, nur das Uebergangsstadium von der ursprünglichen Hypermetropie zur Myopie darstellt. Wäre es möglich, die Kinder für die Untersuchung zu atropinisiren, so würde man die Zahl der Emmetropen noch bedeutend schwinden, diejenige der Hypermetropen dagegen sich vergrössern sehen. Die Richtigkeit dieser Anschauung wurde in der That von COHN[2] später nachgewiesen, indem er constatirte, dass bei den von ihm atropinisirten Dorfschulkindern ohne Ausnahme die frühere scheinbare Emmetropie, nach Lähmung der Accommodation, sich als Hypermetropie entlarvte. Aber auch ohne Atropinanwendung konnte von mehreren Autoren die von mir gefundene Häufigkeit des Vorkommens von Hyperopie in den unteren Klassen bestätigt werden; die folgenden Zahlen, die den Arbeiten KOPPE'S[3] in Dorpat und CONRAD'S[4] in Königsberg entnommen sind, beruhen auf Bestimmungen des Refractionszustandes mit dem Augenspiegel: KOPPE fand:

	Hyperopie	Myopie	Emmetropie	Astigmat
In einem Gymnasium	41,5	29,5	23,0	6,0
„ einer Volksschule	61,1	2,4	25,7	10,7
„ „ Vorschule	63,0	11,4	17,2	8,4
„ einem Kindergarten . . .	98,4	0,0	1,6	—

Die Untersuchungen CONRAD'S, nach Klassen geordnet, ergaben folgende Procentsätze:

	VIII	VII	VI	V	IV	III	II	I
Hyperopie	70,0	64,7	60,9	54,3	45,9	33,8	35,3	22,9
Emmetropie . . .	25,0	29,8	30,2	30,6	35,3	32,0	27,3	24,6
Myopie	4,3	5,5	8,7	14,4	18,6	34,0	37,4	51,7

---

1) V. K. bedeutet die Vorbereitungsklasse, in welcher sich Kinder von 8 bis 9 Jahren befinden.

2) „Die Refraction der Augen von 240 atropinisirten Dorfkindern." Graefe's Archiv für Ophthalmologie. 1871. Bd. 17. S. 305—320.

3) „Ophthalmoskopisch-ophthalmologische Untersuchungen aus dem Dorpater Gymnasium etc. Inaug.-Dissert. 1876.

4) Die Refraction von 3036 Augen von Schulkindern mit Rücksicht auf den Uebergang der Hypermetropie in Myopie. 1876.

Die Refractionsverhältnisse in den einzelnen Klassen nach meinen und nach CONRAD's Untersuchungen sind in Fig. 1 und 2 graphisch dargestellt.

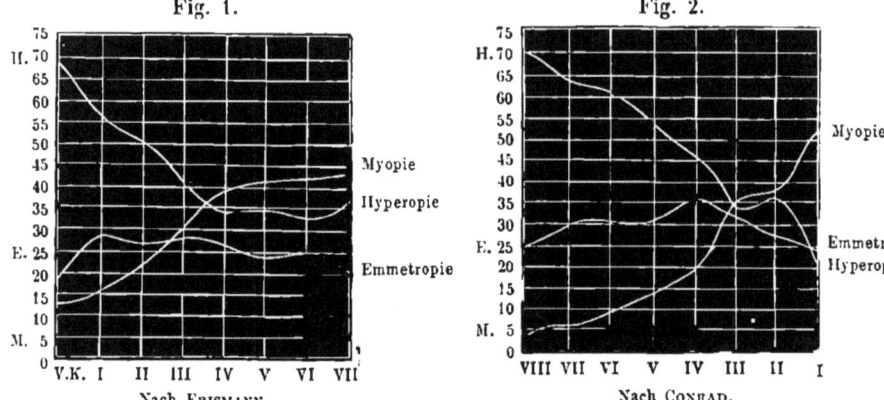

Nach ERISMANN.   Nach CONRAD.

Auch in Bezug auf die Zunahme der stärkeren und stärksten Myopiegrade in den höheren Klassen konnte ich COHN's Angaben bestätigen, wie folgende Tabelle zeigt, in welcher die unterste Klasse mit I, die oberste mit VII bezeichnet ist; P. C. bedeutet einen pädagogischen Curs für Mädchen, welche das Gymnasium schon verlassen haben.

Myopengrade	I	II	III	IV	V	VI	VII	P. C.
$1/\infty - 1/24$	78,2	69,6	55,8	53,1	41,2	37,5	29,1	20,0
$1/24 - 1/12$	14,5	20.8	26,3	23,3	32,1	28,1	37,3	20,0
$1/12 - 1/9$	5,7	5,1	8,4	11,8	12,1	13,4	10,9	24,0
$1/9 - 1/7$	0,8	1,5	3,4	7,4	10,2	10,2	12,7	12,0
$1/7 - 1/6$	—	1,5	3,8	3,5	3,4	7,0	4,5	16,0
mehr als $1/6$	0,8	1,5	2,3	0,9	1,0	3,8	5,5	8,0

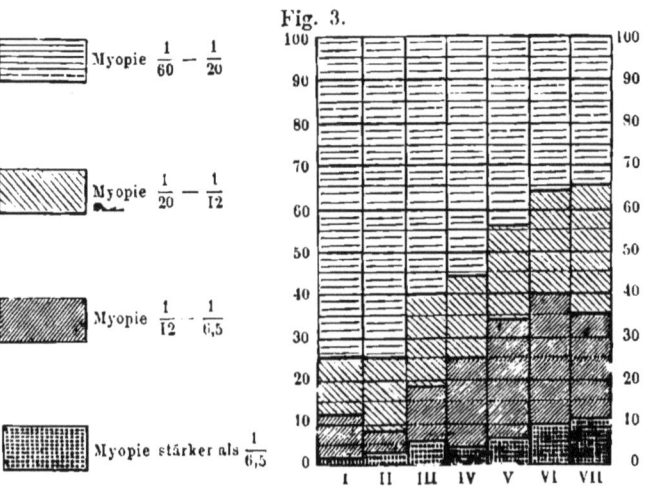

Myopiegrade nach Klassen (ERISMANN).

Das vorstehende Diagramm (Fig. 3) bezeichnet die Grade der Myopie nach Klassen für die klassischen Gymnasien des Ministeriums der Volksaufklärung in St. Petersburg nach meinen Untersuchungen vom Jahre 1870, mit denen noch nicht veröffentlichte Untersuchungen vom Jahre 1876 sehr gut übereinstimmen.

Ohne hier auf die Bildung des Staphyloma posticum im myopischen Auge oder auf die Entwicklung der Muskelinsufficienz und des divergirenden Strabismus einzugehen, will ich nur noch der Störung des Sehvermögens Erwähnung thun, welche die stärkeren Grade von Myopie zu begleiten pflegt. Wie folgende Resultate meiner Untersuchungen zeigen, bleibt die durchschnittliche Sehschärfe der Myopen hinter denjenigen der Gesammtzahl der Schüler nicht unbedeutend zurück:

		Gesammtzahl	Myopen
Sehschärfe $= 1$	. . . .	85,6 %	77,7 %
„ $= \frac{2}{3} - 1$	. .	6,8 „	12,5 „
„ unter $\frac{2}{3}$	. . .	7,6 „	9,8 „

Conrad (l. c.) fand folgendes Verhältniss:

		Gesammtzahl	Myopen
Sehschärfe $= 1$	. . . .	83,2 %	73,3 %
„ $= \frac{2}{3} - 1$	. .	7,1 „	13,7 „
„ unter $\frac{2}{3}$	. . .	9,7 „	13,0 „

Diese Herabsetzung der durchschnittlichen Sehschärfe bei den Myopen wurde auch von Reuss[1]), Koppe[2]), Kotelmann[3]) u. A. bestätigt und namentlich von letzterem darauf aufmerksam gemacht, dass die Herabsetzung der Sehschärfe um so häufiger auftritt, je stärker die Myopie ausgeprägt ist.

Aeusserst wichtig sind die Beobachtungen, welche nachweisen, dass wirklich bei ein und demselben Individuum der Refractionszustand der Augen während des Schullebens sich ändert, indem die Hypermetropie in Emmetropie und in Myopie übergeht und die einmal erworbene Myopie fortwährend zunimmt. Solche Beobachtungen sind zuerst von Cohn[4]) in Breslau gemacht worden. Derselbe wiederholte nach 1 ½ Jahren früher angestellte Untersuchungen und constatirte, dass im Laufe dieser Zeit 16 % der früher als Emmetropen notirten Schüler Myopie acquirirt hatten; ausserdem hatte mehr als die Hälfte der früheren Myopen eine Verschlimmerung ihrer Kurzsichtigkeit erfahren. — In ähnlicher Weise wiederholte Reuss (l. c.) seine Beobachtungen nach Ablauf eines Jahres: von den Emmetropen des Vorjahres hatten 70,9 % ihren Refractionszustand beibehalten; bei 18,9 % hatte sich Myopie entwickelt (schwache Grade); 10,2 % zeigten jetzt Hyperopie. Bei den myopischen Schülern war in 28 % der Fälle die Myopie stationär geblieben, in 61 % war die Kurzsichtigkeit stärker (progressiv) geworden; 11 % der Myopen zeigten bei der zweiten Unter-

---

1) „Die Augen der Schüler des Leopoldstädter Communal-Real- und Obergymnasiums in Wien." Zehnter Jahresber. dieses Gymnasiums. 1874.

2) L. c. p. 10.

3) „Die Augen der Gelehrtenschüler des Johanneums in Hamburg." Jahresber. der Gelehrtenschule für des Schuljahr 1876—1877.

4) Oster-Programm des Friedrichs-Gymnasiums. 1872.

suchung schwächere Grade von Myopie als bei der ersten. Wie REUSS richtig
bemerkt, dürfte die letzterwähnte Beobachtung davon herrühren, dass ein
vorübergehender Accommodationskrampf zeitweilig eine scheinbare Myopie zu
Stande gebracht hatte. Ueberhaupt dürfte bei Untersuchungen, die in verhältnissmässig so kurzen Zwischenräumen wiederholt werden, ein grosser Theil
der unzweifelhaft zu constatirenden Veränderungen auf Zunahme oder Abnahme des Accommodationskrampfes, als Vorläufer bleibender Axenveränderun-
gen, zu setzen sein. — Ich selbst hatte Gelegenheit im Jahre 1876 eine wiederholte Untersuchung an 350 Augen vorzunehmen, deren Refraction mir schon
vom Jahre 1870 her bekannt war.[1]) In diesem Zeitraume von 6 Jahren
hatte sich die Refraction nur in 22,86 % der Fälle nicht verändert; 68,28 %
der Augen zeigten einen erhöhten Refractionszustand, und zwar in folgender
Weise:

die Hypermetropie war schwächer geworden in . . . .   6,86 % der Augen,
„   „   „ in Emmetropie übergegangen in .   8,00 „   „   „
„   „   „ „ Myopie übergegangen in   . . 13,14 „   „   „
„ Emmetropie war in Myopie übergegangen in   . . . 15,71 „   „   „
„ Myopie war stärker geworden in . . . . 24,57 „   „   „

Abgenommen hatte die Refraction in 8,86 % der Augen, und zwar war:
die Hypermetropie stärker geworden in . . . . .   3,15 % der Augen,
„ Emmetropie in Hyperopie übergegangen in. . .   4,57 „   „   „
„ Myopie schwächer geworden in . . . . . .   0,56 „   „   „
„   „ in Emmetropie übergegangen in. . . .   0,57 „   „   „

Es ist also eine Umwandlung des Refractionszustandes
jugendlicher Augen während des Schullebens unzweifelhaft,
und zwar findet dieselbe weitaus in der Mehrzahl der Fälle in progressiver
Richtung statt, d. h. im Sinne einer Verlängerung der Augenaxe. Die relativ
wenig zahlreichen Fälle von Regression der Refraction rühren fast ausschliesslich davon her, dass eine in Folge starker Accommodationsanspannung früher
latente Hypermetropie mit der Zeit manifest wird; selten kommt es vor, dass
ein Schülerauge, auch wenn es noch nicht eigentlich myopisch ist, sondern
erst in Folge von Accommodationskrampf eine scheinbare Myopie besitzt, später
wieder in seinen Normalzustand zurückkehrt, — fast immer leitet der Accommodationskrampf die bleibenden Veränderungen ein, welche den myopischen
Bau des Bulbus charakterisiren.

Beispielsweise will ich nur einige von mir beobachtete Fälle von Umwandlung der Refraction in Schüleraugen anführen; H $1/36$ ging über in
M $1/24$; H $1/60$ in M $1/20$; M $1/14$ in M $1/6$; M $1/20$ in M $1/7$; M $1/50$ in M $1/10$;
es ist schwerwiegend, dass hierbei nicht selten auch Abnahme des Sehvermögens constatirt werden konnte.

Es kann hier nicht unsere Aufgabe sein, die Entwicklungsgeschichte der progressiven Myopie in ihren anatomischen

---

1) Die Resultate dieser Beobachtungen sind noch nicht veröffentlicht. da seit
dem Jahre 1876 von mir periodische Untersuchungen über die Umwandlung der
Refraction an ein und denselben Schülern der St. Petersburger Gymnasien vorgenommen werden, deren Abschluss erst mit dem Austritt der betreffenden Zöglinge stattfinden kann.

und physiologischen Bedingungen zu erörtern; wir geben desshalb nur eine kurze Darlegung der ursächlichen Momente und ihres Zusammenhanges mit der Schule.

In früherer Zeit (STELLWAG v. CARION, JÄGER) hat man die Myopie vorzugsweise als einen angeborenen Zustand betrachtet, der mit dem Gebrauche des Auges nicht zusammenhänge. In der That lässt sich weder das Vorkommen einer angeborenen Myopie, noch der Einfluss der erblichen Anlage auf das spätere Auftreten der Kurzsichtigkeit läugnen: man findet oft schon bei Kindern von 8—9 Jahren, deren Augen durch die Beschäftigung in Schule und Haus noch nicht in hohem Maasse gelitten haben können, ungemein starke Myopiegrade mit bedeutender Axenverlängerung des Bulbus, die jedenfalls als ein angeborener Zustand betrachtet werden müssen; ausserdem gelingt es auch in einer Zahl von Fällen nachzuweisen, dass die Eltern myopischer Kinder ebenfalls kurzsichtig sind.[1]) Aber schon DONDERS[2]) hatte, obgleich er der erblichen Prädisposition eine grosse Bedeutung beilegt, die Ueberzeugung ausgesprochen, dass auch ohne ursprüngliche Anlage, in Folge von übermässiger Accommodationsanstrengung, sich im ursprünglich emmetropischen Auge Myopie entwickeln könne. Und wirklich muss es als durch die zahlreichen Untersuchungen der neueren Zeit erwiesen betrachtet werden, dass weitaus in der Mehrzahl der Fälle die Myopie während des Schullebens erworben wird, ohne dass eine hereditäre Anlage vorhanden oder überhaupt nothwendig wäre. Was nun die Factoren betrifft, welche bei Entstehung der Myopie in Betracht kommen, so weisen sowohl klinische Beobachtung als experimentelle Forschung auf zwei wesentliche Momente hin: die unnatürlich gesteigerte Anstrengung des Accommodationsapparates und die bedeutende Convergenz der Sehaxen (bei der Fixation kleiner Objecte unter ungünstigen Beleuchtungsverhältnissen etc.). Durch diese beiden Factoren nämlich werden Zustände im Auge hervorgebracht, welche als unmittelbare Ursache der Verlängerung der Bulbusaxe angesehen werden müssen: 1) abnorme Verhältnisse der Blutcirculation im Bulbus und Vermehrung des intraoculären Druckes; 2) Dehnungszustände der Augenhäute in der Nähe des hinteren Poles, und zwar durch Zerrung der Chorioidea von innen in Folge der Contraction des Accommodationsmuskels (COCCIUS, HENSEN und VÖLKERS) und durch Zerrung an der äusseren Sclerallamelle von Aussen bei forcirter Convergenz (SCHWEIGGER, JÄGER). Durch die Nachgiebigkeit des jugendlichen Bulbus, diesen Druck- und Dehnungszuständen gegenüber,

---

1) Hierzu muss übrigens bemerkt werden, dass die hierüber von den Autoren angegebenen Zahlen nur eine relative Bedeutung haben, weil sie überall nur auf Angaben der Kinder über den Refractionszustand der Augen ihrer Eltern beruhen. COHN (l. c.) constatirte auf diese Weise, dass bei 1% aller von ihm gefundenen Myopen beide Eltern kurzsichtig waren; meine Untersuchungen (l. c.) ergaben Myopie des Vaters, der Mutter oder beider Eltern bei 30,6% aller kurzsichtigen Schulkinder; FLORSCHÜTZ (Die Kurzsichtigkeit in den Coburger Schulen. 1880) gibt 24,2% sog. Heredität an; DOR sogar 59% (Die Schule und die Kurzsichtigkeit. Bern 1874).

2) Die Anomalien der Refraction und Accommodation des Auges. Deutsch von BECKER. Wien 1866.

wird natürlicherweise die nachtheilige Einwirkung der letzteren wesentlich begünstigt.

Es unterliegt nun, wie wir bei Besprechung der Beleuchtung der Klassenzimmer, der Construction der Schulbänke und der Beschaffenheit der Schulutensilien noch sehen werden, keinem Zweifel, dass während der Lernperiode der Jugend hinlänglich Bedingungen gegeben sind, welche an die Accommodation und die Sehaxenconvergenz ungebührliche Anforderungen stellen, so dass der normale Accommodationsact, in welchem an sich schon Gefahren für das Auge liegen, wenn er anhaltend und in intensiver Weise stattfindet, in einen förmlichen Accommodationskrampf verwandelt, die Convergenzstellung der Sehaxen eine forcirte wird. Der Krampf des Accommodationsmuskels ist aber desshalb so sehr zu fürchten, weil, wenn er einmal eingetreten ist, die durch die Accommodation im Auge hervorgerufenen Veränderungen auch dann noch fortdauern, wenn die Arbeit ausgesetzt wird. Der grosse Einfluss der habituellen Accommodationsanstrengung, dem offenbar geringeren der forcirten Sehaxenconvergenz gegenüber, wird namentlich auch dadurch grell beleuchtet, dass bei jugendlichen Myopen, welche sich der Concavgläser bedienen, nicht selten die progressive Myopie einen rapiden Verlauf nimmt, namentlich wenn mit den Gläsern Missbrauch getrieben wird, wie dies leider so oft der Fall ist.

Es ist noch zu erwähnen, dass der Krampf des Accommodationsmuskels sich bei myopischen Schülern oft constatiren lässt; so z. B. konnte REUSS (l. c.) denselben in 25,3 % der von ihm mit dem Augenspiegel untersuchten Myopen nachweisen.

f. Affectionen der Centralorgane des Nervensystems; Geistesstörungen.

GRIESINGER[1]) macht darauf aufmerksam, dass, neben der hereditären Anlage, als Ursachen psychischer Störungen bei Kindern auch die „Erziehungsfehler" anerkannt werden müssen, worunter er einmal eine allzufrühe und allzuintensive intellectuelle Anspannung und sodann ungünstige und verkehrte Einflüsse auf die Empfindungsweise und Willensrichtung des Kindes rechnet. Es unterliegt nun keinem Zweifel, dass Familie und Schule in diesen Richtungen häufig an den Kindern sündigen, indem weder die Eltern noch die Lehrer Zeit und hinreichende psychologische Kenntnisse besitzen, um das Seelenleben jedes einzelnen Kindes gründlich studiren und die Erziehung und Belehrung desselben nach richtigen Principien leiten zu können. Es fehlt auch nicht an einzelnen Thatsachen, sogenannten

---

1) Pathologie und Therapie der psychischen Krankheiten. 1871.

täglichen Erfahrungen, welche beweisen, dass eine verkehrte Behandlung der Kinder in Schule und Haus nicht selten zu Anomalien in der Sphäre der Geistesfunctionen führt, ohne dass man dabei sogleich an das klinische Bild einer bestimmten Form von Geistesstörung zu denken hätte. Schon die blosse Ermüdung durch Ueberanstrengung kann, wenn sie einen gewissen Grad überschreitet und sich Tag für Tag wiederholt, ohne dass dem ermüdeten Organe Gelegenheit gegeben wäre sich durch entsprechende Ruhepausen vollständig zu restauriren, zu Abnormitäten in der Thätigkeit des Gehirnes führen. Leider gibt es keinen genauen Maassstab für die geistige Ermüdung der Kinder, und auch, wenn es einen solchen gäbe, so könnte doch der Lehrer nur in seltenen Fällen auf die eingetretene Ermüdung einzelner Zöglinge die gehörige Rücksicht nehmen, da eben mit jeder Klasse innerhalb der gegebenen Zeit ein gewisses Lehrziel erreicht werden muss.

Sikorsky [1]) hat in neuerer Zeit versucht experimentell den Ermüdungsgrad des Gehirnes der Schulkinder zu bestimmen, indem er die Genauigkeit der Arbeit frischer und ermüdeter Kinder verglich. Zu diesem Behufe wurden einerseits Morgens, vor der ersten Unterrichtsstunde, andrerseits Nachmittags, nach fünfstündigem Unterricht, Diktirübungen vorgenommen und die in beiden Fällen gemachten Schreibfehler der Zahl nach verglichen. Es ergab sich, dass die Arbeit der durch den Unterricht ermüdeten Kinder um 22 — 43%, oder im Mittel um 33% weniger genau war, als diejenige, welche bei noch frischen Geisteskräften vorgenommen wurde. Die Schreibfehler der ermüdeten Kinder bezogen sich meist auf Verwechslung von Buchstaben, die ihrem Laute oder ihrer äusseren Form nach sich ähnlich waren; die Kinder hatten also die Fähigkeit feiner Unterscheidung psychologischer Grössen verloren.

Die Beförderung eigentlicher Geisteskrankheiten hat, soviel uns bekannt, zuerst Güntz [2]) der Schule vorgeworfen, und zwar auf Grund eigener Beobachtungen, die ihn dazu veranlassten, ein eigenes Krankheitsbild des „Wahnsinns der Schulkinder" aufzustellen, das nach der Ansicht von Güntz vollständig dem gegenwärtigen unvollkommenen Erziehungssystem im Elternhaus und in der Schule zur Last fällt. — In ähnlicher Weise hat sich auch Laehr [3]) in einem Referat über diesen Gegenstand auf der Versammlung deutscher Irrenärzte zu Eisenach in der Mitte der 70-ger Jahre ausgesprochen, worin er namentlich auf das mangelhafte Verständniss des Geisteslebens gewisser, eigenthümlich veranlagter Kinder von Seite der Lehrer und auf die hieraus hervorgehenden Fehler der letzteren aufmerksam macht.

---

1) Russische Zeitschrift „Gesundheit." 1879. Nr. 104.
2) Allgemeine Zeitschrift für Psychiatrie und psychisch - gerichtl. Medizin. Bd. 16. 1859. S. 187.
3) „Ueber den Einfluss der Schule auf Verhinderung von Geistesstörungen. Zeitschr. f. Psychiatrie. Bd. 32. S. 217.

— Sodann ist es FINKELNBURG [1]), der ebenfalls auf Grund eigener Erfahrung über Fälle von Geisteskrankheit bei Kindern berichtet, bei deren Mehrzahl zwar eine erbliche Anlage nachweisbar war, „bei welchen allen aber die Entwicklungsgeschichte der Krankheit auf die Schuleinflüsse als fördernde oder den Ausbruch entscheidende Veranlassung so bestimmt hinwies, dass eine Vermeidbarkeit des Ausbruchs bei zeitiger Erkenntniss und Würdigung der Vorboten Seitens der Lehrer und Eltern angenommen werden durfte.“ FINKELNBURG fügt bei, dass sich das Irresein in solchen Fällen vorzugsweise in Form der stupiden Melancholie entwickele, oder aber sich als Tobsucht darstelle und zwar in einer besonderen, nur dem jugendlichen Alter eigenen, veitstanzähnlichen Form. — Zuletzt hat HASSE [2]), durch kasuistische Beobachtungen in der von ihm geleiteten Irrenanstalt veranlasst, der Schule in ihrer gegenwärtigen Gestalt den Vorwurf gemacht, dass sie durch übermässige Anforderungen auf das in der Entwicklung begriffene jugendliche Gehirn auf die Entstehung geistiger Erkrankungen einen entscheidenden Einfluss ausüben könne. Eine wesentliche Stütze findet die Ansicht HASSE's, nach seiner Meinung, darin, dass in mehr als der Hälfte der von ihm beobachteten Fälle eine erhebliche Prädisposition nicht vorhanden war, und dass einige Zeit der Ruhe und des Enthaltens von geistiger Anstrengung meistens hinreichten, nach wenigen Wochen die Geistesstörung zu beseitigen.

Wie die Debatten und die Abstimmungsresultate über die vorliegende Frage auf den Versammlungen deutscher Irrenärzte vom Jahre 1880 und 1881 [3]) beweisen, sind die Ansichten der Fachmänner über den Einfluss der Schule auf das Entstehen von Geistesstörungen unter den Schulkindern noch getheilt. Doch kann man sich offenbar dem Eindrucke der von verschiedener Seite eingebrachten Thatsachen nicht verschliessen und ist geneigt, das Bestehen von Ueberbürdung auf den Schulen und die ungünstige Einwirkung derselben auf die geistige Entwicklung der Jugend anzunehmen. Man kann es gewiss nur billigen, dass die Irrenärzte diesem Gegenstande ihre Aufmerksamkeit geschenkt haben und entschlossen sind, durch Sammlung beweisfähigen Materiales die Möglichkeit einer wissenschaftlichen Lösung der Frage herbeizuführen.

III.

Das Schulgebäude und seine Einrichtung; die Schulutensilien.

1. Lage und Architektur des Schulgebäudes.

Die allgemeinen hygienischen Anforderungen an den Bauplatz, soweit sie wissenschaftlich begründet werden können, sind natürlich

[1]) D. Vschrft. f. öff. Gesdhtspfl. Bd. X. S. 43. (Referat auf der Nürnberger Versammlung des d. Ver. f. öff. Gesdhtspfl.).

[2]) Die Ueberbürdung unserer Jugend .... im Zusammenhang mit der Entstehung von Geistesstörungen. 1880.

[3]) Frankfurter Zeitung vom 9. Aug. 1881.

dieselben, die auch für Privat- oder andere öffentliche Gebäude Geltung haben. Den Specialbedürfnissen der Schule entsprechend, muss hier besonders die Nothwendigkeit einer möglichst freien Lage des Schulhauses betont werden, worauf namentlich in Städten nicht Rücksicht genug genommen werden kann. Man hat viel gegen die Gesundheit der Jugend gesündigt, indem man früher oft die Schulen in Gebäuden unterbrachte, die ursprünglich für ganz andere Zwecke erbaut und in engen Gassen gelegen waren. Es ist nicht zu viel, wenn für die Gemeindeschulen in Berlin die Bestimmung gilt, dass die Entfernung von gegenüberliegenden Wohngebäuden mindestens 18,8 Meter betrage [1]. Dass die Nähe geräuschvoller oder die Luft ihrer Umgebung verpestender gewerblicher Anlagen u. dgl. gemieden werden muss, versteht sich von selbst. Ist der Ort nicht mit zugeleitetem Wasser versorgt, so muss das Schulgebäude auf einen Platz gestellt werden, in dessen unmittelbarer Nähe durch Sodbrunnen gutes Wasser gewonnen werden kann. Ueber die nothwendige Grösse des freien Raumes rings um das Schulhaus herum, der hauptsächlich zur Errichtung von Spiel- und Turnplätzen verwendet werden muss, lassen sich keine Bestimmungen geben, die auf allgemeine Gültigkeit Anspruch machen könnten; nach VARRENTRAPP [2] sollte man auch in städtischen Verhältnissen für den Turn- und Spielraum für jedes Kind nicht weniger als 3 Quadratmeter rechnen; in den neuen Berliner Gemeindeschulen kommen allerdings nach GERSTENBERG auf jedes Kind 3—4 Quadratmeter freier Platz. Baumanlagen zur theilweisen Beschattung der Turn- und Spielplätze sind erwünscht, dürfen aber den Zutritt des Tageslichtes zu den Klassenzimmern in keiner Weise hindern.

Die Architektur des Schulgebäudes hängt wesentlich mit den herrschenden Begriffen über die hygienischen Erfordernisse des Klassenzimmers zusammen; bevor die letzteren festgestellt waren, konnte von einem eigentlichen Schulhausstile, wie er sich gegenwärtig auszubilden beginnt, nicht die Rede sein.

Es wurden deshalb in dieser Richtung früher viele Fehler gemacht, die durchaus nicht in der Weise den Architekten zur Last fallen, wie dies ge-

---

1) GERSTENBERG, „Die Gemeindeschulen der Stadt Berlin" in Erbkam's Zeitschrift für Bauwesen. 1869. Angef. bei BAGINSKY, op. cit. S. 33.

2) „Der heutige Stand der hygienischen Forderungen an Schulbauten." D. Vschrft. f. öff. Gesdhtspfl. I. 1869. S. 467. — Ganz gute Vorschriften in Beziehung auf die hygienischen Erfordernisse des Bauplatzes finden sich in mehreren der Eingangs erwähnten Regierungserlasse. Die Verfügung der würtembergischen Regierung verlangt einen Spielplatz, der für jeden Schüler einen Raum von 2 bis 4 Quadratmet. gewähre. (D. Vschrft. f. öff. Gesdhtspfl. III. 1871. S. 500).

wöhnlich behauptet wird; es ist ja ganz begreiflich, dass das noch unver-
standene hygienische Interesse dem Wunsche, eine regelmässige Façade herzustellen u. dgl. geopfert wurde. Erst nachdem die sanitären Bedingungen
der Tagesbeleuchtung der Klassenzimmer festgestellt waren, konnte an die
Architekten das Verlangen gestellt werden, dass sie die Grössenverhältnisse
und die Anordnung der Fenster diesen Anforderungen entsprechend gestalten;
erst, nachdem durch den Hygieniker die zweckmässigste Disposition der einzelnen Räume des Schulhauses, die gegenseitige Lage der Klassenzimmer und
Corridore etc. bestimmt ist, kann vom Architekten die Ausarbeitung entsprechender Pläne erwartet werden [1]. Hiermit ist nun allerdings bis zu
einem gewissen Grade eine Beschränkung in der Wahl des Bauplanes gegeben, doch muss betont werden, dass die sanitären Anforderungen
an das Schulzimmer sowohl beim kleinsten Dorfschulhause
als auch bei grossen städtischen Schulhausbauten, die nach
den verschiedensten Plänen ausgeführt sind, befriedigt werden können. Ueberhaupt lassen sich in Bezug auf den Bauplan der Schulhäuser keine bindenden allgemeinen Regeln aufstellen, weil sich derselbe nach
der Bestimmung des Gebäudes, nach der Grösse der verfügbaren finanziellen
Mittel, der Zahl der aufzunehmenden Schüler etc. richten muss.

Im Ganzen werden wir die bauliche Anlage eines Schulhauses
wesentlich danach beurtheilen, ob sie den Klassenzimmern gute Beleuchtung und gute Luft garantirt. Das erstere hängt bei freistehen-
dem Gebäude ausschliesslich von der Tiefe der Zimmer und der
Construction der Fenster ab und wird am geeigneten Orte seine Besprechung finden; auf die Beschaffenheit der Luft hat, abgesehen
von den ebenfalls speziell zu betrachtenden Einrichtungen für Heizung und Ventilation, die Zahl der Stockwerke und das Verhältniss der Klassenzimmer zu den Corridoren einen
grossen Einfluss. Wenn für andere öffentliche Gebäude, die grösseren
Menschenmengen zum vorübergehenden oder ständigen Aufenthalte
dienen, wie Krankenhäuser, Kasernen, Gefängnisse, aus hygienischen
Rücksichten immer mehr der Pavillonbau dem Aufthürmen vieler
Stockwerke vorgezogen wird, so ist es gewiss gerechtfertigt, das
gleiche Prinzip auch auf die Schulhausbauten anzuwenden. Es findet
hierdurch eine für die Beschaffenheit der Luft ungemein wohlthätige
Decentralisation statt, bei welcher auch weniger Gefahr dafür
vorhanden ist, dass die in den Klassenzimmern der oberen Etagen
befindlichen Schüler die durch den Fussboden heraufdringende verdorbene Luft der unterhalb gelegenen Schulstuben einathmen müssen.

---

1) Es ist deshalb auch nicht wunderbar, wenn die aus früherer Zeit stammenden Musterbauten amerikanischer Schulhäuser, wie sie bei BARNARD (School
Architecture) abgebildet sind, nicht unsern gegenwärtigen Anschauungen über
einen zweckmässigen Schulhausbau entsprechen.

Mehr als zwei Etagen über dem Erdgeschoss sollte man schon wegen des lästigen Treppensteigens auch unter städtischen Verhältnissen grundsätzlich vermeiden. — Es hat sich in neuerer Zeit, namentlich für Gemeindeschulen, vielerorts ein Bauplan herausgearbeitet, der darin besteht, dass den Längsseiten parallel, durch die Mitte des Gebäudes, in allen Etagen ein Corridor verläuft, zu dessen beiden Seiten die Klassenzimmer gelegen sind. Dieser Plan mag in ökonomischer Beziehung, wenn es sich um einen beschränkten Bauplatz handelt, der möglichst gut ausgenützt werden soll, Vieles für sich haben, — in hygienischer Beziehung wäre es gewiss vorzuziehen, wenn man nur eine Reihe von Klassenzimmern anbringen würde, die alle von einem Corridore aus zugänglich sind, der seinerseits die andere Längsfaçade des Gebäudes bildet. Die Vorzüge dieser Einrichtung vor dem System der geschlossenen Corridore, die nur an ihren beiden schmalen Enden ins Freie münden, sind für Krankenhäuser längst anerkannt; sie bestehen in demselben Maasse auch für Schulgebäude. Praktisch ist dieses Prinzip z. B. durchgeführt in der neuen Stadtschule in Aarau (Schweiz), deren Grundriss sich bei Riant [1]) abgebildet findet; auch Hittenkofer [2]) gibt Pläne, die diesem Typus entsprechen. — In Bezug auf die Breite der Corridore, die Anlage und Form der Treppen, die Anlage der Abtritte u. dgl. können wir füglich auf die Specialliteratur verweisen [3]).

Ueber die **Himmelsrichtung**, nach welcher die Façade des Schulgebäudes zu stellen sei, herrschen unter den Autoren die widersprechendsten Ansichten, je nachdem dieselben mehr die Forderung einer möglichst gleichmässigen Beleuchtung der Klassenzimmer oder die Möglichkeit des Zutrittes von Sonnenlicht und Wärme im Auge haben.

Zwez [4]) verlangt, dass man die Schulstuben nach Morgen oder Mittag verlege; Varrentrapp [5]) empfiehlt die Lage gegen Süden oder Südosten; Falk [6]) spricht sich entschieden für den Osten aus; Guillaume [7]) für die Richtung nach Süd-Süd-Ost; Kuby [8]) verlangt die Lage der Schulzimmer nach Süden; Reclam [9]) empfiehlt im Interesse einer gleichmässigen Beleuchtung die Nordrichtung, indem er darauf aufmerksam macht, dass die hiermit verbundenen Nachtheile in Bezug auf Kälte und Feuchtigkeit durch ununterbrochene Heizung und Lüftung bei Tage vollkommen beseitigt werden können.

Offenbar lassen sich hierüber allgemein bindende Regeln nicht

---

1) Hygiène scolaire. Paris. 1875. S. 190 u. 191.
2) Neuere Schulgebäude. Ausgef. u. projectirte Entwürfe etc. Leipzig 1879.
3) Siehe z. B. Gauster, die Gesundheitspflege etc. S. 197 u. 287. — Varrentrapp, der heutige Stand der hyg. Forderungen an Schulbauten, l. c. S. 470. — Falk, op. cit. S. 63 u. flgde. — Kuby, das Volksschulhaus, Augsb. 1875. S. 4. — Baginsky, op. cit. S. 47 u. flgde. — D. Vschrft. f. öff. Gsdhtspfl. III. 1871. S. 497. (Würtemb. Ministerialverordnung).
4) Op. cit. S. 26. — 5) L. c. S. 469. — 6) Op. cit. S. 12. — 7) Op. cit. S. 10. 8) Op. cit. S. 1.
9) „Versuch eines Musterschulzimmers." D. Vschrft. f. öff. Gesundhtspfl. II. 1870. S. 25.

aufstellen, einerseits, weil in erster Linie die klimatischen Verhältnisse des betreffenden Ortes zu berücksichtigen sind, — andrerseits
weil uns zur Lösung dieser Frage vor der Hand noch die wissenschaftliche Grundlage fehlt und somit alle Vorschriften, die man etwa
geben wollte, in hohem Grade den Charakter subjectiver Anschauung
tragen würden. Eines scheint unzweifelhaft zu sein, — dass man in
dieser Beziehung an das Schulhaus etwas andere Forderungen stellen
muss als an das Wohnhaus. Wenn es für das letztere sehr wichtig
ist, die Insolation der Sonne so viel als möglich auszunützen, worauf
VOGT[1]) in Bern aufmerksam gemacht hat, so wird man bei der
Schule in erster Hand danach fragen müssen, von welcher Richtung
her man unter den gegebenen Verhältnissen die beste Beleuchtung
bekomme: nach dieser Richtung sind die Klassenzimmer zu verlegen,
auch dann, wenn vielleicht der Façade, aus Rücksicht auf das Bau-
terrain, eine andere Richtung gegeben werden muss. Gewiss ist es
wünschenswerth, dass die Zimmer bis zu einem gewissen Grade dem
Sonnenlichte zugänglich seien, aber während des Unterrichtes wirkt
dasselbe störend (Blendung, hohe Temperatur), und es ist deshalb
fraglich, ob die Lage der Klassenzimmer nach Osten allgemein empfohlen werden könne. Am ehesten würde sich vielleicht in gemässigten Klimaten die südliche Richtung empfehlen, weil hierbei
während der Morgenstunden, und im Sommer auch während der
Mittagszeit (wegen Hochstand der Sonne), das directe Sonnenlicht
ausgeschlossen wäre. Wo kein Nachmittagsunterricht stattfindet, können Schulzimmer auch ganz gut nach Westen verlegt werden. Die
Lage nach Norden wird höchstens in südlichen Klimaten zulässig
sein, wo auch im Winter die Tagesbeleuchtung verhältnissmässig gut
ist. Die principielle Verlegung der Zeichensääle nach Norden dürfte
im Interesse genügender Beleuchtung schwerlich gut zu heissen sein.

2. Das Schulzimmer.

Es ist als eine Frucht der wissenschaftlichen Arbeiten über
diesen Gegenstand zu betrachten, dass bei neueren Schulbauten
manche gesundheitswidrige Zustände in Bezug auf Form, Grösse
und Beleuchtung der Klassenzimmer vermieden werden. Während
früher Lage und Gestalt der Schulzimmer vom allgemeinen Bauplan
abhängig gemacht wurden, dringt gegenwärtig immer mehr die Ueberzeugung durch, dass das Schulzimmer selbst als Grundlage des Bau-

---

1) Zeitschrift. f. Biologie. Bd. XV. 1879. S. 319 u. S. 605.

planes betrachtet werden müsse, und dass Form und Disposition des ganzen Gebäudes von den hygienischen Anforderungen an das Schulzimmer abhängig zu machen seien.

a. Form und Grösse des Schulzimmers.

Im Interesse einer guten Luftbeschaffenheit könnte man glauben, dass die Klassenzimmer möglichst gross zu machen seien. Dieser Ansicht widerspricht aber die hygienische Erfahrung, dass man mit dem Raume allein, ohne gleichzeitigen Luftwechsel, der Verschlechterung der Luft nicht vorbeugen kann [1]). Ausserdem verlangen die Besonderheiten des Schullebens (Rücksicht auf das Sehvermögen der Kinder, die Lungen des Lehrers, die Schuldisciplin etc.) direct die Aufstellung gewisser Maximalgrössen für die verschiedenen Maasse des Klassenzimmers.

Das Maximum der Länge des Schulzimmers wird wesentlich durch die Möglichkeit bedingt, auch von der letzten Bankreihe aus mit normalen Augen oder bei corrigirter Refraktion noch deutlich Alles an der Wandtafel Geschriebene sehen zu können, vorausgesetzt, dass die Grösse der angeschriebenen Buchstaben und Zahlen nicht unter ein gewisses Minimum sinkt.

Einschlägige Versuche sind schon von ZWEZ [2]) angestellt worden und zwar mit Buchstaben von 2,3 Centimeter Höhe; es ergab sich hierbei, dass von 81 Kindern nur 5, die als kurzsichtig bekannt waren, diese Buchstaben in einer Entfernung, welche grösser war als 8,4 Met., nicht mehr zu lesen vermochten, während 86% der Kinder Alles Geschriebene auch noch auf 10,7 Met. zu lesen im Stande waren. Weniger günstige Resultate erhielt HORNER [3]): er fand nämlich, dass bei guter Beleuchtung, matter schwarzer Tafel, weicher Kreide, isolirten kräftig geschriebenen Zeichen, die Höhe der Buchstaben und Zahlen an der Wandtafel mindestens 4 Centim. betragen müsse, wenn sie in einer Entfernung von 9 Met. fliessend gelesen werden sollen; für eine Entfernung von 12 Met. hätten wir eine Buchstabenhöhe von ca. 5,5 Centim. zu fordern: bei schlechter Beleuchtung, verbrauchter Tafel etc. müsste dieselbe entsprechend grösser werden.

Die Forderungen der Autoren (VARRENTRAPP, ZWEZ u. A.) lauten übereinstimmend dahin, dass sowohl mit Berücksichtigung der soeben erwähnten Verhältnisse, als auch im Interesse des Lehrers und der Schuldisciplin, 9—10 Met. als die grösste zulässige Länge für ein Klassenzimmer betrachtet werden sollen.

---

1) S. hierüber z. B. WOLFFHÜGEL „Zur k. bayer. Ministerial-Entschliessung d. d. 12. Febr. 1874, die Einrichtung der öffentl. und privaten Erziehungs-Institute mit bes. Rücksicht auf Gesundheitspfl. betr. S. 3.

2) Op. cit. S. 33—35.

3) „Schulwandtafeln." Schweizerisches Schularchiv. 1881. Bd. II. Nr. 4.

Das Maximum der Klassenlänge in den Berliner Gemeindeschulen ist
auf 9,416 Met. berechnet [1]. Factisch wird auch das Maass von 10 Met. für
die Länge der Schulzimmer nicht allzuhäufig überschritten, ein Beweis, dass
in der That kein Bedürfniss vorliegt die Zimmer länger zu machen. Nach
Blasius [2] ist in sämmtlichen Schulen des Herzogthums Braunschweig nur
6,7 % aller Schulzimmer länger als 10 Met.; am ältesten findet sich dieser
Fehler in den Bürgerschulen (10,4 %).

Wichtiger noch als für die Länge ist die Einhaltung des richtigen Maasses für die Tiefe der Schulzimmer. Von dem Grundsatze
ausgehend, dass das Tageslicht nur von der linken Seite der Schüler
her einfallen dürfe (s. unten), können wir nur eine solche Tiefe der
Klassenzimmer gestatten, welche auch den am meisten nach der
innern Wand hin sitzenden Schülern noch hinlängliches Licht garantirt. Soweit die vorhandenen Beobachtungen reichen, ist dies der
Fall wenn, richtige Construction der Fenster vorausgesetzt, die Tiefe
des Zimmers 7 Met. nicht überschreitet. Diese Angabe stützt
sich natürlich nur auf empirische Beobachtungen, da photometrische
Bestimmungen des diffusen Tageslichtes noch nicht unternommen worden sind; aber sie verliert hierdurch nicht an praktischer Bedeutung,
da das Urtheil über Hinlänglichkeit oder Mangel an Beleuchtung doch
wesentlich von der subjectiven Empfindung der Einzelnen und nicht
von der objectiven Bestimmung der Lichtstärke abhängt. Bei sehr
niedrigen Fenstern kann eine Zimmertiefe von 5 Met. schon zu viel
sein; nach der würtemb. Verordnung soll die Zimmertiefe höchstens
gleich der 2½fachen Höhe des Fensterscheitels über der Ebene der
Subsellienpulte sein.

Auch die Rücksicht auf die Vermeidung künstlicher Stützmittel (Pfeiler)
verlangt, dass die Tiefe der Schulzimmer das Maass von 7 Met. nicht über-
schreite; hätte man dies nicht zu beachten, so könnten allenfalls bei Anwendung von Oberlicht die Zimmer auch noch tiefer sein. Praktisch wird in
dieser Beziehung oft gefehlt, und es ist, wie wir unten sehen werden, ein
Irrthum, wenn man glaubt eine zu grosse Zimmertiefe durch doppelseitige
Beleuchtung unschädlich machen zu können. In den Schulen des Herzogthums Braunschweig haben 7,2 % der Klassenzimmer eine Tiefe von mehr
als 7 Met.; am häufigsten kommt dies in den Gymnasien vor (18,8 %). Es
gibt nichts Unheilbringenderes für das Auge der Schüler als jene Schulzimmer, die bei 1 — 2 Fenstern eine Tiefe von 8 — 10 Met. besitzen, und
doch sind dieselben nicht sehr selten. Das Maximum der Tiefe für die Klassenzimmer der Berliner Gemeindeschulen ist auf 7,85 Met. bestimmt (Gerstenberg).

---

1) Gerstenberg, l. c. S. 492.
2) „Die Schulen des Herzogthums Braunschweig." D. Vschrft. f. öff. Gesundheitspfl. 1880. XII. S. 473.

Unter Zugrundelegung der angeführten Maximalzahlen für die Länge und Tiefe des Schulzimmers erhalten wir also eine Maximal-grösse des letzteren von 70 Quadratmeter Flächeninhalt und zwar in der Form des von allen Autoren befürworteten läng-lichen Vierecks, dessen Breite $2/3 — 3/4$ der Länge beträgt.

Ein gewisses Minimum der Höhe der Klassenzimmer ist noth-wendig, sowohl im Interesse der Beleuchtung, als auch mit Rück-sicht auf die Möglichkeit grösserer Verdünnung fremdartiger Bei-mischungen zur Zimmerluft. Im Allgemeinen stimmen die Forderun-gen der Hygieniker darin überein, dass die Höhe der Schulzimmer nicht weniger als 3,5 bis 4 Met. und nicht mehr als 4,5 Met. betragen solle; allzuhohe Räume haben den Nachtheil vermehrter Resonanz.

Zwez[1]) begnügt sich, der Billigkeit halber, bei Holzbauten und kleineren Schulzimmern mit einer Höhe von 3 Met. und verlangt auch für grössere Zimmer nicht mehr als 3,4 Met. — In der Praxis wird nicht nur in Dorf-schulen, sondern auch in städtischen Lehranstalten sehr oft gegen die aller-bescheidensten Forderungen der Hygiene in Bezug auf die Höhe der Klassen-zimmer gesündigt: nach Blasius (l. c.) sind 61,2 % der Schulzimmer in sämmtlichen Schulen des Herzogthums Braunschweig niedriger als 3,5 Met. und zwar in den Gymnasien 18,8 %, in den Bürgerschulen 35,7 %, in den Landgemeindeschulen 85,5 %.

Mit Berücksichtigung des obenangeführten Maximalflächeninhaltes von 70 Qm. würde man bei 3,5 Met. Höhe einen maximalen Cubik-inhalt von 245 Cbm. erhalten, bei 4,5 Met. Höhe einen solchen von 315 Cbm.

Von nicht geringerer Wichtigkeit als die absoluten Maasse des Schulzimmers ist seine relative Grösse, d. h. der auf einen Schüler kommende Flächen- und Cubikinhalt.

Leider geräth in dieser Beziehung die Praxis in fortwährenden Conflict mit der Theorie, indem die Schulzimmer meist stärker angefüllt werden als es hygienisch zulässig wäre, — obgleich gerade hier die Forderungen der Aerzte von den Pädagogen einstimmig unterstützt werden. Aber was wollen Arzt und Lehrer, was will schliesslich selbst die Schulbehörde machen, wenn die Verhältnisse so liegen, dass in einem Schulzimmer 80, 100 und mehr Kinder untergebracht werden müssen. Hier kann nur die Beschaffung neuer Localitäten und die Vermehrung der Lehrkräfte dem Uebel abhelfen, und bis dies geschehen ist, wird es wohl schwerlich genügen, wie Reclam[2]) vor-schlägt, über der Eingangsthür jedes Schulzimmers die erlaubte Schülerzahl in Buchstaben von 1 Decimeter Grösse anzuschreiben. Im Allgemeinen stim-men Aerzte und Pädagogen darin überein, dass auch unter ländlichen Ver-hältnissen die Schülerzahl einer Klasse niemals grösser als 60 — 70 sein

---

1) Op. cit. S. 135.
2) Correspondenzblatt der ärztlichen Kreisvereine in Sachsen. Bd. XII. Nr. 6.

sollte [1]), während für städtische Schulen und namentlich für höhere Klassen diese Zahl viel zu hoch ist und bis auf die Hälfte reducirt werden sollte.

Die Forderungen der Autoren in Bezug auf den r e l a t i v e n F l ä c h e n i n h a l t der Schulzimmer lauten ziemlich übereinstimmend dahin, dass derselbe auch für jüngere Schüler nicht unter 1 Quadratmeter sinken dürfe und in den oberen Klassen auf 1,5 Qm. steigen müsse. Diesem Verlangen wird bei neueren städtischen Schulbauten im Allgemeinen so ziemlich entsprochen, obgleich die in deutschen Staaten hierüber bestehenden Verordnungen meist bedeutend bescheidener sind [2]).

So z. B. werden in Oesterreich nur 0,6 Qm. pro Kopf verlangt [3]). Wie selten übrigens im Grossen und Ganzen noch der theoretischen Forderung entsprochen wird, beweisen die Angaben von BLASIUS (l. c.), nach welchen 7,7 % sämmtlicher Schulzimmer des Herzogthums Braunschweig unter 0,5 Qm. Flächeninhalt per Schüler nachweisen und nur 17,2 % der Zimmer jedem Schüler eine Quadratfläche von 1,25 Qm. und darüber gewähren.

Wieviel c u b i s c h e n R a u m soll man für einen Schüler rechnen? Wollte man auf die Schulen dieselben Forderungen anwenden, die man in dieser Hinsicht an Privatwohnungen oder an Kasernen, Krankenhäuser etc. stellt, so wären in einem Klassenzimmer von der oben genannten Maximalgrösse nur 5 — 10 Schüler unterzubringen. Offenbar ist dies ein Ding der Unmöglichkeit. Glücklicherweise erlaubt nun die relativ kurze Zeit, welche die Schüler ununterbrochen in den Klassenzimmern zubringen, den Luftcubus per Kopf in den Schulen verhältnissmässig klein zu bestimmen und (2 — 3malige Lufterneuerung in der Stunde vorausgesetzt) 4—5 Cbm. für jüngere, 6—7 Cbm. für ältere Schüler anzunehmen; unter 3 Cbm. sollte man auch in den ärmsten Dorfschulen nicht gehen, um so mehr als gerade hier man ausschliesslich auf die Kräfte der natürlichen Ventilation zur Lufterneuerung angewiesen ist.

In Oesterreich wird der Gesammtluftraum für einen Schüler gesetzlich auf 3,8 resp. 4,5 Cbm. bestimmt (GAUSTER), in Württemberg für Schüler bis zu 14 Jahren auf mindestens 3 Cbm., für ältere auf 3,5 — 5 Cbm. [4]). VARRENTRAPP [5]) verlangt für jüngere Schüler 4,1, für ältere 5,5 Cbm. — Die Wirklichkeit bleibt vielerorts auch hinter dem genannten Minimum zurück: nach BLASIUS gewähren 54,6 % aller Schulzimmer des Herzogthums Braunschweig

---

1) In Oesterreich dürfen in einem Zimmer gesetzlich bis 80 Schüler untergebracht werden (GAUSTER op. cit. S. 269).
2) S. VARRENTRAPP, l. c. S. 476 u. flgde. — BAGINSKY, op. cit. S. 63.
3) GAUSTER, op. cit. S. 269.
4) D. Vtjhrsschr. f. öff. Gesdhtspfl. 1871. III. S. 493.
5) L. c. S. 455.

dem einzelnen Schüler weniger als 3 Cbm. und 24 °/₀ weniger als 2 Cbm.
Raum; über ähnliche Verhältnisse wird auch aus einzelnen Schulen Basels
berichtet [1]). Andrerseits kommen in den Schulen von Upsala auf jeden Schüler
durchschnittlich 7 — 8 Cbm.[2]).

Gesetzt wir hätten nun, unter Berücksichtigung einer zweck-
mässigen Aufstellung der Schultische, genauer die Maasse anzugeben,
deren Beachtung vom hygienischen Standpunkte aus wünschenswerth
erscheint, wenn es sich darum handelt ein Klassenzimmer für 42
Schüler zu construiren. Wir nehmen an, das Zimmer solle zweisitzige
Schultische erhalten, mit einer Länge von 120, einer Tiefe von 80 Ctm.
Die Tische sind in 3 Längsreihen aufgestellt, mit entsprechenden
Durchgängen in der Längsrichtung des Zimmers. Hierbei ergibt sich:

Länge des Zimmers:

Platz vor den Schultischen für Katheder, Podium, Tafeln	3 Met.	— Ctm.
7 Schultische unmittelbar hintereinander gestellt . . .	5 „	60 „
Raum zwischen der hintersten Tischreihe und der Wand.	— „	80 „
	Summa 9 Met.	40 Ctm.

Tiefe des Zimmers:

Abstand der 1. Tischreihe von der äusseren Wand . .	1 Met.	— Ctm.
Drei zweisitzige Tische (à 120 Ctm.)	3 „	60 „
Zwei Durchgänge zwischen den Tischreihen (à 60 Ctm.) .	1 „	20 „
Abstand der 3. Tischreihe von der inneren Wand . . .	— „	80 „
	Summa 6 Met.	60 Ctm.

Man erhält auf diese Weise einen Flächeninhalt von 62,04 Qm.
und auf jeden Schüler kommen 1,48 Qm. Bodenfläche. Wenn wir
ferner als die günstigste Höhe des Schulzimmers 4,5 Met. annehmen,
so bekommt dasselbe einen Cubikinhalt von 279,2 Cbm., so dass auf
jeden Schüler ein Luftcubus von 6,65 Cbm. entfällt. Für kleinere
Schüler, deren Schultische etwas kürzer und weniger tief sind, würden die gesammten Maassverhältnisse des Zimmers entsprechend reducirt werden können.

Für Schlafsääle in Erziehungsanstalten schlägt WOLFFHÜGEL (l. c.) einen
Cubikinhalt von 20 Cbm. per Kopf vor, was ungefähr dem für Kasernen als
genügend angenommenen Luftcubus entspricht.

b. Die Wände.

Die Farbe der Wände des Schulzimmers soll eine helle sein,
damit möglichst viel zerstreutes Licht von ihnen reflectirt werde. Um

---

1) Bericht der Specialcommission f. Schulgesundheitspflege etc., S. 8 — 11.
2) RIANT, Hygiène scolaire. S. 58 u. 59.

die natürliche Ventilationsfähigkeit der Wände nicht zu beschränken,
darf man dieselben nicht mit Oelfarbe anstreichen, obgleich sich die
letztere der Reinlichkeit wegen empfehlen würde, da Wände mit
Oelfarbeanstrich sich gut waschen lassen. Am besten nimmt man
eine helle Leimfarbe, — ein mattes Hellgrau oder ein ganz schwach
tingirtes Blau oder Grün (natürlich ohne Beimischung giftiger Far-
ben[1]). Bis in die Höhe von 1,25—1,5 Met. über dem Fussboden
werden die Wände zweckmässig mit hölzernem Getäfel bekleidet.
Jährlich einmal sollte der Farbenverputz heruntergeschabt und neu
aufgetragen werden.

c. Der Fussboden.

Der Fussboden eines Schulzimmers muss in hygienischer Beziehung drei wesentlichen Forderungen genügen: er soll ein schlechter Wärmeleiter sein, möglichst wenig Staub geben und Flüssigkeiten
nicht rasch aufsaugen.

Am besten entspricht diesen Forderungen ein Parquetboden aus hartem,
gut getrocknetem Holz, z. B. Eichenholz, den man nach seiner Legung mit
einer aus gleichen Gewichtstheilen Terpentinöl und gelbem Wachs bestehenden Masse durchtränkt und abreibt (Prang); nachher braucht man ihn nur
täglich abzuwischen und zweimal in der Woche mit gelbem, trockenem Wachs
abzureiben, um einen sehr dauerhaften und nicht stäubenden Boden zu haben[2].
Wo die Mittel zur Herstellung eines Parquetbodens aus Hartholz nicht vorhanden sind, leistet treffliche Dienste ein gut gefugter Boden aus trockenem
Tannenholz, der wiederholt mit reinem, siedendem Leinöl stark getränkt worden ist; ein solcher Boden ist sehr haltbar, gibt ebenfalls keinen Staub und
ist durch Abreiben mit feuchten Lappen sehr leicht rein zu halten. Sehr
warm wird durch Kuby (l. c.) ein im Augsburger Krankenhause üblicher
Fussbodenanstrich empfohlen: zur Bereitung desselben nimmt man 1,55 Kgr.
Leinöl, 0,05 Kgr. gepulverte Bleiglätte und ebensoviel Siccativ; das Leinöl
wird gekocht und während des Kochens die Bleiglätte zugesetzt; nach starkem
Kochen wird die Masse vom Feuer genommen und das Siccativ langsam und
vorsichtig beigemischt und verrührt; beim Anstreichen des Bodens muss die
Masse sehr heiss sein und flüssig wie Wasser.

d. Grösse und Anordnung der Fenster.

Die Bedürfnisse der Schule in Bezug auf die Tagesbeleuchtung
sind ganz eigenartig und verschieden von dem, was man für andere

---

1) Daiber (l. c. S. 81) berichtet, dass von 28 Farbmustern, die er persönlich
verschiedenen Schulzimmerwänden entnommen hatte, 22 eine deutliche Beimischung
von Arsen enthielten.

2) Die gebräuchliche Art, Parquetböden mit in Wasser gebrachtem Mastix
unter Beimischung von Ockerfarbe zu behandeln, ist äusserst verwerflich, weil
die Ockerfarbe sich fortwährend abreibt und einen sehr unangenehmen Staub
entwickelt.

öffentliche Gebäude oder für Privatwohnungen verlangt. Während es bei letzteren genügt, wenn für eine hinreichende und möglichst grosse Quantität von Licht gesorgt ist, muss die Schule verlangen, dass das Licht auch in der entsprechenden Richtung einfalle; die mit der Nicht-Erfüllung dieser Bedingung verknüpften Nachtheile können auch durch die Zufuhr sehr grosser Lichtmengen nicht beseitigt werden. Wie in den Ateliers der Künstler und Photographen, so ist auch im Schulzimmer gleichzeitiger Lichteinfall von verschiedenen Seiten her sorgfältig zu vermeiden, weil hierdurch Schatten und Blendungsverhältnisse entstehen, welche den Sehact stören und eine allzugrosse Annäherung der Augen an das Sehobject hervorrufen (Schreibheft) oder das deutliche Sehen oft geradezu unmöglich machen (Wandtafel). Aber auch bei einseitigem Lichteinfall ist es für das Schulzimmer durchaus nicht gleichgültig, von welcher Seite die schreibenden Kinder das Licht erhalten. Wenn die Fenster zur Rechten der Kinder liegen, so fällt der Schatten der rechten Hand unmittelbar auf die zu beschreibende Stelle des Papiers, so dass eine, unter günstigeren Verhältnissen zu vermeidende, Annäherung des Auges nöthig wird, um auf dem dunkeln Grunde mit schwarzer Tinte zu schreiben. Durch bilateralen Lichteinfall von rechts und links zugleich wird dieser Uebelstand etwas vermindert, und zwar in dem Maasse, als die Intensität der linksseitigen Beleuchtung diejenige der rechtsseitigen überwiegt; ganz verschwindet er nur dann, wenn die rechtsliegenden Fenster vollständig verdunkelt werden; am wenigsten störend wird bei bilateraler Beleuchtung der Schatten für die am meisten nach links hin sitzenden Schüler, am hinderlichsten wird er denjenigen, welche der rechtsseitigen Fensterreihe zunächst sitzen [1]. Licht von hinten hat für die meisten Schüler, obwohl in geringerem Grade, dieselben Nachtheile wie rechtsseitiges Licht, indem durch dasselbe auf der Tischplatte, resp. auf dem Schreibheft ein Schatten vom Kopf des Schülers erzeugt wird; ausserdem sind Fenster im Rücken der Schüler, nach einstimmiger Aussage der Pädagogen, sehr störend für den Lehrer. Licht von vorn ist nicht nur unangenehm,

---

1) Aus diesem Grunde hat auch die von GALEZOWSKI in Paris vorgeschlagene und von FERRAND in seinem achteckigen Musterschulzimmer angewendete doppelseitige Beleuchtung mit verschiedener Lichtstärke keinen Sinn. (Näheres hierüber siehe bei KUBY „Notizen über Schulhäuser und Subsellien in der Weltausstellung zu Paris 1878." D. Vschr. f. öff. Gesundheitspfl. XI. 1879. S. 635. Ueberhaupt ist eine zweckmässige Tagesbeleuchtung bei der von FERRAND empfohlenen Form des Schulzimmers nur dann möglich, wenn man Oberlicht zur Verfügung hat.

sondern direct schädlich, des starken Contrastes wegen, der das Auge
des Schülers unter diesen Umständen jedesmal trifft, wenn er das
Gesicht vom Hefte oder Buche erhebt. Nur das Licht von links
her hat keinen der erwähnten Nachtheile: wenn die Fenster zahl-
reich und hoch genug sind, und wenn das Zimmer im Verhältniss
zur Höhe der Fenster nicht zu tief ist, so erlaubt ausschliesslich von links einfallendes Licht eine durchaus hinreichende und sehr zweckmässige Beleuchtung auch der
am entferntesten von den Fenstern befindlichen Schultische; kein
Schüler nimmt seinem Nachbar das Licht und unter keinen Umständen können auf der Tischplatte störende Schatten entstehen.

Theoretisch hat sich das Princip der linksseitigen Beleuchtung der
Klassenzimmer ziemlich allgemeine Geltung verschafft, obgleich immer noch
von einzelnen Autoren, die offenbar mit den Bedürfnissen der Schule nicht
hinlänglich vertraut sind (Javal [1])) die bilaterale Beleuchtung oder das Licht
von hinten, zuweilen sogar Licht von vorn (Flemming) empfohlen wird; auch
in den einschlägigen Regierungsverordnungen deutscher Staaten finden wir
die Vorschrift, dass der Schüler das Licht von links und zwar nur von
links erhalten solle, und wirklich wird bei neueren Schulhausbauten in
Deutschland auf diesen Umstand gebührende Rücksicht genommen. Aber fast
in allen älteren Schulbauten finden sich Klassenzimmer, in welchen das Licht
in unzweckmässiger Weise auf die Schultische fällt, was nicht selten durch
einfaches Umstellen der Tische beseitigt werden könnte. Von 724 Fenstern
in den Breslauer Schulen befanden sich nach Cohn (l. c. S. 102) 106 rechts,
62 vorn, 93 hinten und 463 links vom Schreibenden. In den Petersburger
Schulen konnte ich ähnliche Verhältnisse constatiren. Nach Blasius (l. c.
p. 748) findet in 32,7 % aller Schulzimmer des Herzogthums Braunschweig
eine fehlerhafte Beleuchtung von rechts her statt. — Vielfach ist leider noch
die Ansicht verbreitet, dass gleichzeitiger Lichteinfall von verschiedenen Seiten
der Vergrösserung der Lichtmenge wegen besser sei als einfache linksseitige
Beleuchtung. Dem gegenüber muss mit aller Entschiedenheit betont werden,
dass hierbei durch unzweckmässige Vertheilung des Lichts mehr geschadet
als genützt wird und dass, bei hinlänglicher Exploitation der linksseitigen
Zimmerwand zu Beleuchtungszwecken, im Schulzimmer kein Mangel an Licht
sein kann; wäre es aber in einem gegebenen Fall unmöglich Licht genug
von links her zu erhalten, so ist überhaupt ein solches Zimmer als Unter-
richtslocal untauglich.

Es gibt übrigens eine Ausnahme von den soeben erläuterten Grundsätzen,
und zwar tritt dieselbe ein, wenn man Oberlicht zur Verfügung hat, dessen
Benutzung für die Klassenzimmer in neuerer Zeit besonders warm von Gross[2])
empfohlen wurde; zur Begründung seiner Ansicht weist Gross auf die mit
Shedsdächern versehenen Spinnsäle hin, in welchen sich das Oberlicht aus-

---

1) „L'hygiène de la vue dans les écoles rurales.‟ Gaz. hebd. de méd. et
de chir. 2879. No. 42. (Jahresber. v. Virchow u. Hirsch für 1879. III. S. 529).

2) „Zur Schulgesundheitspflege.‟ D.Vschrft. f. öff. Gesdhtspfl., XI. 1879. S. 425.

gezeichnet bewähre. Der Vorschlag ist jedenfalls beachtenswerth und verdient praktisch, in specieller Anwendung auf die Schulen, geprüft zu werden.
Sollte das Experiment von Erfolg begleitet sein, und das Oberlicht sich als
für Schulen passend erweisen, so müsste dieser Umstand auch auf die dem
Schulzimmer zu gebende Form von Einfluss sein, indem man dann für diejenigen Fälle, in denen Oberlicht zur Anwendung kommt, bei Bestimmung
des Tiefenmaasses des Zimmers von der Rücksicht auf die Tagesbeleuchtung
befreit wäre; es ist nur zu fürchten, dass bei sehr tiefen Zimmern doch das
von rechts oben und hinten oben fallende Licht auf die Hefte der weiter links
sitzenden Schüler einen unliebsamen Schatten werfe.

In hohem Maasse ist die Intensität der Beleuchtung des Schulzimmers abhängig von dem Verhältniss der Gesammtoberfläche der Fenster zu der Grösse des Schulraumes, resp.
zur Bodenfläche des Zimmers. Doch gibt es eine ganze Reihe
von Umständen, welche den Werth des einfallenden Lichtes bei ge-
gebener Fensteroberfläche nach Quantität und Qualität modificiren:
dies gilt z. B. von der Lage und Umgebung des Schulhauses, von
der Form und Anordnung der Fenster, der Dicke der Wände, der
Himmelsrichtung, aus welcher das Licht einfällt u. s. w. Bei übrigens günstigen Verhältnissen wird im Allgemeinen von den Autoren
angenommen, dass die Beleuchtung der Klasse eine gute sei, wenn
die Fensterfläche etwa 20 % der Bodenfläche ausmache (1:5); auch
die verschiedenen Regierungsverordnungen (sächsische, würtembergische, österreichische) schreiben ein ähnliches Verhältniss vor (1:6
bis 1:4).

Thatsächlich findet sich, wenigstens in älteren Schulen, selten eine
relativ so grosse Fensterfläche vor; meist ist das Verhältniss derselben zur Bodenfläche gleich 1:10 bis 1:8 [1]). Selbst von den auf der Wiener Ausstellung
vorhandenen Schulhäusern und Modellen waren nach COHN [2]) nur zwei, bei
denen die Fensterfläche das Verhältniss von 1:5 erreichte resp. übertraf.

Aeusserst wichtig für eine gute Beleuchtung der Schulzimmer ist
die Form und die Vertheilung der Fenster. In Beziehung auf
die Anordnung der Fenster hat schon RECLAM [3]) bewiesen, dass die
gewöhnliche Fensterconstruction mit ihren breiten Pfeilern und ihrer
gleichmässigen Vertheilung der Fenster über die ganze Façade nichts
taugt, dass man im Gegentheil bestrebt sein müsse, die dem einzelnen
Zimmer entsprechenden Fenster möglichst zusammenzuschieben und

---

1) Siehe hierüber die Angaben bei VARRENTRAPP, l. c. S. 488; BAGINSKY, op.
cit. S. 75; BLASIUS, l. c. S. 748.

2) Die Schulhäuser und Schultische auf der Wiener Weltausstellung. 1873.
S. 9 u. 10.

3) „Versuch eines Musterschulzimmers." D. Vschrft. f. öffentl. Gesdhtspfl.
1870. II. S. 25.

so gleichsam die ganze äussere Wand in eine einzige Fensteroberfläche zu verwandeln. Dieser sehr einleuchtenden Idee gegenüber
ist es seltsam, wenn einzelne Autoren, nach dem Vorgange von
ZWEZ [1]), immer noch davor warnen, die Fenster gruppenweise zusammenzustellen (KUBY [2]), BAGINSKY [3])). Gerade eine zweckmässige
Gruppirung der Fenster sichert dem Schulzimmer die bestmögliche
Beleuchtung, was durch die Praxis schon hinlänglich bewiesen ist.
Wie ferner die Erfahrung gezeigt hat, ist dieselbe auch ganz gut zu
erreichen, ohne dass die Festigkeit des Gebäudes darunter litte; am
besten ist es, wenn man die Fenster jedes einzelnen Zimmers gegen
die Mitte der Wand hin zusammendrängt, während an beiden Enden
breitere Pfeiler übrig bleiben; man erhält auf diese Weise, bei genügender Höhe und Zahl der Fenster, nicht nur eine sehr bedeutende absolute Lichtmenge, sondern ausserdem äusserst günstige Verhältnisse für die Lichtvertheilung im Zimmer.

Die Fenster selbst müssen bis möglichst nahe an die Decke
geführt werden. Der obere Fensterrand soll horizontal sein; Bogen-
fenster vermindern unnöthigerweise die eintretende Lichtmenge. Die
Fensterbrüstung soll, namentlich mit Rücksicht auf die Wärmeverhältnisse des Schulzimmers im Winter, nicht zu niedrig gemacht
werden; zweckmässig ist es, wenn sie nach innen abgeschrägt wird,
mit einer Neigung von etwa 30°, so dass z. B. ihr innerer Rand
0,9—1,0 Met. über dem Zimmerboden gelegen ist, der äussere dagegen 1,10—1,20 Met. Die Fensterbrüstung noch höher zu machen,
wie RECLAM vorschlägt, liegt kein genügender Grund vor, umsomehr
als hierdurch den Schulzimmern leicht ein gefängnissartiger Charakter
verliehen würde. Behufs möglichster Verminderung des durch die
Fensterpfeiler bedingten relativen Schattens müssen die Leibungen
der Fensternischen, wo massive Pfeiler vorhanden sind, nach dem
Zimmer hin stark abgeschrägt werden; es ist hinreichend, wenn bei
der gewöhnlichen Dicke unserer Mauern der Sinus des durch die
Abschiefung der Fensterleibung mit der senkrechten Ebene gebildeten
Winkels beiderseits 15—20 Ctm. beträgt. Die Pfeiler zwischen den
einzelnen Fenstern einer Gruppe erhalten hierdurch die Form abge-
stumpfter Pyramiden, deren schmales Ende im Zimmer nicht breiter
sein darf als 30—40 Ctm. Unter Umständen können die Pfeiler auch
durch eiserne Säulen ersetzt werden. Die Breite der Fensterrahmen
ist soviel als möglich zu reduciren, damit man bei der gegebenen
Grösse des Fensters an Glasfläche gewinne.

---

1) Op. cit. S. 35. — 2) Op. cit. S. 20. — 3) Op. cit. S. 75.

Unter Zugrundelegung der soeben geäusserten Principien lassen sich folgende Maasse für die Grösse und Anordnung der Fenster schematisch aufstellen:

In der Breite der Wand:

Pfeiler im vorderen Ende des Zimmers . . . . 1,50 Met.
4 Fensternischen (à 1,50 Met.) . . . . 6,00 „
3 Pfeiler zwischen den Fenstern (à 30 Ctm.) . . . . 0,90 „
Pfeiler am hinteren Ende des Zimmers . . . . 1,00 „

Länge des Zimmers 9,40 Met.

In der Höhe der Wand:

Vom Fussboden bis zum inneren (unteren) Rande der Fensterbrüstung 0,90 Met.
Höhe der Fensternische . . . . 3,20 „
Abstand des oberen Fensterrandes von der Decke . . . . . 0,40 „

Zimmerhöhe 4,50 Met.

Das Fenster selbst würde bei einer Breite von 1,20 Met. und einer Höhe von 3 Met. einen Flächeninhalt von 3,60 Quadratmet. darbieten; 4 Fenster geben also eine Fläche von 14,4 Quadratmet. Eine Zimmertiefe von höchstens 7 Met. vorausgesetzt, würde sich die Fensteroberfläche zum Flächeninhalt des Zimmers verhalten wie 1:4,5, welches Verhältniss sich allerdings bei Abzug der hölzernen Fensterrahmen noch etwas reduciren würde.

Diese schematischen Angaben müssen selbstverständlich im einzelnen Falle den gegebenen Verhältnissen entsprechend modificirt werden.

Zum Schutze gegen direct einfallendes oder von gegenüberstehenden Gebäuden reflectirtes Sonnenlicht sind an den Fenstern innere, einfarbige, mattgraue R o u l e a u x , am besten aus ungebleichter Leinwand, anzubringen.

Die gewöhnlichen, von oben nach unten beweglichen Rouleaux haben den Fehler, dass man, auch wenn die Sonnenstrahlen nur den untersten Theil des Fensters treffen, doch zum Schutze gegen dieselben das ganze Fenster verhängen muss. Durch die besonders von Schwab [1]) vertheidigten Rollvorhänge, die unten aufgerollt sind und nach oben gezogen werden, ist dieser Uebelstand nicht beseitigt, da man hierbei ebenfalls das ganze Fenster verhängen muss, wenn die Sonnenstrahlen auch nur durch den oberen Theil desselben ins Zimmer fallen. Am nachahmenswerthesten scheint die Vorrichtung zu sein, mit welcher die Fenster des amerikanischen Schulhauses auf der Ausstellung in Wien versehen waren, — ein Rouleaux, das in der Mitte der Fensterhöhe aufgerollt ist und nun, je nach Bedürfniss, aufgezogen oder herabgelassen werden kann [2]). — Die modernen Holzrouleaux mit ver-

---

1) Die österreichische Musterschule für Landgemeinden auf dem Weltausstellungsplatze. Wien 1873.

2) Cohn, Die Schulhäuser u. Schultische auf d. Wien. Weltausstellung. S. 13.

schiebbaren Schuppenstäbchen sind für Schulzimmer kaum geeignet: sie sind theuer, zerbrechlich, verdunkeln stark und geben viel Wärme nach innen ab. — Für den Sommer sollten an den der Sonne ausgesetzten Fenstern bewegliche, sackleinene Schirmdächer, sog. Marquisen, nicht fehlen; dieselben haben den Vortheil, dass sie hinlänglichen Schutz vor der Sonne bieten, ohne jedoch den Luftzutritt zum Zimmer aufzuheben.

e. Künstliche Beleuchtung.

Wenn wir auch, im Interesse der Augen der Schulkinder, mit BAGINSKY wünschen müssen, dass der Schulunterricht nur bei Tagesbeleuchtung stattfinde, so wird doch in ·nördlichen Ländern, und namentlich in Erziehungsanstalten, die künstliche Beleuchtung nicht immer zu vermeiden sein. Sie muss dann denselben sanitären Forderungen entsprechen, die wir an die Tagesbeleuchtung stellten, d. h. die Lichtmenge soll genügend und die Lichtquellen sollen zweckmässig vertheilt sein. Dazu gesellt sich noch die Forderung, dass das künstliche Licht für die Augen nicht nachtheilig sei, dass durch die Verbrennungsproducte des Beleuchtungsmateriales die Luft nicht in bedenklicher Weise verunreinigt werde und endlich, dass die strahlende Wärme der Flammen und die durch dieselben hervorgebrachte Temperatursteigerung den Schülern nicht lästig werden.

Gegenwärtig können wir bei der Wahl des Materiales für die künstliche Beleuchtung der Schulzimmer nur schwanken zwischen Petroleum, Steinkohlen- und Mineralölgas[1]), und es sind weniger sanitäre als ökonomische Rücksichten, die in dieser Beziehung den Ausschlag geben können.

Auf unbedeutende Verschiedenheiten in der spectralen Zusammensetzung der Flamme und in der Menge und Art der Verbrennungsproducte oder in der Quantität des zur Verbrennung nothwendigen Sauerstoffs (RIANT) darf man nicht zu viel Gewicht legen. Den Augen ist weder das Petroleumlicht, noch das Gaslicht an sich schädlich (HEYMANN[2])); übrigens kann das eine wie das andere, wenn es zu blendend erscheint, durch schwach blaue oder graue (Rauchglas-) Cylinder abgeschwächt werden. Leuchtgas darf ohnehin, um das unangenehme und den Augen nachtheilige Flackern der Flamme zu verhindern, nur in Argandbrennern mit Lampengläsern gebrannt werden. Die Luftverderbniss durch Petroleum- oder Gasflammen kann bei genügender Ventilation der Räume nicht in Betracht kommen, da die Menge der unvollkommenen Verbrennungsproducte beider Leuchtmaterialien sehr gering ist

---

1) Ueber die sanitären Bedenken, welche gegen die Benutzung der Mineralölgasbeleuchtung in Erziehungsanstalten erhoben wurden, siehe das einschlägige Gutachten der kgl. preuss. wissenschaftl. Deputation in EULENBERG's Vierteljahrsschrift. Bd. 31. S. 63.

2) Prager Vierteljahrsschrift. Bd. 100.

(Erismann [1])). Selbstverständlich darf nur gut gereinigtes Leuchtgas, das keine Schwefelverbindungen enthält, und ebenso nur reines Petroleum zur Verwendung kommen. Die sanitären Nachtheile, welche durch die bedeutende Wärmestrahlung der Gasflammen und die durch sie bedingte Temperatursteigerung der benachbarten Luftschichten hervorgerufen werden könnten, sind leicht zu vermeiden, wenn man eine hinreichende Ventilation zur Verfügung hat; ausserdem muss darauf geachtet werden, dass der senkrechte Abstand der Flammen von der Tischplatte nicht zu gering sei (Minimum 1 Meter).

Im Grossen und Ganzen, und unter Beobachtung der genannten Vorsichtsmaassregeln, ist es also vom sanitären Standpunkte aus gleichgültig, ob zur Beleuchtung der Schulzimmer Leuchtgas oder Petroleum angewendet wird. Da aber die Bequemlichkeit der Anwendung sehr zu Gunsten des ersteren spricht, so geben ihm alle Autoren den Vorzug vor dem Petroleum, trotzdem das letztere, bei gleicher Lichtstärke, bedeutend billiger ist.

Für die Bestimmung der nothwendigen Lichtmenge fehlt vor der Hand eine wissenschaftliche Grundlage, weshalb auch die Angaben der Autoren ziemlich weit auseinandergehen: Cohn [2]) hält eine Gasflamme für 16 Kinder für genügend; Falk [3]) glaubt, es sei dies zu freigebig; Varrentrapp [4]) verlangt eine Flamme für 4 Schüler; die kgl. sächsische Regierung schreibt für je 7 Schüler eine Flamme vor etc. Die Erfahrung spricht für den Vorschlag Varrentrapp's: die Beleuchtung kann als hinreichend betrachtet werden, wenn auf je 4 Schüler eine Lampe oder Gasflamme von 10—12 Normalkerzen Lichtstärke kommt. — Die Lampen müssen mit Reflectoren versehen sein, welche die Hauptmasse des Lichtes der Tischplatte zuwerfen; damit aber kein zu grosser Contrast zwischen der Beleuchtung der Schultische und derjenigen des übrigen Raumes entstehe, empfiehlt es sich, die Reflectoren nicht aus Metall zu verfertigen, sondern aus einer Substanz, die für Licht nicht ganz undurchdringlich ist (Porcellan). In der jüngsten Zeit ist die sog. Tellerbeleuchtung vielfach in Gebrauch gekommen, bei welcher die Flamme nach unten durch einen Glasteller abgeschlossen wird, welcher der Glocke zur Unterstützung dient. Nach Baginsky gibt diese Vorrichtung ein ausserordentlich schönes und ruhiges Licht.

Aber auch bei hinreichender Lichtmenge können einzelne Schultische zum Schreiben sehr ungünstig beleuchtet sein, wenn die Lam-

---

1) „Untersuchungen über die Verunreinigung der Luft durch künstliche Beleuchtung etc." Zeitschrft. f. Biologie. 1876. XII. S. 315—365.
2) Untersuchungen der Augen von 10060 Schulkindern. Leipzig 1867. S. 119.
3) Die sanitätspolizeiliche Ueberwachung höherer und niederer Schulen. Leipzig 1868. S. 28. — 4) D. Vschr. f. öff. Gesdhfspfl. 1869. S. 490.

pen nicht richtig vertheilt sind; es gilt hier dasselbe, was wir oben
vom Tageslicht sagten: der Schüler ist am günstigsten situirt, wenn
er das Licht ausschliesslich von links her empfängt. Allerdings ist
dies bei künstlicher Beleuchtung niemals vollständig erreichbar, weil
die nothwendige Vertheilung der Lichtquellen im Zimmer selbstverständlich zu Schattenbildung Veranlassung geben muss, da das Licht,
je nach der Entfernung der einzelnen Lichtquellen, in verschiedener
Richtung und Stärke auf ein und denselben Platz fällt. Relativ am
günstigsten wird die Lage des Schülers, wenn das Licht, welches
er von links her erhält, an Stärke dasjenige Licht bedeutend übertrifft, welches von anderen Seiten her auf sein Heft fällt. Hierauf
muss also bei der Placirung der Lampen im Schulzimmer Rücksicht
genommen werden, und zwar ist als allgemeine Regel in dieser Hinsicht festzuhalten, dass, wenn man nicht über eine einheitliche, stark-
leuchtende Lichtquelle verfügt [1]), u n t e r a l l e n U m s t ä n d e n a n d e r
z u r L i n k e n d e r S c h ü l e r b e f i n d l i c h e n W a n d L a m p e n a n -
g e b r a c h t w e r d e n m ü s s e n. Die Lage der übrigen Lampen hängt
dann von der Form des Zimmers und von der Aufstellung der Schultische ab und muss in jedem einzelnen Fall durch specielle Beobachtung bestimmt werden.

f. Heizung und Ventilation.

Die Eigenschaften der Schulluft in Bezug auf T e m p e r a t u r -
v e r h ä l t n i s s e und c h e m i s c h e B e s c h a f f e n h e i t lassen oft sehr
viel zu wünschen übrig.

Zu niedrige oder zu hohe Temperaturen, sowie ungleiche Vertheilung
der Wärme an verschiedenen Stellen des Zimmers und in verschiedenen
Höhen sind eine so gewöhnliche Erscheinung, dass DAIBER wohl recht
haben mag, wenn er sagt, dass, wer etwa einen ganzen Winter lang die
Schulen des Landes durchwanderte, um Studien zu machen über die bestehenden Wärmeverhältnisse, mit dem Niederschreiben seiner Beobachtungen
ganze Bände ausfüllen könnte. Mannigfache Verhältnisse concurriren, um
diese Zustände zu Wege zu bringen, unter denen das Wohlbefinden der
Schüler wesentlich leiden kann: Armuth der Gemeinden, schlechte Heizeinrichtungen, mangelhafte Umsicht von Seite der Schulvorstände, Willkür der
Lehrer, welche die Temperatur der Schulzimmer nach ihrem subjectiven Gut-
dünken reguliren. — Auch die chemische Beschaffenheit der Schulluft lässt
oft sehr viel zu wünschen übrig, wovon man sich leicht durch Betreten eines
schlecht gelüfteten Klassenzimmers zu Ende der Unterrichtsstunden überzeugen
kann: die Lungen- und Hautausdünstung der Kinder, der Staub und Koth,
den sie an der Fussbekleidung mitbringen, die fremdartigen Beimischungen,

---

1) Vielleicht ist die Zeit nicht mehr ferne, wo die Elektricität zur Beleuchtung grösserer Schulsääle wird benutzt werden können.

welche unreinen oder feuchten Kleidungsstücken entstammen, bisweilen auch das Rauchen schlechter Oefen oder die Verbrennungsproducte unreiner Leucht-materialien sind hinlängliche Ursachen zu fortwährender Verderbniss der Schulluft. Die letztere äussert sich denn auch überall, wo einschlägige Un-tersuchungen angestellt werden, in einem ungemein hohen Kohlensäuregehalt der Luft in Klassenzimmern. Statt der zulässigen Kohlensäuremenge von 0,7—1,0 pro mille, findet man nicht selten das fünf- und zehnfache, was eine sehr grosse Verunreinigung durch die Producte des menschlichen Ath-mungsprocesses bedeutet (PETTENKOFER [1]), ROSCOE [2]), BARING [3]), BREITING [4]), VOIT und FORSTER [5]), W. HESSE [6]), SCHOTTKY [7]), HEYMANN [8]) u. A.). Ueberall zeigte sich, dass mit jeder Unterrichtsstunde der Kohlensäuregehalt der Zim-merluft beträchtlich steigt, dass er während der Unterrichtspausen etwas abnimmt, während der Mittagszeit, auch wenn nicht ventilirt wird, beträcht-lich sinkt, um dann während des Nachmittagsunterrichtes von Neuem zu steigen. PETTENKOFER fand im Liebig'schen Hörsaal in Zeit von einer Stunde eine Steigerung des Kohlensäuregehaltes von 1,08 p. m. auf 3,22 p. m.; BREITING constatirte in Baseler Schulen eine Zunahme von 2,21 p. m. auf 9,36 p. m. (im Maximum); nach HESSE stieg in einem Schulzimmer während 2 Stunden die Kohlensäuremenge von 1,7 auf 9,3 p. m. Dabei konnte HESSE in auffallender Weise den ausserordentlichen Effect des Oeffnens von Thür und Fenster bei 5 bis 10 Minuten andauernder Abwesenheit der Kinder nachweisen, indem hierbei der Kohlensäuregehalt beispielsweise von 2,5 p. m. auf 0,4 heruntersank. HEYMANN constatirte die Abhängigkeit der Luftver-unreinigung von der Grösse des Luftcubus: bei einem Luftcubus von 2,1 Cbm. pro Kopf stieg der CO_2-gehalt in 1 Stunde bis beinahe 4 p. m., bei 6 Cbm. nur bis 1,5 — 2 p. m.

Die Nothwendigkeit einer Regulirung der Temperatur und der chemischen Beschaffenheit der Schulluft durch gute Heizeinrichtun-gen und Vorsorge für entsprechende Erneuerung der Luft in den Klassenzimmern unterliegt also keinem Zweifel. In Beziehung auf den letzteren Punkt muss übrigens darauf aufmerksam gemacht wer-den, dass die Luftverderbniss der Schulzimmer theilweise schon da-

---

1) PAPPENHEIM's Monatsschrift. 1862. Bd. 2. S. 1—15.

2) „Ueber die Luft in Wohnungen." Cfr. VIRCHOW's Archiv f. path. Ana-tomie. Bd. 16. 1858.

3) „Die Luft-Kohlensäure in Beziehung zur Hygiene." Hannover'sche Zeit-schrift f. Heilkunde. 1866. 6. (Canstatt's Jahresber. 1866. Bd. I. 3. S. 411).

4) „Die Luft in Schulzimmern." D. Vschrft. f. öff. Gesdhtspfl. 1870. II. S. 17.

5) „Studien über die Heizungen in den Schulhäusern Münchens." Zeitschrft. f. Biologie. XIII. 1877. S. 1 u. 305.

6) „Zur Schul-, Fabrik- und Wohnungs-Hygiene." D. Vschrft. f. öff. Ge-sundheitspfl. 1878. X. S. 265.

7) „Luftuntersuchungen in Schulzimmern." Zeitschrift. f. Biologie 1879. XV. S. 549.

8) „Bidrag till kännedomen om luftens beskaffenhet i skolor. Nordiskt med. arkiv. Bd. 12. Nr. 2. 1880. (VIRCHOW u. HIRSCH, Jahresber. f. 1880. I. 3. S. 551).

durch vermindert werden kann, dass man den Kindern die Möglichkeit gibt, die Fussbekleidung vor dem Betreten des Gebäudes zu
reinigen und die Oberkleider in besonderen Räumen (Garderobe-
zimmer) aufzuheben; in Dorf- und städtischen Elementarschulen sollte
von den Lehrern auch auf Reinlichkeit im Anzug der Kinder gesehen werden. Man darf nie vergessen, dass die Ventilation nur ein
Mittel gegen die unvermeidliche Luftverunreinigung ist und nicht
dazu dienen soll, die Beobachtung der scrupulösesten Reinlichkeit
überflüssig zu machen.

Es kann hier natürlich nicht unsere Aufgabe sein, das ganze
Gebiet der Heizungs- und Ventilationsfrage in den Kreis unserer
Betrachtung zu ziehen; wir werden uns damit beschränken, auf die
in Schulen gemachten Beobachtungen und Erfahrungen, sowie auf
die etwa besonders hervortretenden Specialbedürfnisse der Schule
hinzuweisen. — Vor Allem ist zu bemerken, dass keines der vielen
Systeme der Heizung und Ventilation, wie trefflich sie auch an und
für sich sein mögen, zu allgemeiner Anwendung in Schulhäusern
empfohlen werden kann; immer werden für die Wahl der betreffenden Vorrichtungen die klimatischen Verhältnisse des gegebenen Ortes,
die Grösse und specielle Bestimmung des Gebäudes maassgebend sein.
Wir können uns also in einem südlichen Klima, bei kleinen Gebäuden, unter ärmlichen Verhältnissen etc., vollkommen begnügen mit
Ofenheizung und natürlicher Ventilation, die durch einfache Vorkehrungen unterstützt wird, während im höheren Norden, und namentlich für grössere Schulgebäude und Erziehungsanstalten, wir ein
centrales Heiz- und Ventilationssystem vorziehen werden. Aber auch
nachdem man sich im Principe für Local- oder Centralheizung (mit
den entsprechenden Ventilationsvorrichtungen) entschieden hat, bleibt
noch immer die Wahl der speciellen Methode, wobei oft Verhältnisse
bestimmend sind, die ausserhalb des Bereiches der Hygiene liegen,
so dass die letztere sich damit begnügen muss, diejenigen Forderungen aufrecht zu halten, welche sie im Allgemeinen und mit specieller
Berücksichtigung der Schulverhältnisse an die Heiz- und Ventilationsapparate zu stellen berechtigt ist. Diese Bedingungen lassen sich
kurz in folgenden Punkten zusammenfassen: 1) Herstellung einer
möglichst gleichmässigen Temperatur von 18 bis höchstens 20 ° Cels.
in allen Luftschichten des Raumes und während der ganzen Unterrichtszeit bei möglichstem Ausschluss strahlender Wärme; 2) leichte
Regulirbarkeit der Wärme jedes einzelnen Raumes für sich; 3) Reinhaltung der Luft des zu heizenden Raumes von Verbrennungspro-
ducten des Heizmateriales; 4) Einfuhr einer genügenden Menge

frischer, reiner (im Winter vorgewärmter) Luft, bei Vermeidung von
fühlbarem Zug in irgend einem von Schülern oder Lehrer einge-
nommenen Theile des Raumes (die Quantität der per Stunde einzu-
führenden Luft muss nach allgemeinen Regeln ungefähr das 2 bis
3-fache des Rauminhaltes des Zimmers betragen; per Kopf rechnet
man, einen Luftcubus von 6—7 Cbm. vorausgesetzt, 18—20 Cbm. Ven-
tilationsluft in der Stunde); 5) Beibehaltung eines gewissen Feuch-
tigkeitsgrades der Luft; — im Allgemeinen nimmt man an, derselbe
müsse wenigstens 50 % und dürfe nicht über 70 % relativer Feuchtigkeit betragen, doch bedürfen diese Zahlen wissenschaftlicher Begründung, und ist es sehr wahrscheinlich, dass mit der Steigerung
der Temperatur auch der Feuchtigkeitsgrad der Luft zunehmen
müsse, damit die letztere uns behaglich sei. — In ökonomischer
Beziehung ist es ausserdem wichtig, dass aus dem angewandten
Heizmaterial der grösstmögliche Nutzeffect gezogen werde. Von besonderer Bedeutung für die Schule ist noch die Einfachheit der Bedienung und sodann die schnelle Wärmeerzielung vor Beginn des
Unterrichts. Schliesslich ist vom hygienischen Standpunkte aus auf
einen Punkt aufmerksam zu machen, der gewöhnlich viel zu wenig
beachtet wird, hier aber hervorgehoben werden muss, weil er speciell für Schüler von grosser Bedeutung ist, nämlich die Trennung
der Ventilation von der Heizanlage. Wir haben uns schon
früher [1] hierfür ausgesprochen und geben RIETSCHEL [2] vollkommen
Recht, wenn er sagt: „Wärme und Luft sind zwei verschiedene
Dinge; der stärkere oder schwächere Betrieb der Heizanlage richtet
sich nach der geringeren oder höheren äusseren Temperatur, die Ventilation der Räume aber lediglich nach der Verderbniss der Luft,
resp. nach der Anzahl der Personen, welche in einem Raume sich
befinden. Die Trennung der Ventilation von der Heizung wird in
der Praxis viel zu wenig befolgt und so ist die eine immer eine
Function der anderen und zieht die eine die andere in Mitleiden-
schaft. Nicht nur, dass durch Trennung der beiden Anlagen der
Effect für beide ungleich gesicherter erscheint, auch der öconomische
Betrieb wird wesentlich gefördert.“

Wenn wir nun auf Grund der angeführten Forderungen die Tauglichkeit der verschiedenen Typen von Heiz- und Ventilationsappa-
raten für Schulhäuser zu bestimmen versuchen, so ergibt sich Folgendes:

---

1) „Das Project eines Musterschulzimmers.“ D. Vschrft. f. öff. Gesdhtspfl.
1876. VIII. S. 642—666.

2) Ueber Schulheizung. Berlin 1880. S. 10.

Kamine, auch wenn sie mit Luftkammern versehen sind, können für Schulen nicht benutzt werden. — Dasselbe gilt im Allgemeinen von guss-ciscrnen Oefen, auch in dem Falle, wenn durch Ofenschirme die von ihnen ausgehende strahlende Wärme gemildert wird. Einfache eiserne Oefen werden wohl überhaupt von Niemandem mehr zum Gebrauche in Schulen vorgeschlagen; sie verbieten sich der ungemeinen Wärmestrahlung wegen, die eine nothwendige Folge des unvermeidlichen Glühendwerdens solcher Oefen ist; was die Gefahr der Kohlenoxydvergiftung anbelangt, so ist dieselbe schwerlich zu fürchten, nachdem es weder GOTTSCHALK [1]), noch HERM. W. VOGEL [2]), noch WOLFFHÜGEL [3]) gelungen ist, in der Heizluft glühender Oefen Kohlenoxyd nachzuweisen, wenn auch der letztere dargethan hat, dass in der That eine Diffusion von Kohlenoxyd durch glühend gemachtes Guss-eisen unter Umständen stattfinden kann. Ebenso sind auch die einfachen Regulirfüllöfen für die Schule nicht zu gebrauchen, weil sie sehr stark auf einmal heizen und die Regulirung der Temperatur durch theilweises Oeffnen und Schliessen der Schieber fortwährende Aufmerksamkeit und Be-dienung verlangt (SCHOTTKY [4]). — Ob durch die Füllöfen von Mei-dinger und Wolpert die den eisernen Oefen anhängenden Nachtheile alle beseitigt sind, scheint uns nicht so sicher zu stehen, wie dies BA-GINSKY [5]) annimmt. Gewiss wird durch die aus Blech oder Gusseisen be-stehenden Mäntel die Wärmestrahlung bedeutend reducirt; gewiss geben sie durch die mit ihnen verbundenen Ventilationsvorrichtungen die Möglichkeit, behufs Lufterneuerung fortwährend frisch gewärmte Luft den Räumen zuzu-führen; gewiss ist ihre Bedienung verhältnissmässig einfach und der Betrieb billig, — aber man kann sich leicht überzeugen, dass die strahlende Hitze dieser Oefen für Nahesitzende immer noch unangenehm genug ist, und ausser-dem bewirken sie, wie selbst SCHMIDT [6]) zugibt, der im Ganzen diese Hei-zungsart vertheidigt, eine sehr ungleiche Wärmevertheilung in den beheizten Räumen. Für sehr viele Fälle mögen diese Oefen in Bezug auf Heizung und Ventilation ausgezeichnete Dienste leisten, namentlich dann, wenn Nie-mand gezwungen ist, dauernd in ihrer Nähe still zu sitzen. Da letzteres aber in Schulstuben nicht zu vermeiden ist und da überhaupt günstige Er-fahrungen, die in Localen mit anderer Bestimmung gemacht worden sind, nicht ohne Weiteres auf Schulzimmer übertragen werden dürfen, so wird man gut thun, auch über die genannten Oefen noch specielle Erfahrungen zu sammeln, bevor man sie für Schulen empfiehlt.

Gewöhnliche Kachelöfen liefern zwar eine sehr angenehme Wärme, werden aber selbst äusserst langsam warm und geben, auch wenn sie vom Zimmer aus geheizt werden, einen sehr geringen und kurzdauernden Venti-lationseffect, der für Schulzimmer gar nicht in Betracht kommen kann. Die Kachelöfen müssen also jedenfalls mit Ventilationsvorrichtungen versehen

---

1) Ueber die Nachweisbarkeit des Kohlenoxyds etc. Leipzig 1877.
2) Berichte der deutschen chemischen Gesellschaft. 1878. Bd. XI. 2. S. 235.
3) „Kohlenoxyd und gusseiserne Oefen." Zeitschrft. f. Biologie. 1878. XIV. S. 500—526.
4) L. c. S. 558. — 5) Op. cit. S. 152 u. flgde.
6) „Der Meidinger- und Wolpert-Ofen." D. Vschrft. f. öff. Gesdhtspfl. 1875. VII. S. 385.

sein. — Besser als reine Kachelöfen entsprechen den Bedürfnissen der Schule diejenigen Ventilationsöfen, die einen eisernen Heizkasten besitzen, aber mit einem Backsteinmantel umgeben sind. Ueberhaupt ist die Combination von Eisen und Thon, speciell für Schulen, bei richtiger Anlage sowohl den ganz eisernen, als auch den reinen Backsteinöfen vorzuziehen, da sie die Vortheile beider verbindet: sie gewährt die Möglichkeit rascher Wärmeerzielung und relativ vollständiger Ausnützung des Heizmateriales bei bedeutend herabgesetzter Hitzestrahlung.

Zur Entfernung der verdorbenen Zimmerluft kann man sich bei Localheizungen ebenfalls der Oefen bedienen, indem man unter Benutzung der Wärme der Heizgase die verbrauchte Luft vom Fussboden des Zimmers aus durch den Ofen aspiriren lässt[1]). Da bei allen Ventilationsöfen die warme Luft im oberen Theile des Zimmers einströmt, so sind hiermit die Bedingungen zu einer möglichst vollständigen Luftmischung im Raume selbst gegeben[2]). Ausserhalb der Heizperiode wirkt natürlich diese Ventilationsvorrichtung nicht und man ist dann auf die natürlichen Factoren der Lufterneuerung beschränkt. Will man sich auch für Frühjahr und Herbst, wo meistens nicht geheizt wird, andrerseits aber auch das Oeffnen der Fenster in Gegenwart der Kinder nicht immer zulässig ist, eine fortwährende Abfuhr der verbrauchten Luft sichern, so kann auch mit der Localheizung eine centrale Aspirationsventilation mit Lockkamin verbunden werden, deren Wirkung von den Jahreszeiten und Witterungsänderungen unabhängig ist.

Unter den centralen Heizanlagen hat man für Schulgebäude, der Billigkeit halber, meistens die Luftheizung gewählt, was in sanitärer Beziehung entschieden zu bedauern ist. Wenn wir auch gerne zugeben wollen, dass der Nachweis von Kohlenoxyd in der Zimmerluft (KAISER[3]), VOLLERT[4]), sowie auch der Uebertritt von Russ und Staub aus den Luftkanälen in die zu beheizenden Räume (HOFMANN[5])) auf Undichtigkeiten in den Heizkammern zurückzuführen und bei guter Construction und Bedienung der Anlage zu vermeiden sind, so bleiben doch immer noch die bedeutende Trockenheit der Luft und

---

1) Beschreibung und Abbildungen solcher Ventilationsöfen findet man bei BAGINSKY, op. cit. S. 183 u. flgde.

2) Siehe hierüber FORSTER u. VOIT: „Studien über die Heizungen in den Schulhäusern Münchens." Zeitschrft. f. Biologie. XIII. S. 322.

3) Mittheilungen des bayerischen Gewerbemuseums. 1877. Bd. I. S. 2.

4) Ueber Luftwechsel und Beschaffenheit der Luft in den ventilirten Räumen des Johanneums in Hamburg. 1878. S. 22.

5) Beobachtungen und Erfahrungen auf dem Gebiete der Schulgesundheitspflege. Nürnberg 1874.

die ungleiche Vertheilung der Wärme als schwer zu beseitigende Uebelstände zurück.

Was zunächst die Trockenheit der Luft anbelangt, über welche namentlich die Lehrer klagen, da sie ihnen das Sprechen erschwert, so sind zwar Voit und Forster [1]), gestützt auf ihre Untersuchungen über den Feuchtigkeitsgrad der Zimmerluft bei Heizung durch den Kelling'schen Calorifer, der Ansicht, dass bei einer gut eingerichteten und geleiteten Luftheizung jeder gewünschte Feuchtigkeitsgrad der Heizluft zu erreichen sei; auch Schottky [2]) meint, es sei genügend, die heisse Luft über offene, mit Wasser gefüllte Gefässe streichen zu lassen, um der Zimmerluft den erforderlichen Feuchtigkeitsgrad zu ertheilen. Diesen Aeusserungen widersprechen aber die von Rietschel [3]) angeführten Beobachtungen, deren Ergebniss war, dass vor Beginn des Unterrichts mitunter die Luft, trotz Wasserverdunstungspfannen, nur eine relative Feuchtigkeit von 25 % hatte, während im Laufe des Unterrichts die Feuchtigkeit auf 60 % und höher stieg, — ein deutlicher Beweis, wieviel Wasser die Luft den Anwesenden entziehen musste, wenn auch die Vermehrung der Feuchtigkeit theilweise durch Wasserabgabe von den Wänden und durch Zutritt von Aussenluft bedingt sein mochte.

Von nicht geringerer sanitärer Bedeutung ist auch die von Bezold und Voit [4]) durch Untersuchungen über das Kelling'sche System [5]) nachgewiesene, höchst ungleiche Vertheilung der Wärme in den beheizten Räumen, die sich darin äussert, dass gerade im unteren Theile des Locales, wo man sich aufhält, die Temperatur zu niedrig bleibt, während die höheren Partien übermässig erhitzt sind; die extremen Temperaturen können hierbei 10 und 25—28° sein. Am meisten macht sich diese Erscheinung in den unteren Etagen geltend, während die oberen Stockwerke etwas gleichmässiger erwärmt werden; wenigstens besitzen sie in den dem Fussboden naheliegenden Luftschichten eine höhere Temp. als die Zimmer der untersten Etage, wo sich die Kinder oft mit 10° R. begnügen müssen, während am Platze des Lehrers das Thermometer schon 15° zeigt. Die günstigeren Verhältnisse der oberen Stockwerke rühren nach Voit u. Forster (l. c.) von dem Aufsteigen eines warmen Luftstromes aus den unteren Etagen in die oberen her. — Als weiterer Uebelstand muss hervorgehoben werden, dass die Temperatur der Luft in der Nähe derjenigen Wand, in welcher die Heissluftkanäle verlaufen, nach den Bestimmungen Bezold's und Voit's dauernd beträchtlich höher ist als in den übrigen Theilen des Zimmers, wodurch ebenfalls eine einseitige Erwärmung des letzteren bedingt wird. Ueberhaupt genügt ein Blick auf die von diesen Autoren gezeichneten Isothermen, um die Temperaturvertheilung, deren Ausdruck sie sind, vom hygienischen Standpunkte aus absolut zu verurtheilen. Durch an die Ausströmungsöffnungen für die heisse Luft befestigte Ansatzröhren, welche der Heizluft eine

---

1) L. c. S. 35. — 2) L. c. S. 560. — 3) Op. cit. S. 17.
4) „Untersuchungen über die Wärmevertheilung in geheizten Räumen." Zeitschrift des bayer. Architekten- und Ingenieurvereins. 1874. Heft 2, 3 u. 4.
5) Eine eingehende Beschreibung dieses Systems findet man in dem Vortrage von Generalarzt Roth auf der 6. Versamml. des d. Vereins f. öff. Gesdhtspfl. in Dresden. 1878. (D. Vschrft. f. öff. Gesdhtspfl. XI. S. 51 u flgde.).

mehr nach unten gerichtete Strömung geben sollte, konnten Voit u. Forster eine wesentliche Aenderung in der Temperaturvertheilung nicht erzielen.

Es ist wohl denkbar, dass man mit der Zeit dazu kommen wird, durch Modificationen in der Grösse der Kanäle und Ausströmungsöffnungen, durch passende Stellung der letzteren, durch weitgehende Trennung der Heizkammern (Forster u. Voit), durch Vervollkommnung der Befeuchtungsapparate in den Heizkammern etc., nicht nur die gerügten, sondern auch noch andere Theile der Luftheizung, wie z. B. die theilweise Ueberheizung der Luft in den Caloriferen, vollständig zu vermeiden, — aber gegenwärtig sind alle diese Aufgaben noch nicht gelöst, und die Luftheizung, wie einfach sie auch auf den ersten Blick erscheinen mag, bietet doch der Technik noch unüberwundene Schwierigkeiten dar und ist in ihrer jetzigen Gestalt für Schulgebäude nicht zu empfehlen, trotzdem dass sie, wie vielfach durch directe und indirecte Beobachtung bewiesen ist, eine vollkommen genügende Lufterneuerung gewährt.

Die Heisswasserheizung (mit hohem Drucke) ist nächst der Luftheizung das billigste System und besitzt auch die Eigenschaften rascher Erwärmung und Abkühlung. Indem man einerseits die Heizröhren in Spiralform aufwindet und die Spiralen zur Vermeidung strahlender Wärme, mit schützenden Verkleidungen umgibt, andrerseits die Röhren längs der äusseren Wände hinleitet, kann man sowohl die Heizfläche in jedem einzelnen Raume beliebig gross machen, als auch die Wärmequellen gerade da anbringen, wo das Zimmer am meisten Wärme nach Aussen verliert. Dieser letztere Umstand ist in sanitärer Beziehung, namentlich für nördliche Klimate, von grosser Bedeutung, weil hierdurch eine einseitige Abkühlung der in der Nähe der äusseren Wand sitzenden Schüler möglichst vermieden wird. Dennoch ist die Heisswasserheizung bei den Technikern nicht sehr beliebt und hat sich bis jetzt in Schulhäusern verhältnissmässig selten Eingang verschafft.

Die Dampfheizung wird für Schulen von keiner Seite her empfohlen, obgleich einzelne Techniker (Rietschel) sie als die Heizung der Zukunft bezeichnen. Sie ist aber relativ sehr theuer und ihre Anlage erfordert die allergrösste Vorsicht, wenn sie nicht zu unangenehmen Betriebsstörungen Anlass geben soll. Da der Dampf die Möglichkeit gibt, die Wärme auf fast unbegrenzte horizontale Entfernung überzuführen, so wird man sich vielleicht am ehesten in grossen Erziehungsanstalten zur Einführung der Dampfheizung entschliessen.

Eine weitgehende Anwendung in Schulgebäuden steht, wie es

den Anschein hat, der Warmwasserheizung bevor und dieselbe
wird wohl allmälig die Luftheizung ganz verdrängen, obgleich sie
theurer als die letztere zu stehen kommt. Sie kann nämlich bei
richtiger Anlage fast alle Ansprüche erfüllen, die weiter oben erhoben worden sind. Sie erlaubt eine in sanitärer Beziehung sehr
günstige Vertheilung der Wärmequellen und eine beliebige Vergrösserung der Heizfläche durch die sog. Batterien; sie liefert eine
gleichmässige, angenehme, milde Wärme; sie erlaubt die Wärmezu-
fuhr zu den einzelnen Räumen dem gegebenen Bedürfniss entsprechend zu reguliren; ihr Betrieb ist billig und gefahrlos, die Bedienung einfach und sicher; ausserdem gestattet sie eine vollständige
Trennung der Heizung von der Ventilation. Wie RIETSCHEL (l. c.)
berichtet, sollen auf Grund umfangreicher und mühevoller Beobachtungen die Berliner Schulen in Zukunft Warmwasserheizung erhalten.

Die Ventilation kann sowohl bei der Heisswasser- und
Dampfheizung als auch bei der Warmwasserheizung entweder eine
locale oder aber eine centrale sein. Im ersteren Falle wird bei
der Warmwasserheizung die direct von Aussen an die einzelnen
Batterien hin tretende Luft an denselben erwärmt und geht dann
ins Zimmer über; bei der Heisswasserheizung kann der Luftzutritt
zu den Röhrenspiralen in der von BÖHM angegebenen und in der
Ober-Realschule der Leopoldstadt in Wien ausgeführten Weise vermittelt werden [1]. Bei centraler Ventilationsanlage kann die durch
einen besonderen Kanal dem Erwärmungsraume zuzuführende Luft
entweder durch einen Calorifer, ganz unabhängig von der Heizanlage, oder aber durch gusseiserne Dampf- oder Wasserröhren, die
mit der Heizanlage in Verbindung stehen, erwärmt werden. Sie soll
nur mit einer Temperatur von 18° Cels. ins Zimmer treten, da sie
ja ausschliesslich zur Erneuerung der verdorbenen Luft, nicht aber
zu Erwärmungszwecken bestimmt ist. Als treibende Kraft für die
Luftbewegung erscheint die Temperaturdifferenz zwischen der Aussenluft und der Luft des Erwärmungsraumes; es kann übrigens auch
mechanische Kraft hierzu benutzt werden, in Form von Ventilatoren,
die durch Dampf- oder Gaskraftmaschinen in Bewegung gesetzt werden. Die Abfuhr der verbrauchten Luft geschieht durch centrale
Aspiration. In Bezug auf die Anlage der Ventilationsöffnungen für
frische und verbrauchte Luft sind die allgemein hierfür geltenden
Bestimmungen zu berücksichtigen [2].

---

[1] Fünfter Jahresber. d. k. k. Ober-Realschule in d. Leopoldstadt in Wien. 1876.
[2] Siehe z. B. ERISMANN „Project eines Musterschulzimmers." D. Vschrft.
f. öff. Gesundhtspfl. VIII. S. 642 u. flgde.

Es muss übrigens betont werden, dass auch sehr gute künstliche
Ventilationsanlagen die möglichste Ausnutzung der Factoren der natürlichen Ventilation in den Schulen nicht überflüssig machen; besonders gilt dies für Zeiten ausserhalb der Heizperiode, wo man zur
Vermeidung überflüssiger Ausgaben immer vorzugsweise auf den
natürlichen Luftwechsel angewiesen sein wird. Es ist denn auch
vom Oeffnen der Fenster und gegenüberliegenden Thüren in Schulzimmern überall ein reichlicher Gebrauch zu machen, wo es die
Verhältnisse gestatten; namentlich sollen hierzu die Zwischenpausen
benutzt werden, nachdem die Kinder das Local verlassen haben;
während des Unterrichtes selbst muss dagegen mehr die künstliche
Ventilation eintreten. Nur darf man natürlich, worauf schon PETTEN-
KOFER aufmerksam gemacht hat, im Oeffnen der Fenster zu Zeiten
bedeutender Fröste nicht so weit gehen, dass die Zimmerwände zu
stark abgekühlt werden, weil hierdurch Störungen in der Wärme-
ökonomie der Kinder entstehen können.

3. Der Schultisch.

Durch die Beobachtungen zahlreicher Aerzte und Schulmänner
(SCHREBER, GUILLAUME, FAHRNER, ZWEZ, BUCHNER, FLINZER, SCHILD-
BACH, FREY u. A.) ist unzweifelhaft dargethan, dass, wenn nicht der
einzige, so doch ein sehr wichtiger Ausgangspunkt der schlechten
Haltung, welche die Kinder beim Schreiben gewöhnlich annehmen,
in der unzweckmässigen Construction der gebräuchlichen Schultische
liegt.

Wir werden unten sehen, dass schon die gegenwärtig übliche Schreibstellung an sich Momente enthält, welche den Oberkörper aus seinem statischen Gleichgewichte bringen können; um so mehr ist dies beim Schreiben
an schlechtgebauten Schultischen der Fall. Die meist bedeutende horizontale
Entfernung des Tisches von der Bank, die allzugrosse Höhe der Tischplatte
über der Bank, die oft den Körperverhältnissen nicht im geringsten entsprechende Höhe der Bank und die Abwesenheit einer zweckmässig gebauten
und am richtigen Orte angebrachten Lehne sind es, welche den Schüler
zwingen, beim Schreiben Kopf und Rumpf vorn über zu lehnen, die rechte
Schulter ungebührlich zu heben und in den auf die Tischplatte gestemmten
Armen oder der an den Tischrand angelehnten Brust eine Stütze für den
aus dem Gleichgewichte gebrachten Oberkörper zu suchen. Die fatale Nothwendigkeit, mit welcher diese schiefe Körperhaltung trotz aller Ermahnungen
des Lehrers zum Geradesitzen auftritt, findet ihre Erklärung in den schon
erwähnten Arbeiten PAROW's und HERM. MEYER's über die Statik der menschlichen Wirbelsäule und des Beckens, aus welchen hervorgeht, dass diejenige
Schreibstellung die günstigste ist, bei welcher der Rumpf fast nur durch den
Einfluss der Schwere, mit möglichstem Ausschluss der Muskelwirkung, im

Gleichgewicht erhalten wird, so dass der Schreibende seine Stellung ohne besondere Muskelanstrengung beizubehalten vermöchte, auch wenn ihm plötzlich der Tisch weggenommen würde. Bei einer solchen Schreibstellung nämlich bewahrt die Wirbelsäule ihre normale Krümmung, die Augen bleiben in zweckmässiger Entfernung von dem auf der Tischplatte liegenden Schreibhefte, die Brust athmet frei und die Unterleibsorgane sind keinerlei Druck ausgesetzt. Sobald aber der Schreibende Kopf und Schultern vornüberbeugt, so dass der Rumpf nicht mehr durch statische Momente äquilibrirt wird, muss der letztere vor dem weiteren Vornübersinken durch Muskelkraft und entsprechende Formänderung der Wirbelsäule oder dann durch Unterstützung von Aussen bewahrt werden, und da die Muskeln nach einiger Zeit ermüden, so wird bei längerer Dauer der schiefen Haltung die Unterstützung durch äussere Objecte zur absoluten Nothwendigkeit. Der Schreibende sucht in diesem Fall eine Stütze in den auf die Tischplatte gestemmten Armen oder in der an den Tischrand angelehnten Brust, womit selbstverständlich die Möglichkeit zu allen nur denkbaren schiefen Stellungen des Rumpfes gegeben ist.

Hieraus folgt, dass bei der Construction der Schultische alle diejenigen Momente zu vermeiden sind, welche den Schreibenden zum Vornüberbeugen des Kopfes und zu einer schiefen Haltung der Schultern veranlassen könnten.

Es kann hier natürlich nicht unsere Aufgabe sein, die verschiedenen Systeme von Schultischen einzeln zu besprechen, die in neuerer Zeit in grosser Anzahl vorgeschlagen worden sind. Wir müssen uns darauf beschränken, in kurzen Worten diejenigen Principien anzudeuten, von welchen man sich bei der Construction des Schultisches leiten lassen muss, wenn derselbe dem jugendlichen Organismus nicht directen Schaden zufügen soll. In Beziehung auf alles Andere verweisen wir auf die Specialliteratur [1]).

Die Distanz (horizontale Entfernung des vorderen Bankrandes von der Senkrechten, welche man sich von der inneren Tischkante gefällt denkt). FAHRNER war der erste, der den Nachtheil dieses

---

[1]) Die Werke von BARNARD, ZWEZ, FAHRNER, PAROW, GUILLAUME, SCHILDBACH, BUCHNER, COHN, FALK, RIANT, KUBY, sind früher schon wiederholt erwähnt worden. Ausserdem soll hier noch hingewiesen werden auf folgende Arbeiten: COHN, Die Schulhäuser und Schultische auf der Wiener Weltausstellung. 1873. — KAISER, Privilegirtes Kaiser'sches Subselliensystem für Unterrichtsanstalten. 1876. — BAGINSKY, Handbuch der Schulhygiene. 1877. — PAUL, Wiener Schuleinrichtungen. 1879. — Deutsche Vrschrft. f. öff. Gesundheitspfl.. Aufsätze von VARRENTRAPP, I. S. 465; VII. S. 383. — ERISMANN, VIII. S. 642. — KUBY (Schulhygiene auf der Ausstellung in Brüssel) IX. S. 398. — KOLLER, X. S. 600. — KUBY (Notizen über Schulhäuser und Subsellien in der Pariser Weltausstellung 1878) XI. S. 635. — Schliesslich: NICATI, Recherches d'hygiène scolaire faites à Marseille. Paris 1879.

Zwischenraumes für die Körperhaltung der schreibenden Kinder richtig würdigte; er schlug vor, die Distanz gleich Null zu machen und wurde in dieser Forderung von PAROW unterstützt. COHN schlug vor, den vorderen Bankrand etwas (2,5 Ctm.) unter den inneren Tischrand hereingehen zu lassen und somit eine „Minusdistanz" herzustellen; BUCHNER und HERMANN hielten es für nöthig, diese Minusdistanz auf 5,2—6,5 Ctm. zu vergrössern. Nachdem sodann nur noch vereinzelte Stimmen für die Plusdistanz eintraten (unter ihnen ZWEZ, der eine Plusdistanz von 8—15 Ctm. verlangt), hat sich gegenwärtig die Minusdistanz für das Schreiben vollkommen eingebürgert, und alle neueren Schulbanksysteme (KUNZE, KAISER, die Olmützer Schulbank etc.) gewähren dem schreibenden Schüler eine Minusdistanz von 2—5 Ctm. Hierbei wird das von den Pädagogen im Interesse der Schuldisciplin verlangte und auch vom sanitären Standpunkte aus erwünschte zeitweilige Aufstehen der Schüler während des Unterrichts durch Vorrichtungen ermöglicht, auf welche wir weiter unten zurückkommen.

Die Differenz (senkrechter Abstand des inneren Tischrandes von der Bank). Sie ist eines der sanitär wichtigsten Maasse des Schultisches. Bei der Bestimmung desselben muss der Grundsatz maassgebend sein, dass die rechte Schulter beim Schreiben nicht gehoben werden darf: der im Ellenbogen gebeugte und etwas nach vorn geschobene Vorderarm soll ohne Hebung, aber auch ohne Senkung der Schulter, direct auf die Tischplatte zu liegen kommen. Es muss also die Differenz ungefähr der senkrechten Entfernung des Ellbogens (bei freiherabhängendem Oberarm) von der Bank entsprechen, mit der Einschränkung, dass zu diesem Maasse eine geringe Grösse hinzuaddirt werden muss, weil beim Vorschieben des Unterarmes zum Schreiben derselbe etwas höher zu liegen kommt. Von FAHRNER wird diese Hebung des Unterarmes auf 2,5 bis 4 Ctm. geschätzt; gewöhnlich beträgt sie aber nicht mehr als 2 Ctm. Die senkrechte Entfernung des Ellbogens von der Bank entspricht nach zahlreichen, durch FAHRNER, ZWEZ, SCHILDBACH, KAISER u. A. ausgeführten Messungen bei Knaben $1/7,5$—$1/8$ der Körperlänge; bei Mädchen ist sie, vermuthlich der dickeren Unterlage von Röcken und Unterröcken wegen, etwas grösser ($1/6,5$—$1/7,7$ der Körperlänge). Die Differenz muss also sein: für Knaben etwa gleich $1/7,5$ des Wuchses + 2 Ctm., für Mädchen $1/7$ des Wuchses + 2 Ctm., was im ersteren Falle ca. 15% im letzteren 16% der Körperlänge ausmacht. Die Angaben der Autoren schwanken zwischen 14,4% und 18%; für die höheren Klassen wird von Vielen, wenn auch ohne genügende Begründung, die Procentzahl etwas grösser angenommen, als für die kleineren Schüler der unteren Klassen.

Die richtige Höhe der Bank über dem Boden oder einem Fussbrett trägt wesentlich zur Möglichkeit eines aufrechten Sitzens bei, denn eine gute Körperhaltung beim Schreiben ist undenkbar, wenn die Bank, wie dies so oft der Fall ist, zu hoch gemacht wird, so dass der Schüler sich auf die Bankkante setzen und vorn überlehnen muss, um Boden unter den Füssen zu bekommen. Nach den übereinstimmenden Forderungen der Autoren soll die Höhe der Bank so bemessen sein, dass bei im rechten Winkel gebogenem Knie und senkrecht stehendem Unterschenkel der Fuss mit seiner ganzen Sohle auf dem Boden oder Fussbrett aufruht. Dies ist dann der Fall, wenn die Höhe der Bank der Länge des Unterschenkels von der Ferse bis zur Kniebeuge entspricht. Nach den vorliegenden Messungen beträgt diese Grösse durchschnittlich ²/₇ der ganzen Körperlänge (1 : 3,8 bis 1 : 3,3), wobei übrigens zu bemerken ist, dass im Allgemeinen bei grösseren Schülern die Unterschenkel im Verhältniss zum Rumpf etwas länger zu sein pflegen als bei kleineren. Aus diesem Grunde soll die Bankhöhe mit dem Wachsthum der Kinder nicht proportional zunehmen, sondern in einer kleinen Progression: am besten ist es, wenn sie 28,5 % bis 30 % der Körperlänge entspricht; die Forderungen der Autoren schwanken zwischen 25,5 und 29 %; durch persönliche Erfahrungen sind wir zu der Ueberzeugung gekommen, dass man nicht unter 27,5 % herabgehen sollte, namentlich in Betracht des Umstandes, dass ja beim Sitzen die Weichtheile an der Hinterseite des Oberschenkels immer etwas zusammengepresst werden. — Das Sitzbrett selbst soll nicht ganz horizontal liegen, sondern bekommt zweckmässig eine, wenn auch sehr geringe Neigung nach hinten, so dass sein hinterer Rand um etwa 1 Ctm. tiefer zu liegen kommt als der vordere; diese leichte Schrägstellung ist der Ausschweifung des Sitzbrettes vorzuziehen.

Stellung und Form der Lehne. Man hat die Wahl zwischen der hohen, aus einem ganzen Brett bestehenden Rückenlehne (die übrigens auch Einzellehne sein kann, wie z. B. bei FREY) und der niedrigen, sog. Kreuz- oder Lendenlehne. Zu Gunsten der letzteren ist zuerst FAHRNER aufgetreten; sein Vorschlag stiess anfangs auf harten Widerspruch, aber der beste Beweis dafür, dass seine Idee richtig war, ist der Umstand, dass gegenwärtig die niedrige Lehne einen integrirenden Bestandtheil aller neuen Schultischsysteme bildet. Entscheidend für die allgemeine Annahme der Kreuzlehne waren die diesen Gegenstand betreffenden Arbeiten HERMANN

Meyer's [1]), durch welche dargethan wurde, dass für die Schule die beste Sitzstellung diejenige ist, bei welcher die vom Schwerpunkte des Rumpfes (vor dem 9. oder 10. Brustwirbel) senkrecht nach unten gezogene Linie in ein Dreieck fällt, dessen Basis von den beiden Sitzhöckern und dessen Scheitel vom Kreuzbein, wenn dasselbe durch eine Lehne gestützt ist, gebildet wird (sog. hintere Sitzlage).

Unter diesen Umständen findet, auch ohne besondere Muskelanstrengung, weder ein Vornüberfallen des Rumpfes, noch ein Nachvorngleiten des Beckens auf der Bank statt, und es kann, auch ohne weitere Unterstützung, längere Zeit hindurch das Gleichgewicht des Rumpfes ohne Ermüdung bewahrt werden, indem die Wirbelsäule durch eigene Federspannung fast ganz in sich selbst ruht. Auch vor dem Fallen nach hinten ist der Oberkörper hinlänglich geschützt, wenn das Kreuzbein oder die unteren Lendenwirbel durch eine Lehne gestützt werden, welche das Becken feststellt. Das Fallen nach hinten kann nun allerdings auch durch eine Rückenlehne verhindert werden, welche dem hervorragendsten Theile der Brustkrümmung der Wirbelsäule eine Anlehnung gibt; aber bei einer solchen Lehne ist der Wirbelsäule faktisch gar keine Unterstützung gewährt: der untere Theil der Brustwirbelsäule und die Lendenwirbelsäule schweben frei zwischen Rückenlehne und Sitzbank, und da sie die ganze Last des Rumpfes zu tragen haben, werden sie eingedrückt wie ein an beiden Enden befestigter, in der Mitte freier, belasteter Stab, und erhalten eine abnorme Concavität nach vorn: die Ruhelage, bei Abwesenheit von Muskelthätigkeit, ist erst dann gegeben, wenn das Becken vorwärts und die Brustkrümmung der Wirbelsäule an der Lehne abwärts gerutscht ist, soweit, bis die Wirbelsäule zwischen diesen beiden Punkten das Maximum ihrer Convexität nach hinten erreicht hat. Statt also ein Ausruhen der Wirbelsäule zu ermöglichen, stellt die Rückenlehne lauter schädliche Momente dar. Sie ist deshalb zu verwerfen, und ein guter Schultisch muss mit einer Kreuz- oder Lendenlehne versehen sein.

Am meisten empfiehlt sich die von Fahrner vorgeschlagene Lehnenform, die horizontale, durchgehende Leiste; sie gestattet mehr Stützpunkte und damit mehr Ruhelagen als die aufrecht stehende Kunze'sche Einzellehne; von den letzteren sehnen sich die Schüler gern weg und setzen sich fort und fort zwischen zwei Lehnen oder an die Kante derselben (Koller). — Der obere Rand der Kreuzlehne darf die Höhe des inneren Tischrandes nicht überragen; die Lehne gestattet dann dem Schüler, sich mit den zurückgelegten Ellenbogen aufzustemmen und so der Wirbelsäule vollkommene Entlastung zu gewähren, wenn er sich durch das aufrechte Sitzen ermüdet fühlt. Eine zweite Leiste, in der Höhe der Brustwirbelsäule und etwas hinter der ersten angebracht, wie sie von

---

1) „Die Mechanik des Sitzens, mit besonderer Rücksicht auf die Schulbankfrage." Virchow's Archiv. Bd. 38. Heft 1. S. 15. — Derselbe. Die Statik und Mechanik des menschlichen Knochengerüstes. 1873. S. 198 u. flgde.

einzelnen Seiten vorgeschlagen wurde, scheint überflüssig zu sein;
das sehr wohlthuende zeitweilige Ausruhen auf den Ellenbogen, mit
Zurücklehnen des Oberkörpers, würde hierdurch unmöglich gemacht.
— Die horizontale Entfernung der Lehne vom inneren Tischrande
darf nur so gross sein, dass der Schüler auch beim Schreiben die
Unterstützung des Kreuzes durch die Lehne fühle. Ist die Entfernung grösser, so hat die Lehne überhaupt keinen Werth, weil sie
dann beim aufrechten Sitzen und beim Schreiben nicht mehr benutzt
wird. Auf Grund der in dieser Beziehung gemachten Beobachtungen
und Erfahrungen wird die Entfernung der Kreuzlehnenleiste vom
Tischrande (Körperspielraum) von den Autoren gewöhnlich um 2 bis
3 Ctm. grösser angegeben als die Differenz ist.

Die Tischplatte.. Dem vorderen, horizontalen Theil derselben
wird allgemein eine Breite von 10 Ctm. gegeben; der hintere, dem
Schüler zugekehrte Theil soll eine Breite von 35 — 40 Ctm. bekommen. Wichtig ist die Neigung der Tischplatte; je bedeutender
dieselbe ist, desto mehr wird dem Schüler bei leicht geneigtem
Kopfe der Sehact erleichtert und man wird also von diesem Standpunkte aus bestrebt sein, die Neigung der Tischplatte möglichst
gross zu machen; andrerseits ist derselben jedoch durch die Nothwendigkeit, das Rutschen der Hefte und der Unterarme zu vermeiden, eine Grenze gesetzt, die nicht überschritten werden darf. Von
den meisten Autoren wird eine Neigung der Tischplatte von 1 : 6
als die zweckmässigste angenommen; doch dürfte man wohl bis auf
1 : 5 gehen; ob eine Neigung von 1 : 4 (19 °) zulässig ist, wie neuerdings KUNZE meint, muss als eine offene Frage betrachtet werden.
Bei den neuen Tischen in den Züricher Schulen beträgt der Nei-
gungswinkel der Tischplatte 14 °. — Die Breite des Platzes für
jeden Schüler sollte für kleinere Kinder nicht unter 50, für grössere
nicht unter 60 Ctm. betragen. — Die Tische werden am besten
zweisitzig gemacht; einsitzige Tische, wie sie vorzugsweise in
Amerika im Gebrauche sind, haben keine Vorzüge vor den zwei-
sitzigen.

Es ist noch hervorzuheben, dass der Tisch und die dazugehörige
Bank mit der Lehne in fester Verbindung unter einander sein müssen.
Es ist nicht statthaft, dass die einem Tisch zugehörige Bank und
Lehne, oder auch nur die letztere allein, einen integrirenden Theil
des nächstfolgenden Tisches bilden. — Bewegliche Bänke oder
Stühle, deren jedesmalige Fixirung dem Belieben des Lehrers oder
vielmehr des Schülers anheimgestellt ist, sind für die Schule absolut
unbrauchbar, und es ist unbegreiflich, dass dieselben immer noch

empfohlen werden können und dass COHN [1]) diese Empfehlung unter-
stützte.

Durch die bis jetzt genannten Maasse ist im Allgemeinen die
Form des Schultisches den hygienischen Forderungen und wissenschaftlichen Grundsätzen entsprechend bestimmt. Um vollständig zu
sein, müssen wir aber noch diejenigen Details seiner Construction
erwähnen, die von verschiedenen Seiten vorgeschlagen und ausgeführt worden sind, um den Schülern das Aufstehen in der Bank
selbst zu ermöglichen. Selbstverständlich gestattet auch der einfache
zweisitzige Tisch das Aufstehen während des Unterrichtes, aber es
muss in diesem Falle Raum genug vorhanden sein, damit die Kinder
beiderseits aus der Bank heraustreten können. Da nun dieser Raum
nicht überall gegeben ist, so hat man von vielen Seiten ein sehr
grosses Gewicht darauf gelegt, die Tische so zu construiren, dass
sie das Aufstehen am Platze selbst gestatten [2]). Diese Bestrebungen
sind gewiss sehr lobenswerth, nur darf man nicht so weit gehen,
die Tauglichkeit des Schultisches allein oder vorzüglich nach der
Vollkommenheit der hierzu ausgedachten Vorrichtungen zu beurtheilen, wie dies leider vielfach geschieht. Die Hauptsache bleiben
immer die richtigen Maassverhältnisse und vom hygienischen Standpunkte aus ist jeder Tisch brauchbar, bei dem dieselben beobachtet
sind. Das Aufstehen am Platze suchte man durch zurückklappbare
oder verschiebbare Tischplatten oder aber durch bewegliche Sitzbretter zu erreichen.

Die einfachste dieser Methoden ist das von FAHRNER vorgeschlagene
Zurückklappen der Tischplatte, wobei der jedem einzelnen Schüler
entsprechende Theil der letzteren der Längsrichtung nach in zwei Hälften
getheilt ist, die durch Charniere untereinander verbunden sind. Man hat
dieser Einrichtung vorgeworfen, dass die Charniere nicht solid genug gemacht werden könnten und dass beim Zurückklappen des beweglichen Theiles der Tischplatte Hefte und Bücher in Unordnung kämen. Letzterer Umstand ist wohl schwerlich hoch anzuschlagen; den Forderungen der Solidität
entspricht vollkommen das von COHN empfohlene Charnier Keicher's, das
ausserdem den Vortheil hat, nicht über das Niveau der Tischplatte hervor-

---

1) Die Schulhäuser und Schultische auf der Wiener Weltausstellung. S. 40.
2) LEFFEL hat versucht, diesen Zweck auch bei der einfachen zwei- oder
mehrsitzigen Bank zu erreichen, indem er aus einem gemeinschaftlichen, durch-
gehenden Sitzbrett neben jedem Platze den zum Sitzen nicht benutzten Raum
von 17—23 Ctm. Breite ausschnitt und die Ecken der stehenbleibenden Sitz-
brettchen abrundete; behufs Aufstehens macht der Schüler einen kleinen Schritt
zur Seite und placirt sich in den ausgeschnittenen Raum. (KUBY „Die Schulhygiene auf der Brüsseler Ausstellung. D. Vschr. f. öff. Gsdhtspll. IX. S. 402).

zustehen [1]). Jedenfalls soll das aufklappbare Ende nur ungefähr den dritten
Theil der geneigten Tischplatte bilden; auf der unteren Seite desselben kann
ein zusammenklappbares Lesepültchen angebracht werden, — eine Vorrichtung, welcher sanitäre Bedeutung nicht abzusprechen ist.

Die verschiebbare Tischplatte nach KUNZE [2]) ist so construirt,
dass durch Herausschieben des geneigten Theiles der Platte, in der Richtung
nach dem Schüler zu, die zum Schreiben nöthige Minusdistanz hergestellt
werden kann, während beim Aufstehen der Schüler durch Hineinschieben der
Tischplatte eine Plusdistanz von 9—11 Ctm. erzeugt, wodurch ein leidlich
bequemes Stehen möglich wird. Diese Tische bewähren sich in der Praxis
sehr gut, wenn sie aus trockenem Holz gefertigt werden, so dass die Schiebe-
vorrichtung nicht in Unordnung geräth. Ueber die Unzweckmässigkeit der
stehenden Einzellehne an der KUNZE'schen Bank haben wir uns weiter oben
geäussert. — Die sog. Olmützer Schulbank [3]) ist nur eine Modification der
KUNZE'schen. Dasselbe gilt von der Wiener Schulbank, wie sie von PAUL [4])
beschrieben wird.

Die beweglichen Sitzbretter wurden früher nach Art der auf-
klappbaren Tischplatten gebaut, indem man das Sitzbrett jedes einzelnen
Schülers der Länge nach in zwei Theile theilte und dieselben mit Char-
nieren unter sich verband. Diese Einrichtung ist jedoch als äusserst unzweckmässig bald verlassen worden, da sich herausgestellt hat, dass die
Schüler beim Aufstehen das Zurückklappen des Sitzbrettes, als zu unbequem,
einfach unterlassen. — Sehr gut dagegen ist das von KAISER [5]) erfundene
System des beweglichen Sitzbrettes. Der jedem einzelnen Schüler zukommende Theil desselben ruht auf einem Tragrahmen, an dessen unterer Seite,
als Fortsetzung desselben, Zapfen angebracht sind, die in einer Leiste nahe
am Boden den Drehpunkt für eine kreisförmige Vor- und Rückwärtsbewe-
gung des Sitzbrettes bilden. Beim Aufstehen erhält das Sitzbrett ohne Zuthun des Schülers einen Stoss, der es in seiner Totalität nach hinten bewegt,
wobei es in einer schief nach hinten geneigten Stellung durch eine einfache
Vorrichtung aufgehalten wird. Hierbei entsteht eine positive Distanz zwischen
Tisch und Bank, die gross genug ist, um dem Schüler ein unbehindertes
Aufrechtstehen zu gestatten. Will sich der Schüler wieder setzen, so braucht
er nur dem Sitzbrett einen leichten Stoss nach vorne zu ertheilen, damit sich
dasselbe wieder in seine horizontale Lage zurückbegebe. — Die KAISER'sche
Schulbank ist von allen die theuerste: die zweisitzige Bank kostet 30 bis
36 Mark, während die KUNZE'sche auf 24—25 Mark [6]), die Olmützer Schulbank auf 24 M., die einfache zweisitzige Bank ohne alle Complicationen dagegen nur auf 16 M. zu stehen kommt [7]).

---

1) Dasselbe ist abgebildet bei COHN, Untersuchungen der Augen etc.

2) Die ausführliche Beschreibung dieses Schultisches findet man bei SCHILD-
BACH, Die Schulbankfrage und die KUNZE'sche Schulbank. 1872.

3) NAWRATIL u. SCHOBER, Die Olmützer Schulbank. Siehe auch PAUL, Wiener
Schuleinrichtungen. 1879.   4) Op. cit. S. 13.

5) Privilegirtes KAISER'sches Subselliensystem für Unterrichts-Anstalten.
München 1876.   6) SCHILDBACH, op. cit. S. 114.

7) Ueber die Preise einiger Subsellien siehe KUBY: „Die Schulhygiene auf
der internat. Ausstellung in Brüssel etc., l. c. S. 410.

Wir haben noch zu erwähnen, dass die Tische natürlich dem Wuchse der Schüler angepasst sein müssen. Nach zahlreichen Beobachtungen hat FAHRNER das Maximum des zulässigen Unterschiedes im Wuchs der Schüler für eine und dieselbe Bank auf 10—12 Ctm. festgesetzt, und diese Grösse ist fast von allen Autoren ohne weitere Modification angenommen worden. Man braucht also für jede Schule verschiedene Typen von Subsellien, deren Maasse den Grössenverhältnissen der Körpertheile der Schüler nach Grössencategorien angepasst sind. Am Anfange jedes Schuljahres müssen die Kinder gemessen und in die ihrer jeweiligen Grösse entsprechenden Subsellien gesetzt werden. Folgende Tabelle, die 8 Tischnummern enthält, ist den oben auseinandergesetzten Principien entsprechend berechnet.

Figur 4 stellt den Typus Nr. V in zehnfacher Verkleinerung dar.

Fig. 4.

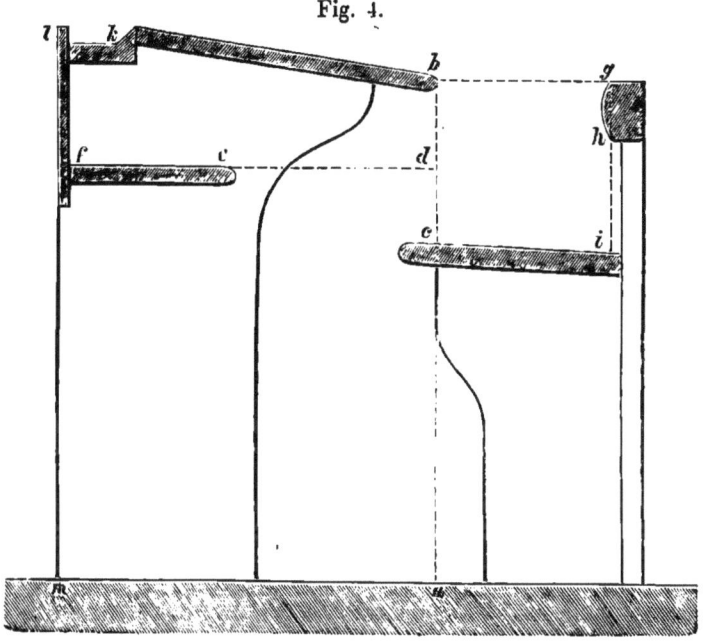

a b Höhe des hinteren Tischrandes . . . . 65,5 Ctm.
m l Höhe des vorderen Tischrandes . . . . 71,5 „
a c Höhe der Sitzbank . . . . 44,0 „
b c Differenz . . . . 21,5 „
b g Entfernung des oberen Lehnenrandes vom hinteren Tischrande . . . 23,5 „
g i Höhe des oberen Lehnenrandes über der Bank . . . . 21,5 „
g h Breite der Lehne . . . . 8,0 „
f e Tiefe des Bücherbrettes . . . . 22,0 „
b d Senkrechte Entfernung des Bücherbrettes vom hinteren Tischrande . . 12,0 „
b k Tiefe des geneigten Theiles der Tischplatte . . . . 40,0 „
k l Tiefe des horizontalen Theiles der Tischplatte . . . . 10,0 „

Aus der Tabelle sind auch die Maasse für das Bücherbrett und für die Breite des Sitzbrettes zu sehen. Angaben über das Fussbrett fehlen; wünscht man ein solches, so muss dasselbe horizontal liegen und sehr breit sein; es kann in zusammenhängender Fläche oder in Leistenform dargestellt werden. Im Interesse der Lehrer ist einheitliche Tischhöhe, wobei natürlich die niedrigen Typen Fussbretter bekommen müssen, erwünscht.

Maasstabelle der Schultischtypen (in Centimetern):

Typennummern.	Körperlänge der Kinder.	Höhe des vorderen Tischrandes über dem Boden oder Fussbrett.	Höhe des hinteren (inneren) Tischrandes über dem Boden oder Fussbrett.	Höhe des Sitzbrettes über dem Boden oder Fussbrett	Differenz.	Distanz (minus).	Höhe des oberen Lehnenrandes über der Bank.	Entfernung der Lehne vom hinteren (inneren) Tischrande.	Tiefe des Bücherbrettes.	Senkrechte Entfernung des Bücherbrettrandes von der Tischplatte.	Breite des Sitzbrettes.
I	98—109	51,5	45,5	30	15,5	— 5	15,5	17,5	20	10	22,5
II	110—120	56	50	33	17	— 5	17	19	20	10	24
III	121—131	60	54	36,5	18,5	— 5	18,5	20,5	20	10	25,5
IV	132—142	66	60	40	20	— 5	20	22	22	10	27
V	143—153	71,5	65,5	44	21,5	— 5	21,5	23,5	22	12	28,5
VI	154—164	76,5	70,5	47,5	23	— 5	23	25	22	12	30
VII	165—175	81,5	75,5	51	24,5	— 5	24,5	26,5	24	12	31,5
VIII	mehr als 175	86	80	54	26	— 5	26	28	24	12	33

Die Besprechung zahlreicher Detailfragen über die Construction der Subsellien, die wohl für den Schulmann oder den Techniker Interesse haben, dem Hygieniker aber ferne liegen, muss hier selbstverständlich unterbleiben.

4. Die Schulutensilien.

a. Die Schulwandtafel.

Im Interesse des Sehorganes der Schüler sind hygienischerseits einige Forderungen an die Eigenschaften der Wandtafel, die Art ihrer Aufstellung und die Grösse der an der Tafel zu schreibenden Zahlen und Buchstaben zu stellen. — Man hat schon lange gewusst, dass eine mattschwarze Tafel und möglichst weisse, weiche Kreide das Erkennen des an der Tafel Geschriebenen in grösserer Entfernung wesentlich erleichtern[1]), aber erst die experimentellen Untersuchungen HORNER's[2]) erlaubten den Einfluss der

---

1) Siehe z. B. die Vorschriften, welche hierüber in der Verfügung des würtemb. Ministeriums enthalten sind (D. Vschrft. f. öff. Gesdhtspfl. III. S. 503).
2) „Schulwandtafeln." Schweiz. Schularchiv. Bd. II. Nr. 4. Abgedr. auch in: Blätter für Gesundheitspflege. 1851. Nr. 10.

genannten Umstände auf das deutliche Sehen präciser zu formuliren.
Es ergab sich u. A., dass, wenn Buchstaben schwarz auf weiss gedruckt, noch bei einer Höhe von 13 Millim. und bei einer Breite
von 2,5 Millim. gelesen wurden, man bei gleicher Entfernung an der
Tafel Kreidezahlen und Buchstaben von 30 Millim. Höhe und 4
Millim. Breite nöthig hatte, und zwar muss dieses Verhältniss als das
günstigste betrachtet werden, das nur bei vorzüglicher Beleuchtung
beim Schreiben mit weicher Kreide auf matter, geschieferter Tafel
und mit dicken Strichen erreicht werden konnte; bei schwächerer
Beleuchtung oder auf glänzender Tafel wird das Erkennen schwerer.
Im Ganzen konnte sich HORNER überzeugen, dass die Grösse der
Zahlen und Buchstaben, wie sie in den Primärschulen an die Tafel
geschrieben werden, allen Anforderungen entspricht, und dass dieselben bei weicher Kreide, mattschwarzer Tafel und kräftigen Strichen auch von mässig abnormen Augen in der Entfernung von 9
Meter noch erkannt werden können. Für höhere Schulen dagegen,
wo aus zahlreichen Gründen (zusammenhängende Formeln, flüchtiges
Hinschreiben und Wieder-Auswischen etc.) die Verhältnisse für das
deutliche Sehen ungünstiger sind, hält es HORNER für nöthig, eine
bewusste Grenze der Zahlen- und Buchstabengrössen zur Norm zu
erheben: bei einer Entfernung der hintersten Bänke von 9 Met. bezeichnet er als Minimum der zulässigen Zahlenhöhe auch bei günstigsten Verhältnissen 40 Millim., wobei kräftige, dicke Striche auf
matter, schön schwarzer Tafel vorausgesetzt sind. Was das Material der Wandtafeln anbetrifft, so kommt HORNER zu der
Ueberzeugung, dass andere als Schiefertafeln oder solche mit Schie-
ferüberzug nicht mehr geduldet werden sollten, namentlich nicht
lackirte und polirte; das Reinhalten der Tafel, wodurch das Schwarz-
halten derselben bedingt wird, ist von grosser Wichtigkeit. Betreffs
der günstigsten Lage der Tafel zur horizontalen Visirebene der
Beobachter, lehrte der Versuch, dass der Spielraum nach oben und
nach unten ziemlich gross ist, dass er aber nach oben hin nicht zu
weit ausgedehnt werden darf, indem sonst das Erkennen sehr erschwert wird. — PAUL (l. c.) schlägt vor, die Wandtafeln in die
Mitte der den Schultischen gegenüberliegenden Wand zusammenzudrängen und nicht etwa zu beiden Seiten des Katheders aufzustellen;
um dies zu ermöglichen, soll während des Anschauungsunterrichtes
der Katheder, dessen Wandtheil in Rollen läuft, auf die Seite ge-
schoben werden. PAUL empfiehlt auch Wandtafeln aus Holz oder
elastischem Stoff, die mit einer sogenannten Steinzeugmasse überzogen werden; sie sind matt und etwas rauh, so dass man selbst

mit harter Kreide Zeichnungen mit scharfen Contouren darauf ausführen kann.

b. Die Schulbücher.

Seitdem die Kurzsichtigkeit als specifische Schulkrankheit erkannt ist, haben zahlreiche Autoren darauf aufmerksam gemacht,
dass auch die Schulbücher durch schlechtes Papier und kleinen
Druck zur Entwicklung dieses Uebels beitragen, und in den Mini-
sterialverfügungen mehrerer deutscher Staaten (s. z. B. die würtemb.
Verordnung) finden sich allgemeine Vorschriften darüber, dass die
Schulbücher nicht auf grauem Papier gedruckt sein dürfen, dass der
Druck deutlich, kräftig und weit, die anzuwendenden Schriftzeichen
gross sein müssen, dass die geographischen Karten nicht mit Detail
in Namen und Zeichen überladen sein dürfen u. s. w.; aber erst in
neuerer Zeit ist man dazu gekommen, diese Forderungen bestimmter
auszudrücken (JAVAL [1]), COHN [2]), BLASIUS [3]), PERRIN [1])), indem man
die gebräuchlichen Schulbücher eingehender Untersuchung unterwarf
und die, zwischen einer normalen Sehfähigkeit, genügender Beleuchtung, Grösse der Druckzeichen und Erkennbarkeit derselben auf eine
gewisse Entfernung bestehenden Beziehungen studirte. Die Aufmerksamkeit richtete sich hierbei hauptsächlich auf die Form, Grösse
und Dicke der Buchstaben, die Entfernung der Zeilen von einander („Durchschuss“), den Zwischenraum zwischen nebenein-
anderstehenden Buchstaben und Worten („Approche“) und die
Länge der Zeilen, welche neben der Güte des Papiers und
der Druckerschwärze die Qualität des Druckes und somit auch
seine Bedeutung für das Sehorgan bedingen. Die hierauf bezüglichen
Minimalforderungen COHN's lauten folgendermassen: 1) das n soll
nicht kleiner sein als 1,50 Millim.; 2) der Grundstrich des n nicht
schmaler als 0,25 Millim.; 3) die Entfernung zwischen 2 Linien nicht
unter 2,5 Millim.; 4) die Zeilenlänge höchstens 100 Millim. Diese
Postulate würden ungefähr einer „Corpus-Antiqua-Schrift“ entsprechen, bei welcher auf den Centimeter 5 Buchstaben kommen, womit
auch BLASIUS einverstanden ist, während PERRIN noch eine Schrift
gestatten zu können glaubt, von der 7 Buchstaben auf den laufenden
Centimeter kommen („Grosse petit“).

1) Les livres scolaires et la myopie.
2) „Ueber Schrift, Druck und überhandnehmende Kurzsichtigkeit.“ Tagebl.
der 53. Vers. d. Naturforscher u. Aerzte. Danzig 1880.
3) „Die Schulen des Herzogthums Braunschweig.“ D. Vschrft. f. öff. Gesundheitspfl. XIII. S. 417. 1881.
4) Cfr. VIRCHOW u. HIRSCH, Jahresber. für 1880. I. 3. S. 569.

Bei Durchsicht der in der Vieweg'schen Buchdruckerei gebräuchlichen Typen, wie sie Blasius seinem Aufsatze beigefügt hat, kommt man zu der Ueberzeugung, dass folgende Schriftarten sich für Schulbücher am meisten empfehlen würden:

a) bei Antiqua-Schrift: für Primarschulen eine Corpus-antiqua, bei der die Höhe des n etwa 1,5 Millim., der Durchschuss 2,8 — 3,2 Millim. beträgt und wobei auf den Centimeter 5 oder 5—6 Buchstaben kommen; für höhere Schulen wäre eine Borgis-antiqua zulässig, bei welcher die Höhe des n etwa 1,45 Millim., der Durchschuss 2,65 Millim. beträgt und auf den Centimeter 5—6 Buchstaben kommen.

b) bei Frakturschrift: für Primarschulen eine Corpusfraktur, mit einem n von etwa 1,85 Millim. Höhe, einem Durchschuss von 2,9 Millim. und 6 Buchstaben auf den Centimeter; für die untersten Klassen müsste sogar Mittelfraktur und Cicerofraktur in Anwendung kommen, bei denen die Höhe des n etwa 2,75 resp. 2,0 Millim. beträgt; für höhere Schulen dürfte eine Borgisfraktur mit einem n von 1,7 Millim. Höhe, einem Durchschuss von 2,2 Millim. und durchschnittlich 6 Buchstaben auf den Centimeter zulässig sein; diese Schrift kann auch von einem schwach kurzsichtigen Auge bei nicht allzuschlechter Beleuchtung ganz gut in der Entfernung von 40 Ctm. gelesen werden. Alle mit kleineren Typen gedruckten Bücher müssten, wie Cohn sich ausdrückt, auf den index librorum prohibitorum gesetzt werden.

Was die Wahl zwischen Antiqua und der deutschen Frakturschrift betrifft, so sprechen sich Javal und Blasius entschieden für die allgemeine Anwendung der Antiqua aus, während Cohn die Frakturschrift vertheidigt. Man scheint diese Frage noch als eine offene betrachten zu müssen, und es wird sich vielleicht bei speciell hierauf gerichteten Untersuchungen herausstellen, dass dieselbe keine grosse hygienische Bedeutung hat, da die Deutlichkeit, mit welcher die einzelnen Schriftzeichen beim Lesen dem Auge erscheinen, zum grossen Theil auch davon abhängig sein mag, an welche Schriftformen das Auge am meisten gewöhnt ist. Uebrigens ist nicht zu verkennen, dass die von Blasius zu Gunsten der Antiquaschrift angeführten Gründe (grösserer Durchschuss, weniger Ecken und Schnörkel) vieles für sich haben. — Die nothwendigen Eigenschaften des Papiers fasst Blasius, wie uns scheint mit Recht, in folgender Forderung zusammen: gleichmässig dickes, höchstens 0,075 Millim. dünnes Papier, mit möglichst wenig beigemengtem Holzstoff, satinirt, ohne Schattirung, sorgfältig getrocknet und leicht gelb gefärbt.

c. Die Schreibutensilien.

Sowohl von Seite der Aerzte als auch von den Schulmännern ist in neuerer Zeit nicht selten der Wunsch ausgesprochen worden, es möchte die Schiefertafel, welche zur Darstellung der ersten Schreibübungen dient, durch ein passenderes Material ersetzt werden. Inso-

weit dieser Wunsch durch die Sorge für das Sehorgan der Schüler
und für eine gute Körperhaltung hervorgerufen worden war, fand er
theoretische Begründung in den Versuchen HORNER's [1]), aus denen
hervorging, dass caeteris paribus (d. h. bei gleicher Beleuchtung,
Sehschärfe und Refraction der Augen) gleich grosse, in jeder Hinsicht vergleichbare Buchstaben, mit Griffel auf der Tafel geschrieben,
je um ein Maasstheil näher gehalten werden müssen, um erkannt zu
werden, als wenn sie mit Tinte auf Papier geschrieben wären; das
Verhältniss ist wie 3 : 4, d. h. bei gleicher Grösse der Gesichtsob-
jecte bedarf es bei Griffel und Tafel ein ca. $1/4$ grösseres Netzhaut-
bild als bei Feder und Tinte. Das Verhältniss von Bleistift zu Tinte
ist gleich 4 : 5, dasjenige von Griffel und Bleistift wie 7 : 8. Griffel
und Tafel stellen also die grösste Anforderung ans Auge, bedingen
die grösste Annäherung, sogar bei günstigsten Contrastverhältnissen
zwischen Schrift und Tafel; hierbei wird von nachtheiligem Reflex
der Tafel, wodurch schiefe Haltung und starkes Bücken des Kopfes
bedingt werden, abgesehen. Nach den oben angeführten Verhältniss-
zahlen verlohnt es sich kaum, an die Stelle des Griffels das Bleistift
zu setzen; der Griffel kann nur mit der Feder vertauscht werden.
Demgemäss kommt HORNER zum Schluss, dass die Hygiene des Auges
die Entfernung der Tafel und des Griffels aus den Schulen und den
Ersatz derselben durch Feder und Tinte fordern.

Weitgehende praktische Versuche, die in dieser Beziehung in den Züricher
Schulen angestellt wurden, gaben im Allgemeinen ein für die HORNER'schen
Forderungen günstiges Resultat; nur bemerkten die Lehrer, dass den neu
eingetretenen Elementarschülern der unmittelbare Gebrauch der Feder sehr
schwer falle und sich pädagogisch nicht wohl rechtfertigen lasse. Demgemäss
fasste denn die Schulpflege von Zürich folgenden Beschluss [2]): „Als Schreib-
material für die Elementarschule gelten grundsätzlich Papier und Feder; jedoch steht daneben im Laufe des ersten Schuljahres der Gebrauch von Tafel
und Griffel den Lehrern frei, in dem Sinne, dass mit Beginn des Winter-
halbjahres zum vorherrschenden Gebrauch von Papier und Feder übergegangen
werden soll." Schon die würtembergische Verordnung vom Jahre 1870 hatte
übrigens den Gebrauch der Schreibtafeln (natürlicher und künstlicher) mit
Rücksicht auf die Schonung der Augen auf das Nothwendigste beschränkt
und schwarze, matte Tafeln, sowie weiche Griffel verlangt: ebenso findet sich
daselbst auch die Forderung eines festen, satten, gut geleimten Papieres,
einer guten, schwarzen Tinte und weicher, elastischer Federn.

—   —

1) „Griffel, Bleistift und Feder als Schreibmittel für Primarschulen." D.
Vschrft. f. öff. Gesdhtspfl. X. S. 724. 1878. — Denselben Gegenstand behandelt
auch die Schrift von MOLL: Over den invloed van de School op de Kortzsich-
tigheid. Rotterdam 1880.

2) D. Vschrft. f. öff. Gesdhtspfl., XII. S. 334. 1880.

Anhang: Schreibhaltung; rechtsschiefe Schrift.

Der Zusammenhang zwischen der von der Schule geforderten, rechtsschiefen Schrift und der fehlerhaften Haltung der Kinder beim Schreiben hat erst in neuester Zeit die Aufmerksamkeit der Aerzte und Schulmänner auf sich gelenkt, seitdem man sich überzeugen musste, dass auch durch die zweckmässigste Construction der Schultische eine fehlerfreie Körperhaltung nicht erreicht werden kann. ELLINGER [1]), GROSS [2]), COHN [3]), SCHUBERT [4]) und DAIBER [5]), die von verschiedenen Seiten den Einfluss der rechtsschiefen Schrift und der mit Nothwendigkeit daraus hervorgehenden Lagen des Schreibheftes auf den Sehact und die Stellung der Hand und des Oberkörpers analysirt haben, sind alle zu der Ueberzeugung gekommen, dass an der schlechten Haltung der Schüler beim Schreiben die naturwidrige Neigung der deutschen Currentschrift einen Theil der Schuld trage; man kann es in der That als bewiesen ansehen, dass eine richtige Sitzstellung in dem weiter oben angeführten Sinne HERM. MEYER's, also auch die sog. normale Schreibhaltung, bei welcher die Querachse des Oberkörpers dem inneren Tischrande parallel gehen soll, nur bei gerader Medianlage des Schreibheftes möglich und dass andrerseits diese letztere mit einer rechtsschiefen Schrift von einer Neigung von 45°, wie sie gegenwärtig gefordert wird, unverträglich ist. Am ausführlichsten ist der wissenschaftliche Beweis hierfür von SCHUBERT geliefert worden. Indem wir in Bezug auf die Details der Beweisleistung auf die Originalarbeit verweisen, wollen wir nur die wichtigsten Schlussfolgerungen aus derselben anführen:

1. Die rechtsschiefe Schrift, wenn sie bei medianer und gerader Haltung des Heftes möglich wäre, würde das Auge nicht gefährden; aber sie ist unter diesen Verhältnissen unausführbar, weil, um sie zu erzielen, die Grundstriche rechtwinklig zur Federhalteraxe gezogen werden müssten.

---

1) Der ärztliche Landesschulinspector, ein Sachwalter unserer misshandelten Jugend. 1877.

2) Grundzüge der Schulgesundheitspflege. Nördlingen 1878. — Derselbe: „Zur Schulgesundheitspflege." D. Vschrft. f. öff. Gesdhtspfl. XI. S. 425. 1879.

3) Tageblatt der 53. Vers. deutsch. Naturforscher u. Aerzte. 1880.

4) „Ueber den Einfluss der rechtsschiefen Schrift auf das Auge des Schulkindes." Aerztl. Intelligenzbl. 1881. Nr. 6. — Siehe auch die Verhandlungen der Aerztekammer v. Mittelfranken vom 19. Oct. 1880. (D. Vschrft. f. öff. Gesdhtspfl. XIII. S. 486. 1881.

5) Op. cit. S. 134—151.

2. Die gerade Rechtslage des Schreibhefts, wenn dabei vom Lehrer auf normaler Schreibhaltung bestanden wird, fordert einerseits maximale, zum Theil sogar unmögliche, Arbeitsleistungen von den Rechtswendern beider Augen und müsste andrerseits in vielen Fällen den Verlust des binoculären Sehaktes zur Folge haben. Ist das Kind mehr sich selbst überlassen, so wird es instinctiv eine Rechtswendung des Rumpfes machen, wodurch schon die gesundheitswidrige Körperhaltung eingeleitet ist.

3. Die schiefe Rechtslage des Heftes, bei welcher das nach rechts geschobene Heft so gedreht wird, dass der obere Rand desselben von links unten nach rechts oben verläuft, führt zu verschiedener Neigung des verticalen Meridianes resp. zu verschiedener Raddrehung beider Augen, wobei die Netzhäute nicht mehr symmetrisch liegen, so dass im ganzen peripheren Gesichtsfeld Zerstreuungskreise entstehen. Um diesen Uebelständen zu entgehen, wird der Schüler den Kopf nach der linken Schulter neigen und den Oberkörper spiralig nach rechts drehen, bis die Verbindungslinie der Drehpunkte beider Augen parallel zur Zeilenrichtung zu liegen kommt. Hiermit ist aber wiederum die normale Schreibstellung zur Illusion gemacht und der Grund gelegt zu beständiger Schiefhaltung des Oberkörpers.

4. Die schiefe Medianlage des Schreibheftes, der von ELLINGER und GROSS das Wort geredet wird, bietet, dem Obengesagten entsprechend, ebenfalls ungünstige Verhältnisse für den Sehakt und verlangt eine leichte Neigung des Kopfes nach links, um die naturgemässe Stellung und Bewegung beider Augen zu Stande zu bringen.

5. Vom ärztlichen Standpunkte aus muss die absolut gerade Medianlage des Heftes gefordert werden, da nur sie sich mit einer die Gesundheit nicht schädigenden Körperhaltung und Augenführung vereinigen lässt. Die Kalligraphen müssen also auf jede Schriftgattung verzichten, welche sich bei dieser Lage des Heftes nicht ausführen lässt, und da die rechtsschiefe Schrift dieser Forderung nicht entspricht, so muss sie aus der Schule verbannt werden.

Diesen theoretischen Betrachtungen entsprechen die von GROSS[1]), DAIBER[2]) und MERKEL[3]) angeführten Beobachtungen, dass die Anfänger im Schreiben entschieden Neigung zur aufrechten Schrift haben, während die schiefe Schrift erst mühsam in den Schönschreibstunden erzogen werden muss, und dass die Kinder, welche die Buchstaben steil aufrecht oder sogar etwas linksschief stellen, eine viel bessere Körperhaltung haben als die „vorschriftsmässig" rechtsschief schreibenden Kinder. DAIBER macht mit Recht auch darauf aufmerksam, dass bei gerader Medianlage des Heftes die übliche Rechtsneigung der Schrift nur möglich sei, wenn das Handgelenk eine zwar ausführbare, aber sehr ermüdende Biegung mit der Concavität nach rechts (Extension) mache, während senkrechte oder

---

1) „Zur Schulgesundheitspflege", l. c. S. 135.
2) Op. cit. S. 141 u. flgde.
3) D. Vschrft. f. öff. Gesdhtspfl. XIII. S. 487.

etwas linksschiefe Stellung der Buchstaben der natürlichen Lage und Bewegung des Handgelenkes entspreche. In der That kann jeder an sich das Experiment machen, dass bei medianer und gerader Lage des Schreibheftes die Federführung direct von oben nach unten oder sogar von links oben nach rechts unten die natürlichste ist und dass sie wirklich eine gerade Körperhaltung gestattet. Unter diesen Umständen kann auch nach DAIBER's Ansicht die Schule keinen vernünftigen Grund für Beibehaltung der üblichen Buchstabenrichtung ins Feld führen, und werden sich wohl die Kalligraphen der sanitären Forderung fügen müssen, die Schriftzeichen in eine solche Richtung zu bringen, dass dem Schüler möglich wird, sein Heft genau vor den Körper zu legen und eine aufrechte Haltung zu bewahren. Bevor übrigens entscheidende Bestimmungen in dieser Sache getroffen werden, ist eine weitere experimentelle Bearbeitung der Frage durch systematische Versuche wünschenswerth.

Bei Schreibübungen mit der linken Hand, wie sie von ELLINGER [1]) und FINKELNBURG [2]) zur Ausgleichung der mit der gewöhnlichen Schreibstellung verbundenen Nachtheile für die Wirbelsäule empfohlen werden, wäre eine schiefe Körperhaltung nur dann zu vermeiden, wenn: 1) von rechts nach links geschrieben würde, und 2) die Beleuchtung eine ausschliesslich rechtsseitige wäre.

---

1) L. c.   2) L. c. S. 42.

IV.

Die Hygiene des Unterrichts.

Die Bearbeitung der Schulhygiene, soweit sie im Obigen gegeben ist, fällt ausschliesslich oder doch vorzugsweise dem Arzte anheim; ihr wissenschaftlicher Werth beruht auf den Resultaten hygienisch-statistischer Untersuchungen oder des Experimentes. Mit der Hygiene des Unterrichts verhält es sich etwas anders: hier tritt als Fachmann der Pädagoge in den Vordergrund, dessen Aufgabe es wesentlich ist, das Lehrziel zu bezeichnen und den Weg zu finden, auf welchem dasselbe in einer dem kindlichen Organismus am meisten entsprechenden Weise zu erreichen ist. Die nicht zu leugnende Thatsache, dass das Lehrpersonal gerade in dieser Beziehung nicht immer auf der Höhe seiner Aufgabe steht und in der Jagd nach Erreichung des gegebenen Lehrzieles die Bedürfnisse des kindlichen Organismus oft allzuwenig berücksichtigt, ändert principiell an der Sache nichts. Auch der Arzt muss ja die Unvollkommenheit seines Wissens und Könnens den idealen Zwecken seiner Wissenschaft gegenüber anerkennen, und doch wird er sich in Bezug auf Fragen, die in sein Fach einschlagen, immer für den competentesten Richter halten, und zwar mit Recht. Was also heutzutage dem Pädagogen an psycho-physiologischem Wissen, das als wesentliche Grundlage der Unterrichtshygiene betrachtet werden muss, abgeht, kann nicht immer ohne weiteres durch den Arzt ersetzt werden, um so weniger, als auch ihm das wissenschaftliche Material zur Lösung vieler Fragen aus dem angezogenen Gebiete und zur Formulirung bestimmter Vorschläge fehlt; einfache subjective Anschauungen des Arztes aber, die nur auf dem durch Einzelbeobachtungen hervorgerufenen Bewusstsein beruhen, dass Vieles an den gegenwärtigen Schuleinrichtungen zu tadeln sei, können für den Schulmann keine bindende Kraft haben. Wir wollen hiermit keineswegs den Arzt von der Bearbeitung der Unterrichtshygiene ausschliessen; wir sind im Gegentheil davon überzeugt, dass der Schulmann der Mitwirkung des Arztes auch hier nicht entbehren kann; nur ist jedenfalls der Wunsch gerechtfertigt, dass die Aerzte hierbei auf dem durch ihr Fachstudium ihnen von selbst gegebenen Boden bleiben, und dass alle ihre Forderungen betreffs der Hygiene des Unterrichts mit äusserster Vorsicht gestellt und niemals, soweit dies eben möglich ist, der wissenschaftlichen Begründung entbehren möchten.

Gegenwärtig müssen die meisten hierher gehörigen Fragen (schulpflichtiges Alter, Belastung der verschiedenen Altersstufen mit Schulstunden und Hausaufgaben, Lehrmethoden, Lehrpläne etc.) als offene betrachtet werden; ihre Lösung ist von der Zukunft zu erwarten und wir werden deshalb hier nur andeuten, in welcher Richtung dieselbe hygienischerseits gefördert werden kann, ohne auf die Meinungsverschiedenheiten näher einzugehen, die hierüber in den einander ziemlich schroff gegenüberstehenden Lagern existiren.

Der Beginn des schulpflichtigen Alters. Wir müssen mit FALK [1]) übereinstimmen, wenn er sagt, dass uns kein körperlicher Vorgang, kein somatischer Process bekannt sei, welcher uns die Entscheidung der Frage nach dem Beginne des schulpflichtigen Alters nahe legen würde. Eine wissenschaftlich begründete Lösung dieser Frage ist deshalb so schwierig, weil hier eine grosse Zahl von Factoren in Betracht kommt, die theils in der so verschiedenen individuellen Organisation der Kinder, theils in der Einrichtung und den Anforderungen der Schule, sowie auch in der Individualität des Lehrers liegen. Im Ganzen gehen übrigens die Ansichten der Aerzte und Schulmänner über diesen Gegenstand nicht sehr weit auseinander: es sind uns keine Vorschläge bekannt, welche darauf hinzielen würden, den Eintritt in die Schule früher anzusetzen als nach zurückgelegtem 6. Lebensjahre, und es kann sich also nur darum handeln, ob es nicht besser wäre, das vollendete 7. Lebensjahr als Termin des schulpflichtigen Alters anzunehmen, wofür, ausser zahlreichen Aerzten, auch einzelne Pädagogen (DAIBER [2]) eintreten.

Vom hygienischen Standpunkte aus dürfte übrigens der Schwerpunkt dieser ganzen Frage nicht sowohl in der Festsetzung des schulpflichtigen Alters liegen, als in der Sorge dafür, dass für die Kinder der Moment des Eintrittes in die Schule keinen zu schroffen Uebergang darstelle: wenn einerseits eine dem betreffenden Alter entsprechende Geistesbildung des Kindes vor dem Eintritt in die Schule fehlt, andrerseits die letztere mit einem Male zu grosse Anforderungen an die physischen und geistigen Kräfte. des Kindes stellt, so könnte auch der mit dem 8. Lebensjahre eintretende systematische Schulbesuch als relativ zu früh erscheinen. Wenn aber eine richtige Erziehung zu Hause oder gut geleitete Kindergärten (nicht solche, die, nach BALTZER [3]), den Grund zur Zerstreutheit der Schulkinder legen, oder, nach ALEXI [4]), den Kindern nur „Kindisches" bieten) das Kind in entsprechender Weise auf den Schulbesuch vorbereiten, und wenn die Anforderungen, welche die unterste Klasse der Elementarschule an die Schüler stellt, die Kräfte derselben nicht übersteigen, so ist hygienischerseits gegen den gesetzlichen Termin des schulpflichtigen Alters nichts einzuwenden. Wenn übrigens die erste Erziehung so geleitet werden könnte, dass sie

---

1) Op. cit. S. 95.   2) Op. cit. S. 64.
3) Bericht über die 5. Versammlg. des d. Ver. f. öff. Gesdhtspfl. in Nürnberg (D. Vschrft. f. öff. Gesdhtspfl. X. S. 70. 1878).
4) Bericht über die 6. Versammlg. des d. Ver. f. öff. Gesdhtspfl. in Dresden (D. Vschrft. f. öff. Gesdhtspfl. XI. S. 33.

eine Kräftigung und Bereicherung der Fassungskraft bewirkte, so
würde ein Zeitpunkt kommen, wo definitive Kenntniss so rasch erworben werden könnte, dass von den Versuchen, sie vorzeitig beizubringen, Abstand genommen werden könnte (BAIN [1]). — Schwächliche Kinder sollten jedenfalls auch nach zurückgelegtem 6. Altersjahre
vom Schulbesuche bis auf Weiteres dispensirt, oder, wo sich ihre
Aufnahme in die Schule ungünstiger häuslicher Verhältnisse wegen
empfiehlt, mit besonderer Schonung behandelt werden [2]). — Von einer
fortgesetzten Controle der körperlichen und geistigen Entwicklung
der Schulkinder, nach dem von uns weiter oben vorgeschlagenen
Programme, wäre vielleicht mit der Zeit auf wissenschaftlichem Wege
ein Aufschluss darüber zu erwarten, ob bei den gegenwärtigen Schuleinrichtungen für das Durchschnittskind der Eintritt in die Schule
auf das siebente oder achte Lebensjahr festzusetzen sei [3]).

Zahl der täglichen Schulstunden; Hausaufgaben;
Lectionspläne; Lehrmethoden. In der Gesammtheit dieser
Factoren drückt sich die geistige Belastung des Schülers aus; gegen
sie sind die Angriffe Derjenigen gerichtet, welche über Ueberbürdung
der Schuljugend klagen. Diese Klage rührte in erster Linie von
Aerzten und Eltern her und wurde anfangs von pädagogischer Seite
ziemlich schroff abgewiesen; dennoch trat sie immer wieder von
neuem auf, und es mehren sich gegenwärtig die Anzeichen, dass
man auch in Lehrerkreisen vielfach die Ueberbürdung als Schulübel
erkannt hat; in neuester Zeit ist dieser Gegenstand auf Versammlungen der Hygieniker, Irrenärzte und Lehrer häufig besprochen
worden, — aber obgleich hierbei viele wichtige Thatsachen ans
Licht gefördert worden sind, so ist man doch noch weit entfernt
von einer wissenschaftlichen Analyse derjenigen Erscheinungen, die
zur Klage über allzugrosse Belastung der Schüler Veranlassung gegeben haben, sowie von einer richtigen Würdigung der Rolle, welche
hierbei jeder einzelne der oben genannten Factoren spielt.

Aus der schon ziemlich zahlreichen Literatur über die Ueberbürdungsfrage [4]) kann man vor der Hand nur den einen Schluss

1) Erziehung als Wissenschaft. (Internat. wissensch. Bibliothek. Bd. 45.
S. 225. 1880.

2) Ausführliches hierüber siehe bei BAGINSKY. op. cit. S. 282.

3) Ueber einzelne Versuche, die in dieser Richtung unternommen worden
sind, finden sich Angaben bei FALK, op. cit. S. 95.

4) Viel Belehrendes enthalten die Referate und Discussionen über diesen
Gegenstand auf der 5. u. 6. Versammlg. des d. Ver. f. öff. Gesdhtspfl. 1877 in
Nürnberg und 1878 in Dresden. (D. Vschrft. f. öff. Gesdhtspfl. X u. XII. —

ziehen, dass im Bewusstsein der Mehrheit der sich für diese Frage Interessirenden die Ueberzeugung lebt, dass eine Reform des gesammten Schulwesens ein unabweisbares Bedürfniss geworden sei, dass die Resultate, welche jetzt in den Schulen erzielt werden, trotz der aufs Höchste gespannten Anforderungen an die Arbeitskraft der Schüler, weder die Behörden, noch die Lehrer, noch das Publicum befriedigen, und dass in vielen Beziehungen eine „Abrüstung" stattfinden müsse, wenn nicht die lernende Jugend geistig und körperlich arg geschädigt werden soll. Sobald es sich aber um positive Vorschläge handelt, in welcher Weise die Reform des Schulwesens stattfinden solle, wie die Lectionspläne der verschiedenen Kategorien von Schulen zu gestalten seien, welche Modificationen die üblichen Lehrmethoden zu erleiden hätten, wieviel Schulstunden, wieviel Stunden häuslicher Arbeit man Kindern verschiedener Altersstufen ohne ihre Gesundheit zu schädigen zumuthen könne u. dgl., fühlt man jeden wissenschaftlichen Boden unter den Füssen schwinden und kann sich dem Eindrucke nicht erwehren, dass die Vorschläge Derer, denen wir vom hygienischen Standpunkte aus entschieden sympathisiren müssen, ebensowohl auf willkürlichen Annahmen beruhen als diejenigen ihrer Gegner. Dies gilt vor Allem von den verschiedenen Ansichten über die zulässige Zahl der täglichen oder wöchentlichen Schulstunden und die Menge der Hausaufgaben. Leider gibt es eben keinen objectiven, genauen Maassstab für die zulässige Belastung der Kinder verschiedener Altersstufen. Der natürlichste Maassstab, die Gesundheit, ist sehr unbestimmt, weil der Begriff der Gesundheit selbst nicht scharf begrenzt ist und geringe Abweichungen vom normalen Verhalten einestheils nicht immer bemerkt, anderntheils nicht als Krankheit bezeichnet werden, auch wenn sie durchaus nicht gleichgültig sind. Wir haben gerade in dieser Richtung von experimentellen Untersuchungen über die Ermüdung der Kinder nach dem Vorgange Ssikorsky's (s. oben), ferner vom Maassstab und von der Waage, sowie auch von Studien über die Ernährungsverhältnisse der Schulkinder u. s. w. noch wesentliche Aufschlüsse zu erwarten, und gerade hier ist es, wo der Arzt dem Lehrer zur Hand gehen sollte.

Hasse, Die Ueberbürdung unserer Jugend. 1860. — Brand, Die Ueberbürdungsfrage auf der 34. Versammlung deutscher Philologen und Schulmänner zu Trier vom 23. bis zum 27. Sept. 1879. — Petermann, Die Schäden, hervorgerufen durch unsere heutige Schulbildung etc. 1881. — Alexi, „Zur Frage der Ueberbürdung der Jugend auf den Schulen." (D. Vschrft. f. öff. Gesdhtspfl. XIII. S. 407. 1881). — Daiber, op. cit. S. 51—69.

Die Zahl der bestehenden Unterrichtsstunden in den Elementarschulen wird im Allgemeinen nicht angefochten; auch in Bezug auf
die höheren Schulen wird von den Autoren nur insofern eine Reduction verlangt, als die wöchentliche Stundenzahl (inclusive Schreiben,
Zeichnen, Singen, Turnen u. dgl.) 30 — 32 nicht übersteigen sollte,
während sie gegenwärtig nicht selten 35 und mehr [1]) beträgt. Allgemein verbreitet dagegen sind die Klagen gegen die Ueberbürdung
der Kinder mit Hausaufgaben. Dass die Berechtigung zu diesen
Klagen auch pädagogischerseits zugestanden wird, beweisen folgende
Zahlen, die 1) eine Schätzung der wöchentlichen häuslichen Arbeitszeit von Berliner Gymnasialschülern nach ALEXI (I) enthalten, 2) das
nach den Thesen von ALEXI und CHALYBÄUS [2]) zulässige Maximum
der für Hausarbeit zu verwendenden Zeit (II) und 3) die hierüber
von der 5. schlesischen Directorenconferenz [3]) festgesetzten Maxima
(III) darstellen:

	I	II	III
Sexta	10	3—9	10
Quinta	11		11,5
Quarta	14,5	6—12	15
Tertia	18—22		18—19
Secunda	33	12—18	24
Prima noch mehr als 33			24

Wenn man berücksichtigt, dass in der ersten Rubrik die Privat-
stunden, welche namentlich für weniger begabte Schüler fast unvermeidlich sind, nicht berücksichtigt wurden, so ergibt sich von Tertia
an eine viel grössere Belastung mit häuslichen Arbeiten, als die
Pädagogen selbst für gut halten. Dass es den Mädchen in dieser
Beziehung nicht besser ergeht als den Knaben, das hat sich in
neuerer Zeit in Winterthur gezeigt, wo der Nachweis geliefert wurde,
dass fleissige Schülerinnen der oberen Abtheilung manchmal mit 60
bis 70 Arbeitsstunden in der Woche belastet waren. [4])

Es muss natürlich den Pädagogen überlassen bleiben, dieser von
ihnen selbst anerkannten, allzugrossen Belastung der Schüler Schran-
ken zu setzen und den sich immer steigernden Anforderungen des
praktischen Lebens an die Schule nachzukommen, ohne die Arbeits-

---

1) BAGINSKY, op. cit. S. 302.
2) Bericht über die 6. Versammlg. des d. Ver. f. öff. Gesdhtspfl. in Dresden,
l. c. S. 59.
3) Angef. bei HASSE, op. cit. S. 29.
4) Allgem. deutsche Lehrzeitung. 1879. Nr. 29. (Angef. bei DAIBER, S. 53).

kraft des Schülers übermässig anzustrengen; aber es ist für den
Hygieniker wichtig zu constatiren, dass, nach der Ansicht der Pädagogen selbst (ALEXI, DAIBER u. A.), dies möglich ist durch Vervollkommnung der Lehrmethode und durch zeitgemäs-
sere Einrichtung der Schulprogramme, die im Laufe der
letzten Decennien sowohl in Beziehung auf die Zahl der Gegenstände als auch auf den Umfang derselben immer neuen Zuwachs
erhielten, ohne dass das Alte, das sich zweifellos theilweise über-
lebt hat, entsprechend reducirt worden wäre. Gewiss könnte durch
Verbesserung der Unterrichtsmethoden Vieles gewonnen werden:
wenn die Lehrer es dazu brächten, während des Unterrichtes selbst
den Kindern im Wesentlichen diejenige Summe von Kenntnissen
beizubringen, welche von der entsprechenden Altersstufe gefordert
werden, so wäre es ja möglich, die Hausaufgaben auf dasjenige
Minimum zu reduciren, welches zur Anregung und Erlernung selb-
ständigen Denkens und Arbeitens als nothwendig erachtet wird. Es
ist in dieser Beziehung im Laufe der letzten Zeit viel Anerkennenswerthes geschehen: die Art der Darstellung, die Behandlung der
Lehrgegenstände ist in vielen Beziehungen rationeller, dem natürlichen Entwicklungsgang des kindlichen Geistes entsprechender geworden; die reine Gedächtnissarbeit tritt weniger in den Vordergrund als früher; viel unnützes Memoriren und Schreiben wird den
Kindern erspart und die Aufmerksamkeit der Lehrer ist mehr als vor
Zeiten auf Anregung der Denkthätigkeit bei den Kindern gerichtet,
was grossentheils dem immer mehr Boden gewinnenden Princip des
Anschauungsunterrichtes zu verdanken ist. Aber trotzdem ist es bei
den Schulmännern noch zu keiner einheitlichen Vorstellung über die
für die verschiedenen Altersstufen der Schuljugend passendste Darstellung der einzelnen Lehrgegenstände gekommen. Es fehlt noch
bis jetzt an einer wissenschaftlichen, auf das innere
Wesen der einzelnen Disciplinen und auf die natürlichen
Entwicklungsbedingungen des jugendlichen Organismus
gegründeten Lehrmethode, die dem Fassungs- und Arbeits-
vermögen des Durchschnittsschülers angepasst wäre. Hierdurch ist
natürlich der Willkür der Schulbehörden und Lehrer, und namentlich den persönlichen Schwächen der letzteren, ein weiter Spielraum
gegeben; ein guter Lehrer findet wohl an der Hand der Wissenschaft den rechten Weg, um seinen Schülern ohne allzuschwere Belastung ihrer Arbeitskraft die geforderten Kenntnisse beizubringen;
aber andrerseits ist auch dem Ehrgeiz der Lehrer, die mit dem
Wissen ihrer Schüler glänzen möchten, dem Pedantismus und For-

malismus Thüre und Thor geöffnet. Hygienischerseits muss man
sehnlichst wünschen, dass sich die Pädagogen bald möglichst über
die Ausdehnung, in welcher die verschiedenen Lehrgegenstände in
den einzelnen Schulkategorien gelehrt werden sollen, sowie über die
beim Unterrichte anzuwendende Methode verständigen möchten.

Tageszeit der Schulstunden; Nachmittagsunterricht;
Pausen. Ueber die zweckmässigste Stunde für den Beginn der
Schulzeit am Morgen gehen die Ansichten der Autoren sehr weit
auseinander: während z. B. GROSS[1]) vorschlägt, den Schultag Jahr-
aus Jahrein mit Sonnenaufgang zu beginnen, wünscht GAUSTER[2]) den
Anfang des Unterrichts, wenigstens im Winterhalbjahre, erst auf halb
10 Uhr festgesetzt. Zwischen diesen Extremen schwanken dann die
zahlreichen Vorschläge, die von anderer Seite gemacht wurden. Am
besten ist es, hier nicht allzusehr zu generalisiren, sondern einerseits
den klimatischen und örtlichen Verhältnissen, andrerseits dem Alter
der Kinder und den Bedürfnissen der Schule Rechnung zu tragen.

Im Allgemeinen scheint es in gemässigten Klimaten am besten zu sein,
den Unterricht im Sommer um 7 Uhr, im Winter um 8 Uhr beginnen zu
lassen; für den Nachmittagsunterricht ist die Zeit von 2—4 Uhr die allgemein übliche; auf dem Lande, im Sommer, wo der Morgenunterricht gewöhnlich um 10 Uhr zu Ende geht und das Mittagessen auf 11 Uhr fällt,
könnte es sich vielleicht aus manchen Gründen empfehlen, den Nachmittagsunterricht, wo er überhaupt existirt, auf 12—2 Uhr festzusetzen. Im Norden
und unter grossstädtischen Verhältnissen, wo die Idee der Beseitigung des
Nachmittagsunterrichts, wie es scheint, immer mehr Boden gewinnt, könnte
wohl unter diesen Umständen am Morgen erst um 9 Uhr begonnen werden,
womit auch die Nothwendigkeit, den Unterricht bei künstlicher Beleuchtung
abzuhalten, so ziemlich vermieden wäre.

Die soeben angezogene Frage der Beseitigung des Nachmittagsunterrichtes ist von grosser hygienischer Bedeutung. In Russland ist
dieselbe insofern praktisch gelöst, als daselbst die Unterrichtszeit
allgemein auf die Stunden von 9 Uhr Morgens bis halb 2 Uhr oder
halb 3 Uhr Nachmittags fällt. Für Deutschland ist die Frage eine
offene geblieben, obgleich, nach dem Vorgange SCHNELL's[3]), das
Fallenlassen des Nachmittagsunterrichtes, wenigstens für die grossen
Städte, schon von vielen Seiten befürwortet worden ist (KLEIBER[4]),

---

1) „Zur Schulgesundheitspflege." D. Vschrft. f. öff. Gesdhtspfl. XI. S. 437. 1879.
2) Op. cit S. 236.
3) Die Beschränkung des Schulunterrichts auf die Vormittagszeit etc. Berlin 1864.
4) Schulprogramm der Dorotheenstädtischen Realschule. 1867.

BAGINSKY [1]), ALEXI [2])), und zwar hauptsächlich, um den Kindern das
vierfache Zurücklegen des oft langen Schulweges zu ersparen und
ihnen die Möglichkeit zu geben, das Mittagessen in Ruhe zu geniessen. Vom hygienischen Standpunkt aus reducirt sich die Con-
troverse über den Nachmittagsunterricht auf die Frage, ob Kinder
überhaupt, und zumal Kinder von 10 und 12 Jahren, einen nur durch
kurze Pausen unterbrochenen Unterricht von fünf Stunden aushalten
hönnen, ohne dass eine Ermüdung eintrete, welche der Gesundheit
Schaden bringt, die pädagogischen Erfolge des Unterrichtes in Frage
stellt und somit, statt der von einer continuirlichen Schulzeit erwarteten Vortheile, schwerwiegende Nachtheile im Gefolge hat. Wenn
nun auch experimentell der Grad der Ermüdung, welcher nach zwei,
drei, vier und mehr Schulstunden auftritt, noch nicht bestimmt ist,
so scheint doch die alltägliche Erfahrung, nicht nur an Kindern,
sondern sogar an Erwachsenen, dafür zu sprechen, dass eine mit
relativ kurzen Unterbrechungen 5 Stunden dauernde, angestrengte
Geistesarbeit das Maass des Erlaubten übersteigt. Die erfahrungsgemäss bei fünfstündiger ununterbrochener Schulzeit auftretende geistige und körperliche Ermüdung kann dadurch nicht beseitigt werden, dass man, nach dem Vorschlage ALEXI's (l. c.), nach der ersten
Stunde eine Pause von 5, nach der zweiten eine solche von 30, nach
der dritten von 5 und nach der vierten von 20 Minuten festsetzt.
Pausen von 5 Minuten geben überhaupt schwerlich dem Kinde die
Möglichkeit, von der vorausgegangenen Anstrengung auch nur annähernd auszuruhen; sie verdienen vollkommen die Bezeichnung
einer „barbarischen" Einrichtung, und es wird deshalb von ärztlicher Seite immer und immer wieder, und gewiss mit Recht, betont,
dass unter allen Umständen die Pausen zwischen zwei
Unterrichtsstunden eine volle Viertelstunde zu dauern
hätten. Wir müssen also vom hygienischen Standpunkte
aus die Aufhebung des Nachmittagsunterrichts und die
entsprechende Verlängerung des Morgenunterrichts auf
5—6 Stunden entschieden als unzweckmässig bezeichnen und können diese Concentration der Schulstunden, auch wo sie
durch die übliche Lebensweise der Bevölkerung mehr oder weniger
bedingt ist, nur für ein nothwendiges Uebel, aber keineswegs für
etwas Anzustrebendes halten.

Die körperliche Ausbildung der Schüler; der Turn-

---

1) Op. cit. S. 309 u. flgde.
2) Referat in Dresden, l. c. S. 60.

unterricht. Die Nothwendigkeit, der physischen Ausbildung der
Jugend eine besondere Aufmerksamkeit zu schenken, bedarf keiner
positiven Beweisführung; sie ergibt sich von selbst aus den uner-
freulichen Resultaten, die überall erhalten werden, wo man die körperliche Entwicklung der Schüler einer wissenschaftlichen Controle
unterwirft. In Anbetracht des langen und leider bis zur Gegenwart
grossentheils vergeblichen Kampfes, welchen die Aerzte, von einzelnen gebildeten Schulmännern unterstützt, gegen die unverantwort-
liche Vernachlässigung der körperlichen Ausbildung der Schüler
führen, welcher sich im Allgemeinen die Schule schuldig macht,
haben wir das Recht, ein besonderes Gewicht auf diejenigen Stimmen aus der Lehrerwelt zu legen, welche die gegenwärtigen Zustände verurtheilen. „Bei der Abschlagszahlung von 2 Turnstunden
wöchentlich vom 11. Lebensjahre an — sagt Alexi [1]) — mit der
die moderne Schule unsere sanitären Anforderungen abfertigen will,
bleibt sie für die Hauptsache doch unser tiefer Schuldner. Die Leibesübung ... soll nicht blos als eine Compensation für geistige Ueberanstrengung, zur Ausgleichung und Erholung geboten werden, sondern
sie soll in einer wirklichen gymnastischen Erziehung bestehen. Sie
ist also Selbstzweck und auch in der Schule der intellectuellen Ausbildung ebenbürtig zu behandeln. ... Gegenüber den Sitzstunden
mit geistiger und körperlicher Fixirung des Schülers und dem Einer-
lei der gleichmässigen Anstrengung, muss den Bewegungsstunden mit
der erfrischenden Abwechslung ihrer Beschäftigungen ihr Recht
werden ...“ In der That haben nicht nur Diejenigen, welche das
Turnen als nothwendig anerkannten, damit ein Gegengewicht gegen
die Sünden der Schule am jugendlichen Organismus hergestellt sei,
sondern auch die principiellen Freunde der möglichsten körperlichen
Entwicklung der Schüler nicht selten ein zu grosses Gewicht auf den
eigentlichen Turnunterricht gelegt. Das schulgemässe Turnen, namentlich seit das Geräthethurnen zu Gunsten der Frei- und Ord-
nungsübungen etwas in den Hintergrund getreten ist, kann gewiss
nicht hoch genug geschätzt werden, aber es schliesst durchaus nicht
alle diejenigen Leibesübungen ein, zu welchen der Jugend, im Interesse ihrer allseitigen körperlichen Entwicklung, Zeit und Gelegenheit gegeben werden muss. Ausserdem ist eben die Turnstunde
immerhin eine Unterrichtstunde, in welcher der Schüler vorzugsweise
die vorgeschriebenen Muskelübungen auszuführen hat, sich also nicht
vollständig frei bewegen kann. Man darf deshalb jene freieren Lei-

---

[1]) Referat in Dresden l. c.

besübungen nicht vergessen, welche, wie z. B. das Schwimmen, das Rudern, das Schlittschuhlaufen, die zahlreichen Turnspiele, die namentlich in England üblich sind, zu mannigfaltiger Uebung des Körpers und zur Erwerbung von Kraft und Gewandtheit Veranlassung geben (ZEHENDER [1])).

Es wäre willkürlich, wenn wir hier versuchen wollten, eine gewisse Stundenzahl für den eigentlichen Turnunterricht anzugeben; es soll nur darauf aufmerksam gemacht werden, dass in Schweden der gymnastische Unterricht in den unteren Klassen wöchentlich in 3 Stunden, in allen anderen Klassen in 6 Stunden ertheilt wird, was uns auch vollkommen hinreichend erscheint. Die Ueberzeugung, dass auch die Mädchen, und zwar in nicht minderem Grade als die Knaben, sich an den Turnübungen zu betheiligen hätten, ist gegenwärtig eine so allgemeine geworden, dass es hier unnöthig erscheint, zu ihren Gunsten zu sprechen [2]). In der Specificirung der einzelnen Uebungen für die Mädchen, dem Knabenturnen gegenüber, brauchte man durchaus nicht so weit zu gehen, wie dies JENNY [3]) vorgeschlagen hat; bis zum hereinbrechenden Alter der Pubertätsentwicklung könnten die Turnübungen für Knaben und Mädchen, mit wenigen Ausnahmen, dieselben sein. Gutgebildete Turnlehrer- und Lehrerinnen, sowie ärztliche Controle vorausgesetzt, kann der systematische Turnunterricht sofort mit dem Eintritt in die Elementarschule beginnen (NIGGELER [4])). — Ob es zulässig oder sogar rathsam sei, den gymnastischen Unterricht zwischen die übrigen Schulstunden einzuschieben, ist noch eine offene Frage. Wo diese Einrichtung getroffen ist, soll man damit zufrieden sein [5]); doch bleibt es fraglich, ob nicht die Verlegung der Turnstunden an das Ende des Vor- oder Nachmittagsunterrichtes (im Rahmen der gewöhnlichen Schulzeit) sich mehr empfehlen würde. Die Zwischenpausen zu kleineren Turnübungen zu benutzen, wie dies BAGINSKY [6]) vorschlägt, wäre nach unserer Ansicht geradezu ein Verbrechen.

Der Gesangunterricht kann auch in gewissem Sinne als Leibesübung, speciell der Athemmuskeln und der Lungen, betrachtet

---

1) Ueber den Einfluss des Schulunterrichts auf Entstehung von Kurzsichtigkeit. 1880.

2) Siehe hierüber z. B. das Urtheil der Berliner medicinischen Gesellschaft. Deutsche Klinik. 1864.

3) Die Grenzen zwischen Knaben- und Mädchenturnen. Basel 1879.

4) Ueber den Beginn des Turnunterrichts in der Schule. Vortrag. Basel 1880.

5) Das Turnen nach medicinischen und pädagogischen Grundsätzen. (Herausgegeben v. Deputirten der Berliner Lehrervereine etc.) Berlin 1869.

6) Op. cit. S. 318.

werden. In der That hat WASSILJEFF [1]) nachgewiesen, dass die
vitale Capacität der Lungen bei Sängern grösser ist als bei Nicht-
sängern; dasselbe gilt vom absoluten und relativen Brustumfang und
von den Excursionen der Brust; Bronchialkatarrhe sollen bei Sängern
selten vorkommen; ebenso Phthise. Deshalb empfiehlt WASSILJEFF
das Singen als ausgezeichnetes Mittel zur Entwicklung und Stärkung
der Brust und sogar als Prophylacticum gegen Lungenschwindsucht.
Beim Gesangunterricht in Schulen muss darauf geachtet werden, dass
derselbe nicht in zu kühler Atmosphäre stattfinde; während des Mu-
tirens der Stimme bei Knaben empfiehlt sich vollständiges Aussetzen
des Gesangunterrichts.

---

1) „Ueber den Einfluss des Singens auf die Gesundheit." S. Petersburger
medicin. Wochenschrft. 1879. Nr. 7.

GEFÄNGNISS-HYGIENE

VON

San.-Rath Dr. A. BAER,

OBERARZT AN DEM K. STRAFGEFÄNGNISS PLÖTZENSEE BEI BERLIN.

Die zur Erhaltung von Leben und Gesundheit dienenden sanitären Massnahmen haben auf keinem Gebiete staatlicher und öffentlicher Einrichtungen so glänzende Ergebnisse erzielt als in den Gefangen- und Strafanstalten, und mit gerechtem Stolze kann die Hygiene auf die Salubritätsverhältnisse in den Gefängnissen von früher und von jetzt hinweisen. Seitdem gegen Ende des vorigen und zu Anfang des jetzigen Jahrhunderts die Stimmen von Howard und später die von Elisabeth Frey in England, von Beccaria in Italien, von Villermé in Frankreich, von Wagnitz und Gruner in Deutschland, die ungeheuerlichen Missstände in den damaligen Gefängnissen ihrer Heimathsländer, die sittliche und körperliche Verkommenheit, in welcher die Gefangenen ihr elendes Dasein in den Kerkern verbrachten, aufdeckten, und das Gewissen der Staaten wie der Gesellschaft zur Abhülfe wachriefen, haben die Anfänge der sanitären Aufbesserungen in diesen Anstalten in überraschender Schnelligkeit die heilsamsten Erfolge zu Wege gebracht, Erfolge, welche mit der fortschreitenden Reform bis in die Neuzeit hinein gleichmässig und stetig zugenommen.

Die Schrecken der so furchtbar ansteckenden Kerkerfieber und anderer pestilenzialer Krankheiten, welche den überführten, schweren Verbrecher, wie den unschuldigen Untersuchungs- und den armen Schuldgefangenen in gleicher Weise hinrafften, und welche nicht selten auch über die freie Bevölkerung sich verbreiteten, sind aus den Gefängnissen verbannt, seitdem die bösartigste Luftverderbniss und die unsäglichste Unreinlichkeit aus ihnen verscheucht sind. Die vielen Scenen des Elends und der Noth, die sittliche und körperliche Verwahrlosung in den Gefängnissen haben mehr und mehr aufgehört, seitdem anstatt des verderblichen Müssigganges und der willkürlichen Härte von Seiten des Kerkermeisters geregelte Arbeit und Zucht, anstatt der Pein und Qual, welche Hunger und Kälte, Schmutz und Ungeziefer dem Gefangenen zufügten, Reinlichkeit und Ordnung getreten, seitdem die Gefangenen mit den nothwendigsten Mitteln versehen wurden, welche ihr Leben und ihre Gesundheit zu erhalten hinreichten. An der Hand numerischer Nachweise lässt sich darthun, wie mit den immer mehr sich verallgemeinernden sanitären Massregeln und der Vervollkommnug derselben sich gleichzeitig die gesundheitlichen Zustände der Insassen der Straf- und Gefangenanstalten günstiger gestalten, so dass die Zahl der Erkrankungs- und ganz vorzugsweise der Sterbefälle unter den Gefangenen in der neueren Zeit gegenüber früheren Jahrzehnten in allen Culturländern ohne Ausnahme in sehr erheblichem Grade sich vermindert haben, und dass sie dort den niedrigsten Grad erreicht, wo die staatliche Fürsorge für die Gefängnisse in billiger und humaner Denkweise am ausgedehntesten und am grössten ist. Wenn indessen auch die Sterblichkeit unter den Gefangenen in der neuen und neuesten Zeit sich immer mehr in ihrer Frequenz vermindert, so ist sie nichtsdestoweniger doch eine noch erheblich grosse gegenüber der Sterblichkeit unter der freien Bevölkerung.

War die Sterblichkeit unter den Regimen der früheren Gefangen- und Strafanstalten eine ungemein excessive, so dass die Freiheitsstrafe von einer bestimmten Dauer der Wahrscheinlichkeit einer Todesstrafe gleich kam, so ist das Leben in der Gefangenschaft auch in der neuen Zeit und selbst in den besteingerichteten Anstalten noch immer von einer nicht unbeträchtlichen Verkürzung der wahrscheinlichen Lebensdauer bedroht. VILLERMÉ hat gefunden, dass die Detention in den französischen Gefangenanstalten von dem Leben der Gefangenen 17—35 Jahre raube, und LUCAS hielt dafür, dass eine 10jährige Gefangenschaft nach der Beschaffenheit der französischen Strafanstalten in den vierziger Jahren unseres Jahrhunderts $5/7$ einer Todesstrafe gleich sei. Die Sterblichkeit der Gefangenen auch in den Anstalten der neuesten Zeit ist eine beträchtlich grosse, wenn man bedenkt, dass die in der Gefangenschaft lebende Bevölkerung dem allerbesten und günstigsten Lebensalter angehört. „Wenn man erwägt, meint WAPPÄUS [1]), dass unter der Bevölkerung der Strafgefängnisse sich keine Kinder befinden, dass sie vielmehr ganz überwiegend aus Personen in den mittleren, den sogenannten besten Jahren besteht, so muss die Höhe der Mortalität unter den Gefangenen allerdings erschrecken. Nimmt man nämlich als das mittlere Alter für diese Bevölkerung 40 Jahre an, was gewiss eher zu hoch als zu niedrig ist, so sieht man, dass ihre Mortalität die der freien Bevölkerung gleichen Alters um das 3—4fache, ja zum Theil selbst um das 5fache übertrifft. Somit, meint er weiter, kann man auch

---

1) Allgemeine Bevölkerungsstatistik etc. S. 208. I. Theil. Göttingen.

mit VILLERMÉ sagen, „dass die Justiz mit der Verurtheilung dem Gefangenen während der ganzen Dauer seiner Einkerkerung selbst in den besten Gefängnissen wenigstens 20 Jahre seiner Lebenswahrscheinlichkeit abspricht.“

ENGEL hat die in den preussischen Strafanstalten im Jahre 1861 herrschende Sterblichkeit (29,7 p. M.) mit der gleichzeitigen Mortalitätsziffer in den Knappschafts-Vereinen beim Berg- und Hüttenwesen im preussischen Staate verglichen (10,3) und findet, dass „ungeachtet aller Sorgfalt und Pflege, die in den Strafanstalten den Kranken gewidmet wird, die Gefangenschaft der Gesundheit doch fast doppelt so nachtheilig ist, als einer der gesundheitgefährlichsten Berufe und fast dreimal todtbringender als derselbe[1].“ Die Sterblichkeit von 31,6 auf 1000, führt derselbe Autor an einer anderen Stelle aus[2]), welche im Mittel aus 1858 — 1863 in den preussischen Strafanstalten herrschte, entspricht einem Durchschnittsalter von 58 bis 59 Jahren, oder von 60 Jahren, wenn man in Betracht zieht, dass auch viele weibliche Gefangene vorhanden und gestorben sind. Das durchschnittliche Alter der Zuchthaus-Sträflinge ist nur höchstens 35 bis 36 Jahre, welchem eine Sterblichkeit von ca. 10 pro Mille zukommt. „Mithin nagen das Verbrechen, als der Vorläufer der Gefangenschaft, und diese selbst so stark an dem Leben, dass eine Lebensversicherungs-Gesellschaft, wollte sie in Preussen Verbrecher auf den Todesfall versichern, die Prämie mindestens auf das Mass 20 Jahr älterer Personen stellen müsste. Eindringlicher lässt sich dieser Satz auch so ausdrücken: „Jeder Verbrecher ist bis zu einem gewissen Grade ein Selbstmörder.“

Die Mortalität von 31,6 p. M., welche in den preussischen Strafanstalten in der letzten Zeit sich nicht unwesentlich vermindert, ist nach den eben gehörten Ausführungen ENGEL's immer noch eine ausserordentlich abnorme — und diese Sterblichkeitsziffer wird in den Strafanstalten der meisten Länder in sehr bedeutendem Masse übertroffen.

Diese abnorme Sterblichkeit unter den Gefangenen wird von zwei an sich ganz verschiedenen Ursachen bedingt, einmal von der constitutionellen Beschaffenheit der Gefängnissbevölkerung und dann von dem Einflusse der Gefangenschaft. Die Verbrecherbevölkerung gehört der grössten Mehrheit nach den untersten Klassen der Gesellschaft an, die an sich, wie man weiss, eine grössere Sterblichkeit

---

1) Zeitschrft. des Königl. preuss. statistischen Bureaus. 1864. S. 283. Die Frequenz der Strafanstalten etc.

2) Ibid. Jahrg. 1865. Mai. Die Morbidität und Mortalität etc. etc.

hat als die besseren und wohlhabenden Gesellschaftsstände. Die
meisten von den Gefangenen haben von Jugend auf einem verwahrlosten, unordentlichen Leben angehört, einem Leben, nicht selten
ebenso reich an Entbehrungen wie an Ausschweifungen. Viele von
ihnen leiden an Fehlern und Gebrechen, die sie in zartester Jugend
oder später anerworben haben, sehr viele an angeerbten Schwächen
und Anomalien, die ihnen den Stempel der Degeneration aufdrücken
und ihrem Organismus eine Hinfälligkeit verleihen, die sie um so
mehr vergrössern, je mehr sie selbst einem unsittlichen Leben, dem
Trunke und der Lüderlichkeit zügellos sich ergeben. Viele von ihnen
sind von Jugend auf in Entbehrungen, Hunger und Elend gross geworden, an Körper und Geist verkümmert dem Verbrecherleben und
der Gefangenschaft zugeführt worden. — Und ein anderer sehr erheblicher Theil der Gefängnissbevölkerung hat eine ansehnliche
Strecke des zurückgelegten Lebens innerhalb der Mauern der
Straf- und Gefangenanstalten zugebracht in einer Atmosphäre und
unter Bedingungen, die der Entwickelung und Kräftigung der Gesundheit wahrlich nicht besonders günstig sind. In einer vergleichenden Gefängnissstatistik weist Bodio, der Director des statistischen Bureaus des Königreichs Italien [1]), nach, wie der Gesundheitszustand der Gefangenen in den einzelnen Ländern sich verhält. In
Italien war im Durchschnitt der Jahre 1871—76 der Gesundheitszustand der Gefangenen ein guter bei 3322, ein mittelmässiger bei
278, ein schlechter bei 90; in Frankreich waren im Durchschnitt
der Jahre 1872—75 unter den Gefangenen 6778 Kranke und 12272
Gesunde; im cisleithanischen Oesterreich waren 1872—75 bei gutem
Gesundheitszustande 3560, bei mittelmässigem 704, bei schlechtem
364; in Ungarn 1874—76 bei guter Gesundheit 791, mittelmässiger
126 und bei schlechter 32. — Von den in den Jahren 1873—79 in
die Gefangenanstalt Plötzensee bei Berlin zugegangenen Gefangenen,
welche ich beim Zugang als vollkommen arbeitsfähig mit Nr. I, als
bedingt arbeitsfähig mit Nr. II und als gänzlich arbeitsunfähig mit
Nr. III bezeichnete, befanden sich:

Jahr	I	II	III
1873	1104 = 73 pCt.	407 = 26 pCt.	11 = 0,8 pCt.
1874	2796 = 75 „	918 = 23 „	19 = 0,6 „
1875	2671 = 70 „	1136 = 28 „	23 = 0,7 „
1876	3342 = 75 „	1063 = 23 „	42 = 0,9 „
1877	4381 = 73 „	1541 = 25 „	29 = 0,5 „
1878	4740 = 75 „	1579 = 24 „	13 = 0,2 „
1879	3477 = 76 „	1064 = 23 „	16 = 0,3 „

1) Profili di una statistica internazionale delle carceri. (Annali di Statistica.
Vol. 9.) Roma 1879. S. 70.

Und zu diesen nur bedingt arbeitsfähigen Gefangenen gehört ein ansehnlicher Theil von Personen, die mit vorgeschrittenen Lungen-affectionen, mit den Folgen erworbener constitutioneller Gebrechen, mit chronischen Fehlern des Circulations- und Verdauungs-Apparates versehen sind.

Dieses ist die Constitution der Gefängnissbevölkerung in physischer Beziehung, und in einer ähnlich abnormen Weise sind, wie THOMSEN, DESPINE, NICOLSON, LOMBROSO, KRAFT-EBING und Andere in neuerer Zeit gezeigt haben, die sensoriellen und intellectuellen Fähigkeiten der Verbrecher beschaffen. Dass eine Klasse von Menschen unter solcher ungünstigen Organisation, unter dem Einflusse so verschiedener angeborener und anerworbener Anomalien der Erkrankung und der Sterblichkeit mehr ausgesetzt und unterworfen sind, als die besser beschaffenen Klassen der freien Bevölkerung, kann nicht Wunder nehmen, und das um so weniger, wenn man weiss, dass sie in der Gefangenschaft unter Lebensverhältnissen sich befinden, die immer einen nachtheiligen Einfluss auf Leben und Gesundheit ausüben.

Die Gefangenschaft schädigt die Gesundheit und verkürzt das Leben der Gestraften durch alle diejenigen Momente, die die Freiheitsstrafen zu demjenigen machen, was sie sind und sein sollen, zu einem Strafübel. Das Leben in der Gefangenschaft ist für den menschlichen Organismus ein so naturwidriges, dass es seine gedeihliche Existenz unmöglich macht. Ihre Einflüsse äussern sich in gesetzlich bestimmter Weise in der Häufigkeit und in der Art der Krankheits- und Sterbefälle, in dem Auftreten dieser letzteren in nachweisbarer Abhängigkeit von der Schwere der Strafe, von der Dauer der Strafzeit und von der Länge der bereits überstandenen Haft, in ihrer Abhängigkeit von dem Alter und dem Geschlechte der Gefangenen, sowie von ihren Lebensverhältnissen in der Freiheit. So hat CHASSINAT[1]), welcher die Sterblichkeit in den französischen Gefängnissen von 1822—1837 im Auftrage der französischen Regierung untersuchte, gefunden, dass in derselben Zeit und unter demselben Alter von den männlichen Gefangenen in den Strafanstalten (maisons centrales) 50, in den Bagno's 38 und in der freien Bevölkerung unter annähernd denselben Verhältnissen nur 10 Personen sterben. Gefangene auf den Galeeren, meint er, würden meist in freier Luft beschäftigt, würden durch die schweren körperlichen Anstrengungen mehr abgehärtet, und weil sie schon früher einem

---

1) Études sur la mortalité dans les Bagnes etc. par M. Raoul Chassinat. Paris 1844.

unverbesserlichen, verbrecherischen Leben ergeben waren, bleiben sie
während der Strafverbüssung in einem geistig abgestumpften Zustande
verfallen, von den Erregungen des Gewissens und des Herzens, von
Kummer, Gram und Sorgen und damit mittelbar von mancher nachtheiligen Einwirkung auf die körperliche Gesundheit verschont. In
derselben Weise erklärt sich die vielfach hervorgehobene Thatsache,
dass rückfällige Verbrecher eine geringere Sterblichkeit darbieten,
als zum ersten Male Bestrafte, weil jenen jede Scham und Reue,
jeder Gram und Kummer, jeder innere Gewissenskampf erspart ist.
Er hat ferner gefunden, dass die männlichen Zuchthausgefangenen
in grösserer Zahl sterben als die weiblichen, dass in den ersten
Jahren der Haft unter den männlichen Galeerensträflingen die Sterblichkeit eine grössere ist, als unter den männlichen Zuchthausgefangenen, — und er erklärt diese Thatsache dadurch, dass die männlichen Verbrecher vor ihrem Eintritt in die Gefangenanstalt in einer
ungleich stärkeren Weise durch Ausschweifung und Trunksucht körperlich und geistig depotenzirt sind als die weiblichen Gefangenen,
dass die männlichen Galeerensträflinge bei dieser geschwächten Constitution den schweren anstrengenden Arbeiten in den Bagno's schon
in den ersten Jahren der Haft erliegen, während die Nachtheile der
sitzenden Lebensweise bei den Zuchthausgefangenen sich erst nach
längerer Zeit äussern. Zu nicht minder interessanten, hierhergehöri-
gen Ergebnissen sind auch andere Beobachter gelangt. Dr. BALY[1]),
Arzt an dem Zuchthaus Millbank in London, welcher eine eingehende
Untersuchung über die Sterblichkeit in dieser Anstalt in den Jahren
1825 — 1842 angestellt, glaubt die Ursache für die höhere und niedere Sterblichkeit in den einzelnen Gefängnissen in der früheren
Lebensweise der Gefangenen, in der somatischen Beschaffenheit der
Gefängnissbevölkerung, in der bei dieser vorhandenen oder fehlen-
den Disposition zu einzelnen Krankheiten, in den durch die localen
Verhältnisse der Anstalt, ihrer äusseren und inneren Einrichtung bedingten sanitären Einflüssen, und ganz insbesondere in der Dauer des
Aufenthaltes in der Anstalt zu finden. Je länger die Haft andauere,
desto grösser werde die Sterblichkeit. In den englischen Grafschafts-
gefängnissen waren bei einer durchschnittlichen Haft von 6 Wochen
auf 1000 Gefangene 22,78 Todesfälle gekommen, im Genfer Zucht-
hause bei einer durchschnittlichen Haft von 20 Monaten 26,36, im
Millbank-Zuchthause bei einer zweijährigen Haftzeit 30,96 und in
den französischen Bagno's bei einer Haftzeit von 7 Jahren 40,7. In

---

1) On the Mortality in Prisons and the Diseases most frequently fatal to
Prisoners. Medico-chirurgical Transactions 1845. London. P. 113 ff.

Millbank selbst zeigte sich, dass die Sterblichkeit im 1. Jahre der Haft auf 1000 Gefangene 3,05, im 2. Jahre 35,64, im 3. Jahre 52,26, im 4. Jahre 57,13 und im 5. Jahre 44,17 betrug. Die Sterblichkeit nimmt also schnell vom 1. bis zum 3. Jahre zu, um auch im 4. langsam anzusteigen und um im 5. abzunehmen. Dasselbe Verhalten hat sich in dem Strafhause zu Philadelphia herausgestellt; hier war die Sterblichkeit in den ersten 3 Monaten der Gefangenschaft 11,25, im 1. Jahre 22,07, im 2. Jahre 47,72, im 3. Jahre 38,64 und im 4. Jahre 24,71.

Aus einer statistischen Untersuchung, die ich über die Sterblichkeit unter den Zuchthausgefangenen der Anstalt Naugard, einer Anstalt, welche in sanitärer Beziehung, was sowohl die Gefängnissbevölkerung als die Anstalt selbst angeht, eine der günstigsten Strafanstalten des preussischen Staates ist, für die 20jährige Periode von 1849 bis 1868 angestellt, bin ich [1]) zu folgenden Ergebnissen gekommen:

„Das Maximum der Sterblichkeit fällt ohne Ausnahme bei allen Todesursachen in das 2. Haftjahr. Individuen mit ausgesprochenen Krankheitsanlagen und geschwächten Constitutionen erliegen den Einflüssen der Haft meist schon im Laufe des ersten Haftjahres."

„Sträflinge, die im 2. und 3. Haftjahre sterben, haben ihren Tod überwiegend den Einflüssen der Haft zu verdanken."

„Jedes Plus an Haftzeit ergiebt ein Plus der Sterblichkeitswahrscheinlichkeit. Wenn in den späteren Haftjahren auch eine gewisse Accommodation an das Leben in der Gefangenschaft stattfindet, so ist doch der Einfluss der Haft auf die Sterblichkeit auch hier unverkennbar."

Unter der Einwirkung der Gefangenschaft wird nicht nur jede Disposition zu Erkrankungen schnell und frühzeitig hervorgerufen und gefördert, sondern hier werden auch die vitalen Processe des gesunden Organismus mehr und mehr geschwächt, und das gesammte vegetative Leben in einem Grade beeinträchtigt, dass die individuelle Constitution eine Verschlechterung erfährt, eine Verschlechterung, die sich bald in Krankheit und Siechthum äussert. Die somatische Constitution der Gefängnissbevölkerung verfällt einem Zustande, den man mit dem „des frühzeitigen Marasmus" bezeichnen kann. In diesem allein glaube ich [2]) die Ursache und die Erklärung

---

1) Die Gefängnisse, Strafanstalten und Strafsysteme, ihre Einrichtung und Wirkung in hygienischer Beziehung von Dr. A. Baer. Berlin 1871. Enslin. S. 55.

2) Die Morbidität und Mortalität in Straf- und Gefangenanstalten in ihrem Zusammenhange mit der Beköstigung der Gefangenen. Von Dr. A. Baer. Deutsche Vjschrft. f. öff. Gesdhtspfl. 1876. Bd. VIII. S. 601 ff.

für folgende in den Straf- und Gefangenanstalten auch von anderer
Seite vielfach beobachteten Thatsachen zu finden:

1. Gefangene erkranken im Allgemeinen häufiger als Personen
desselben Alters im Freien unter relativ gleichen Verhältnissen.

2. Die Sterblichkeit unter den Gefangenen ist eine beträchtlich
grössere als unter der freien Bevölkerung bei gleichem Alter.

3. Gefangene erliegen insbesondere acuten fieberhaften Erkrankungen in einem viel höheren Grade als freie Personen desselben
Alters und aus denselben Bevölkerungsklassen.

4. Gefangene werden, wenn in einer Gefangen- oder Strafanstalt
en- oder epidemische Krankheiten vorkommen, in erheblich grösserer
Anzahl ergriffen und auch in grösserer Zahl weggerafft als in der
freien Bevölkerung unter relativ gleichen Verhältnissen, daher die
grosse In- und Extensität sowie Letalität dieser Krankheiten in den
Gefängnissen.

5. Unter normalen Verhältnissen, d. h. wenn die sanitären Einrichtungen einer Anstalt die Entstehung und Verbreitung von en- und
epidemischen Krankheiten nicht zulassen und begünstigen, sind die
häufigsten und verbreitetsten Todesursachen unter den Gefangenen die
Schwindsucht (Phthisis) und andere Inanitionskrankheiten (Wasser-
sucht etc.).

In ähnlicher Weise nimmt CHIPIER[1]) ein gewisses constitutio-
nelles Moment an, das unter den Gefangenen bestimmte Krankheiten
in gewisser Frequenz, unter denselben Erscheinungen und mit demselben Verlaufe hervorruft bei dieser Bevölkerung, die derselben
Lebensweise und denselben sanitären Verhältnissen unterworfen ist.
Er findet dieses ätiologische Moment, das so viele und ähnliche
Krankheiten hervorbringt, wie Scrofulose, Drüsenanschwellung, Tuberculose, Oedem, Hydrämie, Kachexie, Enteritis, Diarrhoe, in der
Gesammtheit derjenigen Zustände, in welchen die Gefangenen leben,
und nennt dieses „die Kachexie der Gefangenen“, eine Bezeichnung,
die schon früher PAUL[2]) als passend befunden und gebraucht hat.

In den Straf- und Gefangenanstalten wird die Morbiditäts- und
auch die Mortalitätsfrequenz immer eine grössere sein als unter den
Altersgenossen derselben Bevölkerungsklassen aus dem freien Leben,
selbst wenn die sanitären Massnahmen und Einrichtungen in den
Gefängnissen eine noch grössere Sorgfalt und Vervollkommnung
erreichen sollten, als dies in manchen Ländern und Anstalten that-

---

1) De la Cachexie des Prisons. Étude sur quelques maladies spéciales aux
prisonniers. Thèse. Paris 1879.

2) PAUL: Die Krankheiten der Gefangenen. Erlangen 1857. Enke.

sächlich schon der Fall ist. Wenn das Leben in der Gefangenschaft auch von allen physischen Uebeln befreit werden könnte, so wird nichtsdestoweniger keine Gefängnisseinrichtung im Stande sein, den Nachtheil der individuellen Organisation und vor Allem den des sittlichen Vorlebens auf das innere Leben der Sträflinge während der Strafzeit zu vernichten. Wir müssen dem Ausspruche von WAPPÄUS aus voller Ueberzeugung zustimmen, wenn er meint, „dass die grosse Erhöhung der Mortalität unter den gefangenen Verbrechern auch da, wo sie in Kleidung, Kost und Wohnung es besser haben, als ein grosser Theil der schwer arbeitenden Klasse, keineswegs dem an sich nachtheiligen Leben in den Gefängnissen, sondern zu einem wesentlichen und zum grössten Theil dem der Einkerkerung vorhergegangenen, die Gesundheit untergrabenden, sittlichen Verderbniss und der aufreibenden Einwirkung des moralischen Druckes und der Gemüthserschütterungen während der Einkerkerung zuzuschreiben ist." Nachtheiliger als alle äusseren Einrichtungen des Gefangenschaftslebens wirkt die Gefangenschaft sehr häufig durch die Seele auf den Körper. „Ausgeschlossen von der bürgerlichen Gesellschaft, deren Rechte sie verletzt, verlassen von den Ihrigen, die sie mehr oder weniger lieben, bleiben die Verbrecher eingeschlossen, sich allein überlassen mit ihren Erinnerungen und mit ihrem Gewissen, dumpf dahinbrütend über die Vergangenheit, Pläne schmiedend für die Zukunft oder in Schmerz und nagender Reue sich selbst verzehrend."[1] Diese Einflüsse auf Krankheit und Sterblichkeit unter den Gefangenen wird die Hygiene nicht zu beseitigen vermögen, und wird auch die humanste Strafrechtspflege nicht zu vernichten beabsichtigen, weil sie das innere, eigentliche Wesen der Freiheitsstrafen betreffen. Die Sterblichkeit wird unter der Gefängnissbevölkerung, darüber ist gar kein Zweifel, immer grösser sein, als im freien Leben, nur kommt es darauf an, um wie viel sie grösser ist. „Gerade dieses Plus, meinte schon BENOISTON DE CHATEAUNEUF [2]), hat ein Interesse für die Gesellschaft, weil es zu wissen wichtig ist, innerhalb welcher Grenzen der Humanität sie die Gerechtigkeit ausübt." Dieses Plus wird sich indessen niemals ziffermässig bezeichnen und darstellen lassen, und darum muss die öffentliche Fürsorge die Verwaltungsgrundsätze in den Straf- und Gefangenanstalten so geordnet wissen, dass nicht ein Theil jenes Plus auf Unachtsamkeit, Sorglosigkeit, wenn nicht gar auf wohlgekannte Irrthümer und zu beseitigende Schäden in den

---

1) Die Pönitentiar-Anstalt zu St. Jacob in St. Gallen. Von W. F. MOSER 1851. S. 108.

2) Du système pénitentiaire. Annal. d'Hyg. publ. T. 31. 1844. S. 78.

Einrichtungen zu schreiben ist. Die Hygiene hat nach unserer Meinung trotz allem Guten, was sie im Laufe der letzten Jahrzehnte
in den Gefangenhäusern geschaffen, in ihren Aufgaben und Bestrebungen noch lange nicht die Grenze erreicht, wo ihr im Namen der
Gerechtigkeit ein Einhalt geboten werden könnte. Noch kann durch
nothwendige sanitäre Massnahmen viel Gesundheit und Leben unter
den Insassen der Gefangen- und Strafanstalten erhalten werden, und
nimmer sollte das Bestreben aufhören, jede vermeidbare abnorme
Frequenz in der Morbidität und Mortalität in unseren Gefangenanstalten durch Verbesserungen und Umgestaltungen des Regimens —
so lange diese das Wesen der Freiheitsstrafe nicht berühren — thunlichst und gründlichst zu vermeiden. „Wir Gefängnissbeamte", sagt
ein guter Beobachter und zuverlässiger Gefängnisskundige, der viel-
erfahrene, langjährige evangelische Pastor Rommel[1]) an den Strafanstalten zu Köln, „müssen bezeugen, dass unsere Gefangenen trotz
allen Milderungen, welche der Zeitgeist und die Macht der Humanität
in unsere Anstalten siegreich eingeführt hat, den gesammten Zustand
der Unfreiheit, die sie eisern umspannt hält, tief genug fühlen, und
versteht sich je länger, desto schmerzlicher und desto tiefer bis auf
den tiefsten Grund der festesten Constitutionen. Ja, unsere Schuldig-
keit ist es, mitten aus unseren Anstalten heraus zu berichten, wie
wir da so oft baumstarke, wie aus Eisen gehämmerte Naturen herein-
kommen sehen, die die traurige, einförmige Aussicht vor sich haben,
eine lange Reihe von Jahren eingeschlossen verbüssen zu müssen,
und wie bald sehen wir sie welken, zusammenbrechen und die erste
Krankheit, von der sie befallen werden, gestaltet sich für sie gleich
zu einer tödtlichen... Es kostet jedem Sträfling seine Busse
ein bedeutendes Stück Leben, vielen aber auch das Leben selbst; ihre Gefangenschaft ist ihre langsame Hin-
richtung." Dieses Stück Leben möglichst gering zu gestalten, ist
die Aufgabe der sanitätspolizeilichen Beaufsichtigung und Einrichtung in den Straf- und Gefangenanstalten, — und in diesem Sinne
wollen wir auf die Momente hinweisen, die in dem Leben des Gefangenen von Bedeutung sind.

Wir werden bei dieser Besprechung zunächst an die Einflüsse
denken, welche von den allgemeinen äusseren, den baulichen Einrichtungen einer Gefangen- oder Strafanstalt ausgehen, dann an die
inneren Einrichtungen des Gefängnisslebens, und zuletzt an die sanitären Vorzüge und Nachtheile der verschiedenen Haftsysteme. Er-

---

1) Bl. f. Gefängnisskunde. Bd. IV. Extraheft. 1870. Ueber d. Begriff der
Strafanst.-Arbeit etc. S. 20 ff.

wähnt muss noch werden, dass wir uns in Folgendem immer Anstalten von wenigstens mittlerer Grösse vorstellen, und dass für kleine
Gefängnisse selbstverständlich Modificationen nach jeder Richtung
hin sich von selbst ergeben.

Aeussere Einrichtung.

Bei der Erbauung neuer Gefängnisse oder bei der Umgestaltung
älterer, schon vorhandener Baulichkeiten zu Gefangenanstalten war
in früherer Zeit die Rücksicht auf die Sicherheit in der Aufbewahrung der Angeklagten oder der Verurtheilten das einzig leitende und
massgebende Ziel. Auf dieses allein war die sinnende Erfindungs-
fähigkeit der strafenden Gerechtigkeit gerichtet. Diese Sicherheits-
massnahmen, so berechtigt an sich, waren jedoch immer derartig
vorherrschend, dass neben ihnen Massregeln für die Erhaltung der
Gesundheit des Gefangenen gar nicht in Betracht kamen, und auch
nicht zur Ausführung gelangen konnten. Der neueren Zeit ist es vorbehalten zu zeigen, dass bei der Erbauung neuer Straf- und Gefangenanstalten bei der Wahrung aller Sicherheitsmassregeln auch auf
die sanitären Interessen der Inhaftirten in reichstem Masse Bedacht
genommen werden kann.

Bodenbeschaffenheit.

Alle sanitären Massnahmen bei den baulichen Einrichtungen
einer Strafanstalt sollen mehr oder weniger dazu beitragen, die Luft
innerhalb der Detentionsräume für das Athmungsbedürfniss der Gefangenen in quantitativer wie qualitativer Weise so günstig als möglich zu gestalten. Aus diesem Grunde darf der Boden, auf welchem
eine Gefangenanstalt errichtet wird, sowie der Boden ihrer näheren
Umgebung keine gesundheitswidrige Beschaffenheit haben. Bei der
Wahl eines solchen Terrains muss darauf geachtet werden, dass
der Bauuntergrund trocken und durchlässig, dass in der Nähe sich
keine stagnirenden Wasser, Moräste und Sümpfe befinden, von welchen durch Verwesung und Zersetzung der in ihnen vorhandenen
Thier- und Pflanzenorganismen Miasmen und Malaria sich entwickeln. Der feuchte Boden in den tiefen Souterrains älterer Gefängnisse, in den Kasematten der Festungswerke ist nicht selten die
einzige Ursache für die periodisch oder anhaltend auftretenden in-
termittirenden Fieber- und Sumpf-Kachexien, und eine nicht minder ergiebige Quelle für diese schädlichen Effluvien kann auch in
dem stagnirenden Wasser eines Anstaltsgrabens gefunden werden,
welcher aus Sicherheitsgründen die Anstalt umgiebt, und dessen Inhalt zu gewissen Zeiten giftige Exhalationen verbreitet. Von der

Porosität und Durchlässigkeit des Bodens, von seinem Gehalt an
Stoffen, die unter Umständen der Fäulniss anheimfallen, hängen,
wie in der Neuzeit immer mehr erwiesen wird, die Entstehung und
Verbreitung infectiöser Krankheiten ab, die in epi- oder auch endemischer Weise in der freien Bevölkerung und ebenso in Gefangenanstalten auftreten. „Die Permeabilität des Bodens ist, wie RENK[1])
ausführt, für die in ihm vor sich gehenden Processe von grösster
Bedeutung; durch jene ist der Luftwechsel und Luftaustauch im
Boden bedingt." Gar manche Straf- und Gefangenanstalt früherer
und neuerer Zeit hat die abnorme Grösse der Morbiditäts- und Mortalitätsfrequenz ihrer Insassen den Einflüssen eines gesundheitsschädlichen Bodens zuzuschreiben gehabt, und die schweren Endemien
von Scorbut, Diarrhoen, Dysenterie, von Intermittens und Abdominal-
typhus, die in einzelnen Gefängnissen auftreten, haben unter anderen
ursächlichen Einflüssen den Hauptgrund in der verunreinigten Bodenbeschaffenheit zu suchen. Durch Trockenlegung des sumpfigen
und morastigen Terrains, durch Anlegung von Abzugskanälen und
durch reichliches Drainiren gelingt es allerdings, den hohen Feuchtigkeitsgehalt des Bodens zu vermindern, den hohen Grundwasserstand
zu verringern und die localen Salubritätsverhältnisse aufzubessern;
ebenso sollen weite Anlagen von üppig wachsenden Blattpflanzen
(Helianthus annuus, von Eucalyptus u. a.) gegen die Entwicklung der
Malaria auf sumpfigem Boden von vortrefflicher Wirkung sein, —
allein besser als alle diese Palliativa ist die vorherige Sicherstellung
der geeigneten Qualität des Bodenuntergrundes.

Wenn es ausführbar ist, wähle man als Baugrund für eine grosse
Anstalt ein etwas hoch gelegenes, freies Terrain und ziehe eine Gegend mit einer reichen Baum- und Pflanzenvegetation einem öden
und kahlen Landstriche vor, weil, abgesehen von dem wohlthuenden
Eindruck auf das Gemüths- und Seelenleben, ein üppiges Pflanzen-
leben eine reine und gesunde Athmungsluft schafft.

Baumaterial.

Die Luftbeschaffenheit in einem bewohnten Raume wird nicht
zum geringsten Theil durch den Feuchtigkeitsgehalt bestimmt, dieser
wird aber in einem Wohnraume um so grösser sein, je mehr das
verwendete Baumaterial die Bodenfeuchtigkeit und die atmosphärischen Niederschläge fortleitet, je hygroskopischer dasselbe ist. Nach
dem Gesetz der Capillarität steigt die Feuchtigkeit aus dem Grund-

---

1) Ueber die Permeabilität des Bodens für Luft. Zeitschrft. für Biologie.
1879. S. 205.

wasser in den Grundmauern aufwärts, und mit diesem alle in ihm aufgelösten Substanzen und auch die Producte der Zersetzung organischer Materien. Bei der Verdunstung der Mauerfeuchtigkeit werden diese schädlich wirkenden Substanzen der Athmungsluft beigemengt, und je unreiner die Quellen dieses aufsteigenden Mauerwassers, desto nachtheiliger die Wirkung dieser Luftverunreinigungen auf den menschlichen Körper. Aber auch ohne jede Beimengung einer gesundheitsschädlichen Materie wird die Durchfeuchtung der Wände unserer Wohnräume für die Gesundheit höchst nachtheilig. Durch die Poren der Mauerwände vollzieht sich der Austausch der in den bewohnten Räumen unbrauchbar gewordenen Luft mit der freien Atmosphäre, je mehr nun diese Poren durch Wasser ausgefüllt sind, desto mehr ist diese Diffusion der Gase behindert und damit der sehr beträchtliche Factor der sogenannten natürlichen Ventilation. Die Verdunstung der Wandfeuchtigkeit entzieht ferner dem Körper eine Menge seiner Eigenwärme. „Nasse Wände wirken, wie von PETTENKOFER[1] ausführt, als einseitig abkühlende Körper, da sie theils durch die in ihnen entstehende Verdunstungskälte wie unausgeheizte Zimmer wirken, theils die Wärme viel besser leiten als trockene Wände gerade so wie nasse Kleider, und unsere Wärmeverluste durch einseitig vermehrte Strahlung beträchtlich erhöhen." Feuchte Wohnungen begünstigen, wie die Erfahrung lehrt, das Entstehen sog. Erkältungskrankheiten, wie: Rheumatismus, Katarrh, M. Brightii, und namentlich ist es die feuchte Kälte, die auf die menschliche Constitution sehr nachtheilig wirkt, und die LIND sogar als die Ursache des Scorbuts ansah. Es ist aus den angeführten Gründen dringend geboten, auch bei der Erbauung von Gefangenanstalten die Qualität des Baumaterials auf das Genaueste zu prüfen.

Stellung der Anstaltsgebäude.

Auch die Stellung und Richtung der einzelnen Anstaltsgebäude können zur gesundheitlichen Prosperität ihrer Insassen beitragen. Je mehr Luft und Licht in die Wohnräume eindringen, desto besser gestaltet sich die Luftbeschaffenheit in denselben, und je weniger die Sonnenstrahlen sie treffen, desto kühler und feuchter bleibt die Athmungsluft in ihnen. Die Erwärmung der Hauswandungen durch die Sonne hat nach VOGT[2] einen gewaltigen ventilatorischen Effect

---

1) Populäre Vorträge. I. Jahrg. 1877. S. 45.
2) Zeitschrft. f. Biologie. 1879. S. 319. VOGT: Ueber die Richtung städtischer Strassen nach der Himmelsgegend und das Verhältniss ihrer Breite zur Häuserhöhe.

auf die Strassenluft, wie auf die Innenluft der Wohnungen. Das aus-
getrocknete Baumaterial unserer Wohngebäude leitet die Wärme auch
viel schlechter als das durchnässte; die Wärme und Kälte unserer
Wohnungen wird demnach von den Feuchtigkeitsverhältnissen der
Wandungen abhängen, die wiederum von der Insolation beeinflusst
werden. Die Bewohner der Sonnenseite haben erheblich bessere
sanitäre Zustände in ihren Wohnungen als die Bewohner der Schattenseite, und es ist daher eine nicht zu verkennende Aufgabe, die
Richtung der einzelnen Gebäude so zu construiren, dass sie möglichst viel und von allen Seiten von der Sonne durchwärmt werden.
In unseren nördlichen Gegenden wird sich daher die meridionale
Richtung als die geeignetste empfehlen oder auch die von Nordost
nach Südwest. Als die ungeeignetste ist die von Ost nach West zu
bezeichnen, weil hier nur eine Seite von der Sonne beschienen wird.
Wenn bei Gefangenanstalten im Grossen und Ganzen von einem System der Bauart nicht die Rede ist, zumal hier neben der Grösse
der Anstalt hauptsächlich der Aufsichts- und Sicherheitsdienst die
Baueinrichtung beeinflusst, so sollte man doch, wo es zu ermöglichen
ist, aus hygienischen Gründen auch hier die Errichtung mehrerer von
einander durch grosse Hofräume getrennter Gebäude der Erbauung
eines einzigen grossen Baues vorziehen.

Der Wohnraum.

Eine der wichtigsten Fragen bei der Einrichtung von Gefan-
gen - und Strafanstalten ist die Feststellung desjenigen Luftraumes,
welcher auf jeden Kopf der Detinirten zu berechnen ist. Allerdings
wird eine und dieselbe Raumgrösse per Kopf der Gefangenen nicht
immer dem nothwendigen Bedürfnisse entsprechen, weil dieses von
den jeweiligen, verschiedenartigen Verhältnissen abhängig wird, allein
bei allen wohlberechtigten und zulässigen Modificationen ist es nichtsdestoweniger vom sanitären wie vom ökonomischen Gesichtspunkte
aus unerlässlich, denjenigen Luftraum festzustellen, unter welchen
nicht heruntergegangen werden darf, wenn nicht die Gesundheit der
Gefangenen gefährdet werden soll. Und wie wichtig die Bestimmung
dieser Raumgrösse ist, zeigt die Thatsache, dass in neuerer Zeit in
fast allen Staaten bei der gesetzlichen Regelung der Vollstreckung
von Freiheitsstrafen dem Gefangenen das minimale Luftquantum in
seinem Detentionsraum sicher gestellt wird. Bei der Abmessung
dieses Raumes lassen wir uns von den Ergebnissen der wissenschaftlichen Expertise und nicht minder von den Erfahrungen des praktischen Lebens leiten.

Man weiss, dass die Luft in unseren Wohnräumen, vorausgesetzt, dass keine anderweitigen Quellen unreinlicher Beimengungen vorhanden sind, verdorben wird, sobald sie so lange zur Unterhaltung des Athmungsgeschäftes gebraucht worden ist, dass sie über eine gewisse Grenze hinaus mit der bei der Ausathmung ausgeschiedenen Kohlensäure überladen ist. In der ausgeathmeten Luft sind zwar noch andere Bestandtheile sowohl unorganischer als auch organischer Natur vorhanden, die die Luft verunreinigen, und namentlich ist diesen organischen Abscheidungen der Lunge und Haut für die Luftverschlechterung eine sehr grosse Bedeutung beizulegen [1]), allein, da die Mengen dieser Substanzen theils sehr unbedeutend, theils gar nicht oder nur sehr schwer wägbar sind, so gilt die Grösse der vorhandenen Kohlensäuremengen als der sicherste Massstab für die Qualität der Luft in einem Wohnraume. Nach v. PETTENKOFER darf die Kohlensäuremenge in der Luft eines geschlossenen Wohnraumes nicht 1 per Mille übersteigen, wenn diese noch von gesunder Beschaffenheit bleiben und auch behaglich eingeathmet werden soll, nach DEEGEN macht sich sogar bei 0,66 per Mille eine unbehagliche Wirkung merklich. Soll die Luft in einem geschlossenen Raum zum Athmungsgeschäft gleichmässig gut bleiben, so muss in jedem Zeitmaasse das 200fache Volumen der ausgeathmeten Luft zugeführt werden. Da der Mensch in der Stunde 300 Liter Luft ausathmet, so müssten ihm $300 \times 200 = 60000$ Liter = 60 Cbm. Luft beständig zugeführt werden. MORIN verlangt im gemässigten Klima per Kopf und Stunde in Kasernen 30 Cbm. Luft bei Tag und 60 bei Nacht, in Gefängnissen 50 Cbm., in Hospitälern 70—100 Cbm. Nach DEEGEN muss ein erwachsener Mensch, der mit vielen anderen Menschen in einem geschlossenen Raum sich Tag und Nacht aufhalten soll, in der Stunde 44 Cbm. Luft haben, um in einer den Anforderungen der Gesundheitspflege entsprechenden Atmosphäre zu athmen. Nimmt man nach WILSON [2]) die ausgeathmete Kohlensäuremenge in einer noch athembaren reinen Luft mit 0,6 p. M. an und berechnet, dass ein erwachsener Mensch 0,6 Cubf. Kohlensäure durchschnittlich in der Stunde ausathmet, so müssen, um anhaltend eine gesunde Athmungsluft im Wohnraum herzustellen, per Kopf und Stunde 3000 Cubf. frische Luft zugeführt werden, die nicht mehr als 0,4 p. M. Kohlensäure enthalten darf. Räume von diesen Ausdehnungen in Gefangen-

---

1) Cfr. Handb. d. öff. Gesdhtspfl. etc. von Dr. FRIEDRICH SANDER. Leipzig 1877. S. 177.

2) Handb. d. öff. u. privat. Gesdhtspfl. von GEORGE WILSON, deutsch von P. BÖRNER. Berlin 1877. S. 93 ff.

anstalten auszuführen ist schlechterdings nicht möglich, allein solche Dimensionen sind auch in der That für das minimale Bedürfniss nicht nothwendig, weil die Lufterneuerung in den bewohnten Räumen selbst ohne jedes Hinzuthun künstlicher Apparate durch die Diffusion der Luft durch die Poren der Wände, durch das Oeffnen von Fenster und Thür etc. stattfindet, namentlich wenn durch Heizung des bewohnten Raumes eine grössere Differenz zwischen der Innen- und der Aussenluft entsteht, und wenn die permeable Wandfläche, durch welche der Luftaustausch stattfindet, nicht zu klein ist. Die Grösse eines bewohnten Raumes kann noch um Vieles kleiner sein, wenn durch künstliche Ventilation die Luft in einem gegebenen Zeitraume um so häufiger durch Zufuhr reiner atmosphärischer Luft erneuert wird. Allein dieser Luftwechsel kann aber auch nur so oft stattfinden, als in dem bewohnten Raume durch die Ventilation selbst sich kein unbequemer Luftzug bemerkbar macht. Nach der Grösse des Raumes, der Construction und der Ergiebigkeit des Ventilationsapparates wird alsdann der Belegraum per Kopf eines erwachsenen Menschen sich verschieden gestalten.

Bei der Abmessung der Luftgrösse per Kopf der Gefangenen in den Strafanstalten wird man die Bestimmung des Detentionsraumes nicht ausser Acht lassen dürfen. In den gemeinschaftlichen Arbeitssälen wird der Belegraum ein anderer sein als in dem Schlafsaale, und in diesem wiederum ein anderer als in der Zelle, und auch hier wiederum ein anderer in der Zelle, in welcher der Gefangene Tag und Nacht oder in welcher er nur des Nachts sich aufhält. In dem grossen Arbeitssaal, der im Laufe des Tages wenigstens 1 oder 2 mal während des Spazierengehens der Sträflinge oder auch bei anderen Gelegenheiten gelüftet wird, dessen Fenster und theilweise auch Thüren im Sommer geöffnet bleiben, welcher im Winter reichlich geheizt wird, und in welchem schon deshalb eine gute natürliche Ventilation, auch wenn keine künstliche vorhanden ist, stattfindet, kann der Luftraum per Kopf der Gefangenen viel kleiner sein als im Schlafsaal, in welchem die Sträflinge 8 und noch mehr Stunden bei fest geschlossenen Thüren und Fenstern eingesperrt verbringen. Am allerreichlichsten muss die Raumgrösse in der Zelle sein, in welcher der Gefangene Tag und Nacht verbringt. Je kleiner ein Raum ist, desto häufiger muss der Luftwechsel in ihm stattfinden, wenn die Luft rein und athembar bleiben soll. In unserem Klima können wir aber nach WILSON einen häufigeren Luftwechsel als 3 oder 4 mal in der Stunde ohne Unbequemlichkeit nicht ertragen, und auch hierzu gehört ein Raum von mindestens 750—1000 Cubf. In dem kleinen Raum, und selbst-

verständlich auch in der Gefängnisszelle ist die Lage der Oeffnungen,
durch welche die Luft ab- und zuströmt, so nahe, dass bei einer
häufigen Luftzuströmung der Luftzug sehr belästigend und gesundheitsschädlich wird. Je kleiner der Raum ist, desto weniger diffundirt
die einströmende Luft gleichmässig in allen Theilen des Raumes, es
bildet sich vielmehr zwischen der Zu- und Abströmungsöffnung eine
directe Luftströmung, so dass ein grosser Theil der reinen Luft wieder
unausgenützt abströmt. Ist aber der Luftwechsel zu gering, dann wird
die Luft um so unreiner, je kleiner der Raum ist. Es ist daher
nothwendig, für die Zelle einen möglichst grossen Luftraum zu bemessen. Im Gefängniss hat der Zelleninhalt ausserdem nicht allein
die Bedeutung des Luftvorraths, sondern hier wirkt die Zelle durch
ihre Grösse auch auf das Gemüth. Je knapper dieser Raum, je
schmaler und enger die Zelle, desto trüber und düsterer wird dem
Gefangenen der Horizont, desto drückender und beengender die
Atmosphäre seines Hoffens und Denkens. Einen viel kleineren Raum
brauchen wir nur der Zelle zuzumessen, in welcher der Gefangene
isolirt des Nachts schläft, weil die schädlichen Exhalationen vieler
Menschen hier nicht in Wirkung kommen.

Die Grösse der Detentionsräume ist kaum in den einzelnen Gefängnissen desselben Landes, und noch viel weniger in den Gefängnissen verschiedener Länder nach gleicher Norm bemessen. In Preussen war in den Zuchthäusern ein Raumbedarf von 300 Cubf. für den
gemeinschaftlichen Schlafsaal angenommen. Der Entwurf über die
Vollstreckung der Freiheitsstrafen im Deutschen Reiche (§ 6 des Ge-
setzentwurfs) verlangt für gemeinschaftliche Schlafräume mindestens
10, für geschlossene Arbeitsräume mindestens 8 Cbm. Luftraum für
jede unterzubringende Person, für die Einzelzelle zum Aufenthalte
bei Tag und bei Nacht einen Luftraum von 22, und wenn dieselbe
zum Aufenthalte nur bei Nacht bestimmt ist, von 11 Cbm. In dem
Strafgefängniss Plötzensee ist in dem gemeinschaftlichen Schlafsaal
für Erwachsene ein Luftraum per Bett von 19,75 Cbm. (4,52 Qdm.
Fläche), in den Zellen zur Isolirung bei Tag und Nacht für Erwachsene 28,15—29,03 Cbm. (2,18 × 4,10 × 3,15) und 8,94—9,22 Qdm.
Fläche, und für jugendliche Gefangene 26,46—27,32 Cbm. zugemessen. Der Luftraum in der Arbeitsbaracke beträgt per Arbeitsplatz
bei Maximalbelegung 17,22 Cbm. und 4,10 Qdm. Fläche, und auch
hier variirt die Arbeitsplatzgrösse sehr verschieden nach der Be-
schäftigungsweise. Nach STEVENS [1]) muss die Zelle 4 × 2,50 × 3 =

---

1) Les prisons cellulaires en Belgique, leur hygiène physique et morale.
Bruxelles 1878. Lancier. S. 13.

30 Cbm. Luftraum haben, und nach Starke [1]) sollen die Zellen in den belgischen Gefängnissen mindestens 25 Cbm. Luftraum enthalten. In dem Maison pénitentiaire in Louvain hat die Zelle 29,09 Cbm., in dem Männergefängniss zu Brüssel 30 Cbm. In Oesterreich kommen in der Einzelhaft auf je einen Gefangenen 26—27 Cbm., in dem gemeinschaftlichen Schlafraume in den einzelnen Anstalten zwischen 8,51—12,85 Cbm. Luftraum. In England hat man die Masse von 12 F. Länge, 8 F. Breite und 10 F. Höhe als die durch die Erfahrung zweckmässigste Grösse der Isolirzellen angenommen. [2]) Das bekannte Zellengefängniss Pentonville hat 13 × 7 × 9 (englische) Fuss, die Zellen in Perth haben einen cubischen Inhalt von 850—1100 F. Nach dem Regulativ vom 22. Dec. 1841 sind in Dänemark die minimalen Masse von 12 × 7 × 9 F. festgesetzt. Die Anstalt Bruchsal hat 13 × 8 × 9,7 F., Moabit 800, Ratibor 745—783, Münster 680—737, Breslau 700, Insterburg 532 Cubf., Cöln 22,80 Cbm. In Nürnberg [3]) hat die Zelle 4,03 × 2,34 × 3,06 = 28 Cbm. In Bayern sollen nach einer neuen Ministerialentschliessung die einzelnen Zellen in dem Untersuchungs- und Polizeigefängniss mindestens 20 Cbm. Inhalt haben. Die Grösse der Zellen in dem neuen Gefängniss zu Philadelphia beträgt 8 × 16 × 12 F. In Warschau hat die Einzelzelle einen Inhalt von 7 × 11 × 10,5 F., ein Inhalt, welcher nach der Meinung meiner Quelle wohl der kleinste Luftinhalt ist, den man ohne Gefährdung der Gesundheit einem fast immer eingesperrten Gefangenen zukommen lassen darf.[4]) In Frankreich bestimmt ein Ministerialbefehl zur Ausführung des Gesetzes vom 5. Juni 1875 über die Anwendung der Einzelhaft, dass die Zelle für einen gesunden Gefangenen 4 M. lang, 2,50 breit und 3 M. hoch sein, d. h. einen Inhalt von 30 Cbm. haben, und dass die Zelle für einen kranken Gefangenen wenigstens 45 Cbm. enthalten müsse. Diez hält ein Luftquantum von 800 Cubf. für nothwendig, um im geschlossenen Raume leben zu können; nach ihm sollen die Zellen mindestens 1000 Cubf. (badische) fassen, wenn bei richtiger Dimensionsvertheilung und besonderer Berücksichtigung der Höhe die Utensilien und Geräthschaften angebracht und noch so viel Raum übrig bleiben solle, um dem Gefangenen in der Zelle einige Bewegung zu gestatten.[5]) Nach meinem Dafürhalten sind als

---

1) Das belgische Gefängnisssystem etc. Von W. Starke. S. 63.
2) Vereinte deutsche Zeitschr. f. d. Staatsarzneikunde. 1851. S. 33.
3) Das Zellengefängniss Nürnberg. Mittheilung aus der Praxis. Von Ad. Streng. 1879. Stuttgart. Enke. S. 46.
4) Hitzig's Annalen etc. 1840. S. 120.
5) Die Verwaltung u. Einrichtung d. Strafanstalten mit Einzelhaft. Carlsruhe 1857. S. 122.

Masse für den Belegraum eines Gefängnisses zu fixiren: in dem mit vielen Gefangenen belegten gemeinschaftlichen Schlafsaal 14 Cbm.; im gemeinschaftlichen Arbeitssaal 8 Cbm.; in der Zelle, in welcher der Gefangene Tag und Nacht verbleibt (und bei einer Höhe von 3 M.) 28 Cbm.; in der Zelle, in welcher der Gefangene nur des Nachts verwahrt wird, 15 Cbm. Bei dieser Massbestimmung gehe ich von der in den meisten Straf- und Gefangenanstalten thatsächlich zutreffenden Voraussetzung aus, dass entweder keine mit Verlässlichkeit wirksamen künstlichen Ventilationssysteme vorhanden, oder dass die vorhandenen nicht während der ganzen Jahreszeit, oder nicht während der Tages- und Nachtzeit anhaltend wirksam sind, so dass auch hier mehr Gewicht auf die natürliche Ventilation gelegt werden muss. Freilich haben in manchen Gefängnissen viele Gefangene in Zellen mit einem kleineren Luftraume eine längere Freiheitsstrafe überstanden, — aber in früheren Zeiten waren die Gefangenen auch noch unter schlechteren gesundheitlichen Verhältnissen eingekerkert. Ohne Gefährdung der Gesundheit lässt sich eine längere Detention in einem ungenügenden Zellenraum nicht durchführen.

Fenster.

Ist dem Gefangenen der Wohnraum nicht zu knapp zubemessen, so ist es wünschenswerth, dass dieser reichlich von den Sonnenstrahlen durchwärmt und von dem Sonnenlicht erhellt wird. Das Sonnenlicht ist nicht allein zur Erhaltung der Sehkraft nothwendig, sondern es ist ein mächtiger Lebensreiz von kräftiger Einwirkung auf die gedeihliche Entwickelung der vegetativen Processe im thierischen Organismus. Mangel an Licht befördert direct und indirect die Entstehung von Scrophulose, von Anämie, von Scorbut, von Phthisis und vielen anderen dyskrasischen Krankheiten. In allen bewohnten Räumen werden die Fenster auch zum Zweck der Ventilation in sehr vortheilhafter Weise benutzt, und in den Gefängnissräumen ist die Fensteröffnung in den meisten Fällen das einzig wirksame Mittel, um einen Luftaustausch zu ermöglichen. Um die Lufterneuerung und den Luftzutritt so viel als möglich zu begünstigen, sollte die Grösse und die Zahl der Fenster in reichster Weise bemessen werden. In den grossen gemeinschaftlichen Arbeits- und Schlafsälen sollen lange und breite Fenster, deren obere Theile nach Innen zurückstellbar, an den Längsseiten gegenüberstehend angebracht sein, weil auf diese Weise die Lufterneuerung am leichtesten und schnellsten bewirkt werden kann. Die grösste Berücksichtigung verdient die Fenstergrösse auch hier in der Einzelzelle, je grösser das Fenster und je weniger der Lichtzutritt durch Traillen etc. verkümmert, desto freundlicher und anheimelnder wird der kleine Raum und desto erträglicher die einsame Einsperrung. Der Strafvollzugsgesetz-Entwurf für das deutsche Reich bestimmt für die Fenster der Einzelzellen eine Lichtfläche von einem Quadratmeter als Mindestmass, er schreibt ferner vor, dass die Fenster mindestens zur Hälfte geöffnet werden können. In den belgischen Zellengefängnissen ist jedes Zellenfenster mindestens 1,10 breit und 0,70 M. hoch zwischen doppeltem Gitterwerk, so dass das Fenster im Ganzen bis zu einem gewissen Grade geöffnet werden kann. Die Zelle in Frankreich hat die Breite von 1,20 M. und die Höhe von 0,70 M. Nachahmenswerth ist eine Fensterconstruction in dem Strafgefängniss Plötzensee. „Die schmiedeeisernen Fenster sind aus starkem Sprosseneisen mit 0,14 M. weiter Theilung der Verticalsprossen angeordnet, eine Construction, welche eine besondere Vergitterung unnöthig macht und dem Detentionsraume ein helles freundliches Ansehen giebt, ohne dass die Sicherheit gefährdet ist. Diese schmiedeeisernen Fenster sind im Mauerwerk befestigt und mit mehreren Luftflügeln an den Ecken und in der Mitte versehen", die der Gefangene nach Belieben öffnen und schliessen kann. Es braucht kaum erwähnt zu werden, dass das für die Fenster verwandte Glas vollkommen durchsichtig, nicht gerippt oder matt sein darf.

Von der übrigen baulichen Einrichtung des Wohnraumes ist nur wenig noch zu erwähnen. Da, wo es zulässig ist, empfiehlt es sich die Thüren so anzulegen, dass sie nach aussen, nach dem Corridor etc. sich öffnen und nicht nach innen, weil im ersten Fall beim Oeffnen der Thür ein Theil der dünnen warmen Zimmerluft nach aussen abströmt und beim Schliessen derselben eine Menge frischer, reiner Luft in den Detentionsraum hineingepresst wird.

Fussboden.

Als Fussboden empfiehlt sich am besten ein gedielter, gut gefügter, möglichst geölter Holzboden, weil dieser sich am leichtesten reinigen lässt, sehr schnell trocknet, keinen Staub und dergl. entwickelt, und auch keinen Schmutz zurückhält. Fussböden aus Stein, gebrannten Fliesen, Cement, Asphalt, Thonplatten haben sich nicht bewährt, weil sie zu kalt sind, und weil sich immer Staubtheilchen loslösen, die sich den Luftwegen mit der Athmungsluft mittheilen; oder man müsste diese Fussböden aus Fliesen etc., wie in den belgischen Gefängnissen, mit Rohrmatten belegen. — Die Wände

in den einzelnen Räumen müssen mit einem freundlichen Anstrich
versehen sein, und muss dieser der Reinlichkeit wegen alljährlich wenigstens einmal erneuert werden. Für die Einzelzelle ist
die Farbe der Wandfläche nicht ganz ohne Bedeutung, ein rein
weisser Anstrich ist für das Auge am wenigsten rathsam, am wohl-
thuendsten ist für die Erhaltung der Sehkraft, wenn der Anstrich
einen Ton von Blau oder Grau erhält.

Ventilation.

Die grösste Sorgfalt von allen Massnahmen, welche die Gesundheit und das Leben der Gefangenen erhalten sollen, verdient ohne
jeden Zweifel die Beschaffung einer gesundheitsgemässen Athmungsluft. In der Gefangenschaft sind gar viele Bedingungen vorhanden,
die auf die Gesundheit der Gefangenen nachtheilig einwirken, aber
keine von ihnen ist von einem so allgemein schädlichen Einflusse,
keine zerstört in so nachtheilig intensiver Weise die physische Constitution der Sträflinge als die anhaltende Einwirkung einer verdorbenen Athmungsluft. Die Luft in einem Gefängnissraum kann, wie
in jedem anderen bewohnten Raum, unrein und gesundheitswidrig
werden durch schlechte Ausdünstungen des Bodens, durch eine mit
Entwickelung von schädlichen Gasen verbundene Beschäftigung innerhalb des Detentionsraumes, durch schlechte Abtrittseinrichtung,
durch unsaubere Haltung der Gefangenen in Betreff der Kleidung,
des Bettlagers etc. etc. Schädlichkeiten dieser Art können jedoch
die Vorkehrungen, die eine ausreichende Ventilation, d. h. die Ab-
führung der verbrauchten schlechten und Zuführung einer reinen
gesunden Luft in dem bewohnten Raume bezwecken sollen, nicht
beseitigen. Die ventilatorischen Vorkehrungen, die wir zur Erhaltung einer gesunden Athmungsluft treffen müssen, richten sich nur
gegen die Verunreinigungen, die sich nicht vermeiden lassen, die
von dem Menschen selbst in Folge der in ihm vor sich gehenden
Lebensvorgänge ausgehen. Und sollen diese Vorkehrungen von dem
erstrebten Erfolge sein, dann muss vorausgesetzt werden, dass jede
Quelle von vermeidbarer Unreinlichkeit und von durch äussere Umstände bedingter Luftverderbniss mit unausgesetzter Strenge und pein-
lichster Sorgsamkeit verhütet und beseitigt wird.

Die Luft in einem geschlossenen Raume wird, wie schon oben
ausgeführt ist, verdorben und unrein, sobald sie dem Menschen eine
längere Zeit zum Athmen gedient hat. Die verbrauchte Luft in überfüllten Räumen kann eine geradezu tödtliche Wirkung ausüben, wenn

durch das Athmungsgeschäft vieler Menschen der Sauerstoffvorrath
bis auf ein Minimum verbraucht, und die Anhäufung von Kohlensäure eine solche Höhe erreicht hat, dass diese aus dem Körper
nicht mehr ausgeschieden werden kann. Wie intensiv giftig und in
welch acuter Weise eine solche Luft das menschliche Leben vernichtet, zeigen einzelne bekannte, historisch verbürgte Thatsachen.
Im Jahre 1756 wurden 170 Personen in Bengalen eine Nacht in
einer Höhle eingesperrt (Black-Hole) [1]), und von diesen wurden am
anderen Morgen 154 todt herausgeholt. Die wenigen Ueberlebenden
schrieben diese Sterblichkeit dem Mangel an frischer Luft zu. Im
Fort William zu Calcutta mussten 146 gefangene Engländer in einem
Raume von ca. 18 F. Länge und 11 F. Breite, mit 2 kleinen Fenstern versehen, eine Nacht zubringen — und am anderen Morgen
waren 123 von diesen Unglücklichen verstorben. In London waren
1742 im Wachthause zu St. Martin 28 Personen in einem Zimmer von
216 Cubf. Rauminhalt eine Nacht hindurch eingepfercht, und am anderen Morgen waren 4 von ihnen ums Leben gekommen. — Auf
einem Auswanderungsschiffe waren 1855 von einem amerikanischen
Capitain 440 Chinesen in den Schiffsräumen eingesperrt, und schon
nach 12 Stunden waren 251 von diesen Unglücklichen gestorben.

In Wohnräumen, in denen relativ viele Menschen ohne genügende Lufterneuerung leben, tritt die Wirkung der Luftverderbniss
nicht immer in so acuter Weise in die Erscheinung, sie äussert sich
hier vielmehr in chronischer Weise dadurch, dass sie alle vegetativen
Processe im Organismus herunterdrückt, durch ein mangelhaft ent-
wickeltes Blutleben früher oder später zum Siechthum führt, und in
dem Menschen eine gesteigerte Disposition zu Erkrankungen aller Art
hervorbringt. In den Gefängnissen früherer Zeit war diese Raumüber-
füllung eine der Hauptursachen zur Entstehung der viel gefürchteten
„Kerkerfieber“, und noch heute pflegt sie in Gemeinschaft mit Unreinlichkeit und Mangel an geeigneter Nahrung ein günstiges Moment für die Entwickelung und Verbreitung schwerer typhöser Fieber abzugeben. Und wie ungemein ansteckend diese bösartigen
Fieber sein können, zeigen einzelne in der Geschichte der Seuchen-
lehre bekannt gewordenen Fälle. So sind im Jahre 1557 zu Oxford
durch die Ausdünstungen der am 4—6 Juni vor den Assisen —
später die schwarzen Assisen (Black-Assizes) genannt — gestellten
Gefangenen Richter, Geschworene und Zuschauer vom Kerkerfieber
befallen worden, und sind bis zum 12. August an 510 Menschen

1) HOWARD. State of Prisons etc. S. 13.

daselbst an dieser Krankheit gestorben. — Im Jahre 1750 starben der Lord Mayor von London und mehrere Richter von der Old Baley am Gefängnissfieber, welches von den Gefangenen, über die sie zu Gericht gesessen, ausgegangen war.[1]) Man weiss, wie sehr durch Ueberfüllung und schlechte Luft in Gefängnissen und auf Schiffen Krankheiten epidemischer Art in ungeheuerlicher Weise sich vermehren und die Bevölkerung dahinraffen. Das perniciöse Auftreten von Scorbut, von Dysenterie, von enterischen Krankheiten, von Cholera in Gefangenanstalten selbst in neuerer Zeit ist ein beredtes Zeugniss dafür, wie verderblich und nahezu giftig die unreine Luft in solchen angefüllten Räumen zur Zeit des Auftretens infeciöser Krankheiten wird. Durch den Einfluss einer schlechten, unreinen, verdorbenen Athmungsluft wird der Organismus auch dort, wo er sich dieser Schädlichkeit accommodirt, in sehr erheblicher Weise geschwächt; es tritt eine Verlangsamung in der Regeneration des Blutes und des gesammten Stoffwechsels ein, der Zustand allgemeiner Schwäche und Erschöpfung, des allgemeinen Siechthums wird unausbleiblich. Dass die Ueberfüllung der Wohnräume und die verdorbene, schlechte Athmungsluft eine wesentliche Mitursache ist zur Hervorrufung der viel verbreiteten Lungenphthise, ist eine mehr als wahrscheinliche Thatsache. Die grosse Verbreitung der Lungenschwindsucht unter den Soldaten hat man in England auf die schlechte Ventilation in gewissen Casernements direct zurückgeführt. Und sollte die abnorme Häufigkeit der Phthisen in den Gefängnissen ohne jeden Zusammenhang mit der Ueberbevölkerung dieser Anstalten sein? In vielen Gefängnissen ist der anhaltende Genuss einer unbrauchbaren Athmungsluft vielleicht die wesentlichste Ursache der abnormen Sterblichkeit der Gefangenen —; und es lässt sich an vielfältigen Beispielen aus früherer und neuester Zeit beweisen, dass, je mehr eine Gefangenanstalt überfüllt, je ungünstiger das Raumverhältniss in derselben zu der Anzahl der Gefangenen, desto grösser die Sterblichkeit unter den letzteren ist.

Als Mittel, um diese Luftverderbniss in einer Gefangenanstalt zu verhüten, gilt in erster Reihe neben der allgemeinen, peinlichsten Reinlichkeit in allen Detentionsräumen die genaue Beachtung der richtigen Raumvertheilung auf die entsprechende Anzahl von Menschen. Ein Raum, der für eine bestimmte Anzahl von Menschen ein gesunder Aufenthalt ist, wird ein ungesunder, sobald er mit einigen Individuen mehr belegt wird. Und ausser dieser einfachsten aller

---

1) JULIUS, Vorlesungen über Gefängnisskunde. Berlin 1828. S. 95.

Verhütungsmassregeln muss man in Gefangenanstalten, wie überall
dort, wo viele Menschen auf einem Ort zusammengedrängt zu leben
gezwungen sind, noch zu Mitteln die Zuflucht nehmen, die die Ventilation des bewohnten Raumes befördern, d. h. die geeignet sind,
die verbrauchte Luft durch reine, unverdorbene zu ersetzen. — Wir
haben schon oben angedeutet, dass die Erneuerung der Luft in dem
bewohnten Raume zum Theil auf natürliche Weise ganz spontan stattfindet. Durch Herstellung einer Temperaturdifferenz, durch Oeffnen
von Thür und Fenster kann eine sehr ergiebige Lufterneuerung erzielt
werden. Wo es aber darauf ankommt, auf eine anhaltend sichere
und ergiebige Lufterneuerung zu rechnen, da reicht diese natürliche
oder accidentelle Ventilation nicht aus, und da muss man zu künstlichen Hülfsmitteln seine Zuflucht nehmen. Auch in Gefangenanstalten sind diese künstlichen Ventilationseinrichtungen von dem einfachsten Apparate an bis zum complicirten System mit Vortheil in
Anwendung gebracht. Hier hängt die Wahl der ventilatorischen Vorrichtung in erster Reihe von den Bedingungen der technischen Aus-
führbarkeit und von der örtlichen baulichen Beschaffenheit der Anstalt
ab. Aber gerade in Gefangenanstalten sollte man immer die einfachsten Vorrichtungen den complicirten vorziehen, um die Wirksamkeit derselben nicht von zu vielen, verwickelten und auch kostspieligen Vorbedingungen abhängig zu machen. In sehr nützlicher
Art lassen sich auch hier Oeffnungen an der Decke und am Fussboden zur Abfuhr der verbrauchten und Zufuhr von unverdorbener
Luft verwerthen, und ebenso gewisse Vorrichtungen am Fenster und
an der Thür. Ergiebigere Wirkung haben in geeigneten Localitäten
die verschiedenen Ventilatoren, Röhrensysteme, die von dem bewohnten Raume aus über das Dach führen, und an ihrem oberen Theil
mit stellbaren Aufsätzen versehen sind, durch welche die frische
Luft eingepresst, oder die verbrauchte Luft ausgesaugt werden soll.
Die Abfuhr der verdorbenen Luft lässt sich in den Detentionsräumen
in wirkungsvoller Weise erzielen, wenn Röhren oder Kanäle aus
diesen Räumen in einen Schornstein oder Ofen geleitet werden oder
in einen Schacht, in welchem eine beständig unterhaltene Wärmequelle die verdünnte Luft abführt. Ein paar Gasflammen können,
in geschickter Weise angebracht, einen grossen Schlafsaal durch
Aspiration vollkommen und ausreichend ventiliren. Bei den grossen
Neubauten hat man in neuester Zeit die Ventilation der Detentionsräume vielfältig zugleich mit der Centralheizung (Heisswasser- resp.
Luftheizung) verbunden, und bei technisch gut ausgeführten Anlagen allerdings sehr sichere und, was freilich von grossem Werthe ist,

nach Belieben und Bedürfniss regulirbare Wirkungen erzielt. Indessen lässt sich nicht verkennen, dass die Technik bis jetzt noch nicht in allen Beziehungen den Anforderungen der Hygiene entspricht, und dass bei diesen Anlagen der Detentionsraum wenigstens die Hälfte des Jahres, in welcher Zeit der Heizapparat nicht in Gebrauch ist, der eigentlichen Ventilation entbehrt. Man kann, wie schon hervorgehoben, in Gefangenanstalten auch mit Hülfe sehr einfacher Vorrichtungen eine recht gute Athmungsluft für die Gefangenen schaffen. In den grossen Zellengefängnissen neuerer Bauart steht die Ventilation gewöhnlich in engster Verbindung mit dem centralen Heizsystem. In den meisten Gefängnissen mit Einzelhaft wird die reine Luft durch die Fenster oder durch besondere Ventilationsöffnungen, die durch die Fensterwand hindurchgehen, eingeführt, und die verbrauchte Luft durch Schachte abgeführt, welche in der dem Fenster gegenüberliegenden Mauer sich befinden, und deren Oeffnungen dicht unter der Decke liegen. Die Schachte münden in einen unter dem Dache befindlichen Hauptkanal. In der Anstalt Plötzensee ist in zwei grossen Gefängnissen die Heisswasserheizung mit mechanischer Pulsionsventilation verbunden.[1] Stevens macht mit Recht darauf aufmerksam, dass man in den Zellengefängnissen alljährlich 1—2 mal die von den Zellen ausgehenden Luftschachte reinigen müsse, dass man täglich, wenn die Gefangenen die Zellen verlassen, Fenster und Thür öffnen, und dass man in den Zellenflügeln durch Oeffnen der an ihren Enden vorhandenen Fenster einen Luftstrom herstellen solle, der alle schlechte Luft aus diesem Flügel und aus den hier befindlichen Zellen abführt. Auf diese Weise werde man immer frische und gesunde Luft haben, und würden Fälle von Mephitis unmöglich werden.

Heizung und Beleuchtung.

Der Gefangene soll in der kalten Jahreszeit in einem gleichmässig erwärmten Raume sich befinden. Eine kalte Zimmertemperatur ist dem Gefangenen bei der meist sitzenden Beschäftigung um so nachtheiliger, je mehr er durch Lebensalter oder durch lange Strafzeit heruntergekommen ist, und je schwächer die Production seiner Körperwärme vor sich geht. Im modernen Strafvollzuge gilt es dann auch als ein Act selbstverständlicher Gerechtigkeit, den Gefangenen

---

[1] Die Beschreibung der Anlagen und der genaue Nachweis über ihre Wirkung und ihren Werth findet sich in „Erläuterungen zu den auf der Brüsseler Ausstellung für Gesundheitspflege und Rettungswesen ausgestellten Plänen von Plötzensee." Berlin 1876. Decker.

8*

immer — und selbst in der Straf-Arrestzelle — in einem heizbaren und thatsächlich auch beheizten Raume zu verwahren.

Bei der Beheizung der Detentionsräume in einer Strafanstalt wird man von jeder Heizungsmethode verlangen müssen, dass die Stubenluft nicht durch die unvollständigen Producte der Verbrennung verschlechtert, dass die Erwärmung des beheizten Raumes gleichmässig vor sich gehe und möglichst gleichmässig bleibe, und dass durch die Heizung selbst, wenn es angeht, gleichzeitig ein möglichst grosser ventilatorischer Effect erzielt werde. In den Gefängnissen empfiehlt es sich, die Heizungsstelle so anzulegen, dass den Gefangenen der Zutritt zu derselben versagt bleibt, und schon aus diesem Grunde kann, da sich die Heizung mittelst Kaminvorrichtung von selbst verbietet, die ventilatorische Wirkung bei der gewöhnlichen Ofenheizung nur von untergeordneter Bedeutung sein. In den grossen neueren Gefängnissbauten hat man überall centrale Heizungsanlagen eingeführt und, wie schon oben angedeutet, mit ihnen gleichzeitig das Ventilationssystem verbunden. Centrale Heizungssysteme sind namentlich in Anstalten mit Einzelhaft nothwendig, weil es undurchführbar ist, mehrere Hunderte von Zellen durch einzelne Oefen u. dergl. gleichzeitig zu beheizen. Am gebräuchlichsten sind auch hier die Luft- und die Warmwasserheizung, jedoch hat hier die erstere nach der bisherigen technischen Ausführung sich weniger bewährt als die letztere. Die Schwierigkeit liegt darin, dass die erwärmte Luft in den langen Flügeln und in den mehrfach übereinander liegenden Stockwerken nicht die zuerst horizontal und später vertical verlaufenden Kanäle in gleichmässiger Weise zu durchströmen vermag, so dass die Wärme in den einzelnen Zellen ungemein ungleichartig vertheilt ist; während die am Ende des Zellenflügels liegenden Zellen sehr wenig oder gar keine warme Luft bekommen, ist die überheizte Atmosphäre in den Zellen in der Nähe der Heizungsanlagen auch bei der besten Bedienung der regulirbaren Klappen etc. häufig unerträglich. „Ein eigenthümlicher Missstand", meint auch der Director STRENG[1]) von dem Nürnberger Zellengefängniss, woselbst in einem Flügel die Luftheizung und in drei Flügeln die Heisswasserheizung eingeführt war, „ist hier die Ungleichheit und Unsicherheit der Erwärmung, bald ist eine Zelle übermässig warm, bald die andere kalt, und diese Erscheinung wiederholt sich nicht in derselben Zelle, sondern wechselt beliebig. Die Behandlung der Schieber an den einzelnen Kanälen ist dabei ganz wirkungslos; je nach der Witterung und Windrichtung bleibt bald aus dem einen,

---

1) l. c. S. 37.

bald aus dem anderen Wärmecanal der ersehnte warme Luftstrom aus." Dasselbe hat sich auch bei den Heizanlagen in der Anstalt Plötzensee [1]) unwiderleglich gezeigt. „Die Heizung im I. Gefängniss (Heisswasser-Heizung mit Aspirations-Ventilation) functionirt durchweg gut, auch ist die Beschaffenheit der Luft in den Zellen und Schlafsälen durchaus zufriedenstellend.... Nicht ganz dasselbe lässt sich von der Heiz- und Ventilations-Vorrichtung (Luftheizung mit Pulsion) im II. Gefängniss sagen.... Der Heizeffect der gedachten Einrichtung ist bei ununterbrochenem Gebrauche der Ventilation nur bei normalen Witterungsverhältnissen ein ganz ausreichender; bei starkem Wind jedoch lässt derselbe Manches zu wünschen übrig, da bei der freien Lage des Gebäudes die dem Winde ausgesetzten Gebäudetheile trotz der stark arbeitenden Ventilatoren nur schwer zu heizen sind. Berücksichtigt man noch die hohen Anlage- und Unterhaltungskosten der Luftheizung mit Pulsion, so ergiebt sich die Folgerung, dass für Gefängnisse, namentlich dann, wenn dieselben frei und ungeschützt liegen, die Heisswasserheizung mit Aspiration den Vorzug verdienen möchte." Zu erwähnen ist noch, dass die Kanäle für die Luftheizung sich zuweilen als eine unvertilgbare Brutstätte für Ungeziefer erweisen, die zur wahren Plage für die Verwaltung und die Gefangenen wird.

Die künstliche Beleuchtung der Gefängnissräume — und diese muss im Winter eine ansehnliche Zeit stattfinden — verdient eine doppelte Berücksichtigung; einmal, inwiefern sie das Sehorgan der Sträflinge beeinflusst, und dann, inwiefern sie durch ihre Verbrennungsproducte zur Verschlechterung der Luft in den Detentionsräumen beiträgt. In grossen Gefängnissen wird von einer Beleuchtung mittelst Kerzenlicht oder mittelst Oel zur Zeit schon der Theuerung wegen nicht die Rede sein; sie findet fast durchgehends entweder durch Petroleum oder Leuchtgas statt. Kerzenlicht ist ausserdem nicht zu empfehlen, weil es nicht viel Licht verbreitet, ungemein leicht flackert und das Auge desshalb sehr erheblich angreift. Oel giebt eine milde, ruhige, wohlthuende Flamme und hat den grossen Vorzug, dass die Kohlensäureproduction bei seiner Verbrennung nach der Untersuchung von Zoch und Gorup-Besanez [2]) bei gleicher Lichtstärke, gleicher Brenndauer und in einem gleichen Raum am niedrigsten ist (0,1229), während sie beim Leuchtgas etwas grösser (0,1562) und beim Petroleum am grössten (0,1811) wird. In Räumen, in denen für keine ausreichende Ventilation gesorgt ist, trägt

---

1) Erläuterungen l. c. S. 37.
2) Zeitschr. für Biologie. III. 1.

eine grössere Anzahl von Petroleumflammen unzweifelhaft zu einer
sehr beträchtlichen Verschlechterung der Athmungsluft bei. Der
penetrante Geruch des Petroleums und seine nicht geringe Feuer-
gefährlichkeit machen ausserdem eine sehr saubere Behandlung der
Lampen nothwendig. Von allen Beleuchtungsarten ist für eine Gefangenanstalt das Leuchtgas die geeignetste. Die Flamme kann beliebig regulirt werden, sie flackert nicht und gewährt ein helles,
weisses und angenehmes Licht, namentlich wenn sie mit Cylinder
und Schirm, wie jede andere Lampe, versehen ist. Der Consum
von Beleuchtungsmaterial ist in jeder grossen Strafanstalt ein so
beträchtlicher, dass die eigene Fabrikation von Leuchtgas aus Mine-
ralöl, aus Paraffin u. dergl. an Orten, wo eine grosse Leuchtgasfabrika-
tion aus Steinkohlen nicht stattfindet, sich sehr wohl empfehlen würde.

Beseitigung der Abfälle.

Man weiss, dass die Hauptquelle der Verunreinigung des Bodens und von diesem aus mittelbar die unserer Wohnräume in der
Anhäufung von Unrathsmassen und ganz besonders von menschlichen
Dejectionen in dem Bauuntergrunde liegt. Wenn der Inhalt von Ab-
trittsgruben, von Kloaken und Kanälen in den Boden gelangt, so
werden die Zersetzungsproducte dieser Stoffe, wie vielfältige Erfahrung gelehrt, die Vermittelung und die Ursache zur Entstehung
von bösartigen Krankheiten. Der Zusammenhang zwischen dem Auftreten von typhösen Fiebern, von Ruhr und selbst von Cholera mit
dem Vorhandensein von Verunreinigung des Bodens ist bis zur Evidenz erwiesen, und gar häufig hat sich auch bei den in Gefangenanstalten localisirt gebliebenen Epidemien die Entstehungsursache
derselben in den mangelhaften Einrichtungen für Aufbewahrung und
Beseitigung der Unraths- und Abfallstoffe gezeigt. Aber nicht allein
Krankheiten infectiöser Natur werden durch diese Bodenverunreinigung hervorgerufen, sondern die gesammte Salubrität der Bevölkerung einer Stadt, einer Kaserne, Kranken- oder Gefangenanstalt
wird durch Verhältnisse dieser Art in bedenklicher Weise beeinflusst,
und desshalb gilt es als wohlbegründetes Erforderniss, alle unreinen
Abfallstoffe aus Haus, Küche, Wasch- und Badehaus, und ganz vornehmlich die excrementitiellen Stoffe sofort nach ihrer Deposition,
bevor ihre Zersetzung begonnen, aus dem Bereich der menschlichen
Wohnung zu schaffen.

Von den baulichen und örtlichen Verhältnissen einer Anstalt
wird es abhängen, welche Einrichtungen hier in Anwendung kommen können. Immer aber sind in jeder Strafanstalt so viel Arbeits-

kräfte disponibel und müssen disponibel sein, wenn es die Wohlfahrt der ganzen Anstaltsbevölkerung gilt, dass durch sie, bei gehöriger Ordnung und bei strengem Willen der Verwaltung, es stets gelingen kann, die angedeuteten gesundheitlichen Gefahren und Nachtheile zu verhüten. Während die unreinen Wasser aus der Küche, dem Wasch- und Badehause und aus den einzelnen Detentionsräumen durch Ab- gussröhren und Leitungsvorrichtungen ausserhalb der Anstalt geleitet werden, handelt es sich bei den menschlichen Dejectionen — Urin und Koth —, sie in geeigneter Weise zu sammeln und zu beseitigen. — Für diese Zwecke sind die Einrichtungen in Anstalten mit Ge- meinschaftshaft verschieden von denen mit Einzelhaft. In der Ge- meinschaftshaft können eine Anzahl von Gefangenen, wie es die Hausordnung in solchen Anstalten gebietet, zur bestimmten Zeit gleichzeitig dieselbe gemeinschaftliche Abtrittseinrichtung aufsuchen, während in der Einzelhaft in jeder Zelle eine solche Einrichtung vorhanden sein muss. In Anstalten mit gemeinsamer Haft empfiehlt es sich, die gemeinschaftlichen Abtrittsräume nicht in grösserer An- zahl in den verschiedenen Gefängnissabtheilungen, sondern in einem grossen Latrinenbau ausserhalb der Anstaltsräume, möglichst entfernt von den bewohnten Detentionsräumen unterzubringen. Hier können die Fäcalmassen in beweglichen Behältern, in Tonnen oder eisernen Kasten aufgesammelt und abgefahren, oder ihr Inhalt auch zur wei- teren Fortschaffung in Reservoirs, die sich ausserhalb der Anstalt befinden, gepumpt werden. Verwerflich sind auch hier die früher viel gebrauchten Senkgruben, weil, selbst wenn sie gut ausgemauert und cementirt sind, früher oder später schadhafte Stellen und Un- dichten im Mauerwerk entstehen, und durch diese eine Infiltration des Bodens mit Fäcalstoffen stattfindet. In Abtrittseinrichtungen dieser Art würde sich das Behandeln der Dejectionen mit trockener Erde nach der Methode des Moule'schen Erdclosetsystems, das sich in vielen öffentlichen Anstalten und vorzugsweise in vielen Gefängnissen in England und Indien gut bewährt hat[1]), oder auch die Verarbei- tung der Fäcalmassen in besonderen Gruben zu sogenannten Fäcal- steinen als Brennmaterial verwenden und verwerthen lassen. Der gemeinschaftliche Abtritt kann auch in sehr praktischer Weise mit einem beschränkten Wasserspülsystem[2]) versehen werden. — In den einzelnen Stationen werden für die Nacht Kübel oder Eimer zur Aufnahme der Excremente vorhanden sein müssen und ebenso für

---

1) Das Erd-, Gruben-, Eimer- und modificirte Wasser-Closet in England. Von Dr. D. Hockendahl. Kiel 1871.
2) Cfr. die Gefängnisse, l. c. S. 115.

den Tag Pissoir-Vorrichtungen in den einzelnen Arbeitsstationen.
Diese transportablen Gefässe müssen mit hermetischem Wasserverschluss und schwerem Deckel versehen sein, sie müssen täglich aufs Sorgsamste gereinigt, desinficirt und nur abwechselnd
im Gebrauch sein. Diese Eimer selbst sollen sich in kleinen Ver-
schlägen befinden, von denen aus eine ventilatorische Einrichtung
die schlechte Luft nach aussen abführt. Es versteht sich von selbst,
dass in den grossen Latrineneinrichtungen für ausreichende Luftabfuhr
gesorgt sein muss, und ebenso für sorgfältige Reinigung der ersten
Abtrittswege und für ihre Desinfection. In Anstalten mit Einzelhaft
befindet sich in jeder Zelle eine Abtrittsvorrichtung, deren Construction dort, wo kein Spülsystem vorhanden ist, sich verschiedenartig
gestaltet. In Bruchsal ist es ein einfacher gusseiserner, innen emaillirter Topf, der mit einem in einer Rinne schliessenden Deckel versehen ist und der in einer verschliessbaren Mauerluke an der Thür-
nische sich befindet. Die Ausdünstungen der Excremente werden
durch eine von der Luke aufwärts durch die Wand gehende Röhre
ins Kamin abgeführt. Der Topf selbst wird alltäglich durch ein
Thürchen vom Corridor aus von einem Sträfling fortgenommen und
gereinigt. Mehr oder minder dieselbe Construction findet sich in vielen
anderen Isolirgefängnissen; in noch anderen besteht die wesentliche
Modification, dass das hermetisch verschliessbare Nachtgeschirr, das in
der mit Ventilation versehenen Mauernische sich befindet, von dem Gefangenen jeden Morgen vor die Zellenthür nach Oeffnung derselben
gestellt, von einem Gefangenen sofort abgeholt, und in einer besonderen Zelle gereinigt wird. In der Anstalt Plötzensee sind in allen
Gefängnissbauten Spülclosets eingeführt, und zwar sind diese in dem
grössten Theile der Anstalt derartig construirt, dass die Spülung durch
den Druck des Körpers auf das Sitzbrett des in der Zelle an der Wand
freistehenden Closets durch den directen Gebrauch des Gefangenen erfolgt. Da sich aber hier, und nicht ganz ohne muthwillige, zu lange
und auch zu häufige Benutzung der Closetsitze, ein zu grosser Wasserverbrauch herausgestellt (durchschnittlich pro Closet täglich 220 Liter,
während zur ausreichenden Spülung eines solchen nur 80—100 Liter
pro Tag gehören), so ist in einer später fertiggestellten Gefängniss-
abtheilung die Closetanlage dahin abgeändert, dass die Spülung
nicht mehr durch die Gefangenen, sondern in regelmässigen Zeit-
räumen von den Gallerien der Etagen aus durch die Aufseher bewirkt wird.[1]   Vom hygienischen Gesichtspunkte ist die Spülung

---

[1] Erläuterungen, l. c. S. 52.

womöglich unmittelbar nach geschehener Dejection der Fäcalstoffe, und zwar in reichlicher Weise als die einzig zutreffende Massnahme zu erachten. Dort, wo die Fäcalien erst eine Anzahl von Stunden im Closet verbleiben, treten nicht selten üble Ausdünstungen in den Zellenraum aus, da bleiben bisweilen auch feste Kothmassen an den Wandungen der Rohrleitung haften. Desshalb sollte man da, wo das Wasser knapp zubemessen ist, lieber auf das Spülsystem verzichten und ein portatives System einführen. Wir können auch hierin dem Urtheil des Herrn Director STRENG in Nürnberg vollkommen beistimmen. „Die feststehenden Abtritte haben den Vorzug der vollständigen Geruchlosigkeit und ersparen die Arbeit des Transportes, der Erhaltung und Reinigung der Töpfe, eine Arbeit, die üble Gerüche im Gefängnisse verbreiten muss. Ohne reichlichen Wasservorrath ist aber dieses System ohne sanitäre Schäden nicht ausführbar." Sie verursachen auch mit der Zeit grosse Reparaturen ... es treten Durchtränkungen des Mauerwerks mit den bedenklichsten sanitären Folgen ein, wenn die Röhren an einzelnen Stellen sich lockern, und „im Hinblick auf die erheblichen Mehrkosten dieser Closets und auf die vielen zur Verfügung stehenden Arbeitskräfte, welche im Interesse der Reinlichkeit in Bewegung gesetzt werden können, ist das System der tragbaren Töpfe als praktischer zu empfehlen."[1])

Wir müssen hier noch einige Worte hinzufügen in Betreff des Verbleibes der Abfallstoffe in den Anstalten. Dort, wo diese sich an eine städtische allgemeine Kanalisation oder an ein allgemein eingeführtes Abfuhrsystem anschliessen kann, fällt selbstverständlich jede besondere Fürsorge nach dieser Richtung hin fort. Muss aber die Anstalt allein für sich eintreten, und ist sie, wie dies ja in den meisten grossen Anstalten der Fall ist, im Besitze eigener oder gepachteter Ländereien, so wird sie diese Stoffe in vortrefflichster Weise als Dungmittel, als Dungcompost bei dem Erdclosetsystem, als Jauchemasse bei entsprechender Verdünnung, verwerthen. Ist eine grosse Anstalt kanalisirt und mit einem allgemeinen Spülsystem versehen, so empfiehlt es sich, auf einem in der Nähe der Anstalt liegenden Terrain eine Rieselanlage zu etabliren. Selbstverständlich müssen alsdann auch Dampfkräfte vorhanden sein, die die in einem Sammelbassin zusammenfliessenden Schmutzwasser mittelst eines Pumpwerks auf das Terrain zu fördern vermögen. Dieses muss aus einem durchlässigen, trockenen, sandigen Boden bestehen, der mit Drains und

---

[1]) Das Zellengefängniss Nürnberg, l. c. S. 49 ff.

auch mit Abzugsgräben versehen ist, um etwaige überflüssige Wasser-
massen nach einer geeigneten Richtung abzuführen. Befindet sich in
der Nähe des Rieselfeldes die Brunnenanlage, die das Trinkwasser
für die Anstalt liefert, und besteht dieses lediglich aus dem Grundwasser, so ist es vor der Anlage des Rieselfeldes wünschenswerth,
genaue Kenntniss über den Stand und die Strömungsrichtung des
Grundwassers zu haben. Ebenso nothwendig ist es, das Terrain der
Anlage von Hause aus reichlich zu bemessen, und wiewohl die Bodenbeschaffenheit, die Grösse des Wasserconsums und die Einrichtung der Rieselanlage selbst die massgebenden Factoren sind, so
wird man doch gut thun, auf je 80—100 Seelen wenigstens einen
Morgen Land zu rechnen. Nur in diesem Falle wird die rationelle
Bewirthschaftung des Bodens und die Verwerthung der Sewage-
massen durch Abwechselung und Brachlegung des Bodens etc. stattfinden, und gleichzeitig eine Uebersättigung desselben vermieden
werden, die anderenfalls dahin führen muss, dass die aufgestauten
Kanalwasser in ungenügender Weise filtrirt, mit organischen Massen
überladen durch den Boden hindurchgehen und dem Grundwasser
zuströmen. Eine gute Rieselanlage wird den Vortheil gewähren,
dass auch der schlechteste Sandboden in ein blühendes, tragfähiges
Terrain umgewandelt, einen relativ reichlichen Ertrag gewährt, und
dass die Unrathsmassen in der unschädlichsten Weise als Dungstoffe
ihre Verwendung finden. Das in unmittelbarer Nähe (750 Meter)
von der Anstalt Plötzensee befindliche und in der überwiegend herrschenden Windrichtung liegende Rieselfeld hat seit seinem Bestehen
(1872) weder durch üble Ausdünstung, noch durch andere Einflüsse
auf die sanitären Verhältnisse der Beamten- oder Gefängnissbevölkerung sich in irgend einer Weise lästig, geschweige denn nachtheilig erwiesen.

Lazareth- und Badeeinrichtung.

Für die Unterbringung der erkrankten Sträflinge ist ein besonders eingerichteter Raum eine unerlässliche Bedingung. Je mehr
die Krankenabtheilung ausserhalb des Zusammenhanges mit den
Detentionsräumen der Gefangenen steht, desto besser ist es für die
Kranken und auch für die Gesunden. Von den ersteren können
Krankheiten der bedenklichsten Art auf die gesunde Bevölkerung
übertragen werden, und von letzteren gehen nur Unzukömmlichkeiten
aller Art, Complottirungen und Contraventionen mit wirklichen Kranken und noch mehr mit Simulanten aus. In grossen, gut eingerichteten Gefangen- und Strafanstalten soll daher ein besonderes, für sich

bestehendes Krankenhaus vorhanden sein. Es ist gut, wenn diese Abtheilung auf einen grösseren Belegraum, etwa 5—6 % der Gesunden berechnet ist, um einzelne Räume eine Zeit lang unbelegt stehen lassen zu können, und um zu Zeiten einer grösseren Morbidität mit den nöthigen Betten etc. versehen zu sein. Die Heizungs- und Ventilationseinrichtungen müssen hier reichlich und bequem zu handhaben sein, und vor Allem empfiehlt es sich, in den trockenen, nach der Sonnenseite belegenen Zimmern hohe und weite Fenster anzubringen, deren oberste Flügel nach innen und oben sich öffnen lassen. Auch bei reichlicher Ventilation ist der Minimalraum pro Bett hier auf 40 Cbm. Luftraum anzuschlagen. — Die einzelnen Krankenräume dürfen nicht zu gross sein; besser ist es, eine grössere Anzahl mittelgrosser Krankenzimmer zu haben, um die gleichartigen Kranken (syphilitische, äussere, innere etc.) räumlich von einander trennen zu können. Ebenso nothwendig ist es, eine Anzahl kleinerer Zimmer, Zellen, einzurichten, um Gefangene aus sanitären, aus moralischen oder polizeilichen Gründen, um Gefangene mit einer infectiösen Krankheit oder mit dem Verdacht auf eine solche isolirt zu halten. In der Krankenabtheilung der Anstalt muss ein besonderer Raum (Tobzelle) hergestellt sein, um unruhige, tobende Geisteskranke, und ein anderer, um eine Anzahl ruhiger psychisch Kranker zu verwahren, und neben oder in der Krankenabtheilung kann auch in zweckmässiger Weise ein Detentionsraum für sog. invalide Gefangene eingerichtet sein, d. h. für Gefangene, die mit chronischen inneren oder äusseren Leiden, Fehlern, Gebrechen versehen, die aus Altersschwäche, Lähmung, Blindheit, Krüppelhaftigkeit oder als Reconvalescenten nach langer Krankheit oder durch grosse Schwäche nach langer Haft arbeitsunfähig geworden, und dem Regimen der gewöhnlichen Zucht und Hausordnung nicht unterstellt bleiben können. — In Anstalten mit Einzelhaft soll grundsätzlich jeder Kranke in einer Einzelzelle, die räumlich etwas grösser sein muss als eine gewöhnliche Zelle, und die mit den nothwendigsten Utensilien zur Krankenpflege versehen ist, behandelt werden. Indessen werden auch hier einige grössere Räume unerlässlich, in welchen mehrere Kranke gemeinschaftlich behandelt werden können. Diess wird namentlich bei schweren, ernsten Krankheitsfällen nöthig, wo die Krankenwartung in der Einzelzelle sehr erschwert wird, ebenso bei chronischen Kranken, die während des langen Krankheitsverlaufes den Druck der Einsamkeit und der Verlassenheit ungemein tief und schwer empfinden, und endlich auch bei Geisteskrankheiten, für welche die Entfernung aus der Einzelhaft die erste und allernothwendigste Indication ist. — Wie die Lazarethabtheilung des Weiteren eingerichtet, mit welchen Utensilien sie ausgestattet sein soll, wie die Kranken verpflegt werden, kann an dieser Stelle übergangen werden, nur möchte noch hervorzuheben sein, dass auf dem Lazareth oder der Krankenabtheilung dem Anstaltsarzt die Aufrechterhaltung der Disciplin obliegt, und dass er hier nur dann seine Aufgabe voll und ganz lösen wird, wenn es ihm eben so wenig an humanem Sinn gegen die Kranken als an ernstem, strengem Auftreten gegen den querulirenden, berechneten Sträfling fehlt.

In jeder Straf- und Gefangenanstalt muss eine Badeeinrichtung vorhanden sein. Nicht nur, dass jeder neu eingelieferte Gefangene aus Gründen der Reinlichkeit und zum Zwecke der Desinfection gegen etwaige mitgebrachte Krankheitscontagien einer sorgfältigen Reinigung im Bade unterworfen werden muss, nicht allein, dass warme und kalte Bäder zu Heilzwecken in acuten und chronischen Krankheitsfällen sich als nothwendig erweisen, und dass sie zur Förderung der Reinlichkeit unter den mit so verschieden gearteten Arbeiten beschäftigten Sträflingen unentbehrlich werden, die Bäder sind in der Gefangenanstalt vielmehr geradezu als ein Mittel anzusehen, welches unmittelbar dazu dient, die Gesundheit der Gefangenen zu conserviren. „Der fleissige Gebrauch der warmen Bäder,“ meint BRESGEN[1]), „erhält die Reinlichkeit des Körpers, diese Stütze der Gesundheit .... er belebt und erfrischt die Haut und macht sie fähiger zu ihren natürlichen Verrichtungen, er befördert die Einsaugung und Ausdünstung, verbreitet Leben und Thätigkeit in alle Organe, erleichtert ihre Functionen, erfrischt, erneuert, reinigt und verbessert den Kreislauf der Säfte .... befördert die gehörige Assimilation der festen Theile und die Harmonie im ganzen Organismus, wodurch ihm mehr Ausdauer und Stärke verschafft wird.“ Welche vortrefflichen Wirkungen der regelmässige und nicht seltene Gebrauch von Bädern auf die Salubrität der Gefangenen zu äussern im Stande ist, zeigt die in der Anstalt Münster von FOLGER[2]) hervorgehobene Thatsache, dass seit der reichlichen Anwendung der warmen Bäder daselbst die Zahl der in das Bereich der Scrophulose gehörenden Krankheiten der Drüsen, der Schleimhäute und der Knochen, welche früher 25—30% des gesammten Krankenbestandes ausmachten, auf 2—3% vermindert worden sind. Die Wohlthat

---

1) Der Einfluss und die Bedeutung der diätetischen Hautpflege etc. Von Dr. AL. BRESGEN. Leipzig 1871. Mayer. S. 18.

2) Vierteljschrft. für gerichtl. Medicin. 1865. S. 250 ff.

eines warmen Bades sollte den Gefangenen aus den angeführten Gründen monatlich wenigstens einmal gewährt werden, und in der heissen Jahreszeit könnte bei kräftigen, wohlgenährten und noch im guten Lebensalter stehenden Gefangenen mit grösseren Vortheilen für die Erfrischung und Kräftigung des Organismus das warme Bad mit einem kalten vertauscht werden. Sowohl in der Gemeinschafts- wie in der Einzelhaft werden Wannenbäder ihrer zeitraubenden Zu- bereitung wegen, da für jedes Individuum ein besonderes Bad ein- gerichtet werden muss, und niemals mehrere Gefangene hinter ein- ander in demselben Badewasser baden sollen, in einer spärlichen Weise verabreicht werden können, und desshalb empfiehlt es sich, in den grossen Anstalten Badeeinrichtungen in Form von Brausen her- zustellen, so dass von einem Reservoir aus je nach Bedürfniss mit kaltem oder warmem Wasser ein Brause- oder Doucheapparat ge- speist, und eine grössere Anzahl von Gefangenen gleichzeitig in schneller Zeit abgebadet würden. In der nach diesem Prinzip in Münster gebrauchten Badeanstalt, wo in durch Zwischenwände ge- trennten Abtheilungen 8 Gefangene zu gleicher Zeit das Douchebad nehmen, können innerhalb 4 Stunden 280 Gefangene abgebadet sein. Badeeinrichtungen dieser Art empfiehlt BRESGEN für den Gebrauch in Kasernen, und hat PETRUSCHKY mit sehr guten Erfolgen als Mittel der Desinfection 1871 in Stettin im Lager der gefangenen Franzosen gebraucht. Auch in der Strafanstalt zu Rouen [1]) ist eine solche Badeeinrichtung, die der dortige Anstaltsarzt Prof. Dr. MERRY-DELABOST construirt, mit ungetheiltem Erfolg in Gebrauch. Innerhalb zweier Tage können hier alle Gefangene, 900—1200, gebadet sein.

Innere Einrichtung.

Beköstigung der Gefangenen.

Die Feststellung der Norm, nach welcher die Gefangenen in den Straf- und Gefangenanstalten ernährt werden, ist eine ebenso wich- tige als schwierige Aufgabe der Gefängnisshygiene. Hängt von der Ernährung des Menschen in der Freiheit mehr oder weniger die Erhaltung seiner Gesundheit ab, so ist dies in einem noch höheren Grade der Fall bei Menschen, welche unter den nachtheiligen Ein- flüssen der Gefangenschaft eine längere oder kürzere Zeit ihres Lebens zu verbringen verurtheilt sind. Fällt der staatlichen Für-

---

1) Annal. d'Hygiène publ. 1875 Janv., u. Blätter für Gefängnisskunde. Bd. X. 1876. S. 499.

sorge einerseits die Aufgabe zu, dem Gefangenen eine Verpflegung zu gewähren, vermöge welcher seine Arbeitskraft während und nach der Strafzeit erhalten bleiben kann, so ist es andererseits nicht minder die Pflicht, bei der Verpflegung der Verbrecher nicht über das minimale Mass des Nothwendigsten hinauszugehen. Wenn irgendwo, so gilt es hier, die Verpflegung nach den Prinzipien der Zweckmässigkeit und Sparsamkeit einzurichten.

Erfahrung und Wissenschaft lehren, dass der menschliche Körper seinen Bedarf an Nährstoffen zur Deckung der in seinem Organismus vor sich gehenden Lebensprocesse und der bei der Arbeitsleistung verlustig gehenden Spannkräfte in geeignetster Weise aus einem Gemisch von vegetabilischen und animalischen Nahrungsmitteln gewinnt. Während die animalischen Nahrungsmittel und hauptsächlich das Fleisch sehr viel Eiweiss enthalten, ist ihr Gehalt an Kohlenhydraten ein ausserordentlich geringer, so dass zur Deckung des ersteren bei einem Arbeiter 538 Gr. Fleisch genügen, zur Deckung der letzteren aber die ungeheure Menge von 2620 Gr. nöthig würden; und wollte ein Arbeiter seinen täglichen Bedarf an Eiweiss aus reiner Pflanzennahrung, aus Kartoffeln ziehen, so müsste er ganz excessive Mengen von ihnen geniessen. Bei der ausschliesslichen Einführung eines animalischen oder vegetabilischen Nahrungsmittels wird daher immer eine beträchtliche Menge des einen oder des anderen Nährstoffes in Ueberschuss aufgenommen. Der Werth der Nahrungsmittel für die Ernährung des Körpers hängt nicht allein von ihrer Menge, und von ihrem Gehalt an stickstoffhaltigen oder stickstofffreien Substanzen ab, sondern, wie die Versuche von v. PETTENKOFER und VOIT und ihrer Schüler erwiesen haben, hauptsächlich davon, wie diese Nährsubstanzen im Darmkanal durch den Akt der Verdauung ausgenutzt werden. Nach den von VOIT und jüngst von RUBNER[1]) angestellten Ermittelungen zeigt sich, dass bei Fleischkost die eiweissartigen Stoffe bis auf 2,8 %, im Darm resorbirt werden und die Kothmenge eine äusserst geringe ist, dass der Verlust an Stickstoff (Eiweiss) bei der Pflanzenkost dagegen immer sehr beträchtlich wird; bei reiner Reiskost werden 20,4%, bei Kartoffelkost sogar 32,2%, also ein Dritttheil des zugeführten Stickstoffes, bei gelben Rüben sogar 39 %, unausgenutzt wieder entfernt, und bei allen diesen Nahrungsmitteln werden die Kothmassen sehr voluminös und die Entleerungen sehr häufig. — Wenn in den vegetabilischen wie in den animalischen Nahrungsmit-

---

1) Ueber die Ausnutzung einiger Nahrungsmittel im Darmkanal des Menschen. Zeitschrift f. Biologie. 1879. XV. Bd. I. Hft.

teln auch dieselben Nährstoffe enthalten sind, so ist der Nährwerth
derselben doch ein ungemein verschiedener, weil das Eiweiss aus den
Hauptgruppen der animalischen Nahrungsmittel fast vollständig in
die Saftmasse des Körpers aufgenommen wird, während diess bei den
Nahrungsmitteln aus der Pflanzenwelt nur in verhältnissmässig sehr
geringer Menge stattfindet. Von diesen wird ein grosser Theil unausgenutzt, unverdaut aus dem Körper entfernt, weil die eiweissartigen
Nährstoffe in ihnen mit sehr beträchtlichen Mengen von Kohlenhydraten in Hülsen, Gehäusen aus Cellulose eingeschlossen, und desshalb den Verdauungssäften nur schwer zugänglich sind, und weil bei
dem grossen Reichthum dieser Substanzen an Stärkemehl nur ein
Theil zur Resorption gelangen kann, ein anderer Theil davon aber
sehr schnell in saure Gährung übergeht, zu häufigen Kothentlee-
rungen Veranlassung gibt, und mit diesen wiederum auch unverdaute
Massen fortgerissen werden. — Hofmann[1]) hat bei seinen Ernährungsversuchen gefunden, dass ein Mann bei einer ebenso reichlichen
Aufnahme von einer vegetabilischen Nahrung (Kartoffeln, Linsen und
Brod) nur die Hälfte des vorhandenen vegetabilischen Eiweisses zu
verdauen im Stande war (46,4 %), dass dagegen bei einer reinen
animalischen Kost, die in ihrer chemischen Zusammensetzung der
vorigen Pflanzenkost gleich war (Fleisch, Fett und etwas Weizen-
mehl), die resorbirte Eiweissmenge viel grösser (81,2 %) war. Wollte
man bei der vegetabilischen Kost eine bestimmte Eiweissmenge zur
Verdauung bringen, so müsste man das Nahrungsquantum vergrössern.
Dieses findet aber seine Grenze darin, dass „neben der grossen Ver-
schwendung von anderen werthvollen Nährstoffen der Darm die ihm
zugemuthete Last nicht überwältigen kann." — Von der Pflanzenkost müssen sehr grosse Mengen aufgenommen werden, und diese
Ueberladung der Verdauungswege führt sehr bald zu gastrischen
Störungen, zu Säurebildung, Diarrhöen und mittelbar wiederum zu
einer schlechten Chymus- und Blutbereitung, zu einer mangelhaften
Ernährung des ganzen Körpers. Bei einer ausschliesslichen vegetabilischen Kost kann der Körper andauernd eine erspriessliche Arbeit
nicht leisten, oder es geschieht diess auf Kosten seiner Organe, der
Muskeln und des abgelagerten Fettes. Anstrengende Arbeit kann
nur von kräftigen, reichlich ausgebildeten Muskeln ausgeführt werden, und diese bedürfen zu ihrer Erhaltung einer grossen Menge von
Eiweiss. „Solche bedeutenden Eiweissmengen lassen sich aber, wie
Voit meint, nicht oder wenigstens nur schwer und unter grosser

---

1) Die Bedeutung der Fleischnahrung und Fleischconserven mit Bezug auf
Preisverhältnisse etc. Von Prof. Dr. Franz Hofmann. Leipzig 1880. S. 11ff.

Belastung des Körpers durch Vegetabilien zuführen, es ist hier ein
Zusatz von dem leicht verwerthbaren Fleisch geboten, so zwar, dass
bis zu 30—50 % des nöthigen Eiweisses in dieser Form dargereicht
werden." Nur in einer aus animalischen und vegetabilischen Nahrungsmitteln bestehenden Kost assimilirt der Körper in vortheilhafter
Weise die zu seiner Erhaltung und Arbeitsleistung nothwendigen
Nährstoffe. — Ausser dem Eiweiss und den Kohlenhydraten muss in
der Nahrung des Menschen auch Fett enthalten sein. Die stickstofffreien Substanzen, wie Kohlenhydrat und Fett, werden bei der Arbeitsleistung und im Stoffwechsel durch Aufnahme von Sauerstoff
oxydirt, und durch seine leichte schnelle Oxydation bewirkt das
Fett eine verminderte Zersetzung des Eiweisses. Aus den Versuchen
von PETTENKOFER und VOIT ist erwiesen, dass zur ausreichenden
Ernährung eine viel geringere (3—4mal kleinere) Fleischmenge nothwendig ist, wenn gleichzeitig eine reichliche Fettmenge in die Säftemasse eingeführt wird. So lange Fett in der Säftemasse vorhanden
ist, wird der Verbrauch des Eiweisses in grosser Menge beschränkt.
Bei der Inanition oder der ungenügenden Ernährung wird zuerst
der Vorrath an Fett erschöpft. Die erste Erscheinung der ungenügenden Ernährung ist daher die Abmagerung, der Verlust an Fett,
und deshalb erträgt auch ein fettreicher Körper diesen Zustand länger
als ein fettarmer. Die Kohlenhydrate (Stärkemehl, Dextrin, Zucker)
können wohl durch ihre eigene Zersetzung dazu beitragen, dass der
Körper keinen Verlust an seinem Fettvorrath erleidet, sie können auf
diese Weise einen Fettersatz mittelbar begünstigen, aber doch niemals diesen direct bewirken, weil eine Ablagerung von Fett nur durch
die directe Zufuhr von Fett stattfindet. — Zu einer rationellen Ernährung ist endlich ausser der zweckmässigen Wahl und Mischung der
Nährstoffe und Nahrungsmittel noch nothwendig, dass diese durch
die Art ihrer Zubereitung dem Körper eine Anregung und Lust gewährt. Die Speise soll durch geeignete Zuthaten von Genussmitteln,
von Gewürzen unsere Esslust reizen, durch Geruch und Geschmack
die Verdauungsorgane zu gesteigerter Thätigkeit anregen. „Die Genussmittel machen die Nahrungsstoffe erst zu einer Nahrung", sagt
VOIT [1], „nur ein gewaltiger Hunger macht die Begierde so gross,
dass die Genussmittel übersehen werden, ja, dass sonst Ekelhaftes
uns angenehm erscheint." Und ebenso unentbehrlich, wie die Zubereitung, ist auch die gehörige Abwechslung in den aufzunehmenden Nahrungsmitteln. Selbst gegen eine wohlschmeckende Kost

---

1) Anforderungen der Gesundheitspfl. an die Kost in Waisenhäusern etc.
Von Prof. C. VOIT. Deutsche Vierteljschrft. f. öff. Gesundheitspfl. 1876. S. 21.

werden unsere Sinne stumpf und gleichgültig, wenn sie zu häufig gereicht wird, sie wird geradezu widerwärtig und ekelerregend, wenn sie schlecht zubereitet, und immer wiederkehrend die einzige Nahrung bildet.

Bevor wir an der Hand obiger Thatsachen an die Prüfung der Gefängnisskost gehen, wollen wir die Mengen der einzelnen Nährstoffe, die in der täglichen Ration dem Gefangenen nothwendig sind, feststellen. Man muss hier, wie VOIT mit vollem Recht hervorhebt, unterscheiden, ob der Gefangene eine Arbeit verrichten muss oder nicht, ob er eine lange oder nur eine kurze Strafzeit hat. Die Kost des Gefangenen soll nach diesem Forscher [1] quantitativ so beschaffen sein, dass bei dem Minimum an den einzelnen Nahrungsstoffen der Körper auf einem Stand erhalten werde, bei dem er ohne bleibende Schädigung seiner Gesundheit existiren kann. Der Gefangene, der ja ohnehin durch die Einflüsse der Gefangenschaft Schaden an seiner Gesundheit nimmt, soll auch in Bezug seiner Ernährung so gehalten werden, dass er nach Abbüssung der Strafe die Möglichkeit habe, sich körperlich zu restituiren. Der nicht arbeitende Gefangene braucht wenig Eiweiss in seiner Kost, besonders wenn die Haft nur eine kurze ist, und wenn er so viel stickstofffreie Nahrung erhält, dass sein Bestand an Fett nicht vermindert wird. Die eingeführte Eiweissmenge darf jedoch nicht zu gering sein, weil der Körper sonst anhaltende Verluste an Eiweiss erleidet, und weil ein völliger Ersatz alsdann nicht mehr möglich ist. Letzteres tritt um so mehr ein, je länger die Haft und je andauernder die Abnutzung an Eiweiss gewesen. „Die normalen Lebenserscheinungen sind dann nicht mehr möglich, und es treten viele Erkrankungen auf." Auch die stickstofffreien Substanzen können vermindert sein, aber nicht bis unter eine gewisse Grenze, weil „bei zu geringem Fettgehalt auch das Eiweiss in sehr grosser Menge der Zerstörung anheimfällt.... Der Hungertod tritt meist in Folge des Verschwindens des Fettes im Körper ein, während noch eine nicht unbedeutende Menge von Eiweiss zugegen ist." Der arbeitende Gefangene muss mehr Eiweiss und auch mehr stickstofffreie Substanzen erhalten, damit er seine Muskeln in gutem Ernährungszustand und auch seinen Vorrath an Fett conserviren kann. Während für den nicht arbeitenden Gefangenen 85 Gr. Eiweiss, 30 Fett und 300 Stärkemehl ausreichend sind, bedarf der arbeitende männliche Gefangene 118 Gr. Eiweiss, 56 Fett und 500 Stärkemehl. Man soll bei den Arbeitern nicht über 500 Gr. Stärkemehl hinausgehen, weil der Darm sonst zu sehr belästigt wird;

1) ibid. S. 34.

der übrige Bedarf an Kohlenstoff soll durch 56 Gr. Fett ersetzt werden.
Besser ist noch, nur gegen 350 Gr. Kohlenhydrate zu geben, und den
übrigen Bedarf in Fett als Substanz zu reichen. Da der überwiegend
grösste Theil der Gefangenen dem erwachsenen Alter angehört, und in
dem modernen Strafvollzuge jeder zu einer nicht gar zu kurzen Zeit
verurtheilte Sträfling zu einer Arbeitsleistung gezwungen oder angehalten wird, so können wir die obige Durchschnittsration, wie sie VOIT
für den mässig arbeitenden Menschen festsetzt, auch für den Bekösti-
gungstarif in unseren Gefängnissen annehmen. . Wenn Prof. BENEKE [1])
diese Forderung von VOIT als allgemeines Mittelmass in Bezug auf das
Eiweiss und die Kohlenhydrate als „reichlich hoch" gegriffen hält,
so dass es „noch fraglich sein dürfte, ob dasselbe ein für alle Mal als
feste Grundlage für die Bemessung der Kostsätze in öffentlichen Anstalten, Gefängnissen, Kasernen u. s. w. benutzt werden muss", und
wenn er diese Ansicht hauptsächlich darauf stützt, dass er bei den
Ernährungsversuchen an sich selbst (bei 62,5 Kilo Körpergewicht)
einen Bedarf von 93,5 Gr. Eiweiss, 109 Fett und 259 Kohlenhydraten
gefunden, und dass nach den Versuchen von RANKE dieser Bedarf
für ein Individuum von demselben Körpergewicht nur 84,5 Gr. Eiweiss, 84,5 Fett und 202 Kohlenhydrate erforderlich wären, so ist
daran zu erinnern, dass, wie BENEKE selbst hervorhebt, die Zusammensetzung der von Professor RANKE angewandten Nahrung durch
ihren reichlichen Gehalt an Fleisch und Fett [250 Gr. Fleisch, 70 Gr.
Eiweiss, 70 Gr. Schmalz und 30 Gr. Butter] sowie durch den sehr
geringen Gehalt an Vegetabilien [nur 400 Gr. Brod, 70 Gr. Stärke]
ausgezeichnet war. Fast dasselbe lässt sich von der Beschaffenheit
der von ihm bei seinen eigenen Versuchen aufgenommenen Nahrung
sagen, und da eine Nahrung dieser Art in besonders vortheilhafter
Weise ausgenutzt wird, so lässt sie sich gar nicht mit der Kost vergleichen, welche der Arbeiter, und noch weniger mit derjenigen,
welche der Gefangene geniesst, die meist aus Vegetabilien und Brod
besteht.

Bis vor wenigen Jahren noch war die Kost der Gefangenen
auch in den meisten deutschen Staaten eine rein vegetabilische, wenn
man von der alljährlich 4 mal an den höchsten Festtagen und an
dem Geburtstage des Landesherrn verabreichten Fleischportion von
250 Gr. absehen will. Die Kost bestand zu allermeist aus Kartoffeln,
aus Hülsenfrüchten (Linsen, Bohnen, Erbsen), und aus Kohlarten; sie

---

1) Schriften der Gesellschaft zur Beförderung der gesammten Naturwissen-
schaften zu Marburg. Zur Ernährungslehre des gesunden Menschen. Von F.
W. BENEKE, Geh. Med.-Rath und Professor in Marburg. Kay. Cassel 1878. S. 312

war mit einer ausserordentlich geringen Menge von Schmalz oder Talg
gefettet und mit etwas Suppenkraut gewürzt. Innerhalb dieser eng-
begrenzten Auswahl der Nahrungsmittel bewegte sich die dreimal täglich gereichte warme Kost, welche, des Morgens und Abends als dünne
Suppe, des Mittags als concentrirter Brei zubereitet, neben 600 Gr.
schwarzem Kleienbrod und etwas Salz die tägliche Kostration des
Gefangenen ausmachte. Diese in ihren Bestandtheilen überaus kärg-
liche und dürftige Kost war in einer nahezu naturwidrigen Weise
zubereitet. Zu den Abschreckungsmitteln des früheren Strafvollzuges
gehörte die Anschauung, dass dem Sträfling innerhalb der Strafanstalt nur Entbehrungen auferlegt werden müssten, und dass ihm in der
verabreichten Kost durchaus keine Freude, kein Genuss bereitet werden dürfe. „Im Allgemeinen", sagt selbst Julius[1]), dessen humanen
Bestrebungen die Gefängnissreform so vieles verdankt, und auf dessen
ärztliches Urtheil ein namhaftes Gewicht gelegt ward, „muss die
Nahrung in den Gefängnissen zureichend, aber nicht wohl-
schmeckend sein." Diese armselige Kost war auch nicht ohne
Wirkung auf die Gesundheit der Gefangenen geblieben. Früher oder
später traten fast ausnahmslos bei allen, wie ich noch selbst beobachtet,
eine Reihe von Störungen der Verdauungsorgane auf, die in vielen
Fällen die Ursache waren zur Entwickelung schweren Siechthums und
von Krankheiten, die zum Tode führten. Durch die fade, einförmige
und äusserst geschmacklose Bereitung dieser Kost und dadurch, dass
sie in zu geringer Abwechselung in derselben Gestalt unablässig wie-
derkehrte, war nicht selten ein solcher Widerwille und eine solche
Abneigung gegen dieselbe eingetreten, dass die Gefangenen auch beim
grössten Hungergefühl sie nicht zu geniessen im Stande waren, bei
Vielen reichte schon der Anblick und der Geruch derselben hin, Brech-
neigung und Würggefühl auszulösen.[2]) Dieser Zustand brachte es mit
sich, dass die Gefangenen zuweilen eine ansehnliche Zeit nur vom
Brode lebten, bei diesem anhaltenden Hungerzustande in excessiver
Weise abmagerten, und eine frühreife Beute für Krankheit und Tod
wurden. „Jeder, der das Leben der Gefangenen kennt und Jahre
lang zu begutachten Gelegenheit hatte," meinte der ebenso erfahrene
als einsichtsvolle Director Elvers[3]), „muss, wenn er sich noch einiges
Gefühl bewahrt hat, von Erbarmen ergriffen werden, wenn er sieht,
wie selbst der gesund und kräftig eingelieferte Gefangene schon nach
verhältnissmässig kurzer Dauer zu kränkeln anfängt, die eigenthüm-

---

1) Vorlesungen, l. c. S. 100.
2) cfr. Baer: Die Gefängnisse, l. c. S. 136 ff.
3) Allg. Deutscher Strafrechtsvertrag 1872. S. 494 ff.

9*

lich blassgraue Gesichtsfarbe annimmt, schlaff und träge wird und allmälig alle Energie des Körpers und des Geistes verliert, lauter Zeichen der schlechten Ernährung, des langsamen Verhungerns. . . ." Schon frühzeitig war der Hauptfehler dieser Kostart in dem ausschliesslichen Darreichen von Vegetabilien erkannt worden, und auch Julius hebt 1828 hervor: „Um aber für die Gefangenen zuzureichen, ist es, wie schon Howard bemerkt, nothwendig, dass sie, sc. die Kost, bei den sie niederdrückenden moralischen Ursachen reichlicher sei als bei den in Freiheit lebenden . . . Ferner muss die Nahrung zwar meist pflanzlich sein, aber nicht ausschliessend, da, wie die Erfahrung in Millbank zeigt, eine gänzliche Versagung aller Nahrung aus dem Thierreich, bei dem den Genuss der Freiheit, der besseren Luft und der Gemüthsruhe der Unschuld entbehrenden Gefangenen leicht Krankheit erzeugen und ihn sogar tödten kann. Ein- bis höchstens zweimal wöchentlich ein halbes Pfund Fleisch ist aber bei 2 Pfund Brod und 4—8 Loth Gemüse, je nachdem es getrocknet oder frisch ist, vollkommen ausreichend und daher räthlich." . . . In ganz ähnlicher Weise haben später viele von den deutschen Strafanstaltsärzten aus den verschiedensten deutschen Einzelstaaten auf die Mangelhaftigkeit dieser Kost hingewiesen, und eine Aufbesserung derselben namentlich durch Verabreichung von Fleisch verlangt. In vielen einheimischen und fremdländischen Anstalten waren nachweislich hauptsächlich durch die schlechte Verpflegung und unter anderweitig ungünstigen Verhältnissen schwere Epidemien von Scorbut, von enterischen Krankheiten aufgetreten, die zu einer Aufbesserung der Nahrung nöthigten, und die günstige Wirkung derselben auf die Hebung der Salubrität aufs Unzweideutigste zeigten. Erst in der neueren Zeit war dieser Forderung an einen gerechten Strafvollzug durch vereinzelte Aufbesserungen näher getreten worden, — und so ist auch in den preussischen Strafanstalten die Kost der Gefangenen in mannigfacher Beziehung verbessert worden. Die Gefangenen bekommen nach dem Speisungs-Etat vom Juli 1874 in den Gefangen- und Strafanstalten, die vom Ministerium des Innern ressortiren, 3 mal wöchentlich 70 Gr. frisches Rind- oder Hammelfleisch oder 60 Gr. Schweinefleisch an Stelle der etatsmässigen Fettung des Mittagsgerichts, sie bekommen täglich 625 Gr. fein geschrotetes Brod. Nach diesem Speisenetat soll namentlich viel Sorgfalt auf den Wohlgeschmack und auf die reichliche Abwechselung der Kost verwendet werden, und ist überdiess in liberalster Weise dem Arzte gestattet, auch an gesunde, arbeitende Gefangene Extrazulagen von Milch, Fleisch etc. auf bestimmte Zeit zu verordnen. Ein grosser Theil der

Mängel der früheren Sträflingskost, die ich 1871 darin gefunden hatte[1]), dass sie zu wenig animalische Substanzen enthalte, dass sie zu wenig abwechsle, dass sie zu einförmig und geschmacklos zubereitet werde, dass sie zu wenig substanzielles Fett enthalte, und zu viel in suppiger, breiiger Form verabreicht werde, ist durch diese dankenswerthe Kostreform beseitigt. Indessen ist auch der derzeitige Beköstigungsmodus in den preussischen Strafhäusern, wie in denen der meisten Anstalten der deutschen und auswärtigen Staaten durchaus noch nicht rationell zu nennen. Bei einer zweckmässigen Vertheilung der Mengen der einzelnen Nahrungsmittel nach ihrem Nähr- und nach dem schliesslichen Ausnutzungswerth lässt sich sicher eine Kost herstellen, die sich für die Ernährung der Gefangenen von einer wohlthätigeren Wirkung zeigen würde, als sie die jetzige ausübt. Setzen wir nach Voit als das tägliche Durchschnittsquantum der Nahrung für den erwachsenen und arbeitenden Gefangenen 118 Gr. Eiweiss, 56 Fett und 500 Kohlenhydraten fest, und vergleichen wir mit diesem Kostmass die in den Strafanstalten ermittelten Kostnormen, so gelangen wir zu folgenden Thatsachen.

Die Kostrationen, die nach den Angaben verschiedener Beobachter und Mittheilungen aus deutschen Anstalten der neuern und jüngsten Zeit etatsmässig verabreicht werden[2]), enthalten beispielsweise in:

	Eiweiss	Fett	Kohlenhydrate
Nürnberg (Zellengefängniss)	112 Gr.	34	525
München (Zuchthaus, arbeitend)	104 „	38	521
München (Gefängn. in d. Badstr., nicht arbeit.)	87 „	22	305
Waldheim	106 „	15,2	676
Bruchsal	121 „	27	599
Plötzensee[3])	117 „	32	597
Preussische Zuchthäuser (mit anstreng. Arb.)	140 „	35	736
Brandenburg a, H. (Kreisgerichts - Gefängniss)	109 „	34	574

Wenn wir obige Kostsätze überschauen, so können wir bei fast allen als fehlerhaft bezeichnen, dass sie zu viel Kohlenhydrate enthalten, dass sie zu arm an Fett, und dass ihr Eiweissgehalt zu gering sei, namentlich mit Rücksicht darauf, dass dieses zu allermeist aus dem Brod und den anderen Vegetabilien gewonnen werden müsse. — Für die Gefängnisse in München findet Dr. Ad.

1) Die Gefängnisse, l. c. S. 135.

2) cfr. Ueber die Kost in zwei Gefängnissen. Von Dr. Ad. Schuster und Professor Voit's Untersuchung der Kost. München 1877, l. c. S. 142 ff.

3) Dieser Tarif gilt nicht, wie Schuster irrthümlich angiebt, von den preussischen Strafanstalten, sondern von der Anstalt Plötzensee.

SCHUSTER in seiner vortrefflichen Arbeit [1]), dass ein herabgekom-
mener Körper mit 104 Gr. Eiweiss auf die Dauer möglicher Weise
ausreichen kann, aber der Organismus ist viel weniger leistungsfähig
und setzt krankmachenden Einflüssen einen geringeren Widerstand
entgegen. „Die Darreichung von so viel Eiweiss, als ein Organismus beim Hunger zersetzt, ist nach VOIT ungenügend und führt zum
Tode, mag nun dasselbe allein oder mit beliebig viel stickstofffreier
Substanz gegeben werden." Die relativ ausreichende Menge Eiweiss
wird ungenügend, wenn sie in ungeeigneter Form verabreicht wird,
wenn sie in den Kartoffeln, im Brod etc. nicht ausgenutzt wird. Wie
mit dem Eiweiss verhält es sich mit dem Fett. Dieses ist überall
in viel zu geringer Menge in der Nahrung vorhanden. „Die Bedeutung des Fettes", meint SCHUSTER, „tritt namentlich bei den Gefangenen hervor, welche nur die geringste Menge von Eiweiss in
ihrer Kost bekommen. Es ist ganz ungemein wichtig, darauf zu
achten, dass die Gefangenen auf einer leidlichen Fettmenge in ihrem
Körper erhalten werden; ein Organismus, welcher durch ungenügende
Zufuhr der stickstofffreien Substanzen an Fett arm wird, zersetzt auch
mehr Eiweiss als ein an Fett reicherer, und es tritt nach und nach
äusserste Abmagerung, ein Verschwinden des Fettes in den Muskeln
auf." Welche ominöse Bedeutung der Verlust des Fettvorrathes des
eigenen Körpers für den Gefangenen hat, weiss jeder Gefängnissarzt
und jeder Gefängnissbeamter aus der täglichen Erfahrung. Mit dem
Schwinden des Fettes geht gewöhnlich ein rapides Sinken der Körperkräfte einher, die Muskulatur verliert ihren Umfang und ihre Kraft,
und der abgezehrte Gefangene verfällt früher oder später einer verderblichen Krankheit. Prof. FELIX in Bukarest bringt das häufige en-
demische Vorkommen von Scorbut in den rumänischen Gefängnissen
gerade in der langen und streng gehaltenen Fastenzeit mit dem
Mangel an Fettgenuss in engsten Zusammenhang. — Die Kost in
den sächsischen und preussischen Gefängnissen hat viel zu viel Kohlenhydrate, viel zu wenig Fett, und da hier meist Vegetabilien, sehr
viel Kartoffeln und Brod genossen werden, so ist auch hier die Ausnutzung der Nahrung eine unvollständige, und darum wird die Ernährung mit der Länge der Strafzeit eine zweifellos ungeeignete.
HOFFMANN [2]) macht besonders darauf aufmerksam, dass die Gefangenen mit den Vegetabilien eine ungeheuere Masse (80 %) Wasser
geniessen, und dass die Haupternährung unzweifelhaft durch das Brod
erfolgt. „Von 100 trockenen Nährstoffen sind 57 % im Brode und

---

1) Untersuchungen der Kost etc., l. c. S. 151.
2) Die Bedeutung der Fleischnahrung etc. S. 33.

43 % in sämmtlichen übrigen Speisen; von 100 Eiweiss der Nahrung
werden 61,3 % im Brode und nur 38,7 % in den anderen Speisen
verzehrt." — Die Beköstigung in Bruchsal hat den grossen Vorzug,
dass sie im Gegensatz zu den anderen erwähnten Beköstigungsarten
relativ wenig Kartoffeln und mehr Fleisch enthält. Sie ist nach
Schuster's Urtheil die beste unter den deutschen Gefängnissen, nur
könnte man auch hier einen Zusatz von Fett wünschen. — Die Kost
in den baierischen Strafanstalten hat nach den ausserordentlich ver-
dienstvollen Nachweisungen von Voit, Schuster u. a. nicht unbe-
trächtliche Mängel. Auch hier ist überall ein Ueberfluss von Vegetabilien. Die Gefangenen müssen ihren Eiweissbedarf hauptsächlich
aus Brod und Kartoffeln holen. Die Untersuchungen von Schuster
haben dargelegt, dass die Gefangenen des Zuchthauses in der Au
(München) bei 104 Gr. Eiweiss täglich ungleich schlechter genährt
werden als die Untersuchungsgefangenen in der Badstrasse, die nur
87 Gr. erhalten. Erstere bekommen meist Vegetabilien und nutzen
davon nur 78 Gr. aus, während bei letzteren mehr animalische Nahrung und eine bessere Ausnutzung vorhanden ist. In dem Zellengefängnisse Nürnberg erhalten die Gefangenen 112 Gr. Eiweiss, 34
Fett und 525 Kohlenhydrate. Dies ist nach Schuster in allen Nahrungsstoffen weniger als in Plötzensee, an Eiweiss und Kohlenhydraten weniger als in Bruchsal, in ersterem erhalten die Gefangenen
allwöchentlich 210 Gr. Fleisch, in Bruchsal 437 und in Nürnberg
nur 140. In Nürnberg wird etwas mehr Brod, aber weniger an
Leguminosen und Kartoffeln gegeben als in Plötzensee. Angesichts
dieser thatsächlichen Beschaffenheit der Gefangenkost in den baierischen Anstalten ist es zu verwundern, dass Herr Dr. Döderlein [1]),
der Sanitätsbeamte der Anstalt Nürnberg, in fast feierlicher Form
gegen jeden Gedanken an eine Aufbesserung derselben Verwahrung
einlegen zu müssen glaubt, wenn er meint: „Eine Aufbesserung der
Gefangenkost, wie sie in den baierischen Strafanstalten eingeführt
ist, halte ich nicht nur nicht für geboten, sondern ich müsste jeden
derartigen Versuch als einen Missgriff bezeichnen."

Will man die Gefängnisskost in rationeller Weise umgestalten,
so muss man, wie dies auch Voit, Schuster, Hoffmann u. a. für
nothwendig erklären, nicht die Quantität der jetzt bestehenden, etati-
sirten Kostsätze vermehren, sondern die Qualität der einzelnen Nährstoffe anders gestalten. Man muss die überschüssigen und unausnutz-
baren Mengen der Kohlenhydrate und da, wo die Brodration eine

---

1) Das Zellengefängniss Nürnberg, 1. c. S. 114.

sehr grosse ist, auch diese reduciren, und dafür mehr leicht verdauliche Mengen animalischer Substanzen, insbesondere Fleisch und Käse, substituiren; man muss mehr substanzielles Fett der Speisung zusetzen, und diese selbst in mehr concentrirter, wenn möglich fester Form, nicht immer in der wasserreichen Suppen- und Breigestalt herstellen. Auf die nachtheilige Wirkung dieser wässerigen Nahrungsform auf die Verdauung haben ältere und neuere Gefängnissärzte, namentlich in England (Dr. Lee, Baly u. a.) hingewiesen; Hoffmann und Schuster schreiben diesem Zustande das charakteristisch aufgedunsene und schwammige Aussehen der Gefangenen zu. „Der Wasserreichthum der Gewebe im Körper der Gefangenen ist nach Letzterem schon beim Anblick derselben ersichtlich. Es rühren das erdfahle, gedunsene Aussehen dieser Leute, die blassen Schleimhäute derselben wohl zum grossen Theil von ihrem Wasserreichthum her. Mögen auch andere üble Einflüsse der Haft das ihrige beitragen, um dieses krankhafte Aussehen hervorzubringen, so trägt meiner Ueberzeugung nach doch die mangelhafte Ernährungsweise die Hauptschuld daran." Neben der Aufbesserung des Nährwerthes der Gefangenkost ist nicht minder wichtig, dass diese in den Strafanstalten möglichst viel abwechsele und möglichst schmackhaft zubereitet werde. —

Aber auch wenn die allgemeine Kost in den Gefangenanstalten in dem angedeuteten Sinne aufgebessert ist, wird sie immerhin noch keine geeignete Beköstigung abgeben für alle Kategorien von Gefangenen. Sie wird für den allergrössten Theil der Gefangenen wohl ausreichen, aber nicht für diejenigen, deren Verdauungsthätigkeit durch die immerhin noch überreich stärkemehlhaltige Nahrung geschwächt und krankhaft verändert ist, oder auch nicht für solche Gefangene, die nach einer längeren Strafzeit in der Ernährung heruntergekommen, für solche, die im vorgerückten Lebensalter stehen, und ebenso wenig für kränkliche und schwächliche Individuen, für Reconvalescenten etc. Für alle diese Gefangenen wird eine leichter verdauliche, nahrhaftere, mehr roborirende Kost für eine längere oder kürzere Zeit nothwendig, eine Kost, die schon Varrentrapp als eine Mitteldiät zwischen Lazarethkost und Gesundenkost für nothwendig befunden, und die auch ich als ein ausserordentliches Bedürfniss kennen gelernt. Diese Kostnorm hat neben ihrem diätetischen Werth auch den grossen Vorzug, dass sie auch in Betreff der Beköstigung den im modernen Strafvollzug zu so gerechter Anerkennung gelangten Grundsatz des Individualisirens einführen, und ihm auch gerecht werden kann. Und diesem Princip der Individualisirung entspricht in bester Weise eine Kostform, wie sie seit mehreren Jahren in der Anstalt Plötzensee

eingeführt ist, und die zum nicht kleinsten Theile zu den vorzüglichen Salubritätsverhältnissen dieser Anstalt beiträgt. In der Anstalt
Plötzensee haben wir eine Gesundenkost, welche schmackhaft zubereitet ist, dreimal wöchentlich mit 70 Gr. Fleisch verkocht wird[1]) und
bei welcher auf reichliche Abwechselung und richtige Mischung der
Consumtibilien gesehen wird, und ausserdem eine Kost für bettläge-
rige, im Lazareth befindliche Kranke. Zu der ersteren Kost können
Gefangene, wenn eine ärztliche Indication vorliegt, an den fleisch-
freien Tagen eine Extrazulage von 125 Gr. Fleisch oder ½ Liter
Milch, eventuell beides zugleich, erhalten. Ist die Verdauung oder
der Ernährungszustand des Gefangenen derartig, dass er Leguminosen etc. nicht vertragen kann, oder dass er einer mehr nahrhaften,
roborirenden Kost bedarf, so erhält er an den Tagen, an denen die
gewöhnliche Kost kein Fleisch enthält, die sogenannte Mittelkost.
Diese besteht aus einer Suppe (Bouillon mit Gries, Reis, Nudeln etc.),
Gemüse (Rüben, Kohlrabi, Bratkartoffeln, Erbsen etc.) und Fleisch
(Braten, Beefsteaks etc.). Zu dieser Mittelkost kann der Gefangene,
wenn nöthig, noch täglich ½ Liter Milch bekommen, so dass er
ausser dieser täglich eine gut bereitete Fleischkost erhält (dreimal
wöchentlich à 70 und viermal à 150 Gr.).

Wir können uns nicht versagen, in folgender Tabelle die Zahlen
der in der Anstalt Plötzensee in den 7 Jahren (1873—80) vorgekommenen Erkrankungs- (Lazareth) und Sterbefälle, die Zahlen der ver-

Jahr.	Tägliche Durch-schnittszahl der Ge-fangenen.			Zahl der eines natürlichen Todes Verstorbenen.		Zahl der an Gefangene verabreichten		Zahl der inneren Krankheiten überhaupt		
	Gesunde.	Kranke.	Procent.	in Summa.	in Procent der Durchschnitts-bevölkerung.	Kostanfbesse-rung. Milch, Fleisch.	Mittelkost.	überhaupt.	Verdauungssyst.	
									überhaupt.	in Procent.
1873	526	9	1,71	5	0,95	351	—	200	59	29,5
1874	839	13	1,55	7	0,83	691	—	355	88	24,8
1875	910	16	1,75	2	0,21	1153	—	332	75	22,8
1876	1112	19	1,73	10	0,89	940	527	368	67	18,2
1877	1393	19	1,39	16	1,14	1063	851	455	21	4,1
1878	1470	27	1,83	15	1,02	1084	797	442	62	14,0
1879	1245	15	1,15	19	1,52	888	826	310	44	14,2

1) Ich muss hier ganz besonders hervorheben, dass in Plötzensee die gewöhnliche Gesundenkost, die für alle Gefangene ohne Ausnahme bestimmt ist,

abreichten Aufbesserungen der gewöhnlichen Kost und der soge-
nannten Mittelkost — die in ihrer Vollständigkeit seit 1876 in der
Anstalt eingeführt ist — und auch die Zahlen der vorgekommenen
Verdauungskrankheiten (Lazareth) zusammenzustellen.

Wir sehen, wie unter der Zahl der inneren Krankheiten die der
gastrischen Sphäre immer mehr verschwinden, je mehr die Kost im
Allgemeinen rationeller und je reicher an animalischen Substanzen sie
den bedürftigen Individuen gewährt wird. Wir sehen, wie günstig
die Zahl der Kranken- und Todesfälle ist, obschon die Anstalt ihre
Insassen der allergrössten Mehrheit nach aus dem physisch und
moralisch verkommensten Theil der Bevölkerung der Hauptstadt
erhält, ein Moment, das gewiss dasjenige aufwiegt, dass unsere Gefangenen nicht durchgehends lange Strafen zu verbüssen haben; und
wenn wir auch weit davon entfernt sind, der Beköstigung allein diese
günstigen Salubritätsverhältnisse zuzuschreiben, so entfällt doch auf
jene nicht der kleinste Theil dieser sanitären Ergebnisse. Wir halten
die Beköstigung in unserer Anstalt auch insoweit für vollkommen rationell, als bei ihr auf den jeweiligen Gesundheitszustand des Gefangenen
gerechte und billige Rücksicht genommen werden kann, auf seinen
Bedarf an Ernährungsmaterial nach Arbeit, Strafzeit, Alter u. s. w.
Nur bei dieser Kostreform ist es möglich, den Körper der Gefangenen auf einem Stadium zu erhalten, bei dem er, wie VOIT will,
ohne bleibende Schädigung seiner Gesundheit existiren kann, weil
diese Mittelkost, wenn auch nur zeitweise, aber schon frühzeitig
gegeben, das zuverlässigste Prophylacticum bildet gegen die Quelle
so vielen Siechthums, das in den Straf- und Gefangenanstalten die
Morbidität und Mortalität so abnorm macht.

Wir können unsere Bemerkungen über die Beköstigungen der
Gefangenen nicht schliessen, ohne noch anzuführen, dass die im
obigen Sinne verstandene rationelle Gefängnisskost durchaus nicht
über die Grenze des zur Erhaltung der Gesundheit und der Arbeitskraft der Gefangenen minimal Nothwendigen hinausgeht, und dass
sie — das wird sich schon aus finanziellen Gründen verbieten —
niemals so viel Verlockendes haben wird, dass sie wesentlich dazu
beitragen könnte, den entlassenen Gefangenen zum Rückfall zu bewegen. Wir befinden uns auch hier im vollen Gegensatz zu der
Schlussfolgerung des Herrn Dr. DÖDERLEIN,[1] wenn er meint: „Wenn

---

dreimal wöchentlich 70 Gr. Fleisch enthält, und dass die Extra-Fleischzulage.
sowie die eigentliche Mittelkost an denjenigen Tagen, an welchen die gewöhnliche Kost kein Fleisch enthält, verabreicht wird, eine Thatsache, die vielfach
irrthümlich übersehen ist. 1) l. c. S. 144.

das Strafhaus schon jetzt sich für manchen Gefangenen in ein Asyl gegen die Noth des Lebens verwandelt, so ist ein unabweisliches Gebot der Politik, seine Anziehungskraft nicht noch durch Verbesserung der Ernährungsweise zu erhöhen." Wäre es nach dieser Anschauung nicht gerathen, noch einen Schritt weiter zu gehen, und dem Strafhause lieber jede Anziehungskraft zu benehmen dadurch, dass man den Gefangenen überhaupt beständig unter die Zuchtruthe des Hungers stellt, dass man ihm auch die jetzige Beköstigung noch erheblich einschränkt, weil selbst diese Kost für viele Arme und Elende noch eine Anziehung haben kann? Wir wissen, dass auch unter dem grausamsten Stock- und Hungerregimen die Rückfälligkeit der Verbrecher nicht verhütet wird, und sind der Meinung, dass ein Mensch, welcher durch die Aussicht auf eine Verpflegung im Strafhause sich zum Begehen eines Verbrechens verleiten lässt, durch seine Existenz in der Freiheit der Sicherheit der menschlichen und bürgerlichen Gesellschaft so vielen Schaden zufügt, dass er im Strafhause am besten aufgehoben ist. Wer in der zweckmässigen Beköstigung der Gefangenen im Zucht- und Strafhause einen wesentlichen Factor der Zunahme der Rückfälligkeit sieht, der wird freilich kein besseres Mittel finden, diesem schweren Uebel, das in allen Culturstaaten der modernen Welt in fast gleicher Weise auftritt, entgegenzutreten, als in einer reichlichen Hungerkost. Wir sind jedoch der Meinung, dass keine Freiheitsstrafe, auch nicht die allerhärteste, sich in eine Todesstrafe oder in ein unabwendbares Siechthum umgestalten darf durch die Unterlassung oder das Hinzuthun der staatlichen Verwaltung — und das geschieht, wenn der Gefangene durch unpassende Ernährung dem langsamen Verhungern preisgegeben wird.

Das Brod.

Wir haben schon gesehen, welche grosse Rolle das Brod in der Ernährung der Gefangenen spielt; es enthält eine Menge der wichtigsten Nährstoffe, auf deren Verwerthung und Ausnutzung sie angewiesen sind. Das Brod ist das einzige Nahrungsmittel, das der Gefangene ohne Ueberdruss geniesst, und wenn er von der anderen Kost Nichts zu sich nimmt, ist dieses thatsächlich noch das einzige, das ihm die nothwendigen Nährstoffe liefert. Es ist desshalb von ungemeiner Bedeutung, dass dieses wichtige Nahrungsmittel dem Gefangenen in ausreichender Quantität und in zweckmässiger Qualität gewährt werde. Die Brodfütterungsversuche von Voit, Meyer [1]

---

[1] Ernährungsversuche mit Brod etc. Von G. Meyer. Zeitschr. f. Biologie. VII. Bd. 1. Heft.

und RUBNER [1]) haben gezeigt, dass nach Brodnahrung sehr viele und
wässerige Entleerungen folgen, dass von den Nährstoffen desselben
sehr viele ungenutzt den Darm verlassen, dass man ungeheure Mengen davon geniessen muss, wenn der Körper nicht an seinem Ei-
weissvorrath anhaltende Einbusse erleiden soll. Die Ausnutzung des
Brodes hängt aber im Wesentlichen davon ab, wie viel dasselbe von
der unverdaulichen Cellulose enthält. Von dem lockeren, von den
Verdauungssäften leicht durchdringbaren Weissbrod, das sehr wenig
Cellulose enthält, wird 94.4 % der Trockensubstanz, von dem schwarzen Kleienbrod hingegen erheblich weniger ausgenutzt, die compacte
Masse setzt dem Eindringen der Verdauungssäfte viele Hindernisse
entgegen, es bleibt lange im Magen und hat in Folge einer sich bildenden freien Säure häufige und dünne Entleerungen zur Folge. Wenn
die Kleie auch viele Nahrung enthält (20 % vom ganzen Korn) und
für die Ernährung von grossem Werthe sein müsste, so scheint doch
nach DONDERS, dass diese stickstoffhaltigen Stoffe im Darm des Menschen nicht verwerthet werden, und thatsächlich haben sie noch den
Nachtheil, dass die unverhältnissmässig grossen Kothmengen viele
assimilirbare Theile mit fortreissen. In der neueren Zeit hat man
desshalb auch bei der Verpflegung in den Strafanstalten ein feineres
Roggenbrod zum grossen Vortheile der Gefangenen eingeführt. In den
preussischen Zuchthäusern wird dies vorschriftsmässig so bewirkt, dass
von 50 Kilo Roggen nach Absonderung von 15 % Kleie und 3 % Mühlen-
abgang 114—115 Pfund Brod hergestellt werden. Die Menge dieses
Brodes, das erst am 4. Tage zur Vertheilung gelangt, beträgt für den
männlichen gesunden Gefangenen 625 Gr. (der Arrestant erhält ohne
weitere warme Kost 1000 Gr.), für die weibliche Gefangene 450
(Arrestant 750), eine Menge, die in vielen Fällen, vornehmlich bei
den männlichen Gefangenen — da die schwer arbeitenden noch eine
Brodzulage erhalten — eher zu gross als zu klein ist. Für schwächliche Gefangene und selbstverständlich für Kranke kann anstatt des
Roggenbrodes Weizenbrod oder Semmel gewährt werden. Viele gesunde Gefangene ziehen es der Abwechselung wegen vor, sich Semmel anstatt des Schwarzbrodes zu erbitten, gar nicht selten zu ihrem
baldigen Bedauern, weil die Semmel zu schnell resorbirt wird, den
Magen zu wenig füllt und in ihnen das Gefühl von Leerheit, von
Hunger hervorbringt.

Das Wasser.

Im Leben des Gefangenen ist das Wasser von grosser Bedeu-

[1]) Ueber die Ausnutzung einiger Nahrungsmittel etc., ibid. XV. Bd. (1879)
1. Heft.

tung; dieses ist das einzige Getränk, das er geniesst, und auch dem schwersten Verbrecher sollte ein gesundes Trinkwasser in beliebiger Menge zur Verfügung stehen. Es kann hier nicht der Ort sein, die Beschaffenheit eines guten Trinkwassers anzugeben, seine physikalischen wie chemischen Eigenschaften auseinanderzusetzen. Es genügt darauf hinzuweisen, wie sehr durch Verunreinigung des Trinkwassers die Bevölkerungen localer Districte von schweren Erkrankungen epi- und endemischer Natur heimgesucht werden, und wie schwierig es ist, einmal verschlechtertes Wasser auf künstliche Weise zu einem gesunden umzugestalten. Es sollte daher die erste Pflicht einer fürsorglichen Verwaltung sein, bei der Errichtung einer Gefangenanstalt zu allererst nach der Quelle des Trinkwassers zu suchen und sich zu vergewissern, dass das entstammende Wasser in Bezug auf die Menge ebenso reichlich, als es gesundheitlich tadellos ist.

Die Bekleidung.

In den grösseren Straf- und Gefangenanstalten werden alle Gefangene in gleichmässiger Weise gekleidet, und zu bestimmten Terminen wird je nach der Jahreszeit der Wechsel der Kleidung vorgenommen. Auch bei der Bekleidung sollte nach mancher Richtung hin mehr Rücksicht auf die individuellen Bedürfnisse des Einzelnen genommen werden. Der altersschwache, armselig genährte, der kränkliche und blutleere, heruntergekommene Sträfling muss gegen die Einflüsse der Witterung besser geschützt sein als der vollsaftige, muskelstarke und kräftige. Und wenn die Hausordnung die Gesammtheit der Gefangenen im Auge hat und ihre Anordnung generell zu treffen berufen ist — so muss die ärztliche Fürsorge die Ausnahme constatiren und für den Einzelfall eintreten. Ueberall sollte es dem ärztlichen Beamten zur Pflicht gemacht sein, auch hinsichtlich des Bedürfnisses einer geeigneten wärmeren Kleidung (Unterkleider, Fussbekleidung etc.) die Individualität entsprechend zu schützen. — Ganz besonders sollte bei der Einlieferung des Gefangenen auf dessen bisherige Gewohnheit und Eigenheit in Bezug auf seine Kleidung, soweit es angeht, schonend geachtet werden. Man sollte dem Gefangenen das wollene Hemde, die Unterjacke, an welche er Jahre lang gewöhnt ist, wenigstens in der ersten Zeit lassen, bis er sich dem Leben in der Gefangenschaft angepasst. Wie leicht entsteht bei dieser brüsken Entwöhnungscur ein rheumatisches Leiden, ganz besonders aber ein Katarrh der Luftwege, der für die ganze Zukunft des Gefangenen verhängnissvoll wird — Die Kleidung soll aus gesundheitlichen Gründen dem Gefangenen bequem sitzen, die

Organe der Bauch- und Brusthöhle nicht zusammendrücken; sie müssen häufig gereinigt werden, und stets sollen die mitgebrachten Kleidungsstücke purificirt und desinficirt werden.

Das Lager.

Das Schlafen auf der Pritsche oder auf den blossen harten Brettern ist nicht nur eine Strafe desshalb, weil die ruhenden Theile empfindlich gedrückt werden, sondern weil der Mangel der schützenden Bettwärme sich hier sehr bald gesundheitsnachtheilig erweist. „Im nächtlichen Schlaf und bei der völligen körperlichen Ruhe sinkt der Stoffwechsel sehr beträchtlich herab,[1]) der Körper producirt weniger Wärme und nur durch die schlechte Leitung der Bettstoffe, durch die sich anhäufende Bettwärme wird bei dem ganzen Stoffumsatz der periphere Kreislauf auf einer bestimmten Höhe erhalten, und hierdurch findet wiederum eine Entlastung der inneren Organe statt, so dass das Bett ein höchst wichtiger Apparat für unseren Wärme- und Bluthaushalt wird." Lässt man kurzzeitige Gefangene, wie das mannigfach üblich ist, auf harten Brettern schlafen, so ist das eine bedeutende Verschärfung der Strafe, denn „wer mehrere Tage hinter einander in keinem Bett schlafen kann, der ruht nicht blos schlecht aus, sondern er erleidet nicht selten namhafte Störungen in seiner Wärme-Oekonomie oder den Kreislaufserscheinungen." Jeder Gefangene soll ein Bett, und zwar aus sanitären und moralischen Gründen für sich allein haben. Die Bettstellen sind am besten aus Eisen, weil dieses noch den besten Schutz gegen Ungeziefer bietet. Das Bett selbst muss, um ein bequemes Lager zu bieten, wenigstens 6 F. lang und 2½ F. breit sein. Als Lager selbst können ein gut gestopfter Strohsack, der selbstverständlich zu gewissen Zeiten mit frischem Stroh versehen werden muss, nebst Polsterkissen und 1—3 wollene Decken dienen. Man hat lediglich aus Ersparnissgründen, weil die Strohfüllung relativ theurer und das Material sehr schnell abgenutzt und ganz unbrauchbar ist, Matratzen auch für Gefängnisse eingeführt. Als Füllungsmaterial empfiehlt sich hierzu das Seegras in sehr geeigneter Weise, weil es immer wieder brauchbar wird, und gegen die Einnistung von Ungeziefer eine gewisse Immunität zu haben scheint. In den Anstalten mit Gemeinschaftshaft verdienen die grossen Schlafsäle eine mehrfache Beachtung. In vielen Anstalten sind diese, zuweilen 80—100 Betten enthaltend, direct unter dem Dache der Anstaltsgebäude untergebracht. Die Gefan-

---

1) cfr. v. Pettenkofer in Beziehung der Luft zur Kleidung etc. etc. 1872. l. c. 34.

fangenen leiden hier unter der Gluth der Sonne zur Sommerszeit ebenso viel wie unter der eisigen Kälte des Winters. In jedem gemeinschaftlichen Schlafsaal, in welchem eine ansehnliche Anzahl von Gefangenen wenigstens 8 bis 9 Stunden hintereinander eingesperrt sind, ist die Athmungsluft in einer unbeschreiblichen Weise verpestet — und hier ist auch der Ort der unaussprechlichsten widernatürlichen Unzucht und Obscönität, die den Gefangenen an Leib und Seele verderben. Ersterem Uebelstande kann nur dadurch abgeholfen werden, dass die Schlafsäle im Winter ein wenig beheizt, und dass für Luftventilation gesorgt wird. Letzterem Uebel können Verbote und Wachtpersonal nicht abhelfen, hier ist das einzig sichere Mittel, eine wirklich materielle Trennung der Gefangenen herbeizuführen, und hierzu eignen sich entweder kleine Schlafzellen, wie sie im AUBURN'schen Strafsystem vorgeschrieben und in vielen Anstalten vorhanden sind (Halle, Insterburg etc.), oder da, wo solche Zellen nicht vorhanden sind, die Construction von Isolirschlafzellen in den grossen gemeinschaftlichen Schlafsälen. In der Anstalt Plötzensee[1]) sind in einzelnen grossen Schlafsälen 30 — 40 Betten in solchen Isolirschlafzellen aufgestellt; diese letzteren werden durch feste Seiten- und Rückwände von Holz, oder auch von Eisenblech, 2,6 Met. hoch, gebildet und bestehen die Decken und die Thürwand aus Drahtgitter. Jede Isolirschlafzelle hat eine Länge von 2 und eine Höhe von 1 Met. und sind sie in Gruppen so zusammengestellt, dass sie von allen Seiten umgangen werden können. Der Gefangene wird des Abends in diesen Isolirräumen, in dem sein Bett und andere Utensilien sich befinden, eingeschlossen und ist der Contact der Gefangenen unmöglich gemacht. (Aehnliche und erprobte Constructionen von Isolirschlafzellen aus Eisen sind in Hannover und Belgien im Gebrauch; die Schlafzelle kostet ca. 75 Mk.). Da die Schlafsäle sehr hoch und geräumig, ausserdem durch brennende Gasroste in weiten Schachtröhren in vorzüglicher Weise ventilirt sind, so sind die Uebelstände des gemeinschaftlichen Schlafsaales hier auf das geringste Mass reducirt.

Bewegung im Freien.

In den Gefängnissen der neueren Zeit gilt es, und mit vollem Rechte, als eine unbedingte Nothwendigkeit, den Gefangenen täglich auf dem Spazierhof sich während einer gewissen Zeit ergehen und die frische Luft geniessen zu lassen. Der Spaziergang in freier Luft ist ein vortreffliches Mittel, um die nachtheilige Wirkung des Aufenthaltes in geschlossenen Räumen etwas zu mildern, um in der

---

[1]) Erläuterungen l. c. S. 20.

sitzenden Beschäftigung eine Ruhepause eintreten zu lassen, um Körper und Geist durch Bewegung in freier Luft zu erfrischen und zu beleben. In den Anstalten mit gemeinsamer Haft sind es grosse Höfe, freie Plätze, auf denen die Gefangenen ihren täglichen Spaziergang machen. Früher war es Vorschrift, dass die Gefangenen zu zweien oder mehreren neben- und in einer bestimmten Entfernung hintereinander, im sogenannten Gänsemarsch, ohne ein Wort miteinander wechseln zu dürfen, sich herumbewegen mussten. Dieser monotone und sinnlose Bewegungsmechanismus brachte es zu Wege, dass der Spaziergang für die Gefangenen mehr eine Qual als eine Erholung war; in der neueren Zeit hat eine verständigere Einsicht dieses widersinnige Verfahren beseitigt, und es ist dem Gefangenen überlassen, in seiner Erholungszeit sich frei und beliebig zu bewegen. — In den Anstalten mit Einzelhaft sind kleine, radienartig angelegte Einzelspazierhöfe angebracht, in welchen die Sträflinge sich ergehen. Diese Spazierhöfchen sind an einer Seite überdacht, um auch bei schlechter Witterung die Bewegung in freier Luft möglich zu machen. Auch sind in vielen Anstalten auf diesen immerhin räumlich beschränkten Spazierhöfen Turngeräthe, Reck oder Barren angebracht, um durch eine intensive Bewegung den Stoffwechsel, Respiration und Circulation anzuregen. In den Anstalten für jugendliche Gefangene bilden die gymnastischen Uebungen einen sehr wesentlichen Bestandtheil der Erziehung dieser meist auch physisch verwahrlosten und zurückgebliebenen Individuen. Aber auch in den Anstalten für erwachsene Gefangene, sowohl in Gemeinschafts- als in Einzelhaft, sollten Leibesübungen und wegen der leichten Ausführung insbesondere solche nach Art des schwedischen Systems in methodischer Weise zur Kräftigung einzelner Muskelgruppen und des gesammten vegetabilen Lebens Verwerthung finden. Durch eine geeignete methodische Kräftigung der Function der Brustmuskeln, durch die zwangsweise erzielte, ergiebigere Ausdehnung der Lungen und eine bessere Lungenventilation, würde manche Phthisis verhütet werden. Die Einführung des Turnens in den Strafanstalten zum sanitären Nutzen der Gefangenen ist schon vor mehreren Jahren von C. EULER[1]) und in jüngster Zeit auch von der Rheinisch-Westphälischen Gefängniss-Gesellschaft auf Anregung von Dr. HICKING[2]) empfohlen worden.

Der Spaziergang findet in allen Gefangenanstalten täglich $\frac{1}{2}$ bis 1 Stunde statt, in manchen auch zweimal täglich. Aus leicht begreif-

1) cfr. Die Gefängnisse l. c. 168 u. Jahrb. f. Gefkunde. Bd. II. Hft. I. S. 5.
2) 49. Jahresber. der Rhein.-Westph. Gef.-Gesellsch. über d. Vereinsjahr 1875/76. Düsseldorf 1876. S. 102, u. 50. Jahresber. etc. Düsseldorf 1877. S. 121.

lichen gesundheitlichen Interessen der Gefangenen ist diesem letzteren Modus stets der Vorzug vor dem ersteren zu geben.

Auch hier kann die ärztliche Verordnung den speciellen, individuellen Bedürfnissen wohlthätig abhelfen. Es wird Sache des
Arztes, in der rauhen Jahreszeit den anämischen, marantischen,
kränklichen Gefangenen von dem Spaziergang ganz zu dispensiren,
anderen hingegen eine Extra-Freistunde zu verordnen. Auch hier
verdient die Individualität jede uneingeschränkte, zulässige Berücksichtigung.

Beschäftigung der Gefangenen.

Die erzwungene Arbeitsleistung der Gefangenen bildet ein ausserordentlich wichtiges Moment im modernen Strafvollzuge. Sie ist nicht
allein ein Moment gerechter, strafender Wiedervergeltung, sondern
gleichzeitig auch ein wirksames Besserungs- und Erziehungsmittel für
die Zukunft des Gefangenen, das nebenbei auch aus fiskalischen
Gründen seine volle Berechtigung hat. So lange man in der Arbeit
der Verbrecher nur einen Akt der Rache sah, war es natürlich, dass
keine Arbeit für denselben zu hart war, und selbst wenn man ihre
positive, unausbleibliche Lebensgefährlichkeit kannte, war sie nichtsdestoweniger in den Augen der Gerechtigkeit ein billiges Wieder-
vergeltungsmittel, und als man in der Abschreckung den Hauptzweck
aller Strafen erblickte, da war es natürlich, dass die Zurschaustel-
lung des Verbrechers bei öffentlichen Arbeiten hierzu das allergeeig-
netste Mittel schien. „Wann lässt sich wohl eine grössere Abschreckung gedenken", meint der Strafrechtslehrer Professor KLEINSCHROD [1])
aus dem Ende des vorigen Jahrhunderts, „als da, wo der Verbrecher durch eine ausgezeichnete Kleidung entstellt, mit Ketten und
Schande überhäuft, vor den Augen des Staates ein mühseliges Leben führen und durch harte Arbeiten seine Mitbürger belehren muss,
dass nicht Ruhe und Gemächlichkeit, sondern Schande und Arbeit
unausbleibliche Folgen der Verbrechen sind?" Je nach dem Grade
des Verbrechens sollte die Strafarbeit bestimmt werden, und so gab
es öffentliche Arbeiten, mit denen eine Lebensgefahr verbunden
war (Glas- und Brillenschleifereien, giftige Bergwerksarbeiten, ansteckende Sümpfe austrocknen), schwere Arbeiten mit beschimpfen-
den Umständen (die Verbrecher mussten eine Schandkette, Schellen,
eine eiserne Krone tragen etc.) oder ohne diese Abzeichen. Die
letzteren Arbeiten bestanden in Festungsarbeiten, Anlegen von Wegen und Strassen, von Dämmen, Seehäfen, Kanälen u. s. w., und

---

1) Ueber die Strafen der öffentlichen Arbeiten. Von Prof. G. A. KLEIN-
SCHROD. Würzburg 1789. S. 16.

dann gab es noch leichtere öffentliche Arbeiten, wie Reinigen der Strassen in der Stadt, Sandfahren etc. Als man jedoch einsah, dass mit diesen schmachvollen Ausstellungen des Verbrechers jede Möglichkeit der Rückkehr zu einem gesitteten Leben abgeschnitten war — da gab man die Publicität der Strafen im Allgemeinen auf, und nur in vereinzelten Staaten hat man die Arbeiten der Strafknechtschaft in den Galeeren beibehalten. In Deutschland hat man seit Jahrzehnten der Strafarbeit diesen odiösen, schmachbeladenen Charakter genommen und die intramurane Beschäftigung der Gefangenen eingeführt. Um aber der Zwangsarbeit eine grössere Härte und Schärfe zu geben, hatte man nach den Beispielen Englands auch in einzelnen deutschen Zwangsarbeits- und Strafhäusern (so in Hamburg, Werden in Westfalen, Cronach in Bayern) versucht, die Tretmühle[1]) und andere nutzlose quälende Arbeiten einzuführen, aber bald sind auch diese gesundheitsschädlichen Einrichtungen verschwunden. Nur noch in England giebt es in den Grafschafts- und städtischen Gefangenanstalten Einrichtungen dieser Art, die lediglich auf die Qualen der Gefangenen berechnet sind; hierher gehören ausser der Tread-mill noch die Short-drill und Crank, eine Maschine nach Art einer Handmangel, an welcher, wie RÖDER[2]) sich ausdrückt, der Gefangene in seiner Zelle durch einige Tausende auf ein völlig nutzloses Abarbeiten berechnete Drehungen seine Kräfte aufs äusserste zu erschöpfen und aufzureiben verdammt ist. Aber auch in England beginnt man allmählich einzusehen[3]), dass diese thierquälerische Arbeit die Gesundheit der Gefangenen in hohem Grade bedrohe, dass sie bei alldem durchaus keine Abschreckung ausübe, und die Rückfälligkeit gar nicht beeinflusse.

In den allermeisten deutschen Straf- und Gefangenanstalten werden die Gefangenen verschiedenen Zweigen von Industriearbeiten unterworfen, und hängt es hier von der Verwaltung ab, welchem Arbeitszweige der eingelieferte Sträfling zugetheilt wird, und wie gross die Menge der täglichen Arbeitsleistung ist. Wiewohl die in der Regel von privaten Unternehmern eingeführten Arbeitszweige keine unmittelbar gesundheitsschädlichen Einflüsse ausüben, so können sie bei gewissen Constitutionen oder nach einer bestimmten Zeit die Gesundheit und

---

1) cfr. hierüber JULIUS, Vorlesungen, 1827, l. c. S. 195, u. HITZIG's Annalen, Criminalrechtspflege etc. 1826. 4. Bd. S. 434.

2) Verbesserung des Gefängnisswesens mittelst der Einzelhaft. Von Dr. KARL RÖDER. Heidelberg 1856. S. 46.

3) Defects in the criminal administration of Great Britain etc. London 1872. S. 66 ff.

das Leben des Gefangenen in bedenklicher Weise beeinträchtigen, und desshalb liegt gerade in der Beaufsichtigung des Arbeitsbetriebes ein weites Feld für die Bethätigung der sanitären Fürsorge. Der Entwurf über die Vollstreckung der Freiheitsstrafen im deutschen Reiche verbietet (§ 22), die Sträflinge in einer die Gesundheit gefährdenden Weise zu beschäftigen, verlangt (§ 23), dass der Vorstand bei der Zuweisung der Sträflinge zu einem Arbeitszweig auf den Gesundheitszustand, die Kenntnisse und das künftige Fortkommen, bei Gefängnissträflingen auch auf den Bildungsgrad, die Lebensgewöhnung und, soweit möglich, auch auf ihre Wünsche Rücksicht nehmen solle, und endlich (§ 24), dass die regelmässige Arbeitszeit an Werktagen im Zuchthaus zur Sommerszeit elf und zur Winterszeit zehn Stunden, und im Strafgefängniss je eine Stunde weniger betragen solle, dass das tägliche Arbeitsmass (Pensum) nach der mittleren Tagesleistung eines gesunden Arbeiters unter Berücksichtigung der persönlichen Leistungsfähigkeit zu bestimmen sei. Vom sanitären Gesichtspunkte aus ist zu diesen, dem praktischen Leben in den Gefängnissen entsprechenden, und auch durchgehends von humanen Anschauungen durchdrungenen Bestimmungen nichts Wesentliches hinzuzufügen. Erwähnen wir noch, dass von dem Ertrage der Arbeitsleistung ein Theil dem Sträfling gut geschrieben wird, und zwar so, dass er den grössten Theil für sein späteres Fortkommen aufsparen, einen andern geringen Theil aber schon während seiner Detention zur Aufbesserung seiner Verpflegung verwenden kann, und vergessen wir ferner nicht, dass die mit schweren Arbeiten beschäftigten Gefangenen etatsmässig eine Zulage an Brod, Bier u. s. w. erhalten, dass auch der Arzt in jedem individuellen Falle eine Kostverbesserung anordnen kann, so ist thatsächlich in jedem Falle die Möglichkeit vorhanden, die Beköstigung in ein gerechtes Verhältniss zur Arbeitsleistung zu bringen. — Wünschenswerth ist es, dass bei jeder grossen Anstalt, wie es auch thatsächlich meist der Fall ist, eine grössere Land- und Gartenwirthschaft vorhanden ist, um einzelne Sträflinge auch aus Gesundheitsrücksichten zur Arbeit im Freien anweisen zu können.

Wir erblicken in der Zwangsarbeit des Gefangenen ein strafendes, aber auch erziehentliches Moment, das zur Sühne des Verbrechens ebenso viel als zur sittlichen Umgestaltung des Gefangenen beitragen soll, und das diesen Zweck um so mehr erreichen hilft, je mehr auch hier Menschlichkeit und Billigkeit obwaltet. Nur blinde Anhänger einer fanatischen und schonungslosen Abschreckungsmethode können in der Arbeit die Rache wiederherstellen. „Der Strafgefangene", meint man in neuerer Zeit, „soll jede Sklavenarbeit thun,

weil er in Strafknechtschaft ist.[1]) Er soll rücksichtslos angespannt
und erbarmungslos angetrieben werden im Scharwerk jeglicher Art,
soweit das Mark seiner Knochen und die Sehnen des Fleisches es
ertragen. Und er soll das als grausame Pein empfinden, Körper
und Seele soll darunter leiden, aufstehen und zusammenbrechen, und
jedermann soll wissen, dass dies die gerechte Ordnung dieser Welt
sei. Was, wo, in welcher gewerblichen Form der Strafgefangene
arbeitet, ob in der Tretmühle, dem Bergwerk, der Galeere, ist völlig
gleichgültig; der Zweck seines Knechtschaftsdienstes ist nicht die
Schaffung irgend welcher Erzeugnisse oder die Erzielung irgend welchen Gewinnes, sondern die Erduldung von Mühsal, Leid und Qual.“
Gegen Grundsätze dieser finstern Abschreckung und grausamen Rache-
gelüste wird die moderne Strafrechtspflege hoffentlich ihr Veto einlegen, und gegen den Terrorismus dieser Justiz wird uns zuversicht-
lich der gute Geist in der geschichtlichen Entwickelung der Menschheit
schützen.

Disciplinarstrafen.

In jedem Strafhause muss der Verwaltung eine Reihe von Strafmitteln gesetzlich zur Verfügung gestellt sein, um Zucht und Ordnung unter den Gefangenen aufrecht zu erhalten. Der Verbrecher
soll während der Verbüssung der Strafe unweigerlich und unter-
scheidungslos den Befehlen der Aufsichtsbeamten und den Vorschriften der Hausordnung gehorchen; unbeugsam und streng muss hier
der Wille des Gesetzes herrschen, und denjenigen hart und rücksichtslos treffen, der sich ihm widersetzt. Vergehen auch scheinbar
geringfügiger Natur dürfen in der Gefangen- und Strafanstalt nicht
ungestraft bleiben, wenn anders Sicherheit und Ordnung in ihr aufrecht erhalten bleiben soll. Letzteres wird aber dort um so sicherer
erreicht, wo die Strafen gerecht verhängt werden, und wo diese
selbst weniger darnach angethan sind, die Individualität des Gefangenen zu erniedrigen und zu schädigen. Noch vor wenigen Jahrzehnten hielt man es für einen wesentlichen Theil des Strafvollzuges,
durch die anhaltende, reichliche Anwendung einer grausamen Strenge
und der härtesten Strafmittel in den Strafanstalten jene unheimliche
Atmosphäre herzustellen, die auch die geringste freie Regung in dem
Verbrecher ersticken, jeden Hoffnungsstrahl an die Zukunft und jeden
Gedanken an eine Aufrichtung ertödten sollte. War auch in einzelnen deutschen Staaten schon früh die Disciplin in den Strafan-

---

1) Gegen d. Freiheitsstrafen etc. Von Dr. Otto Mittelstädt. Leipzig 1879.
II. Aufl. S. 37.

stalten in einer gerechten und auch milden Weise gesetzlich geregelt, so war sie in anderen Staaten bis zur Unmenschlichkeit hart und schwer. So gestattete die Hausordnung in den sächsischen Zuchthäusern [1]) dem Director, über den Sträfling eine Arreststrafe bis zu 4 Wochen zu verhängen, verschärft durch Langschliessen an die Kette, Krummschliessen an die Kette, durch hartes Lager; Arrest bei Wasser und Brod bis zu 8 Tagen; engen Arrest bis zur Dauer von 8 Tagen; Arrest mit Krummschliessen bis zur Dauer von 2 Wochen; Klotz und Kette ersten Grades bis zur Dauer von 1 Jahr (zweiten Grades bis 9 Monaten, dritten Grades bis 6 Monaten); Eisenstrafen ersten Grades bis 1 Jahr (zweiten Grades bis zu 8, und dritten Grades bis zu 6 Monaten); und endlich körperliche Züchtigung: a) mit einzelnen Ruthen bis zu 90 Streichen, b) mit gebundenen Ruthen bis zu 30 Streichen in 3 Tagen. Nicht viel anders war es in Bayern, Württemberg, Hannover, und nach dem Rawiczer Reglement von 1835 war auch in den preussischen Zuchthäusern bis in die neuere Zeit hinein dem Director gestattet, den Gefangenen in dem finstern Lattenarrest 14 Tage lang bei Wasser und Brod, ohne jede Lagerstätte (nur am 4. Tage erhielt der Gefangene warme Kost, Tageslicht und Lagerstätte) zu halten, oder auch eine körperliche Züchtigung bis zu 30 Streichen zu verhängen. Und die Strafen dieser Art wurden viel, sehr viel verabreicht; in vielen Anstalten wurden sie schon aus prophylaktischen Gründen reichlich in Anwendung gezogen, um diesen Geist der Disciplin stets im Bewusstsein der Sträflinge wach und lebendig zu erhalten. Hunger- und Prügelstrafen haben, wie von einsichtsvollen Criminalisten und Gefängnissbeamten constatirt wird, niemals zur Verminderung der Verbrechen beigetragen, sie haben nicht einmal vermocht, die Disciplin in der Anstalt zu einer bessern zu gestalten, sie haben nur dazu gedient, die Gesundheit der Gefangenen zu zerstören, und die Sterblichkeit in den Gefangenhäusern zu vermehren. Die neueste Zeit hat auch in der Bestrafung der Gefangenen wegen Vergehen innerhalb der Strafanstalten Gerechtigkeit und Menschlichkeit walten lassen, und sie hat hierdurch reichlich dazu beigetragen, Leben und Gesundheit der Gefangenen zu erhalten.

Von den jetzt noch gesetzlich zulässigen oder in Frage kommenden Disciplinar-Strafmitteln in den Strafanstalten sind es nur wenige, die ein sanitäres Interesse darbieten. Aus der grossen Reihe dieser Strafen sind eine nicht geringe Anzahl lediglich auf eine

---

1) Die Königl. Sächsischen Strafanstalten etc. Von Dr. Wilhelm Bergsträsser, Pastor der K. Landesanstalt zu Hubertusburg. Leipzig 1844. S. 182 ff.

moralische Wirkung berechnet, so der einfache Verweis, die Entziehung gewisser Vergünstigungen, der Lectüre, des Arbeitslohnes.
Ein wirklicher Eingriff in den normalen Ablauf der organischen Lebensvorgänge, und bei einem irrationellen Verfahren eine directe
oder indirecte Gesundheitsschädigung, tritt erst ein bei der Strafe
der Kostschmälerung, bei den schweren Arreststrafen, bei länger an-
dauernden Fesselungen und bei der körperlichen Züchtigung. Wenn
die Beköstigung der Gefangenen, wie oben des Weiteren ausgeführt
ist, sich auch auf das Minimum dessen beschränken soll, was der
Mensch zur Erhaltung seiner Gesundheit braucht — so kann die Entziehung Einer Tagesmahlzeit selbst auf einige Tage hintereinander
keine bleibende Schädigung der Gesundheit hervorrufen, aus den anderen Mahlzeiten und aus den vollen Rationen nach der überstandenen Strafe wird das etwaige Deficit sich decken lassen. Anders
ist es, wenn die Kostschmälerung sich mehr oder weniger in eine
gänzliche Kostentziehung umgestaltet, wenn der Gefangene mehrere
Tage hintereinander nur Wasser und Brod zu seiner Nahrung erhält,
und wenn diese Strafe mit Unterbrechung des vierten Tages sich bis
auf 14 Tage oder gar 4 Wochen erstreckt. Wir haben schon oben
gesehen, dass das Brod im Darme sehr wenig ausgenutzt wird, dass
der Organismus bei lediger Brodnahrung an seinem eigenen Eiweiss-
vorrath verliert, dass der Mensch dem Verhungern ausgesetzt ist.
„Bekommt ein Mensch nur allein Brod zu seiner Ernährung, so wird
nach RICHTER [1]) die Verdauung nur zu bald gestört, und ausserdem
wird der nöthige Ersatz nicht dem Körper zugeführt und die Ernährung beeinträchtigt, Abmagerung und Schwächung des Körpers tritt
ein, die sich nach und nach so steigert, dass wegen Mangels der
naturgemässen Nahrung auf der einen und des abnormen Reizes auf
der anderen Seite der Tod durch Erschöpfung eintritt.... In Dänemark wurde desshalb schon längst eine Verurtheilung zu einer vier-
wöchentlichen Gefängnissstrafe bei Wasser und Brod der Todesstrafe
gleich erachtet." Die Beschränkung auf Wasser und Brod auf längere Zeit ist eine harte Strafe, weil sie, ohne das Leben unmittelbar
zu bedrohen, doch die Körperkräfte erschöpft, weil sie eine Gemüths-
stimmung zu erzeugen im Stande ist, die den Sträfling zur Verzweiflung treibt, die zu Geisteszerrüttung und Wahnsinn führen. Viele
Gefängnissärzte, und ganz besonders Dr. GUTSCH [2]) von der Anstalt

---

1) Die Gefängnissstrafe bei Wasser und Brod u. ihre Einwirkung auf den
Gesundheitszustand. Von Dr. RICHTER. Deutsche Zeitschrift f. d. Staatsarznei-
kunde. 1848. S. 53 ff.   2) Ueber die Seelenstörungen in der Einzelhaft. Allgem.
Zeitschrift f. Psych. 19. Bd. Heft 1. S. 1 ff.

Bruchsal, haben erwiesen, dass bei einer sehr ansehnlichen Anzahl
von Seelenstörungen in den Strafanstalten unmittelbar vor ihrem Ausbruch Strafschärfungen vorangegangen seien, und dass die Zahl der
Seelenstörungen unter den Gefangenen in denjenigen Jahren entsprechend grösser gewesen, in denen viele und schwere Strafschärfungen
vorgekommen. Als man in den französischen Strafhäusern (maisons
centrales) Anfangs der vierziger Jahre das Schweigsystem einführte
und dieses, da die Prügelstrafe abgeschafft war, durch viele Hun-
gerstrafen absolut durchsetzen wollte, da steigerte sich nach dem Be-
kenntniss des dermaligen Ministers v. TOCQUEVILLE[1]) die Sterblichkeit
in einer sehr bedenklichen Weise, und besonders war sie in denjenigen Gefängnissen auffallend, in denen das Schweigen am kräftigsten
und vollständigsten gehandhabt worden ist. Die Kostentziehung als
Strafmittel sollte nur in gelinder Weise als Kostschmälerung in Anwendung kommen; als Hungerstrafe wird sie bedenklich, weil ihre
Wirkung niemals vorher zu sehen ist, weil sie durch Schwächung
des ganzen Organismus zu allen Krankheiten disponirt, zu Krankheiten, die zuweilen erst spät auftreten, und mit der schwächenden
Einwirkung der Hungerkost nicht im Zusammenhang zu sein scheinen. — Die Kostentziehung wirkt auf die Gesundheit der Gefangenen in einer noch viel schädlicheren Weise ein, wenn sie, wie das
bei den schwereren Arreststrafen häufig der Fall ist, mit anderen
Strafmitteln combinirt ist, mit Entziehung des Bettlagers, mit Verdunkelung der Zelle. Wie der Körper durch gänzliche Beraubung
des Bettlagers in seiner Oekonomie benachtheiligt wird, haben wir
schon oben anzudeuten Gelegenheit gehabt. Nahezu unerträglich
aber wird die Verdunkelung des Arrestraumes für die meisten Gefangenen; in dem Dunkel des Kerkers tritt die entsetzliche Pein der
Langeweile und des Hungers in doppelt gesteigerter Qual auf. Personen mit lebhaftem Temperament, sowie Gefangene von sehr beschränkter Intelligenz und geringer Geistesbildung, laufen in der
Dunkelzelle Gefahr, ihre geistige Gesundheit zu verlieren. Hat doch
in der neuesten Zeit der bekannte Augenarzt Prof. SCHMIDT-RIMPLER[2])
in der plötzlichen Aufhebung oder wenigstens erheblichen Verringerung des Sehvermögens die Ursache des Auftretens von vorübergehenden Delirien mit Angstgefühl, Hallucinationen und Verwirrtheit
gefunden. „Die plötzliche und längere Zeit dauernde Aufhebung

---

1) Jahrb. f. Gefängnisskunde. Bd. 4. S. 244 ff.
2) Archiv f. Psych. u. Nervenkrankh. IX. Bd. 1879. 2. Heft. S. 239. Delirium
nach Verschluss der Augen und im Dunkelzimmer etc. Von Prof. H. SCHMIDT-
RIMPLER.

des gewohnten Sehens, die Abhaltung des gewohnten Lebensreizes, der Ausschluss des für den Vorgang aller geistigen Prozesse so wichtigen Sehorganes", meint er, „veranlasst bei gewissen Individuen das Auftreten der Hallucinationen und der sich ihnen oft anschliessenden Delirien." Ein längerer Dunkelarrest mit Entziehung der warmen Kost und des Bettlagers ist eine sehr schwere Strafe, die die Gesundheit und das Leben des Gefangenen sehr gewaltig beeinträchtigt. — In einer raffinirten Weise wird diese Strafe des Dunkelarrestes noch dadurch verschärft, dass der Fussboden der Zelle mit dreieckig geschnittenen Latten in geringer Entfernung von einander ausgelegt ist, und dass der Gefangene, mit einem eigenen Anzuge versehen, in diesem Raume eingesperrt, jeden Augenblick von diesen scharfen Kanten gedrückt und gepeinigt wird. Diese Lattenstrafe, welche in ihrer Grausamkeit ihresgleichen sucht und nach meinem Dafürhalten nur noch von den Schrecken des sogenannten Zwangsstuhles übertroffen wird, und welche früher in den preussischen Strafanstalten schon bei Verstössen gegen die Hausordnung (Nichterfüllung des Arbeits-Pensums, Ueberschreitung des Schweiggebotes) recht häufig verhängt worden, ist seit 1869 in sehr bedeutender Weise eingeschränkt und in dem Entwurf zum Strafvollzuge für das deutsche Reich ganz beseitigt worden. „Auch der hartnäckigste Bösewicht war, wie ich an einer anderen Stelle des Genaueren ausgeführt, nachdem er sich 14 Tage auf den Latten — nur am vierten Tage hat er einen sogen. guten Tag — ruhelos herumgewälzt, zerknirscht und mürbe gemacht, ein willenloses und gefügiges Individuum geworden, das sich eine Zeit lang gut führt und der strengen Ordnung willig beugt. Aber mit dem mürbe gewordenen Widerstand ward nicht selten auch die Gesundheit gebrochen, und gar mancher Sträfling hat in dem finstern Lattenarrest seinem Leben durch Selbstmord ein Ende gemacht." [1])

Es bleibt nur noch ein disciplinäres Strafmittel in den Strafanstalten zu besprechen übrig, das ist die Prügelstrafe. In einzelnen deutschen Staaten (Bayern, Württemberg, Baden) und auch in Frankreich, Italien, Spanien, Portugal, Oesterreich-Ungarn, Rumänien hat man die körperliche Züchtigung in den Strafhäusern als Mittel, um die Disciplin aufrecht zu erhalten, aufgegeben. Es sind viele Gründe, die sich gegen die Prügelstrafe mit vollem Recht anführen lassen. Die körperliche Züchtigung vernichtet das Ehrgefühl des Menschen, und das Bewusstsein der erlittenen Erniedrigung erstickt in dem Gefan-

---

1) cfr. BAER: Die Gefängnisse, l. c. S. 185.

genen sehr häufig jede Möglichkeit einer sittlichen Umwandlung und
Besserung. Die Strafe ist ungerecht, weil sie die verschiedenen Individuen sehr ungleich trifft. Während der rohe, unempfindliche Mensch
die erlittenen Stockschläge gleichgültig abschüttelt, auch den physischen Schmerz in einer nur mässigen Weise empfindet, ist der zart-
fühlende und schwächlich constituirte von der halben Anzahl Stockschläge in seinem ganzen Wesen vernichtet, und von dem erlittenen
Schmerz schwer erschüttert. Die körperliche Züchtigung ist aber
auch hauptsächlich ungerecht, weil sie die Gesundheit des Gezüchtigten in gefährlichster Weise alteriren kann. Nicht nur, dass durch
die erlittenen Schläge schlimme entzündliche Erscheinungen, Verletzungen der Weichtheile, Quetschungen der Nerven, Erschütterungen der Wirbelsäule und des Rückenmarks, Erschütterungen der
Eingeweide der Brust- und der Unterleibshöhle mit mehr oder weniger schweren Folgekrankheiten entstehen können — sondern, was
mindestens ebenso schlimm und vielleicht noch schlimmer ist, das
ist die Einwirkung der Schläge auf den Gesammtorganismus, die Folgen des Shocks auf das Nervensystem, Folgen, die erst in späterer
Zeit auftreten, so dass ihre Abhängigkeit von der erlittenen Züchtigung gar nicht geahnt wird. Allgemeine Schwäche, Blutleere und
Ernährungsstörung sind nicht selten die nächsten Folgen dieser
Strafe, und nicht selten möchten sich Erkrankungen des Herzens
und der Lunge, sowie anderer Organe mit ihr in Connex bringen
lassen, wäre man nur im Stande, diesen rechtzeitig zu erkennen und
zu verfolgen. Die Gefahren, die die körperliche Züchtigung mit sich
bringen kann, lassen sich nach meiner Ueberzeugung auch gar nicht
verhüten, weil kein Arzt mit Bestimmtheit die Folgen dieser Strafe
voraussehen kann, ebenso wenig, wie er bei sorgsamer Prüfung der
Constitution und bei genauer Ueberwachung der Execution wissen
kann, wie viel Schläge der Gefangene vertragen kann und wann
der Prügelknecht zu schlagen aufhören müsse. Die Wirkung der
Prügelstrafe ist eine sehr ungleiche, ungerechte, ganz unabhängig
von dem Willen des Directors und dem des Arztes, weil sie eine
ganz andere wird, wenn ein kräftiger, strammer Aufseher mit Wohl-
behagen und Schadenfreude den Stock schwingt, oder wenn ein
schwächlicher Mensch mitleidigen Herzens die Zuchtstrafen vollführt.
Aus diesen und noch anderen Gründen haben sich erfahrene Aerzte
und Juristen, sowie Gefängnissbeamte in grosser Anzahl gegen die
Anwendung der Prügelstrafe als Disciplinarmittel in den Strafanstalten ausgesprochen, und aus diesen Gründen ist sie von der Gesetzgebung vieler Länder als solches aufgehoben worden. In diesem

Sinne hat auch der deutsche Juristentag und in jüngster Zeit auch
der internationale Gefängnisscongress zu Stockholm [1]) (1878) dieses
Strafmittel verworfen. In anderen Ländern, England, Schweden,
Dänemark, und auch in Preussen hat die Legislative sich noch
nicht entschliessen können, dieses Strafmittel in den Strafanstalten
abzuschaffen, und zwar lediglich um dasselbe als extremes Ab-
schreckungsmittel gegen verrottete, übelgesinnte Bösewichter in der
Hand des Vorstandes zu lassen. Thatsächlich wird von den meisten
und wohlbewährtesten praktischen Gefängnisskundigen die Ueberzeugung getheilt, dass die Disciplin in einer Strafanstalt auch ohne Prü-
gel in vortrefflicher Weise gehandhabt werden kann. — Nach einem
preussischen Minist.-Rescr. vom 15. Mai 1869 soll die körperliche
Züchtigung und die Lattenstrafe nur bei schweren Vergehen und in
der Regel nur dann, wenn der betreffende Gefangene wegen desselben oder wegen eines ähnlichen Vergehens mit gelinderen Strafen
bereits belegt ist, in Anwendung kommen, und in diesem Falle muss
die Verhandlung über den vorliegenden Fall von dem Vorsteher in
einer möglichst sofort zu berufenden Beamten-Conferenz zum Vortrage gebracht und erst, wenn die Majorität sich damit einverstanden erklärt, und der Arzt seine Zustimmung gegeben, kann die
Strafe vollstreckt werden. Auf diese Weise ist dem früheren nicht
seltenen Missbrauch und einer etwaigen Willkür der Beamten eine
sehr gewaltige Schranke gezogen, so dass thatsächlich diese Strafe
in den preussischen Zuchthäusern in ausserordentlich geringer Anzahl
executirt wird. In dieser Weise ausgeführt, hat sie nach meinem
Dafürhalten weniger sanitäre Nachtheile für die allgemeinen Salubritätsverhältnisse als die langen Kostschmä-
lerungen, Dunkelarrest etc., zumal der Arzt von diesen letzteren Strafen ganz in Unkenntniss bleibt. Die Prügelstrafe, in obigem
Sinne eingeschränkt, hat mehr eine culturelle, principielle Bedeutung
im strafrechtlichen Sinne als eine sanitätspolizeiliche, und sie wird
und muss von dieser letzteren noch um so mehr verlieren, je mehr
die Anstaltsärzte mit Entschiedenheit und sachlichem Interesse im
concreten Falle ihr entscheidendes Veto einzulegen nicht müde werden. Wenn der Arzt ernst und gerecht, verständnissvoll und vorur-
theilslos sein Urtheil abwägt, so wird er in jedem zweifelhaften Fall
ein verneinendes Votum abgeben müssen — und hierdurch schon wird,
wie ich aus eigener Erfahrung weiss, die Prügelstrafe in den Strafanstalten sehr erheblich reducirt und ihr der gesundheitsgefährliche
Charakter zum grossen Theil genommen.

---

1) Congrès pénitentiaire international de Stockholm. 1879. I. p. 569.

Im Uebrigen sollte jeder Gefängnissarzt in jedem zu begutachtenden Falle sich von der Integrität des psychischen Zustandes des Delinquenten überführen, da erfahrungsmässig unter den am meisten in den Strafhäusern gezüchtigten Individuen relativ sehr viele geistig nicht intact sind, weil diese am hartnäckigsten und häufigsten mit der Verwaltung und der Hausordnung in Conflict gerathen. Gefangene, die sich in der Anstalt viele Strafen zukommen lassen, sind für mich immer geistig verdächtig gewesen, weil Individuen mit normalem psychischen Vermögen die richtige Einsicht in ihre Lage haben, und sich den gegebenen Verhältnissen bald zu accommodiren lernen.

Krankenpflege.

Der erkrankte Sträfling, der auf Anordnung des Arztes in die Krankenabtheilung aufgenommen wird, muss mit aller Rücksicht auf seinen kranken Zustand behandelt, und mit allen Mitteln der medicamentösen wie der diätetischen Pflege versehen werden, die ihm nothwendig sind. Dem Arzte selbst ist in allen Strafanstalten der freieste Spielraum gelassen in Betreff der Anordnungen, die für das gedeihliche Wohl der erkrankten Gefangenen zu treffen sind, und da mit dem Eintritt ins Lazareth der Gefangene den Vorschriften der gewöhnlichen Hausordnung entzogen wird, so ist es die Aufgabe des Arztes, neben der ärztlichen Fürsorge auch eine nicht gar zu nachsichtige Disciplin aufrecht zu erhalten, so wie es seine Aufgabe ist, den schlauen Simulanten, der die Krankenabtheilung der Abwechslung oder einer erhofften besseren Verpflegung wegen, oder um einer Disciplinarstrafe zu entgehen, aufsucht, zu entlarven und ihn zur gerechten Bestrafung anzuzeigen. — Da, wo es gesetzlich zulässig ist, erkrankte Gefangene, wenn in der Strafanstalt eine geeignete Behandlung nicht möglich ist, in eine bestimmte Heilanstalt zu überbringen, soll der Arzt für diese Unterbringung eintreten, sobald er die Ueberzeugung von dem vorliegenden Thatbestande gewonnen, und ebenso ist es seine Pflicht, in allen geeigneten Fällen die zulässige Strafunterbrechung für den erkrankten Gefangenen zu beantragen, wenn er von der begründeten Ueberzeugung durchdrungen ist, dass von der weiteren Fortsetzung der Strafe ein bleibender, nicht wieder gut zu machender Schaden für die Gesundheit, event. eine nahe Gefahr für das Leben zu befürchten ist.[1])

Eine besondere Sorgfalt verdient in den Strafanstalten die

---

1) cfr. Ueber die Begutachtung der Entlassung von Strafgefangenen aus sanitären Gründen. Von Dr. Baer. V. j. Zeitschr. f. gerichtliche Med. 1850.

Ueberwachung und die zweckmässige Unterbringung der geisteskranken Gefangenen. Erfahrungsmässig ist die Zahl der Gefangenen, die an einer ausgesprochenen Form von Geistesstörung
leiden, eine relativ grosse, aber noch grösser ist die Zahl derer,
die einer Geistesstörung verdächtig sind, deren psychisches Verhalten nicht ganz normal ist, die bei ihrem imbecillen Wesen
oder bei ihren impulsiven Handlungen fortwährend mit der Hausordnung in Streit gerathen, die für die Verwaltung ein ungemein
störendes und lästiges Element abgeben, und für welche das Regimen einer Strafanstalt zu hart, zu strenge und darum auch ein
ungerechtes ist. Gefangene dieser letzten Kategorien werden, wenn
sie längere Zeit unter den ungünstigen Einflüssen der Gefängniss-
disciplin verbleiben, früher oder später effectiv geisteskrank und
bleiben alsdann auch meist unheilbar; sie müssen schon früh aus
prophylaktischen Gründen besonderen Anstalten übergeben werden,
und ist es nach GUTSCH[1]), DELBRÜCK[2]), MARCARD und auch nach
meiner Ueberzeugung[3]) am rationellsten, bei einzelnen Strafanstalten
Annexe, Asyle zu errichten, in welche Kranke dieser Art verbracht
würden. Für diesen Modus der Unterbringung hatte sich auch der
Verein der deutschen Strafanstaltsbeamten in Berlin (1874) und der
Verein deutscher Irrenärzte ausgesprochen, und Anstalten dieser Art
existiren schon lange in Schottland (Perth), Amerika (Auburn) und
sind in neuester Zeit in Schweden und mit viel gerühmtem Erfolg
in Frankreich (Gaillon für männliche irre Sträflinge und Doullens
für weibliche) eingerichtet. In Deutschland hatte in der Anstalt Bruchsal der dortige vortreffliche Anstaltsarzt Dr. GUTSCH lange Jahre ein
solches Asyl verwaltet, und in neuerer Zeit hat die Königl. Sächsische Regierung in dankenswerther Weise ein solches neben der
Anstalt Waldheim eingerichtet. Und wenn der dortige Anstaltsarzt
Dr. KNECHT sich nach einer nicht zu langen Probezeit auch ungünstig über die Qualification dieser Einrichtung äussert[4]), so scheint
mir dieses Urtheil mehr für eine mangelhafte, örtliche Organisation zu
sprechen, als für die Mangelhaftigkeit des Prinzips. Im psychiatri-
schen Interesse im Allgemeinen und im Interesse vieler Gefangenen
liegt es, alle geistig nicht intacten Gefangenen in einer leicht aus-
führbaren Weise und so schnell als möglich aus den gewöhnlichen
Strafhäusern entfernen zu können, und für mich gilt der angeführte
Modus der Unterbringung als der zweckmässigste und rationellste.

---

1) Blätter f. Gefängnisskunde. 1874. S. 23.   2) Ebendas. S. 113.
3) Ebendas. S. 145.   4) Die Irrenstation bei der Strafanstalt Waldheim.
Von Dr. KNECHT. Allgem. Zeitschr. f. Psych. 1880. Bd. 37. S. 145 ff.

Haftsystem.

Bei jedem Haftsystem, d. h. bei jeder gebräuchlichen Art, die
Freiheitsstrafen zu vollstrecken, kommen zwei Momente in Frage,
einmal, ob durch sie der strafrechtliche Zweck mehr oder weniger
erreicht wird, und dann, welche Vor- und Nachtheile für die körperliche und geistige Gesundheit der Gefangenen mit diesem System
verbunden sind. Nur wo die sanitären Nachtheile eines Systems bis
zur unzweifelhaften Thatsächlichkeit erwiesen sind, wird die Zu-
lässigkeit derselben mit Entschiedenheit zu beanstanden sein — und
dasjenige Strafsystem wird immer den ungetheilten Vorzug verdienen, welches ohne unbedingte gesundheitliche Schädigung den Gefangenen in einen Zustand versetzt, in welchem eine wahre Tilgung
der Schuld, eine Sühnung des Verbrechens erfolgen und zugleich
eine innere, sittliche Umwandlung des verbrecherischen Sinnes eintreten kann, so dass der Verbrecher zu einem gesetzmässigen Lebenswandel zurückzukehren geeignet wird. Sehen wir zu, wie diese
Anforderungen bei den jetzt herrschenden Strafsystemen erreicht
werden, und wie insbesondere bei ihnen die sanitären Interessen
der Gefangenen gewahrt sind.

Gemeinschaftshaft.

Bei dieser Haftweise werden die Gefangenen während des Tages
in gemeinschaftlichen Räumen zur Arbeit angehalten, und des Nachts
in gemeinschaftlichen Schlafsälen verwahrt. Waren früher Alt und
Jung, selbst Männer und Weiber in denselben Räumen gemeinsam
eingesperrt, so hat die neuere Zeit wohl überall in allen Culturstaaten aus naheliegenden moralischen Gründen eine mehr oder
weniger strenge Trennung dieser Kategorien vorgenommen, und
waren früher diese gemeinschaftlichen Detentionsräume der Ort
widerwärtigen Schmutzes und der Heerd ansteckender Krankheiten,
so hat ein dankens- und anerkennenswerthes Regimen des modernen
Strafvollzuges auch hier sanitäre Zustände geschaffen, die den jeweiligen Anforderungen der Gefängnisskunde sehr wohl genügen.
Was aber durch keine Mittel der Zucht und durch keine Massnahmen
strenger Hausordnung aus dem gemeinschaftlichen Zusammenleben
der Verbrecher in dem Strafhaus zu beseitigen und zu verhüten
möglich war, das ist die gegenseitige moralische Verschlechterung
der Gefangenen. Die Collectivhaft hat Nichts von Abschreckung,
von Furcht, von Züchtigung für den wirklichen Verbrecher; hier
finden sich alte Freunde und Genossen wieder, und hier wird der
erstmalig Bestrafte in die Geheimnisse des Verbrecherlebens einge-

führt. Hier fühlt sich der Verbrecher im Kreise der gleichen Ge-
sinnungsgenossen wohl und behaglich, hier fühlt sich die Verbrecher-
bevölkerung im inneren Bewusstsein als Gesammtheit stark und
mächtig. Während das zwangsweise Zusammenleben inmitten dieser
Masse mit gemeinen Trieben und rohen sinnlichen Begierden für den
Gefangenen aus einer besseren Vergangenheit, mit noch besseren
Regungen und Wünschen eine schreckliche Pein wird, ist dieser
Aufenthalt unter den Gleichgesinnten für den verkommenen Gewohn-
heitsverbrecher ein Ort vergnüglicher Sorglosigkeit und behaglichen
Daseins. In der Collectivhaft werden verbrecherische Verbindungen
und Verabredungen für die Zukunft geschlossen, und hier wird bei
der grössten Wachsamkeit der Verwaltung verbrecherischen unzüch-
tigen Neigungen und Scheusslichkeiten gefröhnt, die allem Sittlich-
keitsgefühl spotten. Man hat nicht mit Unrecht diese Anstalten „die
Hochschulen des Lasters und des Verbrechens, die Brutstätte der
Sünde und der Sittenlosigkeit" genannt. „Die Züchtlinge," sagt
FUESSLIN,[1] „verlassen sie in der Regel als gefährlichere Mitglieder
für die bürgerliche Gesellschaft, als sie vor der Bestrafung waren;
die grössten Bösewichter geben in diesen Anstalten selbst den Ton
an, rühmen sich ihrer Schandthaten und unterrichten die Jüngeren
oder weniger Erfahrenen in allem möglichen Bösen." „Der wechsel-
seitige Verkehr der Gefangenen," meint der sehr erfahrene Director
WIRTH[2]), „beeinträchtigt nicht allein die Wirkung der angewandten
Besserungsmittel, sondern er ist selbst ein sicheres und unabwendbares Mittel zur gegenseitigen Verschlechterung, er läuft also dem
Strafzwecke direct zuwider; er muss desshalb überall nachdrücklichst
verhütet werden." Um diesem schwerwiegenden Uebelstande abzuhelfen, hat man schon früh und an verschiedenen Orten zu anderen
Einrichtungen seine Zuflucht genommen.

Schweigsystem, oder das Auburn'sche System.

Man glaubte, die gegenseitige Verschlechterung der Gefangenen
dadurch verhüten zu können, dass man ihnen während des gemeinschaftlichen Zusammenseins jede Verständigung durch die Sprache,
Zeichen oder Geberden bei strengster Strafe untersagte. Dieser Gedanke, der zuerst in dem unter Papst Clemens (1704) zu Rom errichteten Besserungshause für jugendliche Gefangene seinen Ausdruck
gefunden, hat eine sehr erhebliche Verbesserung dadurch erfahren,
dass man die Gefangenen während des Nachts räumlich von einander

---

1) Die Einzelhaft, l. c. S. 46.
2) Blätter f. Gefängnisskunde. X. Bd. 1876. S. 87.

trennte. In der von der Kaiserin Maria Theresia erbauten Correctionsanstalt zu Gent (1772) finden sich bereits die deutlichen Zeichen der nächtlichen Isolirung der Gefangenen, als die Bedingungen eines methodisch durchdachten Strafsystems finden sich diese jedoch erst in der Strafanstalt zu Auburn im Staate New-York ausgeführt. Trennung bei Nacht in räumlich von einander getrennten kleinen Zellen und absolutes Stillschweigen bei gemeinschaftlicher Arbeit am Tage, das waren die beiden Mittel, durch welche die moralische Ansteckung unter den Gefangenen vermieden werden sollte; und um das Schweiggebot aufrecht zu erhalten, verlangte die Hausordnung zu Auburn, dass jede Uebertretung desselben augenblicklich von dem Aufseher durch Peitschenhiebe auf das Nachdrücklichste geahndet werde. Ist die nächtliche Isolirung der Gefangenen in diesem Auburn'schen System auch vom sanitären und moralischen Standpunkte aus als ein sehr wesentlicher Fortschritt anzuerkennen, so muss das Schweiggebot dennoch als ein unzuverlässiges und gänzlich undurchführbares Mittel bezeichnet werden, weil es unmöglich ist, eine Anzahl von Menschen zusammen einzusperren und arbeiten zu lassen, und ihnen jede Verständigung, jede Mittheilung zu verbieten. Dieses Verbot ist unnatürlich, weil der Sprach- und Mittheilungstrieb durch Instinkt, Erziehung und Gewohnheit dem Menschen so inne wohnen, und eine so specifische Eigenthümlichkeit des menschlichen Zusammenlebens ausmachen, dass ein Verbot derselben ein harter Eingriff in die Naturgesetzlichkeit des menschlichen Lebens ausmacht —; ausserdem ist es unmenschlich, eine Anzahl von Menschen unter einem naturwidrigen Verbote zusammenleben zu lassen und sie der fortwährenden Versuchung auszusetzen, es zu übertreten. „Das Gesetz des Stillschweigens im Auburn'schen System," sagt Hr. Ferrière [1]) aus Genf, „hat etwas von der Strafe des Tantalus an sich, nämlich dem Menschen Gelegenheit zum Gespräche zu geben, und es ihm zu verbieten. Die Verordnung des Stillschweigens hat alles, was erfordert wird, um zu reizen, und nichts, was erforderlich wäre, um sie zu handhaben, d. h. man hat alle Nachtheile eines Gesetzes ohne dessen Vortheile...." Dieses Schweiggebot war in der That auch überall, wo es eingeführt war, nur durch unglaubliche Mengen von Strafen, von körperlichen Züchtigungen und Nahrungsentziehungen, auszuführen [2]), und doch war ihre Wirksamkeit und ihr vermeintlicher Werth eine Selbsttäuschung. Die ungeheuren Zahlen von Disci-

---

1) cfr. hierüber: Jahresber. d. Gefängnisskunde. VII. S. 329 und besonders Joseph v. Würth: Die Fortschritte des Schweigsystems, l. c. S. 274 ff.

2) Ducpétiaux: La colonisation pénale. Bruxelles 1861. S. 34.

plinarstrafen, die nöthig waren, um dieses System des absoluten
Stillschweigens auch nur scheinbar aufrecht zu erhalten, übten aber
einen sehr nachtheiligen Einfluss auf die Gesundheit der Sträflinge
aus. Auch das Schweigen selbst, der aufgehobene Gebrauch der
Sprachfunction, mag einen bedeutend nachtheiligen Einfluss auf die
Lungenthätigkeit ausüben und nicht wenig zu jener abnormen Frequenz der Lungenphthisen in den Strafanstalten beitragen. Durch
die sitzende Lebensweise der Gefangenen, durch die beständige Com-
pression des Brustkorbes ist die Ausdehnung der Lungen an sich
schon sehr beträchtlich beschränkt, die Luftventilation in den oberen
Theilen der Lungen auf ein Minimum herabgesetzt, und diese künstliche Herabsetzung der Lungenfunction wird durch das Gebot des
Stillschweigens in einem hohen, gefährlichen Grade begünstigt.[1] —
Auch auf das Gemüth der Gefangenen wirkt dieses Schweiggebot in
nachtheiliger Weise ein. Die Gefangenen leben hier meist unter dem
Zustande einer künstlich erzeugten und erhaltenen Aufregung, sie
betrachten dieses Gebot als eine naturwidrige Qual; jede Strafe
wegen einer Uebertretung desselben versetzt sie in den Zustand an-
haltender Gereiztheit und empörenden Rachegefühls, das um so mehr
gesteigert wird, je mehr das hintergangene und überlistete Aufsichts-
personal zu angestrengtester Aufrechthaltung dieses Gebotes angeregt
wird. Und bei alle dem vermochte dieses System, wie die erfah-
rensten Fachkundigen aus allen Ländern, in denen dieses System
selbst mit der grössten Strenge durchzuführen versucht ist, bezeugen,
nicht die Association der wirklichen Verbrecher während und nach
der Gefangenschaft zu verhüten, und die Verschlechterung der Gefangenen zu vermeiden. Auch in den preussischen Strafanstalten,
in welchen das Schweiggebot, wie in fast allen anderen europäischen
Ländern (England, Frankreich, Holland, Oesterreich etc.), ebenfalls
eingeführt war (§ 63 des Rawiczer Reglements von 1835 besagt:
Das Sprechen der Sträflinge untereinander, sei es durch Worte oder
Zeichen, ist streng verboten, ebenso das Singen, Schreien und Lär-
men aller Art überhaupt), wurde von amtlicher Seite anerkannt, dass
„trotz des ernstlichen Willens der Verwaltung die Trennung der Sträflinge von einander nicht erreicht, und dass statt dessen eine nach
allen Seiten hin verderblichste Gemeinschaft derselben unter einander besteht und weiter wirkt..... Der Grund liegt darin, dass
das Gebot selbst eine Unnatur ist..... Eben desswegen sind auch

---

[1] cfr. Ueber das Schweigen als krankmachende Potenz. Deutsche med.
Wochenschrift. 1879. S. 495, u. Gaz. des Hôpitaux. 1878. Nr. 31.

die energischsten Mittel nicht im Stande, die wirkliche Haltung des Schweiggebots und damit die Vernichtung des Verkehrs zu erzeugen."[1])

Classificationssystem.

Nur der Vollständigkeit halber sei dieses Systems, das zuerst in Genf 1833 und später auch in St. Jacob bei St. Gallen zur Ausführung gelangt ist, erwähnt. Bei diesem Modus der Strafvollstreckung will man die Gefangenen in verschiedene Klassen absondern, und zwar nach dem moralischen Werth der Sträflinge. Die Gefangenen der einzelnen Klassen dürfen mit einander verkehren; nach Führung und Betragen können die Sträflinge von der niedern in eine höhere Klasse aufsteigen, und sind hier kleine Erleichterungen und Belohnungen als Anregungsmittel zur moralischen Besserung eingeführt. In Genf wurden die Gefangenen in verschiedene Abtheilungen (Criminelle, Correctionelle, Rückfällige, Jugendliche, Gebesserte) getheilt; sämmtliche Sträflinge ohne Ausnahme waren zuerst einer Isolirung von verschiedener Dauer, und zwar bei Tag und Nacht unterworfen, und dann wurde jede Klasse für sich unter dem Gebot des Stillschweigens gemeinschaftlich gehalten. Aber sehr bald zeigte sich auch hier, dass das Gebot des Stillschweigens trotz grosser Strenge nicht durchführbar, und dass es unmöglich war, den moralischen Werth eines Bestraften so zu schätzen, dass jener als Massstab einer Eintheilung für verschiedene Klassen gelten könnte. Das begangene Verbrechen, die verhängte Strafzeit, die Rückfälligkeit u. s. w. sind ebenso unzureichende Momente als das Alter, der Stand, die frühere Lebensstellung des Gefangenen, um nach ihnen den sittlichen Werth des Bestraften zu beurtheilen, — und die Folge war, dass der schlechte Einfluss und die gegenseitige Verschlechterung der Gefangenen in den einzelnen Klassen auch hier nicht ausblieben. In England hat man dieses Classificationssystem, um die grossen Uebelstände des Schweiggebotes zu vermeiden, in sehr ausgedehnter Weise nachgeahmt, aber man hat bald gefunden, dass immer mehr Abtheilungen und Klassen nöthig wurden, so dass in mehreren englischen Gefängnissen 15 und selbst mehr Klassen gemacht wurden. Und doch sprechen sich die General-Gefängnissinspectoren CRAWFORD und RUSSEL gegen dieses System aus, weil, „selbst wenn man auch Klassen zu Stande bringen könnte von lauter Individuen, die auf einer Stufe moralischer Verderbtheit stehen, ihr Zusammensein gewiss nur Fortschritte derselben

---

1) Mittheilungen aus den amtlichen Berichten über die zum Ministerium des Innern gehörenden k. preussischen Straf- und Gefangenanstalten, betr. die Jahre 1858—60. Berlin 1861. S. 277.

in ihrer Verderbtheit zur Folge haben würde. Jede Vereinigung von
Verbrechern wird dieselben nie bessern, sondern verschlechtern...."
„Nur wenn aus jedem Gefangenen eine eigene Klasse gemacht wird,"
meint Prof. WAHLBERG, „schwinden die Gefahren der wechselseitigen
Verschlechterung." Und dieser Gedanke hat seinen thatsächlichen
Ausdruck gefunden in dem folgenden System, in dem System der
individuellen Isolirung.

Die Einzelhaft, oder das Philadelphische, Pennsylvanische System.

Die Gefangenen in· einzelnen Zellen Tag und Nacht von einander getrennt zu halten, war 1790 in einem Gefängnisse bei Philadelphia auf Betrieb einer philanthropischen Gesellschaft, die der
religiösen Secte der Quäker angehörten (Philadelphia Society for
alleviating the miseries of public prisons) [1]), von der Gesetzgebung
in Ausführung gebracht. Den Anschauungen dieser Menschenfreunde
entsprechend, sollte der Gefangene in seiner Zelle von jedem Verkehr mit der Aussenwelt abgeschlossen, von jedem sündhaften
Treiben der Welt abgeschieden, selbst nicht durch körperliche Arbeit abgelenkt, sondern lediglich zur Selbstbetrachtung, zur Einkehr in sich selbst, und durch die alleinige Beschäftigung mit der
heiligen Schrift von seinem bisherigen sündhaften Leben und Denken zu einem reinen sittlichen Wandel geführt werden. Hier sollte
die strengste und anhaltende Einsamkeit (the most rigid and unre-
mitted solitude) das wirksame Mittel sein, um die verbrecherischen
und leidenschaftlichen Neigungen der Gefangenen zu vernichten —
und darum war den Gefangenen auch mit den Wärtern nur der
spärlichste Verkehr vergönnt. Die Erfolge dieses Systems (solitary-
confinement) der absoluten Vereinzelung ohne Arbeit und ohne jeden
Verkehr mit anderen Menschen, eines Systems, das ebenso natur-
widrig als grausam war, und das in einer grossen Reihe von Jahren
in einem auch in baulicher Beziehung schlecht eingerichteten Gefängniss ausgeführt war, waren für die körperliche und geistige Gesundheit der Gefangenen von so schlechter und abschreckender Art, dass
dasselbe 1829 von der Gesetzgebung abgeändert werden musste, und
zwar dahin, dass der Gefangene von nun an zwar Tag und Nacht
in seiner Zelle von anderen Gefangenen absolut getrennt, dass ihm
aber der Verkehr mit gutgesinnten, redlichen Menschen gestattet, dass
ihm täglich der mehrmalige Besuch von den Beamten der Anstalt
(Geistliche, Arzt, Inspectoren, Lehrer, Aufseher) zugesichert, dass ihm

---

1) cfr. Geschichte der Gefängnissreform etc. Von Dr. FR. J. BEHREND.
Berlin 1859.

namentlich eine ausreichende alltägliche Beschäftigung und auch Unterricht in religiösen und weltlichen Dingen gewährt wurde. Dieses System will also in erster Reihe die Ausschliessung des Umgangs mit den Mitgefangenen, und erstrebt nebenher die sittlich bessernde Einwirkung durch den Verkehr mit guten Menschen, durch die Gewährung von Arbeit, durch die Seelsorge und durch den Unterricht in allerlei Wissenswerthem. Diess sind die Grundsätze der Einzelhaft, die noch heute die Grundlagen des Isolirsystems ausmachen, eines Systems, welches mehr und mehr berufen ist, der Ausgangspunkt des modernen Strafvollzuges zu werden.

Gegen das System der Einzelhaft sind eine Reihe von Einwänden erhoben worden, von denen ein grosser Theil auch heute noch immer und immer wiederholt wird. Wir müssen uns hier darauf beschränken, die wesentlichsten dieser Einwürfe, und zwar hauptsächlich diejenigen, die die sanitäre Seite des Systems betreffen, an der Hand der Thatsachen und Erfahrungen auf das richtige Mass zurückzuführen. Man hört gar häufig die Bemerkung, dass es unnatürlich und ungerecht sei, einen Menschen, der mit dem ausgedehntesten Geselligkeitstrieb ausgestattet sei, in der Einsamkeit der Zelle, abgesondert von der Gesellschaft anderer Menschen, Jahre lang zu verwahren. Allerdings wird dem Sträfling in der Einzelhaft jede Gesellschaft mit gleichgesinnten Genossen absolut genommen, und dafür nur der Umgang mit den Beamten und anderen redlichen Menschen gestattet, ja dieser ihm gleichsam aufgedrängt; allerdings scheint es hart und grausam, den Sträfling in stiller Vereinsamung sich selbst, seinem Gewissen und seinen Gedanken zu überlassen, ohne ihm durch den Verkehr mit Schicksalsgenossen eine Erleichterung, einen Trost zu gewähren —; allein diese Einsamkeit wird am schwersten und härtesten von denen empfunden, deren verbrecherische Vergangenheit und Gesinnung gegen eine Einkehr in sich selbst am hartnäckigsten ankämpft, während der besser gesinnte Gefangene, der reumüthig in der Strafe das Mittel der Busse und das der Aussöhnung mit der verletzten Gerechtigkeit erblickt, in der Einsamkeit der Zelle sehr bald den Frieden der Seele und die Ruhe des Gewissens findet, die ihn die Strafe leicht ertragen lassen. Die Strafe wird in der Zelle von jedem Sträfling ganz individuell empfunden, die Strafe trifft hier den innern Menschen ganz nach seinem wahren Werthe, und darin liegt ganz vornehmlich der grosse Vorzug der Wirkung dieses Systems. Und ist denn der Verkehr mit schlechtgesinnten, sittlich verkommenen und böswilligen Menschen ein so billiges Verlangen, dass es jedem Bestraften von Rechts

wegen gewährt werden muss? Wie nun, wenn in einem Gefängniss
überhaupt nur ein Bestrafter wäre, müsste ihm alsdann ein gleich-
gesinnter Genosse verschafft werden? Die Einzelhaft ist viel weniger
unnatürlich als die Gemeinschaftshaft mit dem Gebot des Schweigens;
in der Zelle kann der Sträfling, wenn er will, sich mit den ihn be-
suchenden Beamten aussprechen, unterhalten, wohl auch von diesen
belehren lassen, während er in der Collectivhaft mitten unter vielen
Genossen geistig todt sein soll. Und ist es nicht grausam, einen Menschen von besseren Lebensgewohnheiten und besseren Grundsätzen
unter eine Masse von bösen und verkommenen Individuen zu stecken,
und ihn zu einem jahrelangen gemeinschaftlichen Leben mit diesen zu
zwingen? Ist diese Strafe für diesen Gefangenen nicht eine ungemein
harte? In der Zelle wird kein Gefangener von dem anderen in irgend
einer Weise gestört oder belästigt, ein Jeglicher bleibt in gleicher
Weise sich selbst, seiner Arbeit, den guten Einwirkungen des religiösen und weltlichen Unterrichts, dem Verkehr mit den von der Verwaltung zugelassenen Personen überlassen, und hierin liegt sicherlich
ein guter Theil des gleichen Rechtes und der gleichen Strafe für Alle.

Man hat gemeint, dass die Einzelhaft die körperliche und geistige Gesundheit der Gefangenen mehr zerstöre als die gemeinschaftliche Haft, und hat diesen immer wieder hervorgehobenen Vorwurf
als den gewichtigsten Einwand gegen die Einführung dieses Systems
gebraucht. Es ist wahr, dass in den älteren Gefangenanstalten mit
Einzelhaft die Sterblichkeit unter den Gefangenen eine sehr grosse
gewesen, grösser als in den Anstalten mit Collectivhaft, — aber diese
abnorme Gesundheitsschädigung ist nicht auf Kosten des Systems zu
rechnen, sondern auf die Art seiner Ausführung. Wenn die Gefangenen in schlecht gelüfteten, engen, feuchten Zellen eingesperrt werden, wenn die Gefangenen fast niemals in freie Luft geführt und
dabei schlecht genährt werden, wenn Gefangene mit schweren Gebrechen und chronischen Krankheiten diesem Regimen unterworfen
werden, ist es da ein Wunder, dass die Sterblichkeit eine abnorm
grosse wird. Umgekehrt sind in allen Anstalten mit Einzelhaft, in welchen die sanitären Massnahmen in hinlänglicher Weise vorhanden, und
in welchen das System selbst in rationeller Weise zur Ausführung gelangt, die Salubritätsverhältnisse der Gefangenen mindestens so günstig, wenn nicht besser, als in der Collectivhaft. Auch in den gut
eingerichteten Isolirgefängnissen früherer Zeit war, wie JULIUS, VAR-
RENTRAPP, DIEZ u. A. erwiesen, die Mortalitätsfrequenz keine höhere,
häufig hingegen eine beträchtlich niedrigere gewesen als in der Gemeinschaftshaft mit Schweiggebot, und noch mehr ist dies in den

neuen, nach rationellen Grundsätzen geleiteten Isolirgefängnissen der
Fall. Wenn ich jede Vergleichung der Morbidität oder der Mortalität
unter Anstalten desselben Systems, und noch mehr unter denen verschiedener Strafsysteme, aus vielen Gründen als ungleichwerthig und
darum als unzulässig erachte, und desshalb jeden Vergleich dieser Art
unterlasse, so wird doch aus folgenden wenigen Zahlen, die ich aus
verschiedenen Quellen hier anführe, ersichtlich sein, dass die Sterblichkeit der Gefangenen unter dem strengen Isolirsystem durchaus als
keine abnorm hohe, vielfach sogar als eine ausserordentlich geringe
anzusehen ist. So starben, um nur Beispiele aus der neuesten Zeit zu
wählen, in der Isoliranstalt zu Löwen (Belgien) von 1861—65: 1,61% der
Durchschnittsbevölkerung, 1870: 1,16%; in den Zellengefängnissen in
Holland von 1862—1872: 0,78%; in Vridsloeselille (Dänemark) 1863
bis 1868: 0,75%; in Christiania von 1851—1872: 0,6%; in Bruchsal
von 1850—1876: 1,72% [1850—1859: 2,49, 1860—69: 1,26, 1870
bis 1876: 1,41]; in Moabit 1858—1877: 1,58 (1858—62: 1,57; 1863
bis 1867: 1,43; 1868—72: 1,89; 1873—77: 1,43); in Nürnberg von
1868—78: 2,41; in Oslebshausen (Bremen) incl. Selbstmorde 1874 bis
1879: 1,6%; in dem Zellengefängnisse für erwachsene männliche
Gefangene in Plötzensee war in den 3 Jahren von 1877—1879/80
der durchschnittliche Krankenbestand täglich 0,88, und die jährliche
durchschnittliche Sterblichkeitszahl 1,3%. Diese Zahlen sind sicher
nicht derartig, dass sie gegen das System der Einzelhaft sprechen, und
wenn man den einzelnen Anstalten vorwerfen will, dass sie von Hause
aus überhaupt kranke Gefangene nicht zulassen, und darum ein günstigeres Mortalitätsverhältniss als die Anstalten mit Gemeinschaftshaft
haben, so ist auch dieses kein Vorwurf gegen das System der Isolirhaft, es beweist nur, dass die Einzelhaft gesunde Gefangene durchaus
nicht mehr in ihrer Gesundheit schädigt als jede andere Haftweise,
und dass zur rationellen Anwendung des Isolirsystems, wie wir später
ausführen werden, die Ausschliessung aller chronisch Kranken unbedingt nothwendig ist, einmal, weil diese für die Hausordnung der
Zellenhaft nicht passen, und weil sie in der Zelle in der That durch
die erheblich schweren Eindrücke der Haft ganz gewiss eine Verschlechterung ihres Zustandes erleiden. — Es liegt nach meinem
Dafürhalten auch gar kein Grund vor, anzunehmen, dass ein gesunder
Gefangener in einer hygienisch gut eingerichteten Zelle eher krank
werden sollte, als in dem in sanitärer Beziehung in den meisten
Fällen weniger günstigen gemeinschaftlichen Arbeits- und Schlafsaal
unter der Strenge des Schweigsystems. Und noch einen sicheren
Vortheil für die Conservirung der Gesundheit hat die Zellenhaft, dass

sie einen Schutz gegen die Verbreitung von Infectionskrankheiten
gewährt. Cholera, Typhus und Pocken sind sporadisch in Isolirgefängnissen aufgetreten und haben, wie die Erfahrung erwiesen,
niemals eine Verbreitung gefunden, während bei der gesteigerten
Disposition der Gefangenen Krankheiten dieser Art in der Gemeinschaftshaft nicht selten die verderblichste Extensität gewinnen.

Gewichtiger als der oben angeführte ist der Einwand, dass in
den Isolirgefängnissen die Fälle von Geistesstörungen häufiger sind
als in der gemeinschaftlichen Haft. Man meint und nicht ganz mit
Unrecht, dass der Bestrafte in der Vereinsamung der Zellenhaft, zum
anhaltenden Nachdenken über seine Vergangenheit, über sein und
der Seinigen Unglück, über das Elend einer vielleicht noch schreck-
licheren Zukunft gezwungen, in der immer mehr sich einengenden
Sphäre seines geistigen Lebens einer krankhaften Verirrung der Hirn-
thätigkeit ausgesetzt sei, dass er im beständigen Ankämpfen und
Widerstreben gegen sein Geschick oder in stumpfer Resignation bei
dem Mangel aller Ausseneindrücke früher oder später dem Wahnsinn
oder Blödsinn anheimfallen müsse, während in der Gemeinschaftshaft
das Zusammenleben mit den Schicksalsgenossen von jener einseitigen,
krankhaften Concentration des Gemüths- und Geisteslebens ablenke.
Berücksichtigt man jedoch die Thatsache, dass nach den Beobachtungen vieler zuverlässiger Gefängnissärzte (THOMPSON, NICOLSON,
LÉLUT, BAILLARGER, FERRUS, FÜSSLIN, DIETZ, DELBRÜCK, GUTSCH
u. A.) in den Gefängnissen die Zahl der Geisteskranken überhaupt
eine erheblich, meist 4—5 mal grössere ist als in der freien Bevölkerung, so wird man sich nicht wundern, dass in der Einzelhaft,
wo jeder Gefangene bei jeder noch so geringen Veränderung seines
geistigen Verhaltens und Benehmens, bei jeder auffallenden Aeusse-
rung seines Denkens und Thuns schon frühzeitig der Gegenstand
einer sorgfältigen Beobachtung, und wo jede geistige Abnormität
und jeder Defect in der psychischen Individualität sehr bald erkannt
wird, die Fälle von wirklichen Geistesstörungen und von denen, die
einer solchen verdächtig sind, zahlreicher sein müssen als in der
gemeinschaftlichen Haft, wo nur die extremsten und eklatantesten
Fälle von Geistesstörungen zur Kenntniss gelangen, während die
grösste Mehrheit derselben, alle ruhig verlaufenden und selbst bereits
vorgeschrittenen Fälle eines psychischen Zerfalles, unter der strengen
Zucht des Schweiggebotes ganz unbemerkt bleiben. Die eigenthüm-
liche Wirkung der Zelle auf das psychische Leben der Gefangenen
äussert sich, wie die Beobachtung in der strengen Isolirhaft lehrt,
darin, dass der Gefangene durch die plötzlich eingetretene, voll-

kommen geänderte Lebensweise, durch das Gefühl der Vereinsamung und der Verlassenheit, sowie durch die unausbleibliche, concentrirte Beschäftigung mit sich selbst in seinem geistigen Gemeinwesen eine Depression erfährt, die nach der individuellen geistigen Capacität und Widerstandsfähigkeit entweder nur eine vorübergehende ist und ohne jegliche Schädigung der geistigen Gesundheit bleibt, so dass sehr bald eine volle Accommodation an die neuen Lebensverhältnisse eintritt, und der Gefangene die ihm auferlegte Strafe in ruhiger, versöhnter Stimmung trägt, oder diese Depression wird eine abnorm gesteigerte, und führt meist schon früh oder auch erst nach längerer Zeit, innerhalb welcher der wirkliche, depressive Charakter der allgemeinen Stimmung zuweilen auch mit grosser Consequenz verheimlicht wird, zu impulsiven Ausbrüchen unverkennbarer Geistesstörung. Gefangene von gesundem Nervensystem und von psychisch gesunder Abstammung werden von der erschütternden Wirkung der Zelle nur vorübergehend berührt, sie ertragen diese um so leichter, je mehr ihr Gesichts- und Gedankenkreis durch Wissens- und Bildungselemente erweitert ist, während Sträflinge, die an einer angeborenen oder erworbenen Schwäche des Nervensystems leiden, die von beschränktem Intellect, stupidem Verhalten, die geistig verwahrlost sind, in der Zelle einer relativ grösseren Gefahr einer geistigen Erkrankung ausgesetzt sind. Bei Gefangenen mit einer Disposition zu einer psychischen Krankheit ruft die Zelle in vielen Fällen allerdings nicht selten eine bleibende und unheilbare Geistesstörung hervor, während sie bei Sträflingen mit einem gesunden Geistesleben ohne jede Störung und Einwirkung bleibt, und ist bei diesen nichtsdestoweniger dennoch eine solche aufgetreten, dann pflegt sie in den allermeisten Fällen ganz und schnell zu verschwinden. In rationell geleiteten Isolirgefängnissen sollen und müssen daher Gefangene, bei denen sich Zeichen einer nur annähernd ernsten Verstimmung, einer gesteigerten Reizbarkeit oder andere Verdachtsmomente einer psychischen Alteration zeigen, mit vollem Recht schon sehr früh aus der Zelle entfernt werden. Will man nun alle Fälle dieser vorübergehenden, leichten psychischen Erscheinungen und auch alle jene Fälle, welche aus prophylaktischen Gründen aus der Einzelhaft entfernt werden, als Fälle von Geistesstörungen und Irrsein betrachten, dann freilich wird ihre Anzahl in der Einzelhaft eine grössere sein als in der Gemeinschaftshaft, wo nur die schwersten Fälle von geistiger Krankheit zur Beobachtung gelangen. Da die Beurtheilung dieser Fälle selbst unter den Gefängnissärzten noch eine sehr verschiedene ist, so erklärt es sich, dass in diesem Zellengefängniss

überraschend viele, in dem anderen ausserordentlich wenige, und in
einem dritten sogar gar keine Geisteskranken vorkommen. — Dass
wir es hier in den meisten Fällen thatsächlich nur mit einer vorübergehenden Einwirkung auf das sensorielle Leben zu thun haben,
zeigen schon die überraschenden Heilungsresultate, die in dieser Frequenz in keiner Irrenanstalt erreicht werden. So waren in den verschiedenen Philadelphischen Isolirgefängnissen unter den immer
angeführten Fällen einer abnormen Häufigkeit von Geistesstörung
(bei 4,54 % der Durchschnittsbevölkerung) 1837—41: 78 %; in dem
dänischen Zellengefängniss Vridsloeselille (1863—67 bei 2,78 % der
Gesammtbevölkerung) 73 % und in Bruchsal (1848—60 bei 3,15 %
der Gesammtbevölkerung) sogar 85,7 % wieder geheilt. Solche Hei-
lungsergebnisse werden nimmer eintreten unter den wirklich geistes-
gestörten Fällen einer Irrenanstalt, und auch nicht unter den als
geisteskrank aufgeführten Fällen in den Gefangenanstalten mit Collectivhaft. Nur in diesem Sinne sind die Angaben über die Frequenz der
Geistesstörungen in den Isolirgefängnissen zu beurtheilen, und dem
wirklichen Sachkundigen können und sollen daher grössere Zahlenangaben von Geistesstörungen in einem Isolirgefängnisse weniger be-
unruhigen als umgekehrt jene zu geringen Zahlen. — Wie schon angedeutet, sind die Angaben über die Häufigkeit von Geistesstörungen in
der Einzelhaft durchaus nicht übereinstimmend. Sehen wir auch hier
von den älteren Mittheilungen ab, so finden wir in Pentonville von
1843—1858 unter ca. 7000 Gefangenen 75 Fälle von Wahnsinn, also
1,07 %, während in Glasgow (von 1824—44) nicht ein einziger Fall
von Geistesstörung, und in Toscana (1849—56) auf 100 männliche
Sträflinge 0,25 und bei Weibern 0,69 % vorgekommen. In Vridsloeselille sind 1863—67 unter 1315 Gefangenen 30 = 2,28 % (mit 73 %
Heilungen) und von 1868—1873 [1]) unter 1741 Eingetretenen 38 =
2,23 % Geisteskrankheiten, unter denen mehrere Fälle von vorübergehender Aengstlichkeit, gedrückter Stimmung sich befanden, behandelt worden. In Frankreich waren [2]) von 1866—70 in den maisons
centrales 0,3 % vorgekommen und in den Gefängnissen mit Einzelhaft: Mazas (1850- 73 unter 24949 Gefangenen 493) = 1,9 % Geistesstörungen, in la Roquette (für jugendliche Gefangene) (1852—1873)
unter 6107: 24) = 0,3 und in la Santé (1867—73 unter 2399 Gefangenen 20) = 0,3 Geistesstörungen, oder in allen 3 Isolirgefängnissen
von Paris im Ganzen 1,6 %. In Loewen waren 1860—1873 unter

---

1) Blatter f. Gefängnisskunde. Bd. XI. 1877. S. 209 ff.

2) Annales de l'assemblée nationale. Tome XIV. Enquête parlementaire sur
le regime des établissements pénitentiaires. Paris 1876. p. 942 ff.

6966 Gefangenen 20 Fälle von Geistesstörung = 0,2 %, in Amster-
dam von 1862—71 unter 1870 Gefangenen 1 Geisteskranker = 0,05 %,
und in anderen holländischen Isolirgefängnissen 0,2 % ; in Norwegen
(Aageberg und Christiania) unter 4943 Gefangenen (von 1851—73)
56 = 1,1 % Fälle von Geistesstörung. In Bruchsal [1]) waren 1850 bis
1877 (in 28 Jahren) unter 7007 Gefangenen 200 Fälle von Geistesstörungen, = 2,85 %, vorgekommen, in Moabit [2]) waren 1860—70 im
Ganzen 14 Personen wegen Geisteskrankheit aus der Zelle in die
Collectivhaft und von diesen 2 in die Irrenanstalt gebracht, und von
1870—77 war nur 1 Fall von Geistesstörung (vermuthlich Einer, der
nach der Irrenanstalt verbracht ist); in Nürnberg [3]) waren bei einer
Gesammtzahl von 4319 Gefangenen 0,3 % Geistesstörungen. In dem
Gefängniss für männliche Gefangene mit strenger Isolirhaft in Plötzensee habe ich in den 5 Jahren von 1877 bis incl. 81 unter 1748 Gefangenen 41 Fälle von schweren und vorübergehenden leichten Geistesstörungen beobachtet, = 2,34 %, von diesen waren jedoch 33 in der
Anstalt wieder geheilt (ca. 80 %) und 7 in die Irrenanstalt verbracht.
In den schwedischen Zellengefängnissen waren von 1867—77 1,3 %
Fälle von Geistesstörungen aufgetreten, und unter diesen sind viele,
wie ausdrücklich hervorgehoben wird, von der hohen Medicinalver-
waltung nicht als geisteskrank erachtet. [4]) Alle angeführten Zahlen
sind nicht der Art, dass sie von der Anwendung der Einzelhaft im
Strafvollzuge abhalten könnten.

In gleicher Weise zeigen die Thatsachen, dass die angeblich in
der Einzelhaft in grosser Häufigkeit vorkommenden Fälle von Selbst-
morden vielfach auf Uebertreibung und Unkenntniss beruhen. Gewiss
kann der Aufenthalt in einer schlechten Zelle, eine ungeeignete Behandlung von Seiten der Beamten, den durch die Einsamkeit der
Haft deprimirten Gefangenen zur Verzweiflung und zum Selbstmord
treiben, aber dasselbe geschieht in gleicher Weise auch in der Collectivhaft; umgekehrt kann eine verständige, individualisirende Behandlung in der Zelle manchen Gefangenen sicher von Verzweiflung und
Selbstmord retten. So war in den oben angeführten Zeitabschnitten
das Verhältniss der Selbstmordfälle [5]) in Mazas 0,3 % (von 1850—73
unter 24949 Gefangenen 75 Selbstmorde), in la Roquette 0,09 % (von
1852—73 unter 6107 Gefangenen 6 Selbstmorde), in la Santé 0,02 %

---

1) Blätter f. Gefängnisskunde. XIII. Bd. S. 54.
2) Das Zellengefängniss Moabit. Von WILKE. S. 34.
3) l. c. S. 155.
4) Congrès de Stockholm, l. c. T. II. p. 598.
5) Enquête parlamentaire l. c.

(von 1867—1873 unter 2399 Gefangenen 2 Selbstmorde), in Loewen
0,2, in den holländischen Zellengefängnissen 0,17, in Norwegen 0,08,
in Toscana 0,2, in Bruchsal 0,19, in Nürnberg 0,09, und in Plötzensee 0,17 %. (unter 1748 Gefangenen in 5 Jahren 3 Fälle von Selbstmord). Im 20jährigen Durchschnitte von 1858—1877 kommen im
Zellengefängniss Moabit auf 1000 Gefangene der Durchschnittsbevölkerung 0,71 % Selbstmorde und in den preussischen Strafanstalten
mit gemeinsamer Haft in derselben Zeitperiode: Sonnenburg 0,81,
Breslau 0,94, Jauer 0,77, Ratibor 1,32, Halle 0,74, Münster 1,39 %.[1])

Man hat auch der Isolirhaft vorgeworfen, dass sie das Laster
der Selbstbefleckung im hohen Grade begünstige, weil der Gefangene
sich selbst viel überlassen und unbewacht bleibt und dann, weil die
Einsamkeit selbst zu sinnlichen, erotischen Gedanken führe. Die
excessive Onanie in der Zellenhaft wurde von älteren Aerzten als die
wesentliche Ursache der vielen psychischen Erkrankungen, und wird
von Anderen auch heute noch als der Hauptgrund der Häufigkeit der
Phthisis und der abnormen allgemeinen Sterblichkeit unter den Gefangenen angegeben. Allein so depotenzirend dieses Laster auch auf
den Organismus des Gefangenen wirkt, so wenig wird es in der
Isolirhaft durch das Haftsystem selbst bedingt. Wer das Treiben
der Gefangenen in der Gemeinschaftshaft kennt, wird wissen, dass
hier neben der allgemein verbreiteten Onanie die widernatürlichste
Unzucht in schamlosester Weise unter den Gefangenen getrieben wird.
„Päderastie", sagt Ducpétiaux, „kann in der Zelle nicht getrieben
werden, und Onanie wird in der gemeinsamen Haft ebenso viel getrieben wie in der Einzelhaft."

Sind die sanitären Nachtheile der Einzelhaft auf ein ausserordentlich geringes Mass zurückzuführen, auf ein Mass, das sich durch
die individualisirende Behandlung der Gefangenen noch erheblich
reduciren lässt, so sind die Vortheile, die die Zelle für den Straf-
und Besserungszweck gewährt, von ungemeiner Bedeutung. Die Einzelhaft verhütet mit einer fast absoluten Sicherheit den Contact der
Gefangenen, und macht ihre gegenseitige Demoralisation unmöglich.
In der Zelle wird jeder Gefangene ohne Ausnahme zur Einkehr in
sich, zum Nachdenken über seine Lage und Zukunft geführt und in
einen Zustand versetzt, der ihn für die sittliche und religiöse Einwirkung der Schule, der Seelsorge geeignet macht, eine Einwirkung,
die, in verständiger, wohlerwogener Weise ausgeübt, in gedeihlichster
Weise den Besserungszwecken dient. In der Zelle lernt der Gefän-

---

1) Statistik der zu dem k. Ministerium d. Innern ressortirenden Gefangen-
und Strafanstalten.

gene die Arbeit lieben und schätzen; hier kann dem Gefangenen
auch manche Erleichterung und Ermunterung, und auch manche
Nachsicht zu Theil werden, weil jede Rücksicht auf die Mitgefangenen, deren Neid und Missgunst wegfällt, und aus demselben Grunde
kann hier eine grössere Rücksicht auf den Charakter, die Vergangenheit und die Fähigkeiten des Gefangenen genommen, und auch die
Disciplin milder und weniger streng gehandhabt werden. Die Zellenhaft verhütet, dass der Gefangene Bekanntschaften macht und Verbindungen anknüpft, die der Sicherheit der Gesellschaft gefährlich
oder ihm in seinem späteren Fortkommen hinderlich werden. Und
alle diese Vortheile führen in ihrer Gesammtheit mittelbar und unmittelbar dahin, die Rückfälligkeit mehr oder weniger zu vermindern.

So sehr demnach auch die Einzelhaft sich für die Vollstreckung
der Freiheitsstrafen empfiehlt, und so sehr sie eine immer grössere
Verbreitung verdient, so sehr muss indessen, wie schon angedeutet,
bei ihrer Anwendung die genaueste Prüfung der Individualität eines jeden Gefangenen vor sich gehen. Es giebt erfahrungsmässig eine nicht geringe Anzahl von Gefangenen, die sich
durchaus nicht für die strenge Einzelhaft eignen — und selbst nicht
einmal für die relative Isolirhaft, d. h. für diejenige Isolirhaft, wo die
Gefangenen in der Kirche, Schule, im Spazierhofe gemeinschaftlich
gehalten werden, und wo sie auch nicht die sogenannten Masken
tragen. Schon von jeher erkannte man gewisse Contraindicationen
gegen die Zellenhaft; so wurden geistig sehr beschränkte Menschen,
Epileptiker, Gefangene mit schweren Krankheiten (Phthisis, Herz-
fehler u. s. w.), mit Gebrechen (Blindheit, Lähmung), im vorgerückten
Alter nicht der Zellenhaft unterworfen, und in diesem Sinne hält auch
der internationale Gefängnisscongress zu Stockholm (1878) die Einzelhaft ausgeschlossen: „Sobald der Sträfling irrsinnig oder von einer
Geistesstörung befallen ist, sobald er an einer chronischen Krankheit,
an einem schweren unheilbaren Gebrechen leidet, und sobald sich
nach einer hinlänglichen Prüfung herausstellt, dass der Gefangene
ohne ernste Gefährdung die Zellenhaft nicht vertragen kann.“ Nur
wo diese Kategorien von Gefangenen gar nicht in die Zelle zugelassen werden, und nur dort, wo sie, sobald sie erkannt, sofort aus
der Einzelhaft entlassen werden, wird man schwere sanitäre Schädigungen vermeiden; — und ist es desshalb entschieden gerathen, hier
mit mehr Objectivität als mit blinder Voreingenommenheit, mit mehr
Liberalität als mit fanatischer Rigorosität zu verfahren, wenn man
den wirklichen Werth der Isolirhaft nicht durch unbillige und ver-
schuldete Ergebnisse discreditiren will.

Man hat früher behauptet, dass die zarte und schwächliche
Constitution des Weibes, das Vorherrschen des Phantasie- und Ge-
müthslebens bei diesem, die Anwendung der Zellenhaft ausschliessen
müsse, weil die leibliche und geistige Gesundheit derselben in der
Zelle erheblich mehr gefährdet sei als in der Collectivhaft. Man
hat auf die grössere Häufigkeit der Mortalität in den weiblichen
Isoliranstalten hingewiesen und darauf, dass in diesen viel mehr
Geistesstörungen vorkommen als bei Männern. Thatsächlich ist aber
zu constatiren, dass unter den weiblichen Gefangenen überhaupt das
Verhältniss der Sterblichkeit und der Geistesstörungen ein meist wesentlich ungünstigeres ist als bei männlichen Gefangenen. Bei den
meisten weiblichen Gefangenen ist auch in der Wirklichkeit von
einer besonderen Zartheit der physischen Constitution nicht viel zu
reden, da, wie Diez mit vollem Recht hervorhebt, „die grosse Mehrzahl aus der ländlichen Bevölkerung und den arbeitenden Klassen
hervorgeht, die gewöhnt und genöthigt ist, gleich dem Manne, um
des Lebens Nothdurft harte Arbeiten zu verrichten." In Frankreich,
Dänemark und England, wo die Zellenhaft bei Weibern seit lange
in Anwendung ist, hat man einen besonderen schädlichen Einfluss
auf die physische Gesundheit nicht beobachtet. Anders ist es mit
der Wirkung auf das psychische Leben. Die grössere Erregbarkeit
und Reizbarkeit des Nervenlebens, die grössere Neigung zu hoch-
fliegenden Projectmachereien und weitschweifendem Denken, und
andererseits wieder die schnell eintretende Einschüchterung und Verstimmung können unter dem Einflusse der Isolirung die Disposition
zu einer psychischen Erkrankung ungemein erhöhen — und daher
auch die in der Einzelhaft bei weiblichen Gefangenen meisthin
grössere Anzahl von Geistesstörungen als bei männlichen Gefangenen. In den meisten Staaten wird bei Weibern die Einzelhaft in
nicht absolut strenger Weise ausgeführt, und nur auf relativ kurze
Haftdauer ausgedehnt. Da, wo die Einzelhaft in wirklich rationeller
Weise ausgeführt wird, scheint jeder besondere Nachtheil überhaupt
zu verschwinden. So hat man nach STARKE[1]) in Belgien die Erfahrung gemacht, dass „die weiblichen Gefangenen nicht minder als
die männlichen ohne Schaden an Körper und Geist der Einzelhaft
unterworfen werden können, und dass desshalb keine Veranlassung
vorliegt, die ersteren nach einem anderen System zu behandeln." In
moralischer Beziehung und im Interesse des Strafzweckes ist die Einzelhaft bei weiblichen Gefangenen zweifellos nothwendiger als bei
den männlichen, denn die bösartigen Wirkungen der sittlichen Ver-

---

1) l. c. S. 256.

schlechterung sind dort noch um Vieles grösser als hier, wie dies ganz besonders von ELISABETH FREY und JOSEPHINE MALLET hervorgehoben ist.

Auch bei jugendlichen Gefangenen hat man aus sanitären Gründen die Anwendung der Einzelhaft für unzulässig gehalten. Man glaubte, dass diese die jugendlichen Sträflinge, deren körperliche Constitution vielfach durch Krankheitsanlagen und anerworbene Krankheiten verkümmert und zurückgeblieben, in ihrer Entwickelung schädigen müsse, dass der deprimirende Effect der Isolirung das Gemüth und die intellectuelle Sphäre des kindlichen und jugendlichen Alters hemmen werde. Indessen hat die in vielen Anstalten gewonnene Erfahrung die a priori scheinbar richtigen Voraussetzungen nicht bestätigt. Die jugendlichen Gefangenen — und zu diesen zählen die meisten im Alter von 12—18 Jahren — ertragen nicht nur kurze Strafzeiten, sondern in geeigneten Fällen auch Isolirungen von mehrjähriger Dauer ohne jeden Schaden für ihre körperliche und geistige Organisation. Erfahrungen dieser Art hat man in La Roquette[1]) in Paris, in Parkhorst in England und auch in den belgischen Gefangenanstalten gemacht. Und zu denselben Erfahrungen bin ich durch meine eigenen Beobachtungen in dem Specialgefängniss für jugendliche Gefangene des Strafgefängnisses Plötzensee gelangt, woselbst die detinirten jugendlichen Sträflinge der strengen absoluten Isolirhaft unterworfen werden. In den 5 Jahren von 1876 bis 1880 waren in strenger Einzelhaft verwahrt im täglichen Durchschnitt 79,60 jugendliche Sträflinge im Alter von 12—18 Jahren, und von diesen waren durchschnittlich 0,82 % täglich krank und sind während der ganzen 5 Jahre 4 gestorben. Während dieser Zeit waren 2698 jugendliche Gefangene detinirt, und zwar 1100 bis zu einer Woche, 646 über eine Woche bis zu einem Monat, 575 von 1—3 Monaten, 221 von 3—6, 70 von 6—9, 44 von 9—12, 37 von 12—18 Monaten, 4 von 18 Monaten bis zu 2 Jahren und 1 von 2 bis 2¼ Jahren. Von allen diesen jugendlichen Gefangenen waren nur bei 3 Erscheinungen von psychischen Störungen aufgetreten (2 vorübergehende hallucinatorische Erscheinungen, 1 melancholische Depression mit Selbstmordversuch) und waren 3 wegen angeborener Imbecillität in die Collectivhaft verlegt. Auch Dr. MOTET[2]), Arzt an der Anstalt La petite Roquette für Jugendliche in Paris, versichert, dass er von der Isolirhaft bei jugendlichen Gefangenen

---

1) cfr. Les jeunes détenus à la Roquette et dans les colonies agricoles par M. le Dr. O. DU MESNIL. Annal. d'Hygiène publ. etc. 1866. p. 241.

2) Enquête parlementaire, l. c. S. 55.

keinen nachtheiligen Einfluss auf die Intelligenz wahrgenommen,
und dass dort, wo eine psychische Störung sich zeigte, der Fall
bei genauer Nachforschung sich als eine hereditäre herausgestellt
habe. Allerdings ist nicht zu verkennen, dass unter unseren jugendlichen Gefangenen 80% aus Berlin, weitere 10% aus kleinen
Städten und nur 9% vom Lande herstammen, so dass hier eine
durch das grossstädtische Leben geistig geweckte und frühreife jugendliche Bevölkerung vertreten ist, die die gewöhnlich nicht zu
lange Strafzeit in der Isolirhaft sehr gut verträgt. Da, wo die Bevölkerung eine mehr ländliche ist, und in Anstalten, in welchen auch
mehr Gewicht auf den educatorischen Zweck gelegt wird, werden sich
allerdings mehr ländliche Anstalten nach dem Muster von Mettray in
Frankreich, Horn bei Hamburg, Ruysfelde in Belgien u. s. w. empfehlen.

Die Isolirhaft kann ohne Rücksicht auf Geschlecht und Alter
der Gefangenen und ohne gesundheitliche Schädigung derselben ausgeführt werden, und wird mit besonders guten Erfolgen in Anstalten
ausgeführt, in welchen die Anzahl der Gefangenen nicht zu gross ist
(höchstens 500) und in welchen ein einsichts- und verständnissvolles
Beamtenpersonal diese Haftweise überwacht.

Die Einzelhaft ist jedoch nichtsdestoweniger als eine relativ
sehr schwere Strafe aufzufassen, und wenn die tägliche Erfahrung
lehrt, dass schon bei der gewöhnlichen Gemeinschaftshaft die langen
Strafen durch ihre Monotonie und ihre depotenzirende Einwirkung
für die Gesundheit der Gefangenen verderblich werden, so ist diess
in noch viel verstärkterem Masse bei der Einzelhaft der Fall. Aus
diesem Grunde sehen wir, dass in allen Staaten, in denen dieses Haftsystem eingeführt ist, ein Maximum der Strafdauer in der Zellenhaft
gesetzlich festgestellt ist (in einzelnen amerikanischen Staaten 12 Jahre,
Belgien 10, Norwegen 4, Dänemark 3½, Deutschland und Oesterreich
3 Jahre, Holland und Schweden 2 Jahre, in England 9 Monate bis 2
Jahre, Schweiz 12 Monate, Irland 9 Monate als das erste Stadium der
Strafknechtschaft, in Frankreich alle Freiheitsstrafen bis 1 Jahr 1 Tag
nach der neuesten Gesetzgebung von 1875), und dass in noch anderen
die verhängte Strafzeit durch die Verbüssung in der Einzelhaft um ein
bestimmtes Mass reducirt wird, so in Belgien, Pennsylvanien, Dänemark u. a. Bedenkt man, dass gerade die Einzelhaft, wie wir gezeigt
haben, sehr wohl geeignet ist, den verbrecherischen Sinn des Gefangenen umzustimmen, und auf diese Weise eine Besserung des Sträflings herbeizuführen, und dass diese wohlthätige Einwirkung schon
nach einer nicht allzulangen Strafdauer einzutreten pflegt — so ist es
einleuchtend, dass die Isolirhaft wie aus sanitären, so auch aus straf-

rechtlichen und ethischen Gründen sich für kurzzeitige Strafdauer am vortrefflichsten eignet. In der That hat sich allmählich in allen Culturstaaten als Grundsatz ausgebildet, dass alle Gefangenen während der Untersuchungshaft, wie solche mit kurzer Strafdauer, in der Einzelhaft zu detiniren seien, und dass bei langen Strafzeiten diese das Anfangsstadium der Strafverbüssung ausmache. — Jede Verkürzung der Strafzeit ist vom sanitären Gesichtspunkt aus als eine wohlthätige Einrichtung zu befürworten, weil durch sie viel Gesundheit und Leben geschont und erhalten wird — und aus diesem Grunde ist die in vielen Staaten (England, Portugal, Schweiz, Deutschland) jetzt in den Strafvollzug eingeführte provisorische Beurlaubung oder bedingte Freilassung der Gefangenen bei tadelloser Führung und nach Verbüssung einer bestimmten Strafzeit — im deutschen Reiche nach ³/₄ derselben — ein Moment, das die sittlichen wie die gesundheitlichen Interessen der Gefangenen in gleicher Weise fördert.

Das Progressiv- oder das Irische System.

Das diesem Haftsystem zu Grunde liegende Prinzip ist, bei der Vollstreckung der verhängten Strafe den Gefangenen durch erziehendliche Einwirkung in stufenweise aufsteigenden Haftstadien an der Verwirklichung der Strafidee selbst Theil nehmen, und ihn durch eigenes Zuthun in allmäliger Gradation die zu gewinnende Freiheit sich selbst erobern zu lassen. Sir WALTER CROFTON, der General-Inspector der Gefängnisse in Irland, war es, der diese Idee in ingeniöser Weise systematisch zur Ausführung brachte. Die zu einer mehrjährigen Strafknechtschaft verurtheilten Gefangenen werden dort die ersten 9 Monate in strenger Isolirung in Mountjoy, nördlich von Dublin gehalten, bei knapper Nahrung, bei gar keiner oder sehr monotoner Arbeit (Wergzupfen), um den Beginn der Strafe recht hart und empfindlich zu machen, um abschreckend zu wirken. Hier wird viel Zeit auf den Unterricht verwandt, und bei gutem Verhalten kann die Strafzeit um 1 Monat abgekürzt werden. Das zweite Haftstadium wird in Spike Island, auf einer kleinen Insel verbüsst in gemeinschaftlicher Arbeit bei Tage und Isolirung des Nachts. Hier ist schwere körperliche Arbeit meist im Freien (Erd- und Hafenarbeiten) und auch in geschlossenen Räumen bei besserer Beköstigung die Hauptsache. Diese gemeinsame Haft hat 4 Rangklassen, in jeder der 3 ersten muss der Gefangene eine gewisse minimale Zeit verbleiben, die Versetzung in eine höhere Klasse geschieht nach einer bestimmten Anzahl von Marken, die von seiner Arbeit und Führung abhängen. Grössere Arbeitsvergütigung und mehrfache Erleichterungen werden in der höheren Klasse gestattet; bei schlechtem Verhalten findet eine Rückversetzung in frühere Klassen statt. Das dritte Stadium der Haft besteht in der sogenannten Zwischenanstalt (intermediate Prison), eine Einrichtung, die das Charakteristische des irischen Systems ist. Diese Strafperiode wird in Smithfield, in Dublin selbst oder in Lusk Common bei Dublin gebüsst — und zwar geniesst der Gefangene hier eine grosse Summe von Freiheiten; er trägt keine besondere Sträflingskleidung, wird mit Absicht dem Verkehr mit dem Publikum ausgesetzt, um ihn seiner Verantwortlichkeit bewusst werden zu lassen, um die Persönlichkeit des Sträflings aus der Passivität und Duldung heraus in das Stadium des Handelns allmählich überzuführen, und ihn zu der bedingten Freilassung vorzubereiten. In der Zwischenanstalt arbeitet der Sträfling ohne Aufsicht, ist seinem freien Willen überlassen, verrichtet Lohndienste, besorgt Einkäufe ohne Aufsicht — alles das, um den Versuchungen Widerstand leisten zu müssen, und der freien Gesellschaft Bürgschaft abzulegen von seiner gewonnenen Willens- und Charakterstärke. Hat der Sträfling auch dieses Stadium gut überstanden, so wird er gegen einen Urlaubsschein aus der Haft entlassen, bleibt aber unter strenger Aufsicht der Polizei bis zum Ablauf der wirklich verhängten Strafzeit, so dass dieses Stadium der bedingten Freilassung, die jeden Augenblick widerrufen werden kann, als eine wirksame Probe der dauernden Besserung des Verbrechers angesehen werden kann. In der That soll dieses System eine sehr erhebliche Verminderung der Rückfälligkeit in Irland ergeben, wie auch in neuester Zeit der ausgezeichnete Generaldirector der italienischen Gefängnisse in Italien, M. Beltrani-Scalia[1]) behauptet. Was dieses System in seiner Eigenartigkeit auszeichnet, ist die psychologische Idee, den Gefangenen unter eigener Bethätigung seines umgeänderten Willens durch fortgesetzte Prüfungsstadien progressiv zu der ersehnten Freiheit zu leiten und ihrer sich würdig zeigen zu können, eine Idee, die durchaus nicht in räumlich getrennten Anstalten, wie in Irland, zur Ausführung gelangen muss, sondern selbst in verschiedener Gestaltung zur Ausführung gelangen kann, wie das thatsächlich in England, Dänemark, in der Schweiz, in Italien, in Ungarn-Kroatien in neuerer und neuester Zeit geschehen. Dass aber ein Haftsystem, bei welchem die Monotonie der langen Strafzeit in so günstiger Weise aufgehoben, bei welchem gesunde Beschäftigung womöglich im Freien und bei einer ausreichenden Beköstigung eingeführt, und bei welchem der Gefangene zu freudigem Hoffen angeregt wird,

---

1) cfr. Die belgische Zellenhaft und deren Erfolge. Ein Votum aus Italien. Leipzig 1881. S. 25 ff.

auf die gesundheitlichen Zustände der Gefangenen günstig einwirken muss, braucht keiner weiteren Ausführung. In den irischen Gefängnissen war vor Einführung dieses Systems, 1854—55, die Durchschnittszahl der täglichen Kranken 10,16 und 10,16 % der Durchschnittsbevölkerung, die Zahl der Todesfälle 8 und 4,7 % — während nach Einführung dieses Systems, 1856 und 1857, die Zahl der ersteren 6,80 und 5,16, die der letzten 1,9 und 1,8 % betrug.[1] Im Jahre 1875 waren nach BELTRANI-SCALIA in den oben erwähnten irischen Gefängnissen (Mountjoy, Spike, Lusk) bei einer durchschnittlichen Bevölkerungszahl von 867 Personen täglich 2,5 % im Durchschnitt krank, 0,9 % der Durchschnittsbevölkerung (im Ganzen 8) gestorben, 0,7 % geisteskrank (im Ganzen 6) und war kein Fall von Selbstmord vorgekommen. In Leopoldstadt a. d. Waag war nach dem vortrefflichen Berichte des Directors EMIL TAUFFER[2] der progressive Strafvollzug 1871 eingeführt, und hier war in der 6jährigen Periode von 1865—70 bei einer Durchschnittsbevölkerung von 1107,5 Gefangenen die jährliche Durchschnittszahl der Gestorbenen 84,33 = 7,61 % und in der 6jährigen Periode nach Einführung dieses progressiven Systems (1871—76) bei 935,83 der Durchschnittsbevölkerung 27,17 Todesfälle im Jahre = 2,93 %.

Gegen das graduirte Strafsystem werden namentlich strafrechtliche, socialpolitische und ökonomisch-technische Einwendungen erhoben, deren Ausführungen nicht hierher gehören. Indessen soll nicht verschwiegen werden, dass der progressive Strafvollzug immer mehr Freunde und Anhänger findet.

Deportation.

Durch die Deportation werden schwere, zu langjähriger oder lebenslänglicher Freiheitsstrafe verurtheilte Verbrecher nach meist überseeischen Ländern verbracht, um das Mutterland von diesen verbrecherischen Elementen zu befreien, um die Arbeitskräfte der Sträflinge meist zu colonisatorischen Zwecken zu verwenden, und um den nach verbüsster Strafzeit frei gewordenen Deportirten die Gelegenheit zu geben, unter veränderten, neuen, weniger drückenden Verhältnissen einen neuen Lebensweg zu betreten. Ausser diesen Vortheilen ist auch noch derjenige zu erwähnen, dass der Verbrecher durch dieses System den vielen gesundheitlichen Schäden einer langen Gefangen-

---

1) Das irische Gefängnisssystem. Von v. HOLTZENDORFF. Leipzig.

2) cfr. Der progressive Strafvollzug nach den neuesten Erfahrungen in Ungarn und Kroatien. Von EMIL TAUFFER. Handbuch der Gesetzgebung von v. HOLTZENDORFF u. BRENTANO. III. Jahrg. 3. Heft. S. 74.

schaft entzogen wird. So gerecht und zweckmässig dieses System
in der Idee scheint, ebenso schwer ausführbar ist es jedoch in der
Wirklichkeit. Die Geschichte der Deportation zeigt, dass Strafzweck
und Colonisation niemals in gleichmässig förderlicher Weise neben
und mit einander erreicht werden, und dass bei Bevorzugung des
Colonisationszweckes die Rücksichten auf die Erreichung des Strafzweckes und auf die Erhaltung der Gesundheit der Deportirten gar
häufig in unbilligster Weise hintenangesetzt werden. Will man die
deportirten Sträflinge in entfernten Ländern für einen Theil oder
während der ganzen Strafzeit in geschlossenen Anstalten detiniren,
so fallen die erwähnten colonisatorischen und auch die sanitären
Vortheile weg, der Gefangene erleidet neben den Unbilden der Gefangenschaft die nicht unbedeutenden Gefahren des Transports, der
Accommodation an neue klimatische Einflüsse und den Schmerz, aus
den Banden des Vaterlandes, der Familie und der Angehörigen in eine
weit entfernte Welt verwiesen zu sein. Will man hingegen die deportirten Sträflinge eine bestimmte Zeit der Zwangsarbeit im Freien
unterwerfen zur Schaffung neuer Colonien, zu Cultivirungs- und
Meliorationszwecken verwenden, und ihnen, nachdem sie proviso-
risch oder definitiv freigelassen, ein angemessenes Stück Boden zur
eigenen Ausnutzung übergeben, oder sie ohne diese Massregel sich
selbst und der Sorge für ihre Erhaltung überlassen, dann treten
früher oder später die unüberwindlichsten Schwierigkeiten und Con-
flicte auf, um die freigelassenen Deportirten unterzubringen, um die
civile und moralische Ordnung in der Colonie aufrecht zu erhalten,
namentlich wenn die Anzahl der aus dem Mutterlande verschickten
Verbrecher die Strafniederlassungen zunehmend überhäufen. Die beinahe anderthalb Jahrhunderte alte Geschichte der englischen Deportation in den amerikanischen Staaten und in Australien zeigt, wie
überall dort, wo in den Strafniederlassungen durch Einwanderung
oder selbst durch die Nachkommenschaft früherer Deportirter eine
freie Bevölkerung sich herangebildet, diese die Ansiedelung der
freigelassenen Sträflinge aus dem **Lande** verdrängte. Waren die
Sträflinge an die freien Ansiedler in Neu-Südwales von der Regierung gegen Unterhalt und Verpflegung überlassen (Assignment-Sy-
stem), so hing das Wohlergehen des Sträflings von dem Belieben und
der Laune des Pflegers ab, sein Schicksal war das eines Sklaven,
welches durch die vielen Strafen der Behörden noch härter und qual-
voller wurde. Andererseits war das Leben der in der Colonie zerstreut lebenden Deportirten ein so zucht- und sittenloses, der Einfluss
ihrer verbrecherischen Neigungen auf die freien Ansiedler ein so ver-

derblicher, dass man im Mutterlande selbst sich gegen ein System
erhob, das, anstatt Verbrechen zu verhüten, nur dazu gedient hat,
sie zu vermehren. Noch später, 1840, als die Sträflinge erst durch
eine 18monatliche Isolirhaft im Mutterlande vorbereitet (Probations-
System) und in den Colonien (Vandiemensland und Norfolk) in sogenannten Prüfungsrotten für die Colonialregierung arbeiten mussten,
bevor sie mit einem Urlaubspass oder Freischein versehen in den
Privatdienst treten konnten, führten die freigelassenen Sträflinge
einen so unordentlichen, verbrecherischen Lebenswandel, dass sie in
Massen wieder eingefangen werden mussten. Und als vollends um
diese Zeit die Einwanderung freier Arbeitskräfte überhand nahm,
und die beurlaubten Sträflinge keine Arbeit und keine Existenz-
mittel finden konnten, da mussten, wie der Gouverneur der Strafcolonien selbst berichtet, diese in die entsetzliche Nothwendigkeit
gerathen, zu stehlen oder zu verhungern. Die Deportation nach
Vandiemensland wurde nach und nach aufgehoben, und der Versuch, neue Strafniederlassungen auf dem Cap der Guten Hoffnung,
auf Mauritius, Neu-Seeland, Port Philipp und später noch auf West-
Australien zu gründen, scheiterte an den energischen Demonstrationen
der Einwohnerschaft, so dass man auch in England zu der allgemeinen Ueberzeugung kam, dass es am besten sei, die Strafe dort
zu vollstrecken, wo das Verbrechen verübt ist. Nach langem Zögern
und Widerstreben musste das Parlament in England, trotz aller auf-
gewendeten Bemühungen und Geldopfer, und wiewohl im Besitz der
ausgedehntesten Seemacht und der weitesten überseeischen Länder-
gebiete, die Deportation (1857) aufheben und an die Stelle derselben die Strafknechtschaft (Penal Servitute) setzen. Auch waren
die sanitären Verhältnisse der Sträflinge in den Strafcolonien keineswegs von günstiger Art. Während der ersten Stadien der Deportation wurden die Gefangenen durch Ueberfüllung auf den Schiffen von
bösen Fiebern, von Scorbut decimirt, selbst unter den verbesserten
hygienischen Verhältnissen war die Sterblichkeit während der sehr
langen Transportzeit noch eine abnorm grosse, und in den Strafniederlassungen selbst büssten von 1793—1836 alljährlich 40 von 100
lebenden Sträflingen ihr Leben ein, während die Mortalität bei den
freien Colonisten nur 5 % betrug.

Viel ungünstiger noch werden selbstverständlich die Salubritätsverhältnisse der Deportirten, wenn die Strafcolonie in einem gesundheitsgefährlichen Klima etablirt ist. Das traurigste Beispiel dieser
Art ist das der französischen Deportation nach Cayenne. Im Jahre
1851 decretirte das zweite Kaiserreich die Deportation nach dieser

südamerikanischen Besitzung als Strafe für politische Vergehen, stellte auch den Galeerensträflingen frei, ihre übrige Strafzeit anstatt in den Bagnos in der Colonie zu verbüssen — und ca. 3000 der detinirten Verbrecher in Rochefort, Brest und Toulon wählten die Ueberbringung in die Strafcolonien.

Das Gouvernement hat in fürsorglichster Weise für Bekleidung der Deportirten, für ihren Transport und für ihre Verpflegung, sowie für ihren Unterhalt in der ersten Zeit der Niederlassung gesorgt, aber miasmatische Fieber und Seuchen suchten unaufhörlich einzelne Niederlassungen heim und decimirten ihre Bevölkerung in mörderischer Weise. So starben in La Montagne d'Argent 1853 von 100 Deportirten 31, und 1863 sogar 62, auf La Salut in einzelnen Jahren 15, 35, in La Comté 18—32 etc. Vom 31. März 1852 bis 31. August 1866 sind von 17017 Deportirten nicht weniger als 6806 gestorben.[1] — In einer nicht minder ungünstigen Weise sind die sanitären Verhältnisse auf einzelnen Deportationscolonien auf der Insel Corsica, wohin Anfangs jugendliche Gefangene zu Culturarbeiten, Trockenlegungen von Sümpfen, später aber auch Erwachsene verschickt wurden. Auf der Colonie Chiavari erreichte die Sterblichkeit in den ersten Jahren die erschreckende Höhe von 42 % und war bald auf 14 % und später auf niedrigere Zahlen heruntergegangen. In der Niederlassung Casabianca war die Mortalität in den ersten Jahren der Etablirung (1861—63) 18—24 %, und die Zahl der Kranken war auch in den späteren Jahren noch sehr bedeutend; 1872 war $\frac{1}{3}$ der ganzen Niederlassung an bösen Fiebern erkrankt und 51 Personen sind gestorben, so dass man daran dachte, die ganze Colonie zu unterdrücken.[2] Und noch in der neuesten Zeit hat in Casabianca die Sterblichkeitsfrequenz (1874 u. 75) 10,76 und 10,93% betragen, eine ungeheure Sterblichkeit, wenn man bedenkt, dass nur die kräftigsten Männer dahin geschickt werden, während in den anderen Niederlassungen, Castellacio und Chiavari, die Mortalität eine erheblich niedrigere war. (Von 1869—71 in Castellacio 2,10; 2,79; 3,94 %; 1874: 3,09, und 1875: 0,89 %; in Chiavari in denselben Jahren 1,17; 2,25; 1,95; 2,33 und 1,35 %). — Viel günstiger gestalten sich die Salubritätsverhältnisse der neuen Strafansiedelung auf Neu-Caledonien, woselbst die Zahl der Deportirten vom Ende 1870 bis Ende 1875 von 2608 auf 6449 angewachsen (während die von Cayenne in dieser Zeit von 5544 auf 4056 zurückgegangen ist);

---

[1] Allgem. Strafrechtszeitung. 1869. II. Heft, u. La colonisation pénale par M. le Ministre R. de GENOUILLY. Paris 1867.

[2] Enquête parlamentaire. l. c. p. 171 ff.

hier war die Sterblichkeit 1871: 1,66 %, 1874: 5,1 % und 1875: 4%
bei einem täglichen Krankenstand von nur 2,82 % des Effectivbestandes, während jene auf Cayenne 1874: 8,6 % und 1875: 7 % betrug.[1] So sehen wir, dass die Deportation von Sträflingen nach
Colonien in ungesunden klimatischen oder terrestrischen Verhältnissen eigentlich aufhört, eine Freiheitsstrafe zu sein, dass sie vielmehr die Wahrscheinlichkeit einer nahen Todesstrafe bildet.

Auch in Russland kommt man immer mehr zu der Ueberzeugung, dass das Deportationssystem nach Sibirien einer dringenden
Umgestaltung bedarf. Die Verbrecher, die seit 200 Jahren dahin
gesandt werden, und deren Anzahl man von 1822—1872 auf 500 000
feststellt (die Zahl der zur Zeit dort Angesiedelten schätzt man auf
300 000; 1875 sind allein gegen 18 620 dahin transportirt) üben einen
zersetzenden Einfluss auf die Bevölkerung aus, die Bestraften werden
durch die lange Reise per Etappe in der engsten Gemeinschaft mit
schweren Verbrechern demoralisirt und decimirt. Die zur Zwangsarbeit in den Goldwäschereien und Bergwerken verurtheilten Ketten-
sträflinge werden durch ungenügende Beköstigung, überanstrengende
Arbeit und schlechte Behandlung von Krankheit und Tod früh hin-
weggerafft, während die nur zur zwangsweisen Ansiedlung Verbannten
eine wahre Plage für das Land sind. Ein grosser Theil von ihnen
treibt in dem weiten, nicht genug beaufsichtigten Lande, das 2½ mal
so gross ist als das europäische Russland, ein schlechtes, liederliches
Vagabondenleben, zuweilen dem Raub und Mord ergeben, ohne dass
die meisten dieser Verbrechen entdeckt werden. Auf dem internationalen Gefängnisscongress zu Stockholm erklärte der russische De-
legirte, KOKOVTZEFF[2]), dass die gänzliche Abschaffung der Deportation für Verbrechen gegen das gemeine Recht in Russland im
Schoosse der Commission für Reform des Gefängnisswesens beschlos-
sen sei, weil die Deportation weder die Verbrechen vermindert, noch
die Colonisation gefördert habe. „Ganze Spalten der Journale in
Sibirien", meint er, „sind mit Berichten über die scheusslichsten
Verbrechen angefüllt, welche die Deportirten begehen; Städte und
Dörfer sind manchmal in Belagerungszustand versetzt von dem Element, das Heil und Wohlfahrt bringen sollte .... Ich für meinen
Theil werde die Abschaffung der Deportation als den Beginn einer
neuen Zeit für die Reform des Gefängnisswesens in Russland betrachten."

---

1) Notice sur la Transportation pendant les années 1871—75. Bulletin de
la société générale des Prisons. II. 1878. Paris. p. 407 u. 508.

2) Le Congrès pénitentiaire international de Stockholm, l. c. S. 193.

Die Deportation, so lautet mehr oder weniger das sachkundige
Urtheil, verfehlt in den meisten Fällen den vollen Strafzweck, die
Verminderung der Verbrechen, weil der Verbrecher ein Leben voller
Abenteuer in einem entfernten Lande weniger fürchtet als das Leben
in einer langen Gefangenschaft, weil bei dem Strafverfahren in der
Strafansiedelung eine Einwirkung auf die moralische Besserung der
Gefangenen unmöglich wird, vielmehr, wie die Erfahrung lehrt, die
Deportirten ihrem verbrecherischen Leben bald wieder anheimfallen,
so dass sie eine Gefahr für die freie Bevölkerung der Colonie werden. Auch seien die Kosten für den Transport und den Unterhalt
der Deportirten so enorm, dass ihre Erfolge gar nicht im Vergleiche
zu jenen stehen, vielmehr liesse sich mit diesen durch Aufbesserung
der Gefängnisse und durch präventive philanthropische Einrichtungen
mehr zur Unterdrückung der Verbrechen erzielen. In diesem Sinne
formulirte der gewiss autoritative internationale Gefängnisscongress
seine Ansicht in der Resolution[1]): „Die Strafe der Transportation
ist mit Schwierigkeiten verbunden, welche nicht zulassen, dass sie
in allen Ländern zur Ausführung gelange, und dass man hoffen dürfe,
durch sie alle Anforderungen an eine gute Strafjustiz zu verwirk-
lichen.“

---

1) ibid. S. 597.

FABRIKEN

von

Prof. L. HIRT.

Dass die meisten, ja man kann sagen fast alle Industrie- und Fabrikbetriebe ungesund sind, ist eine Thatsache, deren Richtigkeit je länger je mehr anerkannt und in ihrer nationalökonomischen Bedeutung gewürdigt wird; in der verhältnissmässig kurzen Zeit, die man dem Studium des Einflusses, den der Beruf auf die Gesundheit ausübt, gewidmet hat, ist man zu recht beachtenswerthen Resultaten gekommen, wie man denn z. B. an zahlreichen Beispielen dargethan hat, dass gewisse Schädlichkeiten immer zu denselben gesundheitlichen Störungen führen, welche, beläufig gesagt, alle das Eine gemeinsame Gute besitzen, dass sie vermeidbar sind. Ueber die Pathologie dieser Störungen, welche man mit Recht als Gewerbe- resp. Berufskrankheiten bezeichnet, werden wir in einem spätern Abschnitte ausführlich zu sprechen haben — hier kommt ein anderer Gesichtspunkt in Betracht. Die Arbeit an sich, die Beschäftigung, welche dem Arbeiter den Unterhalt erwirbt, ist nur eines der mannigfachen Momente, von denen sein Leben und seine Gesundheit beeinflusst wird, ein ihm eigenthümliches, welches eben desswegen gewissen Erkrankungen, die er durchmacht, einen specifischen Charakter verleiht; neben diesem ist noch ein zweites zu nennen, das nicht minder bedeutungsvoll, mit dem ersten eng und untrennbar verbunden, doch in seiner allgemeinen hygienischen Bedeutung wesentlich von jenem verschieden ist, nämlich d e r R a u m, i n w e l c h e m d e r A r b e i t e r b e s c h ä f t i g t i s t. Arzt und Hygieniker mögen sich bei Erörterung der Gesundheitsverhältnisse arbeitender Individuen nicht mehr mit der Frage: w a s arbeitet der Mann? zufrieden geben —

wo arbeitet er? ist gleichwerthig und gleichwichtig. Und an dieses
wo? knüpfen sich dann noch verschiedene andere Fragen, verschiedenen Inhalts zwar, aber doch alle auf den einen Punkt, den Arbeitsraum, zurückführend.

Es liegt auf der Hand, dass uns diejenigen Locale, in welchen
die Arbeiter vereinzelt oder in sehr geringer Anzahl vereinigt arbeiten, zunächst nicht interessiren können, da sie für die hygienische
Beurtheilung keine andern Momente bieten, als etwa die Arbeiter-
wohnungen, welche nur in Ausnahmefällen genügenden Raum und
entsprechende Lufterneuerung besitzen. Für uns kommen vielmehr
diejenigen Räume in Betracht, welche zur Aufnahme einer grössern
Menge von Arbeitern, die im Wesentlichen unter denselben Verhältnissen und Bedingungen arbeiten, bestimmt sind. Gebäude, welche
einen oder mehrere solcher Räume in sich fassen, bezeichnet man
als Fabriken, ohne dass man im Stande wäre, diesen Ausdruck
in genügender Weise zu präcisiren. Folgende Bestimmungen resp.
Erläuterungen dürften hier zu berücksichtigen sein:

1. Allg. Landrecht. § 407. Tit. 18. Thl. II: Anstalten, in welchen
   die Verarbeitung oder Verfeinerung gewisser Naturerzeugnisse im
   Grossen betrieben wird, werden Fabriken genannt.

2. Württembergische Gewerbeordnung von 1862: Gewerbs-Unterneh-
   mungen, welche in geschlossenen Etablissements unter Verwendung von mehr als 20 Arbeitern mit Hilfe elementarer
   Betriebskräfte oder nach dem Princip Arbeitstheilung betrieben
   werden, sind als Fabriken zu bezeichnen.

3. Zürcher Gesetz vom 24. October 1854: als Fabriken sind anzusehen alle Gebäude, in denen mit Anwendung von Wasser- oder
   Dampfkraft Garne, Gewebe oder gefilzte Stoffe verfertigt, ver-
   vollkommnet oder in denen Metalle bearbeitet werden; ferner die
   Giessereien, Pulver- und Zündstofffabriken, Glas- und Thonwaaren-
   fabriken, Papierfabriken und Kattundruckereien. Der Regierungsrath ist ermächtigt, auch noch weitere Gewerbe als Fabriken zu
   erklären.

4. Aargauer Fabrik-Polizeigesetz vom 16. Mai 1862: als Fabriken
   sind anzusehen .... alle gewerblichen Anstalten, in denen gleichzeitig und regelmässig mehr als 10 Arbeiter jeden Alters und Ge-
   schlechtes ausserhalb des Familienkreises in geschlossenem Raume
   beschäftigt werden.

5. Basler (Land) Gesetz vom 1. Mai 1867: als Fabriken sind anzusehen ..... alle gewerblichen Anstalten, in denen gleichzeitig und

regelmässig eine grössere Anzahl Arbeiter' ausserhalb ihrer Wohnungen in geschlossenen Räumen beschäftigt werden; in zweifelhaften Fällen entscheidet der Regierungsrath.

(Gleichlautend sind die Instructionen, welche Basel-Stadt, Gla-
rus und Schaffhausen haben).

6. Schweizer Bundesgesetz vom 23. März 1877: als Fabrik . . . . ist
jede industrielle Anstalt zu betrachten, in welcher gleichzeitig und
regelmässig eine Mehrzahl von Arbeitern ausserhalb ihrer Wohnungen in geschlossenen Räumen beschäftigt wird. Wenn Zweifel
obwalten, ob eine industrielle Anstalt als Fabrik zu betrachten
sei, so steht darüber, nach Einholung eines Berichtes der Can-
tonsregierung, der endgültige Entscheid dem Bundesrathe zu.

7. Englisches Fabrikgesetz vom 6. Juni 1844 (7 u. 8 Vict. cap. 15)
Art. 73: . . . . unter dem Worte „Fabrik" sollen . . . . alle in irgend
einem Theile des vereinigten Königreiches von Grossbritannien und
Irland gelegenen Gebäude und Räumlichkeiten (Premises) verstanden sein, in deren verschlossenem Raume (Close or Curtilage)
Dampf, Wasser oder irgend eine andere mechanische Kraft verwendet wird, um eine Maschine in Bewegung und Arbeit zu setzen
(to move and work), welche zum Zubereiten, Herstellen oder Zu-
richten . . . . von Baumwolle, Schafwolle, Haaren, Seide, Flachs . . . .
verwendet wird, und jedes Zimmer, welches innerhalb . . . . der
Fabrik liegt, wo Kinder oder junge Personen beschäftigt werden . . . .,
wenn es auch keine Maschine enthält, soll als ein Theil der Fabrik betrachtet werden . . . .

8. Englisches Fabrikgesetz vom 15. Aug. 1867 (30 u. 31 Vict. cap. 103)
„Fabrik" soll bezeichnen: 1. jeden Schmelz- oder andere Oefen,
oder jedes Gebäude, in welchem das Verfahren des Schmelzens
oder anderweitiges Gewinnen eines Metalles aus den Erzen ausgeführt wird. 2. jeden Kupferhammer. 3. jede Fabrik, jede
Schmiede . . . ., in welcher ein Verfahren vorgenommen wird zur
Umarbeitung von Eisen in Schmiedeeisen, Stahl oder Zinn . . . .
4. Eisen-, Kupfer-, Messinghütten . . . . 5. jedes Gebäude, in welchem Dampf-, Wasser- oder eine andere mechanische Kraft zur
Bewegung von Maschinen in Anwendung gebracht wird, bei der
Maschinenfabrikation, bei der Erzeugung irgend eines Gegenstan-
des aus Metall, der nicht eine Maschine ist, bei der Gummi- oder
Guttaperchafabrikation. 6. jedes Gebäude, in welchem Papier,
Glas oder Tabak fabricirt, ferner wo mit der Buchdruckerpresse
gearbeitet oder Buchbinderei getrieben wird. 7. jedes . . . . Gebäude in derselben Verwendung, welches in derselben Stadt . . . .

gelegen ist und ein Erwerbsgeschäft ausmacht, in dessen Bereich
50 oder mehr Personen bei irgend welchen gewerblichen Verfahren beschäftigt werden.

Hieraus geht hervor, dass man in den verschiedenen Ländern —
Frankreich, Oesterreich, Dänemark, Schweden und Italien haben gar
keine hierher gehörigen Bestimmungen — verschiedene Momente als
wesentlich und charakteristisch für den Begriff „Fabrik" angesehen
hat: entweder ist die Arbeiterzahl oder es sind gewisse (gesundheitsgefährliche) Beschäftigungen als Maassgabe angenommen worden — die erstere schwankt zwischen 10 und 50 als Minimum, hinsichtlich der letzteren ist eine allgemeine Beurtheilung nicht zu ermöglichen, weil in dem einen Lande für gesundheitsgefährlich gilt,
was man in dem andern für gleichgültig erachtet und umgekehrt.
Charakteristisch ist jedenfalls, dass man in der Schweiz zweifelhafte
Fälle für sehr wohl möglich hält, und zur Entscheidung der Frage,
„ob eine gewerbliche Anlage als eine Fabrik zu betrachten sei?"
eine zweite Instanz geschaffen hat. In Deutschland entbehren wir
bis jetzt einer gesetzlichen Definition des Begriffes „Fabrik", und
ist die in einer (preussischen) Verordnung über Errichtung von Ge-
werbegerichten vom 9. Febr. 1849 enthaltene Bestimmung, was man
unter „Fabrikarbeiter" zu verstehen habe, durchaus nicht ausreichend; auch der von der Gewerbegesetzgebung angeführte Unterschied, dass das Handwerk unmittelbar für den einzelnen Verbraucher,
die Fabrik aber für den Handel arbeite, erfüllt seinen Zweck nicht,
ist überhaupt heut nicht mehr stichhaltig, und könnte für die hygienische Beurtheilung keinesfalls verwendet werden. Wir müssen uns
daher vorläufig, d. h. bis zur gesetzlichen Regelung der Frage, über
den in Rede stehenden Begriff selbst schlüssig machen und geben
unsere Ansicht dahin ab, dass, lediglich vom Standpunkt der Hygiene
betrachtet, drei Momente für den Begriff von Fabrik unerlässlich scheinen: 1. ein geschlossener Raum, in welchem gearbeitet wird, 2. eine minimale Kopfzahl von Arbeitern und 3. die
regelmässige Beschäftigung derselben — worin letztere besteht,
halten wir zunächst für irrelevant; zweckmässige Vorschriften, welche
Bezug nehmen a) auf die Beschaffenheit des (geschlossenen) Arbeitsraumes, b) auf die im Verhältniss zu ihm stehende Kopfzahl der
Arbeiter, wobei Geschlecht und Lebensalter zu berücksichtigen ist, und
c) auf die Regelmässigkeit resp. die Dauer der Arbeit, sind nicht blos
erforderlich, sondern tragen hauptsächlich dazu bei, gesundheitliche
Schädigungen abzuwenden. Die hierher gehörigen Bestimmungen sind

fundamentale, allen Fabriken gleichmässig zukommende und innerhalb
gewisser Grenzen unwandelbar feststehende; Bestimmungen dagegen,
wie der Arbeiter gewissen Manipulationen gegenüber geschützt werden
soll, sind, wenn auch nicht minder wichtig, so doch den Fortschritten
der Technik und Industrie unterworfen, bedürfen daher fortwährender Controle und Vervollständigung — nur den ersteren könnte und
müsste Gesetzeskraft beigelegt, den letzteren würde, bis auf wenige
Ausnahmen, in Gestalt von Polizei-Verordnungen u. dgl. Geltung verschafft werden. Wenn sich nun auch nicht leugnen lässt, dass einzelne Punkte der Fundamental-Bestimmungen jetzt auch in Deutschland Berücksichtigung erlangt haben, so ist doch im Ganzen noch
blutwenig geschehen — der Weg, den die Fabrikgesetzgebung zurückzulegen hat, ist, wenn der Arbeiterschutz in Betracht kommt, ein
dürrer und steiniger, auf dem jeder Schritt vorwärts Mühe und
Opfer kostet; und hat man auch die Nothwendigkeit, dass ein solcher
gethan werden muss, anerkannt, so sprechen doch immer noch so-
viele Bedenken und Rücksichten mit hinein, dass entweder eine lange
Zeit vergeht, ehe man ihn wirklich thun lässt, oder dass man — ihn
gar nicht thut. Die Wahrheit des Gesagten wird am besten aus unserer Untersuchung hervorgehen; dieselbe bezieht sich zwar zunächst
nur auf die Fabriken ganz im Allgemeinen, sie kann aber dabei selbstredend auch die Fabrik-Gesetzgebung nicht umgehen und wird
es sich nicht nehmen lassen, Uebelstände und Mängel derselben zu
berühren und das Wünschenswerthe hervorzuheben. —

Betrachten wir unsern obigen Auslassungen gemäss zuvörderst
den Arbeitsraum und fassen wir dann das arbeitende Individuum hinsichtlich seines Geschlechts und Alters ins Auge, um
einige Betrachtungen über die Arbeitszeit daran zu knüpfen.

Das für die Hygiene Wesentlichste des Arbeitsraumes sind seine
Grössenverhältnisse; besitzt er die genügende Grösse nicht,
dann reichen auch die besten Ventilationseinrichtungen nicht aus,
ihn saluber zu machen. Sonderbarerweise hat man sich um dieses
Moment nie bekümmert — man hat nicht vergessen, für Kasernen,
Krankenhäuser, ja selbst für Gefängnisse mit peinlicher Genauigkeit
das für jeden Einzelnen erforderliche Luftquantum („Luftcubus“) festzusetzen, dass aber eine solche Festsetzung auch für Fabriken erforderlich sei, hat man unbeachtet gelassen. Allerdings findet sich
in den Fabrikgesetzen vieler Länder die Bestimmung, dass die Arbeitsräume „geräumig“ sein müssen, was man aber hierunter zu

verstehen habe und wie viel Luft auf den Einzelnen zu rechnen sei,
ist nirgends erklärt — eine dänische Verordnung vom 7. November
1876 ausgenommen, wo der Luftraum für jeden Arbeiter in den Ko-
penhagener Tabaksfabriken normirt ist. Endlich im Jahre 1880, als
eine officielle Sachverständigencommission in Berlin allgemeine Siche-
rungsvorschriften für die Einrichtung und den Betrieb gewerblicher
Anlagen entwarf, kam man auch auf den fraglichen Punkt zu sprechen und schlug vor, dass in den Arbeitsräumen für jeden Arbeiter
wenigstens 5 Cbm. Luft vorhanden sein müssten — ein Fortschritt
war das unzweifelhaft, weil man die Sache überhaupt einmal erörtert, aber der Gewinn würde, wenn der Vorschlag acceptirt wird,
illusorisch, weil das Quantum viel zu niedrig bemessen ist. Wenn
man sich an die Grösse des Gasaustausches zwischen den Lungen
und der atmosphärischen Luft erinnert und bedenkt, dass der Mensch
mit jedem Athemzuge einen halben Liter Luft ein-, und dieselbe
Quantität, aber chemisch wesentlich verändert, ausathmet, dass er
zwischen 300—450 Liter Luft pro Stunde consumirt und dass das
in derselben Zeit ausgeathmete Quantum 12 Liter CO_2 enthält, so
wird man das allzu Niedrige des obigen Satzes bald verstehen. Ist
man doch allerwärts übereingekommen, die Luft in geschlossenen
Räumen nur dann für athembar zu erklären, wenn sie höchstens
$1^0/_{00}$ CO_2 enthält — wie soll das erreicht werden, wenn pro Kopf
nur 5 Cbm. geliefert werden? — unmöglich, selbst wenn man
vortreffliche Einrichtungen für Lufterneuerung zur Disposition hätte
und nach Morin's Forderung 50—100 Cbm. frische Luft pro Kopf
und Stunde schaffen könnte. Für Gefängnisse und Kasernen sind
5 Cbm. Luftcubus nie acceptirt worden; BAER, eine Autorität in
der Gefängnisshygiene, wünscht, bei sehr guter Ventilation, mindestens 400 Cubikfuss (etwas über 10 Cbm.) und beklagt es (BAER,
Gefängnisse. Berlin 1871. S. 85), dass es Anstalten gebe, wo (in den
Schlafsälen) kaum 200 Cubikfuss (6½ Cbm.) Luft vorhanden wären;
von der Luft aber, die darin herrsche, könne man sich keine Vorstellung machen; in den Kasernen hat man pro Mann 13—15,3 Cbm.
für nothwendig erachtet (ROTH und LEX, Militärgesundheitspflege,
I. S. 577. Berlin 1872) und glaubt, dass dieser Raum „zur Erhaltung des Gesundheitszustandes der Kasernenbewohner auch vollkommen ausreiche". Also den Soldaten gönnt man 13—15, den Gefangenen 10, in ganz erbärmlichen Anstalten 6½ Cbm., und die Arbeiter
sollen mit 5 Cbm. auskommen können? Sollte hierin nicht eine Unge-
rechtigkeit liegen, welche der öffentlichen Beachtung und Beurtheilung werth ist? Zum allermindesten das Doppelte des vorgeschla-

genen Satzes muss verlangt werden, und dies müssten auch die
weniger gut situirten Arbeitgeber zu prästiren im Stande sein; be-
güterteren kann man billigerweise 15 Cbm. zumuthen, so dass also
ein Arbeitssaal, der 20 Mann aufnehmen soll, 300 Cbm. Rauminhalt
besitzen, d. h. 10 Meter lang, 10 Meter breit und 3—3½ Meter hoch
sein muss. Dieses Quantum reicht aus, wenn für Ventilation gesorgt
ist und bei der Arbeit keine Entwicklung von Staub oder schädlichen
Gasen und Dünsten stattfindet — ist dies der Fall, dann muss der
Luftcubus auf 20—30 Cbm. normirt werden. Man wird sich vielleicht wundern, dass wir diesem Punkt eine so hervorragende Bedeutung beimessen; wer aber, wie wir wiederholt, fast in allen Culturstaaten Europas, gesehen hat, wie enorm die Luftverschlechterung
in Folge des unzureichenden Arbeitsraumes werden kann und wie
schwer die Arbeiter gerade unter diesem Momente leiden, der wird
uns beipflichten müssen, wenn wir Werth darauf legen; ich meine,
ausreichend grosse Arbeitsräume sind in ihrer Wirkung auf die Gesundheit des Individuums einer guten, sachgemässen Ernährung gleich
zu achten, und die letztere wird für sich allein nie zu wirklich be-
friedigenden Resultaten führen, wenn der andere Punkt nicht Berücksichtigung erfährt; ja ich bin auf Grund jahrelanger Erfahrungen
und Beobachtungen zu der Ueberzeugung gekommen, dass **alle** sanitären Verbesserungen in den Fabriken keinen durchschlagenden Erfolg haben, wenn nicht die wundeste Stelle in der Fabrik-Hygiene,
der ungenügend grosse Arbeitsraum, Beachtung und Fürsorge findet.

In ähnlicher Weise wie die Grösse des Arbeitsraumes interessirt
uns die **Art und Weise, wie er beleuchtet wird**; auch hier
peccatur intra muros et extra, auch hier geht man oft genug ohne
Ueberlegung vor und kümmert sich nicht darum, ob die Anzahl und
Grösse der Fenster für die natürliche, die Anzahl und Beschaffenheit
der Flammen für die künstliche Beleuchtung genügen. Freilich lassen
sich hier keine so allgemeinen Normen aufstellen, wie das vorher
der Fall war, weil ja die Verschiedenheit der Arbeiten und Manipulationen Verschiedenheiten der Beleuchtung erfordert, indess muss
man sich doch auch hier klar werden, dass ein gewisses Minimum
nicht überschritten werden darf, wenn man nicht dauernde und erhebliche Schädigungen des Sehorganes hervorrufen will. Die natürliche Beleuchtung muss bei der Beurtheilung von der künstlichen
selbstredend streng geschieden werden; was zunächst die erstere anlangt, so hat man auch hier wieder für einzelne Anstalten präcisirte
Bestimmungen getroffen — so verlangt man in Kasernen 0,8—1,0

Quadratmeter, in Schulen mindestens $^3/_{10}$ Quadratmeter Glasfläche
pro Kopf; das Verhältniss der Grundfläche des Raumes zur Glas-
(Fensterlicht-) Fläche soll 1 : 5, 1 : 6 höchstens 1 : 10 betragen. In
Kasernen und Schulen ist somit für ausreichende Tagesbeleuchtung
gesorgt, in den Fabriken hat man die Sache bisher sehr lau genommen. Die oben erwähnte Sachverständigencommission hat den § 1
ihrer Vorschläge so gefasst: „Die Arbeitsräume und Betriebsstät-
ten .... müssen, insofern es der Betrieb gestattet, während
der Arbeitszeit genügend erleuchtet sein". Wie viel Licht für dieses
„genügend" erforderlich ist, und ob sich der Vorschlag nur auf die
künstliche Beleuchtung bezieht, ist nicht ersichtlich, wie man denn
auch wohl zu der Frage gedrängt wird, ob es Industriebetriebe gibt,
welche unter Umständen keine genügende Beleuchtung des Arbeitsraumes gestatten. Der vorliegende Paragraph ist für die Beleuch-
tungsfrage mindestens ebenso werthlos, wie die allgemeinen Redens-
arten, welche sich in den Fabrikgesetzgebungen allerorten wiederholen.
Auch hier darf man sich mit solchen nicht abspeisen lassen, muss
vielmehr ein bestimmtes Quantum Fensterfläche pro Kopf verlangen
und wird am besten thun, wenn man die Forderung auf durchschnittlich $^3/_{10}$ Quadratmeter pro Kopf festsetzt, ein Mit-
telsatz, der nur in aussergewöhnlichen Umständen verringert werden
darf: Der Arbeitssaal also für 20 Mann, dessen Grösse wir oben
feststellten, enthielte demnach 6 Quadratmeter Fensterglasfläche. —
Ueber die Lage der Fenster werden sich Vorschriften nicht immer machen lassen; es genüge daran zu erinnern, dass sie am zweckmässigsten nach Osten zu liegen und dass, wenn feinere, das Sehorgan anstrengende Arbeiten vorgenommen werden, das zu grelle
Licht durch Vorhänge gemildert werden muss. — Die künstliche
Beleuchtung liegt in vielen Fabriken noch mehr im Argen, als
die natürliche — hier suchen die Interessenten so viel wie möglich zu
sparen, und die Beleuchtung reicht oft nur eben knapp für die Arbeitsleistung aus, ohne dass das Sehorgan berücksichtigt wird. Es
handelt sich hier um 2 Momente, welche fast als gleichwichtig zu
bezeichnen sind, nämlich 1. darum, wie viel Licht ist für jeden
Arbeiter nothwendig, und 2. welche Lichtsorte empfiehlt sich
am meisten? Was die erste Frage betrifft, so thut man am besten,
eine Gasflamme, die stündlich 5—6 Cubikfuss Gas verzehrt und deren
Lichtstärke der von 16 Spermacetkerzen entspricht, als Norm anzunehmen; solcher Flammen, denen ARGAND'sche Rundbrenner mit
Cylinder hinzuzufügen sind, genügt je eine auf 6—7 Mann, und stellt
sich der Preis dafür auf etwa 3 Pfennige pro Stunde, wenn, wie es

durchschnittlich in grösseren Städten der Fall ist, 1000 Cubikfuss
Gas 6 Mark kosten. Sogenannte Fledermausbrenner liefern eine unruhige Flamme mit geringerer Leuchtkraft; sie sind daher thunlichst
zu vermeiden. Eine definitive Wahl der Lichtsorte wird nicht eher
erfolgen können, als bis die Versuche mit elektrischem Licht weiter
gediehen sind; möglich, dass diese Beleuchtungsart später alle anderen verdrängen wird; für jetzt kommt (ausser Leuchtgas) nur Petroleum und Rüböl in Betracht, und wird das erstere, nicht blos
weil es eine ruhige, wohlthuend weisse Flamme liefert, sondern auch
weil es bei gleicher Lichtstärke 1½ mal billiger ist, als Oel, durchgehends bevorzugt — auch vom hygienischen Standpunkte hat man,
wenn die Explosionsgefahr ausgeschlossen werden kann, nichts dagegen einzuwenden. —

Es kann nicht unsere Aufgabe sein, an dieser Stelle alle die
Vorrichtungen und Massnahmen zu besprechen, welche die Zuführung
und Erhaltung guter Luft in den Arbeitsräumen bezwecken; dass
sie nutzlos sind, wenn die Grösse des Raumes gegenüber der Zahl
der beschäftigten Arbeiter absolut ungenügend ist, haben wir ausgesprochen, dass sie aber nicht blos nothwendig, sondern auch unentbehrlich selbst da sind, wo der Luftraum mit der Arbeiterzahl im
richtigen Verhältniss steht, ist selbstverständlich. Ohne Ventilationsvorrichtungen ist es unmöglich, in irgend einem Arbeitsraume, in
dem mehrere Individuen beschäftigt sind, gute Luft zu bewahren;
die Anforderungen an solche Vorrichtungen werden grösser, ihre Anlage wird um so dringender, wenn sich durch oder während des Betriebes Staub oder Gase resp. Dämpfe entwickeln, die die Gesundheit
der Arbeiter immer zu Grunde richten. Auch die Sachverständigencommission hat in § 3 ihrer Vorschläge hieran erinnert und befürwortet den Arbeiterschutz gerade nach dieser Richtung hin, allein
sie stimmt dafür, dass solche (Ventilations-) Einrichtungen nur dann
getroffen werden sollen, wenn sie von der Technik erprobt sind, und
wenn die Eigenart des Betriebes sie zulässt — eine Einschränkung,
die vielleicht mehr als wünschenswerth ausgebeutet werden dürfte,
und die nothwendig zu der Erwägung führt, was das wohl für Industriebetriebe sein mögen, deren Eigenart die Zufuhr frischer Luft
für die Arbeiter verbietet. Dass es im Interesse und Wunsch der
Arbeitgeber liegen muss, die Ventilation so billig als möglich herzustellen, wird ihnen Niemand übelnehmen; bei neuen Anlagen wird
man darauf ausgehen müssen, Ventilation mit Heizung zu verbinden — die Technik ist nach dieser Richtung wohl noch mancher

Vervollkommnung fähig. — Ich will an dieser Stelle nicht unterlassen, an einen Umstand zu erinnern, der nicht blos der Ventilation
in den Fabriken, sondern überhaupt allen sanitären Massnahmen oft
genug hinderlich in den Weg tritt, das ist die Indolenz, ich möchte
sagen die Widerwilligkeit der Arbeiter, welche diese allen
gut gemeinten Vorschlägen und Verbesserungen gegenüber entwickeln.
Es ist dies eine Eigenthümlichkeit, die man nicht eben blos in Deutschland beobachtet — allenthalben tritt Einem dieselbe Erscheinung entgegen, und es ist geradezu wunderbar, welche Uebereinstimmung
in diesem Punkte überall herrscht; nur die allerwenigsten unter den
Arbeitern verstehen es, resp. wollen es verstehen, dass gewisse
Vorschriften nur zu ihrem eigenen Besten erlassen werden, die überwiegend grosse Mehrzahl erblickt darin eine unwillkommene Beschränkung der persönlichen Freiheit, die womöglich umgangen werden muss. Mit Rücksicht hierauf findet sich in der englischen Fabrikgesetzgebung (Gesetz vom 25. Juli 1864, 27 u. 28 Vict. cap. 48)
folgende höchst nachahmungswerthe Bestimmung:

> „um zu verhindern, dass die Vorschriften dieses Gesetzes, inso-
> fern sie sich auf Reinlichkeit und Lüftung in einer Fabrik be-
> ziehen, zum Nachtheile des Besitzers durch absichtlich üble
> Aufführung oder absichtliche Nachlässigkeit der darin
> beschäftigten Arbeiter übertreten werden, ist dem Besitzer jeder
> Fabrik gesetzlich gestattet, besondere Vorschriften zu erlassen,
> um die Befolgung der zur Sicherstellung des erforderlichen Maasses
> von Reinlichkeit und Lüftung nothwendigen Bedingungen unter
> den Arbeitern zu erzwingen, und auf jede Uebertretung solcher
> Vorschriften eine den Betrag von 1 Pf. St. nicht überschreitende
> Geldstrafe zu setzen."

Auch Deutschland wird ähnlicher Bestimmungen auf die Dauer
nicht entbehren können!

Was nun zweitens das arbeitende Individuum betrifft, so
sind hinsichtlich der Verwendung desselben und seiner Beschäftigung
in Fabriken 1. je nach dem Geschlecht und 2. je nach dem Lebensalter gewisse Unterschiede zu machen. Dass man an das arbeitende
Weib und das arbeitende Kind nicht dieselben Ansprüche betreffs
der Leistungsfähigkeit machen kann, dass man ihnen gegenüber,
wenn es sich um den gesundheitlichen Schutz handelt, andere Massregeln ergreifen muss, als für den erwachsenen männlichen Arbeiter,
ist eigentlich so selbstverständlich, dass man sich wundern darf,

wenn die Nothwendigkeit, dieses Thema zu beleuchten, noch immer fortbesteht. Und doch ist dem so, denn sagen wir es nur gerade heraus, was (in Deutschland) bisher zum Schutze der Frauenarbeit geschehen ist, genügt auch den mässigsten hygienischen Anforderungen nicht, und auch die Kinderarbeit verdient noch mehr Berücksichtigung; als charakteristisch für die Behandlung der ganzen Frage kann wohl angesehen werden, dass, während man in England seit Beginn einer geregelten Fabrikgesetzgebung, also seit dem Gesetz vom 29. April 1833 (3 u. 4 Will. IV. cap. 103), Frauen und Kinder als „geschützte Personen" ansah und behandelte, eine solche Anschauung in Deutschland für Frauen fast gar nicht und für Kinder erst seit relativ kurzer Zeit Platz gegriffen hat. Der Schutz der Frauen- arbeit reducirt sich bei uns im Wesentlichen auf die eine in § 135 der Gewerbe-Ordnung enthaltene Bestimmung, dass Wöchnerinnen während 3 Wochen nach ihrer Niederkunft nicht beschäftigt werden, und die Bemerkung in § 139a, dass durch Beschluss des Bundes- rathes die Verwendung von Arbeiterinnen für gewisse Fabrikations- zweige untersagt werden kann (was bisher nur für Hammerwerke und Glashütten geschehen ist). So anerkennenswerth es ist, dass man den (übrigens zu kurzzeitigen) Schutz der Wöchnerinnen für ange- zeigt erachtet hat, so bleibt es doch sehr zu bedauern, dass, um nur einen Punkt hervorzuheben, der von uns wiederholt geforderte Schutz schwangerer Arbeiterinnen bisher nicht eingeführt worden ist. Ich begnüge mich, nach dieser Richtung auf meine Schrift „Die gewerbliche Thätigkeit der Frauen vom hygienischen Standpunkte aus. Berlin und Leipzig 1873. Hirt & Sohn" hinzuweisen, wo ich die wichtigsten Momente eingehend besprochen habe — in der Haupt- sache huldige ich auch heute noch denselben Anschauungen: dass diese praktisch durchführbar und acceptabel sind, hat die Schweiz damit dargethan, dass sie dieselben in das Bundesgesetz vom 25. März 1877 (Artikel 15) aufgenommen hat. Es verdient übrigens hervor- gehoben zu werden, dass nur England und die Schweiz die Arbeite- rinnen unter allen Verhältnissen zu den besonders geschützten Perso- nen rechnen — alle andern Länder nehmen nur auf gewisse Alters- perioden (z. B. Frankreich auf 16—21jährige Mädchen) derselben oder überhaupt keine Rücksicht auf sie. — Unleugbar besser ist es mit dem Schutz der Kinderarbeit bestellt; kaum eine Regierung dürfte noch zu finden sein, die sich nicht veranlasst gesehen hätte, die Kinderarbeit einzuschränken und die Kinder vor dem schädlichen Einfluss der Beschäftigung möglichst zu schützen, aber jede hat nach eigenthümlichen Anschauungen gehandelt, und so ist man denn zu

sehr verschiedenen Resultaten gekommen. Schon die erste und
wichtigste Frage, mit welchem Lebensjahre man den
Beginn der Beschäftigung in Fabriken gestatten solle, ist in
der mannigfachsten Weise beantwortet worden — einzelne haben sich
für das 10. Jahr entschieden (Oesterreich und Dänemark und für
gewisse Fälle Frankreich), die Mehrzahl stimmte im Allgemeinen für
das 12. Jahr (Deutschland, Schweden, Norwegen, Frankreich, Niederlande), die Extreme bilden England, welches — wenn auch nur bedingungsweise — die Beschäftigung nach vollendetem 8., und die
Schweiz, die sie erst mit 14 Jahren gestattet. Nach unserer Ansicht
ist das Letztere das allein Richtige — nur wenn die regelmässige
Beschäftigung in Fabriken erst mit 14 Jahren begonnen wird, darf
man hoffen, dass sie ohne Nachtheil für das Individuum wird betrieben werden können, ein früheres Einpferchen der Kinder in die
Fabriksäle muss die körperliche Entwicklung unzweifelhaft stark beeinträchtigen. Je früher die Kinder eintreten, um so eher verfallen
und unterliegen sie gewissen professionellen Erkrankungen, die nicht
immer innere Organe befallen, sondern sich auch oft genug als äussere
Affectionen, Verunstaltungen und Difformitäten in Folge bestimmter
Körperstellungen darstellen; wer in England die Bedeutung und die
Häufigkeit des „factory-leg" studirt hat, wer hunderte von Malen
constatiren konnte, dass diese Verkrüppelung der unteren Extremität
besonders in Folge des übermässig frühen Eintrittes der Kinder in
gewisse Fabriken, wo ungünstig construirte Maschinen bedient werden mussten, entsteht, der wird sicher gegen diesen Missbrauch auftreten. Das von Deutschland acceptirte 12. Jahr ist entschieden zu
früh, und es würden sich die schädlichen Folgen greifbarer darstellen, wenn nicht mannigfache Einschränkungen hinsichtlich der Arbeitszeit, auf welche wir nachher noch zu sprechen kommen, vorhanden wären, die thatsächlich zum Schutze der Kinder dienen. Eine
zweite hochwichtige Frage ist die, ob und von welchen Ge-
werbe- resp. Industriebetrieben, oder einzelnen Manipulationen die Kinder gänzlich ausgeschlossen werden
sollen? Die Beantwortung darauf haben die verschiedenen Culturstaaten in sehr verschiedenem Sinne gegeben. Zunächst müssen wir
betonen, dass kein Land diesem Gegenstande eine so eingehende,
ich möchte sagen, liebevolle Aufmerksamkeit gewidmet hat, als
Frankreich; hier ist allerdings bedauerlicherweise die zeitweise
Verwendung schon von 10jährigen Kindern gestattet, allein nur in
gewissen, besonders zu bezeichnenden Industriebetrieben (Gesetz vom
2. Juni 1874, Art. 2). Namhaft gemacht werden dieselben im Decret

vom 27. März 1875, es sind: Abhaspeln der Seidencocons, Spinnen
der Flock- oder Floretseide, Baumwollen-, Woll-, Flachs-, Seidenspin-
nerei, Handdruck auf Zeugwaaren, Seidenzwirnerei, Papierfabrik (mit
ausdrücklichem Ausschluss des Lumpensortirens), Baumwollenzwir-
nerei, mechanische Tüll- und Spitzenfabrikation, Glasfabrikation. Am
18. Mai desselben Jahres bestimmte ein Decret: „Kinder dürfen in
Fabriken und Werkstätten, welche in dem amtlichen Verzeichniss der ungesunden oder gefährlichen Anlagen aufgeführt sind, nur
unter den besonderen Bedingungen beschäftigt werden, welche ....
festgesetzt werden." Diesem Artikel folgen nun 2 Verzeichnisse: A Anlagen, in denen Kinder überhaupt nicht, und B, in denen sie nur bedingungsweise beschäftigt werden dürfen; in beiden sind gleichzeitig
die Gründe des Verbotes angegeben, und ich bedaure nur, dass ich
es mir wegen Raummangel versagen muss, beide wörtlich mitzuthei-
len. Ich werde mich daher auf die wichtigsten Verbote beschränken.

Aus dem Verzeichniss A ist hervorzuheben:
Fabrikation der Arseniksäure mittelst arseniger und Schwefelsäure.
Erzeugung von Salzsäure.
Fabrikation von Salpetersäure.
  „ „ Kleesäure, Oxalsäure.
  „ „ Pikrinsäure.
  „ „ Schwefelsäure.
Scheidung des Goldes und Silbers mit Säuren.
Fabrikation von Zündhüllen.
  „ „ Feuerwerkskörpern.
  „ und Aufbewahrung von Benzin, ferner von Oel, Pe-
    troleum, Schieferöl.
Bleiweissfabrikation.
Bearbeitung des Kautschuk.
Lumpenniederlagen.
Fabrikation von Chlor.
  „ „ chromsaurem Kali.
Destillationen im Allgemeinen.
Vergoldung und Versilberung von Metallen.
Emailliranstalten.
Fabrikation von lackirten Filz und Mützenschirmen.
  „ „ Knallquecksilber.
Bleiglätte-⎫
Bleigelb- ⎬ Fabriken.
Mennige- ⎭
Zubereitung der Felle.
Phosphorfabriken.
Fabrikation von Eisenvitriol.
  „ „ Schwefelkohlenstoff.
Wachstuchfabriken.

Verzeichniss B macht u. A. namhaft:

Klopfen, Kratzen, Reinigen von Wolle.
Bleichereien.
Darm-Zubereitungsanstalten.
Fabrikation der Filzhüte.
Kalköfen.
Bleichen der Abfälle von Baumwolle.
Zubereitung von Rosshaaren.
Fayencefabriken.
Wattefabriken.
Papierfabriken.
Gypsöfen.
Porcellanfabriken.
Bereitung von Kalk und Kalisuperphosphat.
Tabaksfabriken.
Lohgerbereien.
Brechen des Flachses im Grossen.
Färbereien von Haaren.
Glas-, Krystall- und Spiegelglasfabriken.

(Vergl. hierzu die von uns gelieferten Verzeichnisse der Betriebe,
zu denen Kinder gar nicht oder nur bedingungsweise zugelassen werden
sollen, in „Krankheiten der Arbeiter" Bd. I. S. 298, Bd. II. S. 223, Bd. III.
S. 268.)

Fügen wir hinzu, dass am 3. März 1877 noch ein Decret erlassen wurde, welches bestimmte, dass Kinder auch in den nicht
als gefährlich resp. ungesund bezeichneten Etablissements
nicht beschäftigt werden dürfen, wenn explodirende oder gifthaltige
Stoffe verarbeitet würden, welche die Gesundheit zu schädigen ver-
möchten, so haben wir die wesentlichsten hierher gehörigen Punkte
hervorgehoben, und es wird sich ohne Schwierigkeit constatiren
lassen, dass das arbeitende Kind in Fabriken nirgends so geschützt
ist, als eben in Frankreich. In dem österreichisch-ungari-
schen Gewerbegesetz vom 29. Februar 1872 ist in § 70 gesagt:
„überhaupt dürfen Arbeiter unter 16 Jahren nur zu solcher Arbeit
verwendet werden, die ihrer Gesundheit nicht schadet und ihre körperliche Entwicklung nicht hindert" — ohne dass hinzugefügt wird,
wem die Entscheidung über den gesundheitsschädlichen Einfluss der
Arbeit zusteht. Im schweizerischen Bundesgesetz (25. März 1877)
bestimmt Art. 16: „Der Bundesrath ist ermächtigt, diejenigen Fabrik-
zweige zu bezeichnen, in welchen Kinder überhaupt nicht beschäftigt
werden dürfen", und stellt sich damit auf denselben Standpunkt wie
die deutsche Gewerbeordnung in § 139a, welcher erklärt: „durch
Beschluss des Bundesrathes kann die Verwendung von jugendlichen
Arbeitern für gewisse Fabrikationszweige .... gänzlich untersagt

oder von besonderen Bedingungen abhängig gemacht werden." Unter dem 25. April 1879 wurde auf Grund dieses Paragraphen die Beschäftigung in Hammer- und Walzwerken für Kinder von 12—14 Jahren gänzlich verboten und für junge Leute nur unter gewissen Einschränkungen gestattet; die letztere Massregel trat auch für die Beschäftigung von Kindern und jungen Leuten in Glashütten in Kraft. Ausserdem ist zu bemerken, dass in preussischen Bergwerken (unter Tage) Kinder unter 16 Jahren nicht beschäftigt werden dürfen (Min.-Verf. vom 12. August 1854); endlich giebt auch der bekanntlich sehr dehn- und deutbare § 120 der Gewerbeordnung den Behörden weitere Mittel und Wege an die Hand, den gesundheitlichen Schutz der Arbeiter im Allgemeinen und der Kinder speciell noch zu erweitern; angebahnt war derselbe schon durch eine Minist.-Verordnung vom 18. August 1853, welche darauf hinwies, dass Kinder in staubiger Atmosphäre, mit der Verarbeitung von giftigen Stoffen und in dauernd gebückter Stellung nicht beschäftigt werden dürften. In dem ferneren Ausbau unserer noch jungen Fabrikgesetzgebung wird der Schutz des arbeitenden Kindes, namentlich gewissen sehr gesundheitsgefährlichen Beschäftigungen gegenüber, bezüglich deren wir auf unser Werk „die Krankheiten der Arbeiter" verweisen, eine sehr bedeutungsvolle Rolle zu spielen haben. —

Das 3. Moment endlich, welches für die allgemeine Hygiene der Fabriken Bedeutsamkeit beanspruchen darf, ist die Arbeitszeit; es bedarf keiner ausführlichen Darlegung, dass jede, selbst leichtere Arbeit einen üblen Einfluss auf den Organismus ausüben kann, wenn sie entweder zu lange fortgesetzt oder zu unpassender, d. h. zu einer unter normalen Verhältnissen dem Schlafe gewidmeten Zeit vorgenommen wird. Wenn dies auch nicht unbedingt für den erwachsenen männlichen Arbeiter gilt, — an einem Normalarbeitstage für erwachsene Männer hätte die Hygiene nur ein mässiges Interesse — so findet es doch sicher auf arbeitende Kinder und, wie wir gleich hinzufügen wollen, Frauen, die auch nach dieser Richtung hin entschieden berücksichtigt werden müssen, Anwendung. In Deutschland ist von letzterem bisher nichts geschehen, da alle, an sich sehr zu billigenden Bestimmungen für die Arbeitsdauer und Lage der Stunden sich nur auf Kinder und junge Leute beziehen, wobei man unter letzteren Personen von 14—16 Jahren versteht, während in England, von wo dieser Begriff auf uns übergegangen ist, Individuen von 14—18 Jahren darunter verstanden werden. In England werden Frauen, wie bemerkt, gleichfalls als geschützte Personen angesehen und geniessen hinsichtlich der Arbeitsdauer und -zeit dieselben Bevorzugungen wie Kinder und junge Leute, wie dies schon in dem Fabrikgesetz von 1850 (13 u. 14 Vict. cap. 54) verfügt wird. — Dass die tägliche Arbeitszeit für die in Fabriken arbeitenden Kinder bestimmt resp. fixirt werden musste, hat man wohl allerwärts anerkannt, nur ist man betreffs der Stundenzahl in den verschiedenen Ländern zu verschiedenen Resultaten gekommen. So gestattet Deutschland für Kinder von 12—14 Jahren — unter 12 Jahren dürfen Kinder nicht beschäftigt werden (s. oben) — 6, ebenso Frankreich, England 6½, Oesterreich-Ungarn (Gewerbegesetz von 1872) 10½ Stunde täglich, während junge Leute in Deutschland (14—16 Jahre) 10, in England (14—18 Jahre) 10½, in Oesterreich (14—16 Jahre) 12 stündlich täglich arbeiten können. In Anbetracht der Thatsache, dass in einzelnen der genannten Staaten auch noch die Vorschrift besteht, dass schulpflichtige Kinder jede Woche eine festgesetzte Anzahl von Unterrichtsstunden geniessen müssen, ist man genöthigt, sechs tägliche Arbeitsstunden in der Fabrik als das Maximum zu bezeichnen und von jedem Plus, betrüge dasselbe auch nur ½ Stunde, auf das Entschiedenste abzurathen; die für junge Leute gegebenen Vorschriften geben zu Bemängelungen keine Veranlassung. — Was die Lage der Arbeitsstunden betrifft, so hat man in den meisten Staaten das Arbeiten während der Nacht für Kinder und junge Leute (in England auch für Frauen) verboten, nur herrscht über die Frage, welche Stunden man als Nachtstunden zu bezeichnen habe, keine Einigung. Der Beginn derselben ist am frühesten gelegt in Dänemark, nämlich um 8 Uhr Abends, dann folgt Deutschland (8½ Uhr), dann Oesterreich, Frankreich, Schweden und Norwegen (sämmtlich 9 Uhr Abends); Italien und die Niederlande haben unseres Wissens gar keine hierauf bezüglichen, England dagegen so verschiedene, für einzelne Gewerbe- und Industriebetriebe abweichende Bestimmungen, dass die Aufzählung unmöglich ist — im Allgemeinen ist angeordnet (Gesetz vom 29. August 1833, 3 u. 4 Will. IV. cap. 103), dass die Nachtarbeit um 8½ beginnt, jedoch ist die Zahl der Ausnahmen, für welche andere Termine gelten, ausserordentlich gross. — Auch der Schluss der Nachtarbeit findet in den verschiedenen Ländern zu verschiedenen Zeiten statt, jedoch sind die Unterschiede unwesentliche; während nämlich in Dänemark die Nacht in Fabriken erst um 6 Uhr früh zu Ende ist (so dass also die Ruhe für die Kinder 10 Stunden beträgt), schliesst sie in Deutschland, Oesterreich und Skandinavien schon um 5½ Uhr früh, wodurch sich die Zeit der Ruhe auf nur 9 Stunden erstreckt, ein Zeitraum, der, wenn die

Bestimmungen sonst streng durchgeführt werden, für ausreichend erachtet werden kann; auch in England gilt 5½ Uhr früh als Schluss, jedoch sind auch dem gegenüber mannigfache Clauseln beigefügt.

Mit den Bestimmungen über Grösse, Ventilirbarkeit und Beleuchtung der Arbeitssäle, über Frauen- und Kinderarbeit und über die Arbeitszeit hat die allgemeine Fabrikenhygiene ihr Gebiet erschöpft; oft genug verlangt der gesundheitliche Schutz der Arbeiter aber auch, dass man einzelnen schädlichen Momenten gewisser Gewerbe- und Industriebetriebe nachspüre, um ihren schädlichen Einfluss auf die Arbeiter im Allgemeinen, auch die erwachsenen Männer zu paralysiren. Das ist die Aufgabe der speciellen Fabrikenhygiene, deren Darstellung uns hier nicht beschäftigen kann; nur darauf wollen wir aufmerksam machen, dass es allerdings kaum einen Betrieb giebt, welcher nur ein solches schädliches Moment erkennen lässt, dass vielmehr fast immer der gleichzeitige Einfluss mehrerer in Betracht kommt, dass man aber trotzdem, weil nämlich eines immer alle andern an Bedeutung übertrifft, sehr wohl berechtigt ist, die gesammten Industriebetriebe nach den ihnen eigenthümlichen Schädlichkeiten einzutheilen, wobei das augenfälligste und wichtigste der gleichzeitig vorhandenen die Klasse, unter welche der resp. Betrieb rubricirt werden soll, bestimmt. Dass es sich dabei immer entweder um die Luft, die der Arbeiter während der Arbeit einathmet, oder um die Stellung, die er dabei einnimmt, oder um die event. nothwendige Kraftanstrengung handelt, sei es, dass diese sich auf den Gesammtorganismus oder auf einzelne Organe, speciell z. B. die Sinnesorgane resp. einzelne Muskelgruppen bezieht, ergiebt eine einfache Ueberlegung: alle professionellen Erkrankungen ohne Ausnahme lassen sich auf einen (oder mehrere) der genannten Punkte zurückführen: die Anthrakose des Steinkohlenbergmannes, die Kohlenoxydgasvergiftung des Leuchtgasarbeiters, die Bleikolik des Töpfers, die Phosphornekrose des Zündholzarbeiters, die Osteomyelitis des Perlmutterarbeiters, die Schwielen der Schmiede, die coordinatorischen Beschäftigungsneurosen der Nagelschmiede, Uhrmacher u. s. w., der Nystagmus der Bergleute, die Myopie der Schriftsetzer, die Otalgie der Kesselschmiede u. s. w., kurz alle nur erdenklichen Berufskrankheiten stehen mit den aufgeführten Momenten in Verbindung. In grossen Zügen sind daher die Aufgaben der speciellen Fabrikhygiene leicht zu skizziren — sie soll nicht blos für die gesundheitsgemässe Beschaffenheit der Luft, sondern auch für eine möglichst salubre Körperstellung des Arbeiters

sorgen und darauf Bedacht nehmen, dass nicht der Gesammtorganismus, weder die Sinnesorgane noch einzelne Muskeln überangestrengt
werden. Welche enormen Schwierigkeiten sich hier geltend machen,
weiss jeder Eingeweihte, welche umständlichen Vorkehrungen und
Einrichtungen erforderlich sind, um nur eine Bedingung, Herstellung
guter Luft zu erfüllen, zu verhindern, dass sie zu feucht, zu trocken,
zu kalt, zu warm, dass sie voll von Staub, schädlichen und giftigen
Gasen und Dämpfen sei, braucht nicht auseinandergesetzt zu werden.
Auf dem Wege der Polizeiverordnung lässt sich hier Vieles erreichen
und ist thatsächlich schon Vieles erreicht worden; nur in Ausnahmefällen müsste (wie schon oben S. 188 erwähnt), die Gesetzgebung
eintreten, wenn es sich z. B. um die Verarbeitung sehr gesundheits-
gefährlicher Stoffe handelt, welche durchaus entbehrlich und durch
andere ersetzbar sind, wie, um nur zwei Beispiele zu erwähnen, um
den Phosphor für die Zündholzfabrikation und das Arsenik für das
Grünfärben der Kleider. Hier müsste die Verwendung der Stoffe
zu dem genannten Zwecke gesetzlich verboten werden. Mercantile
Rücksichten haben die Bewilligung dieses Verlangens immer hin-
ausgeschoben, und noch neuerdings ist die Weiterbenutzung des gewöhnlichen Phosphors für die Herstellung der Zündhölzer, wobei
sehr viele Arbeiter in Folge der Kiefernekrose entstellt werden und
zu Grunde gehen, sanctionirt worden. Da man aber mit gegebenen
Factoren rechnen muss, so wird man nun mindestens energischere
Schutzmassregeln als bisher verlangen, z. B. die strengste Durchführung der Bestimmung, dass in allen Räumen, wo Phosphor verdunstet, der Luft angemessene Mengen von Terpentinöldämpfen zugeführt werden müssen; die Wirkung dieser dem Phosphor gegenüber
ist eine ebenso sichere wie die des Ammoniaks dem Quecksilber
gegenüber — beide verdienen die allgemeinste Beachtung und Anwendung seitens der Arbeitgeber und Aufsichtsbehörden. Auf weitere
Details einzugehen, verbietet der Raum — wie es gemacht wird,
dass die Luft rein bleibt, wie die üblen Wirkungen der verschiedenen Körperstellungen paralysirt werden u. s. w., ist am Ende gleichgültig, nur dass es geschieht, ist wichtig, ist die hohe und segens-
reiche Aufgabe der speciellen Fabrikhygiene.

Wie man auch in Deutschland beginnt, diesem Zweige der Hygiene Aufmerksamkeit zuzuwenden, geht daraus hervor, dass seit
dem 17. Juli 1877 im ganzen Reiche Beamte ernannt worden sind,
welche als Fabrikeninspectoren, seit dem Mai 1878 unter dem Titel
„Gewerberäthe", die Fabriken zu bereisen und über ihre Wahrneh-

mungen zu berichten haben; zwei Punkte sind ihrer Fürsorge resp.
Aufsicht besonders unterstellt worden: die Beschäftigung der Frauen
und jugendlichen Arbeiter (§ 139 a der Gewerbeordnung) und der
gesundheitliche Schutz aller Arbeiter vor den Gefahren ihres Berufes
(§ 120 Abschn. 3 der Gewerbeordnung). Wie man sich ihre Stellung
und Amtirung gedacht hat, geht aus § 2 der Dienstanweisung vom
24. Mai 1879 hervor; dieselbe lautet: „die Gewerberäthe sollen in
dem ihnen zugewiesenen Wirkungskreise nicht an die Stelle der
ordentlichen Polizeibehörden treten, vielmehr durch Ergänzung deren
Thätigkeit, sowie durch sachverständige Berathung derjenigen Pro-
vinzialbehörden, denen sie zugeordnet sind, eine sachgemässe und
gleichmässige Ausführung der Bestimmungen der Gewerbeordnung
und der auf Grund derselben erlassenen Vorschriften in dem ihnen
überwiesenen Aufsichtsbezirk herbeizuführen suchen. Dabei sollen
sie ihre Aufgabe vornehmlich darin suchen, durch eine wohlwollend controlirende, berathende und vermittelnde
Thätigkeit nicht nur den Arbeitern die Wohlthaten des Gesetzes
zu sichern, sondern auch den Arbeitgeber in der Erfüllung der Anforderungen, welche das Gesetz an die Einrichtungen und den Betrieb
ihrer Anlagen stellt, tactvoll zu unterstützen, zwischen den Interessen
der Gewerbeunternehmer einerseits, der Arbeiter und des Publikums
andererseits auf Grund ihrer technischen Kenntnisse und amtlichen
Erfahrungen in billiger Weise zu vermitteln und sowohl den Arbeit-
gebern als auch den Arbeitern gegenüber eine Vertrauensstellung zu
gewinnen, welche sie in den Stand setzt, zur Anbahnung und Erhaltung guter Beziehungen zwischen beiden mitzuwirken." Rechnet
man zu diesem, in seinen Details gewiss nicht leicht zu erfüllenden
Paragraphen die in § 4 enthaltene Notiz, dass die Gewerberäthe zwar
mit den Befugnissen der Ortspolizeibehörde ausgerüstet seien, dass
sie aber von dem Rechte, Strafmandate zu erlassen, keinen Gebrauch
machen dürfen, so wird man die Schwierigkeit der Stellung bald
herausfühlen. Findet der Fabrikeninspector Unzuträglichkeiten und
Verstösse auf seinen Revisionsreisen vor, so kann er dieselben nicht
einfach abstellen lassen, sondern er darf nur wohlwollend zu dieser
Abstellung auffordern, und falls der Arbeitgeber nicht nachkommt,
muss ein Bericht an die resp. Polizeibehörde aufgesetzt und das
Weitere beantragt werden. Welche Zeit darüber vergeht, ehe Uebelstände, seien sie noch so schreiend, beseitigt werden, welche Mühe
und Schreibereien der Fabrikinspector über sich ergehen lassen muss,
ehe er seinen Willen durchsetzt, ist leicht einzusehen. Indessen —
das Bessere ist nur zu oft der Feind des Guten; erkennen wir den

grossen Fortschritt an, den die Fabrikgesetzgebung mit der Crei-
rung dieser Beamten gethan hat, und überlassen wir die Besserung
des Geschäftsganges und die Verleihung einer Executivgewalt an sie,
ohne welche eine wahrhaft gedeibliche Thätigkeit nicht wohl denkbar ist, der Zukunft. Dass die Arbeiterhygiene durch sie in früher
ungeahnter Weise gefördert wird, muss Jeder anerkennen; eine fast
unerschöpfliche Fülle interessanter und lehrreicher Beobachtungen
bringen die in § 15 der Dienstanweisung angeordneten jährlichen
Berichte, welche den Aerzten die Möglichkeit an die Hand geben,
die Krankheiten der Arbeiter zunächst in ihren Ursachen und dann
auf Grund eigener Beobachtung in ihrem Verlauf immer genauer
kennen zu lernen.

KRANKENANSTALTEN

VON

Bauratii **L. DEGEN** in Regensburg.

Das Krankenhaus in der Bedeutung der Neuzeit kannte man bis zur Mitte des 18. Jahrhunderts nicht; Chroniken und alte Urkunden erzählen uns nur von Wohlthätigkeitsanstalten, in welchen Pilgrime Labung und Pflege, und Arme, gesunde wie kranke, ein Unterkommen fanden. Sie gingen aus dem Gebote der christlichen Liebe hervor und waren da zuerst gegründet, wo Christenthum und höhere Cultur schon eine allgemeine Verbreitung gefunden. Klöster und Stifte sahen es als eine ihrer hervorragendsten Aufgaben an, den Armen und Kranken Schutz und Hilfe angedeihen zu lassen. Von einer ärztlichen Behandlung nach unseren Begriffen und von zweckentsprechenden Einrichtungen dieser Asyle war allerdings keine Rede, — Unterkunft unter Dach und Fach, und Stillung von Hunger und Durst der Nothleidenden war Alles, was geboten werden konnte. Die Betheiligung an diesem Liebeswerke vermehrte sich mit dem Vordringen der christlichen Lehre und ihrer Apostel; Fürsten und Adel wetteiferten mit den Klöstern und Bischöfen in Ausübung der Nächstenliebe durch Stiftungen und Schenkungen.

Mit der Entwicklung des Städtewesens gewannen diese Zufluchtstätten immer grössere Bedeutung und es beginnen sich Corporationen zu bilden, welche sich der Pflege der Armen und Kranken widmeten. Und hierzu bot sich ihnen im Verlauf der Zeit Gelegenheit genug. Wie bekannt, war die Lepra im Mittelalter zu einer wahren Landplage geworden, deren Opfer von dem Verkehr mit ihren Mitbürgern ausgeschlossen und in besonderen Gebäuden, den Leprosorien, Siechenhäusern, isolirt werden mussten. Durch strenge Vorschriften suchte man die Isolirung aufrecht zu erhalten und weitere Verbreitung zu verhindern, so weit es nach der Natur der Krankheit und nach menschlichen Kräften eben möglich war.

Den Aussätzigen wurden die Blatternkranken gleich geachtet, die mit jenen in den gleichen Gebäuden untergebracht wurden. Als aber die Pest und andere Seuchen Europa durchzogen und überall grosse Opfer forderten, da begann man allenthalben grössere Krankenhäuser zur Unterbringung ansteckender Kranker zu errichten, in

welchen nach den damaligen Begriffen ausreichend für gute Luft
und Reinlichkeit gesorgt war. Wir sehen also hier zuerst Special-
krankenhäuser vor uns, mit dem ausgesprochenen Zwecke, der weiteren Verbreitung von Infectionskrankheiten durch völlige Isolirung
nach Möglichkeit vorzubeugen, während in den Pfründehäusern, Hospitälern, oder wie immer die öffentlichen Wohlthätigkeitsanstalten
genannt wurden, die gewöhnlichen Kranken Unterkunft und Pflege
fanden.

Allgemeine Krankenhäuser, in welchen nur Kranke verpflegt
wurden, entstanden erst in Folge der geänderten socialen Verhältnisse und wurden hierzu meistens die zur Verfügung stehenden Stif-
tungsgebäude in der Art benutzt, dass zunächst innerhalb des Com-
plexes eine Trennung der Kranken von den Pfründnern vorgenommen wurde, bis die Mittel zur Adaptirung anderer Gebäude oder zur
Erbauung neuer Anstalten beschafft werden konnten.

So hatte z. B. München[1]) ein Fremdengast- oder Pilgerhaus zum
heiligen Geist, erbaut von Herzog Ludwig dem Kelheimer 1204; 2 Anstalten für Leprosen, eines am Gesteige 1204 durch bayerische Herzöge
und Münchener Bürger fundirt, und eines in Schwabing; das Josephs-
spital, 1614 gegründet von dem Bürger und Bader Melchior Pruggs-
berger, der Kranke und Beschädigte in sein Haus aufnahm und bis zu
ihrer Heilung verpflegte.

Als Kurfürst Maximilian I. das Spital erwarb, wurde es in ein Haus
an der Röhrenspeckergasse verlegt, dessen Umbau 1626 vollendet wurde.
Nachdem aber die Räume nicht mehr genügend waren, wurde 1682 das
noch heute bestehende grosse Gebäude aufgeführt. Dazu kommen noch das
Herzogspital, gestiftet von Wilhelm V. für alte Hofdiener und Diene-
rinnen, ein kurfürstliches Militärlazareth 1777 von Maximilian III. an
der jetzigen Müllerstrasse erbaut, das 1751 von barmherzigen Brüdern
eröffnete Krankenhaus vor dem Sendlinger Thore, das 1809 aufgelöst
und mit dem neu zu gründenden „Allgemeinen Krankenhause“ vereinigt
wurde, das König Max I. 1811—1813 links der Isar vor dem Sendlinger
Thore erbauen liess.

So wie in München, sehen wir auch in vielen anderen Städten
das „Krankenhaus“ aus den verschiedenen Pfründe- und Siechenhäusern hervorgehen: denn überall machte sich die Nothwendigkeit
geltend, den Anforderungen der Zeit Rechnung zu tragen, die eine
bessere Pflege der Kranken als bisher und deren Absonderung von
den Gesunden verlangte.

In gleichem Schritte mit der Errichtung von Wohlthätigkeits-

---

1) Dr. G. Lammert, k. Bezirksarzt in Stadtamhof: „Zur Geschichte des bürgerlichen Lebens und der öffentlichen Gesundheitspflege etc.“ Regensburg 1880,
Wunderling.

Anstalten ging auch die Entwicklung der Krankenpflege, welche sich zumeist in den Händen religiöser Orden befand (Beguinen, graue Schwestern, barmherzige Brüder, Franziskanerinnen u. s. w.), während die Einkünfte von Stiftungsräthen unter Aufsicht der Magistraturen verwaltet wurden.

Dass unter den geschilderten Verhältnissen diese alten Krankenhäuser den heutigen Ansprüchen der Spitalhygiene nicht entsprechen würden, bedarf keiner weiteren Begründung, wenn wir hinzufügen, dass von einer rationellen Lüftung und Heizung, von einer genügenden Zutheilung des kubischen Raumes für den einzelnen Kranken, von vorsichtiger Behandlung der Auswurfstoffe aller Art und von all den zweckdienlichen Einrichtungen, die wir in neuen Krankenhäusern finden, nicht die Rede sein konnte. In vielen, ja den meisten Krankenhäusern früherer Zeit sehen wir darum auch heute noch die alten Zustände, weil an und für sich daran nichts zu ändern ist. Eine Besserung der oft unerträglichen Verhältnisse ist nur durch Neubauten zu erwarten, welche unter Zugrundelegung aller Erfahrungen auf dem Gebiete der modernen Spitalhygiene aufzuführen sind.

Was die technische Ausbildung der für den Zweck der Krankenpflege bestimmten Gebäude anlangt, so dienten ursprünglich einzelne Häuser mit der Grundrisstheilung des alten Wohnhauses häufig in den bescheidensten Dimensionen zur Unterbringung der Kranken und Armen; die Räume waren meist von nur geringer Höhe und schlecht beleuchtet, der gewöhnliche grosse Ofen, im Mittelalter der offene Kamin, sorgte für die Erwärmung, während besondere Vorrichtungen zur Lüftung derselben nach dem Verschwinden des Kamins nicht existirten. Holzdecken und Wandvertäfelungen vollendeten das gesundheitswidrige Ganze. War im Verlaufe der Zeit eine Vergrösserung der Anstalten durch das vermehrte Bedürfniss geboten, so wurden zu diesem Zwecke wohl Nachbarhäuser angekauft oder Anbauten hergestellt, welche nicht selten mit den älteren Gebäuden enge Höfe umschlossen; Licht und Luft standen damals noch nicht in so hohem Ansehen wie heute. Nur in Italien und Frankreich hat man schon im 16. Jahrhundert angefangen, grosse und luftige, hellerleuchtete Säle zu Krankenzwecken zu bauen, ohne sich indessen von der anererbten Form des Hofes lossagen zu können, da meistens die beschränkten örtlichen Verhältnisse dazu drängten, diese Form zu wählen, und man darin auch keine gesundheitswidrige Anlage erblickte.

So entstanden auch in Deutschland Ende des 18. und mit Beginn des 19. Jahrhunderts manche neue grosse Krankenhäuser mit eingeschlossenen Höfen, da dies für die Unterbringung vieler Krankensäle und für den Krankendienst als die vortheilhafteste Grundrissform gehalten wurde, ohne zu erwägen, dass die Ansammlung vieler Kranker unter einem Dache nicht im Interesse einer Heilanstalt liegen könne. Hierzu müssen wir bemerken, dass nicht nur in dieser Beziehung Fehler begangen wurden, sondern dass man in grossen volkreichen Städten, z. B. in Paris und Mailand die Concentrirung von Betten auch auf die einzelnen Säle in ausgedehntestem Maasse erweiterte. So erfahren wir aus einem Rapporte der Akademie der Wissenschaften vom 12. März 1788 [1]), dass im Hôtel Dieu bis zu 300 oder 400 Betten in einer Saalgruppe untergebracht waren, während in den englischen Krankenhäusern nur Säle für 12 bis 30 Betten von den Commissären gefunden worden sind, welche zum Studium der Spitalverhältnisse nach England geschickt wurden.

Die Akademie hatte sich damals mit der Frage zu beschäftigen, in welcher Weise bei Neubauten von Hospitälern den vielen Uebelständen der alten Krankenhäuser und deren nachtheiligen Folgen mit Sicherheit entgegengetreten werden könnte, indem die ungünstigen Wirkungen der grossen und überfüllten Spitäler auf die Heilerfolge nicht mehr unbeachtet bleiben dürften.

Ein besonderes Interesse beansprucht in dieser Beziehung der Rapport der Akademie der Wissenschaften [2]), der sich auf einen von LEROY, Mitglied der Akademie, entworfenen und später etwas modificirten Plan bezieht, nach welchem das Hôpital Lariboisière in Paris im Jahre 1854 vollendet worden ist, das als Typus des Pavillonsystems gelten kann. [3])

„Nous proposons des diriger les bâtiments de l'est à l'ouest afin que, les croisées donnant du nord au midi, le vent du nord puisse refraîchir les salles pendant l'été, et que l'exposition au midi procure aux malades un jour qui leur est toujours agréable et une chaleur qui leur est souvent nécessaire ... Nous ne proposons pas pour les planchers supérieurs des voûtes qui exigeraient des murs trop forts et une dépense considérable, mais il faudra plafonner ce plancher pour que les intervalles des solives n'offrent point à l'air infecté un retraite d'où il est difficile de le chasser. Les croisées monteront à la hauteur du plafond et s'ouvriront jusqu'à cette hauteur, afin que la couche supérieur de l'air, qui est toujours la plus infecte, ait une libre issue. Les escaliers doivent être ouverts de manière que l'air du dehors circule librement dans toute leur hauteur.“

Wir sehen daraus, dass schon vor fast 100 Jahren die Decentralisirung als jenes System betrachtet wurde, von welchem allein

---

1) Etude sur les hôpitaux par A. HUSSON, Directeur de l'administration générale de l'assistance publique. p. 34. Paris 1862.

2) Rapport du 22. novembre 1786. p. 3.

3) Etude sur les hôpitaux par A. HUSSON. p. 32.

eine Besserung der geradezu trostlosen Zustände in den Krankenhäusern zu erwarten war; Auflösung der Massenbauten in kleine
unter sich verbundene Pavillons, die genügend Raum, Luft und Licht
für den einzelnen Kranken bieten und eine gesundheitswidrige Ansammlung von Menschen in einem Saale ausschliessen, das war die
Grundbedingung für das Hospital der Zukunft. Leider wurde durch
die Revolution und durch die darauf folgenden Kriegsjahre die Durchführung und Ausbildung dieser Grundsätze verhindert und war es
erst der Neuzeit vorbehalten, diese Idee wieder aufzunehmen und
weiter zu entwickeln.

Nachdem man zur Einsicht gelangt war, dass Krankenhäuser
mit geschlossenen Hofräumen nicht mehr erbaut werden dürfen, wenn
nicht der Zweck einer Heilanstalt in Frage gestellt werden soll, so
entschloss man sich, solche Anstalten in Form von offenen Rechtecken anzulegen, welche nach drei Seiten einen Hof umschliessen
⌴, ⌴, ⌴, ⊢⊣; gleichzeitig begegnen wir den Pavil-
lonanlagen, in welchen die Pavillons entweder nur im Erdgeschoss
durch geschlossene Corridore verbunden sind (Lariboisière in Paris)
oder bei welchen die Corridore durch alle Etagen gehen (St. Jean
in Brüssel) ⊨⊨ ⊢⊣⊢⊣⊢⊣. Für kleinere Anstalten begnügte man sich mit einem einfachen Längentrakt, in welchem sich
die Verwaltungs- und Oekonomieräume im Erdgeschosse und bezw.
Souterrain befinden, während in den oberen Stockwerken die Krankensäle untergebracht sind.

Wenngleich in dem Pavillonsysteme ein grosser Fortschritt in
der Entwicklung des Krankenhausbaues erblickt werden muss, so
hat doch die Erfahrung gelehrt, dass solche Hospitäler in hygienischer Beziehung noch nicht entsprechen: die einzelnen Pavillons beherbergen in mehreren Stockwerken noch immer zu viele Kranke,
die Säle sind zu gross und die Gefahr der Verschleppung infectiöser
Krankheiten von einem Pavillon in den anderen durch die Fenster
und Corridore ist trotz aller Vorsicht nicht als beseitigt zu betrachten.
Ausserdem wurde auch die Beobachtung gemacht, sowohl in alten
wie neuen Krankenhäusern, dass bei schweren inneren Erkrankungen
und äusseren Verletzungen unter den bestehenden Verhältnissen die
Heilung eine sehr lange Zeit in Anspruch nahm und nicht selten
aus Mangel an reiner gesunder Luft der Tod eintrat. Dies veranlasste in den vierziger Jahren den Professor Dr. GÜNTHER in Leipzig
zur probeweisen Herstellung einer „Luftbude“, eines luftigen Ge-

bäudes aus Holz und Zeltleinwand, in welcher Schwerkranke untergebracht wurden. Die günstigen Heilerfolge rechtfertigten die Voraussetzungen, welche an ein solches Gebäude geknüpft wurden, das
der frischen Luft überall Zutritt ins Innere gestattet, und in welchem
eine Ansammlung gefährlicher Stoffe beinahe zur Unmöglichkeit ward.
Das in Leipzig gegebene Vorbild fand zunächst wenig Nachahmung,
denn die Scheu vor kühlen und luftigen Krankenzimmern war noch
lange nicht überwunden, und von jeher waren die Verwaltungsbehörden gegenüber von Geldforderungen für Versuche zurückhal-
tend. Allein die Idee war gegeben und sollte nicht wieder für lange
begraben werden wie jene LEROY's.

Der amerikanische Secessionskrieg mit seinem weit ausgedehnten
Kriegsschauplatze stellte in Bezug auf die Verpflegung der Verwundeten und Kranken an die Sanitätsbehörden Anforderungen, die bis
dahin unbekannt waren: es mussten um jeden Preis Lazarethe geschaffen werden, in welchen in kürzester Zeit eine möglichst grosse
Anzahl Kranker und Verwundeter Unterkunft finden konnte; denn
es mangelte an hierzu tauglichen Gebäuden überall, und die Aerzte
hielten es auch nicht für angemessen, ihre Patienten in die nächst
besten Gebäude grosser Städte unterzubringen, da sie bei den klimatischen Verhältnissen die Zusammenlegung vieler Schwerverwun-
deter in bewohnten Ortschaften mit Recht als den folgenschwersten
Fehler betrachteten. Mit schnellem Blicke erkannte man die Lage
und fand auch sogleich das Mittel, den hygienischen Anforderungen
zu genügen, und wir sahen in kürzester Zeit auf allen Punkten des
Kriegstheaters Lazarethe entstehen, welche alle Bedingungen er-
füllten, die an solche Gebäude gestellt werden müssen. Die hölzerne
Baracke, die Luftbude Dr. GÜNTHER's in vergrössertem Maassstabe,
wurde das Element, aus welchem die grossen Generalhospitäler, wie
auch die kleineren Feldlazarethe hervorgingen, in welchen vielen
Tausenden Leben und Gesundheit erhalten wurden, die ohne diese
einem sicheren Tode geweiht gewesen wären. Mit gleich guten
Resultaten wurde die Baracke als Kriegslazareth auch in den Kriegen
1866 und 1870—71 verwendet, und manche Krankenanstalten be-
dienten sich seit dieser Zeit derselben, um im Sommer wenigstens
für Typhuskranke und Schwerverwundete günstigere Heilerfolge erzielen zu können. Und hiermit trat der Krankenhausbau in eine
neue Phase; dem Massenbau mit seinen vielen Stockwerken trat das
einzelne Haus mit einem Stockwerke gegenüber, das im Verlaufe
der letzten 10 Jahre bei der Anlage verschiedener Krankenanstalten
principiell zur Anwendung kam.

Dieses Princip erlitt indessen unter dem Einflusse persönlicher Anschauungen und localer Verhältnisse mancherlei Modificationen: der Holzbau musste aus hygienischen und anderen Gründen dem Massivbau weichen, und selbst die Anzahl der Stockwerke wurde vermehrt, wenn es sich darum handelte, bei einem gegebenen Terrain den nöthigen Belagsraum zu beschaffen; doch war man bestrebt, für schwere chirurgische Kranke und zum Zwecke der Isolirung infectiöser Krankheiten einstöckige Pavillons nach dem System der Baracke zu bauen, die von den übrigen Gebäuden in entsprechender Entfernung situirt wurden. Die neuen Krankenhäuser in Berlin, Dresden, Leipzig, Heidelberg u. s. w. verdanken ihre Anlage diesen neuen Grundsätzen.

Als erste Bedingung zur Erzielung günstiger Heilerfolge wird von der Hygiene für jedes Krankenzimmer reine gesunde Luft, der nöthige kubische Raum und directes Sonnenlicht verlangt, es ist daher die vornehmste Aufgabe des Architekten, alles Das von dem Krankenhause fernzuhalten, was eine Verunreinigung der Luft innerhalb und ausserhalb desselben veranlassen könnte, und die Räume für die Kranken so zu construiren, dass jeder Einzelne den durch die Erfahrung festgesetzten Luftkubus und das nöthige Licht erhält. Bei der ganzen Einrichtung eines Krankenhauses wird man daher nach diesen Grundsätzen zu verfahren haben, sollen nicht Fehler gemacht werden, welche nach Vollendung des Baues nur schwer, manchmal gar nicht mehr beseitigt werden können. Wir erachten es deshalb für angezeigt, im Verlaufe unserer Besprechung vorzüglich die Aufmerksamkeit auf jene sanitätswidrigen Verhältnisse hinzulenken, welche in der Mehrzahl unserer Krankenhäuser zu Tage treten, und die Mittel anzugeben, wie dieselben bei Neubauten vermieden werden können.

Der Bauplatz.

Bei Erbauung einer Krankenanstalt ist vor Allem die Wahl eines günstigen Bauplatzes ins Auge zu fassen, denn davon hängt in erster Linie die zweckentsprechende Anlage derselben ab. Es handelt sich demnach zunächst darum, jene Gesichtspunkte zu beleuchten, nach welchen bei einer solchen Wahl zu verfahren ist.

Ist bereits durch ein Programm die Anzahl der Kranken bestimmt, welche in der neuen Anstalt aufgenommen werden sollen, so lässt sich die Grösse des nöthigen Areals dadurch leicht finden,

wenn man die Zahl der Betten mit jener Quadratfläche für das Ganze
vermehrt, welche erfahrungsgemäss als die zutreffendste anerkannt
wird. Sollen mehrstöckige Gebäude für Krankenzwecke benutzt
werden, so genügen als Minimum 100 qm Bauplatz pro Bett, worin
der Raum für die Nebengebäude und Gartenanlagen mit inbegriffen
ist; diese Zahl erleidet jedoch eine bedeutende Modification, wenn
in der neuen Anstalt theilweise oder ausschliesslich nur einstöckige
Krankenpavillons zur Verwendung zu kommen haben. In diesen
Fällen darf die Quadratfläche für das einzelne Bett nicht unter 150 qm
betragen. Besteht endlich die Absicht, auch ansteckende Krankheiten in der Anstalt zu behandeln und für diese besondere Isolir-
pavillons zu errichten, so ist obige Ziffer auf ungefähr 200 qm zu
erhöhen, da solche Gebäude in einer sehr bedeutenden Entfernung
von den übrigen zu liegen kommen müssen.

Auf diesen Punkt werden wir bei der Frage über specielle Heilanstalten für Infectionskrankheiten nochmals zurückkommen und bemerken nur, dass im allgemeinen Krankenhause im Friedrichshain
zu Berlin auf jeden Kranken 157 qm, im neuen Krankenhause des
Albertvereins zu Dresden 198 qm, im Stadtkrankenhause zu Wies-
baden nach dessen Vollendung 163 qm entfallen, während in der
Krankenanstalt am Oresund bei Kopenhagen, die zur Aufnahme von
ansteckenden Kranken bestimmt ist, welche zur See nach Kopenhagen kommen, ungefähr 320 qm Flächenraum auf jedes der 32 Betten
treffen. Daraus mag ersehen werden, dass man in neuerer Zeit besonders darauf bedacht ist, ein nahes Zusammendrängen der Gebäude
in einer Heilanstalt zu vermeiden und auch noch einen Reserveraum
für eine etwa nöthige Erweiterung im Vorhinein zu sichern.

Ist die Grösse des Bauplatzes festgesetzt, so sind des weiteren
seine örtliche Lage sowie dessen Bodenverhältnisse ins Auge zu fassen.
Wir betrachten es als selbstverständlich, dass ein Bauplatz für ein
neues Krankenhaus nicht in der Nähe oder gar inmitten bewohnter
Quartiere gesucht wird, denn dagegen sprechen so viele, jedem Hygieniker und Arzte bekannte Gründe, dass wir dieses Umstandes nur
vorübergehend erwähnen.

Jedes neue Krankenhaus ist ausserhalb bewohnter Ortschaften
zu bauen und zwar soweit von letzteren entfernt, dass ein Nahe-
rücken von Wohnhäusern ausgeschlossen und nach Maassgabe der
localen Verhältnisse das Aufsuchen desselben nicht mit zu grossem
Zeitaufwand verbunden ist. Daraus folgt auch, dass es für grosse
Städte dringend nothwendig ist, an verschiedenen Punkten der Peripherie kleinere Anstalten für höchstens 200—300 Betten zu errichten,

anstatt einer grossen Anlage für 500 bis 600 Betten. Der Kostenpunkt sollte in solchen Fällen den Anforderungen der öffentlichen
Gesundheitspflege gegenüber nicht in Betracht kommen, abgesehen
von den Schwierigkeiten, welche sehr oft der Erwerbung eines zweckentsprechenden, günstig gelegenen Areals von ca. 100000 qm Flächeninhalt entgegentreten.

Bei Beurtheilung der Qualität des Bauplatzes sind folgende Grundsätze zu berücksichtigen:

1. Derselbe darf nicht in der herrschenden Windrichtung liegen,
damit nicht die schädlichen Ausdünstungen der Stadt in das Bereich
der Anstalt gelangen können und so die Forderung einer gesunden
Luft a priori illusorisch wird.

2. Um gegen den Einfluss von Druckwasser gesichert zu sein,
ist stark ansteigendes Terrain von der Wahl auszuschliessen, dagegen ist

3. darauf zu achten, dass für die Entwässerung der Anstalt doch
ein genügendes Gefälle und eine Vorfluth vorhanden ist, wobei jedoch die allzu grosse Nähe von fliessendem Wasser vermieden werden muss.

4. Der Spiegel des Grundwassers soll möglichst tief liegen, damit die Folgen der Schwankungen desselben von der Anstalt ferne
gehalten werden können. Nasser Untergrund ist absolut verwerflich.

5. Es ist daher bei freier Wahl jenem Terrain der Vorzug zu
geben, dessen Untergrund aus grobem Kiese besteht, und das, wenn
eine Wasserleitung nicht zur Verfügung ist, durch Anlagen von Brunnen für die Anstalt das nöthige Wasser zu liefern vermag.

6. Steht nur felsiges Terrain zur Verfügung, das mit starken
Zerklüftungen möglicherweise durchsetzt ist, so sind bei der Fun-
dirung der Gebäude gegen die Wirkung des Grundwassers jene Vorsichtsmaassregeln anzuwenden, von welchen wir an betreffender Stelle
noch sprechen werden; denn wir setzen als bekannt voraus, dass
gerade mit einer solchen Bodenbeschaffenheit die misslichsten Grundwasserverhältnisse verbunden sind, besonders wenn das Gestein porös
ist und demnach die Fähigkeit besitzt viel Wasser aufzunehmen, dessen
Ueberschuss allmählich in den Zerklüftungen sich ansammelt.

7. Ausserdem ist schliesslich noch darauf zu achten, dass in der
Nähe des in Aussicht genommenen Bauplatzes kein Sumpf oder kein
stagnirendes Wasser sich befindet, damit nicht aus denselben die
Zersetzungsproducte von Thier- und Pflanzenorganismen der neuen
Anstalt zugeführt werden. Dagegen ist es als ein grosser sanitärer
Vortheil zu betrachten, wenn das Areal von kräftigen Baumgruppen

umgeben ist, welche die Luft reinigen und als Schutzwehr gegen
heftige Stürme zu dienen vermögen.

Das Bausystem.

Wie schon in der Einleitung nachgewiesen wurde, hat man in
neuerer Zeit bereits angefangen, mit dem System der Massenbauten,
in welchen Krankensäle, Verwaltungs- und Oekonomieräume unter
einem Dache vereint sind, zu brechen und nach den Grundsätzen der
Decentralisation die Krankenanstalt in mehrere Gebäude getrennt,
welche nach Maassgabe ihrer Zwecke in geeigneter Weise situirt
sind. Das Pavillonsystem kam dabei in seiner äussersten Consequenz
zur Durchführung. Als Centrum der Anstalt wird stets das Verwaltungsgebäude zu betrachten sein, um welches sich die Krankenpavillons und in zweiter Linie die Oekonomiegebäude gruppiren. Alle
diese Bauten sind mit Gartenanlagen mit reichlicher Baum- und
Pflanzenvegetation zu umgeben, die theils zur Erholung der Reconvalescenten, theils zur Reinigung der Luft und des Bodens dienen.

Ist das Pavillonsystem als die einzig richtige und zweckentsprechende Anlage für das Krankenhaus festgestellt, so kann es sich
nur noch darum handeln, zu untersuchen, nach welchen Grundsätzen
der einzelne Krankenpavillon zu construiren ist, ob derselbe aus
einem Stockwerke bestehen oder deren mehrere enthalten soll, und
welche Grösse den einzelnen Krankenräumen zu geben ist.

In den neuen Hospitälern begegnen wir drei verschiedenen Arten
von Pavillons:

1. dem eigentlichen **Pavillon** mit einem Stockwerke, welcher
nur einen, höchstens 2 Säle mit einem Belagsraum für 10—30 Betten
enthält, an welche sich die Bäder, Aborte, Wärterstuben und einige
Separatzimmer anschliessen. Diese Art entspricht der Baracke;

2. dem Pavillon mit 2 Stockwerken, dessen Grundrisseinthei-
lung der sub 1 erwähnten gleichkommt und

3. dem Block, einem Gebäude mit mehreren Stockwerken, in
welchem sich, durch einen Corridor verbunden, Krankenzimmer mit
1—6 Betten und den übrigen Räumen für Bäder u. s. w. befinden.

Halten wir uns streng an den hygienischen Grundsatz, dass
die Ansammlung vieler Menschen unter einem Dache
zu vermeiden ist, weil dadurch die Gesundheit des Einzelnen geschädigt wird, so müssen wir dem Pavillon mit einem
Stockwerke umsomehr vor den ad 2 und 3 erwähnten Gebäuden den
Vorzug geben, da in einem Krankenhause noch vielmehr, als im ge-

wöhnlichen Wohnhause, durch die Lebenseffluvien die Luft verunreinigt und dadurch die Heilung in vielen Fällen ganz in Frage gestellt, zum mindesten aber verzögert wird. Der Beweis hierfür ist
in allen älteren Krankenhäusern zu finden, wo, ehe die Lister'sche
antiseptische Wundbehandlung eingeführt wurde, dem Hospitalbrande,
selbst bei ganz leichten äusseren Verletzungen, eine grosse Anzahl
von Patienten zum Opfer fiel, die unter besseren Luftverhältnissen
hätten geheilt werden können.

Allein noch scheint die Zeit fern zu liegen, wo das Ideal des
Krankenhauses, das einstöckige Gebäude, sei es in der Form des
Pavillons oder des Blocks, allseitig anerkannt wird, und der Hygieniker muss einstweilen schon zufrieden sein, wenn für Schwerverwundete und für ansteckende Kranke dasselbe allgemein zur Durchführung kommt. Bis dahin ist es aber dann die Aufgabe des Ge-
sundheitstechnikers, alle jene Mittel bei dem Bau von Krankenhäusern
anzuwenden, welche Wissenschaft und Erfahrung ihm bieten, um den
üblen Folgen des mehrstöckigen Gebäudes möglichst vorzubeugen.

Einen besonderen Nachtheil für die Salubrität eines Krankenhauses erblicken wir in dem Treppenhause eines mehrstöckigen Gebäudes, das stets der Vermittler zur Uebertragung der mit allen möglichen Producten des Stoffwechsels angefüllten Luft von einem Stockwerke in das andere sein wird. Man möge ja nicht glauben, dass
eine Ventilationseinrichtung im Stande ist, diesem Uebelstande völlig
zu begegnen, denn noch besitzen wir kein Mittel, welches dies zu
leisten vermag. Verlangen es daher die Umstände, dass Krankenpavillons mit mehr als einem Stockwerke aufgeführt werden müssen,
so gehe man über zwei Stockwerke, d. h. Erdgeschoss und eine Etage,
nicht hinaus und trenne beide total dadurch, dass das Treppenhaus
mit dem Erdgeschoss in keinerlei Verbindung steht und betrachte
die so geschiedenen beiden Saal- oder Zimmergruppen als einzeln
stehende Pavillons. Der Dienst wird darum nicht schwieriger, weder
für den Arzt noch für das Pflegepersonal. Um aber eine vollständige Isolirung zu erhalten, müssen die Zwischendecken zwischen
den beiden Stockwerken impermeabel gemacht und für letztere auch
besondere Abortanlagen vorgesehen werden. Dem gefürchteten Aufsteigen der Luft von einer Etage in die darüber liegende durch die
geöffneten Fenster messen wir darum keine so grosse Bedeutung bei,
als ja die Diffusion der Gase durch die nie bewegungslose Luft stets
so gefördert wird, dass ein gefährliches Ansammeln derselben
an den äusseren Wandflächen kaum stattfinden dürfte, und eine
Weiterverbreitung durch die Fenster in die höher gelegenen Säle

doch nur dann als wirklich gefahrdrohend betrachtet werden kann, wenn keine oder nur eine mangelhafte Ventilation dort besteht, und wenn, was doch kaum mehr vorkommen dürfte, im Erdgeschosse eines solchen Pavillons ansteckende Kranke untergebracht sind. Würde ein derartiger Fehler von einer Verwaltung gegen diese einfachste Anforderung der Hygiene heutzutage noch begangen, so gibt es unseres Erachtens für eine solche überhaupt keinen Rath und keine Hilfe und muss in diesem Falle Alles der bessernden Zeit überlassen werden.

Wir kommen daher zu dem Schlusssatze, dass mehrstöckige Krankenhäuser thunlichst zu vermeiden sind, um gegen alle Eventualitäten gesichert zu sein, und bemerken hierzu vom technischen Standpunkte aus, dass die Ausgaben für solche Bauten sich nicht höher belaufen, als für ein Krankenhaus älteren Systems.

Die Stellung der Gebäude.

Bei unseren klimatischen Verhältnissen in Deutschland ist es nicht gleichgiltig, in welcher Richtung zur Sonnenbahn ein Krankenhaus mit seiner Längenachse gestellt ist, da die Wirkung des directen Sonnenlichtes auf den menschlichen Organismus, ob derselbe im normalen oder krankhaften Zustande sich befinde, als eine äusserst wohlthätige bekannt ist und bei Kranken wesentlich zur Unterstützung der Heilung beiträgt. Die Erfahrung lehrt, dass Wohnungen, gegen Norden gelegen, als ungesund zu betrachten sind, und der gesunde Mensch vorzüglich in der warmen Jahreszeit in denselben sich unbehaglich fühlt und leicht Erkältungen ausgesetzt ist, weil dort der relative Feuchtigkeitsgehalt der Luft ein grösserer ist, als in jenen Räumen, in welchen letztere durch den Einfluss der Sonnenwärme eine höhere Temperatur und in Folge dessen einen relativ geringeren Wassergehalt besitzt.

Es wäre daher ein grosser Fehler, wollte man einen Block mit Corridoranlage so construiren, dass die Fenster des Corridors nach Süden und die der Krankenzimmer nach Norden gingen.

Aber auch das wäre nur durch die zwingendsten Umstände zu rechtfertigen, wenn die Krankenzimmer gegen Westen oder Osten orientirt würden. Haben sie die erstere Lage, so erhalten sie erst nachmittags das directe Sonnenlicht und zwar im Sommer in einer so intensiven Weise, dass es für die Kranken belästigend wird, während im Winter die Abendsonne nur wenig wirkt, so dass die Säle den ganzen Morgen bis über die Mittagsstunde hinaus ohne directes Sonnenlicht sich befinden und für diese Zeit den nördlich gelegenen fast gleich zu achten sind. In verstärktem Maasse gilt das Gleiche im umgekehrten Falle bei der Richtung der Säle gegen Osten. Aus ökonomischen Gründen wie aus hygienischen, wird daher die westliche, resp. östliche Orientirung von Krankenzimmern bei Blockbauten nur als eine Ausnahme zu betrachten sein und die Süd-Nordlage derselben als Regel zu gelten haben.

Das Gleiche gilt vom Pavillon ohne Corridoranlage, in welchem die Krankensäle von zwei Seiten Licht erhalten, von Süden und von Norden. Die Vortheile, welche damit verbunden sind, sind in jeder Beziehung von hohem Werthe: fast den ganzen Tag werden dieselben directes Sonnenlicht erhalten, was im Winter auch von ökonomischer Seite sehr beachtenswerth erscheint, abgesehen von dem Umstande, dass im Sommer der Einfluss der directen Sonnenstrahlen sich nicht so intensiv geltend macht, wie es bei der westlichen Lage der Fall ist. Gegen die Einwirkung der grösseren Abkühlung der nördlichen Wand sind selbstverständlich die nöthigen Vorkehrungen — hohle Mauern, Doppelfenster — zu treffen.

Was die Stellung der Pavillons unter sich, d. h. ihre gegenseitige Entfernung anbelangt, so ist darauf zu sehen, dass beim niedersten Sonnenstande die Fensterbrüstung eines Saales von dem Schatten des gegenüberliegenden Gebäudes nicht überschritten wird. Die hierzu nöthige Entfernung bestimmt man am einfachsten dadurch, dass man die dreifache Höhe des Firstes eines Pavillons, vom äusseren Terrain an gemessen, von der Achse des einen bis zur Front des nächsten Gebäudes aufträgt.

Die einzelnen Gattungen von Krankenhäusern.

Die ganze Anlage eines Krankenhauses ist durch den Zweck bedingt, welchem es zu dienen hat. Wir müssen daher unterscheiden:

1. allgemeine Krankenhäuser und zwar grössere bis zu einem Belagsraume für 300 bis 400 Betten;
   kleinere allgemeine Krankenhäuser;
2. Specielle Heilanstalten für übertragbare Krankheiten;
3. Entbindungsanstalten;
4. Kinderspitäler;
5. Militärspitäler im Frieden und im Kriege.

Selbstverständlich haben für alle diese verschiedenen Anlagen die für die Erbauung von Krankenhäusern aufgestellten Grundsätze volle Geltung und unterscheiden sich dieselben nur durch ihre räumliche Ausdehnung, durch ihre Nebenanlagen und theilweise durch ihre innere Eintheilung und Einrichtung.

Im Nachstehenden soll in gedrängter Kürze ein übersichtliches Bild dieser verschiedenen Anstalten gegeben werden.

I. Allgemeine Krankenhäuser.

Es wurde schon darauf aufmerksam gemacht und begründet, dass es zweckentsprechender ist, wenn in volkreichen Städten die Krankenpflege nicht in e i n e r grossen Anstalt concentrirt, sondern auf verschiedene kleinere Krankenhäuser vertheilt wird. Je nach der Ausdehnung der Stadt wird es genügen, Anstalten für 200 bis 300 Kranke anzulegen, die in verschiedenen Pavillons, sowohl nach dem Geschlechte als auch nach der Art der Krankheiten, getrennt unterzubringen sind. Es werden daher auf jeder der beiden Abtheilungen Räume für interne und chirurgische Kranke zu beschaffen sein, wobei darauf Rücksicht zu nehmen ist, dass infectiöse Kranke in Isolirpavillonen untergebracht werden können. Da eine totale Isolirung aber stets mit vielen Schwierigkeiten verbunden ist, so halten wir es für grosse Städte, in welchen übertragbare Krankheiten bald endemisch, bald epidemisch auftreten, für höchst nothwendig, Specialspitäler zu diesem Zwecke einzurichten, um der Gefahr der Verschleppung einer solchen Krankheit innerhalb und ausserhalb der Anstalt vorzubeugen. Auf diesen Punkt werden wir nochmals zurückkommen und denselben näher beleuchten, da es sich zunächst nur darum handelt, die Einrichtung eines Krankenhauses im allgemeinen zu beschreiben. Wir werden daher zuerst die Räume für den speciellen Krankendienst, dann die Oekonomiegebäude, die Verwaltungsräume und Dienstwohnungen, das Leichenhaus, die Wasserversorgung und Kanalisirung und die Gartenanlagen in das Bereich unserer Besprechung zu ziehen haben.

a) Die Räume für den speciellen Krankendienst.

Unter diesen sind der Krankensaal, die Bäder, die Closete, die Wärterstube, die Theeküche, der Tageraum und ein Raum für die momentane Deponirung unreiner Wäsche zu verstehen.

1. Der Krankensaal.

Die Anforderungen, welche an einen zweckentsprechenden Krankensaal und resp. an ein Krankenzimmer gestellt werden müssen, lassen sich kurz dahin zusammenfassen, dass derselbe vor allem den von der Erfahrung verlangten kubischen Raum für den einzelnen Kranken bietet, dass er gut erleuchtet ist, gut ventilirt und erwärmt werden kann, und dass Wände, Fussboden und Decke aus einem Material hergestellt sind, das für die Luft impermeabel ist und jederzeit mit desinficirenden Mitteln gereinigt werden kann, ohne der Gefahr schneller Abnutzung oder Beschädigung ausgesetzt zu sein.

Der kubische Raum pro Bett.

Was die Grösse des kubischen Raumes für das einzelne Bett anbelangt, so hat man doch endlich in neuerer Zeit die Ueberzeugung gewonnen, dass ein Sparen in dieser Beziehung nicht am Platze ist, und dass der dem Einzelnen zugemessene Raum im richtigen Verhältniss zu dem erfahrungsgemäss stündlich nothwendigen Luftwechsel stehen muss. Man wird daher am sichersten zu einem zutreffenden Resultate kommen, wenn man daran festhält, dass ein dreimaliger Luftwechsel in der Stunde als Maximalleistung der Ventilationsanlage zu betrachten ist: eine grössere Leistung ist nicht mehr ökonomisch und kann unter Umständen auch schaden.

Nehmen wir daher unter normalen Verhältnissen einen 2maligen Luftwechsel an, und folgen wir den Erfahrungssätzen, dass für leichtere chronische Kranke 80 cbm, für Fieberkranke 90 cbm, für ansteckende Kranke, für Wöchnerinnen und für Verwundete 120 cbm Luft pro Bett und Stunde nothwendig sind, so erhalten wir aus diesen Ziffern für die Hauptkrankheitsgruppen den für den einzelnen Kranken nöthigen Luftkubus und zwar 40, 45 und resp. 60 cbm.

Da ferner die Saalhöhe nicht unter 4.50 m betragen soll, so ergibt sich aus diesen Ziffern ein Flächenraum für das einzelne Bett von 8.88, 10.00 und 13.3 qm.

Drücken wir das oben Gesagte durch die Gleichung

$$K = \frac{L}{n}$$

aus, wobei K dem kubischen Raume, L dem in einer Stunde nöthigen Luftquantum pro Bett entspricht, und n anzeigt, wie oft ein Luftwechsel in der Stunde stattfindet, so erhalten wir die weitere Gleichung

$$n = \frac{L}{K},$$

d. h. die Grösse des Luftwechsels n steht im umgekehrten Verhältnisse zu dem pro Bett gewährten Luftraume K, und wird um so grösser werden müssen, je grösser L und je kleiner K ist, woraus hervorgeht, dass K nicht zu klein angenommen werden darf, soll nicht n die Zahl 3 überschreiten.

Die Fenster.

Eine gute Beleuchtung und mit ihr die Möglichkeit des Zutrittes von vielem Sonnenlichte ist für ein Krankenzimmer aus ganz triftigen Gründen eine Hauptforderung der Hygiene, von welchen der Einfluss des directen Sonnenlichtes auf den Organismus, die chemische Wirkung desselben auf den Stoffwechsel und die Schädlichkeit dunkler, dem Sonnenlichte nicht zugänglicher Räume obenan stehen. Man hat daher den Erfahrungen zufolge als Minimum der für einen Saal nöthigen Fensterfläche den sechsten Theil der Bodenfläche desselben angenommen, so dass auf einen Kranken 1.5 bis 2.00 qm im Mittel treffen, je nach dem Flächenraume für das einzelne Bett.

In Bezug auf die Construction haben wir Folgendes zu bemerken: Um so viel als möglich todte Winkel zu vermeiden und um den Sonnenstrahlen zu gestatten, eine grosse Fläche zu beleuchten, sollen die Fenster thunlichst nahe an die Saaldecke reichen und da mit einer geraden Linie abgeschlossen werden; ein halbkreisförmiger Abschluss ist deshalb zu vermeiden, weil hauptsächlich ein solcher unnöthiger Weise dem Raume Licht entzieht und auch in der Herstellung grössere Kosten verursacht als ein gradliniger Sturz - oder flacher Segmentbogen. Gestatten es die Mittel, so sind stets Doppelfenster anzuwenden, weil sie Hitze und Kälte mehr abhalten und mit ihrer Hülfe auch die Lüftung in der Nähe der Decke leichter ermöglicht wird, wenn der obere Theil des inneren Fensters umgeklappt werden kann und der untere Theil des äusseren nach aussen zu öffnen ist. An der Sonnenseite eines Saales dürfen selbstverständlich Rouleaux nicht fehlen.

Die Ventilation und Heizung.

Es würde die Grenzen dieser Blätter überschreiten, wollten wir eine förmliche theoretische Abhandlung über Ventilation und Heizung hier geben, zudem über dieses Thema schon ganz bedeutende und eingehende Arbeiten vorhanden sind. Wir müssen uns daher darauf beschränken, nur jene Punkte zu berühren, welche mit der Aufgabe dieses Werkes in unmittelbarem Zusammenhange stehen, und die sich auf die Hygiene im Krankensaale zunächst beziehen.

Die Ventilation.

Was nun vor Allem die Ventilation betrifft, so glauben wir, dass über deren Nothwendigkeit im Krankenzimmer kein Zweifel mehr besteht und es nicht nöthig sein wird, ausführlicher darauf einzugehen. Denn es darf wohl als allgemein bekannt gelten, dass in dem Krankenzimmer mehr als in irgend einem Wohnraume Gelegenheit zur Verunreinigung der Luft gegeben ist. Die Producte eines rascheren Stoffwechsels, Eiterbildung und Auswurfstoffe, Verbandmittel und Arzneien wetteifern in der den Kranken umgebenden Luft, ihre Anwesenheit zu documentiren. Doch sind diese durch den Geruchssinn wahrnehmbaren Bestandtheile der Luft noch nicht die gefährlichsten Feinde des Krankenhauses, da sie durch eine kräftige Ventilation zum grössten Theil unschädlich gemacht werden können. Die Gefahr für das Krankenzimmer liegt nach dem Ausspruche der bewährtesten Autoritäten in dem Vorhandensein der Mikroorganismen, zu deren Vermehrung und Verbreitung der kranke Körper ein wohlvorbereitetes Feld darbietet.

Aus diesem Grunde wäre es ein grosser Fehler, von der Ventilation allein alles Heil erwarten zu wollen; es ist vielmehr in einem Krankenzimmer darauf das Hauptaugenmerk zu richten, dass der Luft so wenig als möglich von diesen kleinsten Organismen zugeführt werden. Und dies ist nur durch die peinlichste Reinlichkeit zu erreichen, die im Krankendienste nach jeder Seite hin gehandhabt werden muss, zu deren Unterstützung in zweiter Linie desinficirende Mittel anzuwenden sind. Von welcher Wirkung ein solches Verfahren ist, davon haben wir in den Erfolgen der Lister'schen Wundbehandlung den besten Beweis. Es scheint uns daher von der grössten Wichtigkeit zu sein, dass z. B. auf den chirurgischen Abtheilungen mit besonderer Sorgfalt alle gebrauchten Verbandstücke und die Wundsecrete in kürzester Zeit aus dem Saale entfernt und rechtzeitig für die individuelle Isolirung ansteckender Wundkrankheiten die nöthigen Vorkehrungen getroffen werden.

Des weiteren dürfte auch hier die leichtsinnige Art und Weise Erwähnung finden, welche bei der Scheuerung der Fussböden, dem Zurechtmachen und Beziehen der Betten, der Behandlung von unreiner Wäsche und der Stechbecken u. s. w. vielfach noch Anwendung findet. Ruhig lagernde Staubschichten mit all ihrem Gemenge von organischen Bestandtheilen werden dadurch aufs Neue der Luft zugeführt, auf welchem Wege sie dann in die Athmungswerkzeuge und offenen Wunden gelangen, gegen welchen Vorgang auch die kräftigste Ventilation keinen sicheren Schutz zu bieten vermag.

Es wird daher zu den vorzüglichsten Obliegenheiten des Wartepersonals gehören, bei dem Scheuern der Krankensäle mit aller Vorsicht zu Werke zu gehen und sich dabei nur feuchter Tücher zu

bedienen, welche den Staub fixiren, ferner das Beziehen und Zurechtmachen der Betten ohne das unnöthige starke Aufschütteln zu besorgen und die unreine Bett- und Leibwäsche, sowie die gebrauchten
Stechbecken, Spuckschalen, Uringläser und Verbandstücke unver-
züglich aus dem Saale zu entfernen.

Werden diese einfachsten Regeln der Salubrität streng befolgt,
so ist dadurch schon Vieles für die Reinheit der Luft geschehen und
die Aufgabe der Ventilation wesentlich vereinfacht, die dann nur
darin besteht, auf dem kürzesten Wege die Exhalations- und Per-
spirationsproducte, die noch nicht an den Wänden, Decken und Möbeln
sich festgesetzt haben, aus dem Saale zu entfernen.

Es erübrigt uns demnach nur, anzudeuten, wie diese Aufgabe
zu lösen ist. Wir haben bereits von dem Luftquantum gesprochen,
welches pro Stunde und Bett für verschiedene Krankheitsgruppen
als nothwendig erachtet wird, und haben die angegebenen Ziffern
als Minimum zu gelten, das nach Maassgabe des Bedürfnisses noch
mindestens um die Hälfte vergrössert werden kann, wenn der dem
einzelnen Bette zugetheilte kubische Raum nicht zu knapp bemessen ist.

Wir kennen 2 Arten von Ventilationen:

1. die natürliche, durch die Poren der Wände und durch das
Oeffnen der Fenster, zu welch letzterer auch die sogenannte Firstventilation zu zählen ist;

2. die künstliche, beruhend auf dem Principe der Bewegung der
Luft zwischen zwei Räumen mit verschiedener Temperatur oder auf
der Anwendung maschineller Kräfte.

ad 1. Was die Lufterneuerung in einem Krankenzimmer durch
die Poren der Wände betrifft, so muss darauf verzichtet werden,
weil sich in den Poren die Producte der Lebenseffluvien ablagern
und daselbst eine ergiebige Quelle zur Entwicklung der verschiedensten Luftverderber bilden. Im Interesse der Spitalshygiene ist
also auf diesen ohnehin nur geringen Beitrag an frischer Luft nicht
zu reflectiren, dagegen sogar die Undurchdringlichkeit der Mauern
mit allen Mitteln der Technik anzustreben. Auch das Oeffnen der
Fenster kann vom hygienischen Standpunkte aus nicht als ein genügendes Mittel zur Lüftung der Räume betrachtet werden, und ist
demselben nur eine secundäre Bedeutung beizumessen, weil ohne
Gegenzug die Bewegung der Luft nur eine geringe ist und sich nur
auf die nächste Umgebung der Fenster beschränkt. Auf eine den
hygienischen Anforderungen entsprechende Lufterneuerung der Krankenzimmer innerhalb eines gewissen Zeitraumes kann demnach durch
das einseitige Oeffnen der Fenster nicht gerechnet werden.

Von grösserer Bedeutung für Ventilationszwecke dagegen ist die Construction der sogenannten Dachreiter, d. h. die überdeckte Durchbrechung des Dachfirstes (Firstventilation), wie sie zum erstenmale bei den hölzernen Barackenspitälern angewendet wurde. Wir glauben nicht nöthig zu haben, diese Construction durch eine ausführliche Zeichnung anschaulich machen zu müssen und wird es genügen, dieselbe nur durch Linien anzudeuten. Bekanntlich bildet bei den Baracken die Dachfläche zugleich die Decke des Krankensaales und werden daher die oberen warmen Luftschichten, unterstützt von der Strömung der äusseren Luft bei den continuirlich über die ganze Länge 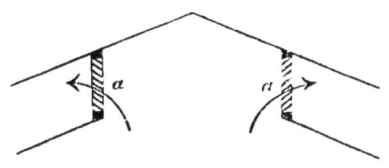 des Daches hingehenden Oeffnungen *a a* ihren Ausgang finden und so das Zuströmen frischer Luft durch die verschiedenen Oeffnungen der Wände u. s. w. befördern. Da die Wirksamkeit dieser Construction nicht zu unterschätzen ist, so wurde diese auch bei massiven Bauten in verbesserter Form angewendet, wobei der Schluss der Oeffnungen *a a* entweder durch bewegliche Fenster oder durch Glasjalousien bewirkt ist.

Es muss jedoch darauf aufmerksam gemacht werden, dass die Firstventilation doch nur bei hölzernen, zeltartigen, luftigen Baracken zur vollen Wirkung kommt, weil das Material der Umfassungswände einem permanenten Luftaustausch förderlich ist. Bei massiven Gebäuden mit festem Fensterverschluss gestaltet sich die Sache anders. Hier kann der Dachreiter, und auch dann nur in der wärmeren Jahreszeit, zwar als Unterstützung einer gut eingerichteten Ventilation, aber nie als einziger Ausweg für die verdorbene Saalluft dienen.

Nach unserer Erfahrung darf daher die Wirkung der Firstventilation nicht zu hoch angeschlagen und auch nicht in die Berechnung einer Ventilationsanlage als Faktor aufgenommen werden. Es würde dies zu grossen Unzukömmlichkeiten führen, wie wir es in einem Evacuationspavillon eines grossen Krankenhauses gesehen.

Die schlechte Luft wird daselbst durch den Dachreiter und durch einen in der Mitte des Saales angebrachten Lockkamin abgeführt, während die frische Luft durch einen Kanal unter dem Fussboden in der Nähe des Lockkamins in den Saal gelangt. Wir fanden die Fenster geöffnet, weil nach der Versicherung des Chefarztes ohne dieses Mittel der Geruch bei Abnahme der Wundverbände ein unerträglicher gewesen wäre. Nach unserem Dafürhalten hatte man

bei der Erbauung dieses Barackenpavillons die Wirkung des Dachreiters zu hoch geschätzt und darum von einer kräftig arbeitenden
Ventilationseinrichtung abgesehen.

ad 2. Um zu sicheren Resultaten zu gelangen, ist es daher
nothwendig, künstliche Mittel zur Beschaffung frischer und zur Ableitung verdorbener Luft anzuwenden. Zwei Wege stehen uns hierzu
offen: die Benutzung der Temperaturdifferenz zwischen innerer und äusserer Luft, und wo diese nicht mehr dem Bedarfe genügt,
die Anwendung maschineller Kräfte zur Bewegung von Ventilatoren. Wenn der eine oder andere von beiden am Platze ist, oder
wenn beide Arten der Lufterneuerung zu einem System combinirt
werden sollen, das hängt von den Grössenverhältnissen und dem
Zwecke einer Anstalt ab.

Welch ein System aber auch gewählt wird, so bleiben doch
jene Grundsätze, nach welchen die Einrichtung in ihren Hauptdetails
angelegt werden muss in Bezug auf die Lage der Zu- und Abflussöffnungen, auf die Dimensionen der damit zusammenhängenden Kanäle, auf die Reinigung der zu- und abströmenden Luft, bezw. deren
Abkühlung oder Erwärmung immer dieselben.

Da die Ventilation die Aufgabe hat, eine vollständige periodische
Erneuerung der Luft in einem geschlossenen Raume zu bewirken
und zu verhindern, dass die von Lebenseffluvien u. s. w. angefüllte
Luft an irgend einer Stelle stagnirt, so sind demgemäss auch die
Zu- und Abflussöffnungen an den geeignetsten Punkten anzuordnen
und zwar so, dass eine förmliche Durchspülung des Raumes mit
frischer Luft ermöglicht ist, was besonders in den Ecken und Win-
keln nicht versäumt werden darf, in welchen ohne äussere Veranlassung eine Bewegung der Luft nicht stattfindet. Zu diesem
Ende sind die rechten Winkel eines Raumes entweder abzurunden
oder geradlinig abzuschrägen und mit Ventilationsöffnungen zu versehen.

Der sicherste Weg ist, um den angegebenen Zweck jeder Ventilationseinrichtung zu erreichen, wenn die frische Luft nahe der
Decke oder durch diese in den Raum gelangt und am Fussboden
die verbrauchte Luft abgeleitet wird. Es entspricht dieser Weg zwar
nicht der physikalischen Eigenschaft der erwärmten Luft, um so
mehr aber den hygienischen Anforderungen, welche an die Qualität
derselben gestellt werden, da sie bei ihrem Austritte aus dem Zulei-
tungskanale sich bald abkühlt und dem durch den Lockkamin veranlassten abwärtsführenden Strome folgend, fast noch rein in das Bereich
der Respirationsorgane gelangt. Um jedoch das verlangte Resultat

mit möglichster Wahrscheinlichkeit zu erreichen, halten wir es für
nothwendig, dass die Einströmungsöffnungen, wo es nur immer an-
gängig ist, in der Decke selbst nach allen Seiten vertheilt, angebracht werden, während Abströmungsöffnungen unter oder neben
jedem Bette angeordnet sind. Selbsverständlich bedingt diese ganze
Anordnung eine kräftig wirkende Absaugung, die entweder durch
einen einfachen Lockkamin oder durch einen Ventilator oder durch
ein aus beiden combinirtes System veranlasst wird. Die letztere
Art ist wohl die empfehlenswerthere, da sie bei allen Temperaturverhältnissen am zuverlässigsten ist und auch in Bezug auf den Betrieb keine übermässigen Kosten veranlasst. Denn so lange die
äussere Temperatur eine relativ niedrige ist, wird eine mässige Erwärmung des Lockkamins zur Absaugung genügen, so dass erst in
der wärmeren Jahreszeit, wenn der Verbrauch an Brennmaterial mit
der Wirkung nicht mehr im Einklang steht, die dann billigere maschinelle Kraft anzuwenden ist. Das letztere wird aber auch dann
nicht zu umgehen sein, wenn die Verhältnisse es verlangen, dass ein
grösserer Luftwechsel, als gewöhnlich, stattfindet, z. B. bei Epidemien, oder wenn die chirurgische Abtheilung mit vielen Schwerverwundeten belegt ist u. s. w. In solchen Fällen würde die einfache Aspiration durch den Lockkamin nicht mehr genügen.

Aus allgemein sanitären Gründen halten wir es auch für angezeigt, die abziehende verdorbene Luft, ehe sie ins Freie gelangt, zu
desinficiren. Zu diesem Zwecke lässt man sie durch eine zwischen
Drahtgeflechten verpackte Wattelage oder durch Feuer passiren. Die
gleiche Vorsicht ist auch bei der einströmenden Luft zu beobachten,
um dieselbe von den organischen und anorganischen Staubtheilchen
zu reinigen, ehe sie in das Krankenzimmer gelangt.

Mit den hierzu nothwendigen Vorrichtungen sind auch noch
solche Apparate zu verbinden, durch welche die heisse Sommer-
luft abgekühlt werden kann, ehe sie in die Krankenstube geleitet
wird.

Zu den Eigenschaften einer guten Luft ist ausser der absoluten
Reinheit auch die Temperatur und der Wassergehalt derselben zu
rechnen, bei welcher sich der Mensch wohl befindet, d. h. sie darf
die Abgabe des Körpers von Wärme und Feuchtigkeit weder durch
zu hohe Temperatur und zu hohen Wassergehalt beschränken, noch
durch die gegentheiligen Eigenschaften erhöhen. Dies zu verhindern,
ist die Aufgabe der Heizapparate und der damit verbundenen Be-
feuchtungsvorrichtungen, durch deren Wirkung die gedachten Nachtheile bei einem vorsichtigen Betriebe vermieden werden können.

15*

Die Heizung.

Die Einrichtung der Heizung in einem Krankenhause ist demnach neben jener für die Lufterneuerung eine der wichtigsten Probleme für den Techniker, von deren guter Lösung vorzüglich die sanitären Verhältnisse einer Heilanstalt abhängen.

Die Erwärmung der Luft ist auf verschiedenen Wegen möglich, deren Wahl am sichersten dem Specialtechniker anheimzustellen ist, da demselben die richtige Erkenntniss der Mittel durch seine Erfahrung zur Seite steht und es geradezu eine Unmöglichkeit ist, zu sagen, dieses oder jenes Heizsystem ist das beste. Immer werden es die obwaltenden Verhältnisse sein, welche in dieser Frage bestimmend wirken. Wir müssen uns daher darauf beschränken, die verschiedenen Heizsysteme nur anzugeben und auf deren Vor- und Nachtheile hinzuweisen.

Der Effekt der Heizung hängt von dem Heizkörper ab, welcher die aus dem Brennmateriale entwickelte Wärme an die umgebende Luft mittelbar oder unmittelbar abgiebt.

Der einfachste dieser Heizkörper ist der gewöhnliche Ofen. Mag aber derselbe aus Thon oder Eisen hergestellt sein, so ist doch dessen Verwendung im Krankenzimmer möglichst auszuschliessen, da durch ihn keine continuirlich gleichmässige Wärme zu erzielen und seine Bedienung zeitraubend ist, abgesehen davon, dass der Verbrauch an Heizmaterial sich höher stellt, als bei anderen Heizanlagen. Dass auch mit einem solchen Ofen keine Ventilationsvorrichtung verbunden werden kann, sei nur beiläufig bemerkt und legen wir darauf kein besonderes Gewicht, weil principiell stets darnach zu streben ist, Ventilation und Heizung von einander unabhängig zu machen, wo es nur immer angeht.

Günstiger gestaltet sich schon die Verwendung von Ofensystemen, mit welchen die Einführung und Erwärmung frischer Luft ermöglicht ist. Denn es wird nicht immer thunlich sein, in grossen Anstalten Separatzimmer mit 1 oder 2 Betten in ein Centralheizsystem einzufügen oder kleine Krankenhäuser mit einem solchen zu versehen. Solche Oefen werden in deutschen Fabriken nach verschiedenen Constructionen angefertigt, wobei mit besonderer Sorgfalt bei den meisten darauf Rücksicht genommen ist, die Wirkung der strahlenden Wärme durch Ummantelungen aufzuheben. Was die Ventilation in erwärmten Räumen betrifft, so ist es unumgänglich nothwendig, für einen regelmässigen und zweckentsprechenden Luftabzug Sorge zu tragen, wel-

cher unter allen Temperaturverhältnissen mit vollkommener Sicherheit stattfindet und dessen Thätigkeit von
dem Arzte auch leicht zu controliren ist. Auf das Wartepersonal kann man sich nicht immer verlassen, wenn es gilt, durch
das Anbrennen einer Gasflamme in einem Saugkamine, oder durch
Stellung von Klappen u. s. w. die Lufterneuerung in einem Krankenzimmer einzuleiten oder zu steigern; wir hatten öfters Gelegenheit,
diese Wahrnehmung selbst in gut eingerichteten und gut geleiteten
Krankenhäusern zu machen.

Neben diesen sogen. Ventilationsöfen sind auch die Kamine
zu nennen, welche ausser der Einrichtung des offenen Feuerherdes
auch noch die eines Ofens besitzen, wodurch die Verbrennungsproducte so viel als möglich verwerthet werden können. In Frankreich
und England wird mit Vorliebe der Galton'sche Kamin in Krankenzimmern, Wohnungen und auch in Kasernen verwendet. In Deutschland kann diese Art Heizung aus klimatischen Gründen nur in beschränktem Maasse Verwendung finden; doch sei hier erwähnt, dass
zur Unterstützung der Ventilationsapparate im Frühjahr und Herbst
ein Kamin gute Dienste leistet, wie wir im städtischen Krankenhause am Friedrichshain in Berlin gesehen.

Da, wie schon bemerkt, für die Ofenheizung in einem Krankenhause nur eine beschränkte Verwendung in Aussicht zu nehmen ist,
so erübrigt uns nur, jenes Heizsystem zu bezeichnen, welches wir zu
dem angegebenen Zweck für das geeignetste halten; es ist das die
Centralheizung, mag dieselbe auf dem System der sogen. Luftheizung, Wasserheizung oder Dampfheizung beruhen.

Unter Luftheizung d. h. Heizung mit heisser Luft, wird irrthüm-
licher Weise nur jene Heizmethode verstanden, bei welcher die Luft
ausserhalb der zu erwärmenden Räume in der Heizkammer an einem
Heizapparate, Kalorifer genannt, erwärmt wird, in welchem die
Feuergase circuliren, von wo sie durch Kanäle nach den betreffenden Localen gelangt.

Der Irrthum liegt darin, dass man die Bezeichnung „Luftheizung"
nur auf diese eine Wärmequelle beschränkt, während doch zu dem
Zwecke der Luftheizung auch das heisse Wasser und der Dampf als
Wärmequelle vielfach benutzt wird.

Ausserdem haben wir auch noch einen anderen Irrthum zu erwähnen, der mit dem genannten Ausdrucke stets in Zusammenhang
gebracht wird und lediglich auf Unkenntniss der physikalischen Gesetze beruht. Man ist vielfach noch der Ansicht, dass die „Luftheizung" die Luft „austrockne", derselben das Wasser entziehe. Nun

ist es aber doch bekannt, dass zur Zersetzung von Wasser in Wasser- und Sauerstoff eine so grosse Wärmeentwicklung gehört, wie sie an den Rohren eines Kalorifers nie stattfindet. Es kann daher auch von einer Verminderung des absoluten Wassergehaltes der Luft bei dieser Heizmethode keine Rede sein und klingt es sonderbar genug, wenn in vollem Ernste selbst unter akademisch Gebildeten die Meinung vertreten wird, dass nur die „Luftheizung" die Luft austrockne, während Wasser- oder Dampfheizung dieselbe befeuchte. Eine Austrocknung der Luft kann nur eine relative sein, da die Luft um so mehr Wasser aufzunehmen vermag, je wärmer sie wird.

Nach Dr. Erismann ist das Maximum an Wasser, welches z. B. 1 cbm Luft von — 10^0 C aufzunehmen vermag 2,5 g; wird diese Luft nun an irgend einem Heizkörper bis auf 18—20^0 C erwärmt, die gewöhnliche Temperatur eines Krankensaales, so ist ihr Sättigungsgrad für 1 cbm = 15,2 bezw. 17,0 g; mit anderen Worten, die von — 10^0 auf + 20^0 erwärmte Luft hat von ihrem absoluten Feuchtigkeitsgehalte zwar nichts verloren, doch ist derselbe im Verhältniss zur erhöhten Temperatur zu gering. Es muss daher die Differenz durch künstliche Mittel ausgeglichen werden, soll dieser Ausgleich nicht auf Kosten der von einer so wasserarmen Luft umgebenen organischen Körper stattfinden, wobei jedenfalls der menschliche Organismus am meisten in Anspruch genommen wird. Da der Wassergehalt der Luft nie über ein gewisses Procentverhältniss des relativen Sättigungsgrades hinausgehen soll, — man bezeichnet 50 bis 60 % als genügend, — und auch der Mensch durch die Lunge stündlich 40 g Wasser abgiebt, so sind hiermit die nöthigen Anhaltspunkte gegeben, nach welchen jene Menge Feuchtigkeit der erwärmten Luft zugeführt werden muss, welche den hygienischen Anforderungen entspricht.

Diese Verhältnisse nun sind es, welche zu der voreiligen Verurtheilung der „Luftheizung" am meisten beigetragen haben und in früherer Zeit auch grossentheils von den Constructeuren und Fabrikanten der Heizapparate unbeachtet gelassen oder zu leicht genommen wurden. Erwägt man noch, dass mit der Luftheizung auch ein mindestens zweimaliger Luftwechsel in der Stunde in der Regel verbunden ist, so kann unschwer zu beurtheilen sein, wie relativ trocken die Luft ist und wie nothwendig es erscheint, hier vermittelnd einzuschreiten. Hiervon wird an geeigneter Stelle noch Erwähnung geschehen.

Wenn auch durch entsprechende Vorkehrungen die der „Luftheizung" anhängenden Fehler zu beseitigen sind, so eignet sich dieselbe trotz ihrer vielen Vortheile doch nicht für ein Krankenhaus, da mit ihr die Ventilirung der Räume unzertrennlich verbunden ist, ein Nachtheil, der nur durch weitere kostspielige Einrichtungen ausgeglichen werden könnte und wodurch die eigentlichen Anlagekosten bedeutend erhöht würden. Wir verweisen hier nur auf den Betrieb der Ventilation im Sommer, wo der Kamin für die Heizapparate nicht mehr als Aspirator wirken kann und durch einen besonderen Lockkamin eventuell in Verbindung mit einem Ventilator ersetzt werden muss. Zu diesem Nachtheil gesellt sich auch noch die grosse Anzahl von Feuerstätten, da die heisse Luft nicht geeignet ist, auf grössere Entfernungen horizontal geleitet zu werden, und weiter die schwierige Wärmevertheilung für verschiedene Stockwerke.

Es können daher für Krankenhäuser nur jene Centralheizsysteme in Betracht kommen, bei welchen die erwähnten Nachtheile nicht zu befürchten sind und diese sind: die Warmwasserheizung, die Heisswasserheizung und die Dampfheizung.

Die Warmwasserheizung eignet sich vermöge ihrer grossen Ausdehnbarkeit (bis auf 200 m für ein System), ihrer anhaltenden, gleichmässigen und milden Wärme vom hygienischen Standpunkte aus vorzüglich für Krankenhäuser. Leider dass die Anlagekosten hierfür jedoch so bedeutend sind, dass wohl in den meisten Fällen deshalb davon Abstand genommen werden muss. Durch Anlage von Vorwärmekammern mit besonderen Heizapparaten, in welchen die frische Luft bis auf ca. 18—20° erwärmt wird, ist die Trennung der Ventilation von der Heizung leicht durchführbar, wenn für die nöthige Aspiration Sorge getragen ist, welche den Abzug der verdorbenen Luft vermittelt. Als Heizkörper in den Sälen dienen Wasseröfen und Rohrregister, an welchen die vorgewärmte Luft bis auf die gewöhnliche Temperatur gebracht wird.

Die Heisswasserheizung mit Hochdruck ist zwar billiger herzustellen, leidet aber an solchen Gebrechen, die sie für ein Krankenhaus nicht empfehlenswerth machen; die Erwärmung der Räume erfordert nämlich eine continuirliche Heizung, weil kurze Zeit nach dem Erlöschen des Feuers die Rohre erkalten und demnach die Temperatur in den Krankensälen rasch sinkt. Ausserdem ist eine gleichmässige Wärme nur schwer, manchmal auch gar nicht zu erzielen und besteht die Gefahr nach Einstellung des Heizens, dass das Wasser in den Röhren im Winter einfriert. Diese Nachtheile werden vermieden, wenn eine Heisswasser-Niederdruckheizung zur Anwendung kommt, da bei dieser Anlage die Spannung in den Feuerspiralen eine geringere wird und in Folge dessen bei einer tieferen

Temperatur des Wassers eine mildere, weniger strahlende Wärme (nach RIETSCHEL, Centralheizungen) und eine grössere Wärmereservation resultirt.

Die Dampfheizung hat zwar auch ihre Mängel, die darin bestehen, dass ihre Einrichtungskosten gross sind, die Wärme nicht reservirt wird, und dass sie starke strahlende Wärme an den Heizkörpern veranlasst u. s. w.; allein wenn man den Dampf als Heizmittel nur in Verbindung mit sogen. Wasseröfen für die Säle benützt, also als Dampfwasserheizung, oder zur Erwärmung der Luft mittels Rohrregistern in einer Heizkammer, von wo aus dieselbe durch vertikale Kanäle nach den zu erwärmenden Räumen gelangt, also als Dampf-Luftheizung, so dürfte wohl die Dampfheizung der Warmwasserheizung zum mindesten gleichzuachten, der Heisswasserheizung aber vorzuziehen sein.

Wir möchten um so mehr, besonders für grosse Anstalten mit vielen Pavillons, diesem Heizsystem vor den übrigen den Vorzug geben, da durch dasselbe die Heizung von einer Quelle aus und selbst bei der grössten Entfernung möglich ist, und die Luftheizung mit der Localheizung wie bei der Warmwasserheizung leicht combinirt werden kann. Es wurde schon bemerkt, dass es thunlichst anzustreben ist, die beiden Einrichtungen für Ventilation und Heizung von einander unabhängig zu machen, da die Zwecke, welche beide verfolgen, ganz verschieden sind und ihre Function auch nicht immer in gleicher Zeit in Anspruch genommen wird.

Wird nun Dampf-Luftheizung und Dampf-Wasserheizung in der Weise combinirt, dass durch erstere die frische Luft, wie schon bei der Warmwasserheizung bemerkt wurde, bis auf ca. 20° C. vorgewärmt in die Säle gelangt und durch letztere mittels Dampfwasseröfen auf die entsprechende Temperatur in den Krankensälen gebracht wird, so ist den Anforderungen der Hygiene Genüge geleistet: die Heizung steht unabhängig von der Ventilation, die nach dem oben Gesagten in der Weise einzurichten ist, dass sie unter allen Temperaturverhältnissen ungestört wirken und nach Bedarf auch in ihrer Leistung gesteigert werden kann.

Die Wände, Fussböden und Decken.

Bis in die neueste Zeit wurde nur selten darauf Rücksicht genommen, die Wände, Fussböden und Decken in der Weise herzustellen, dass sie nicht zur Ablagerung der Lebenseffluvien dienen können. Das hierzu verwendete Material, Ziegelsteine, gewöhnlicher Kalkmörtelverputz und bezw. Holz sind jedoch erfahrungs-

gemäss sehr porös und daher geeignet, entsprechend viel Luft aufzunehmen, deren organische Staubtheilchen in den Poren sich festsetzen und nach und nach in Fäulniss übergehen. Da nun die
atmosphärische Luft, wie Dr. v. PETTENKOFER durch Versuche nachgewiesen, auch durch verputzte Wände in das Innere eines Raumes
eindringt, so werden die Zersetzungsproducte jener Staubtheilchen
dadurch mit fortgerissen und der Luft des Locales beigemengt, ein
Vorgang, welcher auf die sanitären Verhältnisse eines Krankenhauses
von nicht zu unterschätzendem Einfluss ist. Der specifische Spital-
geruch hat darin seinen Ursprung ·und selbst eine kräftige Lufterneuerung vermag ihn nicht zu entfernen, so lange nicht die Quelle
selbst beseitigt ist. Wohl hilft man sich durch öfteres Tünchen,
allein das Mittel wirkt nur für kurze Zeit.

In richtiger Würdigung dieses Umstandes hat man daher auch
bei uns in Deutschland angefangen, wie dies in Frankreich und England schon früher geschehen, die Saalwände und die Decken mit
einem impermeablen Materiale zu überziehen, das auch noch die
weitere Eigenschaft besitzt, durch desinficirende Flüssigkeiten nicht
angegriffen zu werden, und so eine periodische Abwaschung der
Wände gestattet. Durch diese Vorsichtsmassregel allein ist es möglich, in Verbindung mit einer rationell angelegten Ventilationseinrichtung, in den Krankensälen eine reine, den hygienischen Anforderungen entsprechende Luft zu erhalten.

Das gleiche Princip gilt auch für die Fussböden. Noch ist
kein Mittel bekannt, welches Holz impermeabel und jeder Art von
Reinigung gegenüber widerstandsfähig macht; ebenso wenig ist unter
allen Umständen das Schwinden und Reissen zu verhindern, so dass
ein aus Brettern hergestellter Fussboden zu jenen Einrichtungen eines
Krankenzimmers gezählt werden muss, welche als zweckwidrig und
schädlich zu betrachten sind. In den Fugen und Rissen lagert Staub
aus den verschiedensten Stoffen, das poröse Holz saugt begierig Flüssigkeiten jeder Art auf, Auswurfstoffe, Blut, Eiter, Arzneien u. s. w.,
deren Spuren schwer oder gar nicht beseitigt werden können und
deren Zersetzungsprodukte mit der Zeit ebenfalls einen reichlichen
Beitrag zur Verunreinigung der Luft liefern.

Weder ein Firnis noch sonst ein Anstrich vermögen diese gefährliche Eigenschaft des Holzes aufzuheben, und es bleibt dem Techniker keine andere Wahl, als ein Material anzuwenden, welches in
der angedeuteten Richtung völlige Sicherheit bietet, und dieses Material finden wir im natürlichen und künstlichen Steine. Da indessen
unter den natürlichen Steinen nur die härtesten, polirfähigen Arten

in Betracht kommen können, (weil weiche Steine ja auch sehr porös
sind) und deren Verwendung mit unverhältnissmässigen Kosten verbunden ist, so ist nur auf künstliches Material zu reflectiren, das alle
Eigenschaften des härtesten natürlichen Steines besitzt, ohne so hohe
Kosten wie dieser zu verursachen. Mehrere Fabriken Deutschlands
beschäftigen sich mit der Herstellung solchen Materials in Form von
Fliesen, darunter die bekannteste in Mettlach. Wir haben in verschiedenen Anstalten solche Fussböden gesehen, wo sie sich nach
der Aussage der Aerzte vortrefflich bewähren; darauf, dass das Pflegepersonal damit nicht einverstanden ist, kann um so weniger Gewicht
gelegt werden, als es auch Mittel giebt, die von denselben gerügten
Mängel: Erkältung der Füsse und lärmendes Geräusch beim Gehen,
zu paralysiren.

Ausserdem ist noch zu erwähnen, dass zur Isolirung vom Unter-
grunde auch Asphaltschichten zur Anwendung kommen, auf welche
Fliese oder auch Riemenparquete aufgelegt werden; bei mehreren
Pavillons des Barackenlazareths auf dem Tempelhofer Felde bei Ber-
lin wurden (1870) die Dielenböden nur mit Asphalt überzogen, ein
Verfahren, das sich für transitorische Zwecke gut bewährt.

Zum Schlusse möchten wir nur in Kürze auch der Construction·
und des Materials gedenken, welche zur Herstellung impermeabler
Wände und Decken dienen.

Was zunächst die Wände betrifft, so haben die von C. Lang
angestellten Versuche ergeben, dass sie durch den Verputz mit Gyps in
Verbindung mit Wasserglas oder Kalktünche am wenigsten permeabel werden; die Kalktünche hat den weiteren Vortheil, dass sie
auch desinficirend wirkt und bei der öfteren Erneuerung die an der
Oberfläche der Wände haftenden organischen Staubtheilchen fixirt
und unschädlich macht. Der Anstrich mit Oelfarbe hat wohl auch
letztere Eigenschaft, allein abgesehen von den grösseren Kosten ist
dieser Anstrich schon darum nicht für Krankenzimmer zu empfehlen,
weil auch die organischen Stoffe des Oels sich zersetzen und die
Zersetzungsprodukte der Luft mitgetheilt werden. Was aber besonders zu beachten sein dürfte, ist der Umstand, dass ein öfterer Anstrich schliesslich ein Abblättern veranlassen wird und dass das Abkratzen und Abschleifen der alten Schichten nur mit grossen Kosten
geschehen könnte, daher auch nur in seltenen Fällen zur Ausführung
kommen würde.

Aus diesen Gründen ist daher auch der Gypsverputz dem Cementverputz vorzuziehen, der ohne Oelanstrich mehr permeabel ist
als jener.

Eine andere Art von Wandverkleidung finden wir in französischen Hospitälern, nämlich den S t u c c o l u s t r o, der zufolge seiner Glätte und Dichtigkeit den organischen Staubtheilchen die relativ geringste Gelegenheit bietet sich festzusetzen und auch die periodische Reinigung mit einer desinficirenden Flüssigkeit ohne Nachtheil gestattet. Allein der Verwendung dieser Art von Wandverkleidung in grösserer Ausdehnung stehen die grossen Kosten entgegen und muss man sich daher schon bei knapp bemessenen Mitteln damit genügen lassen, den erwähnten einfachen Gypsverputz in Anwendung zu bringen.

In Bezug auf die eigentliche Construction der Umfassungswände eines Krankensaales ist nur darauf Rücksicht zu nehmen, dass möglichst gutes Ziegelmaterial zur Verwendung komme, und im Falle dass Bruchsteine gewählt werden, die Mauern wenigstens nach innen eine isolirte Verkleidung von jenem Materiale erhalten. Die Isolirung ist schon darum nothwendig, um die äusseren Temperaturschwankungen für die Krankenzimmer möglichst unschädlich zu machen. Dieser Zweck wird bei Ziegelmauern auch dadurch erreicht, dass zu der Innenseite der Wände poröse Ziegel verwendet werden.

Ein besonderes Augenmerk ist auch auf die Construction der Decken zu richten; mag der Krankenpavillon ein- oder mehrstöckig sein, so sollen die Decken selbst und die Hauptconstructionstheile nur aus solchem Materiale bestehen, das absolut impermeabel ist; demnach wäre das Ideal einer solchen Decke ein Schienengewölbe mit Gypsverputz, oder Balken aus Eisenschienen, deren Zwischenfelder mit Gyps ausgegossen und geglättet sind; erstere Form wird in Deutschland in neuen Anstalten häufig gebraucht, letztere sahen wir in mehreren Hospitälern zu Paris. Dienen solche Decken als Substruction für den Fussboden eines weiteren Stockwerkes, so sind sie am besten geeignet, Abzugskanäle für die verbrauchte Luft aufzunehmen und zur Unterlage für den Fliesbelag zu dienen.

Holzconstruction ist möglichst zu vermeiden; ist das aber aus ökonomischen Rücksichten nicht möglich, so sind doch wenigstens der Deckenverputz und der Fussboden aus impermeablem Materiale herzustellen. Dies gilt auch für die Pavillone, deren Decken, wie bei den Baracken, zugleich das Dach bilden. Es ist entweder die untere Dachfläche zu verrohren und mit Gypsmörtel zu verputzen oder aber es wird eine vom Dache unabhängige verputzte Decke parallel mit der Dachneigung eingesetzt, über welche sich dann der Dachreiter zum Zwecke der Firstventilation in einer Höhe von ca. 2—3 m erhebt.

Der französische Ingenieur Tollet construirt Barackenlazarethe,

welche nur aus Eisen und Stein bestehen: ein System von Spitz-
bogenrippen aus gewalzten T-Schienen, deren Schenkel bis zum Fussboden herabgehen, bildet das Gerippe des Gebäudes, die Zwischenfelder sind mit Ziegeln ausgemauert und das Deckengewölbe mit
Isolirschichten gegen Abkühlung geschützt; den Fussboden bilden
Asphalt, Terrazzo oder auch ein Fliesbelag. Wird diese Bauart entsprechend den deutschen Verhältnissen ausgebildet, so dürfte sie die
Grundlage unserer künftigen Krankenhäuser werden, da hier alle
jene Momente Berücksichtigung finden, auf welche die Spitalshygiene
Gewicht legt.

Zum Schlusse dieses Kapitels ist noch der Bodenisolirung zu
gedenken, welche dazu dient, die aufsteigende Bodenluft von dem
Inneren der Gebäude abzuhalten. Um diesen Zweck vollkommen zu
erreichen, sind nicht allein die Grundmauern von dem äusseren Terrain zu isoliren, sondern es ist auch der Fussboden der untersten
Etage, das Souterrain mit inbegriffen, durch eine starke Schichte von
Beton mit einer Asphaltdecke gegen das Eindringen der Bodenluft und
eventuell von Feuchtigkeit zu schützen. Das Ergebniss der neuesten
Untersuchungen über die Zusammensetzung der Grundluft und deren
Bewegung rechtfertigt eine solche Vorsichtsmassregel im Interesse
der sanitären Verhältnisse eines Gebäudes. Im Souterrain angebrachte Ventilationsröhren würden dem Zwecke nicht vollkommen
genügen, da doch ein grosser Theil der unreinen Bodenluft seinen
Weg bis in die oberen Stockwerke finden würde.

2. Die Bäder.

Mit der Decentralisirung der Krankenräume hat sich auch die
Nothwendigkeit ergeben, von den in den älteren Anstalten beliebten
grossen Badeanstalten abzugehen und für jeden Pavillon, ob Block
oder Baracke, besondere Badeeinrichtungen zu beschaffen und das
allgemeine Bad auf ein Minimum zu reduciren, in welchem zumeist nur Reinigungsbäder gegeben werden. Es werden daher hierfür einige Kabinen mit Douche- und Brausevorrichtungen genügen,
in welchen sich in den Boden versenkte, gemauerte und mit Portlandcement verputzte Wannen befinden. Es empfiehlt sich auch ein
römisches oder ein Dampfbad damit zu verbinden, da diese Einrichtungen in keinem Krankenhause fehlen sollten.

Das Badehaus ist in eine möglichst centrale Lage zur ganzen
Anstalt zu bringen und könnte am geeignetsten in der Nähe der
Waschküche seinen Platz finden, von wo aus es mit Dampf und
heissem Wasser versorgt werden kann.

Der Baderaum für jedes Stockwerk eines Pavillons ist in der nächsten Nähe der Krankensäle anzulegen und je nach der Anzahl der Kranken mit zwei bis vier Badewannen auszustatten, die unter sich nur durch Vorhänge getrennt sind.

Auch hier dürfen die verschiedenen Brausen- und Douchevorrichtungen nicht fehlen. Die zwar theuren englischen Wannen aus glasirtem Thone sind jenen aus Kupfer oder Zink vorzuziehen, weil sie leichter zu reinigen sind, von den den Bädern manchmal beigemischten Salzen u. s. w. nicht angegriffen werden und die Wärme länger reserviren.

Bei der technischen Herstellung ist der Grundsatz festzuhalten, dass Wände, Fussboden und Decke impermeabel sind, d. h. undurchdringlich für Luft und Wasser. Gyps- oder Cementverputz mit Wasserglas- oder Oelanstrich und ein guter Asphaltbelag für den Fussboden werden den Zweck erfüllen. Die Fenster, zur Verhinderung der Eisbildung als Doppelfenster construirt, sollen aus feststehenden Eisenrahmen und ungeschliffenen Spiegelscheiben hergestellt werden und die Thürbeschläge aus Messing oder Bronze, da Eisen zu schnell oxydirt und Beschläge aus diesem Metall trotz Putzen und Einschmieren leicht den Dienst versagen und bald zu Grunde gehen.

Der Fussboden erhält von den 4 Wandflächen ab nach der Mitte zu eine leichte Neigung, um von dort das unvermeidliche Uebergusswasser durch ein Rohr mit Wasserverschluss nach dem nächsten Kanal abzuleiten. Zum Schutz gegen die Bodennässe ist der Baderaum mit einem Roste aus Holz oder Eisen zu belegen.

Selbstverständlich muss der Baderaum geheizt und ventilirt werden können. Die Füllung der Wannen ist in der Weise zu bewerkstelligen, dass nicht zwei gesonderte Auslaufhähne für warmes und kaltes Wasser gebraucht werden, sondern so, dass die Rohre für warmes und kaltes Wasser sich in einem Mischhahne vereinigen, von wo aus das gemischte Wasser in die Wannen fliesst. Diese Vorsicht ist darum zu gebrauchen, weil bei ersterem Verfahren viel Wasserdampf sich entwickelt und sich an den Wänden des Badezimmers niederschlägt. Steht eine Dampfleitung zur Verfügung, so kann die Erwärmung des Badewassers noch einfacher durch eine Dampfrohrschlange geschehen, welche am Boden der Wanne angebracht ist und abgesperrt wird, wenn durch den durchströmenden Dampf das Wasser auf die festgesetzte Temperatur gebracht ist.

Für jedes Stockwerk eines Pavillons soll auch eine transportable Wanne vorhanden sein, welche im Baderaum gefüllt und entleert wird, zu welchem Zwecke dort besondere Vorrichtungen anzubringen sind. In den neuen gut eingerichteten Krankenhäusern befinden sich im Badezimmer auch die Waschbecken für jene Kranken, welche den Saal verlassen dürfen; sie sind an einer Wandfläche angebracht und in Verbindung sowohl mit den Leitungen für warmes und kaltes Wasser, als auch mit dem Abzugsrohre für gebrauchtes Wasser.

Noch erübrigt uns, des permanenten Wannenbades Erwähnung zu thun, welches im letzten Dezennium vielfach auf den chirurgischen Abtheilungen mit bestem Erfolge bei Verletzungen am Damm, chronischen Knochenvereiterungen, Pyämie u. s. w. zur Verwendung kam. Die Kranken können Monate lang in solchen Bädern bei einer Temperatur des Wassers von 35—37° C. zubringen, ohne dass die Epidermis eine Veränderung erleidet. Der Zweck dieser Heilmethode ist eine über die normale Temperatur des Blutes hinausgehende Körperwärme herabzustimmen und dadurch dem beschleunigten Stoffwechsel vorzubeugen, und die durch das Wasser aus den Wunden gespülten Secrete so schnell als möglich aus dem Bereiche derselben fortzuschaffen. Um aber durch das Wasser zugleich desinficirend wirken zu können, wird dasselbe mit einer Lösung von Natrum subsulfosum gemischt in dem Verhältniss von 1 k auf 50 l Wasser.

Da der Kranke ununterbrochen in der Wanne liegen muss, so ist dieselbe so einzurichten, dass die Lage eine bequeme ist und dass ein fortwährender Wechsel des Wassers und zwar von unten nach oben stattfindet. In der Regel werden grosse Laken, die an der Aussenseite in Haken gehängt sind, in die Wanne so eingesenkt, dass der Kopf auf denselben noch aufliegt, ohne unter Wasser zu kommen. Diese Vorrichtung erleichtert auch das Herausheben des Patienten aus der Wanne. Ist eine Wanne belegt, so wird dieselbe mit einem Leintuche überdeckt. Das nöthige Wasser wird in besonderen Gefässen mittels Dampf- oder Gasöfen stets auf der gleichen Temperatur erhalten, aus welchem Grunde es sich empfiehlt, diese Wannen in Separatzimmern für 2 bis 4 Kranke unterzubringen, in deren unmittelbarer Nähe die Wärmeöfen sind.

Bei Verletzungen der Extremitäten, bei welchen nur locale Bäder nöthig sind, werden eigene Gefässe gebraucht, die von Zeit zu Zeit abgelassen und wieder mit frischem warmem Wasser gefüllt werden.

Ueber den Gebrauch und die Einrichtung der sogen. römischirischen Bäder und der Dampfbäder, deren Zweck darin besteht, eine erhöhte Hautthätigkeit hervorzurufen, also vorzüglich bei rheumatischen Leiden, glauben wir an dieser Stelle nicht ausführlicher uns verbreiten zu müssen, da dieselben a. a. O. dieses Werkes eingehend besprochen sind.

3. Die Closete.

Eine der wichtigsten und schwierigsten Einrichtungen für ein Krankenhaus ist die der Closete, und obwohl sich die Technik schon seit Jahren mit der Lösung dieser Aufgabe beschäftigt und vieles Gute geschaffen hat, so kann man doch nicht behaupten, dass dieselbe endgiltig gelöst worden ist. Noch immer leidet jede Construction an dem unvollkommenen Verfahren, die Fäkalstoffe aus dem Bereiche der einzelnen Gebäude möglichst schnell zu entfernen und deren Emanationen unschädlich zu machen. Es würde zu weit führen, die verschiedenen hierfür angewendeten oder in Vorschlag gebrachten Methoden einer Kritik zu unterziehen und müssen wir uns damit begnügen, darauf hinzuweisen, dass es nur in seltenen Fällen von der Spitalverwaltung abhängt, selbständig darüber eine Entscheidung zu treffen, ob das Schwemm-, Tonnen-, Grubensystem oder das LIERNUR'sche Verfahren angewendet werden soll, da zumeist die örtlichen Verhältnisse und schon bestehende Einrichtungen in der Regel allein den Ausschlag geben.

Der Baumeister hat sich daher zunächst an das Gegebene zu halten und seine Aufgabe darin zu suchen, nach Massgabe desselben seine Einrichtungen so zu treffen, dass diese in der Hauptsache den hygienischen Anforderungen entsprechen. Dabei ist daran festzuhalten, dass die einfachste Construction immer die beste ist, denn die Erfahrung hat gelehrt, dass bei complicirten Constructionen, wie sie z. B. bei manchen Wasserclosets noch zu finden sind, sehr häufige Störungen vorkommen, wodurch dann viel grössere Unannehmlichkeiten sich ergeben, als das bei ganz gewöhnlichen Aborten ohne Wasserspülung der Fall ist.

Ein Hauptaugenmerk ist auf die Verhinderung des Ausströmens übelriechender Gase zu richten, was nur dadurch zu erreichen ist, dass das Abfallrohr mit einem kräftig wirkenden Aspirator in Verbindung gebracht wird, der jedoch unabhängig von der bestehenden Ventilationseinrichtung sein muss, da unter Umständen die Gase ihren Weg in die Krankensäle finden könnten.

Dem Ausströmen gefährlicher Gase, der Zersetzungsproducte der in Fäulniss übergehenden Fäkalstoffe, kann auch secundär noch dadurch vorgebeugt werden, dass diese Stoffe, ehe sie in Fäulniss übergehen, aus der Nähe der Anstalt entfernt oder durch kräftig wirkende Desinfectionsmittel der Fäulnissprocess verhindert wird.

Zu diesem Zwecke wurden verschiedene Vorschläge schon gemacht, von welchen das Süvern'sche System unseres Wissens mit dem besten Erfolge in Anwendung gebracht wurde. Die Zusam-

mensetzung der Süvern'schen Desinfectionsmasse besteht aus 15 Thl.
Steinkohlentheer, 15 Thl. Chlormagnesium und 100 Thl. Aetzkalk.
Durch ein solches Verfahren ist es möglich, nachdem die desinficirte
Masse in dem Klärbassin sich vom Wasser abgeschieden hat, letz-
teres einem bestehenden Kanalsysteme ohne Nachtheil zuzuführen,
da es nach den vorgenommenen Untersuchungen frei von schädlichen
Organismen ist.

Was die Lage der Aborte in Beziehung auf die Krankensäle
und deren technische Behandlung betrifft, so ist darüber in Kürze
folgendes zu bemerken.

Die Abortanlage darf nicht in unmittelbarer Nähe der Krankensäle sich befinden, so dass man, wie dies öfters vorkommt, direkt
von letzteren in das Closet gelangen kann; denn selbst bei der peinlichsten Reinlichkeit und bei einer wirksamen Ventilation ist es nicht
immer zu vermeiden, dass Gerüche in den Saal dringen, und es ist
auch nicht ausgeschlossen, dass Stechbecken u. s. w. von dem Wartepersonal anstatt in der entfernteren allgemeinen Abortanlage, in solchen Specialcloseten bei offener Thüre entleert werden.

Da solche Unregelmässigkeiten nicht vermieden werden können,
so sind sie vollständig unmöglich zu machen.   Haben Corridore,
kleine Vorplätze und der Abortraum selbst nur immer die gleiche
Temperatur, wie der Krankensaal, so ist es für den Patienten, welcher das Bett verlassen darf, sich vielleicht auch schon im Recon-
valescentensaale (Tageraum) aufhält, mit keinem Nachtheil verbunden, einige Schritte weiter zu gehen.

In dem Raume, in welchem sich die Closete befinden (zwei für
Kranke und eines für das Pflegepersonal) sind auch Spülvorrichtungen
für Stechbecken, Schleimschalen u. s. w. anzubringen, mit welchen
ein Reservoir für eine desinficirende Flüssigkeit zu verbinden ist und
ein kleiner eiserner Ofen, der mit Gas oder einem anderen Brennmateriale geheizt werden kann, zur Verbrennung von stark inficirten
Verbandstücken, deren gründliche Reinigung nicht mehr möglich oder
angezeigt ist.

Wände, Decken und Fussboden sind gleich jenen der Badezimmer
zu behandeln, da es gerade hier von besonderem Werthe ist, dass
diese Bautheile öfter und gründlich von dem anhaftenden Staube
gereinigt werden.

4. Die Wärterstube.

Dieses Local ist in Bezug auf seine Lage und Grösse von dem
System abhängig, nach welchem ein Krankenhaus erbaut ist und

von dem Umstande, ob das Wartepersonal einem religiösen Orden angehört oder ein bezahltes ist. Jedenfalls muss es so situirt sein, dass eine directe Verbindung, sei es durch eine Thür, sei es durch ein Fenster, mit einem oder zwei zunächst liegenden Krankenzimmern oder Sälen möglich ist. Ist die Pflege in den Händen von barmherzigen Schwestern oder Diakonissen, so genügt ein Local, in welchem ein Wäscheschrank, ein Ruhebett, ein Tisch u. s. w. untergebracht werden können, da die Wärterstube nicht als Wohn- und Schlafraum, sondern nur zu zeitweiligem Aufenthalt dient. Steht nur ein bezahltes Wartepersonal zur Verfügung, so muss dieses Local so gross sein, dass 2 Betten ausser dem Wäscheschrank und Tisch u. s. w. Platz finden. In dem letzteren Falle möchten wir auch rathen, das Fenster nach dem Saale nicht anzubringen, damit der Wärter sich mehr in demselben aufhalten muss und sich nicht zu viel mit Arbeiten beschäftigt, die ihn von seiner Pflichterfüllung abhalten.

5. Die Theeküche.

In älteren und auch in neuen Krankenanstalten findet man die Theeküche in der nächsten Umgebung der Krankensäle so angeordnet, dass sie in directer Verbindung mit letzteren steht. Wenn diese Anordnung auch für den Dienst als eine Erleichterung anzusehen ist, so verstösst dieselbe doch gegen die Spitalshygiene, da das Zuströmen von mancherlei Gasen nach den Sälen aus der Theeküche nicht zu verhindern und das Geräusch bei der Beschäftigung des Pflegepersonals in derselben für viele Kranke belästigend ist. Man wird daher gut daran thun, eine solche directe Verbindung zu vermeiden und die Thür zu dem genannten Raume nach dem Corridor oder Vorplatze vor dem Saale anzubringen.

In neuester Zeit wurden keine besonderen Räume für eine Theeküche angeordnet und begnügte man sich damit, zur Bereitung von Thee oder Kataplasmen u. s. w. in der Wand des Corridors einen Apparat anzubringen, in welchem mit einer Gasflamme, die mit einem Bunsen'schen Brenner verbunden ist, gekocht werden kann. Der Apparat gleicht einem kleinen Schranke mit 2 Etagen, deren obere einen Boden von durchlochtem Bleche hat; unter der ersten Etage, die allein nur zum Kochen dient, ist der Bunsen'sche Brenner, dessen Verbrennungsproducte durch einen Isolirraum nach dem nebenanliegenden Kamine gelangen. Die obere Abtheilung dient lediglich zum Warmhalten und eventuell zur Bereitung der Kataplasmen. Neben dem Apparate befindet sich ein Spülbecken mit Wasserverschluss in

Verbindung mit den Leitungen für kaltes und warmes Wasser, in welchem die Geschirre für den unmittelbaren Krankendienst, als Gläser, Teller, Tassen, Kasserole und die Essbestecke gereinigt werden. Zur Aufbewahrung aller dieser Gegenstände dient dann ein Behälter, welcher in der Wärterstube seinen Platz findet. Selbstverständlich ist streng darauf zu sehen, dass in das Spülbecken nicht Uringläser oder dergleichen entleert und in demselben gereinigt werden.

6. Der Tageraum.

In jedem wohleingerichteten Krankenhause sollen besondere Locale sich in unmittelbarer Nähe der Krankenzimmer befinden, in welchen solche Patienten, die das Bett verlassen dürfen, sich unter Tags aufhalten können. Eine derartige Einrichtung wirkt hygienisch vortheilhaft auf die Reconvalescenten und auf die Kranken: erstere werden sich leichter und schneller erholen, wenn sie nicht den ganzen Tag Zeugen der Leiden und Schmerzen ihrer Genossen sein müssen und sich auch irgend einer leichten Beschäftigung hingeben können, während letztere durch das Hin- und Hergehen und das Gespräch der Reconvalescenten nicht belästigt werden und eine relativ reinere Luft athmen, da beim Abgange von mehreren Saalbewohnern der effektive Luftkubus für die Zurückbleibenden für längere Zeit ein grösserer ist und demselben auch weniger Producte des Stoffwechsels u. s. w. zugeführt werden. Ausserdem können im Nothfalle die Tageräume auch als Krankensäle benutzt werden, da ihre ganze Einrichtung diesem Zwecke an und für sich entsprechend herzustellen ist.

Wo es nur immer die localen Verhältnisse gestatten, sind mit den Tageräumen auch Veranden in Verbindung zu bringen, die mit Gardinen gegen Zug und Sonne geschützt werden können, um den in der Reconvalescenz vorgeschrittenen oder auch schwer Kranken, für welche reine Luft Arznei ist, den Aufenthalt in freier Luft zu ermöglichen.

7. Ein Raum für unreine Wäsche.

Für die Salubrität eines Krankenzimmers ist es sehr vortheilhaft, die unreine Bett- und Leibwäsche und die Verbandstücke aus demselben sofort nach dem Wechsel zu entfernen. Aber gerade in dieser Beziehung werden noch viele Fehler begangen. Es kommt nicht selten vor, dass Stunden lang diese Utensilien in einem Winkel des Krankensaales oder des Vorraumes liegen bleiben, dass man sie dort sogar sortirt und zählt, wobei es naturgemäss nicht fehlen kann, dass organische Staubtheilchen der Saalluft zugeführt werden, die sich dann ihrerseits entweder an den Wänden und Fournituren festsetzen oder ihren Weg in die Athmungsorgane und Wunden der Kranken finden. Dies widerspricht aber geradezu den hygienischen Grundsätzen. Um nun solche Vorkommnisse zu verhindern, ist es absolut geboten, die unreine Wäsche jeder Art sofort nach dem Wechsel in einen hierzu bestimmten Raum zu bringen und dort durch desinficirende Mittel schon unschädlich zu machen, ehe sie in die Waschanstalt kommt. Das gilt besonders für solche Wäsche, welche von Patienten mit ansteckenden Krankheiten oder von Schwerverwundeten gebraucht wurde, da ohne diese Vorsicht eine Verschleppung von Infectionsstoffen nicht ausgeschlossen ist.

Bei Erbauung neuer Krankenhäuser wurde dieser Umstand gebührend gewürdigt und Vorsorge getroffen, dass ohne einen weiten Transport die unreine Wäsche sicher verwahrt und auch sortirt werden kann. In der Regel befindet sich das hierzu bestimmte Local im Souterrain, welches mit den oberen Geschossen durch eine genügend weite Röhre aus Metall in Verbindung gebracht ist. Diese Röhre mündet nahe bei den Krankensälen aus und hat einen dicht schliessenden Deckel; die Wäsche wird hier eingelegt und fällt in einen Korb, in welchem sie nach der Waschanstalt gebracht wird. Noch sicherer aber wäre es, wenn nach dem Vorschlage von Dr. H. Frölich[1]) die unreine Wäsche gleich in einem Gefässe mit entgiftenden Flüssigkeiten (z. B. Zinkvitriollösung (1 : 120), Chlorzinklösung (1 : 240) 12 Stunden lang, oder mit abgeklärter Chlorkalklösung (1 : 100) 1 Stunde) aufbewahrt würde, das unter dem Fallrohre aufgestellt ist und von wo aus dieselbe erst in die Waschanstalt zu bringen wäre. Dieser Vorschlag hat in hygienischer Beziehung volle Berechtigung und dürfte allgemeine Berücksichtigung finden. Ist kein Souterrain vorhanden oder bietet ein solches nicht den nöthigen Raum, so kann ein kleiner Anbau dafür Ersatz bieten, in welchen das Fallrohr einmündet und wo das Desinfectionsgefäss aufgestellt werden kann.

Aus denselben hygienischen Gründen ist auch der in den Sälen und Zimmern zusammengekehrte Staub u. s. w. in gleicher Weise zu behandeln, und ist, wie schon bemerkt, überhaupt die Arbeit des Scheuerns mit der grössten Vorsicht auszuführen, damit nicht der am Boden liegende Staub mit seinem oft gefährlichen Inhalt der Saal-

---

1) Deutsche Vierteljahrsschrift XIII. Bd. 2. Heft. S. 229.

luft wieder zugeführt wird. Um jedoch den Staub nicht auf Schippen kehren und bis zum Fallrohre tragen zu müssen, wobei es ohne Aufwirbeln nicht abgeht, ist es nothwendig, dass die sogen. Schwellbretter bei den Thüren vermieden werden; denn nur dann ist es möglich, denselben ohne den gerügten Nachtheil bis an die Mündung des Fallrohres zu bringen, dessen Rand mit dem Boden gleich ist, so dass das Einbringen ohne Schwierigkeiten möglich wird. Dabei ist jedoch die Vorsicht zu gebrauchen, dass bei dem Geschäfte Thüren und Fenster und das Müllengefäss geschlossen sind, damit nicht ein im Rohre von unten nach oben gehender Luftstrom den Staub wieder zurückbringt.

b. Die Oekonomiegebäude.

Die Oekonomiegebäude bilden einen nicht unwichtigen Theil einer Krankenhausanlage, da es für den Pflegedienst nicht gleichgiltig ist, wie dieselben situirt sind. Dahin sind zu zählen die Koch- und Waschküche, eine Pferdestallung mit Wagenremise und schliesslich das Eishaus.

Von Seiten der Hygiene muss die Forderung gestellt werden, dass die Kranken von den Gerüchen und Dämpfen, welche in der ersteren sich entwickeln, nicht belästigt werden. Deshalb ist es wo möglich bei kleinen Anstalten immer zu vermeiden, die Koch- und Waschküche im Souterrain eines Gebäudes unterzubringen, in welchem Kranke liegen. Ist dieser Uebelstand aber nicht zu umgehen, aus finanziellen oder administrativen Rücksichten, so sind von dem Architecten alle jene Vorsichtsmassregeln zu treffen, wodurch das Eindringen der Koch- und Waschdämpfe in die Krankenzimmer thunlichst verhindert werden kann. Eine wirksame Ventilation und die Herstellung impermeabler Wände, Decken und Fussböden ist daher stets bei diesen Localen im Auge zu behalten. Ob die in jeder Beziehung vortheilhafte Verwendung des Dampfes zum Kochen und Waschen eingeführt werden soll, hängt zunächst von der Grösse und der ganzen Einrichtung eines Krankenhauses ab.

In Bezug auf die Spitalshygiene möchten wir nur noch bemerken, dass die Wäsche von ansteckenden Kranken vollständig getrennt von der übrigen Wäsche zu behandeln und Vorsorge zu treffen ist, dass sie auch im gereinigten Zustande besonders aufbewahrt wird, denn nur so dürfte es möglich sein, die Uebertragung von Infectionsstoffen auf diesem Wege zu verhüten.

Mit der Waschanstalt ist auch noch ein Desinfectionsappa-

rat zu verbinden, in welchem verdächtige Kleider, Wäsche und Bett-
stücke gereinigt werden können, ehe sie aufbewahrt werden oder
wieder in Gebrauch kommen. Nach den neuesten Erfahrungen leistet
hierfür heisse Luft bis 100° C. die besten Dienste, da es sich gezeigt,
dass bei dieser Temperatur den organisirten Stoffen jede Fähigkeit zur
weiteren Entwicklung und somit ihre Schädlichkeit genommen wird.
Der Apparat besteht aus einem gut verschliessbaren eisernen Kasten,
in welchem Rohrschlangen für Dampf oder heisses Wasser angebracht
sind. Zum Schutze der Wäsche u. s. w. sind die Rohrschlangen vom
Inneren des Kastens durch eine Lattenwand getrennt. Steht weder
Dampf- noch eine Heisswasserheizung zur Verfügung, so sind in der
sogen. Brennkammer gusseiserne Rohre herumzuführen, in welchen
die Feuergase eines kleinen Kalorifers circuliren.

Pferdestall und Wagenremise sind nur dann in einer
Krankenanstalt nothwendig, wenn die Einrichtung getroffen werden
will, den Transport ansteckender Kranker zum Schutze gegen Verschleppung von Infectionskrankheiten mittels öffentlicher Fuhrwerke,
selbst zu besorgen. Dass nach jedem Gebrauche eines Kranken-
wagens dieser sofort durch geeignete Mittel zu desinficiren ist, bedarf keiner weiteren Erörterung.

c. Die Verwaltungsräume und Dienstwohnungen.

Ueber diese Klasse von Räumen ist in hygienischer Beziehnng
nur zu bemerken, dass dieselben sich der gleichen Fürsorge in Bezug auf Reinheit der Luft zu erfreuen haben sollten, wie die Krankensäle und gilt dies ganz besonders von jenen Dienstwohnungen für
Assistenzärzte, welche in unmittelbarer Verbindung mit jenen stehen.
Dies kommt in allen Krankenhausanlagen vor, mögen dieselben aus
einem oder mehreren Gebäuden bestehen; in letzterem Falle soll für
die interne und chirurgische Abtheilung in je einem der betreffenden
Pavillons ein Assistenzarzt eine Wohnung erhalten. Dieselbe ist so
zu situiren, dass sie unbeschadet des Zusammenhanges mit den Krankenräumen doch isolirt ist und auch einen Abort erhält, der mit den
Aborten der Kranken nicht in Verbindung steht.

Wird die Krankenpflege von einem bezahlten Wartepersonal besorgt, so sind, wenn die Wärterzimmer bei den Krankensälen nicht
genügen, im Verwaltungsgebäude besondere Räume für dasselbe herzustellen.

Ob Oberärzte und Directoren in der Anstalt Wohnungen erhalten, hängt von localen Verhältnissen ab. Jedenfalls aber müssen für

den Verwaltungsbeamten und eventuell für einen Apotheker Wohnungen in der Anstalt zur Verfügung stehen.

Hierher ist auch ein Raum zu zählen, in welchem von Aerzten
und von Wärtern, welche mit ansteckenden Kranken zu thun haben,
desinficirende Bäder genommen werden, ehe sie mit Anderen in Berührung kommen und wo auch deren Kleider desinficirt werden können, damit auch in dieser Richtung nichts versäumt wird, eine Verschleppung des Krankheitsstoffes zu verhüten.

d. Das Leichenhaus.

Im Interesse der Humanität und der Salubrität sind die Leichen
sofort aus den Krankensälen und wo möglich auch aus den Pavillons nach einem hierzu besonders eingerichteten Gebäude, dem Lei-
chenhause, zu verbringen, das so zu situiren ist, dass von ihm aus
die Leichenbegängnisse stattfinden können, ohne von den Bewohnern
der Anstalt bemerkt zu werden.

Dieses Gebäude soll zur Aufbewahrung der Leichen, ehe sie auf-
gebahrt werden, einen kühlen Raum gegen Norden oder einen Keller
enthalten; ferner ein Aufbahrlocal, eine Kapelle, in welcher
sich auch die Angehörigen des Verstorbenen zum Leichenbegängniss
versammeln können, dann ein Secirzimmer und ein Wächter-
zimmer mit einem Fenster gegen das Aufbahrlocal.

Der Leichenkeller ist aus nahliegenden Gründen zu ventiliren und eventuell auch heizbar zu machen. Der Fussboden, mit
einem leichten Gefälle gegen die Mitte zur Ableitung des Wassers,
ist mit einem harten impermeablen Materiale (Mettlacher Fliesen in
Cement) zu belegen, und am tiefsten Punkte durch ein Rohr mit
Wasserverschluss mit einem Kanale zu verbinden. Zum Zwecke der
Reinigung des Fussbodens ist rings an den Wänden ein Wasserlei-
tungsrohr mit den nöthigen Auslaufhähnen anzubringen. Zur Lagerung der Leichen dienen hölzerne Bahren mit einem Gefälle gegen
das Fussende und mit einem Bord umgeben, so dass die Leichen-
flüssigkeit nach einem untergestellten Porzellangefäss abfliessen kann,
ohne den Fussboden zu verunreinigen. Wände und Decken des Lo-
cals sind impermeabel herzustellen. In ganz gleicher Weise ist auch
das Aufbahrlocal zu behandeln, das ausserdem auch bei Nacht
zu beleuchten ist.

In die Klasse des Leichenkellers ist auch die Morgue einzureihen,
ein Raum, welcher in volkreichen Städten nicht zu entbehren ist.
Da es hier darauf ankommt, Leichen viele Wochen lang aufzube-

wahren und vor der Verwesung zu schützen, so genügt das gewöhnliche Abkühlungsmittel, Wasserbesprengung, dessen man sich bisher
bediente, nur unvollkommen und suchte man daher in neuester Zeit
zu Paris durch Anwendung von comprimirter Luft die Conservirung
der Leichen zu bewerkstelligen [1]); durch dieses Verfahren wird es
ermöglicht, dieselben zum Gefrieren zu bringen.

Was das Secirzimmer betrifft, so ist dafür zu sorgen, dass es
gut beleuchtet, heizbar und zu ventiliren ist und dass dessen Wände,
Decke und Fussboden impermeabel sind. Je nach dem Zwecke der
Anstalt ist der Raum hierfür so zu bemessen, dass mit den Leichen
vor Studierenden auch Demonstrationen vorgenommen werden können. Ein Waschtisch in Verbindung mit den Leitungen für kaltes
und warmes Wasser ist nicht zu entbehren. Sollten diese Leitungen
nicht vorhanden sein, so ist in anderer Weise kaltes und warmes
Wasser zu beschaffen.

e. Wasserversorgung.

Ein Krankenhaus bedarf täglich eines grossen Quantums Wasser,
zum Trinken, Kochen, Waschen, zu den Bädern u. s. w., das entweder, wenn es angeht, einer schon bestehenden Wasserleitung ganz
oder theilweise zu entnehmen oder durch Brunnen zu beschaffen ist,
welche auf dem Terrain der Anstalt zu graben sind. Da es aber
nicht immer möglich sein wird, aus einer bestehenden Leitung den
täglichen Bedarf zu decken, der pro Bett auf 400 bis 500 Liter erfahrungsgemäss anzunehmen ist, so ist, wie schon eingangs erwähnt,
nur ein Bauplatz zu wählen, dessen Grundwasserverhältnisse in quantitativer wie qualitativer Beziehung vollkommene Sicherheit für die
Beschaffung von reichlichem und gesundem Wasser bieten.

Wird der theilweise oder ganze Bedarf aus Brunnen entnommen,
so ist das Wasser auf ein Hochreservoir zu heben, welches in einer
solchen Höhe anzulegen ist, dass noch auf den Dachräumen der höchsten Gebäude der Anstalt Ausläufe mit Erfolg angebracht werden
können. Liefert eine bestehende Wasserleitung mit der entsprechenden Druckhöhe den Bedarf, so kann das Hochreservoir entfallen,
wenn für die Lieferung des warmen und kalten Gebrauchswassers
für Bäder u. s. w. in den einzelnen Gebäuden die nöthigen Einrichtungen getroffen werden, was bei ausgedehnten Anlagen ohnehin nicht
zu umgehen ist.

---

[1]) Degen, Das Krankenhaus und die Kaserne der Zukunft. München 1882.
Lindauer'sche Buchhdlg. S. 328.

Bezüglich der Erwärmung des Gebrauchswassers ist zu bemerken, dass dieselbe entweder derart durch ein Rohrsystem in unmittelbarem Zusammenhange mit einer Heizvorrichtung bewerkstelligt werden kann, oder indirect durch Dampf, welcher in Schlangenrohren circulirt, die in dem Reservoir für warmes Wasser eingelegt sind. In beiden Fällen stehen die Reservoire für kaltes und warmes Wasser mit einander in Verbindung und wird der Zufluss von dem ersteren zum letzteren durch ein Schwimmerventil geregelt.

Bei jedem Auslaufe für Waschtische, Theeküchen u. s. w. in den Gebäuden sind sog. Kippbecken anzubringen, die ihrerseits mit dem Rohre verbunden sind, durch welches das gebrauchte Wasser nach dem Ableitungskanale abfliesst. Diese Becken bestehen aus zwei concentrischen Gefässen, von welchen das eine mit Dübeln an die Wand befestigt und das andere in diesem eingehängt und in zwei Zapfen drehbar ist. Soll letzteres entleert werden, so wird es umgekippt und das Wasser ergiesst sich in das äussere Gefäss, dessen Auslauföffnung mit einem Wasserschluss gegen das Aufsteigen von Kanalgasen geschützt ist.

In Bezug auf die Anlage der Wasserleitung ist noch zu bemerken, dass an den Rohrsträngen in entsprechenden Zwischenräumen Hydranten einzuschalten sind, welche im Falle der Noth zum Füllen von Feuerspritzen und für gewöhnlich zum Besprengen der Wege, Rasen und Gesträucher und zum Durchspülen der Kanäle zu dienen haben. Daraus ist zu entnehmen, dass das Wasser in einem Krankenhause von eminent hygienischer Bedeutung ist und es vollkommen gerechtfertigt erscheint, auf die Beschaffung, Quantität und Qualität desselben ein sehr grosses Gewicht zu legen.

f. Die Kanalisirung.

Die Salubrität eines jeden Wohnhauses und somit auch die eines Krankenhauses hängt ausser von den schon besprochenen Vorkehrungen auch von der Art und Weise ab, wie das Gebrauchswasser, die Auswurfstoffe und das Regenwasser aus dem Bereiche der Gebäude entfernt werden.

Ist das System bezüglich der Behandlung der Fäkalstoffe festgestellt und z. B. angenommen, dass dieselben durch Kanäle resp. durch ein Rohrnetz abgeführt werden sollen, so ist für den Techniker alles gegeben, was er zur Berechnung der Rohrweiten bedarf, da ihm die Menge des abzuführenden Wassers aus dem Programme und den meteorologischen Beobachtungen ersichtlich ist.

Ist ferner aus den Terrainverhältnissen auch zu entnehmen, ob ein genügendes Gefälle vorhanden ist oder nicht, so unterliegt auch die Cotirung des Rohrnetzes vom als bekannt angenommenen tiefsten Anfangspunkte aus keinen Schwierigkeiten.

Es handelt sich dann nur um die Frage, ob die abzuführenden mit Wasser gemengten Stoffe in einen Kanal oder Fluss direct geleitet werden können, oder ob dieselben vorher einem Desinfectionsverfahren unterzogen werden müssen.

Im ersteren Falle gestaltet sich die Lösung der Aufgabe sehr einfach, wenn das genügende Gefälle vorhanden ist. Schwieriger und theurer wird aber die Anlage, wenn dieses Gefälle nicht zur Verfügung steht, da ein Sammelbassin angelegt werden muss, in welches das Hauptrohr des Kanalnetzes einmündet. Der Inhalt dieses Bassins ist durch ein Pumpwerk nach einem so hoch gelegenen Punkte zu heben, dass er von da aus mit dem nöthigen Gefälle die Vorfluth erreichen kann. Dieses Hilfsmittel ist auch stets anzuwenden, wenn die Einleitung der unreinen Flüssigkeit in einen Kanal oder Fluss polizeilich untersagt ist. Dieselbe ist in diesem Falle dann erst zu desinficiren, ehe sie aus dem Bereiche der Anstalt weggeleitet wird. Die Desinfection beginnt bereits beim Eintritt der Fäkalstoffe und des verunreinigten Wassers in die Ableitungsrohre, von wo aus die gemischte Flüssigkeit in das Sammelbassin (Klärbassin) gelangt, wo die festen Stoffe sich ablagern. Das gereinigte Wasser kann, wie schon erwähnt, ohne sanitäre Nachtheile einem Flusse u. s. w. zugeführt werden, während die Sedimente noch für landwirthschaftliche Zwecke dienen können. In Dresden und Leipzig sind die mit dem Süvern'schen Verfahren in den Krankenhäusern u. s. w. gemachten Versuche als gelungen zu bezeichnen, abgesehen von einigen unbedeutenden Unannehmlichkeiten, welche mit der Zeit und an der Hand der Erfahrungen gewiss zu beseitigen sind. Der Zweck, die in den Auswurfstoffen vorhandenen organischen Substanzen unschädlich zu machen, ehe sie in Fäulniss übergehen, ist erreicht und somit das Innere der Anstalten von einem gefährlichen Feinde befreit.

Endlich kommt es nur noch darauf an, beim Beginne der Ableitung einen nie versagenden hermetischen Abschluss gegen die Kanalgase zu erhalten. Unter allen Vorrichtungen wird der Siphon die besten Dienste leisten, wenn die Vorsicht gebraucht wird, dass man von dem höchsten Punkte desselben ein Rohr über das Dach hinaus leitet, damit die aufsteigenden Kanalgase sich hier nicht spannen und bei einem plötzlichen Drucke nicht durch das Abschlusswasser eindringen können. Ein solcher Druck auf die Gase im Fallrohre findet aber immer statt, wenn von einem höheren Punkte über einem Closete eine grössere Menge Wasser in das Rohr geschüttet wird, wie Dr. Lissauer in Danzig vielfach beobachtet hat.[1]) Aus diesen Beobachtungen, auf welche wir hiermit verweisen wollen, ist überhaupt zu ersehen, mit welcher Umsicht derlei Einrichtungen herzustellen sind und wie viele Fehler von weittragenden Folgen dabei noch gemacht werden.

Was das Rohrnetz selbst betrifft, so ist noch zu bemerken, dass hierzu nur gusseiserne Muffenrohre verwendet werden sollen, da Thonrohre nicht immer volle Sicherheit gewähren und gemauerte Kanäle, da sie den chemischen Einflüssen und dem Wühlen der Ratten nicht für die Dauer Widerstand leisten, durchlässig werden und den umliegenden Boden verunreinigen; Grund genug, von deren Anwendung abzusehen. Um für alle Fälle eine Reinigung der Rohranlage vornehmen zu können, sind an verschiedenen Punkten derselben, besonders da, wo Einmündungen stattfinden und bei Biegungen einzelner Rohrstränge, Reinigungsöffnungen so anzubringen, dass ein Putzapparat eingebracht werden kann. Der Schutz der ganzen Anlage gegen die Einwirkung des Frostes ist als selbstverständlich zu bezeichnen, da eine Vernachlässigung dieses Punktes für die ganze Anstalt von den unangenehmsten Folgen sein kann und deren Beseitigung mit grossen Kosten verbunden ist.

g. Die Gartenanlagen.

Ist schon der Genuss der reinen atmosphärischen Luft für den gesunden Menschen ein unschätzbares Mittel zur Kräftigung des ganzen Organismus, so ist derselbe für den Kranken, der seiner Genesung entgegen geht, geradezu unentbehrlich und als einzige unersetzliche Arznei zu betrachten, von welcher oft allein nur die vollständige Heilung zu erwarten ist. Aus diesem Grunde ist es daher als unumgänglich nothwendig zu betrachten, jedes Krankenhaus mit einer Gartenanlage zu umgeben, in welcher bei günstigem Wetter die Reconvalescenten sich aufhalten können; denn das Krankenhaus soll in Wahrheit eine Heilanstalt sein, aus welcher der als „geheilt". Entlassene in einem solchen Zustande wieder seinen Berufsgeschäften zurückgegeben wird, dass er nicht Gefahr läuft, bald wieder die Hilfe der Anstalt in Anspruch nehmen zu müssen. Das ist aber nur dann möglich, wenn der Reconvalescent einige Zeit lang in freier

---

1) Deutsche Vierteljahrsschr. f. öff. Gesundheitspflege. XIII. Bd. 3. H. S. 341 ff.

Luft sich bewegen kann und dabei noch ausserdem, ohne durch Arbeit angestrengt zu sein, gut genährt wird, Bedingungen, die nicht erfüllt werden können, wenn einmal der Pflegling aus der Anstalt entlassen ist.

Es wurde bereits erwähnt, dass mit dem T a g e r a u m eine Veranda in Verbindung zu bringen ist, die zur Aufstellung von Betten dienen kann, so dass auch solche Kranke, welche noch nicht in der Reconvalescenz sich befinden, gleichfalls an den wohlthätigen Wirkungen der atmosphärischen Luft theilnehmen können. Solche Einrichtungen können nicht hoch genug geschätzt werden, da sie durch nichts besseres zu ersetzen sind. Fehlen die genannten Veranden, so leisten einfache Zelte oder Luftbuden denselben Dienst, wenn sie an einem gegen Zug geschützten Platze möglichst nahe an den Krankensälen im Garten aufgeschlagen sind, umgeben von schattigen Bäumen.

Die Anlage der Gärten ist parkartig zu halten, in welcher Gruppen von Nadel- und Laubholz in der Weise angeordnet sind, dass viele schattige und gegen die herrschende Windrichtung geschützte Plätze mit den nöthigen Ruhesitzen zur Verfügung stehen; für letztere eignen sich aus sanitären und ökonomischen Gründen die jetzt allgemein in Gebrauch stehenden eisernen Gartenmöbel am besten.

Vom hygienisch technischen Standpunkte aus ist noch hervorzuheben, dass die Promenaden makadamisirt und kanalisirt werden müssen, damit das Regenwasser schnell ablaufen kann, ohne den Grund zu beschädigen, und im Frühjahr das Thauwetter dieselben nicht aufweicht und unbrauchbar macht. Ein Unterbau von grobem Schotter in Verbindung mit grobem Kies oder kleingeschlagenen Steinen, feinem Kies (auch Kohlenlösche) und Sand gehörig eingewaschen und gewalzt, wird für alle Fälle genügen.

Im Vorstehenden glauben wir Alles das hervorgehoben zu haben, was von dem Techniker bei Erbauung eines a l l g e m e i n e n Krankenhauses zu berücksichtigen ist, um den Anforderungen der Hygiene an eine solche Anstalt Genüge zu leisten. Ob diese 300 oder nur 30 Betten Belagsraum bieten soll, immer werden die aufgestellten Grundsätze, wenn auch mit einigen Modificationen, zu berücksichtigen sein, soll etwas Zweckentsprechendes geschaffen werden. Die Hauptsache ist aber, dass ein wohldurchdachtes Programm aufgestellt wird, nach welchem der Architect ohne Schwierigkeit seinen Plan entwerfen kann. Unter welchen Gesichtspunkten aber ein solches Programm aufzustellen ist, haben wir in dem Specialwerke: „D a s K r a n k e n h a u s und die K a s e r n e der Z u k u n f t", München, Lin-

dauer'sche Buchhandlung 1882, ausführlich besprochen und erlauben
wir uns hiermit auf dasselbe hinzuweisen, da ein weiteres Eingehen
auf diesen Punkt den Rahmen dieser Abhandlung zu sehr überschreiten würde.

Es erübrigt daher nur noch, jene Verhältnisse in Kürze zu berühren, welche vom Standpunkte der Hygiene bei Herstellung von
Heilanstalten für specielle Zwecke zu berücksichtigen sind.

II. Specielle Heilanstalten für übertragbare Krankheiten.

Schon seit langer Zeit bemühen sich einsichtsvolle Spitalärzte,
die Aufmerksamkeit der Verwaltungsorgane dahin zu lenken, dass
für übertragbare Krankheiten specielle Heilanstalten errichtet und
dass dieselben zur Behandlung in einem allgemeinen Krankenhause
nicht mehr zugelassen werden. Der Ausführung dieses Wunsches
stehen aber mancherlei Hindernisse entgegen, davon vor allem der
Kostenpunkt. Da aber Städte unter 200000 Einwohnern hier nicht
in Betracht kommen können, so steht die Sache nicht so schlimm,
als man glauben möchte. Es bedarf oft nur der richtigen Würdigung
der Frage und des guten Willens der massgebenden Organe.

Statistische Erhebungen werden es ermöglichen, zu bestimmen,
für welche Arten übertragbarer Krankheiten in grossen Städten besondere Anstalten zu errichten sind und in welcher Grösse. Bei
Städten unter 200 000 Einwohnern wird man sich damit begnügen
müssen, eventuell zwei örtlich getrennte allgemeine Krankenhäuser zu
errichten und in diesen besondere Gebäude zur Behandlung sporadisch oder auch epidemisch auftretender infectiöser Krankheiten zu erbauen und zwar in solcher Entfernung von den übrigen Gebäuden der
Anstalt, dass eine Uebertragung als ausgeschlossen zu betrachten ist.

Sache der Aerzte ist es, zu bestimmen, welche Krankheiten überhaupt zu isoliren sind, und für welche von diesen eine collective oder
individuelle Isolirung zu verlangen ist.

Die collective Isolirung Kranker e i n e r Kategorie ist mit keinen
besonderen Schwierigkeiten verbunden und wäre nur darauf Rücksicht
zu nehmen, dass die Ventilirung und Heizung der Natur der betr.
Krankheiten angemessen eingerichtet ist und dass der dem einzelnen
Kranken bestimmte Luftraum nicht zu knapp bemessen wird. U n t e r
60 cbm pro Bett dürfte nicht anzunehmen sein. Auch liegt es nicht
im Interesse des Krankheitsverlaufes (wegen der Admassirung der
Krankheitsstoffe), mehr als 12 bis 16 Kranke in einem Saale unterzubringen.

Die individuelle Isolirung dagegen durchzuführen, ist mit manchen Schwierigkeiten verbunden, da die hierzu nothwendigen Zimmer mit den übrigen Räumen eines Gebäudes in gar keinem Zusammenhange stehen dürfen und Aerzte und Pfleger in diese Isolirung mit einzuschliessen sind. Bei dem Entwurf des Planes ist daher auf diesen Umstand besonders Bedacht zu nehmen, sowie auch darauf, dass die verdorbene von Infectionsstoffen angefüllte Luft, ehe sie ins Freie gelangt, desinficirt werden kann.

Bei Neubauten kann, wenn die nöthigen Mittel geboten sind, all diesen Anforderungen der Hygiene entsprochen werden; dagegen ist in bestehenden Anstalten, welchen es in der Regel auch an Raum gebricht, nur durch Aufstellung von Isolirgebäuden zu helfen, in welchen die collective wie die individuelle Isolirung nach Möglichkeit durchgeführt werden kann. Für die bessere Jahreszeit können zu diesem Zwecke sogen. Luftbuden, Isolirzelte oder ähnliche kleinere Bauwerke dienen, wie sie schon in vielen gutgeleiteten Anstalten bestehen; für jene Zeit aber, in welcher eine künstliche Erwärmung der Krankenräume nicht zu entbehren ist, sind die Isolirgebäude massiv herzustellen und mit Heiz- und Ventilationseinrichtungen zu versehen. Bezüglich des Abstandes derselben von anderen Gebäuden ist daran festzuhalten, dass derselbe nicht unter 10 m betrage und dass ein Blatternhaus unter keiner Bedingung mit einem allgemeinen Krankenhause im Zusammenhange stehe.

Um aber eine Anstalt überhaupt gegen Einschleppung von Infectionskrankheiten möglichst zu schützen, ist auch für einen Beobachtungspavillon zu sorgen, in welchem verdächtige Kranke so lange individuell isolirt werden, bis eine sichere Diagnose möglich ist. Am besten liegt dieser Pavillon nahe am Eingange in das Krankenhaus unter Beobachtung der nöthigen Entfernung von den übrigen Gebäuden und ist derselbe selbstverständlich so einzurichten, dass auch der Wärter individuell isolirt werden kann, da ohne diese Vorsicht eine Verschleppung nach der Anstalt oder die Uebertragung des Krankheitsstoffes auf einen anderen zu beobachtenden Kranken nicht zu verhindern sein dürfte.

III. Entbindungsanstalten.

Die meisten der bis in die neueste Zeit erbauten Entbindungsanstalten leiden an dem grossen Fehler der Concentrirung. Man findet überall nur grosse Säle, in welchen die Schwangeren und Wöchnerinnen in grösserer Anzahl zusammengelegt werden, zum grössten

Nachtheil für den Gesundheitszustand solcher Anstalten, da gerade hierin die Ursache des grossen Procentsatzes der Entbindungen mit tödtlichem Ausgange zu suchen ist. Denn ist schon an und für sich das Zusammenwohnen vieler Menschen in einem Raum aus sanitären Gründen bedenklich, so ist das um so mehr bei Wöchnerinnen und Schwangeren verwerflich, da unter denselben eine Puerperalaffection rasche Verbreitung findet.

Die Aerzte zählen darum mit Recht diese Kategorie von Pfleglingen zu jenen chirurgischen Kranken, welche individuell isolirt werden müssen.

Hierzu eignen sich nun allerdings die bestehenden Anstalten nicht und liegt es daher nahe, auch für diese das Pavillonsystem zu adoptiren. Schon die ersten Versuche, welche im Hospital Ménilmontant und in der Entbindungsanstalt zu Paris in dieser Richtung gemacht wurden, haben die befriedigendsten Resultate ergeben, denn in dem neuen nach TARNIER's Vorschlag erbauten Pavillon der letzteren Anstalt war in den ersten Jahren des Bestehens nur eine Mortalität von $1^0/_0$ zu verzeichnen, während dieselbe in anderen älteren Anstalten zwischen 4 und $12^0/_0$ sich bewegt.

Der TARNIER'sche Pavillon ist der Länge nach durch einen Corridor in zwei Hälften getheilt, welche die Zimmer der Wöchnerinnen enthalten, die ihrerseits nur von den vorgelegten offenen Veranden aus zugänglich sind. In dem erwähnten, gut beleuchteten, heizbaren und ventilirten Corridor hält sich die Pflegerin auf, welche durch kleine unbewegliche Fenster die einzelnen Zimmer und deren Bewohnerinnen überwachen kann.

Ausser solchen Pavillons muss aber bei jeder Anstalt auch ein besonderer Isolirpavillon für jene Pfleglinge vorhanden sein, bei welchen eine Puerperalaffection constatirt ist; der sie behandelnde Arzt und das Pflegepersonal darf selbstverständlich mit keiner der übrigen in der Anstalt aufgenommenen Frauen in Berührung kommen, da ausserdem diese Isolirung illusorisch wäre.

Bei dieser Einrichtung erscheint es nothwendig, wenn eine Klinik mit der Anstalt verbunden ist, in jedem Pavillon ein Entbindungszimmer anzuordnen, wenn die Isolirzellen den nöthigen Raum für die Studierenden nicht bieten.

Der für eine Wöchnerin zu bestimmende Luftkubus soll, wie bei Schwerverwundeten nicht unter 60 cbm betragen, so dass bei einem $2^1/_2$maligen Luftwechsel in der Stunde 150 cbm frische Luft eingeführt werden können.

Auch für die Säuglinge erkrankter oder verstorbener Mütter und für schwer kranke Säuglinge sind besondere Räume vorzusehen, wo dieselben so lange gepflegt werden, bis sie anderweitig untergebracht werden können; ebenso ist auch für Wohnungen der Hebammen, Aerzte und Pflegerinnen Sorge zu tragen, die theils in den Pavillons, theils in einem besonderen Gebäude unterzubringen sind, je nachdem es die Verhältnisse verlangen.

Zur Ersparung an Verwaltungs- und Baukosten würde es sich empfehlen, von besonderen Entbindungsanstalten, wo nur immer es möglich ist, abzusehen und die hierfür nöthigen Gebäude mit einem allgemeinen Krankenhause so zu verbinden, dass eine locale Trennung stattfindet und die Verbindung mit der Verwaltung, der Küche u. s. w. doch noch möglich ist. Nur in dem Falle, wenn die Anstalt nicht aus städtischen Mitteln, sondern auf Provinzialkosten unterhalten wird, ist eine eigene Regie gerechtfertigt und dann sind sämmtliche Gebäude, welche ausser den Pavillons noch nothwendig sind: Verwaltungs-, Oekonomie- und Wohngebäude, sowie ein Leichenhaus und ein Eishaus noch besonders herzustellen, über deren Grösse und Eintheilung das jeweilige Bedürfniss entscheidet.

IV. Kinderspitäler.

Dieser Gattung von Spitälern, welche sich in der Hauptsache von den anderen Heilanstalten nicht viel unterscheidet, ist eine ganz besondere Aufmerksamkeit zuzuwenden und zwar nicht allein von Seiten der Vertreter hygienischer Grundsätze, sondern auch von Seiten der öffentlichen Gesundheitspflege.

Die Sterblichkeit der Kinder unter einem Jahre ist eine so bebedeutende — bis zu $50^0/_0$ aller Todesfälle —, dass alle Mittel aufgewendet werden müssen, derselben zu begegnen, soweit dies vom menschlichen Können abhängt. Leider stehen demselben aber so viele Hindernisse entgegen, dass der Fortschritt auf diesem Gebiete nur ein sehr langsamer ist, denn neben den klimatischen Verhältnissen ist es der Unverstand und die Armuth, welche den Bemühungen der Aerzte und Hygieniker oft unbesiegbaren Widerstand leisten. So lange es an genügender und vernünftiger Ernährung und Pflege der kleinen Geschöpfe und an gesunden Wohnungen für jede Bevölkerungsklasse fehlt, so lange wird auch diese hohe Ziffer aus unserer Mortalitätsstatistik nicht verschwinden.

Der öffentlichen Gesundheitspflege bleibt daher nichts anderes übrig, als durch Belehrung und durch geeignete gut eingerichtete

Heilanstalten der Armuth zu Hilfe zu kommen und so die Opfer derselben zu verringern. Aber auch hier wird es an Widerstand nicht
fehlen, denn auch die unteren Volksschichten, die Proletarier, wollen
von der Benützung der Kinderspitäler in der Regel nicht viel wissen,
und werden sich so lange dagegen ablehnend verhalten, bis sie einsehen lernen, dass es nur auf diesem Wege möglich ist zu helfen.

Um dieses zu bewirken, ist es indessen nothwendig, dass mit
den alten, zweckwidrigen Gebäuden aufgeräumt wird, die unter dem
Namen Kinderspital, Kinderasyl u. s. w. besonders in kleineren Städten
floriren und nichts weniger als Vertrauen erweckend sind. Heilanstalten für Kinder im wahren Sinne des Wortes sollen daher überall
da errichtet werden, wo eine grosse Arbeiterbevölkerung ist, die
weder die Zeit noch den nöthigen Raum noch die Mittel hat, ihre
erkrankten Kinder selbst zu pflegen; denn in den überfüllten Arbeiter-
quartieren ist zumeist der Herd jener infectiösen Krankheiten zu
suchen, welche unter den Kindern so verheerend auftreten. Könnten
die verseuchten Wohnungen gesetzlich abgesperrt und die Erkrankten einem Krankenhause überwiesen werden, so würde das mehr
nützen, als Schliessung der Schulen u. s. w.

Doch nicht in den Städten allein macht sich der Mangel an vernünftiger Pflege gesunder und kranker Kinder fühlbar; die Landbevölkerung steht unter dem gleichen Banne und leidet ebenso schwer
unter dessen Folgen. Die Wohnungsverhältnisse zeigen keinen grossen
Unterschied und hier wie dort fehlen fast überall die nöthigen Räumlichkeiten, einen Kranken aufzunehmen oder gar streng zu isoliren.
Bricht eine Epidemie in einem Dorfe aus, so wird sich dieselbe rasch
überall hin verbreiten, weil unter den Bewohnern ein lebhafterer Verkehr als in der Regel in den Städten stattfindet, und auch deswegen
grössere Opfer fordern. Schreitet hier die Gesetzgebung nicht ein
und wird es der Gesundheitspolizei nicht gestattet, den Krankheits-
herd abzuschliessen und die von der Epidemie Befallenen zu eva-
kuiren, so wird der Arzt stets rathlos dastehen, wie der Pompier
vor einem brennenden Hause, wenn ihm Spritze und Wasser fehlen,
und muss zusehen und abwarten, bis die Krankheit von selbst er-
lischt. Solche Zustände widersprechen aber doch zu sehr den huma-
nistischen Bestrebungen unserer Zeit, als dass nicht mit allen Waffen
des Geistes und der Gesetzgebung dagegen gekämpft werden sollte;
hier ist ein Punkt, wo der „persönlichen Freiheit des Individuums"
eine gesetzliche Schranke entgegengestellt werden müsste, wie es
deren in den Bau- und Feuerpolizeiverordnungen genug giebt. Allein,
wie gesagt, vor allem ist es Pflicht der Gemeinden, für gute An-

stalten zu sorgen, damit die Kinder von ihren Eltern mit Vertrauen denselben übergeben werden können: der gesetzliche Zwang ist dann um so leichter durchzuführen.

In der Natur der Sache ist es begründet, dass ein Kinderspital im grossen Ganzen wie eine Heilanstalt für infectiöse Krankheiten eingerichtet sein soll, da es gerade diese sind, welche die meisten Patienten liefern. Einige kleine Pavillons für chronische und chirurgische Fälle würden von diesen isolirt aufgestellt werden müssen; Beobachtungszimmer, Räume für eventuell nöthige individuelle Isolirung und Badezimmer sind aber auch für diese vorzusehen. Der dem einzelnen Bette zuzutheilende Luftkubus wird zwischen 30 und 50 cbm angenommen, da die beständige Anwesenheit von mehreren Wärterinnen mit in Rechnung zu ziehen ist. In Bezug auf die übrigen für jedes Krankenhaus nothwendigen Gebäude tritt bei einem Kinderspitale eine Aenderung nicht ein.

Da auch ein Kinderspital ausserhalb der Städte zu erbauen ist, so wird es in grossen Städten nicht zu umgehen sein, kleine Aufnahmestationen für 10—20 Betten an verschiedenen Punkten zu errichten, die auch als Ambulatorien zu benutzen sind. Die Einrichtungen gegen Uebertragung infectiöser Krankheiten sind auch hier mit der grössten Umsicht zu treffen.

Die Kinderasyle in Seebädern sollen hier nur vorübergehend erwähnt werden, da gegen deren Nutzen ohnehin kein Zweifel besteht und dieselben Dank der Opferwilligkeit der Bevölkerung immer mehr in Aufnahme kommen.

Schliesslich ist noch darauf hinzuweisen, dass in grösseren Anstalten für Schulzimmer zu sorgen ist, in welchen die Reconvalescenten in nützlicher Weise beschäftigt werden.

V. Militärspitäler im Frieden und im Kriege.

Dass der bei weitem grösste Theil unserer Friedenslazarethe in hygienischer Beziehung nicht entspricht, das ist für keinen mehr ein Geheimniss, der sich für den Gegenstand interessirt und der weiss, welche Gebäude dazu benutzt werden. Jedes alte Bauwerk hielt man vor nicht langer Zeit für gut genug, in ein Lazareth umgewandelt zu werden, ohne eine Ahnung davon zu haben, wie dadurch gegen die einfachsten Grundsätze der Gesundheitslehre gesündigt werde. Alte Klöster, Gefängnisse und Magazine hielt man nach einigen unbedeutenden baulichen Abänderungen für tauglich, als Lazarethe zu dienen, in welchen von einer Ventilation und rationeller Heizung keine Spur zu finden ist. Und in solchen Lazarethen sollen Kranke geheilt werden! Leider trifft es in diesem Falle nicht zu, dass die Erkenntniss zur Besserung führt, denn trotz der Klagen der Aerzte ist von letzterer nur wenig wahrzunehmen, obwohl das unabweisliche Bedürfniss nicht bestritten werden kann.

Es ist dies um so mehr zu bedauern, weil doch in manchen Fällen durch technische Vorkehrungen wenigstens den schreiendsten Missständen gesteuert werden könnte. Bessere Aborteinrichtungen, Benutzung vorhandener Kamine zur Ventilation, bessere Oefen, Schutz gegen die aufsteigende Bodenluft und die Herstellung impermeabler Wände und Decken sind Aufgaben, die mit verhältnissmässig wenig Kosten von dem Techniker gelöst werden könnten, wenn nur die Mittel dazu disponibel wären.

Ist aus den alten Gebäuden gar nichts mehr zu machen, so möge man sich doch dazu entschliessen, wenn der nöthige Raum verfügbar ist, leichte aber massive Baracken zu errichten, bis an einen Neubau gedacht werden kann. Ein solcher Neubau unterscheidet sich, was die hygienischen Einrichtungen anbelangt, in nichts von Civilspitälern und können wir deshalb auf das früher Gesagte hinweisen, da eine weitere Auseinandersetzung in Bezug auf reglementäre Bestimmungen, Nebengebäude u. s. w. nicht Aufgabe dieser Abhandlung ist.

Einer eingehenden Behandlung dagegen bedürfen die Kriegslazarethe, da dieselben unter anderen Bedingungen entstehen, als die Friedenslazarethe und deren Construction und Einrichtung nur dem momentanen Bedürfnis anzupassen ist.

Die Ansammlung vieler Verwundeter und Schwerkranker in einem Gebäude ist wegen der rasch zunehmenden Verschlechterung der Luft stets mit der grössten Gefahr verbunden, denn Tausende würden schon Heilung gefunden haben, wenn deren Unterbringen in gesunden luftigen Räumen möglich gewesen wäre. Erst die praktischen Amerikaner zeigten uns den Weg, wie für grosse Massen von Verwundeten und Kranken während eines Krieges zu sorgen ist. Die grossen Barackenlazarethe, welche im amerikanischen Secessionskriege in der kürzesten Zeit errichtet wurden, gelten noch heute als Muster, weil die damit erzielten Heilerfolge in der Geschichte der Kriegschirurgie einzig und unübertroffen dastehen.

In der leichten Holzbaracke, die wenigstens 1 Meter hoch über dem Terrain auf einem Pfahlwerke ruht, in welche die atmosphärische Luft daher von allen Seiten Zutritt hat und durch deren Dachreiter die verdorbene Luft abzieht, ist die Ansammlung der aus den Wundsecreten stammenden Giftstoffe nicht leicht möglich, so dass Wundbrand, Pyämie und Erysipel nur verhältnissmässig geringe Opfer forderten. Die gleiche Erfahrung wurde auch im Kriege 1870/71 gemacht, wo die Verwundeten so rasch, als es die Beförderungsmittel zuliessen, aus den Aufnahmespitälern evacuirt und nach den in ganz Deutschland errichteten Barackenlazarethen transportirt wurden.

Die deutsche Baracke unterscheidet sich von der amerikanischen darin, dass erstere in der Regel nur Raum für höchstens 30 Betten hat, während in der letzteren 60 Betten aufgestellt wurden; in hygienischer Beziehung ist daher der deutschen Baracke der Vorzug zu geben. Aber auch vom technischen Standpunkte aus erscheint dies gerechtfertigt, da die Construction solider ist und besonders der Ausbildung des Dachreiters und dem Fussboden mehr Aufmerksamkeit geschenkt wurde. In Bezug auf den letzteren wurde nämlich der Versuch gemacht, durch eine Asphaltschichte die Bretter gegen das Aufsaugen von Blut und Wundsecreten zu schützen und durch die Anwendung von mehr Unterstützungshölzern im Interesse der Festigkeit der angelegten Verbände, das Schwingen des Bodens zu verhindern.

Da die allgemeine Anlage eines Barackenlazareths jener eines massiven Pavillonspitales in jeder Beziehung entsprechen muss, denn der transitorische Charakter kommt hier nicht in Betracht, so ist auch auf die Auswahl des Bauplatzes, auf die Wasserversorgung und Entwässerung die gleiche Sorgfalt wie bei einem stabilen Krankenhause zu verwenden. Es würde sich daher sehr empfehlen, wenn in dieser Richtung schon in Friedenszeiten die grösseren, an Eisenbahnen liegenden Städte für den Bedarfsfall die nöthigen Vorbereitungen treffen würden. Hierzu rechnen wir: die Feststellung des Bauplatzes, der so belegen sein muss, dass eine Verbindung desselben mit der Eisenbahn möglich ist, den Entwurf eines Generalplanes, aus welchem die Niveauverhältnisse und die Bodenbeschaffenheit des in Aussicht genommenen Bauplatzes, sowie die Stellung der Baracken und Nebengebäude, die Wasserversorgung und die Kanalisirung ersichtlich sind, und die Constructionspläne einer Baracke und der übrigen Gebäude. Sind alle diese Arbeiten von competenter Seite geprüft und in Bezug auf die massgebenden Verhältnisse richtig gestellt, so werden eintretenden Falles manche Missgriffe vermieden, die ausserdem oft nur schwer wieder gut zu machen sind.

In Bezug auf die ganze Anlage und Construction eines grossen Barackenlazarethes möchten wir auf jenes hinweisen, welches 1870

von dem Hilfsvereine, dem Magistrate von Berlin und der Militär-
verwaltung auf dem Tempelhofer Felde gebaut wurde. Das Nähere
hierüber ist im II. Bande der Deutschen Vierteljahrsschrift S. 501 u. ff.
vom Erbauer, Baurath Hobrecht, berichtet und haben wir daraus
einen Auszug in das schon erwähnte Specialwerk: „Das Krankenhaus und die Kaserne der Zukunft" aufgenommen.

KASERNEN

VON

Dr. ADOLF SCHUSTER.

EINLEITUNG.

Von welch hervorragender Bedeutung der Einfluss der Wohnungsverhältnisse auf die Gesundheit ist, dafür liefert die durch die Statistik bewiesene Thatsache, dass mit den hygienischen Verbesserungen
der Kasernen die Morbidität, sowie die Mortalität der Armeen immer,
oft aber in ganz auffallendem Maasse, eine Abnahme zeigten, einen
schlagenden Beweis. Es treten durch diese Thatsache die übelen
Einwirkungen, welche die Anhäufung von Menschen in Räumen ausübt, die nicht den Anforderungen der Hygiene entsprechen, in das
hellste Licht. Namentlich sind es nachgewiesenermaassen Typhus
und Tuberculose, die beim Vorhandensein gesundheitswidriger Einflüsse der Wohnräume in den Kasernen unter den Bewohnern zahl-
reichere Opfer fordern, als unter jenen gesunder Wohnungen, und
die mit der Verbesserung der Wohnungsverhältnisse an Häufigkeit
abnehmen. Aber auch die Gesammtmorbidität und -mortalität stehen
in engem Zusammenhange mit der Beschaffenheit der Räume, welche
zum Wohnen dienen. Ganz evident wird dies nachgewiesen durch
die Mortalitätsverhältnisse in der englischen Armee vor und nach
der Verbesserung der Kasernen. Nach Parkes [1]) betrug die Mortalität in dem englischen Heere in den Jahren 1826—1846 bei der
Liniencavallerie circa 15 %$_{00}$, bei der Garde zu Fuss 20,5 p. m., bei
der Linieninfanterie 18 p. m., was einem Gesammtdurchschnitt von
17,8 %$_{00}$ gleichkommt. Damit stimmt eine Angabe, welche sich bei
Kraus und Pichler [2]) findet, wonach die Sterblichkeit in der englischen Armee vor 1857 im Jahre durchschnittlich 17 p. m. betrug,
wohl überein. Nachdem die Kasernenreform durchgeführt war, ist
nun die Mortalität auf mehr als die Hälfte gesunken, sie stellte sich

---

1) Parkes, A manual of practical hygiene. 5. edition, edited by de Chaumont.
London J. & A. Churchill 1878. p. 606.
2) Encyclopädisches Wörterbuch der Staatsarzneikunde von Kraus u. Pichler. Erlangen, F. Enke 1873. 2. Bd. S. 421.

im Durchschnitt der 10 Jahre 1861—70 auf 9,45, 1871 = 8,62, 1875 = 9,36, 1876 = 8,43 p. m.[1])

Auch in Sachsen zeigt sich deutlich der Einfluss der Kasernenverbesserungen auf die Morbidität und es bestehen, wie ROTH[2]) sich ausdrückt, die sanitären Resultate der im ganzen sächsischen Armeecorps gleichartigen Kasernen in einer constanten Abnahme der Erkrankungszahlen, welche für 1872: 848, 1873: 820, 1874: 652, 1875: 656, 1876: 595, 1877: 506 p. m. der Iststärke betragen.

In gleicher Weise sprechen sich ROTH und LEX[3]) hinsichtlich der Abnahme der Mortalität in der deutschen Armee mit aller Bestimmtheit dahin aus, dass es als gewiss anzunehmen ist, dass die Herabsetzung der Sterblichkeit mit der Verbesserung der Wohnungsverhältnisse Hand in Hand geht, und auf Grund derselben Ueberzeugung wird auch in anderen Ländern von allen Jenen, die sich mit Militärhygiene beschäftigen, eine Verbesserung der Kasernwohnungen dringend verlangt.

Es hat indess lange Zeit gedauert, bis man in dieser Hinsicht zur Erkenntniss der Wahrheit gekommen ist. Oekonomische und architektonische Rücksichten waren bis in die neueste Zeit die leitenden Gesichtspunkte bei dem Bau der Kasernen, gegenüber welchen alle Anforderungen der Gesundheitspflege verstummen mussten. Erst in der jüngsten Zeit hat sich in allen europäischen Staaten in dieser Beziehung eine wesentliche Besserung geltend gemacht und man hat an maassgebender Stelle angefangen auch den Anforderungen der Hygiene Beachtung zu schenken. Immerhin aber sind diese letzteren noch nicht, wie es der Fall sein sollte, an die erste Stelle der in Erwägung zu ziehenden Faktoren vorgerückt, noch vielfach müssen sie gegen Rücksichten auf Sparsamkeit und Architektonik zurückstehen und es wird daher beim Kasernbau noch immer vielfach gegen die Principien der Hygiene verstossen. Sehr treffend ist daher die Bemerkung von ROTH und LEX[4]): „Es kann vielleicht keinen grelleren Widerspruch geben, als diese Nichtberücksichtigung der Krankheit erzeugenden Verhältnisse einerseits und die nicht hoch genug anzuerkennende Sorge für die Lazarethe andererseits; kann man doch durch verbesserte Kasernements den Krankenstand wesentlich reduciren, wie die Erfahrungen in England gezeigt haben."

---

1) PARKES a. a. O. S. 607.

2) Jahresbericht über die Leistungen und Fortschritte auf dem Gebiete des Militär-Sanitätswesen von W. ROTH. 5. Jahrgang f. d. Jahr 1878. S. 32.

3) Handbuch der Militärgesundheitspflege von ROTH u. LEX. 3. Bd. Berlin 1877. S. 500.   4) Ebenda. 1. Bd. S. 561.

Was nun die Frage anlangt, ob es überhaupt nothwendig und zweckmässig ist Kasernen zu bauen, so ist dieselbe nicht so leicht zu beantworten, doch lässt sich im Allgemeinen hygienischerseits sagen, dass gute Kasernen den Bürgerquartieren entschieden vorzuziehen sind, während letztere vor schlechten Kasernen den Vorzug verdienen.

Schon im Alterthum dienten Kasernen als Behausung der Soldaten, wenigstens war dies bei den Karthagern und den Römern der Fall, wie unter Anderem für Letztere eine noch erhaltene Kaserne in Pompeji darthut. Im Mittelalter, als es keine stehenden Heere gab, waren natürlich auch keine Kasernen vorhanden. Erst gegen das Ende des 17. Jahrhunderts unter Ludwig XIV. wurden in Frankreich die ersten Anfänge dazu gemacht, die Soldaten in eigenen Kasernen unterzubringen. Der Marschall VAUBAN war der Erste, der im Jahre 1680 ein System des Kasernenbaues entwarf. Er legte demselben die Idee zu Grunde, dass die Kasernen zugleich zur Vertheidigung und zum Wohnen dienen sollen und setzte dem entsprechend eine solche Anordnung der Gebäude fest, dass sie ein allseitig geschlossenes Viereck bilden, welches einen Hof rings umschliesst. Trotz der ihm anhaftenden grossen sanitären Mängel ist der VAUBAN'sche Typus doch, nicht nur in Frankreich, sondern auch in den meisten übrigen Staaten Europas, das Muster geblieben, nach welchem, wenn auch mit einigen Abweichungen in der inneren Disposition der Gebäude, bis in die neueste Zeit die Kasernen erbaut wurden.

Speciell in Frankreich ist man im Allgemeinen dem VAUBAN'schen System bis vor wenigen Jahren treu geblieben. Erst als in Folge der Ereignisse der Jahre 1866 und 1870 die Effectivstärke der Armee bedeutend erhöht, und die Erbauung zahlreicher Kasernen nothwendig wurde, griff man auf Entwürfe des Colonel DE BELMAS aus dem Jahre 1820 zurück, in welchen nicht nur alle alten Fehler sich vorfinden, sondern die, indem sie Mittelgänge festsetzen, an deren Langseiten die Mannschaftszimmer reihenweise liegen, das Gute, was sich an den nach dem VAUBAN'schen Typus erbauten Kasernen findet, grossentheils in einer Weise verschlechterten, dass sie zu den schlechtesten gehören. Der grösste Theil der 120 Millionen Francs, welche in Frankreich seit 1874 für den Kasernenbau angewendet wurden, sind für Gebäude nach diesem „Typus vom Jahre 1874", wie er genannt wird, verausgabt worden.[1] Erst in den letzten Jahren hat sich ein neues von dem Ingenieur TOLLET erfundenes System des Ka-

---

[1] TOLLET, Les logements collectifs — Casernes. p. 8.

sernenbaues Geltung verschafft und es wurden einige Kasernen nach demselben gebaut.

In Deutschland und Oesterreich hat man sich im Ganzen bis in die neueste Zeit mehr an eine Modification des VAUBAN'schen Systems gehalten, welche von den Franzosen als das spanische System bezeichnet wird. Es ist charakterisirt durch einen den ganzen Hof umschliessenden Gang, an dessen einer Seite die Mannschaftszimmer alle liegen. Es ist dieses System — an und für sich eines der schlechtesten — in Preussen dadurch nicht unwesentlich verbessert worden, dass man die Zimmertiefe reducirte und dadurch das Verhältniss zwischen Grundfläche und Fensterfläche etwas günstiger gestaltete. Erst in den letzten Jahren hat man in Deutschland, speciell in Sachsen, Kasernen erbaut, welche verschiedene sehr wesentliche Verbesserungen besitzen.

Wie in so vielen Zweigen der öffentlichen Gesundheitspflege, ist man auch bezüglich der Kasernen zuerst in England gründlich reformirend vorgegangen. In England waren die Kasernen in früherer Zeit, wenn nicht am schlechtesten, so doch jedenfalls nicht besser, als in anderen Ländern. Erst nach dem Krimfeldzug wurde denselben, wegen der ungemein grossen Sterblichkeit in der Armee, eine ganz specielle Aufmerksamkeit zugewendet: Es wurde die sogenannte Barraks-Improvement-Commission ernannt, die im Jahre 1861 ein Blaubuch veröffentlichte, das nicht nur die Pläne und Beschreibungen aller bestehenden Kasernen und Spitäler enthielt, sondern auch Regeln für deren Construction, Ventilation und Reinhaltung zur künftigen Befolgung aufstellte. Der Erfolg dieser Maassregel war, dass die neuesten englischen Kasernen die besten Mannschaftslocalitäten enthalten. Die englischen Kasernen sind nach dem sogenannten Blocsystem erbaute ein- höchstens zweistöckige Pavillons, von geringen Dimensionen, so dass sie nur von einer relativ kleinen Anzahl von Soldaten bewohnt werden, und die auch im Uebrigen sehr zweckmässig eingerichtet sind.

In Russland ist mit Ausnahme der Gardcregimenter und der anderen Truppen in Petersburg und beinahe des ganzen Kriegsverwaltungsbezirkes Moskau, der einige Gouvernements umfasst, die ganze Armee in Bürgerquartieren untergebracht. Bis zum Jahre 1875 existirte in Russland auch keine Instruction über Kasernbau. Erst im Jahre 1875 und 1876 erliess die Central-Ingenieurverwaltung der Armee Bestimmungen, die bei der Ansarbeitung von Projecten zum Kasernbau als Richtschnur dienen sollten, und in welchen die Hauptbedingungen in Bezug auf Ort und Grösse der Räume, wie sie für jede Truppenabtheilung nothwendig sind, auseinandergesetzt sind. Thatsächlich aber richtet man sich nicht nach diesen Vorschriften, da die Kasernen nicht von der Regierung oder speciell vom Kriegsministerium gebaut werden, sondern von den Städten unter finanzieller Betheiligung des Staates in Form von Vorschüssen.[1]

In Schweden scheinen, nach einer Arbeit von EKLUND[2] zu schliessen, die Kasernirungsverhältnisse noch sehr im Argen zu liegen.

Hinsichtlich der Zahl der kasernirten Truppen gegenüber jenen in Bürgerquartieren habe ich folgende Angaben gefunden:

In Norddeutschland, mit Ausschluss von Sachsen, entbehrten 1875 noch 85743 Mann mit 37455 Pferden der Kasernirung, da noch 27,5% von den Mannschaften und 49,6% von den Pferden der ständigen Besatzung in Bürgerquartieren lagen.[3]

In Oesterreich waren im Jahre 1874 die Truppen in folgender Weise untergebracht:

a) In ärarischen Kasernen 132000 Mann und 15600 Pferde

b) in Gemeindekasernen 53000 ⸱ und 7600 ⸱

c) in von Privaten gemietheten Schemalien (Militärzinszimmer) 11500 Mann und 5300 Pferde,

d) einzeln einquartiert beim Bürger 22500 Mann und 16700 Pferde.[4]

I. Wahl der Baustelle.

Bei der Nothwendigkeit einerseits, Luft und Licht in qualitativ und quantitativ genügender Weise den Wohnräumen zuzuführen, und andererseits bei dem grossen Einfluss, welchen die Bodenverhältnisse auf die Gesundheit auszuüben vermögen, springt die eminente Wichtigkeit der Wahl des Bauplatzes für eine Kaserne von selbst in die Augen. Es kommen allerdings die hier zu berücksichtigenden Gesichtspunkte für jede Wohnungsanlage in Betracht und werden in dem betreffenden Abschnitt dieses Handbuches ausführlicher erörtert werden müssen. Indessen verdienen sie in dem vorliegenden Falle, wo es sich um die Unterkunft einer grossen Anzahl von Menschen und unter Umständen auch von Thieren, auf einem verhältnissmässig

---

1) Diese Mittheilungen verdanke ich der Güte des Herrn Dr. ERISMANN in Moskau.

2) Contribution à la géographie médicale. La nouvelle caserne des recrues de Skeppsholm au point de vue hygiénique par Dr. A. F. EKLUND. Stockholm 1881.

3) Deutsche Heereszeitung 1877. Nr. 14.

4) Der Kasernbau in seinem Bezug zum Einquartierungsgesetz v. F. GRUBER. Wien, Lehmann u. Wentzel 1880. S. 2.

engen Raum handelt — ein Umstand, der an und für sich schon
Gefahren für die Gesundheit herbeizuführen vermag — eine ganz
besondere Beachtung und sorgfältige Erwägung.

Eine Kaserne muss so gelegen sein, dass sie von allen Seiten
frische gute Luft und Licht in reichlicher Menge erhält. Diese Bedingung wird am leichtesten und besten erfüllt
werden bei einer Lage abseits von dicht bewohnten Stadttheilen,
am Besten an der Peripherie der Städte, fern von Industrieanlagen,
in welchen übelriechende oder gar schädliche Stoffe verarbeitet oder
ausgeschieden werden, wie Abdeckereien, Schlachthäuser etc., womöglich isolirt auf einer Anhöhe. Die Verlegung der Kasernen an
den äusseren Umkreis der Städte ist ein Moment von nicht zu un-
terschätzender Wichtigkeit. Denn, abgesehen davon, dass es inmitten
der Städte selten möglich ist, für Licht und Luft in ausreichender
Weise zu sorgen, was ausserhalb derselben viel leichter zu erreichen
ist, erlaubt der freie, meist dementsprechend auch billige Raum dort
die Ausdehnung der Kaserngebäude auf eine grosse Fläche und damit ist, wie unten gezeigt werden soll, ungemein viel gewonnen.
Gerade die Nothwendigkeit bei beschränkter Oberfläche durch die
Höhe der Gebäude zu ersetzen, was ihnen durch die mangelnde
Flächenausdehnung abgeht, ist die Quelle grosser sanitären Schädlichkeiten und des ungesunden Zustandes so vieler Kasernen.

Damit aber der Genuss von Licht und Luft auch für die Zukunft erhalten bleibt, und nicht durch das sehr rasche Anwachsen
der Städte zu Verlust geht, ist es nothwendig, gleich von vorne
herein die Grösse des der Kaserne zugehörigen Areals so zu wählen,
dass immer noch ein grosser freier Platz rings um das Kasernengebäude übrig bleibt. Hierdurch wird einerseits das für Uebungs-
plätze nöthige Terrain gewonnen, andrerseits aber verhütet, dass
durch die Erbauung von Häusern in der Nachbarschaft die Kaserne
selbst eng von diesen letzteren eingeschlossen und der Zutritt von
Luft und Licht geschmälert wird.

Nach Möglichkeit zu vermeiden ist die Lage in schmalen Fluss-
thälern, Mulden und am Fuss von steilen Terrainabfällen.

Selbstverständlich wird bei der Wahl der Baustelle auf die Nähe
reinen Trinkwassers besonders Rücksicht genommen werden müssen.

Nicht minder wichtig, als die Lage und in gewisser Beziehung
damit identisch ist der Baugrund der Kasernen. Die neueren For-
schungen auf dem Gebiete der Aetiologie der Krankheiten, bezüglich
deren hier auf die entsprechenden Abschnitte dieses Handbuches verwiesen werden muss, haben die wichtige Rolle, welche der Boden

für die Entstehung und Verbreitung von Krankheiten spielt, in ein
zu helles Licht gesetzt, als dass es verantwortet werden könnte,
diesen so überaus bedeutungsvollen Faktor nicht mit allem Nachdruck zu berücksichtigen.

Der Boden, der als Baugrund dient, soll vor allen Dingen tro cken
und möglichst frei von Imprägnirung mit organischen Stoffen sein. Auch diese beiden Bedingungen werden am leichtesten
an einem erhöhten Platze ausserhalb bewohnter Orte zu finden sein.

Zu wünschen ist ferner, weniger aus hygienischen, als aus baulichen und ökonomischen Gründen, dass der Boden eine gewisse
Festigkeit besitzt, durch welche kostspielige Fundirungen in Wegfall
kommen.

Zu vermeiden ist jede Art schmutzigen oder sumpfigen Untergrundes, namentlich auch Baustellen, welche früher verbaut waren,
und frühere Ablagerungsstätten organischer Producte. Die Untersuchung des Baugrundes sollte sich nicht bloss auf die oberflächli-
chen Bodenschichten beziehen, sondern es sollten auch die tieferen
Parthieen des Untergrundes bis zum Grundwasser zum Gegenstand
eingehenden Studiums gemacht werden.

Ein ganz besonderes Augenmerk muss den Grundwasserver-
hältnissen zugewendet werden. Der Grundwasserstand sollte mög-
lichst constant und tief unter der Bodenoberfläche sein, in keinem
Falle aber, auch bei der höchsten Erhebung, die Fundamente des
Gebäudes erreichen oder gar ein Eindringen von Grundwasser in die
Kellerräume ermöglichen.

So angenehm es daher auch in anderer Beziehung ist, fliessen-
des Wasser in der Nähe der Kasernen zu haben, so sind doch solche
Plätze wegen der in den meisten Fällen mit der Nähe eines Wasser-
laufes verbundenen Beeinflussung des Grundwasserstandes, der dann
häufigem Wechsel ausgesetzt ist, zu widerrathen. Das Gleiche gilt
von der Nähe stehenden Wassers.

Ist ein constanter Grundwasserstand nicht vorhanden, so muss
die Herstellung eines solchen oder in anderen Fällen die Tieferle-
gung des Grundwasserspiegels durch ausgedehnte Drainage des Untergrundes nach Kräften erstrebt werden. Nicht minder ist zur
Trocken- und Reinerhaltung des Bodens für Ableitung der Meteor- und
Abwasser, sowie der Abfall- und Auswurfstoffe durch ein zweckentsprechendes System Sorge zu tragen. Sehr unterstützt wird die
Trocken- und Reinhaltung des Bodens durch eine gute, dichte Pflasterung der Höfe, welche das Abfliessen des Wassers erleichtert. Bei
neu aufzuführenden Kasernen sind derartige Anlagen meist nicht

schwer durchzuführen; aber auch bei alten Kasernen mit feuchtem,
schmutzigem Untergrund kann in vielen Fällen durch zweckmässige
Entwässerung etc. zur Besserung vorhandener gesundheitsschädlicher
Zustände beigetragen werden.

Sollten die Verhältnisse so ungünstig liegen, dass sich die Auf-
findung eines passenden Baugrundes nicht ermöglichen lässt, oder ist
derselbe bei schon bestehenden Kasernen in keiner anderen Weise
zu assaniren, so dürfte sich der vom Oberstabsarzt Port[1]) vorgeschlagene Versuch empfehlen, durch einen luftdichten Abschluss des
Bodens unter dem Kasernengebäude durch eine Lage von gestampftem
Lehm, der zwischen den Umfassungsmauern, wo mit der Zeit Austrocknung stattfinden könnte, noch mit einer Asphaltschicht zu überziehen sein wird, die Communication der Wohnräume mit der Grundluft aufzuheben.

Leider sind bei der Auswahl der Baustelle für eine Kaserne in
den meisten Fällen nicht hygienische, sondern ökonomische, seltener
militärische Rücksichten das Maassgebende. Es ist dies eine Klage,
die, vielleicht mit Ausnahme der englischen, in den Handbüchern
über Militärhygiene aller übrigen Nationen wiederkehrt. Was die
militärischen Gesichtspunkte betrifft, so sind sie meist in Festungen
gegeben und können dann nicht bei Seite gesetzt werden, wiewohl die Kasematten und Festungskasernen notorisch in hohem
Grade ungesund sind. Die ökonomischen Rücksichten aber machen
sich in der Weise geltend, dass, abgesehen von der nicht genug
zu verwerfenden Adaptirung schon vorhandener Gebäude, welche
bisher anderen Zwecken gedient hatten, wie Fabriken, Klöster, Pa-
läste etc. zu Kasernen, bei neu zu erbauenden Kasernen meist derjenige Platz den Vorzug erhält, der am wenigsten kostet, und am
sichersten ist dies der Fall, wenn ein Grundstück vorhanden ist, das
ohnediess schon dem Aerar gehört. Es ist selbstverständlich, dass
der Kostenpunkt bei allen Kasernanlagen nicht vernachlässigt werden
darf und ein ganz unbestreitbares Gewicht demselben beigelegt werden
muss, allein es darf dies nicht geschehen um den Preis der Gesundheit von Hunderten von Menschen. Sehr wahr sagt der französische
Militärhygieniker Arnould:[2]) „Allerdings hat der Grund und
Boden immer einen Werth und kann theuer zu stehen
kommen, wenn man ihn kaufen muss. Allein man kauft
ja auch Grundstücke zur Durchführung eines Kanals
oder einer Eisenbahn und die Erhaltung von Menschen-

---

1) Münchner Aerztliches Intelligenzblatt 1880. Nr. 19. S. 209.
2) Arnould, Nouveaux éléments d'hygiène. Paris, Baillière et fils 1881. p. 400.

leben ist auch eine für das öffentliche Vermögen ausserordentlich günstige Capitalsanlage." Hier muss für den Hygieniker und Jeden, dem das Wohl der Soldaten am Herzen liegt, der Grundsatz: „Principiis obsta" im vollsten Maasse gelten, denn ein in dieser Beziehung begangener Fehler lässt sich nicht wieder gut machen und es hängen für viele Jahrzehnte, unter Umständen für Jahrhunderte, in jedem speciellen Falle Gesundheit und Leben der Soldaten vielfach von der richtigen Auswahl des Platzes für eine Kaserne ab.

II. Grösse und Grundformen.

Es ist ein hygienischer Grundsatz, dass, je dichter Menschen zusammenwohnen, eine um so schlimmere Rückwirkung auf deren Gesundheit zu Tage tritt, und zwar in um so höherem Maasse, je grösser die absolute Zahl der Zusammenlebenden ist. Mögen die Ursachen hiervon sein welche sie wollen, Thatsache bleibt es, dass mit der Zunahme der Anhäufung von Menschen die Zahl der Erkrankungen unter ihnen wächst, und zwar nicht bloss dann, wenn der Zuwachs auf einem nicht entsprechend weiteren Raum sich vollzieht, sondern selbst dann, wenn der Raum im Verhältniss zur Vermehrung der Bewohnerzahl wächst, so dass der auf ein Individuum treffende Raum gleich gross bleibt. Es resultirt daraus die Lehre, dass eine Kaserne ceteris paribus um so gesunder ist, je weniger Soldaten sie aufnimmt. Die Richtigkeit dieses Grundsatzes, welchen die zur Untersuchung und Bekämpfung der Ursachen der hohen Mortalität in den alten englischen Kasernen eingesetzte Commission in ihrem im Jahre 1861 veröffentlichten Berichte als obersten aufgestellt hat, ist durch den Erfolg, den seine Einhaltung hatte, auf das Glänzendste bewiesen worden. In England ist nämlich nach Einführung der neuen Kasernen, welche aus einzelnen kleinen Pavillons bestehen, deren jeder höchstens zwei Stockwerke mit zusammen vier Zimmern hat, die Gesammtmortalität von 17 $^0/_{00}$ auf die Hälfte, in den permanenten Lagern zu Aldershot und Shortcliffe sogar auf $^1/_3$, die Sterblichkeit an Phthise aber von 8 $^0/_{00}$ in den Jahren 1830—1846, auf 3,1 $^0/_{00}$ von 1859—1866, und von 1867 bis 1875 sogar auf 2,51 $^0/_{00}$ gesunken.[1]) PARKES hebt auch ausdrücklich hervor, dass alle übrigen Verhältnisse in der Armee die gleichen geblieben sind, mit alleiniger Ausnahme der Wohnungsverhältnisse,

---

1) PARKES, A manual of practical hygiene. 5. edition edited by F. DE CHAUMONT. London, J. & A. Churchill 1878. p. 610 u. 611.

die wesentlich verbessert wurden, und dass daher der Verbesserung
der Wohnungen allein dieses Resultat zu verdanken sei. ROTH und
LEX [1] theilen diese Anschauung, indem sie die bedeutende Verminderung der Phthisismortalität, die erfreulicherweise in den meisten
Armeen im Laufe der letzten Jahrzehnte eingetreten ist, auf die viel-
fachen Verbesserungen in der Einrichtung des militärischen Lebens
und die fortschreitende Würdigung der allgemeinen Salubrität, besonders in Bezug auf Wohnung und Luftbeschaffenheit zurückführen.
Auch stimmen die Autoren der verschiedensten Nationen alle darin
überein, dass an der noch vor Kurzem in den Armeen herrschenden
abnorm hohen Sterblichkeit die schlechten Kasernen die Schuld tragen, und fordern daher deren Verbesserung.

Die ungünstigen sanitären Zustände in den Kasernen werden
aber geschaffen, einerseits durch das Anhäufen grosser Menschenmengen in einem Gebäude, namentlich das Aufeinanderthürmen von
Stockwerken, mit anderen Worten die zu weit getriebene Centralisation, und andererseits durch die zu sparsame Zumessung des Luftraumes und die unzulängliche Ventilation
in den Wohnräumen.

Man fängt in neuerer Zeit an bei dem Neubauten von Kasernen
von dem Princip möglichster Centralisation abzugehen, aber immerhin ist es noch nicht allzu lange her, dass Kasernen erbaut wurden,
die nicht nur für ein Regiment, sondern einige, die sogar für eine
ganze Brigade bestimmt sind. So muss z. B. die Napoléonkaserne
in Paris 2230, die Prince-Eugènekaserne in Paris 3235, die Saint-
Charleskaserne in Marseille 2250, und die Port-Dieukaserne in Lyon
5000 Mann aufnehmen. [2]

In Deutschland ist jetzt durch die Vorschriften über die Einrichtung und Ausstattung der Kasernen festgesetzt, dass, wenn es
die Umstände zulassen — und in grösseren Garnisonen in der Regel
— ein Bataillon oder Cavallerie-Regiment, oder eine Artillerie-Abtheilung in einer Kaserne beisammen wohnen soll. In Oesterreich
sollen nach den jetzigen Bestimmungen [3] Kasernen grundsätzlich für
folgende Belagsgrösse angelegt werden: a) bei der Infanterie und bei
der Jägertruppe mindestens für ein Bataillon, höchstens für ein Regiment; b) bei der Cavallerie mindestens für eine Division, höchstens für ein Regiment; c) bei der Feld-Artillerie mindestens für eine

---

1) ROTH u. LEX, Handbuch der Militärgesundheitspflege. 3. Bd. 1877. S. 393.
2) MORACHE, Traité d'hygiène militaire. Paris, J. B. Baillière et fils 1874. p. 260.
3) Anleitungen für die Anlage von neu zu erbauenden Kasernen. Zu § 5
des Einquartierungsgesetzes. Wien, k. k. Hof- u. Staatsdruckerei 1877. S. 5.

Batterie-Division, höchstens für ein Regiment; d) bei der Festungs-
artillerie für ein Bataillon; e) bei der Genie- und Pioniertruppe
mindestens für ein Bataillon, höchstens für ein Regiment; f) bei den
Fuhrwesen-Corps für eine oder mehrere Escadronen.

Mit der Grösse in engem Zusammenhange steht die Grundform der Kasernanlagen. Hier wie dort existiren beim Kasernbau-
wesen zwei diametral entgegengesetzte Systeme, nämlich 1. das Cen-
tralisations- und 2. das Decentralisationssystem.

1. Das Centralisationssystem — grosse Gebäude mit mehreren Stockwerken, welche eine möglichst grosse Menge von Truppen
aufnehmen, mit Trennung der Abtheilungen nach Höhenabschnitten —
welches das ursprüngliche und bis in die Neuzeit das einzige war,
und nach welchem daher, mit ganz wenigen Ausnahmen, sämmtliche
Kasernen der europäischen Staaten, England ausgenommen, erbaut
wurden, schliesst, je nach der inneren Anlage der Gebäude, zwei
Unterabtheilungen oder Typen in sich:

a) Die Kasernen nach dem VAUBAN'schen Typus. Sie sind
charakterisirt durch ihre quadratische Form, indem das ganze Gebäude ein allseitig geschlossenes Quadrat darstellt, in dessen Mitte
sich ein Hof befindet. Dieser Typus, welcher zugleich der älteste
ist, hat sich auffallender Weise trotz seiner grossen hygienischen
Mängel lange Zeit hindurch, zum Theil selbst bis in die Neuzeit
fort behauptet. Ein grosser Theil der Kasernen in Oesterreich und
Preussen und besonders in Frankreich gehören demselben an. Die
Kasernen des 2. Garde-Regiments und der Garde-Artillerie in Berlin
und die Napoléonskaserne in Paris sind Beispiele dafür. Die hauptsächlichsten Nachtheile desselben sind, einerseits, dass der Hof, von
dem jede Luftströmung abgehalten ist, und der um so mehr der Einwirkung der Sonne entzogen ist, je höher die Gebäude sind, nie
ganz trocken wird, wenigstens sein Untergrund immer feucht bleibt,
auch wenn die Oberfläche trocken scheint, und andererseits, dass
eine genügende Ventilation im Inneren des Gebäudes so ziemlich
unmöglich ist, weil der Luftzutritt gehindert ist. Einige Verbesserung wird dadurch herbeigeführt, dass entweder eine Seite des
Vierecks oder aber die Winkel, in welchen die Flügel des Baues
zusammenstossen, offen bleiben, so dass der Luft und dem Licht
freierer Zutritt gewährt wird. Unter allen Umständen aber muss
dieser Typus vom hygienischen Standpunkt aus verworfen werden.

b) Die Kasernen nach dem linearen Typus. Sie bestehen
aus einem geradelinigen Hauptgebäude, an welchem sich Flügel befinden können, die senkrecht zu ersterem gestellt sind. Ist dies der

Fall, so dürfen aber die letzteren nicht zu weit vorspringen. Sie sollten, wenn sie sich nur an den beiden Enden befinden nicht länger sein, als höchstens ein Drittheil der Länge des Hauptgebäudes und mindestens um ihre 2—3fache Höhe von einander abstehen. Sind deren auch an anderen Stellen des Hauptgebäudes, was übrigens zu vermeiden ist, so müssen sie natürlich kürzer und niedriger sein, um sich nicht gegenseitig Luft und Licht zu nehmen. STROMEYER[1]) will, dass Flügel überhaupt nicht länger sind, als 25 Fuss (ca. 7 Meter). Im Uebrigen hat diese Form den grossen Vorzug vor der vorigen, dass sie eine Orientirung des Hauptgebäudes nach der entsprechenden Himmelsrichtung und unbehinderten Licht- und Luftzutritt gestattet. Wenn daher die Umstände dazu zwingen eine Kaserne nach dem Centralisationssystem zu bauen, so ist der lineare Typus die beste Form, die man wählen kann und es ist bei guter innerer Disposition der Räume in der That auch möglich verhältnissmässig gute Kasernen nach diesem Typus herzustellen, wie z. B. die neuen Kasernen der Albertstadt bei Dresden.

Was die innere Anordnung der Räumlichkeiten centralisirter Kasernen anlangt, so war der ursprüngliche Bauplan VAUBAN's derartig, dass auf jeder Seite einer Treppe die Wohnräume sich befinden. Dieselben sind direct von der Stiege aus zugänglich und werden durch eine parallel der Längsachse des Gebäudes verlaufende Wand in der Mitte getheilt, so dass in jedem Stockwerke auf jeder Seite der Stiege je zwei Wohnräume liegen. Diese Anordnung hat den Uebelstand, dass die Zimmer sich schwer lüften lassen und bei einiger Tiefe des Gebäudes auch schlecht beleuchtet sind, weil die Fenster nur an einer Seite derselben liegen. Es wurde daher später (1820) durch den General HAXO eine Modification eingeführt, durch welche die Mittelmauern weggelassen wurden und Räume entstanden, welche die ganze Trakttiefe einnehmen, mit gegenüberliegenden Fenstern an beiden Stirnseiten. Dieser Typus wurde in Frankreich im Wesentlichen bis in die neueste Zeit beibehalten.

Eine andere Art der Anordnung bietet das sogenannte Corridorsystem, nach welchem wohl der grösste Theil der Kasernen in Deutschland und Oesterreich erbaut ist. Der Gang verläuft entweder in der Mitte, so dass die Zimmer auf beiden Seiten desselben liegen, oder es ist nur eine Reihe von Zimmern vorhanden, mit einer Thür nach einem Gange, der bei den quadratischen Kasernen sich in allen Stockwerken um den Hof herumzieht (das sogenannte spanische System).

---

1) L. STROMEYER, Maximen der Kriegsheilkunst. 2. Aufl. Hannover 1861. S. 2.

Von hygienischen Gesichtspunkten aus betrachtet verdient die Modification von HAXO entschieden den Vorzug vor dem Corridorsystem, denn einestheils erlaubt sie eine ausgiebige Lüftung durch die sich gegenüberliegenden Fenster und anderentheils wird durch dieselbe vermieden, dass sämmtliche Räume eines Stockwerkes mit einander in directer Communication stehen, wie dies durch einen Gang geschieht, wodurch dann die Luftverunreinigung leicht aus einem Zimmer in die anderen gelangt und namentlich die Ausbreitung von epidemischen Krankheiten sehr erleichtert werden kann.

Am schlechtesten sind die Anlagen mit einem Mittelgang zwischen zwei Zimmerreihen, da der Gang weder Luft noch Licht eintreten lässt. Seitliche Gänge sollten mit Rücksicht auf die Orientirung des Gebäudes immer auf der Nord- oder Westseite desselben liegen.

2. Das Decentralisationssystem oder Blocksystem, bei welchem mehrere kleinere Gebäude zusammen das Kasernement eines Truppentheiles bilden und eine Trennung der Abtheilungen nach Längsabschnitten stattfindet, wurde von der englischen Barraks-Improvement-Commission vorgeschlagen und auf ihre Veranlassung in England angenommen und allgemein durchgeführt, auch hat es in den Vereinigten Staaten von Nordamerika häufige Anwendung gefunden. Die Gebäude sind dabei so aufgestellt, dass die Luft frei zwischen ihnen circuliren kann, und dass sie sich gegenseitig den Lichtzutritt nicht benehmen. Zu diesem Behufe ist es nöthig, dass jeder Block in der entsprechenden Entfernung von dem nächsten sich befindet und diese Distanz sollte wenigstens gleich der Höhe der Gebäude, wenn möglich aber grösser sein. Jeder Pavillon ist nur für eine geringe Anzahl von Soldaten bestimmt, besteht der ganzen Tiefe nach nur aus einem Raum, hat daher keine seitlichen Gänge und an beiden Langseiten gegenüberliegende Fenster, so dass der Lüftung durch Oeffnen der Fenster ein ausgiebiger Effect gesichert ist. Ausserdem war ursprünglich in England projectirt, dass jeder Block nur eingeschossig sein sollte, es ist jedoch später wegen der grossen Kosten noch ein weiteres Stockwerk zugelassen worden.

Bei der gruppenweisen Aufstellung kann den Blockreihen eine solche Anordnung gegeben werden, dass die Längsachse der einzelnen Blöcke so gerichtet ist, wie es der für die Gegend passenden Orientirung entspricht.

Bei den Kasernen zu Aldershot besteht die äusserst zweckmässige Einrichtung, dass die Zwischenräume zwischen zwei Pavil-

lons durch Dächer aus Eisen und Glas überwölbt sind, was zur
Folge hat, dass der auf beiden Seiten offene geräumige Hof stets
trocken bleibt.

Die englischen Blocks haben eine Länge von etwa 140 englischen Fuss (42,7 Meter), eine Breite von etwa 22 Fuss (6,7 Meter)
und der Zwischenraum zwischen je zweien derselben beträgt etwa
64 Fuss (19,5 Meter), oder das Doppelte der Höhe eines Gebäudes.[1]
Der Plan, nach welchem die einzelnen Blocks gebaut sind, ist im
Allgemeinen der, dass der Eingang in der Mitte einer der Langseiten
angebracht ist; rechts und links von demselben befindet sich je ein
Zimmer für etwa 25 Mann und ein Unteroffizierszimmer; an den beiden Enden liegt je ein Waschraum und ein Pissoir. Die Abtritte
sind entweder ausserhalb der Pavillons und stehen dann oft durch
einen gedeckten Gang mit diesen in Verbindung, oder sie befinden
sich im Centrum jedes Blockes.

Eine Modification des englischen Blocksystemes ist das, nach
seinem Erfinder, dem französischen Ingenieur Tollet genannte System Tollet, nach welchem in Frankreich in den letzten Jahren
Kasernen in Bourges, Cosne, Autun und Macon erbaut wurden.
Tollet ging von der Idee aus, ein Profil der einzelnen Pavillons
herzustellen, das die vollste Ausnützung des von der Construction
umschlossenen Raumes gestattet, also diesem den grössten Luftinhalt
bei dem kleinsten Materialaufwand gewährt. Als das diesem Zwecke
am meisten entsprechende Profil der Gebäude wählte er die Form
des Spitzbogens. Jeder Block ist für höchstens 70 Mann berechnet,
soll nur erdgeschossig sein und Mannschafts-Wohnräume enthalten,
die durch keine Längszwischenwände unterbrochen sind, sondern die
ganze Tiefe einnehmen, so dass sie Fenster an beiden Langseiten
haben. Tollet hat ferner die Bestimmung getroffen, dass das Con-
structionsmaterial unverbrennlich und von einer Beschaffenheit sei,
dass es sowohl durch Waschungen, als auch durch Einwirkung von
Flammen gereinigt werden kann. Er stellt daher seine Gebäude
aus einem Gerippe eiserner Bögen her, deren Zwischenfelder den Umständen entsprechend bei permanenten Anlagen mit Ziegeln, Beton
u. s. w. ausgefüllt werden.

Die Erfahrungen, welche bis jetzt in Frankreich mit dem Tollet-
schen System gemacht wurden und die Beurtheilung, welche es von
Seiten einer Commission der Société de médecine publique et d'hygiène professionelle, die eigens zu dessen Prüfung zusammengesetzt

---

1) Parkes l. c. S. 539.

wurde, fand, sind demselben ungemein günstig.[1]) Nicht minder anerkennend haben LARREY[2]) in der Acad. des sciences und COMPARAN[3])
im französischen Senate über das TOLLET'sche System sich ausgesprochen und warm dessen Annahme empfohlen. GRUBER, der sich
eingehend mit seinem Studium befasst hat, nennt es geradezu das
System der Zukunft und zwar jener Zukunft, in welcher auch die
Kasernen und Militärspitäler in jeder Beziehung nach hygienischen
Grundsätzen gebaut und angelegt werden.[4]) Es dürfte daher hier
am Platze sein die Grundsätze folgen zu lassen, welche TOLLET für
sein System des Kasernenbaues aufgestellt hat. Er fordert[5]):

1. Aufstellung der Kasernen in der Nähe der Städte, aber in
der reinen Landluft, auf einem erhabenen Terrain, das dem Klima
entsprechend orientirt, durchlässig oder leicht zu drainiren ist, und
Trinkwasser im Verhältniss von wenigstens 50 Liter pro Kopf und
Tag zu liefern vermag.

2. Verminderung der Dichtigkeit der Kasernirten durch Decentralisation und Zerstreuung der Wohngebäude auf eine Fläche von
mindestens 50 □ Meter pro Kopf.

3. Herstellung von kleinen Blocs als Wohngebäude, die nicht
mehr als höchstens 70 Mann aufnehmen. Abstand dieser Gebäude
von einander, dessen Breite, wenigstens das 1½ fache ihrer Höhe
beträgt. Gemischte (doppelte Façade), gleichförmige Orientirung,
lange Seitenwände. Vollständige Trennung und Entfernung der accessorischen Dienstgebäude (Stallungen, Küchen, Cantinen, Krankenstuben etc.), die Emanationen hervorbringen können, welche der Salubrität Eintrag thun.

4. Architektonische Dispositionen, welche die die Miasmen absorbirenden Flächen und die Hohlräume, die dieselben verbergen und
conserviren, reduciren; welche die natürliche Ventilation begünstigen
und zu gleicher Zeit die Sicherheit bieten, dass die Gebäude gesund bleiben und unverbrennlich sind.

5. Abrundung der Winkel und Weglassung des Holzwerks, vor
Allem vollständige Beseitigung der Stockwerke und in Folge dessen
der horizontalen Scheidewände, die dadurch, dass sie der Infection

---

1) Revue d'hygiène et de police sanitaire 1879. p. 1009—1027.
2) Comptes rendus de l'Acad. franç. Tome 78. p. 999.
3) Journal officiel de la République Française v. 4. Okt. 1879. p. 9159 u. v
6. Dec. 1879. p. 10709.
4) GRUBER, Neuere Krankenhäuser. Wien, Faesy u. Frick 1879.
5) TOLLET, Mémoire présenté au congrès international d'Hygiène de Paris
en 1878 sur les logements collectifs — Casernes. p. 15.

doppelt ausgesetzt sind, nicht nur durch die Bewohner von oben, sondern auch durch die Emanationen derer unterhalb, eine Quelle der Insalubrität werden, während sie zu gleicher Zeit das hauptsächlichste Hinderniss für die natürliche Ventilation der Wohnräume abgeben. Anbringung der Aus- und Eintrittsöffnungen für die Luft an denjenigen Stellen der Säle, welche von den Bewohnern am meisten entfernt sind und Herstellung derselben in einer Weise, dass die Luft im Inneren dem Bedarfe entsprechend erneuert werden kann.

6. Reduction des Cubikinhaltes der Baumaterialien auf im höchsten Falle 3,5 Cubikmeter pro Kopf, dagegen Vermehrung der Grundfläche und des Luftenbus; mindestens 3,5 ☐ Meter Grundfläche und 22 Cubikmeter Luftraum für einen Infanteristen, 4,2 ☐ Meter Grundfläche und 25 Cubikmeter für einen Cavalleristen.

Verlegung der Eintrittsöffnungen für die frische Luft in die dünneren Theile der Mauern um die Fensteröffnungen (allèges des croisées) und in die Höhe der Dachrinne; sie sind mit Metallgittern zu versehen, welche die Diffusion der zufliessenden Luft sichern, Verlegung der Austrittsöffnungen für die verbrauchte Luft in die höchstgelegenen Theile, d. h. in die Verfirstung und Versehen derselben mit Klappen.

7. Erhaltung der Kasernen und ihrer Zugänge in fortwährend sauberem Zustand und Bewahrung des Wohlbefindens der Soldaten, dadurch, dass man ihnen Waschräume gibt und Bäder zu ihrer Verfügung stellt.[1]

Vergleicht man das Centralisations- und Decentralisationssystem von hygienischen Gesichtspunkten aus mit einander, so kann kein irgendwie erheblicher Zweifel darüber bestehen, dass dem Decentralisationssystem weitaus der Vorzug gebührt. Jeder Zweifel aber verschwindet, wenn man noch die oben angeführten Erfahrungen in England und jene bezüglich des TOLLET'schen Systems in Frankreich, von welchen weiter unten die Rede sein wird, mit in Erwägung zieht. Wie bei den Lazarethen, so muss auch bei den Kasernen der Grundsatz gelten, dass die möglichste Zerstreuung und Ausdehnung der Fläche nach, mit einem Worte die möglichste Decentralisation angestrebt werden muss. Ihr gehört die Zukunft und sie muss an die Stelle treten des bis jetzt geübten Zusammendrängens der Truppen in riesige, vielstöckige Gebäude, in welchen es an Licht und Luft mangelt, die eine ausreichende Ventilation ausserordentlich erschweren, wenn nicht geradezu unmöglich machen, die alle an

---

1) Näheres über das TOLLET'sche System s. u.

dem Uebelstande leiden, dass jeder einzelne, meist selbst überfüllte Wohnraum von anderen von dergleichen Beschaffenheit umgeben ist, so dass bei jeder Temperaturdifferenz zwischen den Wohnräumen, die Luft der einen in die anderen gelangt, wozu in den oberen Stockwerken noch kommt, dass die verdorbene Luft aus den darunter liegenden Räumen zu den Emanationen der eigenen Bewohner hinzukommt, indem sie durch Decke und Fussboden hindurch dringt; die ausserdem, wenn sie hoch sind, durch das viele Auf- und Absteigen die Kräfte der Soldaten in unnöthiger Weise in Anspruch nehmen, und deren viele und dicke Wände Aufspeicherungsplätze für sich zersetzende organische Stoffe und Brutstätten für niedere Organismen bilden, welche ernste Gefahren für Leben und Gesundheit der Bewohner bedingen können.

Was den Einwurf anlangt, dass es wohl hygienisch gut sein könne grössere Kasernen in isolirte Gebäude zu theilen, dass man aber dabei zu sehr gegen die Oekonomie verstosse, so will ich statt einer längeren Auseinandersetzung der Gründe für und wider, mich darauf beschränken, den Ausspruch eines Fachmannes zu citiren. GRUBER nämlich spricht sich darüber folgendermaassen aus[1]: „Die Oekonomie leidet, wenn man Räume, die sich leicht über einander setzen lassen — wofür es aber, wie ich früher gesagt habe, eine Grenze gibt — zu sehr nebeneinander ausbreitet. Die Oekonomie leidet aber auch dann, wenn man Räume, die nach ihrer Bestimmung verschiedene Flächenausdehnungen und Höhe haben können, alle unter ein Dach steckt, weil dann auch der nach seinem Zwecke kleine Raum sich den Maassverhältnissen des grössten unterordnen muss, also die nach der Bestimmung der Räume bei ökonomischem Baue so wünschenswerthe Variation in den Geschosshöhen und Fensterachsendistanzen unmöglich wird, wenn man nicht architektonische Monstra schaffen will, wozu wohl kein Architekt die Lust verspüren dürfte. Ich komme also gerade zu dem umgekehrten Resultate, nämlich dass bei Etablissements, welche Räume von sehr verschiedenen Zwecken zu enthalten haben, die Theilung in selbständige Pavillons ökonomischer ist, als der Zusammenbau endloser Trakte." GRUBER verweist im Uebrigen auf Bahnhofs- und Industriebauten der verschiedensten Art, wo überall die Theilung der Etablissements nach den verschiedensten Raumzwecken sehr weitgehend durchgeführt wird.

Ein Punkt verdient ferner noch besonders zu Gunsten kleiner ge-

1) Die Anforderungen der Militärgesundheitspflege an den Kasernbau von FR. GRUBER, k. k. Hauptmann u. s. w. Organ des Wiener militär-wissenschaftlichen Vereins. 7. Bd. 1873. S. 171.

trennter Gebäude hervorgehoben zu werden, nämlich die grosse
Leichtigkeit, beim Ausbrechen einer Epidemie einen Pavillon zu
räumen und vorübergehend zu schliessen, während Seuchen in einer
grossen Kaserne enorme Störungen verursachen.

Wenn daher, sobald es sich um den Bau einer Kaserne handelt,
ein genügend weiter Platz zur Verfügung steht, so kann man keinen
Augenblick im Zweifel sein, für welches System man sich entscheiden
muss. Es kann nur dasjenige isolirter einstöckiger Pavillons sein,
die durch weite Zwischenräume getrennt sind, so dass Licht und
Luft im Ueberfluss Zutritt haben. Ich befinde mich mit dieser Anschauung in vollkommenem Einklang mit der Section für Armeehygiene auf dem dritten internationalen Congress für Hygiene zu Turin
1880, welche auf TRÉLAT's Antrag folgende Resolution fasste: „In
Erwägung, dass alle grossen Wohnbauten die Anbringung zahlreicher
innerer Abtheilungen mit sich bringen: — Scheidemauern, Bretterwände, Fussböden; — dass die Materialien, welche diese Abscheidungen bilden, einestheils der unmittelbaren Einwirkung der Lebenseffluvien unterliegen und anderentheils der directen Einwirkung der
Atmosphäre entzogen sind; — und dass dieser doppelte Umstand
eine beständige Quelle von örtlicher Infection und von Gefahren für
die Bewohner bildet, in um so höherem Maasse, als die Gebäude
ausgedehnter und ihre Bewohnung eine anhaltende ist, spricht die
Section den Wunsch aus: dass die Kasernen in Zukunft aus isolirten
Pavillons ohne Stockwerke und ohne innere Abtheilungen hergestellt
werden mögen."[1]

Eine Schwierigkeit ist nur dann vorhanden, wenn der zur Verfügung stehende Platz beschränkt ist, und die Kaserne darauf unweigerlich gebaut werden muss. Aber auch dann muss man an dem
oben Gesagten festhalten und sie nur für eine beschränkte Zahl von
Soldaten bestimmen. Ein Bataillon oder höchstens 600 Mann sollte
das Maximum sein, das bei einer Kaserne nach der alten Bauart nie
überschritten werden darf. In keinem Falle aber darf eine andere
Anordnung gewählt werden, als die lineare, höchstens mit zwei im
Verhältniss zur Länge des Gebäudes kurzen Seitenflügeln.

III. Orientirung und Gruppirung der Kaserngebäude.

Von einer Orientirung im hygienischen Sinne kann eigentlich nur bei Kasernen nach dem linearen Typus die Rede sein. Bei
der Festsetzung der Orientirung ist einerseits auf möglichste Beför-

---

1) Deutsche Vierteljahrschrift f. öffentl. Gesundheitspflege. 13. Bd. 1881. S. 144.

derung der natürlichen Ventilation Rücksicht zu nehmen. Es ist daher am empfehlenswerthesten die Kaserne so zu stellen, dass die eine Langseite direct gegen die herrschende Windrichtung zu gerichtet ist. Andererseits ist mit Hinsicht auf die Beleuchtung und Erwärmung der Wohnräume durch die Bestrahlung seitens der Sonne die Rücksicht auf die Himmelsrichtung in dieser Beziehung nicht zu vernachlässigen. Hier besteht nun ein grosser Unterschied je nach der geographischen Lage der Kaserne in südlichen oder nördlichen Klimaten. In südlichen Gegenden besteht die Aufgabe darin die Wohnräume möglichst vor länger dauernder directer Bestrahlung zu schützen. Hier wird es also gerathen sein die Längsachse von Osten nach Westen und die Front nach Norden zu richten. In mehr nördlichen Zonen aber empfiehlt es sich die Längsachse von Nord nach Süd, oder besser von Nordost nach Südwest zu richten, so dass die eine Langseite nach Nordwest und die andere nach Südost zu sieht. Es ist die letztere Stellung desshalb die bessere, weil durch die schief auffallenden Sonnenstrahlen im Sommer eine sehr beträchtliche Erwärmung der nach Westen gelegenen Mauern und durch deren Vermittelung eine solche der nach Westen zu gelegenen Zimmer, namentlich während der Nacht, erfolgt, wie FLÜGGE[1]) durch Versuche festgestellt hat. Im anderen Falle aber sind bei einer Orientirung direct von Nord nach Süd oder von West nach Ost die Gebäude den kalten Winden sehr stark ausgesetzt.

Bei nur einer Reihe von Zimmern in jedem Stockwerke müssen diese in nördlichen Klimaten natürlich an der Sonnenseite, also am besten nach Südost zu gelegen sein.

In jedem einzelnen Falle aber müssen zur Bestimmung der Orientirung die localen meteorologischen Verhältnisse in Rechnung gezogen werden.

GRUBER[2]) äussert sich bezüglich der Orientirung der Kasernen folgendermaassen: „Es ist vor Allem nöthig die grossen Mannschaftszimmer so zu vertheilen, dass sie alle in möglichst gleichem Maasse der Sonne zugänglich werden. Sind in einem Gebäude die Wohnzimmer nur an eine Seite gelegt und von einem Gange begleitet, so ist es zu empfehlen, dieselben gegen Süden oder noch besser gegen Südosten zu wenden, so dass dann der Gang die Nordseite einnimmt. (Es lässt sich dies selbst bei hufeisenförmigen Gebäuden erreichen, wenn man von der — durchaus nicht nöthigen — Sym-

---

1) C. FLÜGGE, Beiträge zur Hygiene. Leipzig, Veit & Co. 1879.
2) GRUBER, Die Anforderungen der Gesundheitspflege an den Kasernbau. Organ des Wiener militär-wissenschaftl. Vereins. 7. Bd. 1873. S. 207.

metrie in der Trakteintheilung abgeht, also in einem Flügel den Gang
statt nach innen nach aussen legt.) Sind aber in einem Längentrakt
nach zwei Seiten Wohnräume zu legen, dann wird er am vortheil-
haftesten orientirt sein, wenn seine Längsachse mehr oder weniger
mit der Richtung der Nordlinie zusammenfällt, da in diesem Falle
beide Seiten desselben von der Sonne getroffen werden. Die eine
Vormittags, die andere Nachmittags."

„Durch die Erfüllung der Bedingung einer genügenden Beleuchtung werden aber auch in der Regel schon Verhältnisse geschaffen,
welche dem Luftwechsel günstig sind, da dieser von der Raumbil-
dung namentlich verlangt, dass ein grosser Theil der Umfassungswände nach aussen freistehe."

Hinsichtlich der Gruppirung der Kaserngebäude muss als
oberster Grundsatz gelten, dass dieselbe so durchgeführt ist, dass
Luft und Licht von allen Seiten ungehinderten Zutritt haben und
die Gebäude sich in diesen Beziehungen nicht gegenseitig Eintrag
thun. Zu vermeiden sind daher alle geschlossenen Formen, das zu
weite Vorspringen von Flügeln, ferner die zu geringe Entfernung
der Gebäude von einander, so dass also die Zwischenräume zwischen
denselben mindestens so gross sind, als die Gebäude hoch sind. Bei
berittenen Truppen sollen die Ställe in nicht grosser Entfernung von
den Wohnräumen sich befinden, aber wo möglich nicht gegen die
Seite der herrschenden Windrichtung zu gelegen sein. Beim Pavillonsystem sollen auch alle übrigen Gebäulichkeiten, welche üble Gerüche verbreiten oder schädliche Emanationen entwickeln können,
wie Küchen, Schmieden, Krankenzimmer u. s. w. von den zum Bewohnen bestimmten getrennt und entfernt sein.

IV. Construction.

Stockwerke. Es ist weiter oben schon dargethan worden, dass
bei Kasernen von Seiten der Hygiene die möglichste Beseitigung aller
Stockwerke und die Herstellung von nur erdgeschossigen Gebäuden
zu Wohnzwecken gefordert werden muss, wie dies die Barraks-Improvement-Commission und Tollet als Princip für den Kasernenbau
aufgestellt haben. Dieses Postulat kann durch den Einwand, dass
die grössere Terrainfläche, welche hierdurch für eine Kasernanlage
erforderlich ist, die Kosten zu hoch steigert, nicht von kurzer Hand
aus der Welt geschafft werden. Im Gegentheil geht aus den diess-
bezüglichen Angaben von Tollet und von Gruber hervor, dass
bei Anwendung der Tollet'schen Construction und unter der Voraussetzung, dass die Kasernen an die Peripherie der Städte verlegt

werden, die eingeschossigen Pavillonkasernements nicht oder nur wenig theurer, unter Umständen sogar billiger zu stehen kommen, als die Massivkasernen alten Styles. Ernstliche Hindernisse können daher nur da zu Tage treten, wo die Möglichkeit zur Erwerbung des nöthigen Platzes fehlt. Ist dieser nicht zu beschaffen, so muss wenigstens an dem Grundsatz unbedingt festgehalten werden, dass drei Stockwerke (Erdgeschoss, erster und zweiter Stock) über einander das Maximum sind, das bei einer Kaserne unter keinerlei Verhältnissen überschritten werden darf. Die Gründe hierfür liegen auf der Hand. Einerseits soll der Anhäufung von Menschen unter einem Dache möglichst vorgebeugt und das Aufhören der Conglomeration enormer Massen der porösen, leicht inficirbaren Baumaterialien, sowie vorzüglich die Beseitigung der übereinanderliegenden Wohnräume und der transversalen Scheidewände zwischen denselben, die gewiss häufig eine fruchtbare Brutstätte krankheitserregender Momente darstellen, erstrebt, und andererseits den Soldaten die gar nicht unbedeutende Anstrengung des oftmaligen Ersteigens vieler Treppen erspart werden. Mit Recht bemerkt MEYNNE[1]) in letzterer Beziehung, dass der Baumeister, welcher in Antwerpen eine Kaserne ohne Noth so anlegte, dass die dort liegenden Soldaten 89 Stufen zu ihren Quartieren zu steigen hatten, keine Ahnung von den dienstlichen Verhältnissen der Soldaten gehabt haben müsse. Einer der hauptsächlichsten Uebelstände vielstöckiger Kasernen ist, wie schon erwähnt, ferner der, dass, durch den in jedem bewohnten Hause vorhandenen aufsteigenden Luftstrom, den oberen Stockwerken die verdorbene und verbrauchte Luft aus den darunter liegenden fortwährend zugeführt wird, die in dem Maasse sich verschlechtern muss, je mehr bewohnte Etagen sie passirt.

Um die Wohnräume im Erdgeschoss trocken zu erhalten, ist es nothwendig, dass sich unter demselben luftige, trockene, gewölbte Keller befinden. Muss eine Kaserne aus irgend welchen Gründen auf feuchtem und sehr mit organischen Ueberresten imprägnirtem Boden, oder auf einer sehr tiefliegenden Terrainstufe erbaut werden, so dürfte es sich empfehlen, nach dem Vorschlag von PORT den ganzen Boden des Kellers mit einer luftdicht schliessenden Lage von gestampftem Lehm und darüber einer Asphaltschichte zu überziehen, um auf diese Weise die directe Communication zwischen der Luft der Wohnräume und jener des Bodens unter dem Gebäude möglichst aufzuheben.[2]) Ebenfalls zu berücksichtigen ist RENK's Vorschlag,

1) MEYNNE, Hygiène militaire. Bruxelles 1856. S. 19.
2) Münchener Aerztliches Intelligenzblatt 1880. Nr. 19. S. 209.

in die Kellersohle gemauerte Kanäle einzulegen, welche mit den Küchenschornsteinen in Verbindung gesetzt werden.[1] Durch dieses Verfahren soll gleichfalls das Eindringen von Grundluft in die Häuser verhindert werden.

Bei Baraken wird in sehr zweckmässiger Weise durch Herstellung eines oberirdischen Unterbaues eine Luftschichte zwischen Boden und Wohnung eingeschoben, die, da sie den Luftströmungen ausgesetzt ist, fortwährend durch frische Luft erneuert wird. Sollte bei grossen Gebäuden sich eine Anlage von Kellern wegen hohen Grundwasserstandes oder aus anderen Gründen nicht ausführen lassen, so lässt sich eine dieser Construction im Prinzip ähnliche dadurch herstellen, dass unter den Wohnräumen des Parterregeschosses Lufträume angebracht werden, die durch Oeffnungen im Sockelmauerwerk, sowie durch einen bis über das Dach reichenden, wenn möglich neben einem Rauchfang ziehenden, Ventilationsschlot mit der Aussenluft in Verbindung stehen. Die Oeffnungen im Sockelmauerwerk müssen so vertheilt sein, dass nirgends stagnirende Luftschichten entstehen können.

Gänge werden am besten, wie beim Pavillonsystem, ganz vermieden, weil sie den Uebertritt schlechter Luft von einem Wohnraum in einen anderen begünstigen und jedenfalls die Beleuchtung und Ventilation der Wohnstuben beeinträchtigen. Ganz zu verwerfen sind Mittelgänge zwischen zwei Zimmerreihen. Lassen sich Gänge nicht umgehen, so dürfen sie nur an einer Seite des Gebäudes liegen, nur eine Reihe von Zimmern verbinden und müssen sie reichlich mit Fenstern besetzt sein, damit sie gut beleuchtet sind und leicht gelüftet werden können. Im Allgemeinen liegen die Gänge dann am besten gegen Südwesten, Westen oder Norden zu. Die HAXO'sche Modification des VAUBAN'schen Kasernenbautypus (s. o.) bietet dadurch, dass sie Gänge vollständig entbehrlich macht, grosse Vortheile und ist daher dem Corridorsystem entschieden vorzuziehen.

Treppen müssen geräumig und gut beleuchtet sein und wo möglich vom Boden bis unter das Dach reichen. Sie dürfen nicht zu steil sein und sollen breite, nicht zu hohe Stufen haben, ersteres besonders in Kasernen berittener Truppen wegen der Sporen. Treppen mit Absätzen sind den Wendeltreppen bei Weitem vorzuziehen, da häufig eine grössere Anzahl von Menschen dieselben zu gleicher Zeit passiren muss.

---

1) RENK, Ueber das Eindringen der Bodenluft in die Häuser. Tageblatt d. 51. Vers. deutscher Naturforscher u. Aerzte in Salzburg 1881. S. 193.

Vor Allem müssen die Stiegen aus unverbrennlichem Material sein. Holz ist daher ganz zu verwerfen. Es hat übrigens ausser seiner Brennbarkeit auch noch den Fehler, dass es mehr Staub verursacht und schwerer zu reinigen ist, als Stein. Am meisten empfiehlt sich als Material Eisen oder harter Stein z. B. Granit.

Bezüglich der Baumaterialien muss im Besonderen auf den betreffenden Abschnitt dieses Handbuches verwiesen werden. Hier mag es genügen darauf hinzuweisen, dass als das Maassgebende bei der Wahl des Materials immer im Auge zu behalten ist, dass es fest, nicht allzu hygroskopisch, dagegen möglichst porös sei, um der natürlichen Ventilation nach Kräften Vorschub zu leisten, ferner, dass es feuerfest und trocken ist und eine geringe Wärmeleitungsfähigkeit besitzt. Es verdient im Allgemeinen eine Construction aus gebrannten Backsteinen, Mörtel und Eisen, wie TOLLET sie vorschlägt, den Vorzug vor allen anderen. Bruchsteine sind meist weniger porös.

Die Aussenmauern müssen so dick sein, dass sie, ohne der natürlichen Ventilation zu grosse Hindernisse entgegen zu setzen, eine gehörige Durchwärmung der Räume zulassen. Es ist vortheilhaft in den Mauern einen Luftraum auszusparen. Die darin befindliche Luftschichte bildet der äusseren Luft gegenüber eine Art von Schutzwand, sie schützt im Winter gegen Kälte und im Sommer gegen die Wärme; ausserdem kann sie von grossem Vortheil bei der Ausführung der Ventilationsanlagen sein, von welchen weiter unten die Rede sein wird. Um die Mauern der unteren Stockwerke, besonders des Erdgeschosses, vor Feuchtigkeit, welche aus dem Untergrund aufsteigen kann, zu schützen, sind Isolirmauern und Isolirschichten in Anwendung zu ziehen. Grosses Gewicht ist auch darauf zu legen, dass Kasernwohnräume erst dann bezogen werden, wenn das Mauerwerk vollkommen ausgetrocknet ist. So lange dies nicht der Fall ist, geht die natürliche Ventilation nur unvollkommen von Statten, ausserdem condensirt sich das durch die Respiration und Perspiration der meist zahlreichen Bewohner in grossen Mengen dampfförmig ausgeschiedene Wasser leicht unter diesen Umständen an den Wänden und erhält dieselben dauernd feucht.

Die Wände bilden theils in ihrem Innern, theils auch äusserlich, vorzüglich dann, wenn sie nicht ganz glatt sind, für alle Arten von Staub eine Ablagerungsstätte, an welcher dieser meist lange Zeit ungestört sich selbst überlassen bleibt. Es ist daher sowohl den organischen Stoffen zu ihrer Zersetzung, als auch dem dem Staub beigemischten niedrigen organisirten Gebilden zu ihrer Vermehrung und Weiterentwickelung hinreichend Zeit und Gelegenheit gegeben.

TOLLET hat desshalb ganz Recht, wenn er verlangt, dass bei Kasernen einerseits die Summe der pro Kopf treffenden Wandfläche möglichst herabgesetzt werde, und dass die mit der Aussenluft direct
communicirende Oberfläche der Wände möglichst ebenso gross ist,
als die mit der Luft im Innern in directer Berührung stehende und
dass andrerseits alle einspringenden Winkel abzurunden und alle
Vorsprünge zu beseitigen sind. TOLLET selbst hat durch seinen Con-
structionsmodus erreicht, dass die von dem directen Contacte mit
der Aussenluft abgeschlossenen und der directen permanenten Einwirkung der Menschen ausgesetzten, d. h. die inficirbaren Materialien,
die nach dem französischen Massivtypus vom Jahre 1874 eine ober-
flächliche Ausdehnung von 12 haben, in den nach seinem System
gebauten Kasernen in Bourges nur eine Ausdehnung von 1 erreichen.

Als B e d a c h u n g verdienen Dachziegel vor allen übrigen Materialien den Vorzug. Dächer aus Metallplatten sind viel weniger
porös und stellen daher dem Entweichen der Luft grössere Hindernisse entgegen, sie leiten aber auch die Wärme viel besser und bewirken daher im Sommer eine sehr starke Erwärmung der darunter
liegenden Räume.

Ausser den im Vorhergehenden aufgestellten Anforderungen muss
die Construction einer Kasernanlage vom sanitären Standpunkt aus
noch folgende Bedingungen erfüllen:

Vor Allem muss eine Kaserne für alle in Betracht
kommenden Zwecke gross genug sein. In dieser Beziehung
ist nicht nur darauf zu achten, dass der Raum für die gewöhnlichen
Verhältnisse in jeder Richtung genügt, sondern, dass auch in ausserordentlichen Fällen, z. B. bei Einziehung der Reserven, keine Ueberfüllung der Räume nothwendig wird. Hierzu bedarf es einiger Re-
serveräume, die ausserdem noch den Vortheil gewähren, dass sie im
Falle nothwendiger Reparaturen, oder der Räumung einzelner Zimmer
beim Vorkommen epidemischer Erkrankungen, eine sehr willkom-
mene Aushilfe bieten.

Was ferner die einzelnen Räumlichkeiten betrifft, so muss noch
folgenden hygienischen Postulaten Rechnung getragen werden:

1. Keller dürfen nie zu Wohnräumen bestimmt werden, es sollen
in denselben aber auch keine Lokalitäten sich befinden, in welchen
die Soldaten täglich längere Zeit sich aufhalten, wie Putzräume etc.
Ebensowenig sollten die zwischen dem obersten Stockwerke und dem
Dache gelegenen Bodenräume zum Wohnen dienen, denn sie bieten
zu wenig Schutz vor den Unbilden der Jahreszeiten, und sind dess-

halb im Sommer viel zu heiss und im Winter zu kalt. Sie sollten lediglich als Vorrathskammern benutzt werden.

2. Zum Wohnen, Schlafen, Putzen und Waschen sind getrennte Räume nothwendig, deren jeder ausschliesslich einem dieser Zwecke dient; sehr zu wünschen wäre auch die Einrichtung eigener Speisesäle, die ausserdem vielleicht auch als Rauch- und Trinklokale Verwendung finden könnten. Die Einrichtung eigener Handwerkerstuben ist ebenfalls ein dringendes Bedürfniss.

3. Alle ökonomischen und Reinlichkeitszwecken dienenden Anlagen, durch welche Luft und Boden verunreinigt werden können, wie Wasch- und Kochküchen, Badelokale, Abtritte etc. dürfen nicht im Wohngebäude selbst sich befinden, sondern müssen in eigenen von den letzteren getrennten Baulichkeiten untergebracht werden. Ganz besonders gilt dies von den Stallungen, über welche weiter unten des Weiteren die Rede sein wird.

Es fällt in die Augen, dass die Ausführung eines grossen Theiles der zuletzt gestellten Forderungen beim Pavillonsystem, weil in dessen Prinzipien beruhend, sich von selbst versteht. Ein anderer Theil derselben ist aber bei diesem System isolirter, gut ventilirter Wohnräume überhaupt überflüssig (z. B. getrennte Wohn- und Schlafräume), und es erhellen daraus aufs Neue die unleugbaren Vorzüge desselben. Von ganz besonderer Wichtigkeit ist dagegen bei centralisirten Kasernenanlagen die Trennung der Wohn- und Schlafräume und die Verlegung der ökonomischen und Reinlichkeitsanlagen ausserhalb der Wohngebäude. Leider ist davon bis jetzt fast nirgends die Rede. Getrennte Wohn- und Schlafräume gibt es jetzt nur in den auch sonst vorzüglich eingerichteten neuen Kasernen der Albertstadt bei Dresden. Es ha- aber auch das sächsische Armeecorps niedrigere Erkrankungszahlen, als die anderen norddeutschen Armeecorps.[1]) Die früheren hannot verschen Kasernen besassen ebenfalls eigene Schlafzimmer und dies ist noch der Fall in den nordamerikanischen Kasernen.

V. Mannschaftswohnräume.

1. Form und Grösse.

Form und Grösse der Zimmer richten sich im Allgemeinen nach dem System, wornach eine Kaserne gebaut ist. Da aber von jenen die Ventilations- und Beleuchtungsverhältnisse der Wohnräume in

---

1) Vergl. Roth u. Lex, Handbuch der Militärgesundheitspflege. 3. Bd. S. 193.

hohem Maasse abhängig sind, so tritt die eminente Bedeutung der Grundform einer Kasernanlage aufs Neue mit voller Klarheit zu Tage.

Die empfehlenswertheste Form für Kasernzimmer ist die von Rechtecken. Es ist indessen wohl zu beachten, dass bei dieser Form und nur einiger Grösse des Lokales der Sorge für Licht und Luft nur dann Genüge geleistet werden kann, wenn an zwei sich gegenüberliegenden Seiten des Rechteckes Fenster vorhanden sind. Dass es besser ist, wenn möglich, die Langseiten zur Anbringung der Fenster zu verwenden, ist selbstverständlich. Bei den englischen Blocks und den TOLLET'schen Pavillons ist das Letztere immer der Fall.

Beim Corridorsystem ist es an und für sich schwierig Lokale mit gegenüberliegenden Fenstern, die alle ins Freie gehen, herzustellen. Wenn es aber auch gelingt, so werden die Räume sehr gross und sind aus dem Grunde, weil sie dann vielen Menschen zum Aufenthalt dienen müssen, nicht günstig. Das Letztere ist auch der Fall bei den Kasernen nach dem von HAXO modificirten Vauban'schen System (s. o. S. 274), welches in Frankreich früher vielfach angewendet wurde. ROTH u. LEX [1] nehmen bezüglich der Grösse der Wohnräume an, dass die Zahl von 40 Mann in einem Zimmer das Maximum darstellen dürfte, wenn die Mannschaften in demselben schlafen.

Unregelmässige Zimmerformen sind selbstverständlich zu vermeiden, denn es bilden sich in denselben leicht sog. todte Ecken, in welchen die Lufterneurung mit Schwierigkeiten verbunden ist und desshalb nur ungenügend erfolgt.

2. Luftcubus und Ventilation.

Die Sorge für die Erhaltung guter unverdorbener Luft in den Mannschaftswohnungen ist sicherlich eine der am schwierigsten zu erfüllenden Bedingungen beim Kasernbau. Dem ist es auch zuzuschreiben, dass die Luftverhältnisse der wunde Fleck sind, woran die Kasernen, wenn man von den englischen Blocks und den TOLLET'schen Baraken absieht, fast ohne Ausnahme leiden. Der deutlichste Beweis hierfür liegt in der Thatsache, dass in beinahe allen Kasernen sich jener specifische Geruch nach verdorbener Luft findet, der unter dem ominösen Namen „Kaserngeruch" allerwärts bekannt ist.

Es ist hier nicht der Ort, die üblen Folgen, welche die chronische Einwirkung schlecht ventilirter Wohnräume für die Gesundheit

---

1) ROTH u. LEX, Handbuch der Militärgesundheitspflege. 1. Bd. S. 577.

nach sich zieht, ausführlicher zu schildern, es wird dies an anderen Stellen dieses Handbuches zu geschehen haben. Hier genügt es Thatsachen anzuführen, welche darthun, dass einerseits die Mortalität in den Armeen überhaupt, in specie aber an Typhus und Tuberkulose, höher ist als unter der Civilbevölkerung und dass es andrerseits gelungen ist durch die Verbesserung der Kasernen die Mortalität der Soldaten herabzusetzen, woraus sich dann als logische Consequenz deren gesundheitsschädigende Wirkung im unverbessersten Zustand von selbst ergibt.

Was den ersten Punkt anlangt, so lassen sich folgende statistische Daten anführen:

In der Armee starben [1]:

In Frankreich, in den Friedensjahren	$\{$	1862	10,14 $^0/_{00}$	
	$\{$	1866	10,60 $^0/_{00}$.	
In Russland im Durchschnitt .		1851—1853	37 $^0/_{00}$	
		1857—1861	18,7 $^0/_{00}$	
		1862	13,7 $^0/_{00}$	
		1863	14,7 $^0/_{00}$.	
In Italien		1840—1850	16,17 $^0/_{00}$	
		1859	16,0 $^0/_{00}$.	
In Oesterreich . . .		1849—1855	28,0 $^0/_{00}$	
		1869	12,85 $^0/_{00}$	
		1870	15,0 $^0/_{00}$.	

Die Sterblichkeit einer grösseren Bevölkerung in den Altersklassen von 20—24 Jahren beträgt:

Nach Süssmilch . 9,34 $^0/_{00}$.
» Kerseboom . 10,8 $^0/_{00}$.

In England starben von der Stadt- und Landbevölkerung im Alter von 20—40 Jahren im Durchschnitt der Jahre 1826—1846 9,2 $^0/_{00}$. In Frankreich betrug die Sterblichkeit der männlichen Civilbevölkerung zwischen 20 und 30 Jahren von 1863—1866 9,3 $^0/_{00}$. In Preussen die Sterblichkeit der Civilbevölkerung im Alter von 15—30 Jahren 6,0—7,0 $^0/_{00}$.

Oesterlen [2] spricht sich über diesen Punkt folgendermaassen aus: Die Statistik hat dargethan, dass die Sterblichkeit der Soldaten diejenige der Civilbevölkerung in den entsprechenden Altersklassen bedeutend, durchschnittlich um das Doppelte, zu übersteigen pflegt, obgleich auch hierin ein grosser Fortschritt zum Besseren fast überall sich erkennen lässt. Es starben von 1000 Mann:

---

1) Gruber, Die Anforderungen der Militärgesundheitspflege an den Kasernbau. Organ des Wiener militär-wissenschaftlichen Vereins. 7. Bd. 1873. S. 174.
2) Oesterlen, Handbuch d. medic. Statistik. 2. Ausgabe. Tübingen 1874. S. 239.

```
Dänemark    1854—1857 . . . . . . . . . . . . . . 9,5
Vereinigte Staaten von Nordamerika 1840—1850  im Norden  9
                                               im Süden  33
Preussen    1829—1838 . . . . . . . . . . . . . 13,1
Belgien     1850—1857 . . . . . . . . . . . . . 14,3
Sardinien   1840—1850 . . . . . . . . . . . . . 16,17
Oesterreich 1840—1855 . . . . . . . . . . . . . 28,0
     ⸗      1850—1860 . . . . . . . . . . . . . 17,5
Frankreich  1810—1846 . . . . . . . . . . . . . 28,7
     ⸗      zu Hause allein  . . . . . . . . . . 19,5
     ⸗      in Algerien . . . . . . . . . . . . 64
     ⸗      zu Hause  1846—1858 . . . . . . . . 16
England     1837—1846 . . . . . . . . . . . . . 37
     ⸗      zu Hause allein . . . . . . . . . . 17,5
     ⸗      in den Colonieen . . . . . . . . . . 57
     ⸗      in Bengalen . . . . . . . . . . . . 70
     ⸗      in Westindien . . . . . . . . . . . 95
     ⸗      1856—1859 zu Hause . . . . . . . . 10,12
     ⸗      1856—1859 in den Colonieen . . . . . 33,54
Russland    1840—1845 . . . . . . . . . . . . . 42
     ⸗      1850—1855 . . . . . . . . . . . . . 39.
```

Die Sterblichkeit in den europäischen Heeren sank somit, wenigstens noch vor Kurzem, selten unter 15—20%/oo, während sie bei der Civilbevölkerung der entsprechenden Altersklassen 8—12%/oo beträgt. Hierzu kommt noch, dass die Dienstunbrauchbaren nicht mit eingerechnet sind; dieselben werden entlassen und vermehren unter Umständen noch die Mortalität der Civilbevölkerung.

Die Häufigkeit der Phthise in den Armeen beweisen folgende Zahlen:

In der österreichischen [1] Armee starben 1840—1855 25% aller Gestorbenen an Lungenschwindsucht. 1869 erkrankten an Tuberkulose und Scrophulose zusammen 13,4%/oo des Effectivbestandes, von denen 3,12%/oo oder über 28% der Erkrankten denselben erlagen. 1870 betrug die Gesammtmortilität 13%/oo, die der Lungensucht 3,78%/oo. Von 1000 Abgängen durch Tod und Invalidisirung entfallen 237 auf die Phthise. 1871 erkrankten 16%/oo an Lungensucht, von denen 3,53%/oo starben. Dies ergibt eine jährliche Durchschnittssterblichkeit an Phthise von 3,48%/oo, gegen die der preussischen Armee in denselben Jahren von 1,23%/oo.

Die russische [1] Armee verlor in den Jahren von 1862—1871 beinahe die Hälfte aller ihrer Todten, nämlich 46,65%/oo durch die

[1] Ursachen der häufigen chronischen Lungenleiden und Mittel zur Vermeidung derselben von Stabsarzt Dr. Meisner. Corresp. des niederrhein. Vereines für öffentl. Gesundheitspfl. 1878. S. 47.

Schwindsucht. Im Jahre 1870 betrug dieselbe ungefähr ebenso viel, wie in der österreichischen Armee, nämlich 3,26 °/oo der Iststärke und nur 25 % der Gesammtsterblichkeit.

In der italienischen Armee betrug die Phthisenmorbidität 1870 2,97 °/oo, die -mortalität 1,19 °/oo, indess befand sich ungefähr der fünfte Theil aller Erkrankten in Civilspitälern, so dass sich die Morbidität auf etwa 4, die Mortalität auf circa 1,5 erhöhen dürfte. Laveran taxirt dieselbe indess auf circa 4 °/oo.[1] Nach den Darlegungen des italienischen Generalarztes Dr. Baroffio, auf dem 3. internationalen Congress für Hygiene zu Turin 1880, erfährt die italienische Armee jährlich auf 1000 Soldaten 1,40 Todesfälle und 2,63 Entlassungen in Folge von Tuberkulose, mithin einen Gesammtverlust von 4 °/oo.[2]

In der französischen Armee starben in der Periode von 1832 bis 1859 5,3 °/oo der Iststärke oder 33,4 % aller Gestorbenen an Schwindsucht. In den Jahren 1863—1872 betrug der Verlust durch Schwindsucht mit Ausnahme der Kriegsjahre 1870 und 1871 von 1000 Mann der Effectivstärke[3]:

	Gestorben	Verabschiedet	Summe
1863	2,00	1,20	3,20
1864	2,13	0,93	3,06
1865	2,41	0,67	3,08
1866	2,50	0,72	3,22
1867	2,23	0,77	3,00
1868	2,40	0,64	3,04
1869	2,27	0,62	2,89
1872	2,06	2,49	4,55.

Die nordamerikanische Armee verlor in den Jahren 1870—1871 von den

	weissen	farbigen Truppen
durch Tod	1,46	2,47 = 3,93
durch Untauglichkeit . .	3,83	2,96 = 6,79
in Summa	5,29	5,43 = 10,72.[4]

In der preussischen Armee starben durchschnittlich in den Jahren 1829—1838 3,1 °/oo, 1846—1863 nur 1,28 °/oo an Phthise. Es kamen nach Engel von 1846—1863 14 % aller Todesfälle auf

[1] Ursachen der häufigen chronischen Lungenleiden und Mittel zur Vermeidung derselben von Stabsarzt Dr. Meisner. Corresp. des niederrhein. Vereines für öffentl. Gesundheitspfl. 1878. S. 47.

[2] Deutsche Vierteljahrschrift f. öffentl. Gesundheitspfl. 13. Bd. 1881. S. 141.

[3] Die Ursachen der häufigen chronischen Lungenleiden u. s. w. v. Meisner. Corresp. des niederrhein. Vereines f. öffentl. Gesundheitspfl. 1878. S. 48.

[4] Ebenda S. 50.

Schwindsucht und nach dem officiellen Sanitätsbericht von 1867 ergaben sich auf je 1000 Todesfälle 191 an Lungenschwindsucht.[1]
In der Periode von 1867 bis zum 1. Quartal 1873 mit Ausschluss
des Kriegsjahres vom 2. Quartal 1870 bis zum 2. Quartal 1871
war die durchschnittliche Sterblichkeit an chronischen Lungenleiden
= 1,27 °/oo und das Verhältniss der Sterblichkeit an chronischen
Lungenkrankheiten zur Gesammtsterblichkeit wie 1 : 4 — 5. Ausser
durch Tod verlor die preussische Armee in dieser Periode noch
durchschnittlich 8 °/oo ihrer Effectivstärke in Folge chronischer Lungenleiden durch Untauglichkeit und Invalidität, von welchen weit
über die Hälfte auf die Phthise entfällt. Der Gesammtverlust in
Folge chronischer Lungenleiden durch Tod und anderweitigen Abgang beträgt somit etwas über 9 °/oo, an denen sich die Phthise allein
mit 5,4 °/oo betheiligt.[2]
Von 1000 Todesfällen waren verursacht[3]:

			durch		
			Typhus	Tuberkulose	Summe
In der französischen Armee	1863—1866	166	208	374
» » belgischen »	1850—1857	177	146	323
» » preussischen »	1846—1863	320	140	460
» » österreichischen »	1869	230	284	514
» » » »	1870	203	326	529.

Der Einfluss schlechter Kasernen wird aber auch unter Umständen durch die Unterschiede in den Verlusten an chronischen Lungenleiden bei einzelnen Abtheilungen einer Armee deutlich. In Preussen
verlor das 2. Garde-Regiment zu Fuss 1867 durch Tod, Untauglichkeit und Invalidisirung 24, das Kaiser Alexander-Garde-Grenadier-
Regiment No. 1 30, das Kaiser Franz-Garde-Grenadier-Regiment
No. 2, 22 Mann in ihren zum Theil quadratisch gebauten und inmitten
bevölkerter Stadttheile gelegenen Kasernen, während das 3. und 4.
Garde-Grenadier-Regiment in den grösstentheils ausserhalb der Stadt
und hoch gelegenen, wenn auch kasemattirten Kasernen auf der
Karthause zu Coblenz und den frei gelegenen Schiesswerder-Kaser-
nen von Breslau nur 16 und 17 derartiger Abgänge zu verzeichnen
hat. Das 2. Garde-Dragoner-Regiment verlor in seinen schlechten
Kasernements und Massenquartieren 13, das 1. Garde-Dragoner- und
2. Garde-Uhlanen-Regiment in ihren modernen Kasernen vor dem
Halle'schen Thor und bei Moabit nur 8 bezw. 6 Mann an chronischen

1) ROTH u. LEX, Handbuch der Militärgesundheitspflege. 1. Bd. S. 578 u. 579.
2) MEISNER l. c. S. 44 u. 45.
3) GRUBER, Die Anforderungen der Militärgesundheitspflege an den Kasernbau. Organ des Wiener militär-wissenschaftlichen Vereines. 7. Bd. 1873. S. 174.

Lungenleiden. Das Holstein'sche Infanterie-Regiment Nr. 85, das mit 2 Bataillonen in den zwischen dem hohen Walle und den Gebäuden der Neustadt gelegenen niedrigen Baracken in Rendsburg, und mit 1 Bataillon in einer ziemlich alten, baufälligen Kaserne hart am Strande in Eckernförde lag, büsste in demselben Jahre 19 Mann in Folge von chronischen Lungenleiden ein, während das gerade aus den Schwindsuchtsdistricten von Angeln und Eiderstedt sich recrutirende Schleswig'sche Infanterie-Regiment Nr. 84, welches zum grössten Theile in dem luftigen Schloss Gottorp und in Bürgerquartieren in Apenrade lag, nur 12 Mann durch diese Krankheiten verlor.[1]

Nach dem 5jährigen Durchschnitt der Jahre 1874/75—1878,79 starben in den beiden bayerischen Armeecorps an Lungentuberkulose[2]:

Von 100 im 1. Dienstjahre Gestorbenen 11,9
  » 100 » 2. »   » 19,4
  » 100 » 3. »   » 31,4
  » 100 » 4. »   » 48,0
  » 100 in einem höheren Dienstjahr Gestorbenen . . 36,1.

Aus diesen Zahlen geht zur Evidenz die zur Lungentuberkulose dispouirende Wirkung des Militärdienstes hervor. Es lässt sich nicht leugnen, dass diese Wirkung die Folge verschiedener Factoren im militärischen Leben ist, aber ebenso wenig besteht darüber ein Zweifel, dass die schlechten Kasernenverhältnisse mit in erster Linie unter die diesen traurigen Effect bedingenden Momente gezählt werden müssen.

Die Abnahme der Gesammtmortalität sowie der Sterblichkeit an Phthise in den letzten Decennien lässt sich in allen Armeen nachweisen, wenn man deren Statistiken vergleicht; sie erhellt zum Theil auch schon aus den oben angeführten Zahlen. Was die Sterblichkeit an Tuberkulose in der preussischen Armee anlangt, so ergeben sich nach ROTH und LEX[3] bei Aufstellung 3jähriger Perioden folgende die Abnahme documentirende Zahlen:

Auf 1000 Mann der Iststärke starben jährlich an Phthise:

1846—1848 . . . 1,87
1849—1851 . . . 1,49
1852—1854 . . . 1,39
1855—1857 . . . 1,3
1858—1860 . . . 1,12
1861—1863 . . . 0,93
1867—1869 . . . 0,96.

---

1) MEISNER l. c. S. 88.

2) Statistischer Sanitätsbericht f. d. k. bayer. Armee f. d. Zeit vom 1. April 1874 bis 31. März 1879.

3) ROTH u. LEX, Handbuch der Militärgesundheitspflege. 3. Bd. S. 502.

Indessen wird nach MEISNER[1]) hierbei unter der Bezeichnung
Phthise nur die Hals- und Lungenschwindsucht einbezogen. Bei
Einrechnung der Unterleibsschwindsucht und der Abzehrung wird
die Abnahme eine noch grössere, denn es ergeben sich unter diesen
Voraussetzungen folgende Zahlen:

$$
\begin{array}{lll}
1846\text{—}1848 & \text{starben} & 2,14\,^0/_{00} \\
1849\text{—}1851 & \text{\textit{\textcommabelow}} & 1,63\,^0/_{00} \\
1852\text{—}1854 & \text{\textit{\textcommabelow}} & 1,56\,^0/_{00} \\
1855\text{—}1857 & \text{\textit{\textcommabelow}} & 1,49\,^0/_{00} \\
1858\text{—}1860 & \text{\textit{\textcommabelow}} & 1,29\,^0/_{00} \\
1861\text{—}1863 & \text{\textit{\textcommabelow}} & 0,98\,^0/_{00}.
\end{array}
$$

Von der grössten Beweiskraft ist die Verringerung der Mortalität
in der englischen Armee und zwar aus dem Grunde, weil, wie PARKES
darthut, die übrigen Lebensverhältnisse der Soldaten gleich geblieben
sind, mit alleiniger Ausnahme der Kasernen, welche seit 1861 durch
Einführung des Blocsystems wesentlich verbessert worden sind.

Während in England die Gesammtmortalität in den Jahren 1826
bis 1846 durchschnittlich 17,8 $^0/_{00}$ betragen hatte, stellte sie sich im
Mittel der 10 Jahre

$$
\begin{array}{lll}
1861\text{—}1870 & . \ . & 9,45\,^0/_{00} \\
1871 & . \ . & 8,62\,^0/_{00} \\
1875 & . \ . & 9,36\,^0/_{00} \\
1876 & . \ . & 8,43\,^0/_{00}.[2])
\end{array}
$$

Noch auffallender ist die Abnahme der Mortalität an Phthise in
der englischen Armee. Dieselbe betrug in den Jahren 1830—1836
im Mittel 7,8 $^0/_{00}$ und in den Jahren 1837—1846 im Mittel 7,89 $^0/_{00}$
der Effectivstärke. Während dieser beiden Perioden, welche im
Ganzen 17 Jahre umfassen, war die Mortalität 7,86 p. m. und es
zeigte sich in der zweiten Periode gegen die erste keine Verminderung. In den 8 Jahren dagegen, welche mit 1866 abschliessen,
war die Mortalität nur 3,1 $^0/_{00}$ und in den 9 Jahren von 1867—1875
nur mehr 2,51 $^0/_{00}$.[3])

In gleich hervorragender Weise ist der Rückgang der Sterblichkeit in den aussereuropäischen Besitzungen Englands unter den
dortigen Truppen erfolgt. In Jamaica z. B. starben während der
Jahre 1817—1836 121,3 p. m. der Effectivstärke

$$
\begin{array}{lll}
\text{in den Jahren } 1861\text{—}1870 \ (10 \text{ Jahre}) & 20,36\,^0/_{00} \\
1871 & . \ . \ . \ . & 13,51\,^0/_{00} \\
1875 & . \ . \ . \ . & 12,99\,^0/_{00}.[1])
\end{array}
$$

---

1) MEISNER l. c. S. 43.
2) PARKES, A manual of practical hygiene. 5. edition. London 1878. p. 606
u. 607.   3) Ibidem p. 610 u. 611.   4) Ibidem p. 638 u. 639.

In Indien war die Sterblichkeit der Europäer von 1000 Mann Effectiv:

Jahre und Quellen	Präsidentschaft Bengalen	Präsidentschaft Bombay	Präsidentschaft Madras
1845—1854 (Chevers)	63,38	60,20	59,20
1838—1856 Regierungstruppen allein (Balfour) . .	79,20	61,10	62,90
1806—1856 (Compagnietruppen allein, Indian-Sanitary Commissioners) . .	74,10	66,00	63,50
1860—1869 (10 Jahre, Balfour) .	31,27	22,58	22,53
1869—1874 (6 Jahre)	24,45	16,61	20,62
1875 (einschl. gestorb. Invaliden)	18,38	21,95	15,83.[1]

Nach den englischen Berichten wird diese enorme Verminderung hauptsächlich der Verbesserung der Unterkünfte zugeschrieben.

Ich kann die Gelegenheit nicht vorübergehen lassen, ohne an dieser Stelle einige Daten über die Erfahrungen anzuführen, welche man bis jetzt in den Kasernanlagen nach dem System von TOLLET gemacht hat. Es lässt sich denselben zwar entgegenhalten, dass sie zu kurze Zeiträume umfassen, als dass man sichere Schlüsse für die Zukunft aus ihnen ziehen könnte, allein sie sprechen so entschieden zu Gunsten des TOLLET'schen Systems, dass es mindestens angezeigt sein dürfte, das Augenmerk auf diesen Modus des Kasernbaues mit allem Nachdruck hinzulenken. Nach der officiellen Medicinalstatistik der französischen Armee für das Jahr 1876 ergaben sich folgende Resultate[2]: In den TOLLET'schen Kasernen zu Bourges betrug die Sterblichkeit bei dem 37. Artillerie-Regiment im Jahre 1876 7,6 %₀ gegen 11,88 %₀ in der übrigen Artillerie. In den TOLLET'schen Kasernen zu Autun im gleichen Jahre verlor die Infanterie 0,1 %₀ statt 10,80 %₀ der mittleren Sterblichkeit der ganzen Infanterie. In Bourges kamen 468 Kranke auf 1000 statt 522 in der ganzen Artillerie. Zu Cosne zeigte die in der neuen (TOLLET'schen) Kaserne untergebrachte Infanterie 22 %₀ und zu Autun 136 %₀ Erkrankungen, statt des Mittels von 528 %₀ der ganzen Infanterie.

Nicht minder günstig spricht die Medicinalstatistik der französischen Armee vom Jahre 1877 für die TOLLET'schen Kasernen:

Zu Bourges bei dem 37. Artillerie-Regiment mit dem Effectivstand von 1471 Mann 622 Erkrankungen, also 423 %₀ gegenüber 506 %₀ und 8 Todesfälle, also 5,43 %₀ gegen 10,50 %₀ in der übrigen Artillerie. In Cosne bei einem Belage mit 745 Mann 53 Erkran-

---

1) PARKES l. c. p. 674 u. 675.

2) Diese Angaben sind entnommen aus: F. GRUBER, Der Kasernbau in seinem Bezug zum Einquartierungsgesetz. Wien, Lehmann u. Wentzel 1880. S. 46 u. f.

kungen, also 71⁰/₀₀ gegenüber dem Mittel von 482⁰/₀₀ bei der gesammten Infanterie. In Autun bei einem Belage mit 844 Mann 94 Erkrankungen, also 111⁰/₀₀ gebenüber dem erwähnten Mittel von 482⁰/₀₀.

Um in den Kasernen gute Luftverhältnisse zu schaffen ist es nothwendig neben einem entsprechend grossen Luftcubus pro Kopf, für eine hinreichende Ventilation der Wohnräume Sorge zu tragen. Aber auch diese beiden Mittel sind nur dann in der Lage den von ihnen erwarteten Effect in der That mit Sicherheit zu bewirken, wenn noch ein drittes hinzukommt, nämlich die gleichzeitige Fernhaltung aller von anderen Ursachen, als von der Respiration und Perspiration der Menschen herrührenden Luftverunreinigung. In einem Raum, in welchen ausser gewohnt und geschlafen auch noch gegessen und getrunken, geraucht und geputzt wird, in dem in Folge dessen auch Ueberreste von Speisen und Getränke sich zersetzen und colossale Staubmassen öfters täglich aufgewirbelt werden, der selten oder nie gründlich gereinigt wird, dessen Bewohner durch Unreinlichkeit am eigenen Körper oder mittelst ihrer von sich zersetzendem Schweiss etc. imprägnirten Kleider die ergiebige Quelle der verschiedenartigsten übelen Gerüche darstellen, sind auch der grösste Cubikraum für den Einzelnen und die besten Ventilationseinrichtungen auf die Dauer nicht im Stande jenen Grad der Reinheit der Luft aufrecht zu erhalten, der im Interesse der Erhaltung der Gesundheit gefordert werden muss. Kommt dazu noch eine ungünstige Anlage der Aborte, Küchen etc. oder eine mangelhafte Art der Entfernung der Abfall- und Auswurfstoffe, so bilden sich eben jene Zustände der Wohnungsluft aus, deren traurige Folgen für die Gesundheit aus den oben angeführten Erkrankungs- und Sterblichkeitsverhältnissen deutlich werden. Der oberste Grundsatz in einer Kaserne muss daher immer die Aufrechterhaltung der peinlichsten Reinlichkeit an Menschen und leblosen Gegenständen und die Fernhaltung aller nicht unvermeidlich aus dem Lebensprocesse der Bewohner folgenden Luftverunreinigungen sein. Nur wenn diese erste Bedingung erfüllt ist, kann man sich von der Ventilation einen dauernden Erfolg versprechen. Es tritt uns somit in erster Linie das Bedürfniss getrennter Lokale zum Wohnen, Essen, Putzen etc. und womöglich auch zum Schlafen entgegen.

Luftcubus und Ventilation sind zwei Faktoren, welche immer in gegenseitigem Wechselverhältniss zu einander betrachtet werden müssen, und die nie getrennt von einander in Erwägung gezogen werden sollten. Denn nur wenn beide im richtigen Verhältniss zu einander stehen und sich gegenseitig ergänzen, kann der

Effect der Reinhaltung der Luft in geschlossenen mit Menschen besetzten Räumen erzielt werden. Es ist daher selbstverständlich eigentlich unmöglich eine Grösse des pro Kopf nothwendigen Cubikraumes festzusetzen, der für alle die verschiedenen Wohnungsverhältnisse in den Kasernen allgemeine Giltigkeit besitzt. Wenn man es trotzdem versucht hat, nicht nur in allen Armeen, sondern auch für andere Anstalten, in welchen eine grössere Zahl von Menschen zu gemeinsamen Aufenthalt in einem geschlossenen Raum vereinigt sind, wie Spitäler, Gefängnisse, Fabriken u. s. w., eine bestimmte Grösse des Luftcubus festzusetzen, so ist dies nur dem Bestreben entsprungen, eine allzu dichte Besetzung mit Menschen zu vermeiden und einer zu intensiven Luftverunreinigung einigermaassen vorzubeugen. Es sollte aber nie vergessen werden, dass durch die allgemeine Festsetzung eines, wenn auch noch so grossen, Luftraumes pro Kopf allein die Reinerhaltung der Luft nicht garantirt ist, sondern dass dieses Ziel nur erreicht werden kann durch den Hinzutritt der Ventilation, und dass es dringend geboten ist in jedem speciellen Fall jenes Verhältniss zwischen Luftcubus und Menge der zuzuführenden Luft herzustellen, das die Verderbniss der Luft eines Raumes verhindert, ohne dass dadurch Nebenwirkungen sich geltend machen, z. B. Zugluft, Schwierigkeiten für die Heizung u. s. w., aus welchen selbst wieder Unannehmlichkeiten oder Schädlichkeiten für die Bewohner entspringen.

Die in verschiedenen Armeen festgesetzten Grössen der Grundfläche und des Luftcubus pro Kopf sind folgende:

	Grundfläche □ Meter	Luftcubus Cubikmeter	
In Deutschland [1] . .	4,5	15—16	
» England [2] . . .	—	15	
» Frankreich [3] . . .	—	12	im Minimum für die Infanterie
		13	» » » » Cavallerie
» Oesterreich [4] . .	4,5	15,3	mindestens
» Belgien [5]	—	10—12	
» Nordamerika [6]:			
nördlich von 38⁰	3,38	10,5	
südlich von 38⁰	3,91	11,9	

1) Vorschriften über die Einrichtung und Ausstattung der Kasernen.

2) PARKES a. a. O. S. 538.

3) MORACUE, Traité d'hygiène militaire. Paris, Baillière et fils 1874. S. 301.

4) Anleitung für die Anlage neu zu erbauender Kasernen. S. 10.

5) Dieses Quantum berechnet MEYNNE aus dem Abstand einer gegebenen Anzahl Betten, welche bei 3,14 Meter Höhe des Saales 0,36 Meter von einander entfernt stehen sollen. Siehe ROTH u. LEX a. a. O. 1. Bd. S. 581.

6) Amerikanisches Circular Nr. 4: Report on Barraks and Hospitals. 5. Dec.

Es ist durch Berechnung [1]) festgestellt worden, dass um die Luft in einem Raum rein und gut zu erhalten stündlich pro Kopf 100 Cubikmeter frische Luft zugeführt werden müssen. Nur in diesem Fall übersteigt der Kohlensäuregehalt der Zimmerluft eine Grenze von 0,6 p. m. nicht. Da nun durch Erfahrungen im England festgestellt worden ist, dass die Luft in einem Raum nicht öfter als dreimal in einer Stunde erneuert werden kann, ohne dass sich unangenehme Nebenwirkungen fühlbar machen, so ergibt sich theoretisch pro Kopf ein Luftraum von 33$\frac{1}{3}$ Cubikmeter. Selbst wenn eine noch höhere Grenze des Kohlensäuregehaltes nämlich 0,7 $^0/_{00}$ angenommen wird (wie sie PETTENKOFER als Maximum für eine gute Zimmerluft annimmt) so ergibt sich hieraus eine pro Kopf und Stunde zuzuführende Luftmenge von 66,6 Cubikmeter und somit ein Luftcubus von 22 Cubikmeter.[2]) Als Minimum des Luftcubus muss, vorausgesetzt, dass wirk-

---

1870. p. XI. Die hier angegebenen Zahlen werden in dem amtlichen Report als illusorisch bezeichnet, indem dem commandirenden Offizier erlaubt ist dieselben „pro rata" zu ändern, wie dies die Zahl der Offiziere und Soldaten nöthig macht. Nach der Uebersicht (p. XIV a. XV) über den Cubikraum von 141 Stationen der Vereinigten-Staaten-Armee ergibt sich folgendes Resultat:

von	251 Cubikfuss (7 Cubikmeter)			. . . . .	17
= 250—301	=	(von 7— 8 Cubikmeter)	. .		6
= 300—401	=	(= 8—11	=	) . .	20
= 400—501	=	(= 11—14	=	) . .	32
= 500—601	=	(= 14—17	=	) . .	27
über 600	=	(über 17	=	) . .	39.

Man ersieht hieraus, dass die Verhältnisse in Nordamerika keineswegs günstig sind. Nur 39 von 141 Rationen würden hygienischen Anforderungen entsprechen. Vergl. ROTH u. LEX 1. Bd. S. 581.

1) Wenn man 0,6 p. m. Kohlensäure als den Ausdruck des höchsten im Allgemeinen zulässigen Grades von Anhäufung der Respirationsluft betrachtet, so ist diejenige Menge Luft, welche pro Kopf und Stunde zugeführt werden muss, um die gleichzeitig producirte Kohlensäure auf jenes Verhältniss zu verdünnen, auf folgende Weise zu berechnen: Da die freie Atmosphäre 0,0004 Kohlensäure bereits enthält und die stündliche Kohlensäureproduction im Durchschnitt bei einem Erwachsenen (mit geringer Muskelthätigkeit) nach PETTEKOFER u. VOIT 20 Liter = 0,02 Cubikmeter beträgt, so ist 1000 : 0,6 = x : 0,02 + x . 0,0004 also x = 100 Cubikmeter.

2) PETTENKOFER kommt als Resultat seiner Untersuchungen über den Luftwechsel in Wohngebäuden (München, Cotta 1858. S. 78) zu dem Schluss, dass jede Luft als schlecht und für einen beständigen Aufenthalt als untauglich zu erklären sei, welche in Folge der Respiration und Perspiration der Bewohner mehr als 1,0 p. m. Kohlensäure enthält und (ebenda S. 85) dass eine gute Zimmerluft, in welcher der Mensch erfahrungsgemäss längere Zeit sich behaglich und wohl befinden kann, keinen höheren Kohlensäuregehalt als 0,7 p. m. hat. — In Kasernen, wo ausser den Produkten der Respiration und Perspiration immer auch noch die üblen Gerüche sehr in Betracht kommen, welche von den alten

same Ventilationsvorrichtungen vorhanden sind, 20 Cubikmeter pro
Kopf gewährt werden, wenn die Mannschaft in demselben Raume
wohnt und schläft. Sind getrennte Wohn- und Schlafräume vorhanden, so kann man in jedem derselben einen etwas kleineren Luftraum für den Mann verlangen, da jedes dieser Lokale zeitweilig
ganz leer steht und somit gründlich gelüftet werden kann. Roth
und Lex fordern in diesem Fall als Minimum 16 Cubikmeter für
den Wohn- und 13 Cubikmeter für den Schlafraum, wodurch allerdings der oben geforderte Raum von 33 Cubikmeter nahezu erreicht
wird. Zur Zeit gibt es getrennte Wohn- und Schlafräume nur in
der sächsischen und nordamerikanischen Armee. In den Kasernen
der Albertstadt bei Dresden kommen im Durchschnitt 8 Cubikmeter
pro Mann im Wohn- und 13,7 Cubikmeter im Schlafraum, mithin in
Summa 21,7 Cubikmeter.[1] Das amerikanische Circular fordert für
jeden Mann in gemässigten Klimaten nördlich von 36° n. B. wenigstens 17 Cubikmeter = 600 Cubikfuss engl., von welchem Raum
4,6—5,5 ☐ Meter = 50—60 ☐ Fuss engl. auf den Schlafraum gerechnet werden sollen. Südlich von 36° n. B. ist der geforderte Raum
auf 22,6 Cubikmeter = 800 Cubikfuss engl. zu erhöhen, wovon
6,4 ☐ Meter = 70 ☐ Fuss englisch auf den Schlafraum zu rechnen
sind.[2] Diese Postulate sind nach Roth und Lex als zu niedrig zu
betrachten.

Es muss noch bemerkt werden, dass der oben geforderte Raum
pro Kopf auch wirklich als Luftraum vorhanden sein soll, also der
von Mobiliargegenständen eingenommene Raum nicht mit eingerechnet werden darf.

Auch die Stärke der Belegung resp. die Grösse der einzelnen
Zimmer sollte auf die Grösse des Luftraumes, der dem Einzelnen
zugemessen wird, von Einfluss sein. Grössere Zimmer sind einmal
staubreicher als kleinere und dann bieten sie, wenn nicht eigene
Ventilationsanlagen vorhanden sind, für die Lufterneuerung ungün-
stigere Verhältnisse, weil von der nach Aussen ventilirenden Wandfläche auf den Kopf ein verhältnissmässig geringerer Theil trifft. In

---

durchgeschwitzten Kleidungsstücken, der selten gewechselten Wäsche u. s. w. herstammen, wo ausserdem so gewaltige Staubmassen producirt werden, dürfte es
angezeigt sein nur einen ganz niederen Kohlensäuregrenzwerth = 0,6—0,7 p. m. —
aufzustellen, der durch energische Ventilation erreicht werden müsste.

1) Sussdorf, Die Heizung und Lüftung der neuen Kasernen in Albertstadt
bei Dresden. Veröffentlichungen aus dem k. sächsischen Militär - Sanitätsdienst.
Herausgegeben von Roth. Berlin 1879. Hirschwald. S. 217.

2) Report on Barraks and Hospitals. p. XI.

grossen Zimmern, die mit zahlreicher Mannschaft belegt sind, sollte daher der Luftcubus für den Kopf grösser sein, als in jenen für 10—12 Mann Belegung, für welche die in der deutschen Armee fixirten 15—16 Cubikmeter bestimmt sind.

Von grosser Bedeutung ist ferner die Einrichtung besonderer Unteroffizierszimmer, in welchen ein grösserer Luftraum für jeden Bewohner normirt ist, als in den Mannschaftszimmern. Die Statistik hat gezeigt, dass gerade die Charge der Unteroffiziere in sehr hohem Maassstabe von chronischen Lungenerkrankungen befallen wird. In der preussischen Armee betrug von 1867—1873 der Verlust an Unteroffizieren durch diese Krankheiten ungefähr den dritten Theil des Gesammtverlustes dieser Charge.[1]) Es erscheint somit wichtig dem denselben zu gewährenden Raum eine verhältnissmässig grössere Ausdehnung zu geben, wie den Mannschaftszimmern, da die Unteroffiziere wegen ihrer vielfach längeren Dienstzeit mehr von den Einwirkungen der schlechten Wohnungsluft zu leiden haben, als die Soldaten. In der deutschen Armee ist auf diesen Punkt einige Rücksicht genommen, indem bestimmt ist, dass im Revier jeder Compagnie, Escadron oder Batterie eine grössere oder zwei kleine Stuben zur Unterbringung für einige ältere Unteroffiziere zu verwenden sind, wobei auf den Kopf 6—8 ☐ Meter Fläche zu gewähren ist.[2]) Auch in Oesterreich[3]) ist eine Vermehrung der Quadratfläche für die Unteroffiziere, von 4,5 ☐ Meter für den Soldaten, auf 6,2 ☐ Meter festgesetzt, indessen wird diese Bestimmung dadurch zum grössten Theil illusorisch, dass die Unteroffiziere in demselben Raume wohnen und schlafen wie die Mannschaft. — Noch zweckmässiger als ein grösserer Luftcubus in demselben Raum zum Wohnen und Schlafen wäre wenigstens für diese Charge die Trennung der Wohn- und Schlafräume.

Es versteht sich von selbst, dass der einmal in Verhältniss zur Lufterneuerung fixirte Cubikraum für ein Individuum nicht durch willkürliche dichtere Belegung geschmälert werden darf, wie es bei einer plötzlichen Vermehrung des Präsenzstandes der Mannschaft z. B. bei Einberufung der Reserve, aus administrativen Gründen vorkommt. Durch die Anhäufung von Leuten in einem Raume werden ja gerade die grossen sanitären Missstände in den Kasernen geschaffen, welche auf jede Weise vermieden werden müssen. Ausserdem sind Fälle bekannt, in welchen eine plötzliche Vermehrung der Bewohner-

---

1) MEISNER, Correspondenzblatt des niederrhein. Vereines f. öffentl Gesundheitspflege. Bd. 7. 1878. Tabelle 6 a—c. S. 106 u. 107.

2) Vorschriften über Einrichtung und Ausstattung der Kasernen. § 11.

3) Anleitungen für die Anlage von zu erbauenden Kasernen. Ziff. 59 a.

zahl sofort Krankheiten hervorrief. Einer der schlagendsten ist folgender: Von 1843—1847 kam in der Kaserne von St. Cloud jederzeit, wenn der König Louis Philipp dort residirte, eine Typhusepidemie vor, die etwa 8 Tage nach der Abreise des Königs wieder verschwand. Diese Erscheinung erklärte sich dadurch sehr einfach, dass man während der Anwesenheit des Königs in die dortige nicht ventilirte Kaserne, die auf 400—500 Mann eingerichtet und sonst sehr gesund war, 1200 Mann legte. Der frühere Zustand trat sofort wieder ein, sobald die normalen Belegungsverhältnisse wieder hergestellt wurden.[1] — Wie schon oben angegeben, wird solchen Ueberfüllungen vorgebeugt durch Schaffung von Reserveräumen.

Ein anderes Verfahren, das bei dieser Gelegenheit ebenfalls zur Sprache gebracht und gegen welches hygienischerseits Einsprache erhoben werden muss, ist das Zusammenrücken, wodurch die Plätze erkrankter oder beurlaubter Mannschaften von anderen eingenommen werden, damit es unter Umständen möglich wird ein oder mehrere Zimmer eines Compagnie- u. s. w. -bezirkes ganz leer zu bekommen. Durch jeden Mann, der in einem Zimmer weniger ist, wird die Luft weniger verunreinigt und der Cubikraum für die anderen vergrössert. Was soll es desshalb für einen Sinn haben einen Theil der Zimmer ad maximum zu belegen und die anderen leer stehen zu lassen. Es mag dies vielleicht aus administrativen Gründen bequem sein, vom hygienischen Standpunkt ist diese Maassregel ganz zu verwerfen.

Bei Ausmessung des Cubikraumes pro Kopf muss ausser auf die Ventilation noch auf einen Faktor Rücksicht genommen werden, nämlich, dass die pro Mann treffende Grundfläche nicht zu sehr beschränkt sei, was besonders in sehr hohen Sälen leicht der Fall sein könnte. In mehreren Armeen ist, wie schon oben angeführt, auf diesen Punkt Rücksicht genommen und auch eine bestimmte Quadratfläche fixirt, so in Deutschland und Oesterreich 4,5 ☐ Meter.

Die Ventilation der Kasernen ist eine ausserordentlich schwierige Aufgabe, weil hier Verhältnisse mit ins Spiel kommen, welche bei anderen Gelegenheiten mehr oder weniger wegfallen oder aber überwunden werden können. Die Ventilation einer Kaserne muss regelmässig wirken, einer möglichst geringen Beaufsichtigung bedürfen und vom Willen der Soldaten unabhängig sein; eine gehörige Erwärmung der Räume darf nicht erschwert werden. Zur Erzielung dieses Effectes hat man sich der einfachsten und am wenigsten kostspieligen Mittel zu bedienen.

---

1) A. Tardieu, Dictionnaire d'hygiène publique et de salubrité. 2. Edition. Paris 1862. 3. Vol. p. 28.

Da man in den Kasernen wesentlich von der natürlichen Ventilation Nutzen ziehen muss, so muss vor Allem auf die Herstellung der allgemeinen Bedingungen für die Beschaffung guter Luft die gebührende Rücksicht genommen werden. Es sind dabei vorzüglich folgende Momente zu beachten. Freie Lage der Kaserne, wo möglich ausserhalb der Städte, wenn thunlich auf einem etwas erhöhten Terrain, fern von allen die Luft verunreinigenden Bodenverhältnissen oder industriellen Anlagen u. s. w., möglichste Decentralisation der Kaserngebäude, Beschränkung der Zahl der Stockwerke, Sorge für Verhinderung der Verunreinigung der Luft und des Untergrundes durch Abfall- und Auswurfsstoffe, mittelst eines guten Systems der Entfernung dieser Stoffe.

Ferner sind von Bedeutung die Baumaterialien, wegen ihrer verschieden grossen Permeabilität für Luft. Ueber diese letztere sind zuerst von MÄRKER[1]) und später von SCHÜRMANN[2]) und von LANG[3])

---

1) M. MÄRKER, Untersuchungen über natürliche und künstliche Ventilation, vorzüglich in Stallgebäuden, sowie über die Porosität einiger Baumaterialien. Göttingen 1871.

2) 3. Jahresbericht der chem. Centralstelle für öffentl. Gesundheitspflege in Dresden 1874. S. 45.

3) Zeitschrift f. Biologie. Bd. XI. S. 313 und C. LANG, Ueber natürliche Ventilation und die Porosität von Baumaterialien. Stuttgart, Meyer u. Zeller's Verlag (Fried. Vogel) 1877. Daselbst findet sich S. 72 folgende Tabelle, in welcher die Baumaterialien nach der Abnahme der Permeabilität geordnet sind:

    1. Kalktuffstein,
    2. Schlackenstein, Haardt a/Sieg 1873,
    3.   =   aus Zuffenhausen bei Stuttgart,
    4.   =   englischer,
    5.   =   Osnabrück 1873,
    6.   =   1871,
    7. Cendrinsteine,
    8. Fichtenholz über Hirn (Querschnitt),
    9. Luftmörtel,
  10. Ziegel, bleich, Osnabrück,
  11. Beton,
  12. Handziegel, stark gebrannt, München,
  13. Klinker (Verblendstein) unglasirt,
  14. Portland-Cement,
  15. Maschinenziegel, München,
  16. Grünsandstein, oberbayerischer,
  17.   =   schweizer,
  18. Handziegel, schwach gebrannt, München,
  19. Eichenholz über Hirn,
  20. Gyps, gegossen,
  21. Klinker, glasirt, welch letzterer undurchlässig ist.

Untersuchungen angestellt worden. Aus diesen geht im Allgemeinen hervor, dass gut gebrannte Ziegelsteine den Vorzug vor Bruchsteinen verdienen, weil sie permeabler sind als die Letzteren. Hierzu kommt noch, dass der Verbrauch des sehr porösen Luftmörtels bei Ziegelbauten ein grösserer ist, wodurch die Permeabilität der Wände für Luft erheblich vergrössert wird. Nach den Versuchen von LANG sind auch die in neuerer Zeit an manchen Orten stark in Gebrauch gekommenen fabricirten Schlackensteine, seien sie aus Hochofenschlacken oder Steinkohlenschlacken hergestellt, äusserst poröse Baumaterialien und LANG erklärt sie, wenn bei ihnen neben dieser guten Eigenschaft der Porosität auch die Festigkeitsverhältnisse entsprechend sind, wie dies z. B. bei den Steinen von Lürmann & Co. in Osnabrück der Fall ist, als ein recht gutes Baumaterial. Zu bemerken ist hierbei, dass diese Schlackensteine nicht zu verwechseln sind mit den eigentlichen Schlacken, wie sie aus dem Hochofenbetrieb u. s. w. kommen, die ganz undurchlässig sind. Diese fabricirten Schlackensteine enthalten die eigentlichen Schlacken nach LANG nur in ganz verkleinertem Zustande und bestehen der Hauptmenge nach aus gelöschtem Kalk. Dies bedingt ihre grosse Porosität.

Es kann gleich an dieser Stelle erwähnt werden, dass es sehr wünschenswerth wäre, dass, wie es in England und in neuerer Zeit auch in Preussen geschieht, in dem Kerne aller Aussenmauern Luftschichten ausgespart werden, weil dadurch die Mauer, selbst bei geringerer Dicke, die Räume mehr vor Abkühlung schützt.

Wie schon oben mehrfach betont wurde, kommt der allgemeinen Anlage der Gebäude eine ganz hervorragende Bedeutung zu und zwar hauptsächlich mit Rücksicht auf die grosse Verschiedenartigkeit, die sie bezüglich der Möglichkeit und Leichtigkeit einer Ventilation der Wohnräume mit sich bringt. Je freier die einzelnen Wohnräume liegen, d. h. je grösser die Wandfläche, womit sie mit der Aussenluft in Contact treten, im Verhältniss zum Innenraum ist, um so günstiger kann sich natürlich die Ventilation durch die Poren der Wände gestalten. Diese erfolgt desshalb weitaus am ergiebigsten bei dem englischen Bloc- und bei dem TOLLET'schen System. Hierzu kommt noch der weitere, überaus wichtige Punkt, dass gerade diese letzteren Kasernanlagen es auch ermöglichen, dass die Fenster an gegenüberliegenden Seiten und noch dazu an den Langseiten der Wohnräume angebracht werden, was bei den Kasernen nach dem Corridorstyl nur dann möglich wäre, wenn die Corridore in frei verlaufende Passagen verwandelt werden könnten, während unter den gewöhnlichen Verhältnissen die Fenster nur an einer Seite und zwar meist an einer der schmalen Seiten der Zimmer sich befinden. Diese letztere Einrichtung ist aber der Ventilation sehr wenig günstig, denn, wie Massy berichtet hat, ergeben alle Kasernanlagen mit Fenstern nur an einer Seite, selbst bei vorhandenen Ventilationsanlagen, mangelhafte Ventilationsresultate, während die mit einander gegenüberliegenden Fenstern sich bei Weitem am meisten empfehlen (s. unten S. 313 u. f.). Auch die Zahl der Stockwerke von Kasernen ist mit Rücksicht auf die Ventilation in Betracht zu ziehen. Es ist gewiss von Nutzen diese Zahl auf zwei zu beschränken, um das Eindringen verdorbener Luft aus den unten gelegenen Etagen in die höheren möglichst zu beschränken. Die einstöckigen Pavillons verdienen auch in dieser Beziehung den Vorzug.

Nach dem Vorhergehenden muss an dieser Stelle das Postulat der decentralisirten Kasernen mit allem Nachdruck wiederholt werden. Was nützt es kostspielige Ventilationsvorrichtungen zu ersinnen und auszuführen, wenn mit ihnen nicht das erreicht werden kann, was sie leisten sollen, nämlich die nöthige Lufterneuerung zu bewirken, während eine einfache Pavillonanlage dieses Ziel erreicht. Was nützen aber auch alle sanitären Bestrebungen in den Kasernen, so lange der Hauptfeind der Gesundheit der Soldaten, die schlechte Luftbeschaffenheit in den Wohnräumen, durch Beibehaltung des Centralisirungssystems in den Kasernen gross gezogen wird.

Indem wir daher die Forderung isolirter kleiner Gebäude nach dem Bloc- oder Tollet'schen System als das einzige radicale Mittel zur Abhilfe gegen die schlechten Luftverhältnisse in den Kasernen aufrechterhalten, geben wir das im Folgenden hinsichtlich der Ventilation grosser centralisirter Kasernen Gesagte nur als Auskunftsmittel, durch welche nach Möglichkeit der Verschlechterung der Luft in den Kasernen entgegengewirkt werden soll, wenngleich die Wahrscheinlichkeit, dass dadurch der Zweck eine wirklich gute Luft herzustellen erreicht werde, für die grösste Mehrzahl der Fälle eine sehr geringe ist.

Durch die im Obigen angeführten Maassnahmen und Einrichtungen werden die allgemeinen Bedingungen geschaffen, welche der Ventilation durch die Poren der Wände, zufällige Ritzen und Spalten u. s. w. möglichst Vorschub leisten. Indess ist erfahrungsgemäss diese Art der natürlichen Ventilation für sich allein in grossen mit Menschen dicht besetzten Räumen nicht im Stande die nothwendige Luftzufuhr zu leisten. Wesentlich unterstützt wird sie durch das Oeffnen der Fenster. Dieses einfachste Auskunftsmittel sollte denn in den Kasernen auch viel ausgiebiger in Gebrauch gezogen werden, als es thatsächlich der Fall ist. Es wäre wünschenswerth, dass im Sommer die Fenster womöglich Tag und Nacht geöffnet blieben. Während des Winters dagegen sollten unter Tags mehrmals, zu Zeiten, wo die Mannschaft sich ausserhalb der Zimmer befindet, sämmtliche Fenster längere Zeit offen sein, während die Zimmer geheizt sind. Nachts aber sollte, entweder durch vollständiges oder theilweises Offensein des oberen Theiles der Fenster oder besser durch Klappen an den Fenstern, die vor directem Zug schützen — analog der SHERINGHAM'schen Klappe — und während der Nacht geöffnet bleiben müssen, wenigstens einigermaassen der Luftverunreinigung entgegengearbeitet werden. Bei sehr kalter Witterung müsste, entweder durch wärmere Bedeckung der Soldaten oder durch nur zeitweises Oeffnen der Fenster oder der Klappen ein Ausgleich gegenüber der Abkühlung der Luft hergestellt werden. Wie KRIEGER[1] mittheilt, hat sich eine derartige Maassregel durch den günstigen Einfluss auf die Gesundheit bereits praktisch bewährt. Im Strassburger Bezirksgefängnisse, wo die Schlafsäle 60—100 Betten fassen, hat die Häufigkeit, sowohl der chronischen, wie der acuten Lungenaffectionen seit der im Juli 1873 veranlassten Einführung der fraglichen Maassregel bedeutend abgenommen. Im Sommer sind dort alle Oberfenster offen, im Winter wenigstens zwei von 1 ☐ Meter Fläche; wollene Decken werden bis zu vier für den Kopf verabreicht.

Die so eben besprochenen Maassregeln haben indessen doch auch verschiedenerlei Bedenken gegen sich. Die zunächst den Fenstern Liegenden haben immer von der Einwirkung der kalten Luft zu leiden und selbst wenn sich auch keine directe Schädigung der Gesundheit geltend macht, so bewirkt der kalte Luftzug, welchem sie ausgesetzt sind, doch immer einige Unbequemlichkeit und Unbehaglichkeit, denen sie sich soviel als möglich durch Schliessen der Oeffnungen zu entziehen suchen und somit das ganze Verfahren illusorisch machen. Andererseits aber wird durch diese Proceduren eben doch nie der Effect einer so vollständigen Lufterneuerung erreicht, wie sie im Interesse der Gesundheit gefordert werden muss. Hierzu sind einmal die Eintrittsöffnungen für die Luft zu klein, dann aber wird, wie schon oben bemerkt wurde, durch Fensteröffnen nur in dem Fall ein ergiebiger Effect erzielt, wenn Gegenöffnungen vorhanden sind, die ins Freie gehen, also namentlich gegenüberliegende Fenster. Dies ist bei grossen Kasernen selten der Fall, vorzüglich nicht bei den nach dem Corridorsystem erbauten. In den deutschen Kasernen ist

---

1) ROTH u. LEX, Handbuch der Militärgesundheitspflege. 3. Bd. S. 395.

als Gegenöffnung eine stellbare jalousieartige Vorrichtung an der unteren Thürfüllung vorgeschrieben [1]); in Oesterreich sind die Corridorwände mit Fenstern versehen.[2]) Allein man erhält dadurch Luft von den Gängen ins Zimmer und überhaupt sind die durch die erstere Vorrichtung erzeugten Oeffnungen zu klein zur Hervorbringung eines Luftstromes, der die nöthige Luftmenge zuzuführen im Stande wäre.

Ein weiterer Grund für das Nichtausreichen der Lüftung durch das Oeffnen der Fenster, wenn diese nur auf einer Seite angebracht sind, ist der, dass aus den Kasernzimmern, so lange nicht eigene Putzräume vorhanden sind, nicht bloss gasige Produkte, sondern auch grosse Staubmassen durch den Luftstrom zu entfernen sind. Dazu ist der durch die Fenster auf einer Seite eintretende Luftstrom zu schwach.

Die Herstellung eigener Putzlocale, vorzüglich aber getrennter Wohn- und Schlafräume ist somit eine Maassregel, welche hauptsächlich auch desshalb von grosser Wichtigkeit ist, weil dadurch der Soldat während des Schlafes der Staubatmosphäre seines Wohnraumes entrückt wird, und die darum auch aufs Lebhafteste befürwortet werden muss. Indess ist doch auch eine Voraussetzung damit verknüpft, dass nämlich auch der Schlafraum nicht zu dicht belegt und dass er ventilirt sei. (Das Nähere s. unten.)

In einer Kaserne kann eine ausgiebige Ventilation nur erreicht werden durch Herstellung eigener Ventilationsanlagen mit Ein- und Ausführungsvorrichtungen für die Luft. Hinsichtlich der verschiedenen Arten von Ventilationsanlagen und deren Ausführung muss auf den betreffenden Abschnitt dieses Handbuches verwiesen werden. Hier sei nur erwähnt, dass in Kasernen complicirte und kostspielige Einrichtungen für die Lufterneuerung keine Anwendung finden können, sondern dass man sich auf die einfachsten und billigsten beschränken muss.

Bei der künstlichen Ventilation handelt es sich sowohl um die Quantität der zugeführten Luft, als auch um die Art, wie sie zugeführt wird, denn wenn die Luft nicht unter den richtigen Bedingungen circulirt, wenn die Vertheilung derselben nicht in zweckmässiger Weise vor sich geht, so können die Resultate, die man erhält, weit von dem entfernt sein, was man zu erreichen vermeint. Es spielen daher die Plätze, wo die Ein- und Austrittsöffnungen für die Luft sich befinden und ihre Dimensionen eine ganz hervorragende Rolle.

---

[1]) Vorschriften über die Einrichtung und Ausstattung der Kasernen. § 6 Anmerkung.

[2]) Virchow u. Hirsch. 1874. Bd. 1. S. 639.

Je nachdem die Oeffnungen gut oder schlecht vertheilt sind, und je nachdem sie mehr oder weniger gross sind, wird die Ventilation ergiebig sein oder nicht und wird Zugluft vorhanden sein oder nicht.

Nach diesen allgemeinen Bemerkungen wenden wir uns wieder mehr den Ventilationsanlagen, insofern sie dem Princip nach verschieden sind, zu. Im Allgemeinen die einfachsten und daher für Kasernen am leichtesten anwendbaren sind die auf Temperaturdifferenz beruhenden. Diese zerfallen, je nachdem die an und für sich vorhandene natürliche Temperaturdifferenz, oder eine künstlich erzeugte als Motor fungirt in zwei Gruppen.

Auf welche Weise mit Benutzung der schon vorhandenen natürlichen Temperaturunterschiede eine Ventilation erzeugt werden kann, welche wirksam ist, ohne dass Zugluft dadurch entsteht, dafür geben die Einrichtungen in den englischen Kasernen, welche unten beschrieben werden sollen, ein Beispiel.

Ventilationsanlagen mit künstlich erzeugter Temperaturdifferenz bestehen entweder für sich allein, oder in Verbindung mit der Heizung oder Beleuchtung. Die ersteren, von welchen besonders diejenigen mit durch eigens zu diesem Zweck angebrachte Gasflammen erwärmten Ausführungskanälen für die Luft zu nennen sind, wirken bei den Erfordernissen entsprechender Weite der Zu- und Abfuhrkanäle sehr kräftig und haben den Vortheil, dass sie auch ausserhalb der Heizperiode in Thätigkeit bleiben, allein sie leiden an dem Fehler, dass die Kosten für die Wärmequelle sehr hoch sind.

Von den mit der Heizung verbundenen Anlagen verdienen in nicht zu kalten Gegenden Heizkamine mit einer Vorrichtung für die Zufuhr frischer erwärmter Luft sehr empfohlen zu werden. Das DOUGLAS-GALTON'sche Kamin, welches in den englischen Kasernen eingeführt ist, ist ein Beispiel für die Durchführung dieses Princips. Die Leistungsfähigkeit eines solchen Kamines geht bis 1500 Cubikmeter in der Stunde und es sprechen die damit bis jetzt gemachten Erfahrungen ausserordentlich für den Werth dieses Kamines, das namentlich in Kasernen verbunden mit einer seine Heizkraft erhöhenden Vorrichtung gewiss am Platze wäre.[1]

In unseren Klimaten sind Ventilationsöfen wegen ihrer stärkeren Heizkraft vorzuziehen, wenn gleich sie bezüglich der Ventilation vielleicht weniger leisten, als Kamine mit Luftkammern. Unter den Mantelöfen sind für Kasernen die einfachsten Formen derselben zu

---

[1] ROTH u. LEX a. a. O. Bd. 1. S. 584.

wählen, nämlich diejenigen mit directer Luftzufuhr von aussen. In
Oesterreich ist für neu zu erbauende Kasernen festgesetzt [1]), dass bei
Zimmern mit dem Belagsraum für mehr als 10 Mann die Oefen in
der Regel mit Mänteln zu versehen sind, die oben und unten hin-
reichend grosse Oeffnungen besitzen, um die Heizung mit Circulation
möglichst zu befördern. Zur eventuellen Verstärkung der natürlichen
Ventilation durch die Wand- und Deckenporen, Fenster und Thüren
sollen bei allen Mannschaftszimmern Luftabzugsschläuche angeordnet
werden, die ober dem Fussboden und unter der Decke mit einfachen
Klappen oder Schubern verschliessbar sind. Für die Zufuhr frischer
Luft zu den Oefen sind Luftkanäle zu führen, welche zwischen dem
Ofen und dessen Mantel oder unter dem Ofen ausmünden. (Zur Erleichterung dieser Anordnung können eventuell die Oefen an Aussenmauern gestellt werden.) Der Querschnitt der Luftabzugs- und Zu-
fuhrskanäle hat bei jeder dieser Gattungen in Summa so gross zu
sein, dass bei einer Temperaturdifferenz von 5^0 C., in eingeschossigen
Gebäuden ein Luftwechsel von mindestens 15 Cubikmeter, in mehrgeschossigen Gebäuden ein solcher von 20 Cubikmeter pro Kopf und
Stunde ermöglicht wird.

Die Mantelöfen sind vielfach mit einer Construction für die Heizung mit Luftcirculation versehen, d. h. mit Vorrichtungen, welche
bewirken, dass, während der Kanal für die Zufuhr frischer Luft von
aussen abgesperrt ist, die Zimmerluft unten zwischen Mantel und
Ofen eintritt und oben wieder ausströmt, so dass eine beständige
Bewegung der Luft im Zimmer erzeugt wird. Für Privatwohnungen
ist eine derartige Einrichtung unter Umständen ganz zweckmässig,
um eine raschere Erwärmung der Räume und eine grössere Ausnützung der Ofenwärme zu erreichen. In Kasernen jedoch besteht
immer die Gefahr, dass, um einen höheren Wärmegrad der Zimmer
zu erzielen, bloss die Circulationsvorrichtung benützt wird und damit
der eigentliche Zweck des Ventilationsofens, die Zufuhr frischer Luft,
illusorisch wird.

Lokale, welche in der Nähe von Rauchkaminen liegen, können
sehr gut dadurch ventilirt werden, dass sie zum Zweck der Abfuhr
der verbrauchten Luft mit diesen in Verbindung gesetzt werden. Zur
Verhütung des möglichen Eintrittes von Rauch müssen natürlich
Klappen angebracht sein. Am zweckmässigsten scheinen in dieser
Beziehung die Arnott'schen Klappen (Arnott's selfregulating chim-
ney-ventilator), welche so construirt sind, dass sie nur bei einem ge-

---

[1]) Anleitung für die Anlagen von neu zu erbauenden Kasernen. Wien k. k.
Hof- und Staatsdruckerei 1877. S. 11. Lit. s—v.

ringen Ueberdruck der Innenluft des betreffenden Zimmers geöffnet
bleiben und sich bei entgegengesetzten Strömungen, wie sie — zumal bei mangelhafter Einrichtung der Schornsteine — durch Wind
und Regen gelegentlich hervorgerufen werden können, von selbst
schliessen.

Die vollkommenste Verbindungsart der Ventilation mit der Heizung ist eine gut construirte Centralluftheizungsanlage. Hierbei ist
es im Princip gleichgiltig, welche Art der Heizung angewendet wird,
ob die Calorifere einfach durch Feuerung oder durch warmes, oder
heisses Wasser oder Dampf erwärmt werden. Die Hauptsache bleibt,
dass die Anlage technisch richtig und gut construirt ist. Die Vor-
würfe, welche der Luftheizung gemacht werden, rühren grösstentheils
von schlechter Ausführung her und treffen im Wesentlichen keineswegs das Princip.[1]) Ausser richtiger Anlage im Allgemeinen müssen
von hygienischer Seite noch folgende Anforderungen an Luftheizungen
gestellt werden: Die Luft soll durch dieselbe in grosser Menge und
nicht zu stark erhitzt den Wohnungsräumen zugeführt werden. Zu
diesem Zwecke müssen die Calorifere der über sie streichenden Luft
möglichst grosse Flächen mit ganz gelinder Erwärmung darbieten,
anstatt kleiner glühend heisser, wie es bei schlechten Constructionen
der Fall ist. Durch die nur schwache Erwärmung der Oefen wird
einerseits eine stärkere Ventilation hervorgebracht und andererseits
verhindert, dass die in der Luft suspendirten organischen Staubtheilchen versengt und dadurch Produkte der trockenen Destillation erzeugt werden, welche, wie FODOR meint, die unangenehmen Empfindungen hervorrufen, über die bei Luftheizung vielfach geklagt wird.
Nach FODOR entstehen diese Destillationsprodukte schon bei einer
Temperatur von 150⁰.

Ein weiteres Erforderniss ist, dass die zuzuführende Luft eine
gute ist und nicht von Orten genommen wird, an welchen Verunreinigungen oder Beimischung übeler Gerüche möglich ist. Ferner
muss für möglichste Reinlichkeit in den Heizkammern gesorgt werden — ein Punkt der besonders in Kasernen grosse Beachtung verdient —, um jede Ablagerung von Staub auf den Heizflächen zu
vermeiden. Dies gilt namentlich für den Zeitpunkt des Beginnes
der Heizperiode, weil sonst bei der ersten Heizung durch das Ver-
sengtwerden des Staubes eine im höchsten Grade unangenehme Beschaffenheit der zugeführten Luft erzeugt wird.

---

1) Vergl. hierüber u. bezüglich des Folgenden die Verhandlungen des deutschen Vereins für öffentl. Gesundheitspflege auf dessen 9. Versammlung 1881. Bericht S. 154—183.

Bezüglich der Annahme, dass die Zimmerluft bei Luftheizung
trockener werde, als bei anderen Heizmethoden und dass dies die
Ursache der unangenehmen Gefühle sei, über welche häufig in Räumen, die mit Luftheizung versehen sind, Klage geführt wird, ist
jetzt durch zahlreiche Untersuchungen nachgewiesen, dass die Luft
dabei auch keinen geringeren Wassergehalt besitzt, als z. B. bei
Ofenheizung. FODOR sucht die Ursache dieser lästigen Empfindungen
nur in den Staubdestillationsprodukten, indess kommt doch auch in
Betracht, dass die Menge relativ trockener Luft, welche bei Luftheizung über den Körper streicht, eine viel grössere ist, als bei jeder
anderen Heizung ohne Ventilation und daher einen grösseren Wasser-
verlust vom Körper herbeiführt, welcher seinerseits das Gefühl grösserer Trockenheit der Luft bedingt.

Was oben von den Vorrichtungen für Circulationsheizung bei
den Ventilationsöfen gesagt wurde, gilt in gleichem Maasse bei der
Centralluftheizung. Ihr Werth ist in Kasernen immer ein proble-
matischer, weil die Gefahr zu gross ist, dass ausschliesslich die Circulationseinrichtung benützt und die wirkliche Ventilation ganz aus
dem Gebrauch verdrängt wird.

Die neuen Kasernen der Albertstadt bei Dresden sind sämmtlich mit Luftheizung versehen und es hat sich dieselbe dort vollständig bewährt.[1]

Die Ausnützung der durch die Beleuchtung erzeugten Temperaturdifferenz kommt hauptsächlich nur bei Gasbeleuchtung vor. Hier
können über den Flammen angebrachte Luftabzugsschläuche eine
sehr wesentliche Unterstützung der Ventilation bewirken und es sollte
daher Gasbeleuchtung nie ohne dieselben benutzt werden. Bekanntlich werden ja in neuerer Zeit in Theatern u. s. w. die am Kron-
leuchter befindlichen Gasflammen vielfach mit grossem Erfolg als
Motoren für die Ventilation dieser Gebäude verwendet.

Um ein richtiges Bild einer systematischen Kasernenventilation
zu geben, sei in Folgendem eine Darstellung der gesammten Ventilationseinrichtungen der englischen Kasernen gegeben.

Die englischen Kasernen sind, wie schon angeführt, Blöcke, die
nur aus einem Erdgeschoss, höchstens mit noch einem Stockwerk
darüber, bestehen, sie haben keine Gänge, und die Fenster an den
gegenüberliegenden Langseiten.

---

1) Vergl. Die Heizung u. Lüftung der neuen Kasernen in Albertstadt bei
Dresden v. H. SUSSDORF, in: Veröffentlichungen aus dem k. sächsischen Militär-Sanitätsdienst, herausgegeben v. W. ROTH. Berlin, Hirschwald 1879. S. 217—229.

Die Barraks - Commissioners haben für die innere Ventilation folgende Grundsätze aufgestellt.[1])

1. *Jeder Raum muss für sich ventilirt werden, unabhängig von den anderen.*

2. *Jeder Raum hat ein Abzugsrohr, welches von der Decke ausgeht und über dem Dache sich öffnet.*

3. *Alle Einlassöffnungen werden nahe der Decke gelegt und so construirt, dass sie die möglichste Diffusion des eintretenden Luftstromes ergeben.*

4. *Hinter den zweckmässig einzurichtenden Kaminen (*DOUGLAS-GALTON'*sches System wurde eingeführt) muss eine Kammer gelegen sein, um frisch eingesogene Luft zu erhitzen, welche über Manneshöhe in die Zimmer eingeführt wird.*

5. *Alle Gänge, Treppen und Corridors werden durch Abzugsröhren und durchbrochene Scheiben unabhängig von den Zimmern ventilirt.*

6. *Auf jeden Mann müssen möglichst 1200 Cubikfuss (33,96 Cubikmeter) frischer Luft auf die Stunde (bei einem Zimmerraum von 600 Cubikfuss für jeden) eintreten.*

7. *Bibliotheken, Lesezimmer, Schulräume, Kochhäuser, welche in Kasernen gelegen sind, werden ebenso wie die anderen Zimmer ventilirt.*

8. *Unteroffizierszimmer, Cantinen werden mit* ARNOTT'*schen Ventilatoren und durchbrochenen Scheiben versehen.*

9. *Für die Ventilation aller Gasbrenner muss besonders gesorgt werden.*

Diesen Principien entsprechen die jetzt in England giltigen Vorschriften, welche in allen neuen Kasernen und in einem grossen Theil der alten praktisch durchgeführt sind. Dieses Ventilationssystem hat ungemein gut entsprochen und es wäre zu wünschen, dass es überall durchgeführt würde. Es ist basirt auf die natürliche Ventilation und besteht[2]):

1. In einer oder wenn nöthig mehreren Abzugsröhren, welche von der höchsten Stelle des Zimmers ausgehen; ihre Lage in den Zimmern ist keine bestimmte, sondern sie wechselt, sie befindet sich manchmal in einer Ecke oder an einer Seite, je nach den Umständen. Diese Röhre ist unmittelbar an der Innenseite der Wand und ungefähr 4—6 Fuss über das Dach geführt und mit einem geeig-

---

1) W. ROTH, Militärärztliche Studien. Neue Folge. Berlin 1868. S. 142—143.
2) PARKES, A manual of practical hygiene. 5. edit. London 1878. p. 165.

neten Aufsatz bedeckt. Sie ist aus Holz, hat eine sehr glatte Innenseite und ist mit einer Klappe versehen, um sie unten theilweise
schliessen zu können. Ihre Grösse richtet sich nach jener des Zimmers und der Zahl der Bewohner, sie wird aber nicht grösser gemacht als 1 ☐ Fuss; wenn noch ein Abzug nothwendig ist, so wird
eine weitere Röhre angebracht. Das Verhältniss zwischen ihrer Grösse
und jener des Zimmers ist verschieden, je nach der Lage des Zimmers. In einer dreigeschossigen Kaserne ist die Regel folgende:

1. Im Erdgeschoss kommt 1 ☐ Zoll = 6,45 ☐ Cm. Querschnitt
des Abzugsrohres auf je 60 Cubikfuss = 1,7 Cubikmeter Zimmerraum, oder auf jeden Mann 10 ☐ Zoll = 64,5 ☐ Cm. Fläche.

2. Im ersten Stock 1 ☐ Zoll auf je 55 Cubikfuss = 15,5 Cubikmeter Zimmerinhalt oder für jeden Mann 10,9 (rund 11) ☐ Zoll =
70,3 ☐ Cm.

3. Im zweiten Stock 1 ☐ Zoll auf 50 Cubikfuss = 1,41 Cubikmeter Zimmerraum oder für jeden Mann 12 ☐ Zoll = 77,4 ☐ Cm.

In einer eingeschossigen Kaserne soll das Verhältniss das gleiche
sein, wie im zweiten Stock, oder mit anderen Worten 12 Mann sollen
eine Auslassröhre von 1 ☐ Fuss = 77,4 ☐ Cm. erhalten. Hierzu
kommt noch das Kamin, welches, wenn es ein GALTON'sches ist, pro
Kopf einen Querschnitt von etwa 6 ☐ Zoll = 38,7 ☐ Cm. bietet. Im
Ganzen trifft somit auf einen Mann eine Fläche der Austrittsöffnungen von 16—18 ☐ Zoll = 103—116 ☐ Cm. je nach den Umständen.

2. Einlassöffnungen. Die Grösse des Einlasses beträgt um
ein Geringes mehr als 1 ☐ Zoll = 6,45 ☐ Cm. für 60 Cubikfuss =
1,7 Cubikmeter Zimmerinhalt.

Die eine Hälfte der eintretenden Luft wird in allen neuen und
vielen alten Kasernen dadurch erwärmt, dass sie durch hinter der
Feuerung befindliche Heizkammern geführt wird (Querschnitt der
Röhre = 6 ☐ Zoll = 38,7 ☐ Cm. pro Kopf), die andere Hälfte kommt
direct von aussen durch SHERINGHAM'sche Klappen in die Zimmer.
Der Querschnitt der äusseren Oeffnung ist = 5 ☐ Zoll = 32,2 ☐ Cm.,
und es treffen somit 11 ☐ Zoll = 70,95 ☐ Cm. Einlassöffnung auf den
Mann.

Die Eintrittsöffnungen [1]) für kalte Luft (SHERINGHAM'sche Klap-

---

1) Die Einlassöffnungen sind kurze Röhren, welche in querer Richtung durch
die Mauer verlaufen und nahe der Decke münden. Dieselben bestehen in durch-
bohrten Luftziegeln (JENNING's air brick), vor welchen im Zimmer eine Holzklappe
angebracht ist, die mit der Wand einen nach oben offenen Winkel von 45 Grad
bildet. Zwischen dem freien Rande der Holzplatte und der Mauer ist eine durch-
bohrte Zinkplatte eingesetzt, durch deren Oeffnungen die Luft ins Zimmer tritt,

pen) befinden sich an den Seiten in der Nähe der Decke ungefähr
9 Fuss = 2,74 Meter vom Boden entfernt und liegen sich gegenseitig direct gegenüber. Die Auslassungsöffnungen sind also, wie
man bemerkt, viel grösser als die Einlassöffnungen, allein da die
Thüren und Fenster selten gut schliessen, so ist es wahrscheinlich,
dass dies für die Praxis von wenig Belang ist.

Die Luftbewegung durch diese Oeffnungen ist erträglich regelmässig, so regelmässig als es bei natürlicher Ventilation nur immer
sein kann. Der Austritt von Luft durch das Kamin und das Abzugsrohr beträgt ungefähr 1200 Cubikfuss = 33,96 Cubikmeter pro Kopf
und Stunde, und schwankt zwischen 700—1500 oder 1600 Cubikfuss = 19,8—42,4 oder 45,3 Cubikmeter je nach der Stärke des
Feuers, der Wärme des Zimmers und der Bewegung der äusseren
Luft. Die gewöhnliche Geschwindigkeit des aufsteigenden Luftstromes in den Ausführungskanälen beträgt Nachts 3—5 Fuss = 0,9 bis
1,5 Meter in der Secunde. Manchmal wirken das Kamin und der
Abzugskanal einander etwas entgegen; starker Zug im Kamin bewirkt manchmal einen Stillstand des Luftstromes im Abzugsrohr,
allein es ereignet sich nur selten, dass in demselben eine absteigende
Strömung eintritt, ausser wenn Regen in den Aufsatz hineinschlägt
und an der Innenseite des Kanals herunterträufelt. Die Ventilation
der Kasernen, bemerkt PARKES, ist durch diese Einrichtungen wun-
dervoll hergestellt und der Kohlensäuregehalt der Luft schwankt
zwischen 0,7—1,0 p. M., je nach der Geschwindigkeit der Luftbewegung.

Die Leistungsfähigkeit dieser Ventilation ist in England vielfach geprüft worden und namentlich hat DE CHAUMONT [1]) vergle-
chende Untersuchungen angestellt, deren Resultate folgende Liste
zeigt:

1. Kasernen mit gegenüberliegenden Fenstern an den Langseiten:
   a) Vollkommene Ventilation d. h. Einlassöffnungen, Auslassschachte
und ventilirende Kamine.

nachdem sie durch die schräg stehende Holzplatte nach oben geleitet ist. Dieser
Apparat, der gewöhnlich die Oeffnungen frei lässt, aber durch den Zug an einem
Strick vermöge einer besonderen darin enthaltenen Klappe geschlossen werden
kann, ist die SHERINGHAM'sche Klappe. Aussen befindet sich über den Einlassöffnungen am besten ein Schirmdach, um starke Windströmungen vor ihrem Eintritt zu zertheilen. Die äussere Oeffnung ist kleiner, als die innere, um die Vertheilung der Luft im Zimmer zu fördern. ROTH u. LEX 1. Bd. S. 587.

1) Army medical report 1869. Aufsatz von MASSY, Notes on hospital and
barrack construction and ventilation. p. 242—245. Angeführt in ROTH und LEX
Handbuch d. Militärgesundheitspflege. 1. Bd. S. 559.

Beispiel: Hilsea, Kaserne der kgl. Artillerie. Steinerne Baracken, auf jeden Mann kommen 16,6 ☐Zoll engl. = 107 ☐Cm. Ventilationsfläche.

b) Unvollkommene Ventilation, es fehlen die Einlassöffnungen.

Beispiel: Die neue Kaserne zu Chelsea, ein vierstöckiges Ziegelgebäude, auf jeden Mann kommen 16,1 engl. ☐Zoll = 103,8 ☐Cm. Ventilationsfläche.

II. Kasernen mit gegenüberliegenden Fenstern an der Giebelseite:
a) Vollständige Ventilation.

Beispiel: Permanente Kaserne zu Aldershot A, dreistöckige Ziegelgebäude, welche zwei Blocs mit einander zugekehrter Front bilden, durch ein Glasdach mit einander verbunden, auf den Mann kommen 23,1 ☐Zoll engl. = 148,9 ☐Cm. Ventilationsfläche.

b) Unvollständige Ventilation, nur einfache Kamine.

Beispiel: Permanente Kaserne zu Aldershot B, Räume in demselben Gebäude, auf den Mann kommen 14 ☐Zoll engl. = 91,3 ☐Cm. Ventilationsfläche.

III. Kasernen mit Fenstern an einer Seite.

Beispiel: Tower zu London, vierstöckiges Gebäude, Ventilationsvorrichtungen zwar vorhanden, aber defect, auf den Mann kommen 8 ☐Zoll engl. = 51,6 ☐Cm. Ventilationsfläche.

Angelsea-Kaserne, dreistöckiges Ziegelgebäude. Vollständige Ventilationseinrichtung, auf den Mann kommen 25 ☐Zoll engl. = 161,25 ☐Cm. Ventilationsfläche.

Die Zusammensetzung und Bewegung der Luft stellte sich, wie folgt:

	November		März				August			
	Hilsea-Kaserne der kgl. Artillerie		Neue Kaserne zu Chelsea		A. Permanente Kaserne zu Aldershot		B. Permanente Kaserne zu Aldershot		Tower zu London		Angelsea-Kaserne
	Aussenluft	Innenluft	Aussenluft	Innenluft	Aussenluft	Innenluft	Aussenluft	Innenluft	Aussenluft	Innenluft	Aussenluft	Innenluft
Trockenes Thermometer .	12,8	14,3	9,2	14,2	4,9	11,9	4,9	14,2	11	19,3	14,8	20,6
Feuchtes Thermometer . .	12,8	13,2	7,8	10,9	3,3	9,7	3,3	12,0	10,8	16,4	12,9	17,4
Feuchtigkeit in Procenten	100	87	83	66	78	74	78	76	96	71	79	70
Cubikraum pro Mann . .	582		800		722		765		550		607	
Kohlensäure ∫Aussenluft .	0,124		0,400		0,440		0,440		0,420		0,393	
auf 1000 Vol.∖Innenluft .	0,742		0,741		0,796		1,107		1,332		1,177	
Respirations-Verunreinigung	0,318		0,341		0,356		0,667		0,912		0,784	
Wirkliche Bewegung pro Kopf und Stunde . . .	1885		1760		1690		900		665		766	
Wievielmaliger Luftwechsel pro Stunde	3,25		2,2		2,35		1,16		1,2		1,24	

Vergleicht man diese Resultate, so sieht man sofort, dass nach der Grösse des Luftwechsels und der Geringfügigkeit des Kohlensäuregehaltes die Anlagen mit gegenüberliegenden Fenstern und Ventilationsvorrichtungen obenan stehen. Die günstigsten Verhältnisse liegen unbedingt vor bei gegenüberliegenden Fenstern an den Langseiten und vollständigen Ventilationsanlagen, wie in Hilsea, dagegen stehen Zimmer mit Fenstern an den Langseiten aber ohne Einlassöffnungen, wie in Chelsea in Beziehung auf Grösse der Lufterneuerung im Winter hinter jenen mit Fenstern an den Stirnseiten und vollständiger Ventilationseinrichtung wie Aldershot A zurück. Bei Mangel der Ventilationseinrichtungen sind die Resultate, wenn die Fenster an den Stirnseiten liegen wie in Aldershot B, ebenso ungenügend, als wenn die Fenster nur an einer Seite sich befinden und hinreichende Ventilationseinrichtungen vorhanden sind oder fehlen. Diese Resultate müssen sich natürlich darnach modificiren, ob sie im Sommer oder im Winter ermittelt sind. Im Winter werden die besonderen Ventilationseinrichtungen mehr ins Gewicht fallen, während sie im Sommer bei häufigem Oeffnen der Fenster geringere Bedeutung haben. Dass aber im Sommer gerade ohne Oeffnen der Fenster eine Ventilation, welche sich nur auf Temperaturdifferenzen stützt, mangelhaft ist, beweisen die Angaben von der Angelsea-Kaserne, welche im Sommer bei geschlossenen Fenstern ermittelt sind.

Wenn nach PETTENKOFER eine Zimmerluft als verdorben angesehen werden muss, welche mehr als 1 $^0/_{00}$ Kohlensäure enthält, so sind nur die drei Kasernen, Hilsea, Chelsea und Aldershot A, welche sämmtlich gegenüberliegende Fenster haben, als mit guter Luft versehen zu betrachten. Die anderen Kasernen dagegen zeigen verdorbene Luft und zwar muss besonders darauf hingewiesen werden, dass gegenüberliegende Fenster an den Stirnseiten ohne Ventilationseinrichtungen, wie in Aldershot B, im Winter keinen ausreichenden Luftwechsel sichern.

ROTH und LEX[1]) fassen die Forderungen für die Ventilation einer Kaserne folgendermaassen zusammen:

1. Vorbedingungen: Hohe, trockene Lage, tadellose Beschaffenheit der umgebenden Luft.

2. Durchführung der Ventilation selbst:

a) Seitens der Disposition des Gebäudes im Grossen: Wo möglich Blocsystem, so dass die längsten Flächen der Zimmer mit der freien Luft in Berührung stehen. — Trockenes, poröses Baumaterial. — Vermeidung von Corridoren überhaupt, oder deren

---

1) ROTH u. LEX a. a. O. S. 591.

Verwandlung in offene Gallerien bei Bedeckung der Höfe. Durchgehende Treppenhäuser. — Strenge Sonderung der Abfallstoffe und
ihrer Produkte von den Wohnräumen. — Keine geschlossenen Höfe,
lineare Anordnung.

b) **S e i t e n s d e r e i n z e l n e n Z i m m e r :** Rechteckige Form, die
Fenster an den Längsseiten sich gegenüberliegend; auf den Mann
mindestens 0,8 ☐Meter Fensterlichtfläche. — Luftcubus bei gleich-
zeitigem Wohn- und Schlafraum mindestens 20 Cubikmeter pro Mann;
bei getrennten Wohn- und Schlafraum: 13 Cubikmeter für den Wohnraum, 18 Cubikmeter für den Schlafraum.

Zur **n a t ü r l i c h e n** Ventilation: Die gegenüberliegenden Fenster,
Einlassöffnungen und Auslassschornsteine nach dem englischen System
(Durchlässigkeit der Wandflächen).

Zur **k ü n s t l i c h e n** Ventilation: Das Ideal wäre eine ventilirende
Centralheizung (Luft- oder Wasserheizung); bei nicht ventilirender
Centralheizung oder Ofenheizung GALTON'sche Kamine.

Bedingung für die Wirksamkeit aller Ventilationseinrichtungen
sind die strengste Ordnung und Reinlichkeit seitens der Mannschaften,
sowie genaue Einhaltung der nach dem cubischen und quadratischen
Raume gestatteten Belagstärke.

———

Wenn man sieht wie wenig bis jetzt grösstentheils in den Kasernen für hinlängliche Lufterneuerungsanlagen geschieht, so drängt
sich einem unwillkürlich der Vergleich auf, welcher Widerspruch
darin liegt, dass man die Lazarethe aufs Sorgfältigste in hygienischer
Beziehung anlegt, bei den Kasernen aber gegen die Grundsätze der
Hygiene in der gröbsten Weise verstösst, noch mehr aber darin,
dass in Gefängnissen Alles geschieht für die Erhaltung der Gesundheit der Verbrecher, während man bei den Wohnungen der Soldaten
spart. Es muss daher Jeden, der ein Herz für die Soldaten hat,
auf Peinlichste berühren, wenn man von Seite der Volksvertretung
sich soweit vergessen kann, dass man um schnöder Parteizwecke
willen die Gesundheit von Hunderten von Soldaten aufs Spiel setzt.[1]

3. Heizung.

Zu den Anforderungen, welche von hygienischer Seite an einen
Heizapparat gestellt werden, nämlich 1. gleichmässige Erwärmung

---

[1] In der bayerischen Kammer der Abgeordneten wurde jüngst durch die
ultramontane Partei, nur aus dem Grunde, um dem Ministerium Opposition zu
machen, der Neubau mehrerer Kasernen, trotz nachgewiesener dringender sanitärer Notwendigkeit, einfach abgelehnt.

der Räume auf die gewünschte Temperatur — im Allgemeinen etwa 15⁰ R. —, 2. Mangel jeder Art von Luftverunreinigung in den Wohn-räumen durch die Heizung, kommt in Kasernen noch 3. die, dass er, wenn möglich zugleich Ventilationszwecken dienlich sei. Eine gut angelegte und hergestellte Centralheizung in Ver-bindung mit Ventilationsvorrichtungen entspricht diesen Postulaten am besten und empfiehlt sich daher auch für Kasernen am meisten. Die hauptsächlichsten Vorzüge der Centralheizung ge-genüber der Lokalheizung bestehen darin, einmal dass die Leitung der Heizung eine einheitliche ist, wodurch eine gleichmässige Er-wärmung der Lokalitäten erreicht werden kann und unvernünftiges Heizen, wie es vielfach von den Soldaten geschieht, verhindert wird, während zugleich eine bessere Ausnützung des Brennmaterials erzielt wird, ferner dass die Beschmutzung der Zimmer und Gänge und vor-züglich die Verunreinigung der Zimmerluft durch Kohlenstaub, wie sie besonders bei Heizung der Oefen vom Zimmer aus statthat, in Wegfall kommt. Welche Methode der Centralheizung am besten in Anwendung gezogen wird, hängt in jedem einzelnen Falle von den Verhältnissen ab und es ist Sache des Technikers darüber zu ent-scheiden. Bezüglich der Heizung im Allgemeinen verweisen wir hier auf das betreffende Kapitel dieses Handbuches. Ueber die Luft-heizung ist schon weiter oben bei dem Abschnitt über die Ventilation der Kasernen Einiges angegeben s. S. 309 u. f. Eine sehr angenehme Erwärmung bewirkt Dampfheizung mit Wasseröfen und es dürfte dieser Heizmodus unter Umständen sehr zweckentsprechend sein.

Wird keine Centralheizung ausgeführt, so sind in gemässigten Klimaten Ventilationskamine — GALTON'sche Kamine —, in den kälteren aber Ventilationsöfen in Anwendung zu ziehen, von welchen ihrer Einfachheit wegen die Mantelöfen zunächst in Betracht kommen.

Was die Oefen im Allgemeinen anlangt, so verdienen die Kachel-öfen bei Weitem den Vorzug vor den eisernen wegen der angeneh-meren Art der Erwärmung und weil sie die Wärme viel länger halten. Unstreitig die schlechteste Art von Oefen sind die jetzt grösstentheils in den Kasernen gebräuchlichen eisernen sogenannten Kanonen- oder Säulenöfen. Sie werden bei dem Unverstand, womit von Seiten der Soldaten geheizt wird, meist rasch bis zur Rothgluth erhitzt und strahlen dann eine für die nächste Umgebung unausstehliche Hitze aus, während die weiter Entfernten noch frieren; kaum ist aber das Feuer erloschen, so ist auch der Ofen wieder kalt und es kommt nie zu einer gleichmässigen behaglichen Erwärmung des Raumes.

Die vielfach ungemein übertriebene Furcht, dass die eisernen

Oefen wegen der Durchlässigkeit des Eisens im glühenden Zustande
für Kohlenoxydgas gesundheitsgefährlich seien, ist jetzt durch die
Untersuchungen von M. GRUBER[1]), der in einem kleinen Zimmer,
dessen Ofen mehre Stunden rothglühend erhalten worden war, mit
den besten Methoden kein Kohlenoxyd nachweisen konnte, auch experimentell als unbegründet erwiesen worden, nachdem schon lange
von PETTENKOFER nicht nur die Unwahrscheinlichkeit, dass bei dem
dem Ausströmen direct entgegenstehenden Luftdruck, lediglich durch
Diffusion, gefährliche Mengen dieses Gases aus dem Ofen entweichen
können, sondern auch die bei Weitem grössere Durchlässigkeit für
Kohlenoxyd der viel poröseren Kachelöfen, von welchen man aber
nichts befürchtet, betont worden war.

Die Frage der Ofenklappen verdient in Kasernen eine ganz besondere Beachtung, weil Vergiftungen durch Kohlenoxydgas in Folge
des Schliessens dieser Klappen in Kasernen schon häufig genug vorgekommen sind.[2]) ROTH und LEX sind der Ansicht, dass Klappen-
verschlüsse u n t e r k e i n e n U m s t ä n d e n in Kasernen geduldet
werden dürfen. Sie sind überhaupt auch nicht nothwendig, weil sie
durch hermetische Thüren ganz ersetzt werden können. Allerdings
muss der Heizung, wenn luftdichtschliessende Ofenthüren vorhanden
sind, eine gewisse Sorgfalt gewidmet werden. Weil auf diese in
Kasernen nicht gerechnet werden darf, aber bei unvorsichtiger Behandlung nicht allein dergleichen Thüren sehr häufige Reparaturen
erforderlich machen, sondern auch Gefahren für die Bewohner und
Nachtheile für die Gebäude herbeiführen können, so sind die hermetischen Thüren in der preussischen Armee verboten[3]); trotzdem eine
Ersparniss an Brennmaterial um $1/4 — 1/3$ des bei dem gewöhnlichen
Verschluss erforderlichen erzielt wird. Es gibt übrigens auch Ofen-
constructionen, bei welchen ein Klappenverschluss angebracht ist,
ohne dass damit eine Gefahr des Ausströmens von Kohlenoxyd verbunden ist. Eine solche ist die von PRITTWITZ[4]), wobei der letzte
Zug im Ofen fallend geführt ist und in den Schornstein mündet. Die

---

1) Sitzungsberichte der k. bayr. Academie der Wissenschaften zu München,
math.-phys. Klasse. 1881. Heft II. S. 203—219.

2) In den 4 Jahren von 1867 bis zum 1. April 1870 kamen im Ganzen in
der preussischen Armee 170 Vergiftungsfälle vor, unter welchen 45 tödtlich waren.
Von denselben kamen 20 % auf Kasernen, 60 % auf Bürgerquartiere, 1 % auf
Wachen und Arreste, 19 % unbestimmt. ROTH u. LEX, Handbuch der Militärgesundheitspflege. 1. Bd. S. 377.

3) Erlass des Militär-Oekonomie-Departement vom 14. Juli 1864. Angef. bei
ROTH u. LEX a. a. O. 1. Bd. S. 596.

4) ROTH u. LEX a. a. O. S. 378.

Klappe befindet sich in dem oben abgehenden Rauchrohr, während
das untere Rohr offen ist und daher die Verbindung mit dem Schornstein nicht unterbrochen werden kann. Ferner war auf der Ausstellung von Heizungs- und Ventilationsanlagen zu Cassel 1878 das Mo-
dell einer vom Oberstabsarzt KAPESSER angegebenen Sicherheitsklappe
ausgestellt, die versucht zu werden verdient. Ausser dem gewöhnlichen Rauchrohr wird parallel hiermit ein zweites direct aus dem
Feuerraum in den Schornstein geleitet. Jedes Rohr hat eine Klappe,
beide sind durch einen mit Handgriff versehenen Führungsstab so
verbunden, dass ihre Ebenen senkrecht auf einander stehen, sodass
die eine offen steht, wenn die andere geschlossen ist. Die Circulation der Luft im geheizten Ofen kann dadurch bei erreichter höch-
ster Erwärmung desselben gehemmt werden und die Wärme im Ofen
erhalten bleiben, ohne dass die Gefahr einer Gasausströmung zu
fürchten ist.[1]

Von Wichtigkeit ist die Stellung des Ofens im Zimmer. Am
gleichmässigsten erfolgt die Wärmevertheilung, wenn der Ofen in
der Mitte des zu heizenden Raumes steht. Diese Stellung ist in
Baracken die gebräuchliche und in den TOLLET'schen Pavillons ist
dem Ofen dieser Platz zugewiesen. In Kasernzimmern ist es unter
Umständen mit Schwierigkeiten verknüpft den Ofen in dieser Weise
aufzustellen wegen Beengung des Raumes in der Mitte des Zimmers.
In solchen Fällen thut man am besten ihn in der Mitte einer der
Langseiten des Zimmers zu stellen, wogegen seine Placirung in einer
Ecke immer vermieden werden sollte. Ein grösserer Raum wird
naturgemäss durch mehrere kleinere Oefen auf verschiedene Plätze
vertheilt gleichmässiger erwärmt als durch einen grossen und es sind
daher die ersteren vorzuziehen.

Bei gewöhnlicher Ofenheizung darf eine eigene Ventilationsanlage nie fehlen.

Die Zahl der Fenster eines Zimmers muss bei der Anlage der
Heizvorrichtungen berücksichtigt werden, indem die Glasflächen stark
abkühlend auf die Stubenluft wirken. Nach HOOD[2] kühlen 0,0928
☐Meter (1 ☐Fuss engl.) 0,036 Cubikmeter (1,279 Cubikfuss engl.)
in einer stillen Atmosphäre um so viel Grad in der Minute ab, als
die Innentemperatur des Raumes höher ist, als die Aussentempe-
ratur. Es muss daher namentlich bei gegenüberliegenden Fenstern
die Leistungsfähigkeit der Heizeinrichtungen hierauf Rücksicht neh-

1) Deutsche militär-ärztliche Zeitschrift. 7. Jahrg. Heft 1. S. 8.
2) HOOD, on Warming etc., Fourth edition. London 1869, nach dem Report
on barraks and hospitals. p. XIV, citirt bei ROTH u. LEX a. a. O. 1. Bd. S. 599.

men. Zur Herabsetzung des Zuges und zur Verminderung der Abkühlung der Luft an den Fensterscheiben sollte namentlich bei sehr
kalten und den Winden ausgesetzten Kasernen die Beschaffung von
Doppelfenstern für den Winter im Interesse der Gesundheit der Bewohner nicht versäumt werden.

Wie ROTH und LEX sehr richtig bemerken [1]), bedarf es, welcher
Art auch die gewählte Heizung sein mag, einer genauen Controle
der in den Zimmern erzeugten Temperatur. Dieselbe darf aber nicht
nur subjectiv geschätzt werden, sondern es sollte in einem jeden
Kasernzimmer ein Thermometer aufgehängt sein, nach welchem eine
mittlere Temperatur von $17,5^0$ C. oder 14^0 R. zu erhalten wäre. Dies
ist namentlich bei der Ofenheizung das einzig rationelle Verfahren,
den Verbrauch an Heizungsmaterial zu regeln und einerseits dem
Ueberheizen und andererseits dem Kaltbleiben der Zimmer entgegen
zu treten. Bei der grossen Bedeutung, welche eine gleichmässige
Erwärmung der Stuben für die Gesundheit überhaupt hat, speciell
aber im Interesse der Vermeidung von Erkältungen, zu welchen überheizte Zimmer disponiren, ist die Controle der Temperatur nach dem
Thermometer dringend geboten.

4. Beleuchtung.

Was zunächst die natürliche Beleuchtung durch das Tageslicht anlangt, so ist als oberster Grundsatz für Wohnräume festzuhalten, dass dieselben direct beleuchtet sein müssen und nicht ihr
Licht auf indirectem Weg z. B. von einem Gang aus erhalten. Beleuchtung und Ventilation eines Zimmers stehen bis zu einem gewissen Grade, soweit nämlich der Luftwechsel durch das Oeffnen
der Fenster in Betracht kommt, mit einander in Connex, so dass
man sagen kann: Wo die erstere mangelhaft ist, da ist die letztere
schlecht. Am günstigsten lässt sich die Beleuchtung gestalten mittelst
Fenster an zwei gegenüberliegenden Seiten des Zimmers, namentlich
wenn sie sich an den langen Seiten befinden. Zimmer mit Fenstern
nur an einer schmalen Seite sind immer dunkel, wenn ihre Tiefe
nicht eine geringe ist. Nach ROTH und LEX [2]) sollte das Verhältniss der Fensterlichtfläche und der Grundfläche des Zimmers 1 : 10
und jenes zwischen Beleuchtungsfläche und Cubikraum 1 : 40 betragen; auf den Mann sind mindestens 0,8 ☐ Meter, besser noch
1 ☐Meter Fensterlichtfläche zu rechnen. GRUBER [3]) geht noch weiter

---

1) A. a. O. 1. Bd. S. 599.   2) ROTH u. LEX a. a. O, S. 601.
2) GRUBER, Die Anforderungen der Gesundheitspflege an den Kasernbau.
Organ des Wiener militär-wissenschaftl. Vereines. 7. Bd. 5. Heft. 1873. S. 208.

und fordert ein Verhältniss der Fensterfläche zur Grundfläche wie 1 : 5—1 : 6; ausserdem verlangt er, dass die Zimmer bei einseitiger Beleuchtung nicht über 6,5—7,5 Meter tief seien. In den neuen Kasernen zu Albertstadt bei Dresden ist das Verhältniss zwischen Fensterlichtfläche und Grundfläche wie 1 : 6 und das zwischen Beleuchtungsfläche und Cubikraum wie 1 : 21.

Bei der künstlichen Beleuchtung können zur Zeit nur zwei Materialien in Betracht kommen, nämlich Gas und Petroleum. Rüböl und Kerzen haben an und für sich nur eine schwache Leuchtkraft, und sind, wenn dieselbe Lichtstärke erreicht werden soll, viel theurer als Gas und Petroleum.[1] Ausserdem ist die Luftverunreinigung, besonders durch Kerzen, eine viel intensivere als durch Gas oder Petroleum.[1] Die Vorzüge des Leuchtgases sind Einfachheit und Reinlichkeit beim Gebrauch und starke Leuchtkraft, jene des Petroleums grössere Billigkeit bei gleicher Lichtstärke und geringere Verunreinigung der Luft durch Verbrennungsprodukte als bei Gas.[1] Die Nachtheile der Gasbeleuchtung bestehen darin, dass es dabei, um Unglücksfälle durch Vergiftung oder Explosion — entweder in Folge von Schadhaftigkeit der Leitung oder das Geöffnetsein eines Hahnes — zu vermeiden, einer sorgfältigeren Ueberwachung bedarf, die übrigens leicht durchgeführt werden kann, worauf sie allerdings fast gefahrlos ist. Die Gefahren und Nachtheile des Petroleums liegen in der leichten Brennbarkeit und Explosivität bei schlechtem Material oder unvorsichtiger Behandlung — das bei den Soldaten so beliebte Eingiessen von Petroleum in die Oefen, um rasch ein stärkeres Feuer zu Stande zu bringen — und in der etwas umständlichen Bedienung der Lampen. In neuester Zeit, gelegentlich des Ringtheaterbrandes in Wien, ist noch ein Nachtheil der Gasbeleuchtung zu Tage getreten, der allerdings nur bei Feuersgefahr in Betracht kommt, auf welchen aber bei so grossen Gebäuden, wie die Kasernen meist sind, immerhin Rücksicht genommen werden muss. Wird nämlich bei einem Brand während der Nacht, um eine Gasexplosion zu verhüten, oder zu verhindern, dass das Feuer immer neue Nahrung findet, der Centralhahn der Gasleitung geschlossen, so erlöschen natürlich sämmtliche Flammen im ganzen Gebäude und es herrscht dann unter Umständen vollständige Dunkelheit, die leicht zu grossen Unglücksfällen an Gesundheit und Leben der Mannschaft Veranlassung geben kann. Es ist daher ganz zweckmässig Gas- und Petroleumbeleuchtung zu verbinden, wie in Albertstadt bei Dresden, wo sämmtliche Corridore,

---

[1] ERISMANN, Untersuchungen über die Verunreinigung der Luft durch künstl. Beleuchtung u. s. w. Zeitschr. f. Biologie. XII. Bd.

Treppen, die Offiziers- und Unteroffizierscasinos, die Speisesäle,
Küchen und Werkstätten, die Bureaux und Unterrichtssäle, Schlafsäle und Abtritte durch Gas, die Chargen- und Mannschaftsstuben
mit Petroleum beleuchtet sind.[1]

Sowohl bei Gas- als bei Petroleumbeleuchtung sollte für den
Abzug der Verbrennungsprodukte durch über den Flammen angebrachte Abführungskanäle gesorgt werden. Es wäre diese Maassregel zugleich für die Lufterneuerung in den Zimmern von Nutzen.
Bei Gasbeleuchtung muss ferner darauf gesehen werden, dass sich
die Flammen nicht zu nahe über den Köpfen befinden, weil die
Wärmestrahlung bei Gas sehr stark ist und sich leicht unangenehm
fühlbar macht.

Die Intensität der Beleuchtung soll immer so sein, dass sich
die Leute Abends auch im Winter, ohne die Augen anzustrengen
oder sich dicht zusammenzudrängen, beschäftigen können.

Ob das elektrische Licht seine Concurrenten auch für die Beleuchtung von Wohnräumen mit der Zeit aus dem Felde schlagen
wird, lässt sich gegenwärtig nicht mit Bestimmtheit angeben, indessen
besteht bei den gewaltigen Fortschritten, welche die Technik der
elektrischen Beleuchtung in den letzten Jahren gemacht hat, grosse
Wahrscheinlichkeit dafür.

5. Fussböden.

Die schlechten Fussböden und die Arten, wie sie gereinigt werden, gehören mit zu den grössten Uebelständen, welche in den Kasernen herrschen. Für gewöhnlich besteht die Methode der Reinigung in trockenem Kehren, wodurch furchtbare Massen von Staub
täglich aufgewirbelt werden. Wird aber nass geputzt, so geschieht
dies meist in der Weise, dass grosse Mengen Wassers auf den Boden
ausgegossen und dieser dann mit Bürsten gefegt und mit Lappen
aufgetrocknet wird. Bei dieser Procedur dringt viel schmutziges
Wasser in die schlechten weichen Bretter des Fussbodens und durch
die Fugen zwischen den Brettern in die Füllung ein, die sich unter
dem Fussboden befindet. Hierdurch wird einerseits das Trocknen
sehr erschwert, andererseits aber Gelegenheit zur Bildung und Erhaltung von Zersetzungsprocessen namentlich auch in dem Füllmate-
rial gegeben, die gewiss unter Umständen zu Ursachen von Infectionskrankheiten werden können. Es ist dies ein Punkt, welchem,
wie ich glaube, bis jetzt zu wenig Beachtung und Aufmerksamkeit

---

1) Veröffentlichungen aus dem k. sächsischen Militär-Sanitätsdienst. Herausgegeben von W. Roth. Berlin 1879. S. 203.

geschenkt worden ist.[1]) Eine andere Art der Bodenreinigung ist die mittelst nassen Sandes oder nasser Sägespähne. Dadurch wird allerdings unmittelbar das Aufwirbeln von Staub und die grosse Nässe vermieden, allein wenn der Sand oder die Sägespähne trocken sind, so werden sie selbst wieder zu einer ausgiebigen Staubquelle. Die Nachtheile und Gefahren für die Gesundheit, welche diese beiden Schädlichkeiten: Feuchtigkeit des Fussbodens und Staubentwickelung mit sich bringen, fallen selten unmittelbar in die Augen, weil sie meist keine acuten Krankheitsprocesse erzeugen, gewiss vielmehr aber aus dem Grund, weil bis jetzt die Fehlbodenfüllung in der Aetiologie der acuten Infectionskrankheiten viel zu wenig Beachtung gefunden hat. Nichts desto weniger sind sie sicher vorhanden und gerade um so mehr zu fürchten, weil sie vielfältig langsam und schleichend, aber um so tiefer, die Gesundheit untergraben.

Es ist nicht schwer, dem Entstehen dieser Schädlichkeiten durch einfache Maassregeln vorzubeugen. Die Fussböden müssen aus festem, hartem Holz bestehen, welches dem Eindringen von Schmutz und Wasser an sich schon grösseren Widerstand darbietet und ausserdem weniger schnell durch den starken Verkehr und die genagelten Stiefel abgenützt wird. Böden aus Steinplatten sind für unser Klima zu kalt. Das Gleiche gilt von solchen aus Backsteinen mit einem Asphaltüberzug. Die Letzteren haben noch den Nachtheil, dass der Asphalt schnell abgenützt wird und zu Staubbildung Veranlassung gibt. Bei hölzernen Fussböden müssen ferner die einzelnen Bretter gut und dicht aneinander gefügt und durch allenfallsiges Schwinden des Holzes entstandene Zwischenräume gut ausgefalzt sein, damit keine Feuchtigkeit in die darunter liegende Füllmasse gelangen kann. Diese selbst muss aus möglichst reinem, nicht zersetzungsfähigem Material bestehen. Hiergegen wird nicht selten verstossen, indem alter Bauschutt und andere mit organischen Stoffen verunreinigte Abfälle zum Ausfüllen verwendet werden, was gewiss nicht gleichgiltig ist. Sehr zu empfehlen ist es, die Holzfussböden mit siedendem Leinöl wiederholt zu tränken. Durch dieses Verfahren wird das Holz fester und, was vorzüglich von Wichtigkeit ist, impermeabel für Wasser. So behandelte Böden lassen sich leicht durch Abwaschen mit feuchten und darauf folgendem Abreiben mit trockenen Lappen reinigen,

---

1) Erst während des Druckes dieser Abhandlung erschien eine Arbeit von Dr. Rud. Emmerich „Die Verunreinigung der Zwischendecken unserer Wohnräume in ihrer Beziehung zu den ektogenen Infectionskrankheiten". Zeitschr. f. Biologie. XVIII. Bd. S. 253—382, aus welcher zur Evidenz hervorgeht, wie gerechtfertigt die oben ausgesprochene Ansicht thatsächlich ist. Wir machen auf diese interessanten Untersuchungen ganz besonders aufmerksam.

ohne dass Staub aufgewirbelt wird oder Feuchtigkeit zurückbleibt. Das Anstreichen mit Oelfarben oder Bleifarben ist viel theurer, das Letztere auch hygieinisch verwerflich, weil das Blei sich allmählich staubförmig der Luft beimischt. KIRCHNER[1]) constatirte in einem solchen Fall nicht gleichgiltige Mengen von Blei im Zimmerstaub, der sich auf dem Mobiliar niedergesetzt hatte. Das Tränken des Fussbodens mit Oel ist jährlich ein bis zwei Mal zu wiederholen.

6. Wände.

Wenn man erwägt, dass durch die porösen Wände fortwährend ein langsamer Luftstrom, entweder nach der einen oder der anderen Richtung hindurchzieht und die in ihm suspendirten Partikelchen, unorganische, organische und organisirte, durch die Wände wie durch ein Filter zurückgehalten werden, dass sich diese Partikeln darin allmählich aufspeichern, in Zersetzung übergehen oder durch Wachsthum oder Weiterentwicklung vermehren, und dass auf diese Weise ganze Brutstätten von organisirten Keimen, die ja nach Umständen Krankheitserreger sein können, in den Wänden sich etabliren, so muss man nothwendiger Weise zu dem Schlusse gelangen, dass es von Vortheil für die Gesundheit der Kasernenbewohner sein muss, wenn man das Verhältniss der Wandfläche per Kopf möglichst klein macht, besonders durch Verminderung von Wänden, die mit der äusseren Luft nicht direct in Contact stehen. Es war dies der leitende Gedanke, welcher TOLLET bei der Ausbildung seines Kasernbausystems vorschwebte, und er hat seinen Zweck in hohem Maasse erreicht. Die von der Société de médecine publique et d'hygiène professionelle zur Prüfung der TOLLET'schen Kasernen in Bourges eingesetzte Commission ist in dieser Beziehung zu folgenden Resultaten gelangt. Sie sagt in ihrem Bericht wörtlich[2]): „Wenn man die Ausdehnung der inficirten Materialien in einer Kaserne des Typus 1874 (centralisirte Kasernen) misst, so findet man eine Totaloberfläche von 15600 □Meter, also bei 785 Soldaten, welche die Kaserne bewohnen $\frac{15600}{785} = 20$ □Meter pro Kopf. In einer TOLLET'schen Kaserne dagegen findet man bei dem gleichen Verfahren eine inficirbare Gesammtfläche von 1300 □Meter, also bei 780 Soldaten, die 14 Pavillons und 26 Zimmer bewohnen $\frac{1300}{780} = 1,66$ Meter Quadratfläche für den Kopf". Die Commission zieht aus diesem Verhältniss von $\frac{20}{1,66} = 12,05$ den Schluss, dass „unter sonst gleichen Verhältnissen die Mannschaft, welche die Kasernen zu Bourges (TOLLET)

1) KIRCHNER, Lehrbuch der Militärhygiene. Erlangen, Enke 1869. S. 252.
2) Revue d'hygiène et de police sanitaire 1879. p. 1009—1027.

bewohnt, 12 mal weniger der Infection durch die Mauern ausgesetzt ist, als jene, welche die Kasernen des Massivtypus von 1874 bewohnt".

Im Uebrigen müssen die Wände, um ihre Imprägnirung zu verhüten, mit einem Ueberzug versehen werden, der selbst aus einem Material besteht, das nicht zersetzungsfähig und möglichst wenig zu Ablagerungen geeignet ist. Tapeten sind, abgesehen von dem Kostenpunkt, aus diesen Gründen unverwendbar. Einfacher Kalkanstrich ist sehr porös und es haften daher die Staubmassen sehr leicht darin. KIRCHNER[1]) fand bei der chemischen Untersuchung solches abgekratzten Kalkstaubes bis zu 54,3 % organische Bestandtheile. Auch ist es schon oft vorgekommen, dass Leute, die mit dem Abkratzen und Reinigen solcher Wände beschäftigt waren, von schweren Krankheiten befallen wurden. Leimfarben- und Wasserglasanstriche setzen die Durchlässigkeit der Wände sehr herab. Das Gleiche geschieht durch Oelfarbenanstrich, der, so lange er frisch ist, die Permeabilität vollständig aufhebt, aber auch nach Jahren noch eine starke Behinderung der Durchlässigkeit bewirkt.[2]) So fand MÄRKER durch Versuche, welche er an zwei Verputzstücken eines vor langer Zeit (mindestens 10 Jahre) mit Oelfarbenanstrich versehenen Hauses durchführte, dass der mit Oelfarbe angestrichene Mörtel im Mittel nur 12,9 % der ursprünglichen Durchlässigkeit von Mörtel ohne Oelfarbenanstrich besass.[2])

FLÜGGE[3]) hat nun nachgewiesen, dass die in allen Wohnräumen vorhandenen Spalten und Fugen einen verhältnissmässig sehr bedeutenden Bruchtheil des Luftzutrittes vermitteln, welcher bei der natürlichen Ventilation vor sich geht. Er verschloss z. B. die Thürspalten und Fensterrahmen u. s. w. sorgfältig luftdicht und bewirkte hierdurch eine Verminderung der Ventilationsgrösse um 76—82 %. Bei anderen Versuchen dagegen bestrich er die Wände mit Firniss und verklebte die Spalten an den Fenstern, während die Thüre nur wie gewöhnlich verschlossen war, was nur ein Absinken der Ventilationsgrösse um 38 % hervorbrachte. Bedenkt man deshalb noch die Vortheile der Oelfarbenanstriche, nämlich, dass sie glatt sind und sich vollständig durch Abwaschen mit Wasser reinigen lassen und ferner den Umstand, dass zu einer ausreichenden Ventilation einer Kaserne doch immer eigene Ventilationsvorrichtungen nöthig sind, so kann es keinem Zweifel unterliegen, dass die geringen Nachtheile der Oelfarbenanstriche durch ihre Vorzüge weit überwogen

1) KIRCHNER, Lehrbuch der Militärhygiene 1869. S. 252.
2) C. LANG, Ueber natürliche Ventilation und die Porosität von Baumaterialien. Stuttgart 1877. S. 86 u. ff.   3) FLÜGGE, Beiträge zur Hygiene. Leipzig 1879.

werden, und dass diese daher in allen Kasernen in Anwendung gezogen werden sollten zum Ueberziehen der Innenflächen der Wände.

Zur Zeit ist für die Kasernen überall noch der Kalkanstrich
Vorschrift und es bestehen nur Differenzen bezüglich der Zeit, nach
welcher eine Erneuerung des Anstriches zu erfolgen hat. In Deutschland sind drei Jahre als Termin festgesetzt, insofern es nicht, zufolge
besonderer Veranlassungen, der Reinlichkeit und Gesundheit wegen,
öfter für nöthig erachtet wird.[1] In Oesterreich sind die belegten
Mannschaftszimmer jedes zweite, die Gänge und Stiegen jedes dritte,
Küchen, Aborte und Stallungen aber jedes Jahr weissen zu lassen.[2]
In England ordnen die Medical regulations an, dass das Innere der
Kasernen wenigstens einmal in 6 Monaten mit Kalk abgewaschen
wird und alle 9 Jahre gemalt, gestrichen und abgekratzt, je nach
Requisition des commandirenden Offiziers.[3] In den französischen
Kasernen geschieht das Weissen der Wände alle Jahre.[4]

Das Ausweissen der Kasernen sollte jedes Jahr zweimal stattfinden, besonders im Frühjahr, wo die Eier der Wanzen und anderer
Insekten, die in den Ritzen der Mauern sich aufhalten, ausschlüpfen.
Der Schwerpunkt muss bei dieser Procedur übrigens auf das Abkratzen und sorgfältige Entfernen der früheren Kalklagen gelegt
werden, wodurch abgelagerte organische Massen, sowie Ungeziefer
und dessen Brut am besten entfernt werden. Gegen Wanzen nützt
ausserdem das sorgfältige Verdichten der Fugen.

Die Farbe der Wände darf nicht weiss sein, sondern sollte einen
gelben, grünen, grauen oder hellbraunen Ton erhalten. Desgleichen
sollten auch die Aussenseiten der Gebäude nicht weiss sein, weil
sie sonst die Augen der Bewohner gegenüberliegender Kasernen-
räume blenden.

7. Einrichtung der Mannschaftszimmer.

Die Einrichtung der Mannschaftszimmer muss sich auf das Nothwendigste beschränken, um jede unnöthige Beschränkung des Luftraumes — leider wird bei der Feststellung der Belegungsstärke der
von dem Mobiliar eingenommene Raum nicht von dem Cubikinhalt
der Zimmer in Abzug gebracht, sondern als Lichtraum berechnet —
und jede unnöthige Gelegenheit zur Ablagerung und Ansammlung
von Schmutz und Staub zu vermeiden. Das Material, aus welchem

---

1) Geschäftsordnung der kgl. preuss. Garnisonsanstalten. § 91.
2) F. GRUBER, Der Kasernbau in seinem Bezuge zum Einquartierungsgesetz.
Wien 1880. Lehmann u. Wentzel. S. 19.
3) KIRCHNER, Lehrbuch der Militärhygiene 1869. S. 253.
4) MORACHE, Traité d'hygiène militaire. p. 366.

die Einrichtungsgegenstände bestehen, sollte, soweit es thunlich ist, Eisen oder mit Oelfarbe angestrichenes Holz sein, um die Inficirbarkeit derselben möglichst zu verhindern und deren gründliche Reinigung leicht bewerkstelligen zu lassen. Für die Gesundheitspflege sind vorzüglich von Interesse: 1. die Betten und 2. die Möbel, besonders die Schränke.

1. Die Betten nehmen sehr viel Platz ein und bestehen zu einem grossen Theil aus Stoffen, welche ungemein viel Staub aufnehmen und leicht inficirt werden können. Durch das tägliche Herrichten der Betten und das Umwenden der Strohsäcke wird der Staub jeden Tag aufgewirbelt und verunreinigt die Luft. Schon aus diesen Gründen, zu welchen eben noch verschiedene andere hinzukommen, muss die Hygiene die Aufstellung der Betten in eigenen von den Wohnräumen getrennten Lokalen fordern, die nur zum Schlafen dienen, wie schon oben mehrfach betont wurde. Leider ist das Vorhandensein eigener Schlafräume in den Kasernen zur Zeit eine seltene Ausnahme und man muss daher zusehen, wie sich die Nachtheile, welche aus diesem Umstand für die Gesundheit der Mannschaft erwachsen, nach Möglichkeit paralysiren lassen. Vor Allem ist in dieser Hinsicht zu wünschen, dass der Raum, welchen die Betten einnehmen, bei der Zumessung des Luftcubus nicht als Luftraum in Rechnung gebracht würde, so dass dieser ungeschmälert bliebe. Die Betten stehen am besten senkrecht auf die Wände. Sie sollten nie unmittelbar vor den Fenstern, sondern, auch wenn mehrere solche vorhanden sind, an den Mauerpfeilern zwischen denselben ihren Platz haben. Von den Wänden sollen die Betten soweit abstehen, dass ein Zwischenraum bleibt, welcher weit genug ist, um eine leichte Reinerhaltung zu ermöglichen. Ein Zwischenraum von nur 10 Cm., wie er häufig verlangt wird (KIRCHNER, MORACHE) ist viel zu gering, denn es wird dadurch ein Raum geschaffen, der in ausgedehntem Maasse eine Ablagerungsstätte für Schmutz und Staub jeder Art und ein Herd für Zersetzungsvorgänge wird; er sollte etwa 30 Cm. Breite haben. Auch die seitlichen Abstände der Betten von einander sollten wenigstens $\frac{1}{2}$ Meter betragen, so dass die Betten von allen Seiten frei stehen. Das Aneinanderreihen von je zwei Betten paarweise ist ganz zu verwerfen, sowohl aus hygienischen, wie aus Sittlichkeitsrücksichten. Ebenso und in noch höherem Maasse ist das Uebereinanderstellen der Betten verwerflich, selbst wenn es nur bei Tage stattfindet, weil auch im letzteren Fall immer eine Hemmung der Luftcirculation dadurch herbeigeführt wird.

Die grosse Behinderung, welche die im Zimmer freistehenden

Betten für den Verkehr in demselben hervorbringen, haben zu verschiedenen Versuchen Veranlassung gegeben, sie während des Tags
auf ein möglichst kleines Volumen zu reduciren. In den englischen
Kasernen lassen sich die Betten auf die Hälfte ihrer Länge zusammen-
schieben, das Bettzeug wird in ein rundes Paquet zusammengerollt;
in den spanischen Kasernen können die eisernen Bettstellen durch
ein Charnier an der schmalen Seite senkrecht an die Wand gestellt
werden, das Bettzeug liegt gerollt zu den Füssen des Gestells. [1]
Marvaud [2] gibt an, dass in dem permanenten Barackenlager zu
Meudon ein vom Ingenieur Maurice angegebenes Hängemattenbett
(lit hamac) erprobt befunden wurde. Dasselbe ruht Nachts mit seinem
Fussende auf Tags über als Tisch benutzbaren Untergestellen und
wird des Morgens nach dem Aufstehen mittelst von der Decke herab-
hängender und über Rollen des Kopfendes laufender Stricke bis zur
Decke emporgezogen und daselbst befestigt. Kirchner [3] schlägt
vor, statt der massiven Bettstellen Hängematten einzuführen. Für
noch zweckmässiger hält er eine Einrichtung der Art, dass das
Unterlager mit der einen schmalen Seite an der Wand befestigt und
zum Gebrauch ein bis zwei Fuss über dem Boden quer in das
Zimmer aufgespannt wird, während des Tags ist es sammt Decke
und Kopfpolster an der Wand aufgerollt; man erspart dadurch nicht
nur an Raum, sondern auch den Strohsack und die Matratze mit
allen ihren Miasmen, da ein solches Unterlager von starkem Stoff
für sich elastisch und weich genug ist. Eine solche Einrichtung
mag ganz praktisch sein, soweit es die Raumersparniss betrifft, was
aber den Wegfall der Matratze und des Strohsacks anlangt, so wird
dadurch das Bett, wenigstens während der kühlen und kalten Jahreszeiten in unseren Klimaten viel zu kalt.

Das zu den Betten verwendete Material (Stroh, Rosshaar, Woll-
decken u. s. w.) ist ungemein leicht zu inficiren und muss daher
immer als eine Quelle der Insalubrität betrachtet werden. Aus
diesem Grund sollten, wie schon gesagt, die Betten aus den Wohnräumen entfernt sein. Wo dies aber nicht angeht, muss für möglichste Reinerhaltung durch häufiges Lüften, Ausklopfen, Waschen
und Wechseln der Füllung gesorgt werden. Der Vorschlag von
Roth und Lex [4] Drahtmatratzen in Anwendung zu ziehen, wodurch

---

1) Kirchner a. a. O. S. 254.
2) Marvaud, Etudes sur les casernes et les camps permanents. Annal. d'hygiène publique 1872 et 1873.
3) Kirchner a. a. O. S. 254.
4) Roth u. Lex, Handbuch der Militärgesundheitspflege. 1. Bd. S. 607.

sich zugleich die Dicke der Strohsäcke wie Haarmatratzen reduciren würde, wäre sehr zweckmässig, wenn dadurch die Strohsäcke und Matratzen ganz erspart werden könnten, allein Drahtmatratzen sind, wenn nicht eine dicke Lage von Stroh oder Rosshaaren auf ihnen liegt, zu kalt. Für die Lüftung des gesammten Bettes sind halbjährige Perioden zu lang. Jedenfalls muss, wenn sich üble Gerüche bemerklich machen, eine totale Erneuerung der Strohsäcke wie der Matratzen erfolgen. — In der französischen Armee findet eine frische Füllung der Strohsäcke alle sechs Monate, eine halbe Füllung alle drei Monate statt. Das Bettzeug wird dort alle zwanzig Tage in der Zeit vom 1. Mai bis 30. September, alle 30 Tage vom 1. October bis 30. April bei den Soldaten gewechselt, mithin öfter als in der deutschen Armee, wo dies nur alle 4—6 Wochen geschieht. Auch findet dort die Aufarbeitung der Matratzen häufiger (alle 18 Monate) statt. [1]) Roth und Lex knüpfen daran die Bemerkung, dass a priori die kürzesten Zeiträume als die besten erscheinen, doch sind ihnen aus unseren Kasernen keine nachtheiligen Erfahrungen bei den bestehenden Einrichtungen bekannt geworden.

2. Die Möbel und sonstigen Einrichtungsgegenstände sind für die Hygiene hauptsächlich nur insofern von Interesse, als durch sie der Luftraum beschränkt zu werden pflegt. Eine besondere Rücksicht verdienen noch die Schränke, wie sie in der deutschen Armee, pro Mann einer, vorgeschrieben sind, da einerseits durch ihre Aufstellung in den Zimmern unter Umständen die Luftcirculation gehemmt wird und andererseits aus dem Grund, weil in ihnen nicht selten Nahrungsmittel aufgehoben werden, was zur Luftverderbniss Veranlassung geben kann. In dieser Beziehung ist auf strengste Reinlichkeit zu halten. Im Uebrigen muss die Gewährung eines Schrankes für jeden Mann als ein bedeutender Fortschritt angesehen werden gegenüber den früher vielfach üblichen und zum Theil auch jetzt noch gebräuchlichen sogenannten Zapfenbrettern, auf welchen die vollständige Ausrüstung des Mannes und ausserdem sein Brod offen ihren Platz hatten. Im Hinblick darauf, dass in der französischen Armee auch jetzt noch die Ausrüstung für die Pferde, zum Theil in den Gängen, zum Theil aber in den Zimmern der Mannschaft selbst vorschriftsgemäss untergebracht werden muss[2]), dürfte hier der Platz sein, darauf hinzuweisen, dass ein solches den

---

1) Didiot, Code des officiers de santé de l'armée de terre (Paris 1863). p. 579. Citirt bei Roth u. Lex.

2) Morache, Traité d'hygiène militaire. Paris 1874. p. 361.

primitivsten Anforderungen der Hygiene Hohn sprechendes Verfahren nicht genug gebrandmarkt werden kann.

Erwähnt kann noch werden, dass für die Bequemlichkeit der Soldaten wenigstens soweit gesorgt werden muss, dass jeder derselben genügenden Platz zum Sitzen und zu allenfallsiger sitzender Beschäftigung, wie Lesen und Schreiben u. s. w., an einem gemeinschaftlichen Tisch hat. In Deutschland erhält jeder Mann einen Schemel ohne Lehne und 10 Mann zusammen einen Tisch. In Frankreich dagegen erhalten nach dem Reglement 16 Mann zusammen einen Tisch von 2 Meter Länge und 70 Cm. Breite und zwei Bänke von je 2 Meter Länge, so dass pro Kopf nur ein Sitzplatz von 25 Cm. trifft.[1] Diess ist viel zu wenig, denn wenn es vielleicht auch nicht gerade häufig vorkommt, dass alle 16 Mann zu gleicher Zeit sich setzen wollen, so muss doch auf diese Eventualität Rücksicht genommen sein.

Wir können diesen Abschnitt nicht schliessen, ohne nochmals mit allem Nachdruck zu betonen, dass allerdings eine zweckmässige Anlage der Wohnräume und aller für die Erhaltung der Gesundheit nöthigen Einrichtungen die Grundbedingung aller Salubrität in einer Kaserne ist, dass aber auch die besten hygienischen Institutionen wenigstens zum Theil ihre Wirkung verfehlen, wenn nicht Ordnung und Reinlichkeit bis ins kleinste Detail herrscht und dass umgekehrt durch eine energische Handhabung derselben manche Mängel der Anlage weniger sich fühlbar machen. Es erscheint daher zweckmässig hier als ein Beispiel die zutreffenden Paragraphen der in Deutschland geltenden Kasernenstubenordnung folgen zu lassen:

3. Im Sommer früh um acht, im Winter früh um neun müssen die Stuben vollkommen in Ordnung, d. h. alle Lagerstätten müssen zurecht gemacht und aufgeräumt sein, nachdem Jeder sich selbst gereinigt hat.

Zur vollständigen Aufräumung der Lagerstätten gehört die tägliche Umwendung der Strohsäcke oder Matratzen.

8. In jeder Stube hat täglich ein Mann die Besorgung der Reinlichkeit. Er macht die Stube rein, schafft den Kehricht an den angewiesenen Ort, wischt Tische, Thüren, Fenster, Oefen u. s. w. ab, reinigt die Wasch- und Spülnäpfe und Wasserkannen, holt das Wasser den Tag über, leert und füllt die Spucknäpfe, schafft im Winter die Brennmaterialien herbei, heizt ein, macht die Stubenlampen rein und füllt sie mit Oel.

Die Bettstellen, Stühle und Schränke u. s. w. müssen durch die Stubenmannschaft täglich abgewischt werden, damit der Staub und die Feuchtigkeit sich nicht daran hängen.

---

1) MORACHE, Traité d'hygiène militaire. Paris 1874. p. 359.

10. Während die Stube gereinigt wird, müssen im Sommer und Winter die Fenster und Thüren aufgemacht werden.

11. Die Stuben müssen stets reinlich gehalten werden, auch darf sich Niemand auf die Lagerstellen setzen oder legen.

14. Niemand darf in die Stuben oder Gänge spucken oder Pfeifen ausklopfen, sondern es muss Jeder dazu sich der Spucknäpfe bedienen.

15. Arbeiten, welche die Stube verunreinigen, dürfen in denselben nicht getrieben werden.

20. Niemand darf an anderen, als an den angewiesenen allgemeinen Reinigungsplätzen Waffen oder Montirungsstücke putzen.

30. Das Tabakrauchen ist bei Tage überall, mit Ausnahme der Trocken- und Vorrathsböden, der Montirungskammern, Küchen und der Holzställe, oder deren Nähe erlaubt; bei eintretender Finsterniss aber nur in den Zimmern und unter keiner Bedingung im Bett.

Jede Tabakspfeife muss mit einem Deckel versehen sein.

32. Jede Entledigung von Bedürfnissen an anderen, als den vorgeschriebenen Orten, sowie jede Unreinlichkeit überhaupt, wird auf das Schärfste bestraft.

34. Zu mehrerer Reinlichkeit ist bei jedem Eingang ein grosses Eisen angebracht, dessen sich Jeder zu bedienen hat, um den Schmutz von den Füssen los zu werden.

35. Die Unteroffiziere oder sonstigen Mannschaften des Dienstes müssen in der Nacht durch ihr Revier Patrouillen machen, um sowohl auf Feuer und Licht Acht zu haben, als auf die strengste Befolgung der für die Nacht stattfindenden polizeilichen Anordnungen zu sehen.

36. Von jeder Compagnie und Escadron werden die nöthigen Leute commandirt, um die Reinigung der Treppen und Gänge zu besorgen.

37. Während der Periode, in welcher geheizt wird, muss jeder Stubenälteste strenge darauf halten, dass die Ofenröhre nicht früher zugemacht wird, als bis das Feuer völlig ausgebrannt ist. Auch darf nach dem Schlafengehen der Soldaten kein Feuer mehr im Ofen, und die Ofenröhre nicht geschlossen sein.

Fügt man noch dazu, dass zu Aufbewahrungsräumen für Materialien, die durch ihre Ausdünstung und Zersetzung die Luft verunreinigen können, wie Uniformen-, Victualien- u. s. w. Vorräthe, vor Allem aber schmutzige Wäsche nie, auch nicht vorübergehend, die Wohnräume dienen dürfen, sondern dass dergleichen Gegenstände in eigenen von den letzteren entfernten Räumen unterzubringen sind, dass ferner die Schränke am besten ausserhalb der Wohnräume aufgestellt werden, so wird bei aufmerksamer Controle und Fernhaltung sonstiger gesundheitswidriger Gebräuche die Salubrität der Wohnräume als gesichert zu betrachten sein.

VI. Wohnräume zu besonderen Zwecken.

Soll eine Kaserne ein behaglicher und gesunder Aufenthaltsort sein, wie man es vom sanitären Standpunkt aus verlangen muss, so

muss sie sich dem Muster eines zweckmässigen Wohnhauses möglichst nähern. Zu diesem Behufe genügt es nicht, dass dem Mann
ein einziges Lokal angewiesen ist, in welchem er wohnt, schläft, isst
u. s. w., sondern es müssen verschiedene von einander getrennte,
jede nur einem bestimmten Zweck dienende Räumlichkeiten vorhanden sein. Als solche sind zunächst zu nennen eigene Schlaf-,
Speise-, Putz- und Waschräume und weiterhin für noch speciellere
Verrichtungen und Zwecke dienende, wie Handwerkerstuben, Krankenzimmer u. s. w.

Die Vorzüge eigener Schlafräume beruhen der Hauptsache
nach auf der Vermehrung des pro Kopf treffenden Luftraumes und
darin, dass der Soldat während der Nacht der Staubatmosphäre seines
Wohnraumes entrückt ist. Der Nutzen dieser Trennung hat sich
bereits dort, wo sie durchgeführt ist, nämlich im königl. sächsischen
Armeecorps dadurch praktisch bewiesen, dass die Mortalität und die
Morbidität in demselben niedriger sind, als in den anderen deutschen
Armeecorps.[1] Damit diese Einrichtung ihre Wirksamkeit im vollsten Maasse entfalten kann, ist indess das Vorhandensein gewisser
Bedingungen nothwendig, nämlich in erster Linie, dass die Schlafräume nicht zu dicht belegt und dass sie ventilirt sind. Es herrscht
vielfach die Ansicht, dass der Luftcubus in solchen Schlafräumen
beschränkt werden dürfe, weil sie ja unter Tags gelüftet werden
können. Diese Ansicht ist durchaus irrig, denn, wenn nicht auch
Nachts fortwährend eine ergiebige Lufterneuerung stattfindet, so muss
schon nach ganz kurzer Zeit die Luft in diesen Localen in Folge
der Anhäufung von Produkten der Athmung und der Hautthätigkeit
verdorben sein. Die natürliche Ventilation durch die Wände wird
überdiess durch die Art wie meistens gelüftet wird, wenigstens in
der kalten Jahreszeit sehr beeinträchtigt, wie PETTENKOFER besonders hervorgehoben hat.[2] Dadurch nämlich, dass die Fenster in
den Schlafräumen den ganzen Tag offen gelassen werden und nur
wenig oder gar nicht geheizt wird, stellt sich eine solche Abkühlung
der Wände ein, dass der von den Schlafenden ausgeathmete Wasserdampf an denselben condensirt wird und gegen Morgen zu die Poren
der Wände immer mehr und mehr verschliesst. Wenn von diesem
Wasser den Tag über bei offenem Fenster auch wieder etwas verdunstet, so kommt es doch gar nicht selten vor, dass solche Säle
im Laufe des Winters deutlich nasse Stellen in der Wand erscheinen

---

1) ROTH u. LEX a. a. O. 3. Bd. S. 500.
2) Populäre Vorträge. 1. Heft. S. 60. Braunschweig, Vieweg u. Sohn 1877.

lassen, wie die Erfahrung in anderen Anstalten, wo viele Menschen
in einem Raume schlafen, gelehrt hat. „Wer Morgens vor dem Aufstehen in einen solchen Saal tritt, sagt PETTENKOFER, prallt förmlich zurück vor dieser Luft, welche die Nacht über nur ganz unbedeutend und zufällig erneuert worden — und mit den Ausschei-
dungen von Haut und Lungen und auch noch anderer Organe so
schwer beladen ist, dass sie auf einen frisch in diese Atmosphäre
Eintretenden mit ihrer ganzen Wucht drückt."

Dass auch in den sächsischen Kasernen das Ideal noch nicht
ganz erreicht ist, geht aus den Ergebnissen der in einer dieser Kasernen von LEO [1]) gemachten Luftuntersuchungen hervor. Der mittlere Befund des Kohlensäuregehaltes war folgender:

Abends 8—10 Uhr: 0,86 p. M.
Nachts 10—12 ⸗ 1,57 ⸗
⸗ 12— 2 ⸗ 2,14 ⸗
⸗ 2— 4 ⸗ 2,48 ⸗

Es soll damit in keiner Weise den vorzüglichen Einrichtungen
dieser Kasernen zu nahe getreten werden und es ist gewiss richtig,
was LEO sagt, dass zur richtigen Würdigung dieses Resultates erst
die Abwesenheit von organischen Körpern in den luftigen, den ganzen
Tag über gehörig ventilirten Schlafsälen, welche weder Tabaksqualm
noch sonstige Kaserngerüche aufzuweisen haben, führt, indessen liesse
sich doch durch eine etwas schwächere Belegung oder was sich
praktisch wohl leichter durchführen liesse, durch eine etwas vermehrte Ventilation ein noch günstigeres Resultat erzielen. Es ist
auch, wie LEO mittheilt, ein Unterstützungsmittel bereits angeordnet
worden, dadurch dass man durch mehr der natürlichen Ventilation
dienende Oeffnungen die Bewegung der Luftschichten und damit die
Mischung der Gase begünstigt.

So vortheilhaft für die Gesundheitspflege auch die Herstellung
eigener Schlafräume wäre, so steht derselben für grosse Heere doch
ein gewaltiges Hinderniss im Wege, nämlich der Kostenpunkt, an
welchem dieselbe selbst in England scheiterte. Alle übrigen Einwände, welche noch gemacht worden sind, haben gegenüber der
nachgewiesenen Förderung der Gesundheitsverhältnisse keine principielle Bedeutung.

Eigene Waschräume giebt es in England, in Amerika und in
der sächsischen Armee. Es wäre aber im Interesse der Reinlichkeit

---

1) Ueber Luftuntersuchungen in der Kaserne des kgl. 2. Grenadier-Regiments
Nr. 101 Kaiser Wilhelm, König von Preussen, in: Veröffentlichungen aus dem kgl.
sächs. Militär-Sanitätsdienst. Herausgegeben von W. ROTH. Berlin 1879. S. 230—244.

sehr zu wünschen, dass dieselben allgemein hergestellt würden. Ihren Platz würden sie am besten neben den Schlafsälen erhalten. Sie sollten mit laufendem Wasser und mit einem impermeabelen Boden versehen und für den Winter heizbar sein. Es könnte durch diese Einrichtung vielleicht eine grössere Liebe zur Reinlichkeit bei den Soldaten hervorgebracht werden, so dass sie sich öfter im Tage z. B. nach dem Exerciren, vor dem Essen u. s. w., waschen würden, was gewiss von günstigem Erfolg auf ihr Wohlbefinden wäre.

Eine unbestreitbare Nothwendigkeit sind besondere Putzräume in den Kasernen, durch welche allein es möglich ist einigermaassen die Staubentwickelung in den Wohnräumen hintanzuhalten. In diesen Localen müsste, soweit dies nicht im Freien möglich ist, die Reinigung der Montur- und Armaturstücke ausschliesslich vorgenommen und jede derartige Procedur mit aller Strenge aus den Wohnzimmern und von den Gängen verbannt sein. Natürlich müssen solche Putzräume energisch ventilirt und gut mit Wasser versorgt sein. Es wäre gewiss nur zweckmässig, wenn neben jeder Kaserne im Freien ein gedeckter Platz hergestellt würde, der nicht blos zum Putzen, sondern auch zum Lüften eventuell zum Trocknen nasser Kleidungsstücke verwendet werden könnte. Es würde dadurch viel lästiger Geruch und Dunst aus den Kasernenzimmern ferngehalten. In den deutschen Kasernen ist für jede Compagnie, Escadron oder Batterie ein Raum von etwa 45 ☐ Meter im Keller- oder Erdgeschoss für das Putzen bestimmt.

Damit das Verzehren der Kost nicht in den Zimmern, welche zum Wohnen bestimmt sind, stattfinde, wodurch immer eine Verunreinigung derselben und sehr häufig auch der Gänge, welche zu ihnen führen durch Ausschütten von Speisen u. s. w. erfolgt, sollten auch eigene Speisesäle vorhanden sein. Am zweckmässigsten würden dieselben für je eine oder zwei Compagnien in der Nähe der Küche gelegen sein. Dieselben Locale könnten zugleich als Rauch- und Trinkzimmer dienen, damit die Bestimmung getroffen werden könnte, dass in den Wohnzimmern nicht geraucht werden darf. Sehr treffend bemerken übrigens ROTH und LEX [1] hinsichtlich etwaiger Bestimmungen, durch welche das Rauchen in den jetzigen gleichzeitigen Wohn- und Schlafstuben, restringirt oder ganz verboten werden soll: „Auch diese Frage weist wieder auf die Nothwendigkeit wirksamer Ventilationseinrichtungen hin, welche weniger disciplinare Maassregeln erfordern."

1) ROTH u. LEX, Handbuch der Militärgesundheitspflege. 1. Bd. S. 612.

Ein ferneres dringendes Bedürfniss sind besondere Handwerkerstuben für die Schuhmacher, Schneider und Sattler, damit der bei der Ausübung dieser Gewerbe entstehende Staub und Dampf nicht in den Wohnräumen entwickelt und dadurch die Luft noch mehr verunreinigt wird. Wenn auch diese Handwerkerstuben nur zum Aufenthalt bei Tage dienen dürfen, so müssen sie nichts destoweniger gut ventilirt sein, um so mehr als ohnehin grösstentheils schwächliche und zur Erkrankung an Phthise geneigte Individuen als Oeconomiehandwerker verwendet werden.

Nicht minder nothwendig als die bisher aufgeführten Locale sind eigene ärztliche Dienstzimmer. Es sollten deren wo möglich zwei neben einander liegende Räume sein, von denen das eine dem Arzt als Aufenthalt bei der Untersuchung der Revierkranken, ferner zur Aufbewahrung der dienstlichen Listen, Bücher, von Instrumenten, Arznei- und Verbandsmitteln u. s. w. dient, während in dem anderen grösseren die krank Gemeldeten sich zur Untersuchung durch den Arzt versammeln, die dienstthuenden Lazarethgehilfen sich aufhalten und allenfalls Schwerkranke bis zum Transport ins Lazareth untergebracht werden können. Zu diesem Zweck müssten sich einige Betten in diesem Zimmer befinden. Diese Zimmer müssen hell, luftig und gut heizbar sein und möglichst an einem Platz in der Kaserne gelegen sein, wo der Arzt bei der Untersuchung der Kranken nicht durch Lärm gestört wird.

Eigentliche Krankenzimmer, in welche Leichtkranke einige Tage in ärztlicher Behandlung untergebracht werden, sogenannte Infirmerien, wie sie in Frankreich noch bestehen, können nur für den Fall empfohlen werden, wenn sie wie Lazarethe eingerichtet sind, wie die in England eingeführten Regimentslazarethe.

Wohnräume für Verheirathete sind in Kasernen immer ein, wenn auch nur schwer zu beseitigender Uebelstand. Meist ist der Raum, welcher für eine Familie angesetzt ist, ohnehin schon ein zu kleiner, er wird aber dadurch, dass vielfach in den Stuben gewaschen und gekocht wird, noch viel schlimmer gemacht und für die Gesundheit der Eltern, namentlich aber der Kinder, gefährlich. Es bedarf dies keines weiteren Beweises. Wer die anämischen, scrophulösen und rhachitischen Kinder dieser Leute kennt, der kann sich der Ueberzeugung nicht verschliessen, dass schwere sanitäre Schädlichkeiten auf sie einwirken. Ausserdem ist auch das Zusammensein der Eltern und Kinder verschiedenen Geschlechts, wozu häufig noch ein halberwachsenes Kindsmädchen kommt, in einem Raum, besonders während der Nacht, eine ernste moralische Schattenseite.

Eine Verbesserung dieser Uebelstände liesse sich am einfachsten dadurch beseitigen, dass man einerseits den Verheiratheten an und für
sich einen grösseren Raum gewähren würde, namentlich auch mehr
Gelasse, und dass die Grösse des Raumes mit der Grösse der Familie zunähme. Allein eine derartige Maassregel würde wieder in
anderen Beziehungen auf grosse Schwierigkeiten und Hindernisse
stossen, und so ist es wohl am besten das Bewohnen der Kasernen
für Verheirathete möglichst zu beschränken.

Die Wachlokale sind häufig Räume, welche sich durch ihre
Insalubrität ganz besonders auszeichnen. Vielfach schon an und für
sich zu klein für die Anzahl von Menschen, die sie aufnehmen sollen,
sind sie gewöhnlich gar nicht ventilirt, oft feucht und dunkel. Hierzu
kommt noch, dass in denselben gegessen, getrunken und geraucht
wird, dass die Mannschaft in demselben Raum schläft und dass nicht
selten auch noch nasse Kleidungsstücke trocknen müssen. Wenn
auch im Grossen und Ganzen diese Schädlichkeiten nur zeitweilig
auf denselben Mann einwirken, so ist doch nicht ausser Acht zu
lassen, dass er dort, wo ihn dieser Dienst oft trifft, in nicht allzugrossen Zwischenpausen Tag und Nacht unter diesen schlechten Verhältnissen zuzubringen gezwungen ist. Es müssen daher auch auf
die Wachstuben dieselben Grundsätze Anwendung finden, wie auf
die Wohnräume. Die Zimmer sollen geräumig und luftig und mit
einer ausreichenden Ventilation versehen sein, die Beheizung geschieht am besten mittelst Mantelöfen, welche die Zufuhr frischer
Luft besorgen. Im Uebrigen muss auf die grösste Reinlichkeit im
Lokale selbst gesehen werden. Sehr empfehlen würde es sich, dass
ein eigener Raum vorhanden wäre, in welchem die nassen Kleider
getrocknet werden könnten. Besondere Aufmerksamkeit verdienen
ferner die Abtritte, welche bei den Wachlokalen meist sehr schlimme
Zustände aufweisen. Für die meisten Fälle würde sich hier das
Tonnensystem am besten eignen. — Wie bei dem Kasernzimmer, so
verdiente auch hier die Beheizung eine strikte Ueberwachung. Gewöhnlich wird von den Soldaten in dieser Beziehung auf die Aussen-
temperatur durchaus keine Rücksicht genommen, sondern das für
den Tag bestimmte Quantum von Brennmaterial verbrannt, mag es
nun draussen kalt oder warm sein, und in Folge dessen werden im
letzteren Falle in den Wachstuben oft ganz unsinnige Temperaturen
unterhalten. Ein Thermometer wäre daher ein für diese Lokale
höchst wünschenswerthes Requisit.

Arreste. Wenn auch eine Besprechung der Arreste streng genommen nicht ganz an diese Stelle passt, so mag sie doch wegen

der höchst mangelhaften sanitären Beschaffenheit, welche in der Mehrzahl derselben angetroffen zu werden pflegt, hier mit einigen Worten berührt werden. Es handelt sich selbstverständlich hier nur um die in den Kasernen selbst befindlichen Arrestlokale zur Verbüssung kürzerer Disciplinarstrafen.

Die hauptsächlichsten Mängel sind in der Regel das vollständige Fehlen jeglicher Ventilationsvorkehrung in den oft überfüllten Zellen und die Vorrichtungen zur Aufnahme und Entfernung der Excremente. Bezüglich des Luftcubus und der Ventilation müssen hier die gleichen Grundsätze gelten, wie für die Wohnräume. Ein Luftraum von 20 Cubikmeter neben vorhandener Ventilationseinrichtung stellt das Minimum dar, das gefordert werden muss. Eigene Ventilationsvorkehrungen sind namentlich dringend nothwendig in den zur Erstehung von strengem Arrest bestimmten Zellen, die vollständig dunkel sein sollen, wo also von einem Oeffnen der Fenster nicht die Rede sein kann. Zur Herbeiführung der nöthigen Luft darf aber nicht blos 'ein an einer beliebigen Stelle angebrachtes Luftloch dienen, sondern es müssen, wie schon oben erörtert, eigene Luftzufuhr- und Luftabfuhröffnungen vorhanden sein und durch erstere wirklich frische Luft eintreten können.

Was die Apparate zur Aufnahme der Excremente anlangt, so sind vielfach hölzerne mit Holzdeckeln verschliessbare Kübel, die Tag und Nacht im Arrest stehen und einmal täglich geleert werden, in Gebrauch. Diese Einrichtung ist natürlich eine ganz schlechte. Die Deckel schliessen gewöhnlich schlecht und sind nicht selten schadhaft, das Holz imprägnirt sich mit faulenden Excrementen, so dass schon der leere Kübel stinkt. Ueberdies wird namentlich in den Dunkelarresten leicht Urin neben die Gefässe entleert und geht auf dem Boden rasch in Zersetzung über. Der Gestank, der sich in solchen Zellen findet, ist daher unter Umständen ein ganz furchtbarer, so dass man beim Betreten derselben förmlich zurückprallt und sich nur wundern muss, dass nicht öfter Klagen darüber geführt werden. Als Abtritt ist ein Watercloset in jeder Zelle am geeignetsten. Sind solche nicht möglich, so dürften Erdclosete vielleicht die empfehlenswertheste Anlage bilden. Für die Beheizung wäre entweder bei einer grösseren Anzahl von Zellen eine Centralluftheizung, oder in anderen Fällen Ventilationsmantelöfen der zweckentsprechendste Modus.

VII. Oekonomische und Reinlichkeits-Anlagen.

1. Wasserversorgung.

Die reichliche Versorgung mit Wasser ist für Kasernen eine unbedingte Nothwendigkeit. Leider ist zur Zeit in den Kasernen grossentheils für Wasser, sowohl qualitativ, als quantitativ nur schlecht gesorgt, am meisten aber fehlt es an der Art der Zuführung desselben. In den Kasernen, wo, wie schon mehrfach betont wurde, Reinlichkeit aller Orten, an Menschen wie an Gegenständen, eine Hauptbedingung für die Salubrität ist, genügt es nicht, dass für eine grössere Anzahl von Menschen, z. B. eine Compagnie oder Escadron u. s. w., ein Brunnen im Hofe sich befindet, sondern es muss das Wasser in allen Stockwerken bequem und in grosser Menge zu haben sein. Zu diesem Behufe müssen entweder Reservoirs in den obersten Theilen des Gebäudes vorhanden sein, welche durch Pumpen gespeist werden, und von denen aus das Wasser mittelst Röhren in der ganzen Kaserne vertheilt wird, oder, was weitaus das Beste ist, die Kaserne in ein schon bestehendes Wasserleitungssystem eingefügt werden, welches genügenden Druck besitzt, um das Wasser auch in die obersten Stockwerke zu befördern. Was den Wasserbedarf anlangt, so beträgt derselbe nach den Ermittelungen in den Kasernen zu Dublin und Portsmouth ausschliesslich der Wasserclosets täglich 44 Liter und mit den ersteren rund 70 Liter pro Kopf.[1] Zur Sicherung gegen Feuersgefahr empfiehlt es sich auch in jedem Stockwerk mehrere Hydranten zum Ansatz von Schläuchen anzubringen.

Bei Unbrauchbarkeit der gewöhnlichen Brunnen können unter Umständen NORTON'sche Senkbrunnen von grosser Bedeutung für Kasernen sein, um den nöthigen Wasserbedarf zu decken oder reineres Wasser zuzuführen, als es durch erstere geschieht.

2. Küchen.

Die Küchen liegen am besten getrennt von den Wohnräumen in eigenen Gebäuden. Es wäre gewiss das Zweckmässigste, in die-

---

1) PARKES, A manual of practical hygiene. 5. edition. p. 3. Der Wasserverbrauch ist an dieser Stelle folgendermaassen specificirt:

	Gallonen tägl. für den Soldaten:
Für Küchen	1
= Waschzimmer und Bäder	1
= Kasernreinigung	2,25
= Waschküchen und Verheirathete . . .	2,5
	9,75 = 44 Liter.

Ausserdem werden für Waterclosets 5 Gallonen = 22,5 Liter pro Kopf gerechnet.

selben Gebäude auch die Speisesäle zu verlegen, indem dadurch der
weite Transport der Speisen erspart würde. Sind keine eigenen
Speisesäle vorhanden, so dürfen die Küchen nicht zu weit von den
Wohnräumen entfernt sein. In England beträgt diese Entfernung
nicht mehr als höchstens 150 Schritte. Sehr wünschenswerth ist
die Verbindung mit dem Wohngebäude durch einen gedeckten Gang.

Der Boden der Küchen, welcher fortwährend der Feuchtigkeit
ausgesetzt ist, muss vollkommen impermeabel gemacht werden. Es
geschieht dies wohl am besten mittelst Klinker, die in Cement gelegt sind. Asphalt wird hier weniger passend sein, weil er unter
dem Einfluss der Wärme bald schadhaft werden wird. Im Uebrigen
muss der Boden aus geneigten in einer Richtung convergirenden
Flächen bestehen, an deren tiefstem Punkt sich ein Ablauf befindet,
der leicht durch Wasserzufluss gereinigt werden kann. Es wird dadurch für raschen Abfluss der verschiedenen Flüssigkeiten, welche
zufällig auf den Boden geschüttet werden, gesorgt, doch soll diese
Einrichtung nicht dazu dienen, die Schmutz- und Abwässer alle zu
entfernen.

Von grosser Wichtigkeit ist eine genügende Ventilation der
Küchen. Dieselbe ist in den englischen Kasernen so durchgeführt
wie in den Wohnräumen, d. h. es befinden sich im Dache Auslass-
öffnungen von wenigstens 1 ☐ Fuss auf jeden Kessel oder Backofen,
sowie Einlassöffnungen für frische Luft, für welche siebartige Platten
in die Fenster eingesetzt sind. [1] DEGEN [2] empfiehlt zur Ventilation
der Küchen den Schornstein für den Herd aus 0,4 Meter weiten,
gut zusammengesetzten, gusseisernen Röhren zu bilden und in einem
Abstande von 25 Cm. mit einem gemauerten Mantel zu umgeben.
Der Herd selbst wird mit einem Dache aus Eisenblech, welches
2 Meter vom Boden absteht, überdeckt. Unter diesem Dache befindet sich eine Oeffnung in dem oben beschriebenen Mantel von
ungefähr 0,4 ☐ Meter. Da der Zwischenraum zwischen diesem Mantel
und dem eisernen Schornstein stets erwärmt ist, so entweicht der
durch das Kochen entstehende Dampf durch diese Oeffnung, wenn
zugleich für den nöthigen Zuzug frischer Luft gesorgt wird. Dieser
wird am leichtesten dadurch erreicht, dass man in den unteren Theil
der Küchenthüre ebenfalls eine Oeffnung von 0,3—0,4 ☐ Meter ein-
schneidet, welche nach Belieben geöffnet und geschlossen werden
kann. Die Oeffnung am Kamin selbst wird durch eine eiserne Falle

---

1) ROTH u. Lex 1. Bd. S. 615.
2) DEGEN, Der Bau der Krankenhäuser S. 222.

regulirt, welche in einer Kette mit einem Gegengewicht hängt. Anstatt der Falle können auch bewegliche Jalousien angewendet werden. — Es soll dies nach DEGEN die einzige Art sein, den Kochdampf zu bewältigen. Gewöhnliche Schornsteinröhren haben nicht den Zug, welcher erforderlich ist, den Dampf, der durch seine Berührung mit der atmosphärischen Luft immer schwerer wird, abzuführen. Auch die besten Abzugseinrichtungen sind nutzlos, wenn nicht für ausreichende Zufuhr an frischer Luft gesorgt wird.

Bei Dampfbenutzung sind die Schwierigkeiten noch grösser, weil dann keine immerwährende Feuerung vorhanden ist, deren Schornstein den Dampfabzug vermitteln könnte. Man kann hier die erforderliche Ventilation dadurch erreichen, dass man einen Schornstein erbaut, in dessen Achse ein Rohr auf- und niedersteigt, durch welches Dampf circulirt; dieser Schornstein muss in unmittelbarer Nähe des Dampfkochkessels in Verbindung mit dem oben erwähnten Blechdach sich befinden. Um vor Beginn des Kochens überhaupt weniger Dampf entweichen zu lassen, bedarf es an den Kesseln selbst nur einer einfachen Vorrichtung, welche den in den geschlossenen Kesseln entstehenden Dampf ableitet und condensirt, ohne dass er mit den Wänden in Berührung kommt.

Eine sehr vollkommene Methode zur Absaugung des Kochdampfes besteht auch in der neuen Schützenkaserne zu Dresden. Die Einrichtung ist hier die, dass über den Kesseln in ihrem ganzen Umfang ein Blechmantel angebracht ist, in welchem drei mit einander in Verbindung stehende prismatische Abtheilungen hergestellt sind; in der mittleren beginnt nun ein Rohr, durch welches der Dampf abgesaugt wird. Dies geschieht entweder so, dass das Rohr in eine Kesselfeuerung geleitet ist, oder in der Weise, dass sich am Ende desselben ein von einer Dampfmaschine bewegtes Rad (Exhaustor) befindet. [1)]

Für schon bestehende Küchen liesse sich eine Ventilation wohl am einfachsten durch die Anbringung einer Gasflamme am Eingang des Dampfabzugsrohres erzielen, wie General MORIN vorschlägt.

In den Küchen müssen Fenster in grosser Menge vorhanden sein, sowohl im Interesse der Ventilation als der Reinlichkeit, welche in dunkeln Küchen stets eine zweifelhafte ist. In den englischen Militärküchen treffen Fenster im Verhältniss von 1,5 ☐ Meter auf 100 Cubikmeter Raum; ein Drittheil der Fenster ist in die Decke verlegt, um die Ventilation zu erleichtern.

---

1) ROTH u. LEX 1. Bd. S. 616.

Was die Anlage der Küchen anlangt, so verdienen Dampfküchen hygienisch betrachtet entschieden den Vorzug vor den gewöhnlichen Küchen. Sie sind bequemer, reinlicher, brauchen weniger
Bedienung und erleichtern eine gute Zubereitung der Speisen, verhüten namentlich das Anbrennen derselben; ausserdem gewähren
sie die grossen Vortheile, dass sie für mehrere Truppentheile zugleich angelegt werden können und dass der erzeugte Dampf auch
für anderweitige militärische Zwecke, als Badeanstalten, Waschküchen, zur Heizung von Kasernräumen u. s. w. mit grossem Nutzen
verwendet werden kann. Die Kosten für die Herstellung von Dampfküchen sind allerdings höhere, allein es lässt sich bei guter Anlage
viel Brennmaterial ersparen, so dass, selbst wenn man von den
grossen übrigen Vorzügen absieht, ihr Betrieb mit der Zeit die
höheren Anlagekosten rentirt. [1]

3. Waschküchen.

Was von den Kochküchen gesagt wurde, gilt zum grossen Theil
auch für die Waschküchen. Auch sie, besonders aber auch die Auf-
bewahrungsräume für die schmutzige Wäsche müssen von den Wohnräumen getrennt sein. In der Albertstadt bei Dresden befindet sich
eine Dampfwaschanstalt für die dortige Garnison, deren Einrichtung
und Betrieb sich vollkommen bewährt hat und wegen der hygienischen Wichtigkeit dieser Einrichtung hier kurz beschrieben werden soll. [2] Die Dampfwaschanstalt besteht aus einem gewölbten
höheren Mittelbau, der den Betriebsmaschinenraum und daneben
eine Desinfectionskammer mit doppelwandigem Dampfapparat, ferner
die Waschküche, sowie den Raum für die Trockenmaschine und die
Dampfrollen enthält. An seine westliche Giebelseite lehnt sich ein
kleiner, die Maschinenwärterwohnung bergender Flügel, während der
längere östliche Anbau die Annahmestelle und Kammern für
schmutzige Wäsche enthält. Der Verkehr zwischen diesen Nieder-
lagsräumen und der Waschküche wird durch einen bedeckten Gang
an der Nordseite der Gebäude vermittelt. Ein Dampfkessel von
25 ☐Meter Heizfläche, sowie eine achtpferdige Maschine besorgen

---

1) Bezüglich der Anlage und namentlich auch des rationellen Betriebes einer
Dampfküche siehe: Die Militär-Dampfküche und Badeanstalt von A. v. NERÉE
Hauptmann u. Compagniechef im 3. Westfäl. Infant.-Regt. Nr. 16. Berlin 1880.
E. S. Mittler u. Sohn.

2) Ich entnehme diese Schilderung: KLIEN, Die Albertstadt bei Dresden,
Veröffentlichungen aus dem kgl. sächs. Militär-Sanitätsdienst. Herausgegeben von
Dr. W. ROTH, Generalarzt I. Klasse und Corpsarzt. Berlin, Hirschwald 1879.

nach Erforderniss Warmwasser und Dampf, sowie den Betrieb
sämmtlicher Maschinen. Die Deckengewölbe des Wasch-, des Trocken-
und Rollraumes bestehen aus zusammengeschliffenen glasirten Hohlziegeln, welche sich sehr gut bewährt haben.

Von der Annahmestelle, beziehungsweise von den Wäschkam-
mern aus gelangt die schmutzige Wäsche (welche von jeder Compagnie getrennt deponirt, mit Blechzeichen versehen und bis zur
Wiederabholung getrennt aufbewahrt wird), auf eigens dazu construirten Handwagen in die Waschküche, wo sie einen halben Tag
lang in zwei Bassins und vier Bottichen eingeweicht stehen bleibt.
Von hier aus kommt die Wäsche in vier mit je sechs Messinghäm-
mern versehene Wasch- oder richtiger bezeichnet (Patent Schirmer)
Walkmaschinen, deren jede 60—70 Pfund Wäsche aufnehmen kann.
Nach Zusatz von 2 Liter concentrirter Soda- und Seifenlösung beginnt
die Maschine, unter geregeltem Ersatz des abzulassenden schmutzigen
Wassers durch reines, zu arbeiten. Nach ungefähr 15 Minuten zeigt
der Abfluss reinen Wassers die erfolgreiche Thätigkeit derselben.

Zwei gewöhnliche Holländer besorgen nun das Spülen und zwei
Centrifugen mit je 1200 Umdrehungen in der Minute ersetzen das
Ausringen der Wäsche. Jede dieser Centrifugen bewältigt die Wäsche
zweier Waschmaschinen.

Aus den Centrifugen gelangt die Wäsche auf dem kürzesten
Wege durch eine entsprechende Maueröffnung vor die im Nebenraum
aufgestellten beiden Trockenmaschinen. Dies sind 10 Meter lange,
ca. 3 Meter hohe eiserne Kammern, welche durch eingelagerte Dampf-
röhren auf 35° R. erwärmt werden können. Zu diesen Kammern
tritt von unten her atmosphärische Luft, während ein Exhaustor die
feuchte Luft beseitigt. An jeder Seite der Kammern läuft in den
zwei Etagen je eine endlose Kette in steter langsamer Bewegung
von vorn nach hinten. Gewisse in regelmässigen Zwischenräumen
befindliche Vertiefungen der Kettenglieder nehmen die mit nasser
Wäsche behangenen Stangen auf und gelangt die vorne eingelegte
Stange in 55—60 Minuten an das hintere Ende der Kammer, wo sie
mit der inzwischen getrockneten Wäsche herausgehoben wird. Nach
Umständen kommt die Wäsche sofort unter eine der drei in demselben Raume stehenden Dampfrollen.

Was nun die Leistung der genannten Anstalt anlangt, so vermag
dieselbe den monatlichen Wäschebedarf der gesammten Garnison (ca.
7000 Betttücher und 28000 Handtücher, im Gewicht von ungefähr
500 Centner) in nur 12 Tagen zu reinigen und bis zur Wiederaus-
gabe fertig zu stellen. Die übrigen 14 Arbeitstage des Monats werden

zur Reinigung der Leibwäsche verwendet, welche von den einzelnen
Parteien der Dresdener Garnison anfangs jeder Woche an die Waschanstalt abgeliefert wird und bis zum folgenden Sonntage gebrauchs-
fertig wieder in Empfang genommen werden kann. Es werden täglich
durchschnittlich 2250 Kgr. Wäsche (gegen 4000 Hemden) gewaschen
und zahlt der Mann für ein Hemd, welches ihm früher bei der
Waschfrau 10—12 Pfennige kostete, gegenwärtig nur 3 Pfennige. Die
Anstalt trägt nicht unwesentlich zur Förderung der Ordnung und
Reinlichkeit, als dem sanitären Wohlbefinden der Truppen bei, ist
seit 1 1/2 Jahren in Betrieb und functioniren sämmtliche Maschinen
zur vollen Zufriedenheit.

4. Cantinen.

In jeder Kaserne sollten sich Räume befinden, worin die Soldaten
sich Speisen und Getränke kaufen und sie zugleich verzehren können, sogenannte Cantinen. Es würden dazu die Speisesäle am geeignetsten sein, in welchen sich leicht ein Büffet aufstellen liesse.
Um den Soldaten zugleich billige und gute Nahrungsmittel zukommen
zu lassen, dürfte sich der Regiebetrieb am meisten empfehlen. Durch
die Einrichtung derartiger Locale wird nicht blos der Mannschaft
ein Mittel an die Hand gegeben auf billige Weise ihre Ernährung
zu verbessern, sondern auch der nicht zu unterschätzende Vortheil
erreicht, dieselbe in ihren freien Stunden von dem Besuch schlechter
Kneipen ferne zu halten, in welchen nicht selten der Keim zu Uebeln
gelegt wird, welche den Mann physisch oder moralisch schwer
schädigen.

5. Bäder.

Es unterliegt heutzutage keinem Zweifel mehr, dass die Reinhaltung des Körpers einen grossen Einfluss auf die Gesundheit ausübt. Von noch viel grösserer Wichtigkeit als für das einzelne Individuum an und für sich wird die körperliche Reinlichkeit dann, wenn
viele Menschen in geschlossenen Räumen zusammen leben müssen,
weil hierbei die durch Unreinlichkeit vermehrte Verunreinigung der
Respirationsluft überdiess schwer ins Gewicht fällt. Leider ist, trotzdem dieser Satz jetzt allgemein als wahr anerkannt ist, bis jetzt in
allen Ländern im Grossen und Ganzen noch sehr wenig dafür geschehen, dass auch der Soldat den Anforderungen der Reinlichkeit
des Körpers und der Hautpflege genügen kann. Es ist daher eine
Pflicht der Militärhygiene darauf zu dringen, dass für die Soldaten
zu jeder Zeit, Sommer wie Winter, und für Alle leicht zugängliche
Badegelegenheit vorhanden sei.

Was nun zunächst die Lage der Badelocalitäten anlangt, so richtet sich dieselbe vorzüglich darnach, ob sie behufs Erwärmung des Wassers mit Koch- oder Waschküchenanlagen in Verbindung gebracht werden. Im Allgemeinen lässt sich darüber sagen, dass es bei der grossen Wassermenge, welche das Baden einer grösseren Anzahl von Menschen erfordert, besser ist, wenn sie ausserhalb der Wohngebäude und von diesen getrennt liegen.

Man hat früher einzelne Versuche gemacht Badelocale mit Wannenbädern einzurichten. Es hat sich indessen herausgestellt, dass derartige Anlagen sich in der Praxis durchaus nicht bewähren, einerseits wegen der grossen Massen warmen Wassers, welche sie erfordern, und andererseits und zwar vorzugsweise desshalb, weil bei einer nur geringen Anzahl von Wannen — für eine grössere sind aber die Anschaffungskosten sehr hoch — der Zeitaufwand, welcher nothwendig ist um eine grössere Abtheilung zu baden, ein sehr grosser ist und aus diesem Grund der Einzelne doch nur sehr selten dazu kommt sich baden zu können. In der norddeutschen Armee, in welcher reglementarisch keine bestimmte Anzahl von Wannen festgesetzt ist, indessen eine Wanne per Compagnie vorhanden zu sein pflegt, dürfte man kaum irren, wenn man auf einen Mann im günstigsten Falle monatlich ein Vollbad rechnet.[1]) In den französischen Kasernen sieht es mit den Badeeinrichtungen noch schlechter aus, es gibt dort pro Regiment Infanterie, Artillerie und Genie drei, für jedes andere Corps zwei Badewannen, das Zimmer enthält einen Kessel zur Bereitung von warmem Wasser, welcher 180 resp. 120 Liter fasst.[2]) Die ganze Einrichtung gehört jedoch zur Infirmerie und werden nur in Ausnahmefällen Bäder an Gesunde verabreicht. In England rechnet man auf 100 Mann eine Wanne.

Ich will an dieser Stelle um Weitläufigkeiten zu vermeiden nicht auf dieBeschreibung einzelner derartiger Badeeinrichtungen eingehen, sondern gehe gleich über zu denjenigen Anlagen, welche sich als in hohem Grade praktisch erwiesen haben, nämlich den Douche-

---

1) ROTH u. LEX 1. Bd. S. 619. Durch eine neuere Verordnung wurde für das deutsche Heer festgesetzt, dass in neuen Kasernen auch auf Badeanstalten Bedacht zu nehmen sei und es wird 1 Badewanne per Compagnie als etatsmässig bestimmt. In noch neuerer Zeit ist jedoch die Bestimmung getroffen worden, dass bei dem Neubau oder Umbau einer Kaserne in derselben auch eine Badeanstalt mit Brauseeinrichtung herzustellen ist. Zu diesem Zwecke ist für ein Infanterie- u. s. w. Bataillon, ein Cavallerie-Regiment, oder eine Artillerie-Abtheilung ein heizbarer Raum von 30—40 ☐ Meter Grundfläche und zwar je nach den localen Verhältnissen getheilt oder ungetheilt zu gewähren.

2) MICHEL LEVY, Traité d'hygiène. 5. Edit. 2. Tom. p. 205.

bädern. Eine Einrichtung dieser Art von grosser Vollkommenheit befindet sich in der Kaserne des Schützen- (Füsilier-) Regiments „Prinz Georg" Nr. 108 zu Dresden.[1]) Die Badeeinrichtung, im Souterrain des Gebäudes gelegen, besteht aus drei Theilen, einem Badezimmer für Offiziere, einem Ankleidezimmer und dem eigentlichen Baderaum für die Mannschaften. In dem letzteren befinden sich 12 Wannen für Vollbäder und die Douchevorrichtung. Letztere ist in der Weise eingerichtet, dass ein Rohr auf dem Boden und eines an der Decke verläuft, ersteres gibt eine aufsteigende, letzteres eine Regendouche. Zu gleicher Zeit können 24 Mann (im Winter mit warmem Wasser) auf diese Weise vollständig gereinigt werden. Die Erwärmung der Baderäume geschieht durch Dampföfen, den Abfluss des Badewassers vermitteln Schleusen, welche für das abfliessende Douchewasser besondere Mundlöcher haben. Bei dem Austritt der Schleuse aus dem Baderaum befindet sich ein gemauerter Wasserverschlusskasten, um das Eintreten kalter Luft durch die Mundlöcher zu vermeiden.

Ein sehr eingehender Vorschlag für die Anlage von Badeanstalten in unmittelbarem Zusammenhange mit öffentlichen Anstalten (Kasernen, Gefängnissen, Fabriken, Krankenhäusern u. s. w.) ist von BRESGEN[2]) gemacht worden. Derselbe empfiehlt Brause- bez. Douchebadeanstalten, welche als ein besonderer Anbau an Kasernements speciell veranschlagt werden; derselbe soll ein Kesselhaus und ein Badehaus enthalten. In dem Kesselhause, dessen Fussboden mit Ziegelsteinen gepflastert ist, befindet sich ein einfacher Kessel, welcher mittelst gespannter Dämpfe das Wasser im Bassin des Badehauses erwärmt. Das Bassin im Badehaus wird mittelst einer grösseren Bassinpumpe stets gefüllt gehalten. In dem Badehaus sind 16 Abtheilungen und ebensoviele Brausen angebracht, und zwar soll die Construction der letzteren so eingerichtet sein, dass der Wasserstrahl hauptsächlich in schiefer Richtung nach dem Centrum geht. Die einzelnen Abtheilungen sind durchweg mit Schiebethüren abgeschlossen, der Raum vor denselben ist erhöht, damit das Wasser nicht so leicht

---

1) ROTH u. LEX 1. Bd. S. 620. Daselbst findet sich die Beschreibung noch einiger anderer Douchebadeanlagen in Kasernen, so jener in der Kaserne des 1. Garde-Uhlanen-Regiments zu Potsdam, ferner einer Kaserne zu Marseille und der Strafanstalt zu Münster. Ich verweise der Kürze halber auf diese Darstellungen, um hier einige in neuerer Zeit gemachte Vorschläge und praktische Ausführungen anzufügen.

2) A. BRESGEN, Der Einfluss und die Bedeutung der diätetischen Hautpflege auf den Gesundheitszustand und die Leistungsfähigkeit der Friedensarmee. Cöln und Leipzig 1871. Ich entnehme diesen Auszug ROTH u. LEX 1. Bd. S. 622.

gegen die Wände spritzt, auch ist dieser Raum gleichzeitig Aus-
und Ankleideraum für jeden Einzelnen und dient zum Ablegen der
Kleider. Das Baden selbst, dessen Leitung und Handhabung jeder
Unteroffizier oder Lazarethgehilfe übernehmen kann, geschieht durch
Oeffnung des Hahnes aus dem Bassin des Badehauses, welches vom
Kesselhause aus durch eine Treppe zugänglich ist. Für jeden Mann
werden 2 Cubikfuss (ca. 60 Liter) Wasser angenommen [2]), mithin
werden gleichzeitig 32 Cubikfuss Wasser verbraucht. Da das Bassin
170 Cubikfuss enthält, so genügt dasselbe für 5 Abtheilungen =
80 Mann. Rechnet man für ein Bad mit Aus- und Ankleiden 6 bis
8 Minuten, so brauchen 80 Mann 30—40 Minuten zum Durchbaden.
Da man das Bassin beliebig grösser herstellen kann und dasselbe
nicht leer werden zu lassen braucht, auch durch die permanente
Dampfzuführung das Wasser sofort wieder auf 26—30° R. erwärmen
kann, so kann noch mehr Zeit erspart werden. Ein besonderes Bade-
reglement soll die Zeitersparniss noch fördern. Als Badetag wird der
Sonnabend vorgeschlagen, und soll zur Ersparung von Brennmaterial
keine Unterbrechung in der Aufeinanderfolge der einzelnen Compagnien oder Escadrons eintreten. Der Führer seiner Abtheilung lässt
bereits im Kasernencorridore zur Zeitersparniss den Mantel und die
Binde abnehmen, den Rock aufknöpfen und dann jeden seine Zelle
einnehmen. Auf die Commandos: „Schiebethüren vor, ausziehen“, entkleidet sich Alles, auf den Befehl „einsteigen“ wird
die Zelle eingenommen und auf den Befehl „Hahn auf“ die Brause
für jede Abtheilung 3 Minuten lang in Thätigkeit gesetzt. Der Wärter
hat für die Temperatur des Wassers einzustehen. Zum Zwecke von
ärztlichen Untersuchungen erfolgt das Commando: „Schiebethüren
zurück“, worauf der Arzt bei jedem Einzelnen die Runde macht.
Die folgende Abtheilung kann sich, während die erste badet, zur
Zeitersparniss ausziehen. Zum Abtrocknen soll sich jeder Soldat
seines schmutzigen zweiten Hemdes bedienen und desshalb Sonn-
abends das reine Hemd nach dem Bade anziehen. Der gesammte
Kostenanschlag für eine solche Badeanstalt, welche unter die Aufsicht der Kaserneninspectors gestellt werden soll, beträgt rund 1516
Thaler. Der Kohlenbedarf zur Heizung des Kessels bei 8—10 stün-
diger Gebrauchszeit ist nach den örtlichen Verhältnissen verschieden,
derselbe übersteigt aber nicht 8 Centner. Die Fenster sind von
mattem Glas, wodurch Rouleaux und Laden wegfallen.

---

1) Diese Annahme ist viel zu hoch, es genügen erfahrungsgemäss 20—25
Liter Wasser für ein Douchebad in reichlichem Maass.

Von Oberstabsarzt Dr. Münnich[1]) ist die Brausebadeanstalt in der Kaserne des Kaiser Franz-Garde-Grenadier-Regiments Nr. 2 beschrieben, welche sehr praktisch eingerichtet zu sein scheint. Das in einem 6000 Liter haltenden Bassin befindliche Wasser wird durch einen im Bodenraume befindlichen Mantelofen erwärmt, dessen Mantelraum mit Wasser gefüllt ist, welches aus dem Reservoir zu- und in dasselbe abfliesst. Durch diese Circulationseinrichtung ist es möglich, die ganze Wassermasse in Zeit von einer Stunde auf eine mittlere Temperatur von 28° R. zu erwärmen, falls mit dem Heizen und dem Füllen des Reservoirs, das durch eine Pumpe bewerkstelligt wird, zu gleicher Zeit begonnen wird. Der Baderaum besteht aus drei Abtheilungen, von welchen nur der mittlere zum eigentlichen Baden gehört, während die beiden anderen als Aus- und Ankleideräume dienen. In der mittleren Abtheilung sind 18 Zellen mit ebenso vielen Brausen, welche schräg gestellt sind, so dass das Wasser nicht direct von oben kommt und der Kopf nicht nothwendig nass werden muss — eine sehr gute Einrichtung. Aufsteigende Brausen sind nicht vorhanden. Wenn das Baden nach einer eigens ausgearbeiteten Instruction ausgeführt wird, so ist es möglich in 1 Stunde gegen 300 Mann zu baden, so dass auf jedes Bad 3—3½ Minuten kommt, d. h. 2½—3 Minuten auf das Bad selbst und ½—1 Minute auf die Zwischenpausen, die sich nie ganz vermeiden lassen, da das Anziehen der Leute mehr Zeit in Anspruch nimmt als das Baden. Der Wasserverbrauch für den Mann beträgt 15—20 Liter, so dass das Bassin für beinahe 400 Mann ausreicht. Da aber, wenn während des Badens fortgepumpt und fortgeheizt wird, es möglich ist, trotz der fortwährenden Zufuhr frischen Wassers die Temperatur des Wassers auf 28° R. zu erhalten, so können viel mehr Leute nach einander gebadet werden, ohne dass eine Unterbrechung stattfindet. Die Kosten des Bades stellen sich im Winter auf höchstens ½ Pfennig pro Kopf. Jeder Mann erhält wöchentlich ein Bad. Die Kosten der gesammten, wie es scheint äusserst zweckmässigen Einrichtung, beliefen sich auf 4000 Mark; sie würden jedoch viel niedriger sein, wenn eine Wasserleitung vorhanden wäre.

Eine ausserordentlich zweckmässige und namentlich durch die einfache Weise, wie das Wasser erwärmt wird, ausgezeichnete Douchebadanstalt wurde vor etwa einem Jahr in der Kaserne des 1. bayerischen Infanterie-Regiments in München hergestellt. Der Baderaum, welcher sich neben der Dampfküche des Regiments im Erdgeschoss befindet, hat eine Grundfläche von 37,9 ☐Meter und ist durch eine

1) Deutsche militärärztliche Zeitschrift. 9. Jahrg. 1880. Heft 1. S. 1.

Scheidewand aus Brettern in zwei Abtheilungen getheilt, welche aber an zwei Stellen communiciren, so dass man bequem von der einen in die andere gelangen kann. In der einen Abtheilung befinden sich die Brausen, die andere dient als An- und Auskleideraum. Der Raum für die Brausen besteht aus einem gemeinschaftlichen Gang und zehn offenen Cabinen, in deren jeder sich je eine auf- und eine absteigende Brause befinden, die beide schräg gestellt sind, so dass die Wasserstrahlen nicht vertikal, sondern in einem Winkel auf den Körper gerichtet sind. Das kalte Wasser kommt aus einem Reservoir unter dem Dach, welches 70 Hektoliter fasst und in welches das Wasser durch die Dampfmaschine, welche sich im Souterrain befindet, gepumpt wird. Die Erwärmung des Wassers geschieht in höchst rascher und einfacher Weise dadurch, dass das Kaltwasser- und das Dampfrohr für die unteren und für die oberen Brausen je an einer Stelle sich vereinigen und somit das Wasser durch directe Vermischung mit dem Dampf erwärmt wird. An der Vereinigungsstelle ist ein Thermometer eingelassen, welches die Temperatur des erwärmten Wassers anzeigt. Durch schwächeren oder stärkeren Zufluss von Wasser, der durch einen Hahn regulirt werden kann, lässt sich die Temperatur des Wassers leicht und schnell auf den gewünschten Grad bringen und erhalten. Das so erwärmte Wasser fliesst dann zu den Brausen und zwar in einem eigenen Rohr für die oberen und für die unteren. Ausserdem befindet sich in dem Lokal noch eine Badewanne für Vollbäder. Zur Erwärmung des ganzen Raumes im Winter dient ebenfalls ein Dampfrohr. Der Aus- und Ankleideraum ist so gross, dass sich 20 Mann zu gleicher Zeit an- und ausziehen können. Wird gebadet, so ziehen sich, um Zeit zu sparen, immer 10 Mann aus, während andere 10 baden. Das Baden geschieht in der Weise, dass, wenn die Mannschaft in den Raum für die Brausen getreten ist, die Hähne zu denselben so lange geöffnet bleiben, bis die Leute vollkommen mit Wasser begossen sind, dann werden die Hähne geschlossen und jeder Mann seift den ganzen Körper ein. Ist dies geschehen, so werden die Brausen zum Abwaschen der Seife wieder in Thätigkeit gesetzt. Auf diese Weise ist es möglich in 2 Stunden ein ganzes Bataillon zu baden. Die ganze Anlage der Badeanstalt sammt der Dampfküche kostete 19600 Mark. Der ganze maschinelle Theil der Anlage ist aus der Maschinenfabrik L. A. Riedinger in Augsburg.

TOLLET hat folgende Projecte für Douchebäder in Kasernen ausgearbeitet [1]:

---

1) M. C. TOLLET, La reforme du casernement etc. Paris, V. A. Delahaye et

1. **Typus.** — Enthaltend 40 Cabinen für Douchen für ein Kasernement von 2000—3000 Mann, im Verhältniss von 2 Cabinen auf 100 Mann.

Das Gebäude, welches die Douchebadeanstalt enthält, ist nach dem Spitzbogenstyl gebaut; es hat eine Länge von 22 Meter, eine Breite von 8 [1]) Meter und eine Oberfläche von 175 ☐Meter im Innern. Das Personal zur Vertheilung der Bäder und zur Beaufsichtigung befindet sich auf einer etwa 2 Meter über dem Boden erhöhten Gallerie. Die Badecabinen befinden sich längs einer Längsscheidewand von 2 Meter Höhe, welche das Gebäude der Länge nach in zwei gleiche Abtheilungen theilt, die Zwischenwände zwischen den Badecabinen haben die gleiche Höhe, wie die Längsscheidewände und bilden mit ihnen rechte Winkel. Die Badecabinen sind 0,80 Meter breit und 1 Meter tief; sie sind auf der Seite, wo sich der Zugang befindet, durch Vorhänge geschlossen. Andere Cabinen zum Ablegen der Kleider und zum Aus- und Ankleiden, befinden sich in gleicher Zahl, wie die Badecabinen, diesen gegenüber; ihre Dimensionen sind ebenfalls von 0,80 und 1 Meter. Die An- und Auskleidecabinen können, wie es bei Typus 3 der Fall ist, paarweise mit den Badecabinen vereinigt werden. Es wird dadurch vermieden, dass die Mannschaft vor und nach dem Bade nackt den Gang überschreiten muss, allein diese Einrichtung, welche sich leicht ausführen lässt, ohne dass die Construction modificirt wird, hat den Nachtheil, dass die Wasserzuleitungsrohre verlängert werden müssen, und ist deshalb theurer. Vier Bade- und ebenso viele Ankleidecabinen, mit getrennten Eingängen von der Giebelseite, sind für die Unteroffiziere reservirt. Die vier Reihen von Cabinen lassen für jeden der beiden Längsgänge für den Zugang einen Raum von 2 Meter frei. Zwei Schränke dienen zur Aufnahme von Schwämmen, Seife und anderen Utensilien. Alle Scheidewände haben eine glatte Oberfläche und sind aus impermeabeln Materialien, wie Schiefer, gebrannter Thon, Klinker, emaillirter Guss u. s. w. und die innere Oberfläche der Mauern ist mit einem impermeabeln Anstrich versehen. Der Fussboden liegt 0,20 Meter höher, als das natürliche Terrain, er ist mit einem impermeabeln Pflaster aus Cement oder Asphalt versehen und mit einem beweglichen Lattenrost aus Eichen-

---

Cie. 1877. p. 19. Die dieser Abhandlung beigefügten Abbildungen sind im Abschnitt „Oeffentliche Bäder" dieses Handbuches wiedergegeben, worauf hiermit verwiesen wird.

1) Im franz. Original findet sich, wohl in Folge eines Druckfehlers, die Breite nur zu 2 Meter angegeben, es soll aber wohl 8 Meter heissen.

holz bedeckt. Das nöthige Gefälle dient zum Abfluss des Wassers. Das Douchebad soll ungefähr eine Temperatur von 26° haben. Der Heizapparat wird demnach während eines grossen Theiles des Jahres in Thätigkeit sein und da man in vielen Fällen das Wasser sparen muss, so könnte man es mittelst geaichter Recipienten, die mit dem Kessel in Verbindung stehen, abmessen, so dass 25 Liter auf eine Douche treffen, eine Menge, die als ausreichend anerkannt ist. Es reichen folglich 1000 Liter für 40 Mann; damit aber das warme Wasser nicht plötzlich und vollständig durch kaltes aus der Reserve ersetzt wird, soll der Kessel 2000 Liter halten und mit dem Wasserreservoir des Bezirks in Verbindung sein. Zwei Mann reichen für die Bedienung der Douchen hin, einer hat die Unterhaltung des Feuers und die Erwärmung des Wassers zu besorgen, der andere hat die Verbindungshähne zwischen dem Kessel und den einzelnen geaichten Recipienten zu öffnen und von der Gallerie aus für Ordnung im Inneren zu sorgen. Die Enden der Wasserleitungsröhren sind aus Kautschuk und an ihrer Mündung befindet sich eine Brause. Der Badende kann daher mit Leichtigkeit alle Theile seines Körpers mit Wasser begiessen. Jeder Mann bekommt seinen Schwamm und ein Stück Seife. Wenn man die Dauer eines Douchebades auf 10 Minuten festsetzt, so können sich 240 Mann in einer Stunde und 2400 in 10 Stunden baden. Die vorgeschlagene Einrichtung ist daher reichlich genügend, um wöchentlich 2000—3000 Mann zu baden, wenn man die Badezeit ganz nach den Erfordernissen des Dienstes regelt. Sie kann ausserdem dazu dienen der gleichen Zahl von Menschen häufig warme Fussbäder zu geben.

Die Kosten für die Herstellung der eben beschriebenen Badeanstalt schätzt TOLLET auf 30,000 Francs, und da sie leicht für 3000 Mann ausreicht, so treffen pro Kopf 10 Francs Herstellungskosten. Die Ausgaben für Brennmaterial berechnet er folgendermaassen: Es sei angenommen, das zu verwendende Wasser habe eine Temperatur von 6°, was sicher unter dem Mittel ist, und werde auf 26° erwärmt. Die Wärmemenge, welche nothwendig ist, um die 2000 Liter des Kessels, nämlich für 80 Douchen von je 25 Liter, zu erwärmen, ist $= 2000 (26 - 6) = 40,000$ Wärmeeinheiten; da man nun 6000 Wärmeeinheiten pro Kilogramm Steinkohle nutzbar machen kann, so braucht man ungefähr 7 Kilogramm Heizmaterial, um das Wasser für 80 Douchebäder zu erwärmen. Bei einem Durchschnittspreis von 50 Francs pro Tonne stellt sich der Preis für die Heizung von 80 Douchebädern nur auf 0,35, oder auf $\frac{0,35}{80} = 0,005$

Francs pro Bad. Wenn man diese Summe verdoppelt, um die Kosten für die Unterhaltung der Apparate und die Amortisation der Herstellungskosten zu decken, so ergibt sich nur eine Ausgabe von 0,01 Francs pro Douchebad, eine Ausgabe, die in der That nicht der Rede werth ist, wenn man das Wohlbefinden und die Verbesserung der Gesundheitsverhältnisse der Armee, welche daraus entspringen, dagegen in Anschlag bringt.

Es ist endlich noch zu berücksichtigen, dass man überall da, wo sich in den Kasernements Dampfküchen befinden, die Heizkosten für die Bäder dadurch geringer machen kann, dass man den überflüssigen Dampf für diesen Zweck nutzbar macht; in diesem Falle legt man das Douchebad in der Nähe des Generators an.

2. Typus. — Enthaltend 40 Cabinete für Douchen für ein Kasernement von 1500 Mann, im Verhältniss von 2 Cabinen für 100 Mann.

Das Gebäude ist kreisförmig und die Cabinen liegen rings um die Anlagen für die Heizung und Wasservertheilung, welche sich im Centrum befinden. Der Radius des Kreises, welcher den äusseren Umfang des Gebäudes bezeichnet, hat eine Länge von 6 Meter, der äussere Umfang beträgt daher 37,70 Meter, die überbaute Fläche 113 ☐ Meter. Der äussere Umfang der ringförmigen Fläche, welche den horizontalen Schnitt für das Mauerwerk darstellt, das das Fundament der Feuerung des Kessels bildet, beträgt 12,56 Meter. Die Tiefe der Douchecabinen beträgt 1 Meter, der Umkreis um die Cabinen an der Corridorseite beträgt 18,84 Meter. Folglich hat jede der trapezoidförmigen Cabinen gegen das Centrum zu eine Länge von 0,4, gegen den Corridor zu von 0,6 Meter, 3 Douchebäder mit den dazu gehörigen Cabinen sind für die Unterofficiere reservirt und haben einen eigenen Eingang, ein kreisförmiges Schutzdach für die Versammlungsplätze am Ein- und Ausgang erstreckt sich über den ganzen Raum der Construction. Die Bedienung der Feuerung des Bades und die Ueberwachung geschieht ebenso, wie beim vorhergehenden Typus auf einer Gallerie, welche 2,20 Meter höher liegt als der Fussboden.

3. Typus. Enthaltend 20 Douchecabinen für ein Kasernement von 1000 Mann, im Verhältniss von 2 Cabinen für 100 Mann.

Dieser Typus unterscheidet sich von dem vorhergehenden nur dadurch, dass die Bade- und die Ankleidecabinen je paarweise verbunden sind.

Als allgemeine Bemerkung fügt TOLLET noch hinzu, dass es für die Ausführung der vorstehenden Projecte hinreichend ist, wenn

die Reservoire der Wasserversorgung der Bezirke ihre Schleusenbettung in einer Höhe von mindestens 4 Meter über dem Boden
haben; in den Ausnahmefällen wo diese Schleusenbettung niedriger
wäre, könnte man das Niveau des Kessels niedriger legen.

Der Originalität des angewendeten Heizmodus wegen ist ein in
Frankreich benutztes Verfahren, Wasser zu Badezwecken zu erwärmen, von Interesse. [1]) Um grosse Massen warmen Wassers auf billige
Weise zu erhalten, wurden mehrfache Versuche angestellt, welche
ergaben, dass eine Lage Pferdemist, welcher in der Fermentation
begriffen ist, von 0,5—1 Meter Mächtigkeit ausreicht, um Wasser in
geschlossenen Gefässen (eiserne Kästen oder Glasballons) zu bedeutenden Wärmegraden zu erhitzen. So zeigt eine Untersuchungsreihe,
dass die Temperatur des Wassers am Ende des ersten Tages 28—32°,
nach zwei Tagen 40—45, nach drei 49—50°, nach vier 56°, und
nach sechs 65—70° C. betrug, auf welcher Höhe es 15—20 Tage
verblieb. Das vierte afrikanische Chasseurregiment hat 20 solcher
Wärmeflaschen in 20 Abtheilungen in Betrieb, welche täglich 1200
Liter Wasser von 35—70° liefern, das mit dem Quellwasser (+10°)
vermischt täglich 2000 Liter Wasser von + 33° gibt. Diese ganze
Wassermasse schlägt VALLIN vor aus Fässern mit Brausen über die
zu Reinigenden strömen oder mittelst einer Gartenspritze entgegen-
spritzen zu lassen. Die ganze Anlage kostete bei einem Cavallerie-
regiment, das ein zur Aufstellung geeignetes Lokal hatte, nicht ganz
60 Francs. Alle 10 Tage konnte auf die beschriebene Weise das
ganze Regiment einmal gebadet werden.

Am ausgedehntesten ist die Benützung der Bäder in der russischen Armee; dafür leidet keine Armee so wenig an Hautkrankheiten, speciell an Krätze, wie diese. Die russische Volkssitte bringt
es mit sich, jede Woche ein Dampfbad zu nehmen und überall
ist durch Gesetz dafür gesorgt, dass dem Soldaten sein wöchent-
liches Dampfbad ermöglicht wird. Ein solches Dampfbad besteht
gewöhnlich aus einem Raum zum Auskleiden und einem Raum zum
Waschen und Schwitzen, in letzterem befinden sich zwei Kufen zur
Aufnahme des kalten Wassers mit Leitungsröhren, die dasselbe theils
in den Kessel, theils zum Douche- und Regenapparat führen; der
Herd enthält den Kessel und eine offene mit grossen Feldsteinen
gefüllte Röhre (Nische). Wenn die Steine glühend heiss sind, be-
giesst man sie mit heissem Wasser, wodurch sich Dampf entwickelt.

---

1) VALLIN, De l'utilisation de la chaleur des fumiers pour le lavage des
troupes. Revue d'hygiène 1880. p. 882—886.

In dem zum Schwitzen bestimmten Raume befinden sich Stufen, so dass man durch Hinaufsteigen sich immer höheren Hitzegraden aussetzen kann. Der Boden des Dampfbades ist mit glatten Brettern bedeckt und mit Abzügen für das Wasser versehen. Der Körper wird 15—20 Minuten und länger einem hohen Temperaturgrad ausgesetzt und in Schweiss erhalten, hierauf mit einem Knäuel Bast abgerieben, mit Birkenzweigen gepeitscht, mit Seife gewaschen und schliesslich kalt abgespült. In kleineren Stationen sind diese Anlagen meist sehr viel primitiver.[1])

6. Entfernung der Abfallstoffe.

Hinsichtlich der Entfernung der Abfallstoffe muss der Hauptsache nach auf den entsprechenden Abschnitt dieses Handbuches verwiesen werden, denn es würde viel zu weit führen, hier Alles, was dort im Allgemeinen angegeben ist, auf unseren speciellen Fall anzuwenden.[2]) Ich kann mich daher kurz dahin aussprechen, dass für Kasernen eine Kanalanlage gar nicht umgangen werden kann. Man muss nur im Auge behalten, dass man es unter den gegebenen Verhältnissen nicht blos mit der Beseitigung der Excremente zu thun hat, sondern dass bei einem so grossen Etablissement, wie eine Kaserne, auch die Masse der zu entfernenden Schmutz- und Abwasser eine so gewaltige ist, dass sie, wenn die Bodenverunreinigung vermieden werden soll, nie ohne Ableitungskanäle zu bewältigen ist, und dass ferner durch die Kanalisation zugleich der Drainirung des Untergrundes Rechnung getragen wird. Sind die Kanäle gut mit Wasser gespült, was allerdings eine reichliche Wasserversorgung und das Vorhandensein einer Schwemmkanalanlage am Garnisonsort voraussetzt, so ist es gewiss am zweckmässigsten, auch diese Excremente durch die Kanäle abzuführen. Ist für die Ableitung der Abwässer durch Kanäle oder irgend ein Röhrensystem gesorgt, sollte aber aus irgend welchem Grunde die Einleitung der Excremente dahin unthunlich sein, so müssen für die Letzteren die verschiedenen Methoden der Entfernung auf trockenem Wege in Betracht kommen, das Tonnensystem oder die pneumatische Kanalisation nach LIERNUR, der ja ohnedies für die Abwässer und die Drainage ein eigenes Kanalsystem beansprucht. Zumeist wird auch in diesen Fällen eine

---

1) Lehrbuch der Militärhygiene von C. KIRCHNER. Erlangen 1869. S. 258.

2) Im Allgemeinen ganz richtige Gesichtspunkte über die Ansammlung und Entfernung aller Abfälle und Schmutzwasser finden sich auch in der „Anleitung für die Anlage von neu zu erbauenden Kasernen". Wien, k. k. Hof- u. Staatsdruckerei 1877. S. 53—61.

Trennung der festen von den flüssigen Excrementen zu erstreben und die letzteren den Kanälen zuzuleiten sein, und es lässt sich dies gar nicht vermeiden, wenn Wasserspülung oder mit Desinfectionsflüssigkeit gefüllte Trogclosete bei den Aborten in Anwendung gezogen werden.

Was nun die Abtrittverhältnisse anlangt, so liegen dieselben in den Kasernen der meisten Länder noch sehr im Argen. Die Abtrittlokale sind meist in unmittelbarer Nähe der Wohnräume gelegen, schlecht beleuchtet und schlecht oder gar nicht ventilirt. Die Abtrittsitze sind meist schlecht construirt und daher, sowie auch der Fussboden, gewöhnlich verunreinigt.[1] Die Abtritte selbst besitzen weder Wasserspülung, noch Wasserverschluss, noch Ventilation, während die Fallrohre, die vielfach noch aus schlechtem Material (Holz) bestehen, in Gruben münden, die häufig nicht dicht sind und nur selten geräumt werden. Eine gleich schlechte Beschaffenheit zeigen gewöhnlich die Pissoirs, wenn solche überhaupt vorhanden sind. Sie haben gleichfalls weder Wasserverschluss noch Spülung und die Folge hiervon ist, dass der Urin nie vollständig abfliesst, sondern in den Rinnen und am Boden sich ansammelt und zersetzt. Bekanntlich verursacht aber gerade der in Zersetzung begriffene Harn den penetrantesten Geruch.

Dass unter solchen Umständen die Luft in den Wohnräumen und auch im Freien in der Nähe der Abtritte und der Gruben verpestet und der Boden oft in weitem Umkreis mit faulenden organischen Stoffen durchsetzt wird, braucht nicht weiter ausgeführt zu werden, diese Zustände sind zur Genüge bekannt.

Eine ganz schlechte Einrichtung ist die Aufstellung von Nachteimern in den Gängen, deren Luft dadurch mit Gestank erfüllt wird.

Es ist nun allerdings richtig, dass die Schädlichkeit der Abtrittgase ganz ausserordentlich übertrieben worden ist. Nichts destoweniger muss nach einer Besserung der Abtrittverhältnisse in den Kasernen von hygienischer Seite mit allen Kräften gestrebt werden. Es erheischt dies schon die Sorge für Reinlichkeit, die um so pein-

---

[1] In Frankreich bestehen noch sehr häufig die sog. latrines à la turque, d. h. ein Loch in einer den Fussboden bildenden Steinplatte, über welches man sich hocken muss, während man die Füsse auf zwei steinerne Fusstritte stellt, welche nur wenig über die Bodenfläche erhöht sind. Diese Einrichtung, so schmutzig sie auch unter den gewöhnlichen Verhältnissen zu sein pflegt, so dass alle französischen Kasernenhygieniker mit Abscheu davon sprechen, hat doch den Vorzug, dass sich die Abtritträume bei guter Versorgung mit Wasser sehr leicht reinigen und rein erhalten lassen, und dürfte unter dieser Voraussetzung nicht so verwerflich sein, als sie geschildert zu werden pflegt.

licher sein muss, je mehr ein Ort seiner Bestimmung nach zur Unsauberkeit disponirt ist.

Fassen wir nun die Anforderungen, welche die Gesundheitspflege an Abtrittanlagen in Kasernen zu stellen hat, zusammen, so sind sie kurz folgende:

1. Die Abtritte müssen in eigenen Gebäuden untergebracht werden, welche mit den Wohnräumen durch gedeckte Gänge in Verbindung stehen. Ist eine Kaserne mehrstöckig, so muss auch das Abtrittgebäude die entsprechende Anzahl von Stockwerken besitzen, so dass man von jeder Etage durch einen Verbindungsgang direct zu den Aborten gelangen kann.

2. Die Abtrittslokale müssen, sowohl bei Tag, wie bei Nacht gut beleuchtet sein; es ist daher für eine genügende Anzahl von Fenstern zu sorgen, welche zugleich die Lüftung erleichtern.

3. Die Abtrittsitze müssen eine starke Neigung von hinten oben nach vorne und unten besitzen, wodurch Verunreinigungen leichter vermieden werden; das Holz, woraus sie gefertigt sind, muss mit heissem Leinöl getränkt sein, damit es sich nicht mit Excrementenjauche imprägnirt.

4. Der Fussboden muss aus impermeabelem Material — in Cement gelegte Klinker oder Asphalt — bestehen und eine etwas geneigte Fläche darstellen, an deren tiefster Stelle sich ein Abzugsrohr mit Syphon befindet.

5. In jedem Abtrittraum muss sich ein Hydrant befinden, an welchen ein Spritzenschlauch angebracht werden kann, so dass der Boden und die Sitze täglich je nach Bedürfniss mit grossen Wassermengen gereinigt werden können. Die Räume, in welchen sich Pissoirs befinden, müssen überdiess auch Wände haben, die bis zur Höhe von etwa 2 Meter aus undurchlässigem Material bestehen und fortwährend von oben mit Wasser gespült werden. Die Abflussrohre müssen mit einem Wasserverschluss versehen sein.[1]

6. Die Abtrittrohre müssen gleichfalls aus impermeabelem Material — emaillirtem Gusseisen oder glasirtem Thon — bestehen. Ihre einzelnen Stücke müssen vollkommen dicht mit einander verbunden

---

[1] Hinsichtlich der Construction von Wasserverschlüssen und der Vorrichtungen daran. welche eine Unterbrechung des Wasserverschlusses (durch Leerziehen oder Durchbrochen) und in Folge dessen das Eindringen von Abtritt- resp. Kanalgasen in die Wohnungen verhindern, verweise ich auf die jüngst erschienene Schrift von Dr. F. Renk in München „Die Kanalgase, deren hygienische Bedeutung und technische Behandlung". München 1882. Rieger'sche Universitäts-Buchhandlung.

sein, so dass sie nirgends etwas von den Excrementen durchsickern lassen können. Die Schläuche selbst müssen ein möglichst starkes der Verticalen sich näherndes Gefälle haben.

7. Ueberall sind Waterclosets herzustellen. Ist dies nicht möglich, so müssen die Sammelrohre bis über das Dach verlängert und durch in ihren oberen Theilen angebrachte Gasflammen ventilirt werden. Als Modification des Wasserclosets würden sich für Kasernen in vielen Fällen Trogclosete eignen, welche mit Desinfectionsmasse, am besten SÜVERN'scher Flüssigkeit, gefüllt sind.[1]

8. Die Abtrittgruben müssen vollständig aufgegeben werden. An ihre Stelle haben entweder Anschlüsse an ein Schwemmkanalsystem, oder die Abfuhrsysteme mittelst Tonnen oder pneumatischer Kanalisation nach LIERNUR zu treten. Bestehen Separationsvorrichtungen, so können die mit zersetzungswidrigen Mitteln versetzten festen Theile der Excremente, nach ihrer Trennung von den flüssigen Bestandtheilen in dichten Gruben bis zu ihrer Abfuhr, welche in nicht zu grossen Zwischenräumen erfolgen muss, aufbewahrt werden.

9. Die Aufstellung von Nachtkübeln in den Gängen muss gänzlich unterbleiben, dagegen sind neben den Schlafräumen oder den Waschräumen (England) Pissoirs von der oben angegebenen Construction anzubringen.

---

1) Eine ganz zweckmässige derartige Anlage findet sich in den Kasernen der Albertstadt bei Dresden (mit Ausnahme der Schützenkaserne, in welcher ein Tonnensystem mit Trennungsvorrichtung besteht), wodurch der Forderung der Stadt, nur geklärte Flüssigkeiten in das städtische Schleusensystem einfliessen zu lassen, entsprochen wird. In jedem Abtrittsraum befindet sich ein eisernes horizontales Sammelrohr, von 0,20 Meter innerem Durchmesser. Auf diesem Rohr sitzen Eisentrichter auf, welche die Stelle des Troges vertreten — um das Spritzen beim Hineinfallen der Excremente in die Desinfectionsflüssigkeit zu verhüten. Am Ende des Sammelrohres ist ein Ventil angebracht: Es wird nun in den Trichter SÜVERN'sche Desinfectionsmasse eingeschüttet und von unten auf durch ein besonderes Rohr Wasser in das Sammelrohr und den Trichter eingelassen. Die Dejectionen fallen hinein; durch ein Ventil wird der ganze Inhalt des Sammelrohres in das 0,15 Meter weite Thourohr abgelassen. Von hier aus gelangen die Abfälle in die den Kasernements entlang sich ziehende Hauptschleuse, welche dieselbe in eine für beide Kasernen gemeinschaftliche Klärgrube abgibt. Diese gemauerte und gewölbte Grube ist durch Scheidewände in vier Kammern getheilt, welche das Kloakenwasser der Reihe nach zu durchlaufen hat. Während nun hierbei die festen Bestandtheile des Kloakeninhaltes in den einzelnen Gruben sich nach und nach ablagern und alle drei bis vier Monate in Schlammform abgefahren werden, fliesst die geklärte, ziemlich geruchlose Flüssigkeit in die städtische Hauptschleuse ab. Siehe KLIEN, Die Albertstadt bei Dresden, in: Veröffentlichungen aus dem kgl. sächsischen Militär-Sanitätsdienst. Herausgegeben von Dr. W. ROTH, Generalarzt I. Klasse u. Corpsarzt. Berlin 1879. Hirschwald. S. 204.

7. *Reinhaltung der Höfe, Drainage.*

Grosse Sorgfalt ist der Reinerhaltung der Höfe zuzuwenden, damit sie nicht durch Abwasser u. s. w. oder Abfallstoffe verunreinigt werden. Es muss daher mit aller Strenge darauf gehalten werden, dass keine Schmutzwasser auf die Höfe gegossen werden, wie dies so häufig geschieht, sondern dass diese nur in die eigens für sie bestimmten Ausgüsse gelangen. Die festen Abfallstoffe müssen in wasserdichte Gruben (Müllkästen) gebracht werden, die aber nicht zu selten geräumt werden dürfen. Bei diesen Gruben ist ein Hauptaugenmerk auch darauf zu richten, dass nie Wasser in dieselben gelangt. Sie müssen daher, um auch gegen das Eindringen von Regenwasser geschützt zu sein, einen guten Verschluss haben und dürfen nie längere Zeit bei schlechtem Wetter offen stehen. Dringt Wasser in dieselben ein, so sammelt es sich, weil es durch die wasserdichten Einfassungen nicht wieder abfliessen kann, in den unteren Partien der Grube an, und es gehen die dort befindlichen organischen Stoffe in stinkende Fäulniss über, was namentlich zur Zeit der Räumung zur Verbreitung eines höchst widerlichen und intensiven Gestankes Veranlassung gibt.

Damit der Boden der Höfe möglichst gleichmässig trocken erhalten bleibe, müssen diese mit einer gut wirkenden Rinnsteinanlage versehen und drainirt sein, so dass das Regenwasser, soweit es nicht durch die Rinnsteine abläuft oder verdunstet, durch die Drainage abgeführt wird. Beide Leitungen vereinigen sich am besten in einem Röhrensystem, welches sich an die Kanalanlage für die Abwässer anschliesst.

Eine gute Pflasterung der Höfe erleichtert die Reinhaltung des Bodens sehr.

VIII. Kasernen zu besonderen Zwecken.

1. *Kasernen für berittene Truppentheile. Ställe.*

In den Kasernen berittener Truppentheile kommt zu den übrigen Verhältnissen, welche sich von jenen in den Kasernen anderer Truppentheile nicht unterscheiden, noch ein weiterer Gegenstand der Sorgfalt für die Hygiene hinzu, nämlich die Stallungen, welche in zweifacher Hinsicht die Aufmerksamkeit beanspruchen, insoferne durch dieselben einerseits den Menschen und andererseits den Pferden Nachtheile für die Gesundheit erwachsen können.

Die Gefahren für die menschliche Gesundheit resultiren entweder aus der Luftverderbniss, wenn die Mannschaftswohnungen sich

über den Ställen befinden, oder aus der Verunreinigung des Untergrundes und der Luft bei schlechter Anlage des Fussbodens der Ställe und
der Einrichtungen zur Ansammlung und Entfernung der Jauche und des
Mistes. Zur Verhütung der ersteren Schädlichkeit ist es unbedingt nothwendig, dass sich über den Stallungen keine Wohnräume für die Mannschaft befinden. Es bringt zwar die Lage der Wohnräume über den
Ställen einige Annehmlichkeiten mit sich, indem die Mannschaft nahe
bei den Pferden ist und das Gebäude nicht zu verlassen braucht, um in
den Stall zu gelangen, ferner dass die Zimmer leichter zu erwärmen
sind, allein alle diese Vorzüge — welche übrigens zum Theil auch auf
andere Weise erreicht werden können, z. B. durch die Errichtung gedeckter Verbindungsgänge zwischen Stall und Kaserne — fallen nicht
ins Gewicht gegenüber dem sanitären Nachtheil, der dadurch entsteht,
dass die Leute in ihre Wohnräume die verbrauchte meist übel riechende Luft aus dem Stall als Athemluft bekommen. Auch ist nicht
zu vergessen, dass Ställe, über welchen sich noch andere Räumlichkeiten, in specie Wohnräume befinden, sehr schwer gut zu ventiliren
sind. Was die Schädigung der Gesundheit durch Verunreinigung des
Bodens und der Luft durch Stalljauche u. s. w. anlangt, so leidet dadurch die Gesundheit der Pferde ebenso, wie jene des Menschen und es
ist daher im Interesse beider gelegen, dass die nöthigen Vorkehrungen
zu deren Verhütung getroffen werden. Das Nähere hierüber s. unten.

Bei der Sorge für die Erhaltung der Gesundheit der Pferde
spielt die Beschaffung reiner Luft eine bedeutsame Rolle. So betrug
nach ROSSIGNOL[1]) die Sterblichkeit der Pferde in der französischen
Armee vor 1836 = 180—197 auf 1000. Eine Vergrösserung der
Ställe und die dadurch bedingte Erhöhung des Luftraumes reducirte
den Verlust in den folgenden 10 Jahren auf 68 vom 1000, doch soll
derselbe jetzt auf 85 vom Tausend gestiegen sein, unter denen 50
an Rotz und Wurm fallen.

Die Barraks-Improvement-Commission hat, um die beste Art
der Construction für Armeepferdeställe ausfindig zu machen, sehr
genaue Untersuchungen angestellt und dabei die früheren Erfahrungen einer Commission von Cavallerieoffizieren über denselben
Gegenstand benutzt, worauf sie schliesslich einen besonderen Bericht[2]) an den damaligen Kriegsminister einsandte, der als Grund-

---

1) Siehe ROSSIGNOL, Traité élémentaire d'hygiène militaire (Paris 1857). p.
224. Citirt nach ROTH u. LEX.

2) Report of the Barrak and Hospital Improvement-Commission on Venti-
lation of Cavalry Stables. London 1864. Blue Book. Diese und die folgenden
Daten entnehme ich den „Medicinischen Briefen aus England" von Dr. HUGO
SENFTLEBEN. Deutsche Klinik 1867. Nr. 22.

lage für den Bau von acht Pferdeställen in Woolwich diente. In diesem Bericht heisst es unter Anderem S. 6: „Niemand, der eine Kenntniss der Gesetze der Gesundheit hat, könnte eine Prüfung der Art, wie wir sie angestellt haben, wiederholen, ohne die feste Ueberzeugung zu erlangen, dass diese Kenntniss in ausgebreiteterem Maasse für den öffentlichen Dienst nutzbar gemacht werden muss. Die ältere Art von Cavallerieställen, obwohl ebenso gut und vielleicht besser, als viele Privatställe von demselben Alter, kann nur als eine Einrichtung betrachtet werden, um Pferde in die Nothwendigkeit zu versetzen, eine Luft zu athmen, die mit ihren eigenen Ausscheidungsprodukten inficirt ist. Viele Thiere würden unter solcher Behandlung unvermeidlich zu Grunde gehen, wären nicht zwei Umstände vorhanden: ihre tägliche Bewegung in freier Atmosphäre, und eine gewisse Gewöhnung, die ihre Constitution erlangt, der Wirkung der vergifteten Luft zu widerstehen. Dieser Widerstandskraft, welche das animalische Leben erhält, kann man jedoch nicht anders als nur für eine gewisse Zeit vertrauen, da sie unvermeidlich zum Verlust der Gesundheit und schliesslich des Lebens selbst führt. Der Beweis ihrer Bedeutung liegt in der wohlbekannten Thatsache, dass Pferde eine plötzliche Ueberführung aus einem engen, heissen Stall auf eine kalte Weide oder einen Hügel ohne Gefahr ertragen; nachdem sie jedoch an frische Luft gewöhnt sind, können sie nicht plötzlich in einen ungesunden Stall ohne unmittelbare Gefahr zurückgebracht werden. Es zeigen sich bei einem solchen Wechsel sehr leicht Rheumatismen, Entzündungen und Druse und grosse Verluste sind oft darnach gefolgt."

Damit in einem Stalle die Luftbeschaffenheit eine gute sei, sind hauptsächlich drei Dinge nothwendig: 1. Ausreichender Quadrat- und Cubikraum für die Thiere und eine nicht allzu grosse Anzahl derselben in einem Gebäude, 2. Gute Ventilation und 3. ein undurchlässiger Fussboden und geeignete Vorrichtungen zur Entfernung der Excremente. Es würde zu weit führen hier auf die Details der Construction eines Pferdestalles specieller einzugehen; ich muss in dieser Beziehung auf die betreffende Litteratur[1]) verweisen und führe

---

1) Wer sich näher über diesen Gegenstand unterrichten will, dem empfehlen wir u. a. folgende Werke: 1. Bau und Einrichtung der Stallungen und Aufenthaltsorte unserer nutzbaren Hausthiere von A. v. RUEFF. Berlin, Wiegandt, Hempel u. Parey. 1875. 2. Die Gesundheitspflege der landwirthschaftl. Hausthiere u. s. w. von G. C. HAUBNER. Dresden, G. Schönfeld's Verlagsbuchhandlung 1881. 3. Der Pferdestall, sein Bau und seine Einrichtung von F. ENGEL. Thaer-Bibliothek 1876. 4. Der Pferdestall in seiner baulichen Anlage u. s. w. von C. E. JÄHN. Deutsche

hier nur die Grundsätze an, welche von der englischen Commission (s. o.) für den Bau von Cavalleriestallungen angegeben worden sind. Dieselben sind folgende:

1. Ueber dem Raum für die Thiere befindet sich unmittelbar das Dach, dessen Abdachung eine ziemlich flache ist; dasselbe ist in der Mitte, entlang dem First, offen, auf seinen Spalträndern sind jalousieartige, mehrere Fuss hohe Seitenwände von Holz aufgesetzt, die mit einem kleineren Dach überdeckt sind, in ganz ähnlicher Weise, wie die amerikanischen Baracken zur Sommerszeit (ridge-ventilation). Die jalousieartigen Seitenwände (louvres) können in diesen Ställen aber nicht geschlossen werden, sondern bleiben zu jeder Zeit offen, so dass eine beständige Ausströmung der verdorbenen Luft statt-findet. Colonel HAWKINS, unter dessen Leitung die in Woolwich nach den Vorschlägen der Commission erbauten Stallungen gestellt wurden, ist der Meinung, dass es bei rauher Witterung vielleicht zweckmässiger wäre, die Jalousien (louvres) theilweise zu schliessen und bemerkt, dass die gemeinen Cavalleristen, welche in ähnlichen Gebäuden ihre Pferde abwarteten, gewöhnlich über zu viel frische Luft klagten. Ein nachtheiliger Einfluss auf die Pferde ist indess nicht davon beobachtet, und es hat die vergleichende Prüfung der Luft in Ställen dieser Construction ihre grössere Vorzüglichkeit er-geben.

2. Ausser den Fenstern in den Seitenwänden hat jeder Stall noch Oberlicht dadurch, dass Fenster von dickem Glas im Dache angebracht sind, und zwar der Art, dass der obere Theil der Seiten-wände des Dachaufsatzes statt der Jalousieöffnungen eine Reihe von Fenstern enthält, so dass Licht und Ventilation wesentlich durch den in der Mitte des Daches über das ganze Gebäude verlaufenden Auf-satz beschafft werden. Die Fenster in den Seitenwänden, für jeden Pferdestand eins, drehen sich um eine Querachse, so dass sie beim Oeffnen schräg, resp. horizontal stehen (swing-window); ihre Di-mensionen sind 3 Fuss 3 Zoll und 2 Fuss 6 Zoll.

3. Dicht unterhalb des Daches läuft in den Seitenwänden eine Reihe von Hohlziegeln, die ebenso viele kleine Einlassöffnungen für frische Luft enthalten, deren Richtung nach oben geht, so dass die einströmende Luft keinen Zug verursacht. Zwischen je zwei Pferde-ständen befindet sich 6 Zoll über dem Boden in der Seitenwand gegen die der Kopf des liegenden Pferdes gerichtet ist, ein Hohl-ziegel mit Röhren für den Einlass frischer Luft, welche das Thier

bautechnische Taschenbibliothek. 5. Die Stallgebäude in ihrer sanitären Anlage u. s. w. von C. A. ROMSTORFER. Deutsche bautechnische Taschenbibliothek.

in ruhender Stellung einathmet, während es bei Mangel einer derartigen Vorrichtung die am Grunde des Stalles gewöhnlich verdor-
benste Luft einathmen würde. Die Gesammtoberfläche aller Einlassöffnungen für frische Luft beträgt 1 ☐Fuss (engl.) pro Pferd.

4. Jeder Stall für 48 Pferde hat an jedem Giebel und in der
Mitte jeder Seitenwand eine, also im Ganzen vier, 8 Fuss breite
Flügelthüren. Die Länge des Gebäudes beträgt 113 Fuss 8 Zoll,
die Breite 33 Fuss. Die Höhe der Seitenwände ist 12 Fuss, die
Höhe des Dachfirstes 20 Fuss 6 Zoll. Die Pferde stehen in zwei
Reihen (à 24) mit den Köpfen gegen die Längenwände, zwischen den
beiden Reihen läuft ein 14 Fuss breiter, leicht gegen die Mitte hin
erhaben gewölbter Gang. Jeder Pferdestand ist 5 Fuss 6 Zoll breit,
die Stände sind nur durch auszubakende Bäume geschieden, so dass
die Luft überall circuliren kann. Raufen und Krippen sind von Eisen
und ca. 1½ Fuss vom Boden angebracht. Auf jedes Pferd kommt
ein cubischer Raum von 1605 Cubikfuss (45,4 Cubikmeter) und gegen
100 ☐Fuss (9,3 ☐Meter) Oberflächenraum.

5. Der ganze Boden eines solchen Stalles ist mit einem 1 Fuss
dicken Pflaster belegt, dasselbe besteht zu unterst aus einer 6 Zoll
dicken Lage von Concreta, auf der eine 6 Zoll starke Schichte durch
scharfe quadratische Furchen von einander oberflächlich abgegrenzter
Kunststeine liegt, ähnlich wie ein Schachbrett, auf dem die einzelnen
Felder durch Furchen geschieden sind. Letzteres hat den Zweck,
den Hufen der Pferde Halt zu geben. Der Kunststein besteht aus
Granitsand und bestem Portlandcement. Ein so construirter Stall-
boden soll 30—40 Jahre der ätzenden Wirkung der Pferdejauche
widerstehen, ohne sich zu imprägniren, und kann durchaus rein gehalten werden.

6. Die Jaucherinnen zu beiden Seiten des Mittelganges, welche
hinter den Ständen verlaufen, bestehen aus demselben Material, sind
unbedeckt und haben eine flache muldenförmige Gestalt,
so dass sie stets ganz rein gefegt und gespült werden können; sie
sind so angelegt, dass sie ein ausreichendes Gefälle haben, um ihren
Inhalt ausserhalb des Stalles in unterirdische, cementirte und mit
Fanggittern versehene Abzugskanäle zu ergiessen. Diese unterirdi-
schen Kanäle verlaufen nirgends unterhalb des Stalles selbst, und
sind da, wo sie im Hofe Fanggruben und Gitter für die festen Bestandtheile der Jauche haben, mit Klappen versehen, um das Ausströmen von fauligen Gasen zu vermeiden. Ihre Spülung wird dadurch befördert, dass die Dachrinnen direct in sie ihr Regenwasser
ableiten.

7. Alle Futterräume, Kammern für Reitzeug und Geschirre sind in besonderen Schuppen untergebracht, wo sie auch gereinigt werden, damit kein Staub die Luft in den Ställen verunreinigt.

8. Das Tränken der Pferde geschieht stets ausserhalb des Stalles auf dem Hofe, wo ein gusseiserner Tränktrog, der am Boden ein Loch mit Ventil zum Ablassen des Wassers hat, neben einem Brunnen steht.

9. Statt der Dungstätten werden grosse Kasten von Eisenblech aufgestellt, die regelmässig von einem Unternehmer abgefahren und entleert werden, damit in der Nähe der Ställe keine grossen Misthaufen, die faule Gase entwickeln, entstehen. Wo diese Einrichtung nicht möglich ist, sollen keine Düngergruben angelegt, sondern zu ebener Erde gepflasterte und drainirte Düngerstätten angelegt werden.

Wo eine beständige Ventilation der Ställe mittelst eines durchbrochenen Daches nicht durchführbar war, wie in schon bestehenden Gebäuden, wo über den Stallungen Mannschaftswohnräume sich befinden, hat die Commission, um das Eindringen der thierischen Ausdünstungen durch die Decke in die Kasernenstuben der Mannschaften zu verhindern, in jeder der vier Ecken des Stalles ein Abzugsrohr, das bis über das Dach des Gebäudes hinausgeführt ist, einsetzen lassen, wie z. B. in mehreren Artillerieställen in Woolwich. Die gesammte Weite aller vier Röhren beträgt 12 □ Zoll (0,00774 □ Meter) für jedes Pferd. Da, wo diese Röhren durch den Raum einer darüberliegenden Stube geführt sind, haben sie eine dichte Auskleidung von Zink, um jedes Ausströmen ihres Inhalts zu vermeiden. Ausser diesen Auslassröhren sind unterhalb der Decke in den Seitenwänden aller Pferdeställe noch mit Klappen versehene Einlassöffnungen für frische Luft, ähnlich wie in den Wohnstuben, angebracht.

Nach einem Bericht des Principal Veterinary Surgeon der englischen Armee, Mr. WILKINSON, beträgt die Sterblichkeit der englischen Cavalleriepferde nur 20 von 1000 jährlich, worunter die Hälfte durch Unglücksfälle und unheilbare Krankheiten umkommen. Dies günstige Resultat ist vorzüglich durch Verbesserung der Luft in den Ställen erreicht, da alle anderen Verhältnisse (Futter, Pflege und Anstrengung) gegen früher dieselben sind, der Zustand der Ställe sich aber bedeutend geändert hat.[1] Druse und Rotz sind fast verschwunden.

Aus diesem Resultat geht die Vorzüglichkeit der oben angeführten Commissionsvorschläge aufs Deutlichste hervor und es bleibt

---

[1] Journal of the Royal Agricultural Society. Nr. 50. p. 91. Citirt von SENFT-LEBEN.

nur die Frage offen, ob nicht durch die Ventilationseinrichtung in kälteren Klimaten als das englische, die Temperatur im Stall zu sehr herabgesetzt wird; indess könnte diesem Uebelstand durch die Einsetzung verschliessbarer Jalousien auf dem Dachfirst wahrscheinlich leicht abgeholfen werden.

In der preussischen Armee beträgt der Abgang an Pferden im Frieden durchschnittlich 1,5 %, ist also noch geringer als in England, was für die Stalleinrichtungen spricht. [1])

Märker [2]) hat Untersuchungen über die Ventilation von Ställen angestellt, wobei er einerseits die natürliche und andererseits die künstliche Ventilation einer Prüfung unterzog, und namentlich auch über die verschiedene Leistungsfähigkeit der verticalen und horizontalen Ventilationssysteme, sowie jener von Muir [3]) und von Kinnel [4]) vergleichende Versuche machte. Er kam hierbei zu folgenden Resultaten:

Aus dem Kohlensäuregehalt der Stallluft und aus seinen Schwankungen kann man die Stärke der Ventilation annähernd berechnen. Der Kohlensäuregehalt, bei welchem eine Stallluft als verdorben zu bezeichnen ist, liegt höher als derjenige, bei welchem dasselbe für Wohnräume geschehen muss. Man kann einen Gehalt der Stallluft von 2,5—3 % Kohlensäure als einen normalen und sogar wünschenswerthen bezeichnen und einen Gehalt von 4 % als die äusserste zulässige Grenze festsetzen.

An frischer Luft müssen einem 1000 Pfund schweren Stück Grossvieh stündlich 30—40 Cubikmeter zugeführt werden. Als wünschenswerth ist es zu bezeichnen, wenn die Luftzufuhr auf 50—60 Cubikmeter gesteigert werden kann.

In verschiedenen Höhen der Ställe zeigte die Luft keine Differenzen in der Zusammensetzung. — Die Durchdringbarkeit aller Bau-

---

1) Bezüglich des Details der Vorschriften über die Stalleinrichtungen in der preussischen Armee verweise ich auf Roth u. Lex, Handbuch der Militärgesundheitspflege. 1. Bd. S. 627—630, welchem ich auch obige Notiz entnehme.

2) Untersuchungen über natürliche und künstliche Ventilation vorzüglich in Stallgebäuden, sowie über die Porosität einiger Baumaterialien von M. Märker. Göttingen, Deuerlich'sche Buchhandlung 1871.

3) Weite Luftschachte, welche durch zwei kreuzweise eingesetzte Bretter in vier Abtheilungen zerfallen, von welchen Luft theils auf-, theils abwärts geführt werden soll.

4) Doppelte Zinkröhren, von denen eine engere von einer weiteren umgeben ist. Die innere Röhre überragt die äussere an der Mündung in der Stalldecke um einige Zoll. Es wird hierdurch bezweckt, in dem einen Rohr frische Luft zu-, in dem anderen verdorbene Luft abzuführen.

materialien für Luft ist eine sehr bedeutende, so dass die in Folge derselben eintretende natürliche Ventilation unter allen Umständen eine nicht zu vernachlässigende Grösse repräsentirt. — Jedoch sind die verschiedenen Baumaterialien in Bezug auf ihr Durchlassungsvermögen sehr verschieden und zeigen dabei folgende Verhältnisse: Sandstein 1,69, Kalkbruchstein 2,22, Backstein 2,83, Kalktuffstein 3,64, Lehmstein 5,12. [1])

Die natürliche Ventilation ist als der naturgemässeste Weg des Luftwechsels zu bezeichnen. Dieselbe wird durch folgende Umstände beeinflusst: durch Herstellung einer porösen Decke wird die natürliche Ventilation verstärkt, während sie durch eine wenig durchlassende Decke bedeutend reducirt wird. Durch starken Wind wird dieselbe beträchtlich vermehrt, durch Benetzung der Wände mit Regen bedeutend vermindert. Wenn man jedoch von den beim Backstein gewonnenen Erfahrungen auf andere Baumaterialien schliessen darf, so scheint die aufgenommene Feuchtigkeit schnell wieder abgegeben und damit die verlorene Porosität wieder erlangt zu werden.

In Betreff der künstlichen Ventilation wurden folgende Verhältnisse beobachtet:

Durch zweckmässige Anlage der nöthigen Anzahl von Aspirationsventilatoren ist es leicht, den (für Ställe weit geringeren als für Wohngebäude) Bedarf an frischer Luft zu beschaffen. Das System von verticalen Aspirationsanlagen verdient unter allen Verhältnissen den Vorzug vor dem horizontalen System. — Bei 20—30 Fuss (6,3—9,4 Meter) Druckhöhe und einer Temperaturdifferenz von 16—20° C. zwischen äusserer und innerer Luft besassen die verticalen Ventilatoren eine stündliche Wirksamkeit von ca. 1500 Cubikmeter pro □Meter Querschnitt.

MUIR's und KINNEL's System zeigten in der Wirksamkeit keinen Unterschied von dem einfachen System. Beide Systeme waren jedoch durchaus unzuverlässig, um in grösseren Räumen die Zufuhr von frischer Luft zu bewirken.

Eine Verlängerung der verticalen Ventilatoren in den Stall hinein ist als überflüssig, ja sehr wahrscheinlich der Wirksamkeit schädlich zu bezeichnen. — Verticale Ventilatoren müssen durch passende Einrichtung ihrer Mündung über Dach unter allen Umständen vor dem

---

1) Bezüglich der Porosität von Baumaterialien verweisen wir auch auf die neueren Arbeiten von C. LANG; 1. Zeitschr. f. Biologie. Bd. XI. S. 313—340; 2. Ueber natürliche Ventilation und die Porosität von Baumaterialien von C. LANG. Stuttgart 1877.

hemmenden Einfluss des Windes geschützt werden, wenn auf eine gleichmässige Wirkung gerechnet werden soll. — Durch besondere Zuströmungsöffnungen für frische Luft wird die Wirkung von Ventilatoren in kleinen Räumen bedeutend verstärkt, wahrscheinlich tritt diese Verstärkung auch in grösseren Räumen ein.

Durch ein verticales Ventilationssystem dürfen wir im Winter ein dem Stallvolumen gleiches Quantum an frischer Luft zuführen, ohne eine ungünstige Beeinflussung der Temperaturverhältnisse im Stall befürchten zu müssen. Das horizontale System erwies sich auch in dieser Hinsicht als weniger vortheilhaft.

Die in den Ställen, hauptsächlich an der Decke sich bildenden feuchten Niederschläge können vermieden werden: Durch Schützung der Decke vermittelst schlechter Wärmeleiter, um keine Condensation in Folge der Abkühlung eintreten zu lassen; durch die Herstellung einer porösen Decke; durch Einführung einer möglichst kräftigen Ventilation. —

Hoffmann[1]) will ausreichende Ventilation der Ställe blos durch Luftschachte bewirken, die aus vier bei einander liegenden Röhren bestehen und über Dach senkrecht in verschiedener Höhe ausmünden und ebenso unter der Decke austreten, so dass diejenigen, welche oben am weitesten hinaufragen, unten am tiefsten herunterreichen. Der Längenunterschied darf nur einige Zoll betragen. Ein solcher Schacht von zusammen 1 □Fuss lichter Oeffnung soll genügen, um einen mit Pferden besetzten Stall von 20,000 Cubikfuss Inhalt hinreichend zu ventiliren und demselben Tag und Nacht die erforderliche Temperatur von 8—10° R. zu erhalten, wenn die äussere Temperatur etwa 0 ist. Die Fenster können dabei geschlossen bleiben und wenn derartige Ställe feuersicher gewölbt seien, so könnten die darüber liegenden Räume unbeschadet der Gesundheit auch die Wohnungen der Mannschaften, Geschirrkammern u. s. w. umschliessen.

Da das Hoffmann'sche Ventilationssystem nur eine, allerdings verbesserte Modification der Systeme von Muir und Kinnel darstellt, so dürfte das von Märker über letztere gefällte Urtheil (s. o.) auch für dieses grösstentheils Geltung haben.

In neuester Zeit ist von Tollet eine Construction für Ställe angegeben worden, welcher die vierreihige Anlage der von den französischen Genieofficieren sogenannten écuries gares (mit einem breiten Gange und zwei Pferdereihen in dem höheren Mitteltheile,

---

1) Hoffmann, Ueber feuersichere Tiefbauten. Landw. Centralbl. f. Deutschland 1867, Juliheft. S. 41 ff. Citirt in Kirchner, Lehrbuch der Militärhygiene.

und mit je einer Pferdereihe und einem schmäleren Gang in den
beiden niederen Seitentheilen) zu Grunde gelegt ist. [1]) Die Stallgebäude sind dabei für 100—128 Pferde berechnet, und es werden die
beiden mittleren Reihen durch grosse Spitzbogen, die äusseren durch
Pultdächer nach oben abgeschlossen, die sich an jene anlegen. Nur
die Aussenwände sind gemauert, alle übrigen Theile des Constructionsgerüstes bestehen hier aus Schmiedeeisen, die Eindeckung,
welche gleichzeitig den oberen Raumabschluss bildet, aus tuiles
mecaniques.

Im Ganzen machen diese Stallungen, wovon sich einige in Bourges
befinden, durch Weiträumigkeit, sowie durch Leichtigkeit der Construction einen überraschend günstigen Eindruck. Die Ventilation
derselben ist eine sehr ausgiebige, ohne dass die Pferde dem Zuge
ausgesetzt sind, da sie nirgends an Aussenwänden stehen. Sie wurden auch von General TRIPIER sehr empfohlen, an Stelle der in
Frankreich grösstentheils angewendeten écuries docks (Querstal-
lungen mit Zwuselrinnendächern).

Leider ist die TOLLET'sche Construction für unsere klimatischen
Verhältnisse nicht direct anwendbar, weil sie im Winter zu kalt für
die Pferde ist. Es müsste eine dichtere und damit schwerere Decke
eingeschaltet und auch auf das Tragen grösserer Schneelasten reflectirt werden, wodurch sich die Ansprüche, welche an die Eisen-
construction gestellt werden, steigern und diese nicht nur stärker,
sondern auch viel theurer würde. Es ist übrigens von GRUBER und
VÖLKNER eine Construction hergestellt worden, durch welche das
TOLLET'sche Princip unseren klimatischen Verhältnissen angepasst ist.

2. Kasernen in festen Plätzen. [2])

Noch viel ungünstiger als in den gewöhnlichen Kasernen sind
die Kasernirungsverhältnisse in befestigten Plätzen in den sogenannten Kasematten. Hier müssen naturgemäss die allgemeinen hygienischen Rücksichten gegen diejenigen Maassnahmen, welche der Schutz

---

1) Ich entnehme diese Notizen: F. GRUBER, Neuere Krankenhäuser. Wien
1879. Facsy u. Frick. S. 236 und F. GRUBER, Der Kasernbau in seinem Bezuge
zum Einquartierungsgesetze. Wien 1880. Lehmann u. Wentzel. S. 55.

2) Dieses Kapitel gehört streng genommen, wegen der speciellen Verhältnisse, welche den Gegenstand desselben bilden, ferner aber desshalb, weil Kasematten in Friedenszeiten keine Verwendung zu Wohnräumen finden sollten, nicht
in ein allgemeines Handbuch der Hygiene. Nur der Vollständigkeit halber soll
es hier kurz abgehandelt werden. Eine sehr ausführliche Darstellung hiervon
findet sich im „Handbuch der Militärgesundheitspflege" von ROTH u. LEX. 1. Bd.
S. 636—660.

vor dem feindlichen Feuer und militärische Erfordernisse für Be-
festigung und Vertheidigung nothwendig machen, vollständig zurück-
treten. Dass unter solchen Verhältnissen die sanitären Zustände
meist sehr ungünstig sind, ist einleuchtend, aber ebenso, dass deren
Verbesserung und die Durchführung hygienischer Maassnahmen auf
ausserordentliche Schwierigkeiten stossen. Nichtsdestoweniger darf
man dieselben nicht aus den Augen verlieren und es muss die Aufgabe
hier die sein, einen Modus zu finden, wie sich die Erfüllung militärischer
und hygienischer Postulate in der zweckmässigsten und für die Gesundheit der Soldaten am meisten zuträglichen Weise vereinigen lässt.

Die Schädlichkeit der kasemattirten Räume beruht hauptsäch-
sächlich in der Feuchtigkeit, der niederen Temperatur, der
mangelhaften Ventilation und der schlechten Tagesbeleuchtung.

Die Feuchtigkeit hat ihren Grund in der oft tiefen Lage der
Kasematten, deren Sohle manchmal nur wenig über dem höchsten
Grundwasserstand liegt, in dem Mangel einer Unterkellerung und in
der Erdumschüttung der Wände, die den Mauern meist direct anliegt
und deren Austrocknung verhindert. Bei der hierdurch bewirkten
Impermeabilität der Wände und der auch ausserdem sehr mangelhaften Ventilation, wird die Feuchtigkeit der bewohnten Räume noch
durch den von der Respiration stammenden Wasserdampf vermehrt.
Es ist daher nicht selten, dass sich ausgedehnte Pilzvegetationen,
namentlich auf allem Holzwerk, ausbilden, das in den Kasematten
sehr schnell der Fäulniss unterliegt.

Wirkt schon die durch die dicke Erdbedeckung hervorgebrachte
niedere Temperatur in den kasemattirten Räumen insoferne schädlich, als sie leicht zu Erkältungen Veranlassung gibt, wenn im Sommer die Mannschaft erhitzt und schwitzend vom Exerciren dieselben be-
tritt, so wird diese Schädlichkeit noch erhöht durch die Feuchtigkeit
der Wände, welche dem Körper einen ganz bedeutenden Wärmever-
lust durch Strahlung zufügen. Dieser Nachtheil wird dadurch noch
grösser, dass die Wärmeentziehung oft eine Körperhälfte oder einzelne
Körpertheile stärker trifft. Rheumatische und neuralgische Erkrankungen sind die häufige Folge dieses Verhältnisses.

Wohl den meisten Nachtheil für die Gesundheit bringt die
schlechte Luftbeschaffenheit in den Kasematten mit sich,
welche die Folge unvollständiger Lufterneuerung ist. Wenn
die Seitenwände der Kasematten frei stehen, so lässt sich allenfalls
noch einige Ventilation herstellen und durch Luftabzüge nach oben
vermehren, allein ganz schlimm ist es bei jenen Wohnräumen, die

fast ganz in Erdwällen drinnen stecken. Hier kann nur durch Thüren und Fenster, insoweit solche an der vom Feind abgekehrten Seite sich befinden, einige Luftzufuhr bewirkt werden, denn durch die dicken, feuchten Mauern ist an einen Luftaustausch nicht zu denken. Auch ist die auf diese Weise zugeführte Luft häufig nicht die beste, da sie nicht selten tief gelegenen feuchten Höfen, oder mit stagnirendem Wasser gefüllten Graben entnommen wird. Zu diesen grossen Uebelständen kommt aber noch der weitere hinzu, dass die Kasematten sehr dicht belegt werden, so dass sich der Cubikraum pro Kopf nur auf 7,5—9,3 Cubikmeter stellt (ROTH und LEX). Ausserdem werden noch in dem gleichen Raum Speisen gekocht oder aufgewärmt, Waffen geputzt und Kleider getrocknet und so ist es denn nur zu erklärlich, dass sich alsbald in den bewohnten Kasematten ein ausserordentlicher Grad der Luftverunreinigung herstellt.

Die schlechte Tagesbeleuchtung der Kasematten ist ein weiterer Faktor für deren Insalubrität. Die geringe Grösse der Fenster und Scharten im Verhältniss zum Raum, und die Dicke der Mauern, gestatten dem Tageslicht nur spärlichen Zutritt, vielfach aber erhalten die Wohnräume gar kein directes Licht, sondern sie werden nur indirect von den Gängen aus beleuchtet. Es braucht nicht erst gesagt zu werden, dass durch solche Umstände der Unreinlichkeit und damit der Luftverderbniss noch Vorschub geleistet und dadurch allein der Gesundheit schon Schaden genug zugefügt wird, selbst wenn man von dem Mangel des wohlthätigen Einflusses, welchen das Sonnenlicht auf alle Lebensvorgänge ausübt, gänzlich absieht.

Ehe man die Mittel in Erwägung zieht, welche zur Abhilfe dieser Uebelstände in Anwendung gebracht werden sollen, muss die Frage erledigt werden, ob denn überhaupt Räume, welche anerkanntermaassen so viele gesundheitsschädliche Momente in sich enthalten, den Soldaten als Wohnung angewiesen werden dürfen. Die Antwort hierauf lautet, dass dies im Kriege nicht zu vermeiden ist, theils aus strategischen Gründen, theils desshalb, weil die Kasematten den Truppen Schutz vor den feindlichen Geschossen gewähren und ihnen namentlich zum Ausruhen einen sicheren Zufluchtsort bieten, dass jedoch für den Frieden die Belegung dieser Räume entschieden aufgegeben werden muss. Gegenüber der Behauptung, dass man die Soldaten schon im Frieden an die Schädlichkeiten der Kasematten zu gewöhnen suchen müsse, ist zu betonen, dass es eine Gewöhnung an derartige sanitäre Nachtheile in der That nicht gibt, sondern dass sie stets eine, wenn auch bei den resistenzfähigeren Individuen weniger oder erst in späterer Zeit hervortretende Schä-

digung der Gesundheit nach sich ziehen und dass es überhaupt nicht
verantwortet werden kann, dass man bei dem fortwährenden Wechsel
der Mannschaft, die ja nur 3 Jahre präsent ist, immer aufs Neue
Menschen in die Gefahr bringt Gesundheit und Leben zu verlieren,
von welchen doch nur wenige in die Lage kommen während ihrer
activen Dienstzeit einen Krieg mitzumachen und so von der angeb-
lichen Gewöhnung an gesundheitsgefährliche Wohnungsverhältnisse
Nutzen zu ziehen.

Um aber auch für den Kriegsfall günstigere hygienische Verhältnisse zu schaffen, machen ROTH und LEX [1]) folgende Verbesse-
rungsvorschläge:

1. Der Baugrund werde so trocken als möglich gelegt, wozu
namentlich eine gründliche Drainage nöthig wird. Zur Abhaltung
der Seitenfeuchtigkeit bedarf es aller durch die Technik gegebenen
Mittel. Die Dielen werden auf eine isolirte Unterpflasterung gelegt
und wenn möglich, stellt man einen Luftraum zwischen Fussboden
und Erdreich her. Das Holz wird, wo irgend angänglich, durch Eisen
oder Wölbung ersetzt.[2])

2. Die Trockenheit des Gewölbes ist immer durch Abwässerung
nach Aussen zu sichern, die Abwässerung nach Innen ist durchaus
zu verwerfen.

3. Bei allen bombensicheren Gebäuden ist eine recht lange Aus-
trocknungsperiode (von mindestens 3 Jahren) einzuhalten. Dieselbe
wird um so wirksamer, je freier das Gebäude steht.

4. Sowohl im Interesse der Trockenheit, als zur Erhöhung der
Temperatur müssen kasemattirte Räume im Sommer und Winter ge-
heizt werden, wobei auf die Luftverschlechterung durch eiserne Oefen
Rücksicht zu nehmen ist.

5. Zur Verbesserung der Luftbeschaffenheit sind alle militärisch
zulässigen Mittel zu empfehlen, welche eine Vermehrung des Cubikraumes herbeiführen.

6. Eine möglichst vollständige natürliche Ventilation ist anzustreben, wozu in querer Richtung die Vermehrung der Fenster und Thüren
und nach oben eine entsprechende Anzahl von Dunströhren dienen.
— Die Rauchröhren der Oefen können zur Unterstützung beitragen.

7. Bombensichere Räume, die zu Wohnungen bestimmt sind,

---

1) ROTH u. LEX, Handbuch der Militärgesundheitspflege. 1. Bd. S. 652—660.

2) Bezüglich der ausführlicheren Darlegung der Mittel und Wege, wodurch
die in obigen zehn Sätzen aufgestellten Postulate erreicht werden sollen, verweise
ich, um hier nicht zu weitläufig zu werden, auf das Original.

dürfen nicht zur Aufbewahrung von Material, namentlich nicht von fäulnissfähigen Substanzen, dienen.

8. Luftverunreinigungen von der Umgebung aus sind durch Anlegung zweckmässiger Latrinen sowie durch Ueberwachung der Wallgräben möglichst zu verhüten.

9. Die natürliche Beleuchtung der kasemattirten Räume bedarf dringend einer Verbesserung.

10. Bombensichere Räume dürfen nur nach vorangegangener Lüftung und Desinfection bezogen werden.

ANHANG.

TOLLET'S Kasernen.[1])

Wenngleich schon im Obigen an den einschlägigen Stellen das TOLLET'sche System des Kasernbaues erwähnt und dessen Principien und Vorzüge geschildert wurden, so halte ich es bei der ungemeinen Wichtigkeit, welche diesem System für die Reform des Kasernbauwesens beigemessen werden muss, doch nicht für überflüssig, eine zusammenhängende detaillirte Darstellung desselben folgen zu lassen und die Beurtheilung, welche es gefunden hat, ausführlicher zur Kenntniss zu bringen. Es scheint mir dies um so mehr geboten, weil ich der Ueberzeugung bin, dass dem TOLLET'schen System die Zukunft des Kasernbaues gehört. Mag auch vielleicht die Zeit noch nicht so nahe sein, wo ihm der unbestrittene Sieg über Vorurtheile, Hang am Althergebrachten, möglicherweise auch über die Sorge vor zu hohen Kosten zu Theil werden wird, soviel dürfte heute schon gewiss sein, dass die hygienischen Principien, welche diesem System als Grundlage dienen, durchaus richtig sind, und dass deren Befolgung eine wesentliche Verbesserung der sanitären Verhältnisse in den Kasernen nach sich ziehen wird.

Es lässt sich selbstverständlich nicht vermeiden, dass hier Manches wiederholt wird, was schon oben Erwähnung gefunden hat,

---

1) Benutzte Literatur: 1. TOLLET, Mémoire présenté au congrès international d'hygiène de Paris en 1878 sur les logements collectifs, casernes. 2. TOLLET, La réforme du casernement, réduction de la mortalité dans l'armée française etc. Paris, Delahaye et Cie. 1577. 3. Revue d'hygiène et de police sanitaire. 4. GRUBER, Neuere Krankenhäuser. Bericht über die Weltausstellung in Paris 1578. Faesy u. Frick 1579. 5. GRUBER, Der Kasernbau in seinem Bezuge zum Einquartierungsgesetz. Wien, Lehmann u. Wentzel 1580.

allein es dürfte dies eine Entschuldigung finden in meinem Bestreben durch eine gesonderte Besprechung die Aufmerksamkeit noch mehr, als es bereits oben geschehen ist, auf das Tollet'sche System zu lenken.

Die Grundsätze, welche Tollet nach eingehendem Studium der Kasernen nach früheren Typen und nach reiflicher Erwägung der denselben innewohnenden sanitären Mängel als Regeln für den Kasernbau aufstellt, sind folgende:

1. Aufstellung der Kasernen in der Nähe der Städte, aber in der reinen Landluft, auf einem hochgelegenen Terrain, das dem Klima entsprechend orientirt, durchlässig oder leicht zu drainiren ist und Trinkwasser in einer Menge von wenigstens 50 Liter per Kopf zu liefern vermag.

2. Verminderung der Dichtigkeit der Kasernirten durch Decentralisation und Zerstreuung der Wohngebäude auf eine Terrainfläche von mindestens 50 □Meter pro Kopf.

3. Herstellung von kleinen Blocs als Wohngebäude, die nicht mehr als höchstens 70 Mann aufnehmen. Abstand dieser Gebäude von einander, dessen Breite wenigstens das 1½ fache ihrer Höhe beträgt. Gemischte (doppelte Façade), gleichförmige Orientirung, lange Seitenwände. Vollständige Trennung und Entfernung der accessorischen Dienstgebäude (Stallungen, Küchen, Cantinen, Krankenstuben u. s. w.), die Emanationen hervorbringen können, welche der Salubrität Eintrag thun.

4. Architectonische Dispositionen, welche die die Miasmen absorbirenden Flächen und die Hohlräume, welche die Miasmen verbergen und conserviren, reduciren; die die natürliche Ventilation begünstigen und zugleich die Sicherheit bieten, dass die Gebäude gesund bleiben und unverbrennlich sind.

5. Abrundung der Winkel und Weglassung des Holzwerks, vor Allem vollständige Beseitigung der Stockwerke und in Folge dessen der horizontalen Scheidewände, die dadurch, dass sie der Infection doppelt ausgesetzt sind, einerseits durch die Bewohner von oben, andererseits durch die Emanationen derer unterhalb eine Quelle der Infection werden, während sie zu gleicher Zeit das hauptsächlichste Hinderniss für die natürliche Ventilation der Wohnräume abgeben. Anbringung der Aus- und Eintrittsöffnungen für die Luft an denjenigen Stellen der Säle, welche von den Bewohnern am meisten entfernt sind und Herstellung derselben in einer Weise, dass die Luft im Innern dem Bedarfe entsprechend erneuert werden kann.

6. Reduction des Cubikinhalts der Baumaterialien auf im höch-

sten Falle 3,5 Cubikmeter pro Kopf, dagegen Vermehrung des Flächenraumes und des Luftraumes im Innern; mindestens 3,5 □Meter Grundfläche und 22 Cubikmeter Luftraum für einen Infanteristen und 4,20 □Meter Raumfläche und 25 Cubikmeter Luftraum für einen Cavalleristen.

Anbringung der Eintrittsöffnungen für die frische Luft in den dünneren Theilen der Mauern um die Fensteröffnungen (alléges des croisées) und in der Höhe der Dachrinnen; sie sind mit Metallgittern zu versehen, welche die Diffusion der zuströmenden Luft sichern; Verlegung der Austrittsöffnungen für die verbrauchte Luft in die höchstgelegenen Theile, d. h. in die Verfirstung und Versehen derselben mit Klappen.

7. Erhaltung der Kasernen und ihrer Zugänge in fortwährend sauberem Zustand und Bewahrung des Wohlbefindens der Soldaten dadurch, dass man ihnen Waschräume gibt und Bäder zu ihrer Verfügung stellt.

Die in diesen Sätzen ausgesprochenen, durch die Construction zu erreichenden Absichten suchte Tollet nun auf folgende Weise zu erfüllen: Er wählte die Form des gleichseitigen Spitzbogens für das Profil der Gebäude, weil dieser Bogen einen geringen Seitenschub ausübt, da sich Dach- und Deckenconstruction bei demselben am leichtesten verbinden lassen, ohne Constructionstheile zu benöthigen, die im inneren Lichtraum frei liegen und ohne über der Decke Hohlräume einzuschalten, in welchen die Luft stagniren kann. Diese Profilform gestattet aber auch

Fig. 1. System Tollet. Querschnitt.
(Aus Gruber, Der Kasernbau in seinem Bezuge zum Einquartierungsgesetz.)

Wand, Decke und Dach in einfachster Form zusammenhängend herzustellen und zwar aus einem eisernen Gerippe, dessen Felder durch Constructionstheile ausgefüllt werden, die nur ihre eigene Last zu tragen und ausschliesslich den Zweck haben, den Innenraum entsprechend vor atmosphärischen Einflüssen zu schützen, also den klimatischen Verhältnissen gemäss variirt werden können. Da ausserdem die Spitzbogenform die inneren Winkel abrundet, so findet sich im Inneren nirgends ein Platz, wo sich Staubmassen auflagern können und keine

todten Ecken für die Ventilation. Ueberdies bietet der Spitzbogen
den grössten Luftraum im Inneren dar bei der geringsten Oberflächenausdehnung der Umhüllung.

Die Wichtigkeit der Vortheile, welche aus dieser Construction,
sowohl mit Rücksicht auf die Kosten, als in sanitärer Beziehung, entspringen, lassen sich leicht einsehen, vorzüglich wenn man in Betracht zieht, dass der Luftraum ein Coefficient der Salubrität ist,
während der cubische Inhalt der porösen Materialien und die um-
hüllenden Flächen, welche sich in ununterbrochenem Contact mit den
Emanationen befinden, bis zu einem gewissen Grade Elemente der
Insalubrität darstellen und die Ausgaben vergrössern.

Bei der Ausführung der Construction wird zunächst ein Gerippe
aus Spitzbögen hergestellt, die aus doppelt T-förmigen, am Bogenschluss durch angenietete Laschen verbundenen Walzeisen zusammengesetzt und in Entfernungen von 1—1,5 Meter vertical gestellt werden.
Am Bogenschluss sind diese Hauptrippen der Construction durch ein
doppeltes T-Eisen gleicher Stärke verbunden, während beiderseits,
in den Bogenschenkeln, Schliessen aus Rundeisen in Abständen von
1—1,5 Meter den Längenverband herstellen, der ausserdem durch
Winkeleisen vervollständigt wird, die zur Aufnahme der Eindeckung
dienen. Für die Ausfüllung der Felder des Gerippes empfiehlt Tollet in erster Linie Hohlziegel oder stark gebrannte volle Ziegel in
Cementmörtel, für die Eindeckung die bekannten tuiles mécaniques,
da sich diese am leichtesten den gekrümmten Dachflächen anschmie-
gen und dabei eine vollkommen dichte Dachung geben. Sein System
hat aber den grossen Vortheil, dass es sich allen Verhältnissen anpassen lässt, und dass nicht nur die verschiedensten Materialien zur
Ausfüllung des Gerippes und zur Eindeckung verwendet werden können, sondern dass sich auch Anlagen, die ursprünglich einen provi-
sorischen Charakter tragen sollten, später in permanente umwandeln
lassen, endlich, dass die Erneuerung verseuchter Objecte durch Aus-
wechselung der Füllmassen leicht möglich ist.

Tollet schlägt aber auch vor, dort, wo es klimatische Verhältnisse bedingen, das die Gerippfelder füllende Gewölbe dicker zu
halten und entweder aus zwei Lagen von vollen Ziegeln, aus zwei
Lagen voller und einer Lage dazwischen eingeschalteter hohler Ziegel, oder endlich 0,235 Meter dick, aus einer Laufer- und einer
Binderschicht mit dazwischen eingeschalteten Hohlräumen herzustellen, womit jedoch auch die Profildimensionen der eisernen Rippen
wachsen müssen.

Grosses Gewicht legt Tollet darauf, dass die innere Oberfläche der Wände ganz undurchdringlich für Luft, dabei vollständig glatt und leicht zu reinigen sei. Er fürchtet das Ablagern von organischen Substanzen auf und namentlich in den Wänden mehr als er sich von dem Vortheil der natürlichen Ventilation durch die Wände verspricht. Das Wesen einer guten natürlichen Ventilation besteht nach ihm darin, dass die inneren und äusseren Oberflächen der Wände durchaus gleich laufen und durch dieselben richtig disponirte Oeffnungen führen. Die Wände sollen durch ihr Material einer absoluten Desinfection zugänglich sein, so dass sie sogar abgeflammt werden können. Um diese Zwecke zu erreichen, schlägt er die bekannten Ueberzüge vor. Auch der Fussboden soll möglichst impermeabel und vor aufsteigender Feuchtigkeit durch geeignete Unterlagen geschützt sein. Zur vollständigen Isolirung von den Einwirkungen des Baugrundes beantragt TOLLET eine Gewölbesubstruction, auf welcher ein Fussboden aus Cementplatten oder ein sogenannter Riemenboden, der in Asphalt gelegt wird, ruht, so dass die Fugen durch wasserdichtes Material geschlossen werden.

Die Ventilationsanlagen beruhen auf dem Princip der natürlichen Ventilation. Im Winter dienen Ventilationsöfen oder Kamine mit den nöthigen Vorrichtungen für den Zugang der frischen und den Abgang der verdorbenen Luft zur Heizung und zugleich zur Unterstützung der Ventilation. Für die Sommerventilation werden bewegliche obere Fensterflügel, dann, ähnlich wie in den englischen Kasernen, Hohlziegelreihen, die unmittelbar über dem Fussboden und in der Höhe von 2,5 Meter eingeschaltet sind und deren Oeffnungen im Winter verschlossen werden sollen, endlich den Dachreiter ersetzende, verglaste Lüftungsklappen nahe am Schlusse der Decken angetragen.

Diese Klappen sind, wie GRUBER [1]) sagt, bei dem TOLLET'schen Zimmerprofile wohl unentbehrlich, da sich sonst bei Einstellung der Heizung in dem hohen, bogenförmig umschlossenen Raum, über der Fensterregion stagnirende Luftschichten ergeben würden; aber auch im Winter wird sich eine rasche, energische Durchlüftung des ganzen Raumes nur durch das Oeffnen der Klappen erzielen lassen. Es ist dies nach GRUBER's Ansicht der einzige schwache Punkt des Systems, gegenüber Räumen mit horizontaler Decke. Für gewichtig jedoch hält er diesen Mangel durchaus nicht, nur wird man in unserem rauheren Klima die Lüftungsklappen durch einen Dachreiter oder wenigstens durch einige dachreiterartig construirte Schlote ersetzen

---

1) GRUBER, Neuere Krankenhäuser. S. 222.

müssen, bei denen man sich durch doppelte Verschlüsse genügend gegen allzu rasche Abkühlung schützen kann. Dieser Anschauung schliesst sich auch DEGEN [1]) an.

Die Grösse der einzelnen Pavillons macht TOLLET in kluger Berücksichtigung der militärdienstlichen Verhältnisse abhängig von der tactischen Einheit (Compagnie, Escadron, Batterie) und bestimmt, dass ein Block, je nach der Grösse der Effectivstärke, die Mannschaft einer ganzen oder halben Compagnie, Escadron oder Batterie (in Frankreich 50—70 Mann) aufnehmen soll. Als durchschnittliche Maasse für die Grösse im Inneren nimmt er für einen Pavillon folgende an: Länge 51 Meter, Breite 6,80 Meter = 346,80 ☐ Meter Flächenraum, Höhe unter Dach 6,50 Meter, Querschnitt 37 ☐ Meter, Luftraum im Innern 1880 Cubikmeter.

Jeder Pavillon ist in 5 Abtheilungen getheilt, nämlich:

1. Im Centrum ein Vestibule von 3 Meter Breite und einem Flächenraum von 20,40 ☐ Meter. Es enthält zugleich die Vorrichtungen zum Waschen für die Mannschaft.

2. Rechts und links vom Vestibule je ein Mannschaftszimmer von 20 Meter Länge und 6,8 Meter Breite = 136 ☐ Meter Flächenraum und 740 Cubikmeter Luftraum, in deren jedem 34 Infanteristen oder 30 Cavalleristen oder 25 Artilleristen wohnen sollen.

3. An beiden Enden jedes Pavillons je 2 eigene Zimmer für Unteroffiziere, mit eigenen Eingängen von der Giebelseite her und eigenen Lavabos. Diese Zimmer haben einen Flächenraum von 3,66 × 2,60 = 9,5 ☐ Meter und einen Inhalt von 25 Cubikmeter.

In den Mannschaftsräumen trifft, je nach der oben angegebenen Belegungsstärke, pro Kopf ein Flächenraum von 4—5,4 ☐ Meter und ein Luftcubus von 22—29 Cubikmeter.

Jedes Mannschaftszimmer soll 8 Fenster von 1,10 Meter Breite und 2,10 Meter Höhe erhalten, die beleuchtenden Flächen betragen, wenn man die Giebelrosetten und die Dachklappen einrechnet, 22 Meter, d. i. für den Mann 0,7—0,88 ☐ Meter und pro ☐ Meter Grundfläche der Zimmer 0,173 ☐ Meter, was einem Verhältniss von 1 : 5,78 entspricht und demjenigen gleichkommt, das wir oben als wünschenswerth bezeichnet haben.

Die äusseren von der freien Luft bespülten Wandflächen eines Pavillons erreichen eine Ausdehnung von 880 ☐ Meter, während die der inneren der Infection ausgesetzten 1450 ☐ Meter beträgt; es re-

---

1) DEGEN, Das Krankenhaus und die Kasernen der Zukunft. München, Lindauer'sche Buchhandlung 1882. S. 393.

sultirt daraus ein Verhältniss von ungefähr 5 : 8, so dass weder eine französische, noch sonst eine Kaserne anderer Länder in dieser Beziehung so günstige hygienische Verhältnisse darbietet.

Besonderes Gewicht legt TOLLET mit Recht auf die Trennung und Fernhaltung aller Räume, welche nicht zum Wohnen dienen, wie Küchen, Cantinen, Aborte, Stallungen, Remisen, Krankenzimmer u. s. w. von den Wohnräumen und nicht minder auf die Herstellung eigener Badelocale für die Soldaten. Für letztere hat er mehrere Pläne entworfen, deren ausführliche Beschreibung wir oben S. 349—351 gegeben haben, worauf wir hier der Kürze halber verweisen.

In Frankreich wurden in Bourges, Cosne, Macon und Autun Kasernen nach dem System TOLLET erbaut. Bei dem grossen Interesse, welches sich an die Art der praktischen Ausführung dieses Systems knüpft, lasse ich die Beschreibung der Kasernen für 2 Artillerieregimenter in Bourges nach GRUBER [1], welcher sie selbst besichtigt hat, folgen: die beiden Artilleriekasernen nehmen zusammen eine rechteckige Area von 600 Meter Länge und 340 Meter Tiefe, also von 204,000 □Meter ein, die südöstlich von der Stadt und auf circa 1200 Meter von dem dichter verbauten Theil derselben entfernt liegt. Die Mannschaftswohngebäude sind durchgehends nach TOLLET's System angelegt. Jedes derselben enthält zwei Säle à 24—30 Mann, zwischen diesen Sälen ist ein gleichzeitig als Lavabo dienendes Vesti-

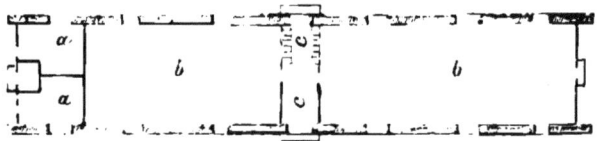

Fig. 2. *a* Unteroffizierszimmer. *b* Mannschaftszimmer. *c* Vestibule
und Waschraum.
(Aus Revue d'hygiène 1879. p. 1019.)

bule eingeschaltet, und an das äussere Ende des kleineren Sales schliesst sich ein direct von aussen zugängliches Unteroffizierszimmer an, das in einigen Pavillonen auch derartig untertheilt wurde, dass sich zwei Zimmer beiderseits eines Vorraumes ergeben (Fig. 2). Pro Mann entfällt in den 6,3 Meter breiten Sälen eine Grundfläche von 4 □Meter und ein Luftraum von 16—18 Cubikmeter. Die Grundfläche ist demnach hier karg bemessen. Die etwas kleinen Fenster sind in beiden Langseiten angebracht, für die Ventilation wird in der bereits oben berührten Weise gesorgt, der Fussboden ist cementirt und die Wände sind mit gewöhnlichem Verputz versehen.

---

1) GRUBER, Neuere Krankenhäuser. S. 234 u. ff.

Der Eindruck, welchen die Säle machen, ist ein günstiger; namentlich hebt Gruber hervor, dass, trotzdem in den von ihm besuchten Räumen fast alle Bewohner anwesend und die Fenster geschlossen waren, sich nichts von jenem Geruch bemerken liess, den man sonst in den Mannschaftszimmern zu finden gewohnt ist.

Sowohl die Offiziere der kasernirten Truppe, als auch die Soldaten selbst sprachen sich sehr günstig über ihre Kaserne aus. Auch im Winter gewähren die Wohngebäude eine von der Mannschaft gelobte Unterkunft; bei strenger Kälte stösst allerdings die Heizung durch die aus den alten Kasernen überkommenen, hierher wohl nicht passenden, kleinen eisernen Oefen auf einige Schwierigkeit. Die Schuld hierfür trifft aber nicht das Constructionssystem der Gebäude, sondern die Wahl der Oefen.

Die Gruppirung der Wohngebäude bei den Kasernen in Bourges ist eine solche, dass bei einer derselben sich in der Mitte ein grosser Platz ergibt, welchen an beiden Langseiten vier Reihen à je vier Pavillone begleiten, während die Stallgebäude und die davon getrennten Sattel- und Futterkammern längs der Schmalseite der Kasernarea ihren Platz finden. Bei der zweiten Kaserne ist ein Platz zunächst des Haupteinganges frei gehalten, der seitlich von je einem Stallgebäude und drei Pavillonen der Mannschaft eingeschlossen ist. Nach der Tiefe schliessen sich sechs Reihen von je vier Pavillonen jenem Platz an, von denen die beiden äussersten mit den zuerst erwähnten in derselben Flucht stehen. Hinter diesen für die Mannschaft bestimmten Pavillonen befinden sich vier Stallgebäude und hinter diesen ein grosser freier Platz.

Bei jeder der beiden Kasernen ist eine aus zwei Pavillonen bestehende Infirmerie für Leichtkranke in einem separirten Hofe angelegt, ebenso je ein Krankenstallcomplex. Wenig günstig ist es, dass einer der letzteren in die unmittelbare Nachbarschaft der Infirmerie gesetzt wurde.

Besonders interessant sind die Stallgebäude für je 100 bis 128 Pferde, welche theils nach dem System der sogenannten Écuries-Docks in mehreren Constructionsvarianten, theils nach dem Tollet'schen System der Écuries gares mit vier Reihen angelegt wurden. Bei den letzteren Stallungen werden die beiden mittleren Reihen durch grosse Spitzbogen, die äusseren durch Pultdächer nach oben abgeschlossen, die sich an jene anlegen. Nur die Aussenwände sind gemauert, alle übrigen Theile des Constructionsgerüstes bestehen hier aus Schmiedeisen, die Eindeckung, welche gleichzeitig den oberen Raumabschluss bildet, aus tuiles mécaniques.

Im Ganzen machen diese Stallungen durch Weiträumigkeit, sowie durch Leichtigkeit der Construction einen überraschend günstigen Eindruck. Die Ventilation derselben ist eine sehr ausgiebige, ohne dass die Pferde dem Zuge ausgesetzt sind, da sie nirgends an Aussenwänden stehen.

Mit Wasser werden die Kasernen aus einem Brunnen versorgt, aus welchem es mittels Pferdegöpel nach einem Reservoir gehoben wird, von wo es in die ganze Anlage geleitet wird. Bei den Aborten ist das GOUX'sche Tonnensystem zur Anwendung gelangt, das sich hier sehr gut bewährte.

Die Mannschaftsunterkünfte der Kasernen haben pro Mann ca. 200 Francs gekostet. Inclusive der Nebengebäude und des Terrainankaufes kostete die Unterkunft eines Mannes ca. 300 Francs.

In den TOLLET'schen Stallungen hat die Unterkunft eines Pferdes ca. 450 Francs beansprucht, während dieselbe in den am leichtesten, mit Anwendung von Eisen construirten Écuries-Docks, einen Aufwand von ca. 550 Francs verlangte.

Nach den Mittheilungen des Herrn Genie-Directors wurde bei jeder der beiden Kasernen zu Bourges, gegenüber solchen, welche man nach dem alten System mit mehreren Etagen anlegte, eine Ersparung von ca. 250000 Francs erzielt. Die Instandehaltungsauslagen sind sehr gering.

Fasst man die Vorzüge, welche die TOLLET'schen Kasernen gegenüber jenen nach den älteren Systemen darbieten, zusammen, so sind die hauptsächlichsten derselben kurz folgende: Decentralisation und Vertheilung der Wohngebäude auf grösseren Flächenraum, Reduction der Dichtigkeit der Bewohner und Gewährung eines grösseren Flächen- und Luftraumes pro Kopf, zweckmässige und ausreichende Ventilation, möglichste Beseitigung von Scheidewänden zwischen den Wohnräumen, Wegfall der Stockwerke und damit der Stiegen, welche die Anstrengungen der Soldaten vermehren und schwer rein zu halten sind, Vermeidung alles Holzwerkes und Anwendung von Baumaterial, das unverbrennlich ist, Reduction des cubischen Inhaltes von inficirbarem Material, Wegfall innerer dunkler Gänge, Beförderung der Reinlichkeit durch Bäder, geringere Baukosten.

Bemerkenswerth sind die Resultate, welche mit den Kasernen nach TOLLET hinsichtlich der Verbesserung der Gesundheitsverhältnisse der Soldaten bis jetzt erreicht worden sind. Wenngleich die Beobachtungszeit noch zu kurz ist, als dass die gewonnenen Zahlen volle Beweiskraft haben können, so verdienen sie immerhin schon volle Beachtung.

Der officielle Bericht des Dr. Duprat, Stabsarzt des 37. Artillerie-Regiments enthält folgende Daten, die einen Vergleich der Tollet'-schen mit den mehrgeschossigen Kasernen alten Styles gewähren [1]): Während des Jahres 1874—1875 war das genannte Regiment zu Bourges in einer Kaserne alten Styles untergebracht, seitdem bewohnt es eine der Tollet'schen Kasernen daselbst.

Es wurden von je 100 Mann des Effectivstandes:

	im Jahre 1874—1875	1875—1876	1876—1877
in das Spital abgegeben . . .	32,453	16,539	7,654
in die Infirmerie abgegeben . .	45,632	33,503	18,490
im Zimmer behandelt	189,801	98,665	72,074.

Aus diesen Zahlen könnte man den Schluss ziehen, dass deren Vergleich zu Gunsten der Tollet'schen Kasernen ausfalle, weil diese neu sind. Dieser Einwurf kann aber gegen die folgende Tabelle nicht geltend gemacht werden, weil dabei die Objecte, in welchen die Mannschaft wohnt, deren Gesundheitsverhältnisse neben einander gestellt werden, beide neu sind.

Uebersichts-Tabelle der Morbidität in den Kasernen alten Styles und in den Kasernen mit isolirten Pavillons ohne Stockwerke.

29. Linien-Regiment.

Kasernen alten Styles (in Creusot). Vom 1. Juli 1876 bis 31. Oktober 1877 (16 Monate):
Mittlerer Effectivstand 583
Mittlerer Präsenzstand . . . 528

Morbidität.
Abgänge in die Infirmerie oder in das Spital (aus allen Ursachen) . . 504
Somit pro Monat 31 Kranke oder pro Monat 1 Kranker auf 18 Mann des Effectivstandes.

Spitzbogige Kasernen (Tollet) (zu Autun). Vom 1. Juli 1876 bis 31. Oktober 1877 (16 Monate):
Mittlerer Effectivstand 745
Mittlerer Präsenzstand 669

Morbidität.
Abgänge in die Infirmerie oder in das Spital (aus allen Ursachen) . . 388
Somit pro Monat 24 Kranke oder pro Monat 1 Kranker auf 31 Mann des Effectivstandes.

1. Krankheiten die durch das Zusammendrängen vieler Personen gefördert werden.
(*Maladies d'encombrement.*)

Krankheiten	Spitzbogige Kasernen (Tollet)	Kasernen alten Styles	Bei den spitzbogigen Kasernen ergaben sich
Typhöse Fieber .	4	13	weniger 9
Erysipel . . .	—	2	= 2
Blattern . . .	1	1	—
Masern	—	—	—
Total	5	16	weniger 11

2. Verkühlungskrankheiten.
(*Maladies à frigore.*)

Krankheiten	Spitzbogige Kasernen (Tollet)	Kasernen alten Styles	Bei den spitzbogigen Kasernen ergaben sich
Bronchitis . . .	35	49	weniger 14
Rheumatismus .	12	9	mehr 3
Pneumonie und Broncho - Pleuro-Pneumonie .	5	6	weniger 1
Pleuritis . . .	9	15	= 6
Angina	8	6	mehr 2
Total	69	85	weniger 16

---

[1]) Aus Gruber, Neuere Krankenhäuser u. s. w. S. 238.

Bei den Verhandlungen, welche im französischen Senat, in Folge einer von TOLLET an denselben gerichteten Petition, über dessen System stattfanden, gab der Berichterstatter Senator COMPARAN einige Daten aus der officiellen Medicinalstatistik der französischen Armee vom Jahre 1876.[1]) Daraus ergiebt sich dass zu Bourges, bei dem 37. Artillerie-Regiment, das in den neuen Kasernen untergebracht ist die Sterblichkeit 7,6 %o betrug gegenüber 11,88 %o in der übrigen Artillerie; zu Cosne verlor die Infanterie nur 0,1 %o statt 10,80 %o der mittleren Sterblichkeit der ganzen Infanterie.

Ebenso spricht die Morbidität zu Gunsten der TOLLET'schen Kasernen. Zu Bourges trafen 468 Kranke auf 1000 gegenüber 522 in der ganzen Artillerie. Zu Cosne zeigte die in der neuen Kaserne untergebrachte Infanterie 22 %o und zu Autun 136 %o Erkrankungen, gegenüber dem Mittel von 528 in der ganzen Infanterie.

Zugleich wird constatirt, dass in den neuen Kasernements noch keine Epidemie aufgetreten ist.

Die Medicinalstatistik der französischen Armee vom Jahre 1877 spricht nicht minder günstig für die TOLLET'schen Kasernen:

Zu Bourges, bei dem 37. Artillerie-Regiment mit dem Effectivstand von 1471 Mann 622 Erkrankungen, also 423 %o gegenüber 506 %o und 8 Todesfälle, also 5,43 %o gegen 10,50 %o in der übrigen Artillerie.

Zu Cosne bei einem Belag mit 745 Mann 53 Erkrankungen, also 71 %o, und in Autun bei einem Belag mit 844 Mann 94 Erkrankungen, also 111 %o gegenüber dem Mittel von 482 %o bei der ganzen Infanterie.

Weder in Cosne noch in Autun kam bei der in der TOLLET'schen Kaserne untergebrachten Truppe ein Todesfall vor, weder in diesen Kasernen, noch in jenen in Bourges ein Fall von typhösem Fieber.

———

Es erübrigt nun noch über die Beurtheilung zu berichten, welche das TOLLET'sche System hinsichtlich seiner Anwendung beim Kasernbau von Seite der Fachmänner erfahren hat.

Die grösste Beachtung verdient das Gutachten, welches eine von der Société de médecine publique et d'hygiène professionelle zur Prüfung der TOLLET'schen Kasernen eingesetzte Commission im Jahre

---

[1]) Journal officiel de la République Française vom 4. Oktober 1879. S. 9159 und vom 6. December 1879. S. 10709. Citirt in GRUBER, Der Kasernbau in seinem Bezuge zum Einquartierungsgesetz. S. 45.

1879 abgegeben hat [1]), nachdem sie die Kasernen in Bourges besichtigt hatte.

Die Commission beschränkte sich nicht darauf die Tollet'schen Kasernen in Bourges zu besuchen, sondern sie begab sich auch ebenda in eine nach dem früheren Styl, dem sogenannten Typus von 1874, erbaute Kaserne, um den Vergleich der beiden Systeme mit einander durch die am gleichen Tag erhaltenen Eindrücke zu ermöglichen. Der Bericht constatirt zuvörderst, dass in der alten Kaserne trotz der vorhandenen Reinlichkeit und trotzdem alle Fenster geöffnet waren, doch der specifische, sogenannte Kasernengeruch vorhanden war, während in den Tollet'schen Pavillonen, trotzdem ein Theil derselben schmutzig und unordentlich gehalten war, nirgends eine Spur davon sich bemerklich machte.

Was sodann die Frage des Flächenraumes anlangt, so fand die Commission, dass in den Tollet'schen Kasernen der durchschnittliche Flächenraum pro lebendes Wesen (Erwachsene, Kinder, Pferde) 45 ☐ Meter, in der alten Kaserne aber nur 37 ☐ Meter beträgt. Der Mehrbedarf von Flächenraum für die Tollet'schen Kasernen beträgt somit $1/5$, indess ist die Mehrausgabe eine verhältnissmässig geringe, weil die Kasernen ausserhalb der Städte liegen. Dagegen hebt die Commission hervor, dass die thatsächliche Vergrösserung des Flächenraumes pro Kopf in den Tollet'schen Kasernen vielmehr, als um $1/5$ mehr, beträgt. Während nämlich hierbei die Kasernenbewohner auf der ganzen Fläche ziemlich gleichmässig zerstreut sind, so dass Jedem das ihn treffende Luftquantum wirklich zu Theil wird, nehmen dagegen die in mehrfachen Stockwerken über einander gethürmten Kasernen alten Styles nur einen geringen Theil der Grundfläche ein, die ihnen zugehört, so dass sich im vorliegenden Fall das Verhältniss thatsächlich so stellt, dass die Pferde auf $1/9$, die Menschen aber auf $1/25$ der der Berechnung nach treffenden Fläche zusammengedrängt sind.[2]) Es unterliegt somit keinem Zweifel, dass den Tollet'schen Kasernen, welche in Folge der weitergehenden Ausnützung des zu Gebote stehenden Flächenraumes dem Licht und der Luft freien Zutritt gewähren, in dieser Hinsicht weitaus der Vorzug gebührt.

---

1) Revue d'hygiène et de police sanitaire 1879. p. 1009—1027. Die Commission bestand aus den Herren H. Bouley, Napias, Dally, Gallard, Laffolye, Pinard und E. Trélat, dem letzteren als Berichterstatter.

2) Gesammtfläche des Platzes für die Kaserne nach dem Typus von
1874 . . . . 52975 ☐ Meter
Oberfläche für die Mannschaftsgebäude . 2200 ☐ Meter
Oberfläche für die Ställe . . . . . . 5600 ☐ Meter.

Die Commission hat ferner die der Aussenluft unmittelbar ausgesetzten Oberflächen der Gebäude gemessen, wobei sich herausstellte,
dass in den alten Kasernen vom Typus 1874 auf 785 Mann eine solche
Oberfläche von 5460 ☐Meter trifft, in den TOLLET'schen Pavillons
dagegen auf 780 Mann eine solche von 8320 ☐Meter, was einem
Verhältniss von 1:1,5 gleichkommt, so dass also der Verkehr mit
der Aussenluft an den Pavillons ein viel grösserer ist als in den massiven Kasernen und desshalb die Erfüllung einer der wesentlichsten
Bedingungen der Salubrität den ersteren in viel höherem Maasse zukommt.

Die TOLLET'schen Wohnräume bieten ausserdem noch einen Luftraum von 18 Cubikmeter pro Mann, während derselbe nach dem
Reglement nur 14 Cubikmeter beträgt. Ueberdies ist in den ersteren
für eine fortwährende Lufterneuerung in äusserst wirksamer Weise
durch sehr gute Specialeinrichtungen gesorgt.

Von dem gewiss richtigen Grundsatz ausgehend, dass bei allen
Massenunterkünften die Menge des inficirbaren Materials, d. h. alles
desjenigen Materials, welches dem directen Contact mit der äusseren
Atmosphäre entzogen, dagegen der Berührung mit den Emanationen
des Lebensprocesses ausgesetzt ist, auf das geringste Maass reducirt
werden müsse, hat die Commission auch daraufhin die Verhältnisse
der Kasernen beiderlei Systeme einer vergleichenden Prüfung unterzogen. Dabei fand sie, dass in einer Kaserne nach dem Typus 1874,
welche mit 785 Mann belegt ist, die Flächenausdehnung der inficirbaren Materialien 15600 ☐Meter, also $\frac{15600}{785} = 20$ ☐Meter pro Kopf
ausmacht, während in einem entsprechend grossen TOLLET'schen Kasernement, wobei 780 Soldaten 13 Pavillons mit 26 Zimmern be-
wohnen, die ganze inficirbare Oberfläche 1300 ☐Meter, d. i. $\frac{1300}{780} = 1,66$
☐Meter beträgt. Wenn auch, wie der Commissionsbericht hervor-
hebt, diese Zahlen keinen directen Ausdruck für die Vorzüge des
einen Systems vor dem anderen ergeben, so lässt sich doch aus dem
Verhältniss 20:1,66 = 12,05 der Schluss ableiten, dass unter
sonst gleichen Verhältnissen die Mannschaft, welche
die TOLLET'schen Kasernen bewohnt, zwölfmal weniger
der Infection durch die Mauern ausgesetzt ist, als jene,
welche in Massivkasernen nach dem Typus von 1874 untergebracht sind.

Es wird sodann von der Commission constatirt, dass sie alle
übrigen Details der TOLLET'schen Construction absichtlich nicht berührt hat, obgleich sie denselben alle Achtung zollt, weil ihr die

Isolirung, Zerstreuung und Ausbreitung der Mannschaftswohnräume im Gegensatz zu der bis jetzt geübten Zusammendrängung als die Hauptsache erschien.

Nachdem noch auf die glänzenden Erfolge, welche durch die eingreifende Verbesserung der Kasernirungsverhältnisse in England erreicht worden sind [1]), hingewiesen wurde, stellt die Commission folgende Schlusssätze auf:

1. Die beiden Kasernen, welche, vor den Thoren von Bourges gelegen, von der 8. Artilleriebrigade (1. und 37. Regiment) bewohnt sind und aus isolirten, nur erdgeschossigen Pavillonen bestehen, deren jeder eine halbe Batterie aufnimmt, sind Etablissements, welche Bedingungen der Salubrität darbieten, wie sie in den bis jetzt in Frankreich angewendeten massiven Kasernements, besonders jenen nach dem Typus von 1874, ganz und gar unbekannt waren.

2. Wenn man sie mit den Constructionen nach diesem Typus vergleicht, so gestatten sie, dass man zu ihren Gunsten folgende Unterschiede anführt, die sich auf die beiden hauptsächlichsten Factoren der Salubrität einer Wohnung beziehen:

A. Die im fortwährenden Contact mit der Aussenluft stehenden Umhüllungen der Construction haben bei dem Massivtypus von 1874 nur eine Ausdehnung von 1,

während sie bei dem Zerstreuungstypus von Bourges eine Ausdehnung von 1,5 haben.

B. Die Materialien, welche von dem directen Contact mit der Atmosphäre ausgeschlossen und dem unmittelbaren und fortwährenden Einfluss der Menschen ausgesetzt sind, mit anderen Worten, die inficirbaren Materialien, haben bei dem Massivtypus von 1874 eine Oberflächenausdehnung von 12,

bei dem Typus von Bourges dagegen nur eine Ausdehnung von 1.

3. Es ist dringend nothwendig, so bald als möglich die massiven Kasernements aufzugeben und zu allererst die Errichtung neuer Kasernen nach dem Typus von 1874 einzustellen.

4. Es ist dringend geboten, Kasernements einzuführen mit isolirten Pavillons, mit geringem Belegungsraum und ohne Stockwerke entsprechend den Dispositionen, wie sie in den Quartieren der 8. Artilleriebrigade in Bourges angewendet wurden, da diese Disposition die grösste

---

[1]) Die Mortalität in den alten englischen Kasernen betrug im Jahre 1857, in dem vereinigten Königreich 17,60 pro Mille, in Indien 69 pro Mille, sie sank im gleichen Verhältniss als die Decentralisation und Verbesserung der Wohnräume vorrückte und belief sich im Jahre 1877 nur mehr auf 7,20 pro Mille für das vereinigte Königreich, auf 12,71 pro Mille für Indien.

Ausdehnung der direct mit der Aussenluft in Verbindung stehenden, mit der geringsten Ausdehnung der eingeschlossenen Materialien vereinigt.

Bei der darauf folgenden Discussion erhob sich nicht eine einzige Stimme gegen diese Schlusssätze der Commission, es wurde nur der Wunsch geäussert, einige statistische Daten aus einer Arbeit von CHASSAGNE, welche zu Gunsten des TOLLET'schen Systems sprechen, in den Bericht aufzunehmen und ferner in demselben darauf hinzuweisen, dass die Kosten für die Gebäude nach diesem System geringere sind, als für solche nach dem Massivtypus.

Der Berichterstatter TRÉLAT erwiderte hierauf, dass durch die Constatirung der Thatsache, dass die TOLLET'schen Pavillons Salubritätsverhältnisse darbieten, wie sie in den Massivkasernen nach dem Typus von 1874 nicht vorhanden seien, eine Grundlage gewonnen sei, die durch ihre Solidität werthvoll sei, und dass es nicht zweckmässig erscheine, durch Beifügung von Argumenten, welche nicht unanfechtbar und unvollkommen seien, wie die erwähnten, die erst für ein paar Jahre vorliegen, diese feste Basis zu lockern. Was ferner den Kostenpunkt anlange, so werde es nicht schwer sein zu zeigen, dass die erdgeschössigen und isolirten Pavillons billiger seien, als die Massivkasernen, wenn einmal diese Frage zur Sprache kommen werde.

Die Société de médecine publique et d'hygiène professionelle nahm hierauf die Schlusssätze der Commission einstimmig an und fasste den Beschluss, dass der Bericht an alle Mitglieder des Parlaments und an die competenten Behörden ertheilt werde.

Nicht minder bemerkenswerth als dieses Gutachten sind die Verhandlungen, welche über das neue Kasernensystem im französischen Senate, in Folge einer von TOLLET an denselben gerichteten Petition statt hatten.

Der Berichterstatter, Senator COMPARAN, schilderte dabei die Eigenthümlichkeiten des TOLLET'schen Systems und bemerkte, dass sich nach den Angaben des Erfinders, bei Anwendung desselben, eine Ersparung von 30 % gegenüber den Kasernen nach dem Typus von 1874 ergebe. Er hob sodann hervor, dass es noch viel wichtiger sei, die sanitären Vortheile, welche die neuen Kasernen bieten, im Auge zu behalten, und citirte die statistischen Daten, welche oben schon angeführt sind.

Ebenso anerkennend spricht sich in der französischen Akademie der Wissenschaften der Medicinalinspector Baron LARREY aus. [1]

---

[1] Note de M. le baron LARREY relative à un travail inédit de M. TOLLET, ingenieur civil, sur un système de logements et d'hôpitaux militaires incombustibles, de forme ogivale. Comptes rendus etc. Tome 78. p. 999.

Nachdem er die Vorzüge des Tollet'schen Systems klar gelegt und
die Akademie darauf hingewiesen hatte, dass es ihre Pflicht sei, zu
interveniren und das materielle Wohl der Armee zu fördern, nachdem bei dem Bau der Kasernen noch immer an den alten schlechten
Systemen festgehalten werde, so dass seit dem Jahre 1871 für mehr
als 60 Millionen Francs solcher Kasernen erbaut worden seien, schlägt
er vor, folgende Wünsche auszusprechen:

*1. dass die nächsten zu bauenden Kasernen nach dem neuen Typus
angelegt werden;*

*2. dass die alten, als mangelhaft erkannten Kasernen in ihrer in-
neren Disposition umgestaltet werden;*

*3. dass das System Tollet bei dem Bau von Militärspitälern
und Ambulancen angewendet werde;*

*4. endlich, dass zu diesem Zwecke die Petition des Herrn Tollet
den Ministern des Krieges und der öffentlichen Arbeiten zugestellt
werde.*

Diese Anträge wurden in einer späteren Senatssitzung zum Beschluss erhoben.

Auf dem dritten internationalen Congress für Hygiene zu Turin
wurde von der Section für Armeehygiene ohne Widerspruch dem
System Tollet der Vorzug zuerkannt und auf Antrag Trélat's folgende Resolution gefasst:

*In Erwägung, dass alle grossen Wohngebäude die Anbringung
zahlreicher innerer Abtheilungen mit sich bringen: — Scheidemauern,
Bretterwände, Fussböden; — dass die Materialien, welche diese Abscheidungen bilden, einestheils der unmittelbaren Einwirkung der Lebenseffluvien unterliegen, und andererseits der directen Einwirkung der
Atmosphäre entzogen sind; — und dass dieser doppelte Umstand eine
beständige Quelle von örtlicher Infection und von Gefahren für die
Bewohner bildet, in um so höherem Maasse, als die Gebäude ausgedehnter und ihre Bewohnung eine anhaltendere ist, spricht die Section
den Wunsch aus: dass die Kasernen in Zukunft aus isolirten Pavillons ohne Stockwerke und ohne innere Abtheilung hergestellt werden mögen.*[1])

Zum Schluss füge ich noch das Urtheil Gruber's an, der sich
sehr eingehend mit dem Studium des Tollet'schen Systems beschäftigt und dessen Ausführung in Bourges besichtigt hat. Dasselbe

---

1) Deutsche Vierteljahrschr. f. öffentl. Gesundheitspflege. 13. Bd. 1881. S. 144.

lautet äusserst vortheilhaft, wie aus der oben S. 377 wiedergegebe-
nen Beschreibung der Kasernen in Bourges hervorgeht. GRUBER hat
nur das eine Bedenken, dass die Construction der Mannschaftswohnräume, wie sie dort ausgeführt wurde, für unsere klimatischen Verhältnisse nicht direct anwendbar ist, und dass der Vorschlag TOLLET's
in einem solchen Falle zwei Bogensysteme, mit Einschaltung einer
Luftschichte, übereinander zu setzen, die Construction sehr vertheuern müsste.

Indess befestigte sich in ihm durch den Besuch von Bourges
die Ueberzeugung, dass TOLLET's System einen wesentlichen Fortschritt im Bauwesen der öffentlichen Gesundheitspflege bezeichnet
der Art, dass er in Gemeinschaft mit dem Ingenieur VÖLKNER daran
ging, eine Construction zu entwerfen, die, unter Wahrung der TOL-
LET'schen Interessen und im Anschluss an die Grundidee seines
Systems, den Anforderungen unseres Klimas entspricht und nach den
in Oesterreich-Ungarn maassgebenden Eisenpreisen durchführbar ist.

GRUBER und VÖLKNER setzten bei ihrer Construction an Stelle
des Spitzbogens den Ovalbogen, durch welchen der Grat am Schlusse

Fig. 3. Construction GRUBER-VÖLKNER.
(Aus: GRUBER, Der Kasernbau in seinem Bezug zum
Einquartierungsgesetz.)

der Decke verschwindet,
so dass die Raumform eine
gefälligere wird, welche
Bogenform aber auch die
bequeme Lagerung von
Firstpfetten gestattet. Zur
Anordnung der letzteren
sahen sie sich veranlasst,
da sie es für unbedingt
nöthig halten, über der
Decke eine Luftschicht
einzuschalten und die in
Contrecurven gekrümm-
ten Dachflächen, welche
TOLLET's Profil zeigt, zu
vermeiden, da sie für die
Eindeckung mit dem bei uns am häufigsten angewendeten Deck-
material (Schiefer, flache Dachziegel) einige Schwierigkeiten be-
reiten.

Um das Wärmehaltungsvermögen der Construction zu erhöhen,
schalten sie ferner in die senkrecht bis zu den Dachflächen aufgeführten Aussenmauern Luftschichten ein und beantragen die Herstellung der Ausfüllungsfelder zwischen den Bogenrippen aus Hohl-

ziegel oder einem anderen porösen, schlecht wärmeleitenden Ziegel-
materiale. Ueber dieser gewölbsartigen Construction ist eine starke
Verputzschicht aufzutragen und dort, wo besonders strenge Winter
zu erwarten sind, das Auflegen einer Theerpappeschicht in Aussicht
genommen.

Auch für Stallgebäude haben Gruber und Völkner den oben
besprochenen Constructionstypus vorgeschlagen, weil sie die Tollet'-
sche Construction für unser Klima für zu kalt halten.[1] (S. Fig. 4.)

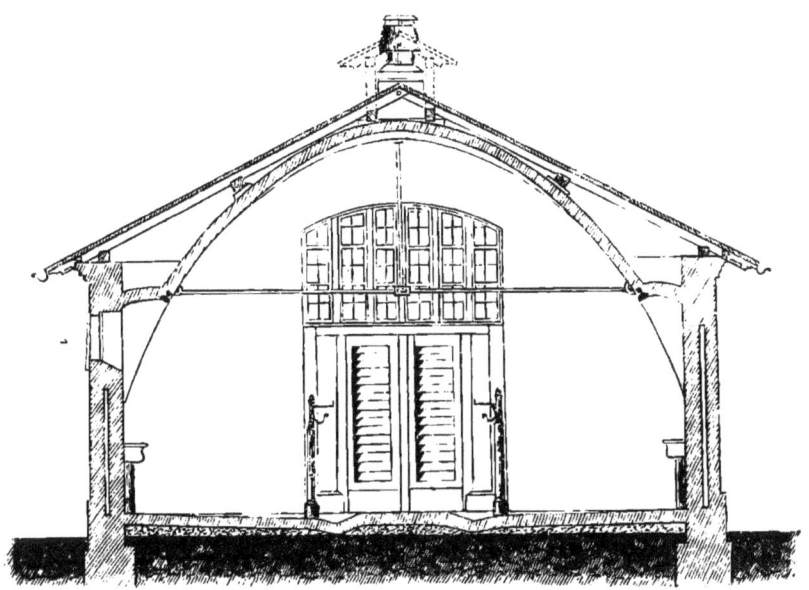

Fig. 4.

Gruber widerlegt noch in ausführlicher Besprechung verschiedene Einwände, die gegen die Anwendung des Tollet'schen Systems
erhoben werden können und kommt endlich zu dem Schluss, „das s
die Anwendung des neuen Bausystems bei den Mann-
schaftswohngebäuden mit Rücksicht auf die grössere
Area, die es unbedingt verlangt, nicht unter allen Umständen möglich ist, dass es aber dort, wo hierfür die
Verhältnisse günstig liegen, nicht allein im Interesse
der hygienisch guten Unterkunft der Armee, sondern

---

1) Bezüglich weiterer Details der Gruber-Völkner'schen Construction siehe:
Gruber, Der Kasernbau in seinem Bezuge zum Einquartierungsgesetz. S. 54 u. ff.

auch im Interesse des Bauherrn liegt, dasselbe zu verwerthen, wogegen das neue System für Stallgebäude
unter allen Umständen überwiegende Vortheile bietet."
Wenn man diese so anerkennende Beurtheilung, welche das
Tollet'sche System von so gewichtigen Seiten erfahren hat über-
blickt, so drängt sich unwillkürlich die Frage auf, wie es denn kommt,
dass dieses System bis jetzt in Frankreich noch nicht ausgedehntere
Anwendung gefunden hat. Tollet gibt darüber in seinem Memoire,
welches er dem internationalen hygienischen Congress vorgelegt hat
eine Erklärung ab, die wörtlich folgendermaassen lautet: „Ce n'est
pas que les chefs expérimentés de l'armée n'aient essayé de réagir
contre les casernes en gros blocs, véritables engins de destruction;
ce n'est pas non plus que le corps médical militaire n'ait protesté
avec une compétence indéniable; mais les propositions les mieux
fondées, les meilleurs avis sont toujours venus s'échouer devant les
resistances passives, dégagées de toute responsabilité réelle.[1)]

Ich halte es für überflüssig nach dem Vorhergehenden noch weitere Worte der Anerkennung über die Verdienste, die sich Tollet
durch die Aufstellung seines Systems erworben hat, anzureihen. Die
Vorzüge dieses Systems sprechen laut genug für sich selbst. Möge

---

1) Dem gegenüber hebt Gruber mit Genugthuung hervor, dass der Antrag,
welchen er im Jahre 1876 stellte, als er den Entwurf der Anleitung für die Anlage von neu zu erbauenden Kasernen verfasste, in derselben auf den Constructionstypus des Systems Tollet hinzuweisen, als eines solchen, der bei neuen
Kasernanlagen angewendet werden könne, in Oesterreich in allen Instanzen zur
Annahme gelangte. Er constatirt ferner, dass Herr Ingenieur Völkner, welchen
er auf das System Tollet aufmerksam gemacht hatte, dasselbe für passagere,
leicht transportable Unterkünfte mit Veränderungen im Profile der Haupttheile
des Constructionssystems und mit Anwendung von Jute und Pappe derart ausgebildet hat, dass sich die Kriegsverwaltung veranlasst sah, 69 grössere Baracken
dieses Styles für die Unterkünfte von Kranken, von gesunder Mannschaft und
von Pferden an verschiedenen Orten Bosniens und der Herzogewina aufstellen
zu lassen.
Ausserdem wurde in Wien im Jahre 1880 durch Baurath Baron Schwarz
ein Probebau für 35 Mann und ein Stallgebäude für 24 Pferde nach der Gruber-
Völkner'schen Modification der Tollet'schen Construction vorläufig auf eigene
Kosten ausgeführt. Das k. k. Reichskriegsministerium stellte hierzu einen Platz
in der Rennweger Artillerie-Kaserne zur Verfügung. (Gruber, Der Kasernbau in
seinem Bezuge zum Einquartierungsgesetz. S. 71.)

die Zeit nicht mehr fern sein, wo das TOLLET'sche System allerwärts im Kasernbau die verdiente Anwendung findet. Die segensreichen Folgen werden dann gewiss nicht ausbleiben.

Ich schliesse diesen Abschnitt, indem ich die Worte des französischen médecin principal de 1re classe de l'armée ARNOULD[1]) reproducire, die derselbe allerdings mit directer Beziehung auf die französischen Kasernen ausspricht, welche aber auch für unsere Verhältnisse in vieler Hinsicht Geltung haben. ARNOULD sagt bei der Besprechung der Mortalität in der Armee: „Dieselbe hat vorzüglich zwei Ursachen: Die Jugend und unsere entsetzlichen Kasernen. Was die letzteren anlangt, so müssen sie einen Gegenstand steter Rüge für die Hygieniker bilden und vor Allem muss man sich vor halben Maassregeln hüten, welche zu gleicher Zeit die Autorität der Hygiene und das Leben ihrer Schützlinge in Gefahr bringen würden; die jetzigen Kasernen, man kann es nicht oft genug wiederholen, müssen nicht assanirt, sondern ganz aufgegeben werden. Es gibt weder ein Ventilations- noch ein Desinfectionsverfahren, welches den Mephitismus dieser enormen, breiten und tiefen Gebäude, mit ihren dunkeln Stiegen und Gängen, ihren über einander gesetzten Stockwerken, ihrer langen Reihe von Zimmern, welche 1500—2000 Menschen unter einem Dache einschliessen, bekämpfen könnte. Es gibt kein Desinfectionsmittel, welches die Unreinlichkeit und die Exhalationen der Latrinen à la turque bekämpfen könnte [die grossen Waschungen (lavages à grande eau) dringen nicht bis zu denselben]. Man muss vollständig mit den Verirrungen der Vergangenheit brechen, die Kasernen an die Peripherie der Städte oder aus den Städten hinaus verlegen, an Stelle eines Gebäudes mit 2000 Einwohnern vierzig kleine Gebäude, zu zwanzig Paaren von Pavillons vereinigt und eines vom anderen getrennt, setzen, weil 100 Personen unter einem Dache schon eine exorbitante Zahl sind; man muss die Abtritte à la turque durch eine schickliche Einrichtung ersetzen, die auch von sorgsamen Privatleuten nicht zurückgewiesen würden, und deren Nachbarschaft für die Wohnräume absolut nicht bemerkbar wäre.

Hierauf müssen die grössten Anstrengungen gerichtet sein. Wenngleich auch hinsichtlich der Ernährung und des militärischen Regimes, der Kleidung und der Uebungen Fortschritte zu machen sind, so könnte doch Niemand behaupten, dass den Anforderungen der Hygiene in diesen verschiedenen Beziehungen in der Armee nicht ebensosehr entsprochen wäre, als bei den Civilarbeitern und bei dem

---

1) ARNOULD, Nouveaux éléments d'hygiène. Paris 1881. Baillière et fils. p. 1199.

Durchschnitt der Bevölkerung. Man wird nie zu viel thun, um den Unterhalt der Soldaten reichlicher zu machen, deren sanitäre Verhältnisse zu verbessern und ihre Kräfte zu vermehren von so grosser Wichtigkeit ist. Allein die Sorge, die am dringendsten ist und die sich gebieterisch geltend macht, ist, dass man sie zuerst in eine salubere Atmosphäre versetzt."

ÖFFENTLICHE BÄDER

VON

Privatdocent Dr. FRIEDRICH RENK IN MÜNCHEN.

EINLEITUNG.

Die Erkenntniss des hohen Werthes der Hautpflege für die menschliche Gesundheit und die, angesichts dieses Umstandes fast beschämende Thatsache, dass sich das Badewesen der Gegenwart selbst bei den Culturvölkern auf einer unverhältnissmässig niederen Stufe befindet, machen es der öffentlichen Gesundheitspflege zur Aufgabe, Mittel und Wege anzugeben, welche dem gegenwärtigen beklagenswerthen Zustande abzuhelfen vermögen. Als solche müssen wir die Popularisirung des fast nur bei den wohlhabenderen Klassen eingebürgerten Gebrauches von Bädern durch die Errichtung öffentlicher Badeanstalten, sogenannter Volksbäder, bezeichnen; in der Verallgemeinerung der Bäder, selbst in ihrer einfachsten Form, nicht in der Verfeinerung des Bades an und für sich, liegt für die öffentliche Gesundheitspflege der Schwerpunkt ihrer Aufgabe.

Oeffentliche Badeanstalten gab es seit den ältesten Zeiten und bei allen Culturvölkern der Erde [1]; die Beurtheilung jedoch, welche dieselben seitens der meisten Schriftsteller erfahren, ist nicht immer zutreffend; man übersieht gewöhnlich, dass jene Völker, deren Badeanstalten eine so bewundernswerthe Ausbildung erfuhren, unter ganz anderen klimatischen und socialen Verhältnissen lebten, als die heutigen Culturvölker. Die höhere Temperatur der Länder, welche Inder, Aegypter, Perser, Assyrer, Griechen und Römer bewohnen, begünstigt an und für sich schon eine höhere Entwicklung des Badewesens, als dies in den nördlicheren Ländern, Deutschland, England, Frankreich, möglich ist; andererseits aber muss es zum mindesten als zweifelhaft

---

1) Vergl. dieses Handbuch: Kleidung und Hautpflege von Dr. Renk, auch Marggraff, Das Badewesen und Badetechnik der Vergangenheit. Sammlung gemeinverständl. wissensch. Vorträge v. Virchow u. Holtzendorff. Serie XVI. Nr. 380.

bezeichnet werden, ob bei der so scharfen Trennung der alten Völker in verschiedene Kasten, die öffentlichen Badeanstalten wirklich Jedermann aus dem Volke ohne Unterschied des Standes zugänglich waren, und desshalb als Volksbäder bezeichnet werden können. Man wird nicht zu weit fehl gehen, wenn man jene grossartigen Badeanstalten als Luxusbäder für die Wohlhabenden bezeichnet, und annimmt, dass den unteren Klassen des Volkes der Eintritt entweder wegen des Preises unmöglich oder überhaupt untersagt war. Aehnlich liegen die Dinge heutzutage. Die Badeanstalten grosser Städte, wie sie z. B. von ROBERTSON und MEYER [1]) beschrieben werden, sind, wenige Ausnahmen abgerechnet, in einer Weise eingerichtet, dass sie wegen ihrer hohen Eintrittspreise nur von den Wohlhabenden benutzt werden können, den ärmeren Klassen bleiben höchstens die Bäder in Flussläufen, deren Benutzung für viel geringeres Geld ermöglicht werden kann; wie unzureichend aber diese in unserem Klima sind, liegt auf der Hand.

In öffentlichen Bädern soll jedem einzelnen Angehörigen eines grösseren Gemeinwesens die Gelegenheit geboten sein, nicht unentgeltlich, aber doch für wenig Geld das für die Pflege seiner Körperoberfläche unumgänglich Nothwendige, was er sich in seiner Behausung nicht zu beschaffen vermag, zu erlangen. In diesem Sinne sollen in Folgendem die öffentlichen Bäder aufgefasst werden, sie sollen nicht den Charakter von Wohlthätigkeitsanstalten an sich tragen, aber auch nicht den von Luxusbädern, welcher den meisten jetzt bestehenden Badeanstalten aufgeprägt ist; diese letzteren werden daher an dieser Stelle keine Berücksichtigung finden, nachdem sie im Kapitel: „Kleidung und Hautpflege" schon eingehende Erörterung gefunden haben. Dagegen sind die Badeeinrichtungen öffentlicher Anstalten in die Betrachtung hereinzuziehen, weil aus diesen nützliche Erfahrungen für die Allgemeinheit gewonnen werden können, wie weiter unten gezeigt werden soll.

Nachdem unter „Kleidung und Hautpflege" auch schon ausführlich die physiologische Wirkung der Waschungen und Bäder dargelegt wurde, scheint es angänglich nur eine kurze Recapitulation des dort Gesagten an die Spitze dieses Abschnittes zu stellen; alsdann sollen die bestehenden Einrichtungen wirklicher Volksbäder und Badevorrichtungen in öffentlichen Anstalten betrachtet, und endlich die hygienisch wichtigen Gesichtspunkte für Anlage und Betrieb solcher Anstalten formulirt werden.

---

1) Vierteljahrschrift f. öffentl. Gesundheitspflege. Bd. XII. S. 180.

I. Einfluss der Bäder und Abwaschungen auf die menschliche Gesundheit.

Die Bedeutung der Bäder und Abwaschungen des Körpers für die Gesundheit wurde im ersten Theile dieses Handbuches im Kapitel „Kleidung und Hautpflege" in folgende vier Momente zerlegt:

1. Sie dienen zur Reinigung der Oberfläche des Körpers.
2. Sie sind ein wirksames Mittel, die Wärmeabgabe von unserem Körper zu beschleunigen.
3. Durch systematische, d. h. regelmässige Vornahme von Waschungen wird das Hautorgan abgehärtet gegen schädliche atmosphärische Einwirkungen.
4. Endlich ermöglichen manche Formen von Bädern die Ausübung der Schwimmkunst.

Unreinlichkeit des Körpers gibt zunächst Veranlassung zu übelriechenden Ausdünstungen in Folge von Zersetzung des sich auf der Haut und in den Kleidern ansammelnden Schmutzes; diese Ausdünstungen verderben in unangenehmster Weise die Luft geschlossener Räume z. B. von Schulzimmern, Kasernenräumen u. s. w., manchmal in einer Weise, dass selbst die besten Ventilationsvorrichtungen nicht im Stande sind, die Luft in denselben rein zu erhalten. Beförderung der Reinlichkeit des Körpers kann demnach als mächtiger Factor zur Bekämpfung der Luftverunreinigung in geschlossenen Räumen betrachtet werden, und bewährt sich auch wirklich als solcher, wie aus einer Anzahl von Erfahrungen hervorgeht, welche in Kasernen und Gefangenenanstalten gemacht wurden.

Der Mangel an Reinlichkeit der Haut begünstigt ferner die Verbreitung von Ungeziefer sowie das Zustandekommen und die Ausbreitung mancher Hauterkrankungen. Es soll hier nur an den Intertrigo erinnert werden, welcher gerade an den am meisten der Reinlichkeit bedürftigen aber durchschnittlich am seltensten gewaschenen Körpertheilen auftritt und auf weiten Märschen, besonders beim Militär, ein höchst lästiges, ja verhängnissvolles Ereigniss werden kann. Die Thatsache, dass das Krankenmaterial der Kliniken für Hautkrankheiten gerade in jenen Städten unverhältnissmässig reich ist, welche ein zahlreiches Proletariat besitzen, ferner dass in der Therapie der Hautkrankheiten die minutiöseste Reinlichkeit eine hervorragende Rolle spielt, spricht laut genug für den Werth der Reinlichkeit des Körpers.

Die Thatsache, dass kalte Bäder dem Körper Wärme entziehen, ist wohl die am meisten gewürdigte Eigenschaft derselben, denn die meisten Menschen, welche überhaupt baden, thun dies nur in der warmen Jahreszeit, im Hochsommer, wenn es dem Organismus schwer wird, seine überschüssige Wärmemenge nach seiner höher als sonst temperirten Umgebung abzuführen. Fluss- und Seebäder werden fast ausschliesslich als Hilfsmittel der Wärmeregulation des Körpers aufgesucht, und in tropischen Gegenden wird das Bad zu einem absoluten Bedürfnisse.

Waschungen und Bäder, wenn regelmässig gebraucht, können allen diesen Zufällen, welche unter Umständen kürzeres oder längeres Kranksein und Arbeitsunfähigkeit zur Folge haben, entgegenarbeiten und somit empfindliche materielle Verluste verhindern.

Was den dritten Punkt, die Abhärtung des Hautorganes gegen schädliche atmosphärische Einflüsse anlangt, so constatiren wir zunächst die Thatsache, dass die grösste Mehrzahl aller Mitmenschen zeitweise an Erkältungskrankheiten leidet. Das Hautorgan vermittelt das Zustandekommen derselben, wenn sein Wärmeregulationsapparat nicht geübt ist, bei bedeutenden Wärmeschwankungen, besonders localer Natur, in einer Weise zu reagiren, welche dem Körper keinen Schaden zufügt. Erfahrungsgemäss sind Menschen, welche häufig baden, oder kalte Waschungen vornehmen, frei von Erkältungen oder mindestens viel weniger disponirt hiezu; regelmässige Bäder können daher als eine Art von „Turnen" für die Muskeln und Nerven des Wärmeregulationssystems aufgefasst werden, wodurch diese geschickter werden, dem Kältereiz zu antworten, ohne den Organismus irgendwie zu beschädigen.

In der Schwimmkunst endlich erblicken wir eine in mehrfacher Beziehung unserem Organismus nützliche Fertigkeit. Abgesehen davon, dass wir im Momente der Noth im Stande sind, uns vor dem Tode durch Ertrinken zu retten, ersetzt das Schwimmen dadurch, dass alle willkürlichen Muskeln des Körpers abwechselnd in Thätigkeit versetzt werden, bis zu einem gewissen Grade das Turnen, und ist daher besonders für Leute von Nutzen, welche in Folge ihres Berufes während des ganzen Tages nur gewisse Muskelgruppen in einseitiger Weise zu benutzen gezwungen sind.

Die Pflege des Hautorganes durch Bäder erweist sich daher als förderlich für den menschlichen Organismus sowohl direct, insoferne bei richtigem Gebrauche von Bädern der Gesundheitszustand des Einzelnen gehoben und Krankheiten, welche aus Unreinlichkeit und Verweichlichung des Körpers hervorgehen, vermieden werden, als auch indirect, indem durch Förderung der Reinlichkeit die Belästigung, welche beim Zusammenleben der Menschen der Unreinliche dem Reinlichen verursacht, vermindert oder ganz beseitigt werden kann; überdies ist die Hebung der körperlichen Reinlichkeit ein Hebel zur Beförderung der Reinlichkeit und des Schönheitssinnes überhaupt, und somit auch ein Factor für das Weiterschreiten unserer Cultur. Es kann daher die Berechtigung, von der Errichtung von Volksbädern eine Hebung der öffentlichen Gesundheitszustände und Förderung des Reinlichkeitssinnes der Menschen zu erwarten, kaum bezweifelt werden.

II. Die verschiedenen Formen öffentlicher Bäder und Badevorrichtungen in öffentlichen Anstalten.

Die verschiedenen Arten von Bädern, welche an dieser Stelle interessiren können, lassen sich zunächst nach technischem Principe in zwei Gruppen theilen, deren eine die verschiedenen Vorrichtungen zum Uebergiessen des Körpers mit Wasser, die andere die eigentlichen Bäder, in welchen der Körper in Wasser eingetaucht wird, umfasst. Wir können kurz Douchebäder und Vollbäder unterscheiden. Die Bezeichnung Douchebäder umfasst zwei in ihrer Wirkung wesentlich verschiedene Arten von Uebergiessungen, die eigentliche Douche, ein compacter herabfallender Wasserstrahl, und die Regendouche, welche den Wasserstrahl in feiner Vertheilung zu kleinen Tropfen auf den Körper des Badenden applicirt. Die Wirkung der eigentlichen Douche ist wohl zu intensiv, als dass sie sich zur Verwendung in Volksbädern empfehlen würde, wogegen die Regenbäder sich hierzu sehr zu eignen scheinen. Im weiteren Verlaufe dieses Abschnittes soll daher von der eigentlichen Douche ganz abgesehen werden, und ist unter der Bezeichnung Douche immer das Regenbad zu verstehen.

Die Regenbäder sind bis jetzt in öffentlichen Badeanstalten als Bad für sich nur wenig bekannt, obwohl die verschiedenen Douchevorrichtungen längst und allgemein als Vervollständigung und Verfeinerung der Vollbäder angewendet werden. Dagegen findet man sie in öffentlichen Anstalten, Kasernen, Gefängnissen und Fabriken, woselbst sie sich in neuerer Zeit immer mehr einbürgern, und zwar zum grössten Vortheil der betreffenden Anstalten.

Eine der einfachsten Vorrichtungen dieser Art beschreibt VALLIN [1]; dieselbe befindet sich in einem Asyle für obdachlose Frauen und Kinder in Paris, woselbst jede Person, welche übernachtet, sich einem Reinigungsbade zu unterziehen hat, während dessen auch die Kleider und Effecten derselben in einem anderen Raume gereinigt

---

[1] Revue d'hygiène 1879. p. 521.

werden. Der Baderaum ist in Zellen getheilt, über deren jeder sich
ein Träger befindet, in welchen ein mit ca. 8—10 Litern Wasser von
26—30 ⁰ C. gefülltes Gefäss eingesetzt werden kann. Diese Wassermasse ergiesst sich in Form eines Regens auf die darunter befindliche Person, welche während der Dauer der Uebergiessung Gelegenheit hat, sich vom Kopfe bis zum Fusse einzuseifen. Beim Militär
ist die Nothwendigkeit der Bäder für die Gesundheit der Soldaten
längst eingesehen worden, doch kannte man bis in die letzten Decennien kein anderes Mittel, diesem Bedürfnisse gerecht zu werden
als das Baden in Flüssen, und zur kalten Jahreszeit in Wannen.
Dass dieses Verfahren kein ausreichendes sein kann, indem es einerseits zu kostspielig, andererseits zu zeitraubend ist, ist leicht einzusehen, erst die Einführung von Douchen, in specie von Regendochen
ermöglichte eine regelmässige und während des ganzen Jahres ausführbare Reinigung des Körpers der Soldaten.

Eine der ersten Doucheeinrichtungen beim Militär wurde 1857
in einer Kaserne in Marseille von dem Militärarzte Dunal [1] eingeführt. Derselbe veranlasste, dass im Kasernhofe ein eigenes Badehaus errichtet wurde, welches in einen Baderaum und einen Raum
zum Aus-, und Ankleiden getheilt war. Im ersteren konnten unter
einem 1 Meter langen brausenartig durchlöcherten Rohre der allgemeinen Wasserleistung je 3 Mann gleichzeitig abgewaschen werden,
wozu je 3 Minuten erforderlich waren. Durch diese Vorrichtung
war es ermöglicht, den Soldaten regelmässige Abwaschungen des
ganzen Körpers zu gewähren, leider jedoch, da Vorrichtungen zur
Erwärmung des Wassers ganz fehlten, nur während der besseren
Jahreszeit.

Diese Einrichtung der regelmässigen Abwaschungen fand schnell
allgemeinen Anklang und es folgten bald noch mehrere französische
Regimenter dem gegebenen Beispiele nach, bald auch ging man dazu
über das Wasser zu erwärmen, um Jahr aus Jahr ein dem Soldaten
die Reinigung des Körpers zu ermöglichen. Charakteristisch für den
Eifer, mit welchem diese als nützlich erkannte Einrichtung anderwärts
adoptirt wurde, ist das Verfahren in einigen anderen französischen
Kasernen, woselbst zur Erwärmung des zum Douchen verwendeten
Wassers grosse 60 Liter Wasser haltende Flaschen, natürlich wohl
verschlossen, in die Düngerhaufen der Cavallerieregimenter vergraben
wurden, in welchen dasselbe eine Temperatur bis zu 60 und 70 ⁰ C.
annimmt.

---

1) Sur la vulgarisation de l'usage du bain par Dr. J. Arnould. Annales
d'hygiène publique 1880. p. 390.

Jetzt sind die Douchebäder in den Kasernen vielfach verbreitet und functioniren überall zu grösster Zufriedenheit. So berichtet Roth[1]) über die neuen Kasernenbauten in Dresden, dass daselbst jeder Mann alle 8 Tage vom Kopfe bis zu den Füssen gewaschen wird, und dies nicht nur im Sommer, sondern auch im Winter.

Die Baderäume haben je nach Bedarf verschiedene Grösse und Einrichtung; in den Münchener Kasernen können je 12 Mann gleichzeitig gedoucht werden; in den Dresdener Kasernen je 24 Mann; (in der Gefangenenanstalt zu Münster je 8 Mann). Tollet[2]) theilt in einer Publication über die Reform des Kasernenwesens 3 Typen von Badehäusern für Kasernen mit, deren Grundrisse in Fig. 1, 2 und 3 copirt sind. In Fig. 1 ist ein Baderaum für 22, in Fig. 2 ein solcher für 30 und in Fig. 3 ein solcher für 40 Mann dargestellt, und bedeuten die Buchstaben *a a* die Cabinen mit Douchen, *b b* die Aus- und Ankleidecabinen, *c* den Platz für den Apparat zur Erwärmung des Wassers. *G* und *H* endlich sind Hallen zum Antreten für die Mannschaften. (S. s. 400.)

Die eigentlichen Douchevorrichtungen bestehen aus eisernen Röhren, welche von einem Reservoir ausgehen, welches das gewärmte, im Sommer kaltes Wasser enthält; dieselben verlaufen entweder über den Cabinen und geben über jeder einzelnen eine Seitenleitung mit Brausenkopf ab, so dass ein Regen von oben herab auf den Badenden fällt, wenn der Hahn geöffnet wird, welcher den Zufluss des Wassers ermöglicht. Oder es verläuft noch eine zweite Leitung am Boden der Cabinen, welche ebenfalls mit Brausen versehen ist, so dass gleichzeitig von oben und von unten ein Regen den Körper trifft. Tollet empfiehlt zwischen Brause und Wasserleitung ein Kautschukrohr einzuschalten, so dass der Badende im Stande ist, den Regen auf alle Körperstellen nach Belieben einwirken zu lassen.

Die Application des Regenbades wird in den Kasernen in der Weise vorgenommen, dass gleichzeitig eine bestimmte Anzahl Soldaten sich entkleidet, unter die Douche tritt, dann auf Commando gedoucht wird, worauf sich alle einseifen. Ist die Einseifung des ganzen Körpers vorgenommen, so wird auf Commando ein zweitesmal die Douche applicirt und die Seife dadurch entfernt, worauf der Körper getrocknet und die Kleider wieder angelegt werden.[3]) Der Boden in den Douchecabinen wird asphaltirt, und nach einer

1) Vierteljahrschrift f. öffentl. Gesundheitspflege. Bd. XI. S. 86.
2) La réforme du Casernement. Les bains-douches par M. C. Tollet. Paris 1877.
3) Vergl. dieses Handbuch Abth. II, Schuster: Die Kasernen.

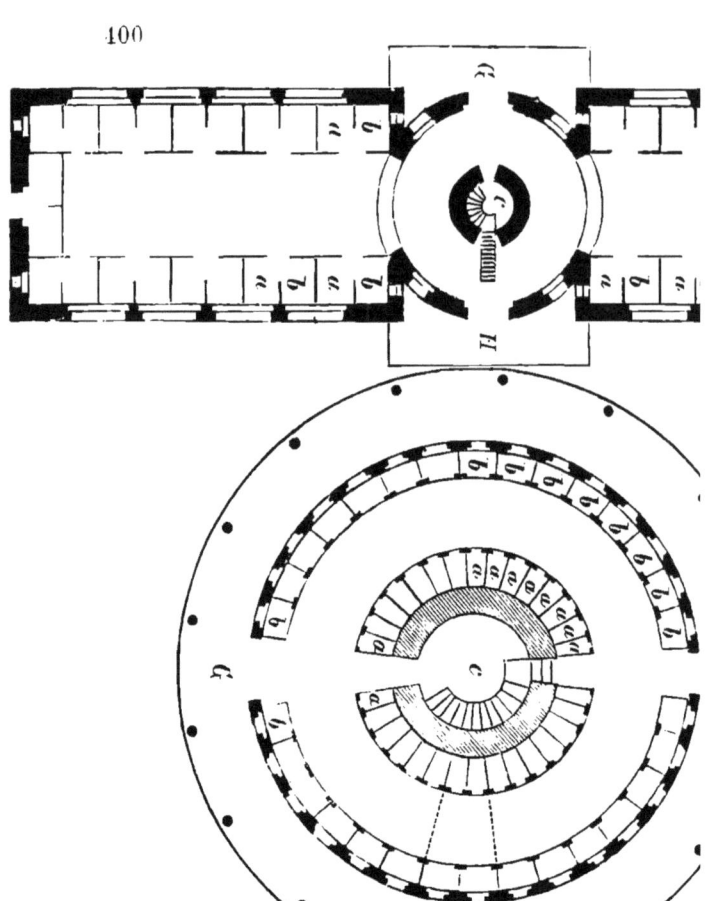

Seite hin abschüssig angelegt, damit das Wasser nach einem tiefsten Punkte hin ablaufen kann, wo es alsdann in einen Sinkkasten
mit Wasserverschluss gelangt, der die Verbindung mit einem Ableitungsrohre herstellt.

Die Vollbäder werden gewöhnlich, nach der Temperatur des
angewandten Wassers in kalte und warme Bäder unterschieden, oder
es werden noch mehrere Unterabtheilungen dazwischen angebracht.
Diese Eintheilung, welche die physiologische Wirkung der Bäder im
Auge hat, ist an dieser Stelle, wo es sich um öffentliche Badeanstalten
handelt, weniger brauchbar, hier empfiehlt sich, zunächst einen Unterschied zwischen Einzelbädern und gemeinsamen oder Bassinbädern
zu machen, und dann erst die Temperatur des Wassers in Betracht
zu ziehen.

Was die Einzelbäder anlangt, so können wir hier bezüglich deren
Verschiedenheiten auf das Kapitel „Kleidung und Hautpflege" dieses
Handbuches verweisen; an dieser Stelle interessiren nur die einfachen
Wannenbäder, welche man in allen öffentlichen Badeanstalten
und auch in Kasernen, Erziehungsinstituten, Gefangenenanstalten,
Krankenhäusern, Fabriken u. s. w. vorfindet.

Das Material der Wannen ist entweder Holz, welches durch Oelfarbenanstrich vor Fäulniss geschützt wird; oder Metall, Kupfer,
Eisenblech, Zink, welche man ebenfalls durch Ueberziehen mit Oelfarbe, oder Email vor Oxydation schützt.   Auch Marmor, Cementguss
werden zu Badewannen verwendet, und endlich sind hierher auch die
kleinen Bassins für Einzelbäder zu rechnen, welche aus Porzellanka-
cheln construirt werden. Eine Hauptbedingung für die Reinlichkeit aller
dieser Apparate ist eine glatte Oberfläche, da adhärirende Schmutz-
und Seifepartikel um so schwerer entfernt werden können je rauher
die Oberfläche ist.   Die Badewannen werden mit einem Ablaufrohre,
welches im Boden mündet, versehen, manchmal auch mit einem Ueber-
laufrohre, welches nur eine Füllung bis zu gewisser Höhe gestattet.

Sehr verschieden ist die Art der Erwärmung des Wassers. Gewöhnlich wird dieselbe auf die Weise effectuirt, dass eine Leitung
das warmen Wassers und eine solche für kaltes Wasser unmittelbar
nebeneinander, aber getrennt von einander über der Wanne endigen.
Die Drehung eines dort angebrachten Hahnes bringt je nach Wunsch
warmes oder kaltes Wasser zum Ausfliessen. In anderem Falle münden die beiden Rohre im Boden der Wanne, oder sie vereinigen sich
vor dem Eintritte in dieselbe.   Wird Dampf direct zur Erwärmung
des Badewassers verwendet, so bringt man einen Mischhahn an,
in welchem der Dampf mit dem kalten Wasser in Berührung treten

und dieses erwärmen muss; oder lässt den Dampf in eine Rohrspirale, welche sich in der Wanne selbst, nahe an deren Boden befindet, einströmen, nachdem man die Wanne mit kaltem Wasser gefüllt hat.

Gewöhnlich finden sich in den Badeanstalten bei den Wannenbädern auch Douchen angebracht, welche den Zweck haben, das nach dem Verlassen des Bades noch an der Haut restirende Wasser, welches besonders bei Gebrauch von Seife immer verunreinigt ist, zu entfernen und die Wirkung des Bades auf das Allgemeingefühl durch die gewöhnlich niederere Temperatur und die mechanische Wirkung des Regens zu erhöhen.

Was die gemeinsamen Schwimm- oder Bassinbäder anlangt, so ergeben sich für die öffentliche Gesundheitspflege wesentliche Unterschiede je nachdem es sich um Badeanstalten in Flüssen, Bächen, Seen handelt, oder um künstlich hergestellte Bassins, welche eventuell erwärmt werden können, um auch zur kalten Jahreszeit die Benützung derselben zu ermöglichen.

Bei Anlage von Schwimmbädern in öffentlichen Wasserläufen ist es von Wichtigkeit, ob die Ufer, oder wenigstens eines derselben zur Anlage der Auskleideräume verwendet werden kann oder nicht. Im ersten Falle wird das Flussbett in seiner ganzen Breite oder nur zu einem Theile, durch feste Wände abgegrenzt, so dass das Wasser wohl in einer Richtung hindurchfliessen kann, jedoch die Badenden nicht entweichen können. Im zweiten Falle, z. B. in grossen Städten, welche an grossen Flüssen liegen, deren Ufer dicht bebaut sind, ist es oft nöthig schwimmende Badeanstalten zu errichten, welche mit Hilfe von Pontons hergestellt werden (Paris, Berlin, London, Wien). Zwei Reihen solcher werden parallel zur Strömungsrichtung des Flusses fest verankert, auf ihnen Podien errichtet, auf welchen die Ankleideräume sich befinden; der zwischen beiden Reihen freigelassene Raum dient als Badebassin und bleibt nach oben offen oder wird durch ein Zeltdach verschlossen. In das Wasser führen Stiegen hinab, welche an den Podien befestigt sind. Zum Schutze der Badenden gegen das Ertrinken bedarf es mehrerer Vorsichtsmaassregeln. Eine gewisse Gefahr liegt bei den schwimmenden Bädern darin, dass die Badenden, besonders bei grosser Geschwindigkeit des Wassers unter die Kähne gerathen und dort sich beschädigen oder ertrinken. Um dieser Gefahr vorzubeugen müssen in den Pariser schwimmenden Bädern[1] die durch die Pontons gebildeten Langseiten durch

---

[1] Annales d'hygiène publique. Ser. II. Vol. 49. p. 86.

Bretterwände verkleidet werden. Das freiwillige oder unfreiwillige Entweichen der Badenden aus dem Bassin wird daselbst durch Drahtnetze verhindert, welche den Eingang und Ausgang des Bassins verschliessen ohne dass Wasser aufzustauen. Eine weitere Gefahr für des Schwimmens Unkundige ist durch den wechselnden Wasserstand eines Flusslaufes gegeben, indem Bäder in öffentlichen Flüssen durch das Ansteigen der Wassermasse manchmal so tief werden, dass sie nur von Schwimmern benützt werden können. Diesem Umstande abzuhelfen bringt man einen künstlichen Boden an, welcher an den Booten hängt, und immer in gleicher Tiefe unter der Oberfläche des Wassers bleibt. Dieses Mittel gestattet auch in sehr tiefen Flüssen Abtheilungen für Schwimmer und Nichtschwimmer anzubringen.

Nicht überall hat man einen grossen Flusslauf zur Disposition, um ein Schwimmbad in oder an demselben zu errichten; man muss sich oft mit kleinen Bächen behelfen, deren Bett man alsdann an der betreffenden Stelle, wo das Bad zu errichten ist, erweitert und vertieft. Durch geeignete Stauvorrichtungen wird das Bassin gefüllt und entleert. Alle Bäder in Flüssen, Seen kurz in natürlichen Flussläufen können selbstverständlich nur eine kurze Zeit des Jahres benützt werden; während des Winters, Frühlings und Herbstes ist man in dem Klima Mitteleuropas auf die Benützung der Douche und Wannenbäder angewiesen, welche einerseits kostspielig sind, andererseits die Uebung im Schwimmen verhindern. Erst in der neuesten Zeit fängt man an Schwimmbäder mit erwärmtem Wasser und in erwärmten Hallen zu construiren, doch sind nur erst wenige derartige Anstalten vorhanden. Von 19 öffentlichen Bädern, welche Robertson und Meyer[1]) beschreiben und welche grössere Schwimmbassins besitzen, haben nur 5 (die Badeanstalten in Magdeburg, Hannover, Bremen, Dortmund und das Admiralitätsgartenbad in Berlin) Heizeinrichtungen für diese Bassins, von einem sechsten Winterschwimmbade in Nürnberg berichtet ebendaselbst Reuter.[2]) Diese warmen Schwimmbäder sind gemauerte oder aus Eisen construirte wasserdichte Bassins, in welche das Wasser kalt eingelassen, und hernach durch Dampf erwärmt wird, welchen man entweder direct in das Wasser einströmen, oder durch im Wasser befindliche Röhrensysteme circuliren lässt. Dass dieselben sich in geschlossenen beheizbaren Hallen befinden, bedarf wohl kaum der Erwähnung.

Ueberblickt man die bisher angeführten Arten von Bädern, in Bezug auf ihre Tauglichkeit zur Verwendung in öffentlichen Bade-

---

1) Vierteljahrschrift f. öffentl. Gesundheitspflege 1879. S. 199.
2) Ebenda S. 256.

anstalten, und zu Anstaltsbädern, so ergeben sich folgende Gesichtspunkte.

Die Regenbäder dienen da, wo sie jetzt in Anwendung stehen, in Kasernen, Gefangenenanstalten ausschliesslich der Reinigung des Körpers, und entsprechen, wenn regelmässig vorgenommen diesem Zwecke vollkommen, besonders wenn sie mit einer während einer Pause in der Uebergiessung vorzunehmenden Einseifung des ganzen Körpers verbunden werden. Sie entziehen dem Körper Wärme durch Leitung und erregen dadurch und überdies durch die mechanische Einwirkung des herabfallenden Wassers das Hautorgan, resp. dessen Gefäss- und Nervensystem zu erhöhter Thätigkeit, sind also auch im Stande bei richtiger Benutzung das Organ zu üben und dadurch abzuhärten.

Sie stehen in Bezug auf den Kostenpunkt, welcher bei Anlage öffentlicher Bäder eine sehr hervorragende Rolle spielt, obenan, insoferne als für sie im Vergleiche mit allen anderen Bädern die weitaus geringste Wassermenge nöthig ist, was den doppelten Vortheil involvirt, dass sie einerseits auch an Plätzen, wo Wasser in so geringer Menge vorhanden ist, dass es zur Einrichtung anderer Bäder nicht genügt, noch etablirt werden können, und dass andererseits der Betrieb in Folge des geringeren Verbrauches an Heizmaterial ein viel billigerer wird als beispielsweise bei Wannenbädern oder warmen Bassinbädern.

Für ein Regenbad verbraucht man in den Kasernen nach ROTH [1]) 2—3 Liter, nach VALLIN [2]) 10—12 Liter Wasser. TOLLET [3]) schlägt 25 Liter vor. Erstere Zahl ist jedenfalls zu nieder, besonders wenn gleichzeitig Einseifung vorgenommen wird; in diesem Falle ist es nicht einmal möglich, mit der genannten Menge Wassers den Seifenschaum vom Körper völlig zu entfernen; dies gelingt erst nach Versuchen des Verfassers bei Aufwand von 5—6 Litern, doch ist alsdann das Bad von kurzer Dauer, und seine Nachwirkung nur eine sehr geringe. Es muss daher eine Wassermenge von 10—12 Litern, wie sie auch VALLIN für genügend erkannte, als die unterste Grenze bezeichnet werden, welche bei Einrichtung solcher Bäder in öffentlichen Anstalten, wo dieselben zwangsweise gegeben werden können, jedenfalls nicht überschritten, und bei öffentlichen Badeanstalten überhaupt nicht erreicht werden sollte. Für letztere dürfte wohl 25 Liter als das Minimum bezeichnet werden, welches für ein Regenbad in Rech-

---

1) Vierteljahrschrift f. öffentl. Gesundheitspflege 1879. S. 87.
2) Revue d'hygiène 1879. p. 521.
3) Citirt bei ARNOULD, Annales d'hygiène publique 1880. p. 385.

nung zu ziehen ist, damit dem dasselbe Benützenden ausser der Möglichkeit der Reinigung des Körpers auch noch die ihm vielleicht als
ein gewisser Luxus erscheinende Wohlthat der erregenden Einwirkung des Bades geboten werden kann, und dadurch die Lust zu
regelmässiger Vornahme des Bades erweckt wird.

Viel bedeutendere Wassermengen sind nöthig für ein Wannenbad; nach den Daten, welche ROBERTSON und MEYER (a. a. O.) geben,
bedarf man für ein solches 250—300 Liter. Mit dieser Wassermenge für eine Person könnte man nach dem Vorausgehenden in
der Form von Regenbädern (bei 25 Liter Bedarf) 10—12 Personen
die Wohlthat eines Bades zu Theil werden lassen. Es müssen daher
auch die Kosten eines Wannenbades 10—12 mal höher sein, als die
eines Regenbades, vorausgesetzt, dass das Wasser in beiden Fällen
auf gleiche Temperatur zu erwärmen ist.

Das Wannenbad hat vor dem Regenbade den Vortheil voraus,
dass es auf längere Zeit ausgedehnt werden kann als dieses, dessen
Dauer von der Schnelligkeit abhängt, mit welcher ein für das Bad
bemessenes Wasserquantum wirklich abfliesst. Ein weiterer Vortheil
der Wannenbäder gegenüber den Regenbädern liegt darin, dass bei
ersteren auf die Individualität des Badenden Rücksicht genommen
werden und dem Badewasser irgend eine beliebte Temperatur ertheilt werden kann, während bei letzteren, wenn nicht complicirte
Mischeinrichtungen vorhanden sind, alle Badenden mit Wasser von
der gleichen Temperatur übergossen werden. Man darf jedoch diesem Umstande nicht allzu grosses Gewicht beilegen, denn auch in
Flussbädern wirkt dieselbe Temperatur des Wassers auf alle Badenden ein, und macht sich erst dann der Einfluss der Individualität
auf die Frequenz derselben geltend, wenn schon die Temperatur des
Wassers unter eine gewisse Grenze gesunken ist, bei welcher für empfindliche Individuen die Wärmeentziehung zu intensiv fühlbar wird.
Man hat daher in Badeanstalten mit Regenbädern nur dafür zu sorgen, dass das Wasser immer gut warm sei und eine Grenze von ca. 25° C.
nicht nach abwärts überschritten werde. Ferner ist zu berücksichtigen, dass der Körper des Badenden sich gegen das Ende des Bades im
Wannenbade in schmutzigem Wasser befindet, im Regenbade dagegen
von reinem Wasser überströmt wird. Deshalb finden sich gewöhnlich
in den öffentlichen Badeanstalten bei Wannenbädern auch noch Regenbäder, welche das noch am Körper beim Verlassen des Bades adhärirende Badewasser entfernen. Dadurch wird jedoch der Wasserconsum
pro Kopf noch grösser und damit auch die Kosten des Bades.

Noch mehr Wasser als bei den Wannenbädern trifft bei den

Bassinbädern auf die Person, weshalb diese, im Falle sie stagnirendes und künstlich erwärmtes Wasser führen, relativ am theuersten zu stehen kommen. Wenn beispielsweise in dem Winterschwimmbade in Magdeburg, dessen Bassin 250 Cubikmeter Wasser fasst, im Jahre 53200 Bäder genommen werden [1]), so treffen pro Tag 146 Bäder und bei einmaliger täglicher Füllung des Bassins auf ein Bad 1710 Liter Wasser. Ja es würde sich noch viel mehr berechnen, würde man in Anschlag bringen, dass die Zahl der Badenden sich durchaus nicht gleichmässig über das ganze Jahr vertheilt, sondern im Winter eine geringere, im Sommer eine grössere Anzahl Menschen von Bädern Gebrauch macht.

Grosse Schwierigkeiten ergeben sich für die Bassinbäder mit aufgestautem, mehr weniger stagnirendem Wasser bezüglich der Reinheit des Wassers; erstlich bringen die ein Bassinbad speisenden Wasserläufe an und für sich oft schon Schmutz mit sich; aufgeschlemmte mineralische Stoffe, Kanalinhalt, Abwässer aus Fabriken, kurz Alles, was ihnen eben der Mensch übergibt, um es zu entfernen. Die suspendirten Bestandtheile sinken alsdann in dem Bassin wegen der verminderten Geschwindigkeit zu Boden und bilden am Grunde eine Schlammschichte, welche während der Badezeit aufgewühlt das Wasser trübt. Andererseits trägt jeder Badende dazu bei, das Wasser zu verunreinigen, besonders wenn keine Vorschriften über den Gebrauch der Seife bestehen. Das Einseifen sollte immer ausserhalb der Bassins vorgenommen werden und die Abwaschung des Seifenschaumes unter einer eigens dazu bestimmten Douche. Im Interesse der Reinheit des Wassers thut man besser, die Anlage so zu machen, dass das ganze Bassin auf einmal entleert werden kann, worauf z. B. während der Nacht es sich frisch füllt, als dass man beständig Wasser ab- und zufliessen lässt. Im letzteren Falle braucht man ungleich viel mehr Wasser als im ersteren, da das neu eintretende sich immer wieder mit dem vorhandenen mischt. Eine Reinigung des zufliessenden Wassers durch Filtration oder durch Absetzenlassen der suspendirten Bestandtheile ist in den seltensten Fällen thunlich, doch existiren derartige Anlagen. Das Militärschwimmbad in Wien bezieht sein Wasser aus einem in nächster Nähe der Donau gegrabenen 9 Meter tiefen Brunnen, welcher filtrirtes Donauwasser (wohl auch Grundwasser) enthält. [2]) Das dabei erhaltene Wasser ist so kalt, dass es durch längeres Stehen eine

---

1) Robertson u. Meyer a. a. O.

2) Wiens sanitäre Verhältnisse und Einrichtungen. Festgabe an die Mitglieder der IX. Vers. d. d. Ver. f. öffentl. Gesundheitspflege. S. 31.

erträgliche Temperatur erhält. Das Sophienbad in Leipzig ist mit eigenen Klärbassins versehen, in welchen das Wasser seine Sinkstoffe absitzen lassen kann, bevor es in das darüber befindliche Bassin gepumpt wird.[1])

III. Die bei Errichtung öffentlicher Bäder maassgebenden hygienischen Gesichtspunkte.

Nachdem es die öffentliche Gesundheitspflege für ihre Aufgabe erachtet, dahin zu wirken, dass zur Ermöglichung einer ausgiebigeren Hautpflege, als sie von den meisten Mitmenschen geübt wird, Badeanstalten, welche Jedermann zugänglich sind, errichtet werden, fragt es sich in erster Linie: Wessen Aufgabe ist es, öffentliche Bäder zu errichten? Ist es Aufgabe des Staates oder der Gemeinden, oder kann es der Privatspeculation überlassen bleiben, Badeanstalten zu eröffnen?

Es bedarf kaum vieler Worte, dass der letztere Weg der ungünstigste wäre. Ein Blick auf die Zusammenstellung grosser öffentlicher Badeanstalten von ROBERTSON und MEYER zeigt sofort, dass die überwiegende Mehrzahl derselben nur für den wohlhabenderen Theil der Bevölkerung zugängig ist, indem die Kosten für das einzelne Bad viel zu hoch sind um dem weniger Bemittelten einen regelmässigen Gebrauch desselben zu gestatten. Es soll damit nicht gesagt werden, dass auf diesem Wege nichts geleistet werden könne, denn es finden sich auch unter jenen Bädern solche, welche durch Actiengesellschaften errichtet, so niedrige Preise festgesetzt haben, dass auch dem armen Manne die Möglichkeit gegeben ist regelmässig zu baden, ohne seine Börse zu sehr zu belasten. Es soll nur auf die Wasch- und Badeanstalten in Hamburg, Basel, Bremen, Kleinbasel, Nürnberg verwiesen werden, deren Preise für ein Einzelbad bis auf 25 Pfennige herabgehen. Im Allgemeinen aber ist von dieser Seite eine energische Förderung der Sache nicht zu erwarten. Dagegen muss es als Aufgabe der Gemeinden erachtet werden, für die Errichtung öffentlicher Bäder Sorge zu tragen. Wenn es die Gemeinden für nöthig erachten, ihre Angehörigen in der Beschaffung von Mitteln zur Befriedigung der nothwendigsten Bedürfnisse des Leibes und Lebens, die der Einzelne sich nicht zu bieten vermag, zu unterstützen, so sind bezüglich der Hautpflege, soweit sie durch Bäder ausgeübt werden sollte, alle Bedingungen gegeben, eine Thä-

---

1) Vierteljahrschrift f. öffentl. Gesundheitspflege. Bd. XII. S. 199.

tigkeit der Gemeindeverwaltungen in dieser Richtung anzuregen. Der Einzelne ist meist nicht in der Lage, im eigenen Hause regelmässige Abwaschungen des ganzen Körpers oder Vollbäder vorzunehmen. Dazu fehlt gewöhnlich das Wasser und der nöthige Raum, und selbst wenn es dem einen oder anderen Wohlhabenderen möglich ist, sich im Hause ein Bad zu verschaffen, so hat dies den grossen Nachtheil, dass meist die Wohnung darunter leidet, dass sie feucht wird. Es ist bei den in Deutschland bestehenden Wohnungsverhältnissen ausserordentlich schwierig in den Wohnhäusern selbst Badecabinete zu errichten, deren Wände und Boden nicht beständig feucht wären und welche diese Feuchtigkeit, sowie die ihrer Luft anderen Wohnräumen mittheilten. Es liegt also nicht nur direct im Interesse der Gesundheit der Individuen sondern auch im Interesse der Wohnungshygiene, wenn die Verwaltungsbehörden von Städten, Märkten, Dörfern sich entschliessen ihren Bürgern die Wohlthat öffentlicher Bäder zu gewähren.

Aber auch noch anderen Verwaltungsorganen liegt die Pflicht ob, die Pflege der Haut bei den ihnen unterstellten Personen durch Errichtung von Badeanstalten zu fördern, es sind dies jene Organe, welchen die Sorge für grössere Gruppen von Menschen, die unter besonderen zwingenden Verhältnissen zusammenleben, übertragen ist, also den Verwaltungen von Kasernen, Instituten, Gefangenanstalten u. s. w. Auf die Bedeutung der regelmässigen Douchebäder beim Militär, in Gefangenenanstalten wurde schon oben hingewiesen; es wurde erwähnt, dass die Einführung der Bäder ein Hauptmoment sei für die Lösung der Frage der Ventilation von Kasernenräumen, dass Hautkrankheiten verschwinden oder wenigstens seltener werden. Keine Kaserne, keine Gefangenanstalt sollte daher Badeeinrichtungen entbehren, welche eine regelmässige Reinigung aller Bewohner, womöglich einmal in der Woche vorzunehmen gestatten. In Erziehungsanstalten mit Pension, ja selbst in der Volksschule sollten Bäder für ebenso wichtig erachtet werden wie die Turnsäle, denn auch hier ist wie oben angedeutet die Unreinlichkeit der Haut eine Hauptquelle für die schlechte Beschaffenheit der Luft in den Schulsälen.

In England wurde die Errichtung von Bädern bei Schulen von CARPENTER[1]) warm empfohlen, mit welchem Effecte ist nicht bekannt. Die Erfahrungen, welche man bei Untersuchung der Luft in Schulen zu machen Gelegenheit hat, drängen mit aller Entschiedenheit die Ueberzeugung auf, dass die Luft der Schulsäle meist durch

---

[1]) CARPENTER, Preventive Medicine in relation to the public Health. London 1877. p. 303.

die Hautausdünstungen der Kinder und den Geruch der Kleider in einen ganz schlechten Zustand versetzt wird, welchen selbst relativ gute Ventilationsanlagen nicht zu bewältigen vermögen, so dass man in einem Saale eine geringe Kohlensäuremenge und doch einen höchst unangenehmen Geruch der Luft vorfinden kann. Diese Thatsache ist geeignet, die maassgebenden Kreise auf die aus der Errichtung von Bädern in den Schulgebäuden sich ergebenden Vortheile hinzuweisen, durch welche nicht nur die Reinlichkeit der Kinder und der Schulräume gefördert, sondern auch der Reinlichkeitssinn des ganzen Volkes angeregt würde.

Die Berechtigung der aufgestellten Behauptung, dass es Aufgabe der Verwaltungsbehörden der Gemeinden und öffentlicher Anstalten sei, für die Mitglieder derselben Badeanstalten ins Leben zu rufen, wird wesentlich gestützt durch die Thatsache, dass bereits zahlreiche Beispiele für ein thätiges Vorgehen derselben in dieser Richtung existiren, wenn auch dasselbe sich meist lediglich auf die Errichtung von Schwimmbädern in Flussläufen oder Seen beschränkt, was natürlich als ungenügend bezeichnet werden muss.

Es erübrigt nur noch die Frage, ob dem Staate die Aufgabe zu stellen sei, im Interesse der Errichtung von Volksbädern gesetzgeberisch vorzugehen. Ausser in England [1]) und Frankreich [2]) existiren nirgends gesetzliche Vorschriften über Errichtung und Einrichtung von Badeanstalten, aber auch in jenen Ländern sind diese Gesetze nur facultativ, d. h. es ist den Gemeinden gestattet, von dem Gesetze Gebrauch zu machen. Wie die Sache in Deutschland liegt scheint es kaum angänglich in einem Badegesetze etwas Anderes auszusprechen, als eine Verpflichtung der Gemeindeverwaltungen zur Errichtung von Volksbädern, welche für Jedermann und zu jeder Jahreszeit zugänglich sein sollten. Die geringe Entwicklung des Badewesens ermöglicht noch nicht auf besondere Formen von Bädern als vorzugsweise geeignet zur Einrichtung der genannten Anstalten hinzuweisen oder specielle Vorschriften über den Betrieb derselben zu formuliren. Es kann daher vorerst noch auf ein Eingreifen von jener Seite her verzichtet werden, bis ausgedehntere Erfahrungen über Volksbäder, deren Betrieb, Nutzen und Rentabilität gesammelt sein werden.

Dagegen muss an dieser Stelle den Vereinen für öffentliche Gesundheitspflege und den ärztlichen Vereinen dringend ans Herz gelegt werden, sich mit allen zu Gebote stehenden Mitteln der Sache an-

---

1) ROBERTSON u. MEYER a. a. O. S. 244.
2) UFFELMANN, Darstellung des auf dem Gebiete der öffentl. Gesundheitspflege in ausserdeutschen Ländern bis jetzt Geleisteten. S. 65.

zunehmen. Die Errichtung von Volksbädern muss von dieser Seite her angeregt und in der Hand behalten werden, sollen öffentliche Bäder auch wirkliche Volksbäder werden. Vernachlässigen die ärztlichen Kreise diese ihre Aufgabe, so machen sich leicht nebensächliche Rücksichten geltend und vereiteln den angestrebten hygienischen Zweck.

Wie können und sollen nun die Verwaltungen von Gemeinden und grossen Städten den Anforderungen der öffentlichen Gesundheitspflege in Bezug auf Errichtung und Einrichtung von Volksbädern gerecht werden?

Vor Allem sind, wie dies allenthalben schon üblich ist, die natürlichen Flussläufe zur Errichtung von Bade- und Schwimmanstalten heranzuziehen. Mit Rücksicht auf die Verunreinigung des Wassers, welche wohl jeder Fluss auf seinem Wege durch eine Stadt erfährt, lege man solche Bäder, wenn möglich oberhalb des Eintrittes des Flusses in die Stadt an, wobei jedoch bei sehr grossen Städten der Umstand, dass bei zu grosser Entfernung des Bades von der Stadt den stromabwärts Wohnenden die Benützung unmöglich wird, im Auge zu behalten ist. In solchen Fällen kann die Errichtung mehrerer Schwimmanstalten, auch schwimmender Badeanstalten in Mitten einer Stadt geboten erscheinen. Je geringer der Weg, welcher nach einer Badeanstalt zurückzulegen ist, umso eher wird dieselbe benützt; muss dagegen irgend ein Verkehrsmittel, Eisenbahn, Trambahn, Omnibus u. s. w. zur Erreichung derselben benützt werden, so wird dadurch der Preis des Bades erhöht, und die Frequenz der Anstalt leidet darunter.

Dem Boden des Flussbettes ist, um Verwundungen der Füsse zu vermeiden, besondere Aufmerksamkeit zu schenken. In Flussläufen mit geringer Geschwindigkeit des Wassers lässt sich dieser Zweck durch Versenken von feinem Kies oder Sand erreichen, ebenso bei Bassins mit stagnirendem Wasser; nur muss in letzterem Falle der Sand erst gewaschen werden, damit nicht er die Ursache der Verunreinigung des Wassers wird. In Flüssen mit grosser Geschwindigkeit des Wassers sollte man künstliche Böden anbringen aus möglichst glatt gehobelten Brettern, welche höher und tiefer gestellt werden können, um den Aenderungen im Wasserstande nachgeben und Abtheilungen für Schwimmer und Nichtschwimmer abgrenzen zu können, welche alsdann deutlich durch Seile oder Balken oder vollständige Scheidewände unter Wasser getrennt werden müssen.

Besondere Eigenthümlichkeiten eines Flusses, z. B. zu geringe Wassermenge desselben, machen denselben ungeeignet zur Errichtung eines öffentlichen Bades, man kann sich in solchen Fällen durch Anlage eines Bassins zu helfen suchen, allerdings auf Kosten der raschen Bewegung und damit auch oft der Reinheit des Wassers. Je geringer die Geschwindigkeit des Wassers in den Bassins wird, um so mehr Gelegenheit ist gegeben, dass bei starker Benützung das Wasser verunreinigt wird. Bis zu einem gewissen Grade kann dem vorgebeugt werden dadurch, dass man das Abwaschen nach einer Einseifung im Bassin verbietet und unter einer Douche vornehmen lässt, oder es nur in der nächsten Nähe der Austrittsstelle des Wassers aus dem Bassin gestattet. Um das Wasser von mitgebrachten Stoffen zu reinigen, wendet man für die gröberen Körper Gitter an, für feinere suspendirte Bestandtheile könnten höchstens Klärbassins in Betracht kommen. Die Ankleideräume errichtet man auf einer oder beiden Seiten des Flusses. Die Frage ob man gemeinschaftliche Räume oder Einzelzellen in Anwendung bringen solle ist von untergeordnetem Interesse, dagegen von Wichtigkeit die Erhaltung der Reinlichkeit des Bodens der umgebenden Räume. Erstlich muss vermieden werden, dass vom Materiale des Bodens Partikel an den Fusssohlen hängen bleiben, wodurch die im Bade vorgenommene Reinigung der Füsse illusorisch wird; auch soll das Material nicht schlüpfrig werden, wie z. B. Holz, ebensowenig soll es die Wärme zu gut leiten und dadurch das Gefühl von Kälte erzeugen. Asphaltirung des Bodens dürfte allen diesen Missständen am besten begegnen.

Die bei allen Flussbädern und Bassinbädern vorliegende Gefahr des Ertrinkens erheischt eine beständige Beaufsichtigung der Badenden Seitens eines Badedieners oder Schwimmlehrers, welcher im Stande ist in Unglücksfällen sofort Hilfe zu leisten. Als wünschenswerth muss es bezeichnet werden, dass in Schwimmbädern Anweisungen über die erste Hilfeleistung bei Unglücksfällen oder drohender Gefahr an mehreren Orten angeschlagen seien, damit die Kenntniss dieser so wichtigen Manipulationen etwas weitere Verbreitung finden könne, als sie bisher gefunden.

Mit der Errichtung von Schwimmbädern in Flüssen, Seen u. s. w. ist aber den Anforderungen der öffentlichen Gesundheitspflege noch nicht Genüge gethan, da solche in Folge der klimatischen Verhältnisse Mitteleuropas nur während weniger Monate im Jahre benützt werden können. Es sind daher noch ausser den Flussbädern Badeanstalten erforderlich, welche auch während der kälteren Jahreszeit Jedermann zugänglich sind, und zwar zu einem Preise, welcher den für ein Flussbad entrichteten nur wenig oder gar nicht übersteigt.

Hierzu eignet sich am besten das System der Regenbäder, welches vor allen anderen Einrichtungen den grossen Vorzug der Billigkeit hat. Stellen sich schon die Kosten für die Erwärmung des
Wassers für ein Regenbad wie erwähnt auf ein Zehntel der Kosten,
welche für die Erwärmung eines Wannenbades aufzuwenden sind,
so kommt noch weiter hinzu, dass auch die Einrichtungskosten viel
geringer sind als die der jetzt bestehenden öffentlichen Badeanstalten
mit Wannenbädern; indem eine Brausevorrichtung jedenfalls billiger
ist als eine Badewanne, während alle übrigen Bestandtheile, An-
und Auskleideräume, Wasserleitungen, Abwasserleitungen in beiden
Fällen in gleicher Ausdehnung hergestellt werden müssen. Endlich
hat die geringe erforderliche Wassermenge die weitere Consequenz,
dass es möglich wird, in grossen Städten eine grössere Anzahl kleinerer Anstalten zu etabliren, unabhängig von öffentlichen Wasserläufen, indem jede Trinkwasserleitung den Bedarf an Wasser für eine
solche Anstalt zu decken vermag.

Der Gebrauch des Regenbades ist nur leider noch sehr wenig
populär, und ist dies ein Nachtheil, worunter Anstalten der bezeichneten Art vielleicht anfänglich zu leiden haben werden, doch steht
zu erwarten, dass diese Art von Bädern, soferne ihr Preis sehr niedrig
gehalten wird, soferne mit dem Wasser nicht zu sehr gegeizt und
ein wenig Comfort in den Baderäumen geboten wird, alsbald die
Gunst des grossen Publikums gewinnen werden.

Wir denken uns für kleinere Städte eine, für grössere mehrere
Badeanstalten ähnlich wie sie im Grundrisse in Fig. 1, 2 u. 3 (S. 400)
skizzirt wurden nothwendig. Besonders sind es die Anordnungen,
Fig. 2 u. 3 welche sehr geeignet erscheinen als Volksbäder dienen
zu können, da hier ähnlich wie in Schwimmbädern ein Verkehr
der Badenden miteinander in dem zwischen Ankleide- und Badecabinen gelegenen Gange möglich ist, während in Fig. 1 je nach der
architectonischen Ausführung eine an Gefängnisse erinnernde Construction einen abstossenden Eindruck hervorbringen kann. Man sollte
überhaupt, um solche Anstalten populär zu machen, denselben einen
freundlichen, anheimelnden Charakter verleihen, wozu in erster Linie
Reinlichkeit und helle Beleuchtung (z. B. Oberlichter) beizutragen
vermögen.

Selbstverständlich müssten die oben skizzirten Projecte durch
mehrere Annexe erweitert werden, es bedarf bei einem Volksbade
noch anderer Räume, als der eigentlichen Baderäume z. B. Verwal-
tungszimmer, Trockenraum für Wäsche u. s. w. Von hygienischer
Bedeutung ist nur die Errichtung eines Wartezimmers; nicht so fast

für den Aufenthalt vor dem Bade sondern hauptsächlich für den nach dem Bade. Die meisten Menschen, für Erkältungskrankheiten disponirt, würden sich solche zuziehen, wären sie gezwungen sofort nach dem Verlassen des Bades ins Freie zu treten, besonders im Winter. Der Warteraum in einer Badeanstalt sollte daher gross genug sein, eine Anzahl Menschen längere Zeit (1 Stunde) zu beherbergen, und zu diesem Zwecke mit Tischen und Bänken, allenfalls einem Büffet, versehen sein. Selbstredend müssen alle Räume gut erwärmbar sein.

Jedem Badenden ist zum Entkleiden eine Cabine zu gewähren, welche von den anderen durch feste Wände oder Vorhänge zu trennen ist.

Die Reinlichkeit der Baderäume, eine der wichtigsten Anforderungen an alle öffentlichen Badeanstalten wird im vorliegenden Falle am leichtesten erreicht. Die Wände der eigentlichen Badecabinen können aus nicht porösem Materiale (Eisen, Schieferplatten u. s. w.) hergestellt und desshalb leicht gereinigt werden. Der Boden wird rein erhalten dadurch, dass man ihm ein Gefälle gibt, welches das Wasser nach einer Rinne hin abfliessen lässt, durch welche es nach einem Flusse oder Kanale gelangt. Sind die Badecabinen von den Ankleidecabineten durch einen gemeinschaftlichen Gang getrennt, so empfiehlt es sich im Interesse der Reinlichkeit des Bodens dieses Ganges die Ankleidecabinete von zwei Seiten zugänglich zu machen; die eine Thüre dient zum Betreten und Verlassen der Cabine vor resp. nach dem Bade, durch die gegenüberliegende Thüre begibt man sich zur Douche.

Erst in zweiter Linie eignen sich die Vollbäder für öffentliche Badeanstalten mit dem Charakter von Volksbädern. Die Preise des Einzelbades müssen zu hoch gestellt werden, wegen der grossen zu erwärmenden Wassermasse, wegen des Mehrbedarfs an Bedienung, der grösseren Anlagekosten u. s. w. Nur in einem Falle ist es möglich, auch billige Wannenbäder zu geben, wenn Gelegenheit vorhanden ist, das Abwasser von Dampfmaschinen grösserer Fabriken, welches in vielen Fällen mit sehr hoher Temperatur, welche nicht weiter ausgenützt wird, abgeht, weiter auszunützen. Es empfiehlt sich allerdings nicht zur directen Verwendung als Badewasser, sondern viel besser überträgt man seine Wärme auf reines kaltes Wasser, indem man es durch Röhrensysteme fliessen lässt, welche von letzterem umgeben sind.

Auch die Verbindung eines öffentlichen Luxusbades, mit allen raffinirten Badeeinrichtungen, mit einem Volksbade kann durch geeignete Vertheilung der Preise auf die einzelnen Arten von Bädern die Gewährung billiger Bäder ermöglichen, wie es schon an mehreren Orten thatsächlich geschieht.

Auch in den Anstalten mit Wannenbädern ist grösste Reinlichkeit unerlässlich, sie erfordert aber mehr Arbeit als in Anstalten mit Regenbädern erforderlich ist. Nach dem Abflusse des Badewassers bleibt, besonders wenn Seife benutzt worden war, Schmutz an den Wänden der Wanne zurück, der nun erst mechanisch entfernt werden muss, bevor dieselbe wieder zum Baden verwendet werden kann.

Eine besondere Schwierigkeit erwächst den Anstalten mit Wannenbädern aus der Feuchtigkeit der Luft, da die kleinen Zimmer viel schwieriger zu ventiliren sind, als beispielsweise ein grosser Saal, in welchem eine Anzahl von Regendouchen untergebracht ist. Die beständig mit Wasserdampf gesättigte Luft gibt denselben leicht in flüssiger Form an die kälteren Wände ab, und diese bleiben feucht. Die Badezellen haben meist einen dumpfen modrigen Geruch, welcher den Aufenthalt darin zu einem ungemüthlichen macht. Nur ausgiebige Ventilation, welche bekanntlich um so schwieriger auszuführen ist, je kleiner der zu ventilirende Raum ist, vermag einigermaassen die Badezimmer trocken zu halten.

Somit erübrigt nur noch mit wenig Worten der erwärmten Schwimmbassins zu gedenken, denen unter den besprochenen Arten von Winterbädern erst der dritte Platz einzuräumen ist; bei ihnen wird sich immer das Dilemma ergeben, dass einerseits durch häufige Erneuerung des Wassers der Preis des Bades hinaufgetrieben wird, andererseits bei seltener Erneuerung die Reinheit des Badewassers darunter leidet. Zum Baden gehört reines klares Wasser, unreines Wasser verdirbt den Genuss. Im Interesse der Reinheit des Wassers muss die Reinigung des Körpers mittelst Seife von den erwärmten Schwimmbassins vollständig ferngehalten werden; dies erfordert aber wieder eigene Reinigungsbäder, welche wieder die Anlage vertheuern und den Preis der Bäder noch höher hinaufschrauben.

Das Schwimmen, dessen Ausübung zu ermöglichen der Hauptzweck aller bisher angelegter erwärmter Bassins war, ist wie oben auseinandergesetzt eine nützliche Uebung des Körpers; da jedoch solche Uebungen, noch dazu systematischer auf andere Weise in Turnschulen, Turnvereinen u. s. w. vorgenommen werden können, so ist nicht recht ersichtlich, warum gerade die theuerste, und obendrein nicht einmal die beste Form von Bädern für Volksbäder in Vorschlag gebracht wird, wie es z. B. seitens der Referenten des

deutschen Vereines für öffentliche Gesundheitspflege in Stuttgart [1])
geschah, deren erste These lautet:

„Oeffentliche gedeckte Volksbadeanstalten in Städten oder Stadt-
bezirken über 25 000 Einwohner erfordern unabweislich Schwimm-
hallen zum continuirlichen Gebrauche für jeden Tag des Jahres."

Dieses Postulat ist entschieden zu hoch, ja es steht zu befürchten, dass alsdann die Volksbäder wieder nur Bäder der wohlhabenden Klassen werden, wie sie es jetzt in den meisten Fällen schon
sind, während der weniger Bemittelte ausgeschlossen bleibt.

Nur in dem einen Falle, dessen eben Erwähnung geschehen, welcher aber wohl selten zutrifft, ist es vielleicht möglich, Schwimmbassins für Volksbäder zu errichten, wenn nämlich das Condensations-
wasser von Dampfmaschinen in reichlichem Maasse zu Gebote steht,
wie z. B. in Paris [2]), wo permanente Schwimmbassins auf solche Weise
hergestellt und erhalten werden. Der Preis für ein Bad beträgt dort
25 Cent., während der zu entrichtende Betrag für Benützung des erwärmten Schwimmbassins nach ROBERTSON und MEYER nicht unter
40 Pf. heruntergeht.

Schliesslich erfordert noch die Behandlung der Badewäsche,
welche an das Publikum in den öffentlichen Bädern verliehen wird,
einige Beachtung. Die Wäsche muss selbstverständlich nach jedes-
maligem Gebrauche gereinigt und getrocknet werden, bevor sie wieder zur Verwendung gelangen kann; bei jeder Benützung derselben
bleiben Epidermisschuppen, woran auch Infectionsstoffe von Hautkrankheiten haften können, ferner Seifenschaum, Staub vom Fussboden u. s. w. daran hängen, welche durch Seife und mechanische
Bearbeitung wieder möglichst zu entfernen sind. Wesentlich kann
diese Reinigung durch die Anwendung von Dampf unterstützt werden, wozu in den meisten Badeanstalten die Gelegenheit gegeben
sein dürfte.

Es wurde bei den vorausgehenden Erörterungen vor Allem dem
Systeme der Regenbäder das Wort geredet, indem dieselben abgesehen davon, dass sie ihren Zweck, Reinigung des Körpers und Abhärtung der Haut, vollkommen zu erfüllen im Stande sind wegen
der Billigkeit der Anlage und des Betriebes als besonders geeignet
erscheinen für die Verwendung zu Volksbädern nicht nur in grossen
Städten sondern auch in kleinen Landgemeinden und öffentlichen
Anstalten. Möglichst billige Bäder müssen dem Publikum dargeboten

1) Vierteljahrschrift f. öffentl. Gesundheitspflege 1880. S. 260.
2) NAPIAS et MARTIN, L'étude et les progrès de l'hygiène en France 1875
—1882. p. 167.

werden, wenn man dasselbe zu dem als wünschenswerth bezeichneten regelmässigen Gebrauche von Bädern erziehen, und auch die
minder bemittelten Volksklassen an der Wohlthat der Volksbäder par-
ticipiren lassen will. Es soll damit durchaus nicht gesagt sein, dass
ausschliesslich Bäder der einfachsten Art zu errichten Aufgabe der
betreffenden Organe sei; besonders in grossen Städten, wo die Unterschiede zwischen Reich und Arm mehr weniger accentuirt hervor-
treten, wird es angezeigt sein, auch den bemittelten Kreisen Rechnung zu tragen und durch Abstufungen in Bäder I. und II. Klasse
oder dreier Klassen auch dem Wohlhabenden ein verhältnissmässig
billiges Bad zu verschaffen; gerade die Verbindung feinerer und ein-
facherer Bäder kann unter Umständen, wie schon angeführt, die
Fixirung möglichst niedriger Preise für die letzteren ermöglichen
und somit ein Volksbad auch zu einem regelrechten ökonomischen
Unternehmen gestalten.

Wenn im Vorausgehenden nur der einfachsten Formen von Bädern gedacht wurde, und Dampfbäder, römisch-irische und türkische
Bäder, wie man sie zumeist in allen öffentlichen Badeanstalten in
Städten trifft, ausser Betracht blieben, so geschah dies einmal desshalb, weil diese letzteren in dem Kapitel Kleidung und Hautpflege
schon eingehend geschildert wurden, und zweitens desswegen, weil
dieselben mehr als Luxusbäder zu betrachten sind, und in diesem
Kapitel der Schwerpunkt auf die Verallgemeinerung einfacher, Jedem
zugänglicher Bäder gelegt wurde. Nicht die Verfeinerung der Bade-
procedur, sondern deren Popularisirung ist ein Ziel der öffentlichen
Gesundheitspflege; indem sie demselben entgegensteuert, arbeitet sie
nicht nur an der Verbesserung des Gesundheitszustandes der Menschen sondern zugleich an der Förderung der gesammten Cultur.
Derjenige, welcher seinen Körper rein erhält, wird ein Gleiches auch
mit seinen Kleidern und seiner Wohnung, kurz mit seiner ganzen
Umgebung thun, und steht somit von der Errichtung von Volksbädern
auch indirect eine Hebung des Reinlichkeitssinnes überhaupt, und
damit ein weiterer Fortschritt in der Cultur unserer Zeit zu erwarten.

DIE VERKEHRSMITTEL

VON

A. J. KUNKEL.

EINLEITUNG.

Die öffentliche Gesundheitspflege, so jung sie auch als aner-
kannte Wissenschaft ist, hat doch schon die Grösse und den Umfang
ihrer Aufgabe mit der vollen Strenge des gereiften Pflichtbewusst-
seins erfasst. Ihre Fürsorge umgibt den Menschen zu allen Zeiten
und in allen Lagen seines vielgestaltigen Treibens.

Dass darnach die Mittel des öffentlichen Verkehrs ein Gegenstand unseres sorgfältigen-Studiums sein müssen, erscheint bei der
unmittelbaren Gefahr für Leib und Leben, die mit dem Reisen verbunden ist, selbstverständlich. Indess ist hier allererst eine scharfe
Begrenzung unserer Aufgabe nothwendig. Eine kurze Ueberlegung
zeigt schon, dass beispielsweise die Ausmessung der Fahrgeschwindigkeit eines Eisenbahnzuges oder der Stärke einer Schiffswand —
beides Dinge, die ganz unmittelbar auf das Leben des Reisenden
den allergrössten Einfluss haben — nicht Aufgabe der Gesundheitspflege sind. Diese — es ist die directere Art von Sorge, fällt
ganz und gar den Technikern und Verwaltungsbehörden zu. Es ist
kurz gesagt Alles, was die persönliche Sicherheit des Reisenden angeht, Sache der Verwaltungsbehörden: nur die indirecten Bedro-
hungen des Lebens durch Erkrankung, durch schädliche Veränderung der zum Leben nothwendigen Bedingungen unterliegt der Aufsicht des Arztes. Eine hygienische Discussion der Verkehrsmittel
wird also wesentlich dieselben Dinge zu besprechen und dieselben
Forderungen aufzustellen haben, wie sie für den gewöhnlichen Aufenthaltsort der Menschen gelten, nur modificirt durch die ganz besonderen Veranstaltungen des Verkehrs.

Für eine vollständige Lösung unserer Aufgabe müssen wir eine
Eintheilung der Verkehrsmittel versuchen. Wir können dieselben
unterscheiden in immobile (Strassen) und in mobile (Wagen der
verschiedensten Art, Schiffe).

I. Strassen. Die Strassen der Städte, die von grosser Bedeutung für deren allgemeine Salubrität sind, gehören in ein anderes

27*

Kapitel: Anlage der Ortschaften. Bei den Landstrassen fällt es aus
ökonomischen Rücksichten von selbst fort, die subtilsten hygienischen Anforderungen zu stellen. Was Technik und Hygiene verlangen, fällt im Grossen und Ganzen auch zusammen. Trockenheit,
Freiheit von Staub, glatte Oberfläche, Härte bei einer gewissen
Elasticität sind die Anforderungen, die man im Allgemeinen stellen
muss. Unsere Staatsstrassen sind im Grossen und Ganzen in gutem
Zustande.

II. Zwischen Wagen und Schiffen besteht ein wesentlicher
Unterschied darin, dass die ersteren meist nur zu kurz dauerndem
Aufenthalt bestimmt sind, während der Aufenthalt auf Schiffen oft
continuirlich durch Wochen dauert. Dies, sowie die ganz verschiedene Bauart, verlangt eine gesonderte Besprechung.

Unter den Wagen stehen nach der Häufigkeit des Gebrauches
die Eisenbahnwagen weitaus oben an. Wir behandeln deshalb ausführlich nur den Eisenbahntransport.

I. Die Eisenbahnen.

a) Art der Beförderung, Subsellien. Die Bequemlichkeit
und das Wohlbefinden der Reisenden verlangt eine möglichst ruhige,
gleichmässige Bewegung: besonders die kurzen seitlichen Rucke sind
auf die Dauer (besonders bei Krankentransporten) ausserordentlich
belästigend. Die neueren Wagen kommen dieser Forderung schon
viel vollkommener nach als die der älteren Construction. Es gehört
dazu ein bestimmtes, hohes Gewicht des Wagens, mittlere Stärke
der Federn, solide Construction der Achsenlager u. s. w., Güte der
Schienen, alles Fragen, deren Lösung der Technik obliegt.

Die gewöhnliche Beförderung geschieht in sitzender Stellung,
die unter Beachtung aller Rücksichten als die zweckmässigste erklärt
werden muss. Viele deutsche Eisenbahnverwaltungen führen eine
vierte Wagenklasse, in welcher die Beförderung in stehender Stellung die Regel ist. Für grosse Strecken sollte, wenn irgend thunlich, den Passagieren die Bequemlichkeit des Sitzens gewährt werden,
weil langes Stehen, besonders für schlecht genährte Individuen ausserordentlich ermüdend, geradezu gesundheitsschädlich ist. Einzelne
Muskelgruppen werden durch die dauernde Contraction übermässig
angestrengt, der Kreislauf ist durch die Schwere und den Ausfall
der Muskelbewegungen behindert: es entsteht unregelmässige Blut-
vertheilung, theilweise Anämie der oberen Körpertheile und alle die
anderen Folgezustände solcher Circulationsunregelmässigkeiten. —

Im Winter, wo entweder schlecht geheizt oder wenigstens die Wärmevertheilung ungünstig ist (in der Höhe warme, am Boden kalte Luft)
kann der Aufenthalt in solchen Wagen recht beklagenswerthe Zustände herbeiführen. — Bei der Beförderung der Soldaten im Kriegsfall durch Gepäckwagen sind immer Bänke eingestellt und zugleich
nur eine Besetzung des Raumes vorgesehen, wie sie in den Wagen der
III. Klasse vorgeschrieben ist.

Die Subsellien, die in den Wagen neuerer Construction eingeführt sind, haben im Allgemeinen eine so zweckmässige Form,
wie sie unter Berücksichtigung der ausgedehnten Aufgaben, denen
doch aus ökonomischen Gründen entsprochen werden muss, nur verlangt werden kann. Die Form ist zu bekannt, als dass wir sie hier
zu besprechen brauchten.

b) Luftcubus, Dichtigkeit der Besetzung, Ventilation. Diese drei Beziehungen werden am besten zusammen besprochen.

Ein amerikanischer Personenwagen des sogenannten Intercommunicationssystems (Thüren an den Stirnseiten, Gang mitten durch
die Länge des Wagens) hat einen Inhalt von etwa 34 Cubikmeter.
Für Subsellien gehen ab gegen 1,5 Cubikmeter, bei maximaler Besetzung ist der Wagen auf 40 Personen berechnet. Rechnet man
den Inhalt eines Menschen (mit Kleidern) zu 0,08 Cubikmeter, so
ergibt sich ein Gesammtabzug von 1,5 + 3,2 Cubikmeter. Es bleiben
also etwa 29 Cubikmeter Luftraum bei voller Besetzung: für eine
Person nicht ganz 3/4 Cubikmeter Respirationsraum.

Ein gewöhnliches Coupé III. Klasse (der neueren, höher gebauten
Wagen) hat ein rohes Volumen von etwa 6,7 Cubikmeter. Nach
den nothwendigen Abzügen resultirt bei maximaler Besetzung mit
10 Personen[1]) ein Luftraum von 5,6 Cubikmeter, also für eine Person
etwa 0,56 Cubikmeter. Bei älteren, niedriger gebauten Wagen beträgt der gleiche Raum gegen 0,52 Cubikmeter.

In den meist etwas breiteren Coupés II. Klasse ist der Brutto-
raum 7,6 Cubikmeter. Subsellien und 8 Insassen (als maximale Besetzung) nehmen gegen 1,6 Cubikmeter weg. Der Athmungsraum
ist also pro Kopf etwa 3/4 Cubikmeter.

Die Coupés I. Klasse, die gleich gebaut sind, aber nur mit 6
Personen besetzt werden, gewähren dem Einzelnen einen Respirationsraum von ungefähr 1 Cubikmeter.

---

1) Erst jüngst wurde gemeldet, dass neue Wagen 3. Klasse der Berlin-Pots-
damer Eisenbahn nur auf 8 Personen für 1 Coupé berechnet seien, gewiss eine
dankenswerthe Neuerung.

Diese wenigen Zahlen (die an Wagen der bayrischen Staatsbahn gewonnen sind) genügen als Beispiele. Kleine Abweichungen
bei etwas geänderter Construction sind für die nachfolgende Discussion nicht von Belang.

Die dem Einzelnen hiernach gebotene Luftmenge ist verglichen
mit den Anforderungen, die nach sorgfältigen Untersuchungen an
einen gesunden Aufenthaltsort des Menschen gestellt werden müssen
— enorm klein und an sich schon, streng genommen, eine hygienische Schädlichkeit.

Wir wollen dies an einer einfachen Ueberschlagsrechnung entwickeln.
— Bei mittlerer Besetzung des Coupés sei einem Manne ein Luftraum
von 1 Cubikmeter geboten. Beim Eintritt ins Coupé habe die Luft die
Zusammensetzung der freien Atmosphäre, enthalte also 0,4 Raumtheile
Kohlensäure auf 1000 Raumtheile Luft oder 0,4 Liter auf 1 Cubikmeter.
Ein Erwachsener exspirirt in einer Stunde etwa 22,6 Liter Kohlensäure,
am Ende der Stunde sind also bei Ausschluss aller Ventilation 23 Liter
Kohlensäure vorhanden; der relative Gehalt ist von 0,4 auf 23 pro Mille
gestiegen. — Ein solcher Kohlensäuregehalt wäre an sich schon eine
Schädlichkeit. Nun ist aber das, was eine durch menschliche Respiration veränderte Luft bald für die weitere Athmung unbrauchbar macht,
nicht allein und nicht einmal vorwiegend der Kohlensäuregehalt; verschiedene, flüchtige, meist übel riechende organische Stoffe, die in so kleiner Menge nur vorkommen, dass die chemische Analyse sie bisher nicht
näher erkennen konnte, zeigen dem uns von der Natur mitgegebenen
Reagens, dem Geruchsorgan, viel früher schon als die Beschwerung der
Athmung durch die Kohlensäureanhäufung eintritt, die Luftverderbniss
an, und unser Allgemeinbefinden reagirt auch auf diese Verderbniss mit
dem Gefühle der Unbehaglichkeit. Wenn wir nun auch diese Verun-
reinigungsstoffe noch nicht genauer kennen, so haben wir doch in dem
Kohlensäuregehalt einer Luft, insoweit derselbe nur von menschlicher
Ausathmung herrührt, ein einfaches und leicht zu handhabendes Maass,
womit wir die Luftverderbniss überhaupt messen. Auf Grund sorgfältiger Untersuchungen hat PETTENKOFER die allgemein angenommene Regel
aufgestellt, dass in grösseren Wohnräumen die Luft einen behaglichen
wohlthuenden Eindruck macht, wenn der Kohlensäuregehalt 0,7 pro Mille
nicht übersteigt, dass 1 p. m. als die obere zulässige Grenze gilt, bei
deren Ueberschreiten die Luft als schlecht und für einen beständigen
Aufenthalt als unbrauchbar zu bezeichnen ist.

In einer eingehenden Experimentaluntersuchung haben C. LANG und
G. WOLFFHÜGEL [1]) die Ventilationsfrage speciell an Eisenbahnwagen stu-
dirt. Dabei stellte sich das eine interessante Ergebniss heraus, dass in
Coupés die Luft noch als gut bezeichnet wurde, wenn der Kohlensäure-
gehalt das oben als zulässig bezeichnete Maximum weit überschritt. [2])
Eine Luft mit 3,2 p. m. CO_2 wurde noch als annehmbar, eine solche

---

1) Zeitschrift für Biologie. XII. S. 562 ff.
2) Wir werden weiter unten die Gründe hierfür theilweise berühren.

mit 1,5 p. m. allgemein als gut bezeichnet. Diese Beobachtung wurde wiederholt gemacht, und darum von L. und W. die Regel aufgestellt, dass Luft in Eisenbahnwagen noch als gut bezeichnet werden kann, wenn der Kohlensäuregehalt nicht mehr als 1 p. m. beträgt, und dass die Luft noch sanitär für zulässig erklärt werden kann, wenn der Grenzwerth von 1,5 p. m. nicht überschritten wird.

Daraus können wir nun den sogenannten Ventilationsbedarf berechnen. Es ist dies dasjenige Luftquantum, das pro Kopf und Zeiteinheit — Stunde — frisch zugeführt werden muss, damit der CO_2gehalt nicht über die angenommene Grenzzahl hinausgehe. Nennen wir dieses Luftquantum (in Cubikmeter ausgedrückt) n, so ist die Kohlensäuremenge, die dieses Luftquantum schon enthält, 0,0004 n; dazu kommen 22,6 Liter exspirirte Kohlensäure, die Gesammtkohlensäuremenge ist also 0,0226 + 0,0004 n. Nehmen wir 1 p. m. als die zulässige Grenze an, so entsteht die Proportion 1000 : 1 = n : (0,0226 + 0,0004 n), woraus n = 38 Cubikmeter wird. Für 1,5 als Grenzwerth wird n = 21 Cubikmeter, d. h. es müssen pro Stunde für den Kopf 38, beziehentlich 21 Cubikmeter frische Luft zugeführt werden, damit der Kohlensäuregehalt 1, beziehentlich 1,5 pro Mille nicht übersteige.

Nun ist es in der Ventilationstechnik eine allgmein angenommene Regel, dass in einem bewohnten Raume die Luft nur dreimal in der Stunde vollständig erneuert werden dürfe, weil sonst durch Luftzug, ungleichmässige Erwärmung u. s. w. das Allgemeinbefinden gestört wird. Da wir aber nur 1 Cubikmeter als Luftcubus für eine Person gefunden haben, und im Minimum nach unseren Aufstellungen 21 Cubikmeter als Ventilationsbedarf, so müsste 21 Mal in der Stunde die Luft erneuert werden: da aber dies nicht sein soll, so müsste von Anfang an jeder Person ein Luftcubus von 7 Cubikmeter zugestanden werden, eine Forderung, der knapp entsprochen ist, wenn jedes Coupé mit einer Person nur besetzt würde.

Diese Deduction soll nur zeigen, dass wir vom Standpunkte der Hygiene unsere Anforderungen an die Zusammensetzung der Wagenluft auf das eben zulässige Maass herunterschrauben müssen, wollen wir in dem Rathe, der über das gerade behandelte Capitel zu entscheiden hat, Sitz und Stimme uns bewahren. Der möglichst rasche und billige Transport grosser Menschenmengen wird so gebieterisch durch die Anforderungen des heutigen Verkehrs verlangt, dass das Zusammenpacken der Menschen in den engen Coupés eine Bedingung für die Massenbeförderung überhaupt ist. Betreffs der Grösse der Coupés und der Dichtigkeit der Besetzung werden die Verwaltungsbehörden aus öconomischen Gründen uns kaum nennenswerthe Concessionen machen. Wir müssen also den maximalen zulässigen CO_2gehalt vielleicht noch höher, als oben angegeben, auf 2⁰/₀₀ und noch darüber ansetzen und vor Allem eine viel häufigere Lufterneuerung als eine dreimalige pro Stunde zugeben, wenn wir dadurch erlangen, dass durch Einrichtung wirksamer Ventilationseinrichtungen diese Forderungen auch wirklich erfüllt werden. Die Verwaltungsbehörden kommen jetzt gerne Vorschlägen, die von hygienischer Seite gemacht werden, entgegen. Es ist die Instruction erlassen, die Reisenden möglichst gleichmässig in den Coupés zu vertheilen, solche

Reisende, die grössere Strecken zurücklegen, nicht zu dicht zusammen-
zusetzen und dergleichen. Auch für die Ventilationsfrage der Eisenbahnwagen hat das deutsche Reichseisenbahnamt im Jahre 1876 sein Interesse
ausgesprochen.

Für Ventilation der Eisenbahnwagen sind eine grosse Zahl
von Vorschlägen gemacht und auch ausgeführt. Wir können nur die
Principien all der vielen Systeme hier übersichtlich zusammenstellen.

Die freiwillige Ventilation kann bei Eisenbahnwagen sehr
viel leisten, weil die Bedingungen dafür ausserordentlich günstig sind.
Einmal ist die Luft, die eintritt, wirklich die reine Luft der äusseren
freien Atmosphäre. Vielleicht ist das der Hauptgrund dafür, dass
ein höherer Kohlensäuregehalt der Wagenluft sich viel weniger als
Luftverderbniss fühlbar macht, wie dies in unseren Wohnräumen der
Fall ist. In diese letzteren wird ja eine Luft eingesaugt, die an
Küchen, Vorrathskammern, Aborten, Kellern vorübergezogen ist, die
zum Theil aus einem durch alle möglichen Schädlichkeiten ver-
pesteten Untergrunde, von unreinen Strassen u. s. w. stammt. Etwas
Staub oder Rauch, der in einen Eisenbahnwagen tritt, ist bei aller
Unbequemlichkeit doch eine geringe sanitäre Schädlichkeit verglichen
mit den gerade erwähnten Verunreinigungen.

Die treibenden Kräfte, welche die freiwillige Lufterneuerung in
den Eisenbahnwagen besorgen, sind die Temperaturdifferenz und der
grosse Geschwindigkeitsunterschied zwischen innerer und äusserer
Luft. Allermeist (und gerade im Winter, wo die ausgiebigste Lufterneuerung, durch offene Fenster ausgeschlossen ist) wird die Luft
im Innern des Wagens wärmer sein als im Freien. Durch alle natürlichen und künstlich angebrachten Oeffnungen strömt in der Höhe
Luft ab, die durch reine, von unten zuströmende ersetzt wird. Am
ausgiebigsten wirkt aber die grosse Fahrgeschwindigkeit. Es wird
dadurch an der vorderen Stirnseite des Wagens eine Pressung der
Luft erzeugt, wodurch zu allen Fugen und Ritzen neue Luft eingetrieben wird, während an der hinteren Schmalseite durch Verdünnung Luft ausgesaugt wird. Auch an den Seitenflächen des Wagens
wird bei Windstille, weil ja die äussere Luft gegen die des Wagens
immer zurückbleibt, eine Luftverdünnung und dadurch Ansaugung
statt finden. Ist die äussere Luft bewegt und trifft (wie dies meist
der Fall sein muss) den Wagen schräg, so wird sie auf der einen
Seite pressend, auf der anderen Seite saugend wirken. Die ausgiebigste Lufterneuerung findet durch offene Fenster und Thüren
statt: im Sommer ist ja allermeist ein Fenster zum Theil geöffnet.
Man fühlt sehr wohl, besonders im Sommer, wenn der Zug eine Zeit

lang stille hält, durch ein allgemeines Unbehagen die eintretende
Luftverderbniss, welche der theilweise Ausfall der freiwilligen Ventilation verursacht. Selbst wo keine besonderen Einrichtungen für
Lüftung angebracht sind, ist doch meistens in den Wagen die Luft
wenigstens erträglich. Man hat nie beim Einsteigen in selbst überfüllte Coupés das bedrückende Gefühl, wie z. B. beim Betreten von
Concertsälen, Ballsälen, Schlafzimmern und ähnlichen Räumen.[1]) Dass
indess die freiwillige Ventilation unter ungünstigen Verhältnissen lange
nicht ausreicht, selbst bei mittlerer Besetzung, haben besondere Versuche (Kohlensäurebestimmungen) gezeigt (von DERSCHAU, LANG und
WOLFFHÜGEL). Besondere Ventilationseinrichtungen sind nun aber
ausserordentlich leicht und ohne grossen Aufwand anzubringen, so
dass dadurch Eisenbahnwägen zu gut ventilirten Räumen umgewandelt werden können. Da das deutsche Reichseisenbahnamt auch für
diese Frage in umsichtiger Weise sich interessirt, so wird die allgemeine Einführung erprobter Vorrichtungen nur mehr eine Frage
kurzer Zeit sein.

Ventilationseinrichtungen für Eisenbahnwagen.[2]) Besonderer Motoren zum Auspumpen oder zum Eintreiben von Luft bedarf
es bei den Eisenbahnen nicht. Durch die Arbeit der Locomotive erlangen die Wagen eine so grosse lebendige Kraft, dass davon sehr bequem ein kleiner Theil für die Luftförderung in den Waggons benutzt
werden kann. Alle Ventilationssysteme sind darauf gegründet. Für die
Darstellung theilen wir dieselben in:

α) einfache Oeffnungen (die nach Umständen aspiratorisch und pul-
satorisch wirken);

β) rein aspiratorische; γ) rein pressorische Vorrichtungen.

Ad α) Die einfachste, fast an allen Personenwagen angebrachte Einrichtung sind die sogenannten Luftschieber, d. i. eine horizontale
Reihe kleiner Oeffnungen über den Fenstern, die durch einen Schieber
theilweise oder ganz verschliessbar sind. An der Aussenseite des Wagens
sind einige nach abwärts geneigte Jalousien (Register) angebracht zur

---

1) Einen Missstand unserer deutschen Eisenbahnen erwähne ich nur in der
Anmerkung, weil bei uns die Majorität des reisenden Publikums denselben wünscht,
eine Abhilfe aber vom Publikum selbst am besten ausgehen könnte. Während
nämlich in Amerika und in England die Rauchcoupés die Ausnahme sind, ist
bei uns das Umgekehrte der Fall. Gerade in den niedrigen Wagenklassen, wo
man nicht immer die besten Tabaksorten diesem Götzen opfert, werden Frauen
und Kinder oft empfindlich dadurch gequält. Wir glauben nicht, dass die Zahl
der Reisenden abnähme, wenn unsere Eisenbahnverwaltungen das Beispiel der
Amerikaner nachahmten.

2) Wir können hier nur die Principien anführen. Eine vollständige Zusammenstellung findet sich bei LANG und WOLFFHÜGEL. Zeitschr. f. Biol. XII. S. 632
bis 641 resp. 684. — Ergänzungen in ROTH und LEX Bd. III. S. 624 u. 626.

Abhaltung von Staub und Regen. — Man hat diese Löcher in einer verticalen Reihe angeordnet: auf amerikanischen Bahnen ist dies eingeführt und ein einziges bewegliches Register zum Schutze angebracht, das sich nach der Wind- und Fahrrichtung einstellen soll. Die über die Jalousien weggleitende Luft soll saugend wirken. — Erweitert ist diese Einrichtung bei der Dachfirstventilation, den sogenannten Dachreitern. Dem Wagen ist ein besonderer Kasten mit seitlichen Fenstern aufgesetzt, der zugleich Oberlicht liefert. Bald läuft der Dachreiter durch die ganze Länge des Wagens, bald ist er in einzelne Abschnitte (Dachlaternen) zertheilt. Die Längsseiten des Dachreiters tragen Oeffnungen mit horizontal liegenden Registern. Klappenvorrichtungen gestatten den theilweisen oder gänzlichen Verschluss. Gegen Russ und Regen sind Drahtnetze und Tücher vorgeschlagen. — Die directe Beobachtung hat gezeigt, dass diese Oeffnungen durchaus nicht nur saugend wirken, wie man bei der Anlegung das dachte. Bald wird Luft eingetrieben, bald ausgesaugt. Die beiden Wagenseiten wechseln mit dieser Wirkung ab. Die Geschwindigkeit der durchströmenden Luft schwankt zwischen weiten Grenzen.

Ad β) Die saugenden Vorrichtungen beruhen meist auf dem so vielfach benutzten Princip, dass ein rasch bewegter Flüssigkeitsstrom, der unter günstigen Bedingungen an einem ruhenden Flüssigkeitscontinuum vorbeigeführt wird, von letzterem Theilchen mit sich reisst: es wird also auch die zweite Flüssigkeitsmenge in eine continuirliche, mit der ersteren gleichsinnige Bewegung versetzt. Wolpert hat dieses Princip in die Ventilationstechnik eingeführt; die Apparate führen den Namen Wolpert-Sauger. In der einfachsten Form bestehen sie aus einer senkrecht von der Wagendecke ins Freie führenden Röhre, die aussen ein horizontal abgebogenes, mit der Oeffnung von der Fahrrichtung abgekehrtes Knie trägt. Um für jede Fahrrichtung den Apparat stabil einzurichten, ist die aus dem Wagen senkrecht aufsteigende Röhre oben conisch verengert, so dass die freie quere Oeffnung mit den Stirnseiten des Wagens parallel läuft. Der Conus ist in eine horizontale Röhre eingeschlossen, durch den die äussere rasch bewegte Luft streicht und dabei saugend wirkt. Noch viele andere Formen sind diesem Sauger gegeben. (Vielleicht ist die einfachste Knieform, die beweglich eingerichtet, durch einen Verschluss feststellbar, von dem Bremserpersonal nach der Fahrrichtung eingestellt würde, die beste.) Es sind Rosetten an der inneren dem Publikum zugänglichen Oeffnung zur Verstellung des Querschnittes angegeben. Dieselben werden, weil sie die Ausnutzung der vollständigen Wirkung beschränken, verworfen. Immerhin sollten Vorrichtungen da sein, die den vollständigen Verschluss der Sauger gestatten. — Apparate, die saugend wirken sollen, und nach anderen Principien construirt sind, leisten nach beiläufigen Proben weniger als die Wolpert-Sauger, sind theurer im Ankauf, verwickelter in der Construction und darum weniger sicher in ihren Leistungen. (So ist angegeben ein Windrad, das an einer senkrechten Axe sitzt, selbst also horizontal in der äusseren Luft liegt. Am unteren Ende derselben Axe, in einer Röhre, die in den Wagen führt, sitzt eine Archimedische Schraube, die die Luft aus dem Wagen herausheben soll, wenn beim Fahren das Windrad sich dreht.) Die Erwärmung der Luft durch die Decklampen wird zum Mitsaugen von Luft benutzt.

Eine wirksame Ventilationsart ist endlich mit besonderen Heizvorrichtungen verbunden. Da wo Mantelöfen aufgestellt werden, wird die dem Mantelraum beständig zugeführte Luft durch eine besondere Röhre aus dem Freien genommen. Ueber diese combinirten Einrichtungen wird später noch Einiges gesagt.

Ad γ) Die pulsatorischen Einrichtungen beruhen alle darauf, dass knieförmige Röhren, deren senkrecht abwärts führender Theil in den Wagen mündet, mit der freien äusseren Oeffnung der Fahrrichtung zugekehrt sind. Es sind also verkehrte WOLPERT-Sauger, von denen, wenn der Wagen bewegt ist, Luft eingeschöpft wird. Man hat dieselben feststehend (stabiler Luftfang) und beweglich construirt (so dass sie sich mit der Fahr- und Windrichtung von selbst einstellen). Der feststehende Windpresser von R. SCHMIDT besteht aus Blechtrichtern, die so in einander befestigt sind, dass sie hinlänglich Raum für den Luftdurchtritt zwischen sich lassen. Sie stehen aufrecht auf der Decke des Wagens; die Coni ragen in die äussere Luft und wirken bei jeder Fahr- und Windrichtung als Luftschöpfer. Eine andere von R. SCHMIDT angegebene Form ist der feststehende Luftschöpfer: eine ⊥förmige Röhre, unter dem Wagen angebracht, enthält eine bewegliche Blechzunge, die immer nach der Fahrrichtung durch die bewegte Luft sich so einstellt, dass Luft in den Wagen geschöpft wird. Dieselbe tritt hier zunächst in den Mantelraum eines MEIDINGER'schen Ofens. — Ganz gleich, mit einer beweglichen Klappe ist HELBIG's auf dem Dache des Wagens angebrachter Luftschöpfer construirt. Die so geschöpfte Luft wird in verschiedener Weise in den Wagenraum eingeleitet; von R. SCHMIDT durch den Mantel eines MEIDINGER-Ofens: MICHAELIS und PEREIRA führen dieselbe zuerst über Heizröhren. RUTTAN-FOOTE leiten sie über eine zwischen dem doppelten Wagenboden befindliche Wasserfläche und dann vertheilt (im Winter vorher noch durch einen Mantelofen) in den Wagen. HELBIG filtrirt zuerst die Luft durch Drahtnetze und Watte, leitet sie dann über Wasser und durch die Zwischenräume der Doppelwände des Wagens in den Innenraum selbst. Weiter sind Lüftungsvorrichtungen angegeben (ALTWOOD-WATERBOURY) und eingeführt, wobei die Luft ganz vorne am Zuge eingeschöpft und durch elastische Schläuche allen Wagen zugeführt wird. Oder aus einer gemeinschaftlichen Heizkammer wird durch Schöpfvorrichtungen, die mittelst Treibriemen von den Wagenachsen in Bewegung gesetzt werden, die erwärmte Luft allen Wagen zugeführt.

Diese pressorischen Einrichtungen sind mit Saugvorrichtungen (WOLPERT's) in der mannigfaltigsten Weise combinirt. Auch die Heizung (resp. Abkühlung) der Luft ist mit der Ventilation in der verschiedensten Art in all den vielen angegebenen Systemen verbunden.

Die Leistungsfähigkeit verschiedener dieser Einrichtungen ist von mehreren Experimentatoren, am sorgfältigsten von LANG und WOLFFHÜGEL durch Kohlensäurebestimmungen untersucht worden. Bei sorgfältig geschlossenen Fenstern und Luftschiebern erwies sich bei einer Temperaturdifferenz von 24^0 C. zwischen Innen und Aussen die freiwillige Ventilation ungenügend; der CO_2gehalt stieg continuirlich an. Bei etwa derselben Temperaturdifferenz wurde indess schon durch das Oeffnen der Luftschieber der CO_2gehalt vermindert; eine noch raschere und tiefere

Verminderung hatte das halbe Oeffnen eines Fensters zur Folge (von 1,8 auf 1,5 p. m. in 5 Minuten). In einem zweiten Probeversuche, wo ein Lazarethwagen mit 11 Mann belegt war, leisteten (bei einer Temperaturdifferenz von etwa 22⁰ die Luftschieber (von 1,87 □ Meter Gesammtfläche nebst der Saugluft eines MEIDINGER'schen Ofens) das eben Ausreichende; dabei fühlten indess die in der Nähe der Oeffnungen liegenden Passagiere Unbequemlichkeit durch Zugluft nnd Kälte. Die WOLPERT-Sauger (zusammen mit den Luftschiebern) gaben günstige Resultate. Das Zuströmen der Luft zu den Saugern geschieht durch den ganzen Wagenraum gleichmässig, es sind also nicht einzelne Passagiere belästigt. Zwei Sauger mit 114 Mm. Durchmesser leisteten eben den verlangten Bedarf für den mit 11 Mann belegten Lazarethwagen. Für Personenwagen schlägt WOLFFHÜGEL für jedes Coupé einen Sauger von 20 Centimeter Durchmesser vor. — Der einfache Presser hat sich in Bezug auf die Grösse seiner Leistung nicht bewährt. Auch wirft er Staub, Russ, Regen in den Wagenraum. — Ueber das combinirte System R. SCHMIDT [1]) liegen verschiedene Gutachten vor, die zuverlässigsten Angaben nennen die Leistungen eben noch genügend. — Die Dachfirstventilation (die bei den auf dem Continente laufenden Brüsseler Schlafwagen und in manchen Lazarethwagen eingeführt ist) hat bei Beobachtungen ad hoc keine ungünstigen Resultate gegeben, so dass mit Abänderungen dieser Ventilationsmodus zu empfehlen ist.

Die Untersuchungen über die Wahl einer künstlichen Lüftungsart sind noch nicht soweit gediehen, dass ein bestimmter Modus als der beste zu empfehlen wäre. Durch Billigkeit der Anschaffung, Wegfall aller Betriebskosten, Möglichkeit der Anpassung an die vorhandenen Wagen, Ausschluss von Rauch, Staub, Regen empfehlen sich am meisten die WOLPERT-Sauger. Auch hier wird man für verschiedene Zwecke verschieden hohe Ansprüche stellen müssen. Ein gewöhnliches Coupé, in dem Gesunde durch einige Stunden höchstens sich aufhalten, wird nicht dieselbe Sorgfalt verlangen als ein Lazarethwagen, in dem schwer Kranke manchmal Tage lang verbleiben müssen.

c) Heizung der Eisenbahnwagen. Eigentlich ist die Aufgabe, deren Lösung wir besprechen müssen, die Herstellung einer gleichmässigen mittleren Temperatur. Durch die übermässige Erwärmung der Decke des Wagens im Sommer leiden z. B. Verwundete, die in mehreren Etagen gelagert sind, ebenso sehr, als im Winter diejenigen, die neben einem schlecht schliessenden Fenster oder in der Nähe ungünstig angebrachter Ventilationsöffnungen liegen, von der Kälte auszustehen haben. Die Einführung der besten Abhilfe gegen diesen Missstand, die allseitige Doppelung der Wände, stösst wegen der Kosten auf scharfen Widerstand bei den Eisenbahntech-

---

1) 1 Windpresser, 4 Wolpert-Sauger, 1 Meidinger-Mantelofen.

nikern.   Indess liesse sich eine Doppelung auch mit geringen Kosten improvisiren: am Fussboden durch Einfügen eines zweiten hohlliegenden Bodens: an den Wänden durch Aufhängen von dichtem Stoffe. Für die Abkühlung der Luft ist Ueberspannen des Wagens mit einem Segeldache vorgeschlagen, auch Befeuchten von Matten, über die die eingeschöpfte Luft streichen muss, ist angegeben und eingeführt. Der Erfolg der letzten Einrichtung wird, da Unregelmässigkeiten in der Bedienung schwer zu vermeiden sind, nicht sehr gerühmt.

Die in Eisenbahnwagen eingeführten Heizvorrichtungen sind:

α) O e f e n der verschiedensten Art, in den Wagen der 4. Klasse und in Lazarethwagen sind dieselben besonders verwendet.   Die jetzt ñach und nach mit Recht bevorzugten Mantelöfen dienen gleichzeitig der Ventilation.

β) E i n r i c h t u n g v o n H e i z r ä u m e n u n t e r d e m S i t z e; hierher gehört die Briquetteheizung. Mit einem besonderen Kohlenpräparat werden die nur nach Aussen communicirenden Heizräume beschickt. — Bei Undichtigkeit der Kammer besteht die Gefahr der Kohlenoxydvergiftung. — Mit Leuchtgas wird der gleich angebrachte Raum auf den belgischen Staatsbahnen geheizt. — Dampfheizung wird jetzt immer allgemeiner für den gewöhnlichen Verkehr eingeführt. Gewöhnlich liegen die Heizröhren frei unter den Sitzen. Auch unter den Füssen der Passagiere, an der Decke des Wagens hat man solche angebracht.

γ) Andere Einrichtungen der verschiedensten Art. Michaelis-Pereira (Wien) haben ein System ausgearbeitet, die Heizgase der Lokomotive zu benutzen. Ventilation und Allarmsignale sind damit verbunden. Ich konnte keine Notiz darüber finden, ob dasselbe ausgeführt ist und sich bewährt hat. Thamm legt einen Cylinder, der mit Heizmaterial gefüllt ist, unter den Wagen. Um denselben ist ein Mantel gelegt, in den die äussere Luft eintritt, um dann erwärmt in das Coupé einzuströmen. — Aehnlich ist das System Zimmermann, der mehrere mit Presskohle gefüllte Heizröhren unter den Wagen legt. Die geschöpfte und an den Brennröhren erwärmte Luft wird zuerst über Wasser und dann in den Wagen geleitet. Wasserheizung ist auf einem französischen Lazarethzug (im Aerztewagen) eingeführt, sie soll sich bewährt haben.

Die Wahl einer Heizeinrichtung wird sich dem vorhandenen Wagenmaterial und zugleich dem bestimmten Zwecke anbequemen müssen. Für den gewöhnlichen Personenverkehr verlangt von Derschau eine gleichmässige Temperatur von 10—12⁰ C., was mit der warmen Bekleidung der Passagiere gerechtfertigt ist. Dass die Wärmevertheilung gleichmässig und leicht zu reguliren sei, strahlende Hitze ausgeschlossen, und wo möglich die Ventilation mit der Heizung verbunden werde, sind ganz klare selbstverständliche Desiderien, die indess schon eine Wahl unter den vorhandenen Vorschlägen gestatten. Am meisten Ausbreitung hat bisher die Dampfheizung seit ihrer Einführung gefunden. Sie empfiehlt sich durch die Sicher-

heit des Betriebes und das geringe Bedienungspersonal, das sie erfordert. Die technischen Schwierigkeiten sind jetzt vollständig überwunden. Ihr wird wohl die Zukunft bei dieser Fage gehören. Wer
sich belehren will, was man, wenn nur die Kosten nicht gescheut
werden, für die Bequemlichkeit der Reisenden thun kann, der lese
in VON DERSCHAU's Abhandlung die Beschreibung der Heizung und
Lüftung der Salonwagen des russischen Kaiserhauses nach.

d) Beleuchtung. Diese geschieht nur eben so weit, als es
die Sicherheit des Betriebes verlangt, durch Decklampen, die zur
Vermeidung jeder Fenergefährlichkeit mit Rüböl gespeist werden.
Neuerdings wird allgemeiner Leuchtgas eingeführt. Vollkommenere
Einrichtungen sind bei Lazarethzügen nothwendig.

e) Desinfection. Es sind hierfür keine besonderen Regeln aufzustellen. Mit der fortschreitenden Entwicklung der Desinfectionslehre
wird man die jeweilig als die zweckmässigsten erkannten Maassregeln anwenden müssen.

f) Sicherheit des Betriebes überhaupt. Die Sorge hierfür
liegt ausschliesslich der Verwaltungsbehörde ob. Der Arzt hat nur die
Aufgabe darüber zu wachen, dass die Bediensteten körperlich im
Stande seien, den gestellten Aufgaben zu genügen. Vor Allem muss
Gesichts- und Gehörssinn normal sein. Beide sind zu untersuchen.
Schwerhörigkeit, hochgradige Kurzsichtigkeit, Farbenblindheit
(von besonderer Bedeutung für die optischen Telegraphen), andere
schwere Anomalien machen für den Eisenbahndienst unbrauchbar.

g) Lazarethzüge. In diesem Kapitel ist mit einer Besprechung
der sogen. principiellen Fragen wenig gewonnen. Hier muss jede
Einzelheit erörtert und vor dem ernsten Falle des Gebrauches praktisch erprobt sein. Trotzdem müssen wir uns aus äusseren Gründen
auf das Nothwendigste beschränken.

Die Eisenbahnen wurden in früheren Kriegen, obwohl sie für
die Krankenzerstreuung wie kein anderes Verkehrsmittel geeignet
sind, wenig verwendet. Erst im amerikanischen Bürgerkriege und
besonders im Kriege der Jahre 1870/71 wurde deren Benutzung für
die Evacuation so ausgebildet, dass besondere Lazarethzüge diesen
Dienst zum grossen Theil übernehmen konnten. Da jetzt die meisten
Eisenbahnverwaltungen eine Art von Wagen besitzen, die speciell
für Zwecke des Krankentransportes leicht und schnell umgeändert
werden können, so handelt es sich nicht mehr darum, Improvisa-
tionen aus dem nächsten besten Fahrmateriale herzustellen: man
wird vielmehr nach einem Plane, der bis in viele Einzelheiten schon
geklärt ist, verfahren können und darum verfahren müssen.

Vor Allem sollen zu Lazarethzügen nur Wagen verwendet werden, die nach dem Intercommunicationssysteme gebaut sind. Darüber sind fast ausnahmslos alle, die mit eigenen Erfahrungen an der Discussion dieser Frage sich betheiligt haben, einig. Alle die Vorschläge, welche ein anderes als das Intercommunicationssystem im Auge haben, fallen damit von selbst weg. Eine Reihe von deutschen Eisenbahnverwaltungen besitzen auch schon ein Fahrmaterial, das im Frieden anderen Zwecken dient und das sich rasch zum Lazarethwagen anpassen lässt. Auf preussischen Bahnen sind dies die Wagen vierter Klasse, die vollständig leer sind. Die bayrische Staatsbahn hat Wagen dritter Klasse des Intercommunicationssystems diesem Zwecke angepasst. Die Bänke können schnell herausgenommen und weitere Thüren eingesetzt werden. Auf anderen Bahnen hat man Güterwagen durch entsprechende Veränderungen dem Intercommunicationssysteme angepasst. Auch besondere Lazarethzüge hat man erbaut, die nur diesem Zwecke dienen sollen. Personenwagen werden als besser geeignet empfohlen, weil sie schwerer sind und auf leichteren Federn ruhen, wodurch das Stossen beim Fahren vermindert ist. Güterwagen sind annähernd dadurch anzupassen, dass ein Theil der Federspangen herausgenommen, resp. unwirksam eingelegt wird: Die Federung wird weicher, der an Personenwagen ähnlicher.[1]

Die Art des Einladens der Kranken ist eine noch nicht vollständig gelöste Frage. Die Einen (MUNDY und BONNEFOND) bauen sehr breite Plattformen, so dass direct durch die Stirnthüren das Einschieben der Tragen geschehen kann. Nach Anderen soll der Zug auseinander genommen und der einzelne Wagen von der Rampe aus beladen werden. Wieder Andere benützen die an den Längsseiten der Wagen vorhandenen Thüren: entweder soll jeder Wagen eine solche Thüre (nebst den Stirnthüren) besitzen, oder zwischen mehreren Lazarethwagen soll immer ein Gepäckwagen mit Längsseitenthüren eingeschaltet sein.

1) Die Coupéwagen nach dem Intercommunicationssysteme HEUSINGER'S VON WALDEGG sind für Lazarethzwecke vorgeschlagen und eingerichtet. Der Gang liegt nicht in der Mitte, sondern an der einen Fensterseite des Wagens, der in einzelne Cabinen getheilt ist, in die man von dem Gange aus gelangt. Die Kranken sollen durch die Seitenfenster eingeladen werden, eine Einrichtung, die von Vielen getadelt wird. Die Ventilation geschieht durch Schöpfkästen: Die Luft wird durch den gedoppelten Boden und die Wände dem Innenraum des Wagens zugeführt. Die Wagen würden bei der comfortablen Einrichtung sehr gut als Offizierswagen sich eignen, auch den Anforderungen, die BILLROTH an den Aerztewagen stellt, würden sie vollkommen angepasst werden können. Näheres bei C. E. HELBIG: HEUSINGER'S Eisenbahnwagen als fahrendes Lazareth. Dresden 1876.

Als die zweckmässigste Lagerung wird die auf dicken Matratzen bezeichnet, welche von dem Zuge mitgeführt werden. Die Matratzen sind auf festen Gestellen angebracht (dann müssen sie gut gepolstert sein wegen des Stossens) oder sie ruhen auf Blattfedern (ist zwar theurer, aber besser). Ueber die Dichtigkeit der Belegung schwanken die Vorschläge: während die Einen einen Luftraum von 3 Cubikmeter pro Kopf für ausreichend erklären, verlangen Andere 4—5, Einzelne sogar sehr dringend 6 Cubikmeter. Darnach wird die Belegung von 5 bis zu 12 für den Wagen schwanken.

Die äusseren Umstände werden manchmal zu einer dichten Besetzung zwingen: im einzelnen Falle wird man das thun, wodurch der grössere Schaden vermieden wird. — Wo die dichtere Belegung vorgesehen ist, sind die Betten in zwei Etagen angeordnet. Es werden dadurch die Fenster verhüllt und das Licht muss durch Fenster in der Wagendecke zugeführt werden. In vielen Zügen sind Dachreiter (als 3 Dachlaternen) dem Wagen aufgesetzt, die zugleich die Ventilation besorgen sollen und die sehr warm von verschiedenen Seiten empfohlen werden. Gerade für die Ventilation sprechen die Untersuchungen von LANG und WOLFFHÜGEL nicht sehr zu Gunsten der Dachreiter, die auch ausserdem die Heizung sehr erschweren. Man wird wohl in Zukunft ein vollkommeneres Ventilationssystem auf den Lazarethzügen einführen.[1]

Die Heizung geschah in den meisten Lazarethwagen bisher durch Oefen. Sie reichten im besten Fall aus, haben aber die grossen Unannehmlichkeiten, dass sie viel Bedienung erfordern (und deshalb oft genug des Nachts erlöschen) und dass sie sehr ungleich brennen (Glühen bei der Fahrt und Rauchen beim Halten des Zuges). Diese beiden Missstände vermeidet die Dampfheizung: sie verlangt viel weniger Personal zur Bedienung, bedingt eine Raumersparniss im Wagen und functionirt immer gleichmässig weiter. Auch die Ventilation lässt sich damit gut verbinden. Die Dampfheizung hat in den letzten Jahren immer mehr Verbreitung auf den deutschen Eisenbahnen gefunden, so dass ernsthaft an ihre Einführung bei Lazarethzügen gedacht werden muss. — Wegen all der übrigen Vorschläge,

---

1) Ein solches muss auf alle Fälle so eingerichtet sein, dass auch während des Haltens des Zuges die Lüftung ausreichend fortdauert, oft müssen bei den unvermeidlichen Betriebsstörungen im Kriege Züge Stunden lang auf einer Station liegen bleiben. Wolpert-Sauger und Windpresser, die ja bei bewegtem Zuge gut wirksam sind, werden darum allein nicht ausreichen. Wo Dampfheizung vorhanden ist, würde eine Vorrichtung, wodurch ein Dampfstrahl in einen Wolpert-Sauger eingeleitet wird, gerade bei ruhenden Wagen eine sehr ausgiebige Luftaussaugung bewirken.

die zur Abkühlung der Wagenluft durch Doppelung des Daches, zur
Herstellung einer möglichst gleichmässigen Wärmevertheilung durch
den ganzen Binnenraum des Wagens u. s. w. gemacht worden sind,
müssen wir auf die Specialliteratur verweisen. — Ebenso grosse
Wichtigkeit wie die bisher besprochenen Fragen, haben eine Menge
anderer Dinge, wie Anordnung des ganzen Zuges, Vertheilung der
für die Verwaltung bestimmten Wagen zwischen die Krankenwagen;
Einrichtung der Küche, Auswahl der zum Transporte geeigneten
Patienten, Aborte u. s. w. u. s. w. Es muss dies an den Stellen, die
sich ausführlich mit der vorliegenden Frage beschäftigen, nachge-
lesen werden.

II. Die Schiffe.

Die Hygiene der Schiffe verdient grössere Beachtung als ihr
bisher in Deutschland geschenkt ist. Das Schiff wird oft für Wochen
der dauernde Wohnort von vielen, eng zusammengedrängten Menschen. Alle Bedürfnisse zur Erhaltung von Leben und Gesundheit
müssen aus den Mitteln bestritten werden, die das Schiff liefern
kann. Wohnung und Schlafraum, Nahrung, Trinkwasser, Luft, Alles
bietet das Schiff.

Die Bestimmung des Schiffes bedingt eine ganz besondere Bauart. In dieser Construction selbst aber liegen die Bedingungen zu
verschiedenen sanitären Missständen.

a) Die Schiffswand, die rings den eigentlichen Binnenraum
umfasst, ist gedoppelt. Die Träger, Stützen des ganzen Körpers,
sind die sogenannten Schiffsrippen, die senkrecht zur Längsachse
rechts und links an den Seiten in die Höhe laufen und an der tiefsten Stelle, dem Kiel, zusammentreffen. Diesen Rippen ist eine
innere und äussere Wand (Bekleidung) dicht aufgelegt, so dass ein
vollständig abgeschlossener Raum, der sogenannte Kielraum entsteht,
der den Untergrund des ganzen Schiffes bildet. Bei eisernen Schiffen
wird dieser Raum oft mit Cement ausgegossen, bei allen Holz- und
bei vielen Eisenschiffen ist er dagegen frei. In diesem Raume sammelt sich das sogenannte Bilschwasser an, theils durch Undichtigkeiten der Wand von aussen eingelassen, theils aus dem Innern stam-
mend, da an der tiefsten Stelle sich alles Abfliessende sammeln muss.

Dieses Bilschwasser ist fast ausnahmslos eine grosse Schädlichkeit für das Schiff, schlimmer auf Holzschiffen, da die Holzwand
selbst eine Quelle der Fäulniss ist: aber auch auf Eisenschiffen oft
ebenso schlimm, da Fett von der Maschine, Partikeln aus dem Laderaum und den bewohnten Räumen dahin gelangen, also alle Bedin-

gungen für fortdauernde Fäulniss gegeben sind. Aus diesem Bilschwasser stammen die übelriechenden Gase, die durch besondere Ven-
tile (Schondeckel) am oberen Abschlusse des Zwischenrippenraumes
in die freie Luft entweichen sollen. Der Geruch nach Ammoniak,
Schwefelwasserstoff, flüchtigen fettigen Säuren und anderen Fäul-
nissproducten, der oft in dem Laderaum des Schiffes und noch höher
hinauf deutlich erkennbar ist, entstammt wesentlich der Fäulniss im
Kielraum. Manche Schiffe sind geradezu ein Brutherd für Krankheiten, besonders Gelbfieber.

Die Abhülfe für diesen Missstand besteht vor Allem in fleissigen
Spülungen des Kielraumes, dann in mechanischer Reinigung (auf Kriegsschiffen eingeführt), weiter in Desinfection (Chlorzink soll jetzt auf Schiffen
am meisten angewendet werden). In Amerika ist eine selbstthätige Vorrichtung patentirt, welche die seitliche rollende Bewegung des Schiffes
zum Auspumpen des Kielraumes benutzt (THIERS automatic ships ventilator and bilge pump), deren Wirkung natürlich bei ruhigem Wasser wegfällt. [1] Verschiedene Schiffe der englischen Kriegsmarine sind damit
ausgerüstet, die Resultate sollen günstig sein. Auch durch active Ventilation hat man den Kielraum durchlüftet. Es wäre wohl möglich, eine
Controlle über das Bilschwasser durch Feststellung eines Maximalgehaltes
an bestimmten schädlichen Stoffen (Ammoniak, organische Substanzen),
einzuführen.

b) Die Raumeintheilung des Schiffes ist wichtig für die
Fragen des Luftcubus und der Ventilation.

Das Schiffsinnere ist durch das sogenannte Deck von Aussen abgeschlossen. Dieser Binnenraum, die Last, wird durch eingefügte horizontale Wände wieder in übereinander gelegene Abtheilungen zerspalten.
Im einfachsten Falle trennt eine solche Wand den Lastraum vom sogenannten Zwischendeck: das Zwischendeck liegt über der Wasserlinie. Bei
manchen Schiffen liegt unter dem Zwischendeck noch das sogenannte
Orlopdeck, das jetzt zu Passagiertransporten allgemein nicht mehr verwendet wird. Die werthvollsten Räume sind die sogenannten Deckhäuser,
Häuschen, die auf das Verdeck besonders gebaut sind. Diese Deckhäuser
sind bei den grossen transatlantischen Dampfern zu einem ganz durch-
gehenden neuen Deck, dem sogenannten Hauptdeck erweitert, über welches dann noch das sogenannte Spardeck gelegt ist. Es folgen also
Spardeck, Hauptdeck, Zwischendeck, Orlopdeck, Lastraum auf einander.
In die vordere Hälfte des Schiffes sind bei gleichwerthigen Decks immer
die minderwerthigen Wohnräume gelegt. Erste und zweite Kajüte, sowie das Logis für die Mannschaft sind im Haupt- (Spar-) Deck untergebracht. Das ganze Zwischendeck ist für Zwischendeckspassagiere eingerichtet.

---

[1] Die Beschreibung ist von SENFTLEBEN in Vierteljahrschr. f. gerichtl. Medicin u. öffentl. Sanitätswesen (herausgeg. v. EULENBURG) N. F. Bd. XXV. (1876)
Seite 109 gegeben (aus Journal for Naval Science 1873. II. p. 168).

Die Bedienungsmannschaft des Schiffes wohnt im sogenannten Logis, einem Raum, der jetzt meist nicht mehr unter Deck (und in 'er vorderen Schiffshälfte) gelegen ist. Es ist für einen Mann ein Raum von etwas über 2 Cubikmeter (nach englischer Vorschrift, von 1,7 Cubikmeter nach Bremer Vorschrift) berechnet. Der Raum soll (!) wohl verwahrt und gut gelüftet sein. Meist sind im Logis 3 Reihen Kojen, oft nur zwei über einander angebracht. Da immer nur (für längere Zeit) höchstens die Hälfte der Mannschaft im Logis ist (die andere ist auf Wache), so ist eigentlich als Schlafraum der doppelte Luftcubus zu rechnen.

Ungünstiger liegt das Verhältniss für die Zwischendeckpassagiere. Denselben ist nach Bremer Vorschrift (der niedrigsten) bei 12 ☐Fuss Bodenfläche und 6 Fuss Deckhöhe ein Raum von 1,7 Cubikmeter, nach amerikanischer Vorschrift 2,7—3,0 Cubikmeter eingeräumt (je für oberes und unteres Deck): die englischen Statuten schwanken zwischen 2,5—4,2 Cubikmeter für die verschiedenen Decke. Bei der Reise nach Nordamerika müssen die amerikanischen, nach den brittischen Colonien die englischen Gesetze in Anwendung kommen.[1]) Bei dieser Raumaustheilung sind Säuglinge nicht mitgerechnet: Kinder von 1—10 Jahren zählen zu je zweien für einen Erwachsenen.[2]) Von diesem Luftcubus ist noch der Raum für das Hospital weggenommen. Wesentlich ist, dass unter Tags die Leute auf das Verdeck gebracht werden: nur mit grosser Energie sollen die Kapitäne das erlangen. Zum Glück dauert bei dem starken transatlantischen Verkehr der Schiffsaufenthalt meist nur etwa 2 Wochen.

Um das grosse Missverhältniss dieser Raumausmessung zu verstehen, erinnere man sich, dass 10 Cubikmeter für den Kopf als das Minimum in Wohngebäuden verlangt wird (so in Schlafsälen der Kasernen, in Gefangenenanstalten). Alles, was wir oben über die Schwierigkeiten der Ventilation so dicht belegter Räume gesagt haben, gilt doppelt für die Schiffe: die 2 Cubikmeter sind Wohnraum, Schlafraum, Essraum, Alles! Dass bei ungünstigen Bedingungen grosse Missstände eintreten können, kann man mit wenig Phantasie sich vorstellen. Man denke sich nur eine psychisch gedrückte Gesellschaft, grösstentheils an der Seekrankheit leidend, die ohnedies zur Luft-

---

1) Ein Vertragsentwurf zwischen Nordamerika und dem Norddeutschen Bunde ist noch nicht ratificirt. Reincke macht gegen die dort aufgestellten Raumausmessungen mit Recht schwere Bedenken geltend!

2) Nach hamburgischen Statistiken kommen auf 100 erwachsene Auswanderer 5—6 Säuglinge und 17—18 Kinder: also 100 Erwachsene + 6 Säuglinge + 18 Kinder erhalten 100 + 9 d. i. 109 Plätze für 124 Menschen!

verderbniss beiträgt, bei schlechtem Wetter und hoher See zu tage-
langem beständigem Aufenthalt in dem schlecht ventilirten, überfüllten
Raume verurtheilt, dann wird man die entsetzlichen Schilderungen
nicht mehr übertrieben finden, die man oft in Reisebeschreibungen liest.

Das Zusammenpressen der Menschen auf den Transportschiffen
ist nun einmal nicht zu umgehen, weil sonst überhaupt der Massen-
transport unmöglich würde. Immerhin könnte man, wie dies englische und amerikanische Vorschriften schon gethan haben, die ungünstigen älteren Bestimmungen verbessern.

c) Eine sorgfältige Beachtung der Ventilation auf Schiffen
erscheint darnach geboten. Zur Luftverderbniss durch die eng zusammengedrängten Menschen kommen die schädlichen Emanationen
des Kielraumes und des Laderaumes. Es sollen darum leicht faulende,
übel riechende Stoffe (Häute, Knochen, Lumpen, schlechte Erde als
Ballast) auf Passagierschiffen im Laderaum nicht geführt werden.
Ebenso werden Kohlen, die flüchtige Kohlenwasserstoffe ausgeben,
wegen der Luftverunreinigung und der Feuersgefahr gefürchtet. —
Solche Räume, die schädliche Gase entwickeln (also immer der Kiel-
und Laderaum) sollen ausserdem von den Wohnräumen möglichst
dicht abgeschlossen und durch getrennt mündende Einlassschachte
ventilirt werden (so im Hospitalschiffe Victor Emanuel nach Admiral
RYDER's Angaben).

Die freiwillige Ventilation geht auf Schiffen einzig durch die
direct ins Freie mündenden Oeffnungen (Seitenlichter, Luken, Oberlichter, Fenster in Deckhäusern) vor sich: nur auf ruhigen Meeren
können dieselben sehr gross und die meiste Zeit geöffnet sein. Ein
Luftwechsel durch die vollständig feuchte und gedoppelte Schiffswand ist unmöglich. Immerhin leistet diese Ventilationsart sehr viel.
Gerade bei Schiffen von grossem Tiefgang (Monitors) klagen die
Seeleute am meisten über verdorbene Luft.

Diejenige Ventilationseinrichtung, welche auf allen Schiffen fast
angetroffen wird, sind die sogenannten Windsäcke, aus Segeltuch hergestellte Röhren, welche der Windrichtung zugekehrt, Luft schöpfen
und in die verschiedenen Abtheilungen des Schiffes einleiten: die
Zufuhr geschieht meist am Boden. Röhren aus Holz oder auch knieförmige Metallröhren, deren Windung der Windrichtung zugekehrt
wird, sind solidere Constructionen, die sich leichter mit der Windrichtung einstellen lassen. Auf Segelschiffen (und Kriegsschiffen) soll
dies oft die einzige Ventilationsvorrichtung sein. Die eingetriebene
Luft kann durch Luken, Seitenpforten, Stiegen u. s. w. entweichen.
Wenn das Schiff ruhig im Hafen liegt, soll diese Lüftungsart aus-

reichen und Laderaum und Kielraum sogar gut ausgetrocknet werden. Schlimmer ist es bei bewegter See, wenn bei geschlossenen Luken die schlechte Luft der bewohnten Räume in andere Schiffsräume entweichen muss. Man hat desshalb einen Theil der Knieröhren vom Winde abgewendet aufgestellt, so dass sie nach Art der WOLPERT-Sauger die Luft aus dem Schiffsinneren herausbringen: die Luft wird dann an der Decke der einzelnen Räume abgesaugt. Wo das Schiff (wie dies bei Kriegsfahrzeugen der Fall ist) in viele einzelne Räume abgetheilt ist, bedeckt dann oft ein ganzer Wald von Ventilationsröhren die Schiffsoberfläche. Diese Abschliessung der einzelnen Schiffsräume wird allgemein als ein grosses Hinderniss für eine gute Durchlüftung des Schiffes angesehen. Die Passagierschiffe, deren gute Luft gerühmt wird, sind mit durchbrochenen Wänden gebaut, so dass ein ganzes Deck von der eingetriebenen Luft durchfegt wird. Die einzelnen Decks aber (und besonders auch der Laderaum) sollen für sich abgeschlossen sein und besondere Luftschöpfer und -Sauger besitzen. Bei eisernen Schiffsconstructionen hat man schon im Bau auf eine weite allseitige Ausdehnung dieses Ventilationsröhrensystems Rücksicht genommen. (Das Nähere bei: Dr. MACDONALD: On the ventilation of ships im Journal der R. United Service Institution XVIII. 1874 — ebendaselbst: Admiral RYDER 1873.)

Luftschöpfer und -Sauger wirken ausreichend nur dann, wenn wirklich ein namhafter Geschwindigkeitsunterschied zwischen der freien Luft und dem Schiffe besteht. Bei Windstille oder wenn ein Dampfer genau in der Windrichtung mit gleicher Geschwindigkeit sich vorwärts bewegt, lassen die bisher beschriebenen Einrichtungen im Stiche oder leisten wenigstens Ungenügendes. Man hat desshalb Vorrichtungen ersonnen, bei welchen ein anderer Motor als die äussere bewegte Luft die Ventilation übernimmt.

Aspirationssysteme: einfache Schächte, die gerade ins Freie münden und durch Temperaturdifferenz zwischen Aussen und Innen wirken sollen. Zur Austrocknung und Lüftung des Laderaumes hat man eiserne Oefen daselbst aufgestellt, deren Heizgase durch lange Röhren über das Verdeck hinausgeführt werden (wird nur sehr vereinzelt nachgeahmt werden können); mechanische Extraction von Luft durch Pumpen und Flügelschrauben, die von Dampfkraft getrieben werden; die Luft wird von der Decke der Räume abgesaugt. Es sollen damit gegen 150 Cubikmeter in einer Minute aus dem Zwischendeck geschöpft werden können (ist auf Newyorker Passagierdampfern zusammen mit Einlassröhren eingeführt); Ausziehen durch Erwärmen der Ausfuhrröhren; um den Schornstein auf Dampfschiffen hat man einen Mantel construirt, in den Luftröhren aus allen Räumen einmünden. Auch Dampf hat man in die Ausfuhrschächte eingeleitet, um dadurch Luft mit abzusaugen, eine sehr wirksame Art der Ventilation. Zur Propulsion benutzt man neben den schon erwähnten Luftsäcken und Knieröhren Flügelschrauben, die in Röhren liegen und durch Dampf oder Menschenhände getrieben werden. Auf deutschen Kriegsschiffen sollen solche Propulsionsschrauben in Gebrauch sein, die für Handbetrieb eingerichtet sind. Als Einlass- und Abflussröhren verwendet man jetzt zweckmässig die hohlen Maste. Durch eingesetzte radiär stehende Wände wird jeder Mast in drei Luftschachte abgetheilt, die mit den verschiedenen Räumen des Schiffes durch besondere Röhren in Verbindung gesetzt werden. Ein Theil der so gewonnenen Schachte wird zum Einschöpfen, der andere zur Aussaugung der Luft eingerichtet.

Es ist mir nicht bekannt geworden, dass eine dieser Ventilationseinrichtungen durch Kohlensäurebestimmungen auf ihre Leistungsfähigkeit geprüft sei. Anemometerbeobachtungen sind wohl ausgeführt, sie können aber allein keine ausreichende Controle bieten. Die wenigen Kohlensäurebestimmungen, die (auf Schiffen ausgeführt und) mir bekannt sind, stammen von englischen Marineärzten her. Fr. Rathnay gibt an, im Mannschaftsraum 4—15 Raumtheile auf 1000 Raumtheile Luft gefunden zu haben: am höchsten war der Gehalt zur Zeit des Essens, wo fast die ganze Mannschaft auf dem unteren Deck war. Dr. L. Hayne fand einen Kohlensäuregehalt von 1—3 p. m., am grössten war er auf dem unteren Deck und in den tiefen Schiffstheilen, auf dem Hauptdeck betrug er 0,8—0,9 p. m. (Proceedings of the R. Med.-Chirurg. Society of London VII). Die Luft in Schlafräumen der Truppentransportschiffe wird für den neu Eintretenden als unerträglich geschildert. Oft genug bei schlimmem Wetter soll es im Zwischendeck noch ärger sein, weil dies dichter belegt ist. — Auf Dampfern ist für active Ventilation Kraft genug vorhanden und sie wird im Allgemeinen auch dazu benutzt. Gerade auf älteren Fahrzeugen, Segelschiffen sollen die Zustände noch die schlimmsten sein. Auf den grossen Dampfern, die jetzt weitaus den Haupttheil des Verkehrs vermitteln, wird dagegen im Allgemeinen die Beschaffenheit der Luft als gut bezeichnet.

d) Reinigung und Desinfection. Die Reinigung der Schiffe ist äusserlich eine gute, wenigstens eine reichliche; mit grossen Mengen von Seewasser werden gewöhnlich die einzelnen Räume täglich überschwemmt. Ob dabei gerade die schlimmen, versteckten Winkel, in denen bei dem Uebermaass von Feuchtigkeit Keime niedriger Organismen gut gedeihen können, immer mit einbezogen werden, wird von Kundigen bezweifelt. Gerade dieses Uebermaass von Seewasser hat einen Missstand im Gefolge, der von erfahrenen Seeoffizieren und Aerzten scharf hervorgehoben wird, die beständig feuchte Atmosphäre im Schiffe. Es werden daher die beständigen

Katarrhe der Seeleute abgeleitet. (15 % der Todesfälle englischer Matrosen sind durch Phthise bedingt!) Es sollen die Reinigungen, der unteren Räume besonders, mit wenig Wasser, womöglich mit süssem Wasser ausgeführt und letztere vor dem Austrocknen nicht betreten werden. Die Desinfection wird die mit der fortschreitenden Erkenntniss bewährt gefundenen Mittel anwenden müssen. Nach R. Koch wären jetzt heisse Wasserdämpfe und dünne Sublimatlösung am zweckmässigsten zu verwenden.

c) Trinkwasser und Nahrung. Süsses Wasser wird in genügender Menge den Reisenden gegeben, es ist dies durch Verordnungen geregelt: die vorgeschriebenen Maasse schwanken zwischen 3 und 6 Liter. Aufmerksam muss der Schiffsarzt sein auf die Qualität des Wassers, das an fremden Häfen, die angelaufen werden, eingenommen wird. Oft soll schlechtes, verdorbenes Wasser eingefüllt werden, was dann die Gesundheit der Schiffsmannschaft schädigt. An nicht ganz zuverlässigen Plätzen sollte jedes Wasser, wenigstens durch qualitative Proben zuvor auf seine Reinheit geprüft werden.

Die grossen Schädigungen, die die frühere fast ausschliessliche Ernährung mit gesalzenen conservirten Speisen den Insassen der Seeschiffe brachte, sind jetzt grösstentheils durch Einführung einer rationellen Ernährungsweise vermieden. Skorbut war ja die gewöhnliche Krankheit der Seefahrer. Jetzt führen die grossen Dampfer besondere Eisbehälter, wodurch mehrere Male in der Woche frisches Fleisch gereicht werden kann. Conserven der verschiedensten Art ersetzen die frischen Gemüse. Brod wird auf grossen Schiffen mehrere Male in der Woche gebacken. Der Vorrathszettel der deutschen Schiffe ist reichhaltiger, als der der englischen und die specifischen antiscorbutica (Pflanzensäuren) sind auf demselben vertreten. Es wird jetzt über die Kost auf Schiffen nicht geklagt: meist sollen die Rheder den Speisezettel reicher ausrüsten, als die Vorschriften das verlangen.

Die Quantität der pro Tag und Kopf gereichten Nahrung ist ebenfalls durch Vorschriften geregelt, sie ist für die Schiffsmannschaft reicher als für die Passagiere, für beide aber ausreichend. Ob nicht die für den gewöhnlichen Zwischendeckpassagier durchaus geänderte Art der Ernährung auf dem Schiffe Verdauungsstörungen hervorruft, in Folge deren natürlich die Speisen nur unvollständig im Darme ausgenutzt werden, ist eine wichtige, bisher nicht weiter studirte Frage. Die Ernährung auf Schiffen ist eine ganz eigenartige und sollte von ärztlicher Seite mehr beachtet werden.

Die vorgeschriebenen Kostmaasse sind von Reincke zusammengestellt (s. Literatur). Dieselben gewähren vollauf das von der Phy-
siologie postulirte Quantum an den nothwendigen Nahrungsstoffen.
Der Hamburger Kostzettel für den Zwischendeckspassagier beispielsweise schreibt für die Woche eine Nahrungsmenge vor, die in 24 Stunden etwa 120 Gr. Eiweiss, 60 Gr. Fett und 425 Gr. Kohlehydrate
liefert. Das ist für einen ruhenden Menschen eine ausreichende Nahrung, die dazu in meist leicht assimilirbaren Speisen geboten wird.
Geradezu reichlich ist das Kostmaass für die Seeleute berechnet:
mehr als 150 Gr. Eiweiss, gegen 100 Gr. Fett pro die.

    f) **Aerztlicher Dienst, Schiffslazareth.** Gesetzliche Be-
stimmungen schreiben vor, dass auf jedem Schiffe ein Arzt und die
nothwendigen Medicamente vorhanden sein müssen. Ebenso ist in
jedem grösseren Fahrzeug ein Raum mit der einzigen Bestimmung
vorhanden, Kranke aufzunehmen. Dieses Lazareth ist gewöhnlich
(auf den grossen Dampfern) im Zwischendeck und zwar in dessen
vorderem Theile gelegen: es besteht aus mehreren Abtheilungen. Die
Einrichtung unterscheidet sich nicht von der des übrigen Schiffes.

    g) **Lazarethschiffe.** Schiffe hat man unter verschiedenen
Umständen zu Lazarethzwecken benutzt. Auf Flüssen und Binnen-
seeen sind Schiffe wegen des ruhigen Ganges ein ausgezeichnetes
Transportmittel für Kranke. Es sind derartige Vorschläge öfter gemacht, aber nur vereinzelt durchgeführt worden. Immer wird es sich
im concreten Falle um Anpassung schon vorhandener Fahrzeuge an
die neue Bestimmung handeln, wofür allgemeine Regeln nicht zu
geben sind.

    Grössere Bedeutung haben die Lazarethschiffe auf Meeren. Die-
selben müssen an unwirthlichen und ungesunden Küsten zur alleinigen
Aufnahme und schliesslich zum Transport der Kranken und Verwundeten in die Heimath dienen. Auch wo es sich um die Isolirung
gewisser Kranken handelt, eignen sich Schiffe ausgezeichnet. In
ruhigen Buchten hat man verankerte Schiffe mit den Verwundeten
direct belegt oder man hat auf Flössen, zusammengekoppelten Schiffen
besonders Baracken für die Krankenaufnahme hergerichtet. Endlich
hat man grosse Fahrzeuge benützt, Holzschiffe älterer Construction,
die man für den neuen Zweck umgebaut hat.

    Die englischen und holländischen Erfahrungen sind von grossem
Interesse und zeigen, dass die Einrichtung sich erprobt hat. Das best
construirte Schiff derart ist der Victor Emanuel der englischen Marine.
Das Hauptdeck war für die Verwaltung, das Zwischendeck für Kranke,
das Orlopdeck für Reconvalescenten eingerichtet. Die Raumverthei-

lung war (für ein Schiff) günstig: auf den Kopf kamen etwa 9 Cubikmeter: zahlreiche Seitenpforten und besondere Ventilationseinrichtungen besorgten die Lüftung. Der Gegenstand ist speciell von mili-
tärärztlichem Interesse: wir verweisen darum auf die wichtigste
nächste Literatur:

Roth u. Lex, Militärgesundheitspflege. II. S. 467—85 (enthält eine Beschreibung des Victor Emanuel). III. S. 626. — W. Roth, Die Thätigkeit des Sanitäts-
dienstes im Kriege der Holländer gegen Atschin. Deutsche militär-ärztliche Zeitschr.
IV. 1875. S. 83, 135, 169. — M. Peltzer, Das Militärsanitätswesen auf der Brüsseler
internationalen Ausstellung. Berlin 1877.

Grenzsperre und Quarantäne.

Zur Verhütung ansteckender Krankheiten ist es nothwendig, die
Ursachen dieser Krankheiten zu kennen. Da wir jetzt mit gutem
Grunde die Ansteckungsstoffe für fix halten dürfen, die nur durch
den Personen- und Sachenverkehr (nicht durch die Luft auf grössere
Entfernungen) übertragen werden, so ist mit Aufhebung des Verkehrs
auch die Ansteckungsgelegenheit beseitigt. Viele Beispiele bestätigen dies.

Hier interessiren uns nur diejenigen Krankheiten, die bei uns
nicht heimisch durch den Weltverkehr in Europa eingeschleppt werden können: es sind dies Cholera, orientalische Pest und Gelbfieber.

Das gerade erwähnte radicalste Mittel, gänzliche Aufhebung des
Verkehrs zwischen der inficirten und der zu schützenden Gegend ist
nur in ganz vereinzelten Fällen durchführbar. Bei eng umschrie-
benen Pestheerden, auf Inseln wird man die Verantwortung übernehmen können, eine Bevölkerung diesem schrecklichen Schicksale
der fast vollständigen Isolierung auszuliefern. Nach der strengen
Cordonirung der im Jahre 1878 von der Pest ergriffenen Bezirke im
Astrachanischen Gouvernement blieb die Krankheit isolirt und erlosch.
Allerdings muss hier hervorgehoben werden, dass die strenge Cordonirung erst eingeführt wurde, lange nachdem die Krankheit aus-
gebrochen, ja als sie fast abgelaufen war. Es hat also vor der Cordonirung auch ohne Quarantäne keine Weiterverbreitung stattgefunden.

Um die Vortheile der Grenzsperre mit dem Offenlassen des nothwendigen Verkehrs zu verbinden, hat man den Ausweg eingeschla-
gen, an der gesperrten Grenze gewisse Orte zu bezeichnen, an denen
der Verkehr unter bestimmten Einschränkungen gestattet ist. Auch
diese Einrichtung ist jetzt im Allgemeinen für unausführbar erklärt
und darum aufgehoben. Einmal sind die Kosten für die aufzubie-
tende Schutzmannschaft ganz enorm. Zum anderen ist die materielle
Schädigung des Verkehrs ein so schwerer Missstand, dass man dafür

den nur illusorischen Werth der Grenzsperre nicht eintauschen will. Endlich drittens zeigt die Erfahrung, dass kein Grenzcordon einen wirklichen Nutzen bringt; die Sperre wird immer per nefas durchbrochen.

Die Grenzsperren zu Lande sind darum jetzt verlassen. Nur für ganz bestimmte Einzelfälle, wie wir sie eben kurz bezeichnet haben, wird man sie und zwar in einer von der früheren Manier ganz abweichenden Form, einrichten. Trotzdem wird man beim Herannahen einer Epidemie zu Lande nicht alle Vorsicht vergessen. Im Gegentheil, man wird an der durch die Krankheitsinvasion zunächst bedrohten Grenze eine sorgfältige Inspection des ganzen Personen- und Sachenverkehrs einführen: zweckmässige hygienische Maassnahmen werden im ganzen bedrohten Lande angeordnet, und deren Ausführung überwacht, das Publicum durch Belehrung geschützt werden. .

Mehr Anhänger als die Cordonirung von Landesgrenzen hat jetzt noch die Hafen-Quarantäne. Schiffe, die aus einem inficirten Hafen in einen seuchefreien Hafen einlaufen, werden contumacirt, müssen den Verkehr mit dem Lande meiden, bis sie sich seuchefrei erwiesen haben. Eine solche Quarantäne hat eine Bedeutung nur dann, wenn die Krankheit, wegen deren quarantänirt wird, nicht auch zu Lande eingeschleppt werden kann. So war im Jahre 1873 in den italienischen Häfen Quarantäne wegen der Cholera angeordnet, während die Landesgrenze vollkommen ungeschützt war. Man ist deshalb jetzt von einer Quarantäne der Häfen gegen Cholera vollständig abgekommen und hat dafür nur eine Inspection oder Revision der Schiffe durch eine zweckmässig zusammengesetzte Commission angeordnet, ein Verfahren, das auch von der im Jahre 1874 in Wien tagenden Sanitätsconferenz vorgeschlagen und empfohlen ist.

Eine Quarantäne könnte darnach noch in Frage kommen wegen Pest und Gelbfieber. Sollte in Zukunft die Nothwendigkeit des Schutzes vor einer Pestinvasion sich einstellen, so wird man nicht blind das Muster der früheren Quarantäneanstalten nachahmen, sondern ein zweckmässiges humanes Verfahren, nach Art der schon erwähnten Schiffsrevision einleiten. Gerade die Quarantänestationen, in denen oft grosse Menschenmengen unter ungünstigen äusseren Bedingungen zusammengepfercht wurden, sind wiederholt die Brutstätten der mörderischsten Epidemien geworden: so im Orient die Contumazanstalten für die Mekkapilger.

Die Gefahr einer Gelbfieberinvasion in Deutschland ist sehr gering, da zur Entwicklung und Erhaltung des Contagiums eine Tem-

peratur von über 20 ° C. nothwendig ist. Nur in südlichen Theilen
von Europa ist bisher das Gelbfieber aus Amerika eingeschleppt
worden. Trotzdem wird, wenn die Gefahr einer Invasion droht,
die zweckmässige Ueberwachung der aus Fiebergegenden kommenden Schiffe eine nicht zu vernachlässigende Klugheitsmaassregel sein.

Eine solche Quarantäne würde etwa folgende Maassregeln umfassen: genaue Untersuchung der verdächtigen Schiffe und der Mannschaften, Desinfection der Mannschaften, ihrer Effecten und des Schiffes, eventuelle Beobachtung verdächtiger Mannschaften durch eine
Zeit, die mindestens die Incubationsdauer der betreffenden Krankheit umfasst, Herstellung von guten, nach allen Geboten der Hygiene
eingerichteten Beobachtungsstationen und Isolirhäusern.

Schon die im Jahre 1874 in Wien tagende Sanitätsconferenz,
dann wieder die 7. Versammlung des deutschen Vereins für öffentliche Gesundheitspflege (Stuttgart 1880) hat die Resolution angenommen, dass von allen Staaten Europas eine internationale Sanitäts-
commission gebildet werde, welche im Orient selbst ihren Sitz hat,
Alles was auf die von dorther drohenden Seuchen (Pest und Cholera)
Bezug hat, genau studirt und überwacht, den heimischen Behörden,
mit denen die Mitglieder in Fühlung bleiben, Maassregeln empfiehlt,
die von den Orientstaaten selbst durchgeführt werden müssen. — Der
Deutschen Reichsregierung ist eine Petition unterbreitet worden, auf
die Bildung einer solchen Commission hinzuwirken.

Desinfectionsmaassregeln werden immer eine Hauptaufgabe
der Contumazanstalten bilden. Nur die Principien der hierüber gemachten Vorschläge sollen hier kurz berührt werden.

Die Desinfection der Menschen geschieht nach dem Vorgange
von PETRUSCHKY [1] so, dass durch die Brausen einer Doucheanlage
ein Sprühregen von verschiedenen Seiten den entkleideten Körper
trifft. Es wird in kürzester Zeit mit einer kleinen Wassermenge
der ganze Körper abgespült. Tausende von Soldaten wurden nach
diesem Verfahren in relativ kurzer Zeit gereinigt. — Gleichzeitig
werden Kleider und Wäsche in geschlossenen Gefässen mit heissem
Wasserdampf behandelt, den man noch mit verschiedenen Desin-
ficientien schwängern kann. Ist noch eine Trockenstube mit der
Einrichtung verbunden, so kann die ganze Procedur in wenigen Minuten zu Ende geführt sein. PETRUSCHKY hat so in etwa 5 Minuten
den Mann mit seinen Kleidern desinficirt. So zweckmässig dieses
einfache Verfahren ist, so wird man doch mindestens die Dauer der

---

1) Deutsche militär-ärztliche Zeitschrift 1873. S. 127.

Einwirkung der heissen Wasserdämpfe verlängern müssen, weil nach besonders angestellten Versuchen in so kurzer Zeit lange nicht eine Durchwärmung auch eines dünnen Kleiderbündels stattgefunden hat. — Für die Desinfection der Schiffe und Eisenbahnwagen hat die Choleracommission im Jahre 1879 die schweflige Säure empfohlen: 15 Grm. Schwefel für den Cubikmeter Raum sind normirt. Da auf Grund eingehender Versuche die schweflige Säure als Desinfectionsmittel in Misscredit gekommen ist, so wird man je nach den Umständen Räucherungen mit Brom, heisse Wasserdämpfe, dünne Sublimatlösungen als erprobte und einfache Methoden jetzt vorziehen müssen.

Literatur: Es können hier nur zusammenfassende Arbeiten angeführt werden, ein vollständiges Literaturverzeichniss würde allein einen wesentlichen Theil des unserem Kapitel zugemessenen Raumes ausfüllen.

C. LANG u. G. WOLFFHÜGEL, Ueber Lüftung und Heizung von Eisenbahnwagen. Zeitschrift für Biologie. XII. S. 562—701. — v. DERSCHAU, Etude sur le chauffage et la ventilation des waggons etc. Paris 1871. — ROTH u. LEX, Handbuch der Militärgesundheitspflege. Berlin 1877 (Bd. II und Nachträge in Bd. III) enthalten ausführliche Darstellungen der Lazarethzüge und schwimmenden Lazarethe. Ueber Lazarethzüge erwähnen wir die Schriften von: BILLROTH. Wien 1874 (enthält vollständige Literaturangabe). — VIRCHOW. Berlin 1870. — PELTZER. Berlin 1872. — WASSERFUHR, Deut. Vierteljahrschr. f. offentl. Gesundheitspfl. III. S. 189. — FRIEDRICH. Dresden 1872. — HIRSCHBERG. München 1872. — SIGEL. Stuttgart 1872. — R. SCHMIDT. Braunschweig 1873. — GRAF. Elberfeld 1872. — SIMON. Stuttgart 1871. Officieller Ausstellungsbericht der Wiener Weltausstellung (Wien 1874) u. v. A. — REINCKE (Hamburg), Ueber Schiffshygiene. Vierteljahrschr. f. öffentl. Gesundheitspfl. XIII. 51 ff. — SENFTLEBEN, Zum Sanitätswesen der Handelsflotte. Vierteljahrschr. f. gerichtl. Medicin u. öffentl. Sanitätswesen. N. F. XXV. (1876). S. 84—118 u. 342—361. — A. HIRSCH, Ueber Schutzmaassregeln gegen die vom Auslande drohenden Volksseuchen mit besonderer Berücksichtigung von Grenzsperre und Hygiene. Deutsche Vierteljahrschr. f. öffentl. Gesundheitspflege. XII. S. 7—40. — F. HOFMANN (Leipzig), Ueber Desinfectionsmaassregeln (speciell für Quarantäne). Deutsche Vierteljahrschr. f. öffentl. Gesundheitspflege. XII. S. 41 ff. — v. PETTENKOFER, Ueber Cholera auf Schiffen und den Zweck von Quarantänen. Zeitschrift für Biologie. VIII. — KOCH, R., WOLFFHÜGEL, GAFFKY, LÖFFLER, Versuche über Desinfection. Mittheilungen des kaiserlichen Gesundheitsamtes 1.